ANALECTA BIBLICA

INVESTIGATIONES SCIENTIFICAE IN RES BIBLICAS

141

RETO NAY

JAHWE IM DIALOG

Kommunikationsanalytische Untersuchung von Ez 14,1-11
unter Berücksichtigung des dialogischen Rahmens in
Ez 8-11 und Ez 20

EDITRICE PONTIFICIO ISTITUTO BIBLICO - ROMA 1999

Vidimus et approbamus ad normam Statutorum

Pontificii Instituti Biblici de Urbe
Romae, die 9 mensis junii anni 1999

R.P. Horacio Simian-Yofre, S.J.
R.P. Robert Althann S.J.

ISBN 88-7653-141-6

Editrice Pontificio Istituto Biblico
Piazza della Pilotta, 35 - 00187 Roma, Italia

VORWORT

Die vorliegende Untersuchung wurde im Sommersemester 1997 am Pontificio Istituto Biblico in Rom als Dissertation eingereicht und verteidigt. Sie legt das in Ez 14, 1-11 bezeugte Gotteswort im Rahmen des kommunikativen Prozesses aus, in den es eingebettet ist. Grundlegend ist dabei die Beachtung der Kommunikationsebenen. Deren zwei werden ausführlich behandelt: die *Propheteninstruktion*, die der Information des Sehers dient, und die *Ältestenanrede*, die durch den Propheten an die Ältesten Israels gerichtet ist. Obwohl die Anrede-Ebenen für das Verständnis prophetischer Texte zentral sind, werden sie in der Forschung kaum beachtet. Sie sind jedoch gut dazu geeignet, die Exegese über die Satzgrenzen hinaus auf die Textebene zu führen. Die Textebene ist für das Verständnis des Inhaltes, die Lösung semantischer Probleme, die Rekonstruktion unsicherer Formen und die Kontrolle historischer Hypothesen wichtig. Diese Arbeit will die Textebene als Mittel und Ziel der Auslegung herausstellen. Dazu gibt das erste Kapitel eine kurze theoretische Einführung, in deren Licht 27 Interpretationen von Ez 14 beurteilt werden. Das zweite Kapitel behandelt Fragen der Textkritik, Grammatik, Syntax, vor allem das schwierige Tempusproblem. Das dritte Kapitel bestimmt den Gesprächsstatus der Ältesten. Dabei sind Ez 8-11 und Ez 20 bedeutsam. Das vierte Kapitel erklärt Ez 14,1-11 an Hand des Kommunikationsverlaufes und im Rahmen der genannten Ältestenperikopen. Die Arbeit schließt mit einer Zusammenfassung.

Mein besonderer Dank gilt dem Moderatoren der Arbeit, meinem Lehrer, R.P. Horacio Simian-Yofre SJ. Er hat die Fragestellung der Studie in einem Seminar zur pragmalinguistischen Auslegung von Hosea-Texten angeregt und ihre Entstehung mit Geduld, Interesse und Gesprächsbereitschaft begleitet und gefördert. Ein herzliches Vergelt's Gott geht an den Zweitgutachter, R.P. Robert Althann SJ, für die sorgfältige Lektüre des Manuskripts und für die wertvollen Hinweise und Anregungen. Ein spezieller Dank geht an die Teilnehmer des Doktorandenseminars von Prof. Simian-Yofre, mit denen ich Gelegenheit hatte, Fragen zur Dialoganalyse und Religionsphänomenologie zu diskutieren.

Meine Anerkennung geht sodann an den Herausgeber von Analecta Biblica, R.P. Albert Vanhoye SJ, für die Aufnahme der Dissertation in diese Reihe. Dank gesagt sei ferner dem Direktor der Bibliothek des Päpstlichen Bibelinstitutes zu Rom, R.P. Henry J. Bertels SJ, und seinen Mitarbeitern. Die vorliegende Arbeit wurde in den Räumlichkeiten dieser Bibliothek geschrieben, die ein "Eldorado" für Bibelstudien ist.

Meinen römischen Kommilitonen, R.D. Giovanni (Johan) Yeong-Sik Pahk, Seul/Südkorea, danke ich für die Hilfe bei den Umbrucharbeiten, R.D. Fabio Rosini, Rom, für sein geduldige Mitarbeit beim schwierigen Ausdruck, R.D. Alfredo Ramon Dus, Parana/Argentinien, R.P. Roman J. Lebiedziuk C.R., Stettin, und R.P. Stanisław Bazyliński OFMConv, Breslau, für die stete Gesprächsbereitschaft bei der Erörterung exegetischer Probleme. Für die sprachliche Überprüfung und Korrektur der Arbeit danke ich Frau Mag. Petra Carola Biermeier, Wien, und Herrn Hochschuldozent Michael Sprenger-Menzel, Köln. Die deutsche Schreibung biblischer Eigennamen folgt meistens den Loccumer Richtlinien.

Gewidmet sei die Arbeit dem Andenken meines Vaters, Sefi Nay-Vincenz (1927-1978) und meiner Mutter, Adelina Nay-Vincenz. Sie hat zusammen mit meinem Bruder Albert die langen Jahre meines Studiums in Chur, Jerusalem und Rom mitgetragen und finanziert: In grond e cordial Dieus paghi!

Glion (CH), S.ma Trinitad, 30-5-1999 Sur Reto Nay

INHALTSVERZEICHNIS

I. Kapitel

DIE PROBLEMSTELLUNG

Engraziond a mia muma ed a miu frar

ed en regurdientscha da miu bab

"Wir anderen sind der Meinung, daß die Frage nach dem Was? gerade in den Zeiten, wo scheinbar alles zum Rufen auf den Gassen drängt, eine wichtige Frage sei."
K. Barth, Der Römerbrief (1921) VIII.

"Quando il dito indica la luna, l'imbecille guarda il dito."
Italienisches Sprichwort

0. Vorbemerkungen

Zu Beginn der dialoganalytischen Auslegung von Ez 14,1-11 ist die Fragestellung zu formulieren und eine Lösung ins Auge zu fassen. Dabei soll die Problematik nicht abstrakt, sondern in Anlehnung an ausgewählte Auslegungen dargestellt werden. Es schließt sich darum an die kurze Erörterung einiger theoretischer Grundlagen eine längere, praktische Auswertung der Forschungsergebnisse zu Ez 14 an.

Im ersten, mehr theoretischen Kapitelteil geht es um den methodologischen Horizont der Dialoganalyse, wobei Fragen zur Pragmalinguistik, Texttheorie und Religionswissenschaft erörtert werden. Die Ergebnisse dieses Schrittes sind für die praktische Analyse maßgebend. Dieser Arbeitsschritt grenzt ferner die Dialoganalyse von anderen exegetischen Ansätzen ab.

Im zweiten Kapitelteil werden einige ausgewählte Interpretationen von Ez 14 im Lichte der erarbeiteten Prinzipien analysiert und auf den ihnen zugrundeliegenden Text- und Kontextbegriff befragt. Dieser Schritt dient der Veranschaulichung und Vertiefung der methodologischen Überlegungen und einer kritischen Auseinandersetzung mit der exegetischen Tradition und der Problematik von Ez 14.

Der Untersuchung ist eine Klarstellung zum verwendeten Dialogbegriff vorauszuschicken. MÜLLER versteht "Dialog" im Lexikon exegetischer Fachbegriffe als partnerbezogene interaktive Kommunikation sprachlicher Art mit Informationstendenz, im Unterschied zum ziellosen Selbstgespräch, etwa dem eines Kleinkindes oder eines Debilen [1]. Dem ist hinzuzufügen, daß ein Gesprächspartner nicht nur sprachlich, sondern auch *nichtsprachlich* (paralinguistisch) intervenieren kann. Die Anerkennung nichtsprachlicher dialogischer Äußerungen gründet in der pragmalinguistischen Einsicht, daß die Sprache Teil des sozialen Handelns ist und dieses ein Teil der Sprache sein kann. Menschliches Handeln und Sein besitzen ein interaktives Potential, durch das jemand mit oder ohne Zuhilfenahme der Sprache mit seinem Gegenüber in Dialog treten kann. Es ist oft so, daß nichtsprachliche Äußerungen in einer Interaktion den sprachlichen Mitteilungen vorausgehen.

Nehmen wir das Beispiel der Ältesten in Ez 14. Durch die Art ihres Auftretens, ihre Vergangenheit und ihre Hintergedanken setzen sie paralinguistische Vorgaben, auf die Jahwe sprachlich reagiert. Jahwes Wort ist also keine Erstsetzung, sondern eine Reaktion auf die Anwesenheit der Ältesten. Folglich können der Dialogstatus der Ältesten und Jahwes darauf hingeordnete linguistische Reaktion untersucht werden, obwohl Ez 14,1-11 keine *sprachlichen* Äußerungen der Ältesten enthält.

Jahwe's Anrede ist auf die dialogischen Vorgaben der Ältesten hingeordnet und läßt sich nur als Reaktion auf diese verstehen. Deshalb kann sie mit Fug und Recht als *dialogisch* bezeichnet werden. Entsprechend nennen wir die Untersuchung *Dialoganalyse*. Sie konzentriert sich auf zwei Elemente: auf die Redesituation des Propheten und der Ältesten ("Wort"), sowie auf die Anrede Jahwes ("Antwort"). Die Redesituation der Ältesten determiniert das Anredeverhalten Jahwes. Die Analyse von Jahwes Sprachverhalten zeigt, daß Ez 14,1-11 Teile besitzt, die nur für den Propheten bestimmt sind, und andere, die sich durch seine Vermittlung an die Ältesten Israels richten. Wie sich die dialogische Konditionierung des Gotteswortes im einzelnen darstellt, wird die Untersuchung zeigen.

1. Der Textbegriff und seine Bedeutung für die Methodenwahl

Auf den ersten Seiten seiner methodologischen Untersuchung "*Exegese als Literaturwissenschaft*" vertritt Wolfgang RICHTER die These, daß die Bibelwissenschaft Teil der Literaturwissenschaft sei und folglich durch theologische Voraussetzungen nicht behindert werden dürfe [2]. Die biblischen Texte müßten

---

[1] MÜLLER (1985) 89.

[2] RICHTER (1971) 11ss: "Forschungsergebnisse müssen im AT gleicherweise wie in anderen Literaturen nachprüfbar sein. Wegen der erforderlichen Nachprüfbarkeit dürfen dann aber an den Gegenstand des AT ebenso wie bei anderen Literaturen keine ungeprüften Haltungen, Wertungen oder Erwartungen herangetragen werden (11s)"; "Gegenstand sind (...) die Bücher des AT. Der Gegenstand dieser Fachwissenschaft ist damit Literatur (...). Er mag seine Besonderheiten haben; zunächst ist aber klar, daß er mit den gleichen empirisch-rationalen Methoden untersucht werden kann und muß wie

mit den gleichen Methoden untersucht werden wie jedes andere literarische Dokument. RICHTERs Arbeit hat die moderne Exegese stark beeinflußt und sehr zur Methodenreflexion beigetragen. Gleichzeitig hat sie die Auslegung auf die Ausdrucksseite des Textes hingelenkt und somit die schon vorhandene Ausrichtung auf die Form verstärkt und den Graben zwischen Form- und Inhaltsanalyse vertieft [3].

Diese Dichotomie konkretisiert sich im Übergang vom "Wie" (Form) zum "Was" (Inhalt). Daß dieses Problem noch fast ungeklärt ist, zeigt sich darin, daß auf eine rigorose Formanalyse häufig eine banale Inhaltsinterpretation folgt. Das führt zuzeiten dazu, daß Unverstandenes als inhaltliche Spannung interpretiert und literarkritisch geglättet wird [4]. Die Exegese gerät in Gefahr,

---

alle übrigen Literaturen. Die Bibelwissenschaft ist somit ein kleiner Zweig der Literaturwissenschaften; sie ist Literaturwissenschaft (12)."

[3] Grund dafür ist RICHTERs formaler Ansatz (176), der aus einer Kampfstellung gegen jede als Ideologisierung denunzierte Herantragung weltanschaulicher Aprioris an die exegetische Arbeit zu verstehen ist. Der Versuch, diese Gefahr zu bannen, geht davon aus, daß die Form das Bezugssystem des Inhalts ist (177). Damit ist aber noch nicht gezeigt, wie präzise Formuntersuchungen die Basis für eine ebenso präzise Inhaltsanalyse werden können, weil bei RICHTER eine klare Vorstellung von dem, was Inhalt ist, fehlt: "Damit ist noch nicht gesagt, was «Inhalt» meint. Hier sind zwar viele Wörter und Begriffe im Gebrauch; beim jetzigen Stand der Methodenkritik läßt sich noch kaum sagen, wie sie mit nachprüfbaren Kriterien greifbar sind (177s)." Als Inhaltselemente nennt er Motiv, Stoff, Fabel, Thema, Sitz im Leben und unterscheidet sie vom Gehalt (Begriff, Problem, Idee), wobei das Verhältnis dieser Elemente zur Form im Dunklen bleibt: "Aus dem Gesagten ergibt sich, daß die Inhaltsanalyse auf jeden Fall den Aspekt der Form voraussetzt (178)". Die Frage ist nur: Wie? In einem Text stehen Form und Inhalt zueinander in einem anderen Verhältnis als bei einem Gegenstand. Ein Paket hat eine äußere Form und einen Inhalt. Das sind klar trennbare Bereiche. Ein Text besitzt dagegen kein Innen und Außen nach derselben Art. Das Innere (der Inhalt) steckt im Äußeren (Form). Der Text ist bedeutungshaltige Form. Diese Form ohne ihren Inhalt zu analysieren, hieße, das Untersuchungsobjekt in einem wesentlichen Punkt zu verändern und somit den Bereich der Textuntersuchung zu verlassen. Für letztere gilt das gleiche wie für die Wahrnehmung eines (nichtabstrakten) Bildes, bei der es an Hand der Beschreibung der Farbverteilung auf der Bildfläche kaum möglich ist, eine Vorstellung vom Dargestellten zu gewinnen. Bei der Untersuchung von sinnvollen und verständlichen Texten gibt es also keine Form- ohne Inhaltsanalyse (und umgekehrt), so wie man bei einem Sprecher keine Stimme ohne Worte und keine Worte ohne Stimme vernehmen kann. Die Textuntersuchung muß deshalb Kategorien verwenden, welche die inhaltlichen und die formalen textlichen Komponenten berücksichtigen. Zu RICHTER: HARDMEIER (1991) 120 ("angesichts seiner [sc. RICHTERs] formalen Einseitigkeit") und NICCACCI (1994c) 668 ("troppo legato alla «forma").

[4] Die historische Analyse muß von einem *verstandenen* Text ausgehen. Dazu ALONSO/BRAVO (1994) 40: "Si nos fijamos ahora en la práctica de la comprensión y la explicación, observamos que muchas veces lo primero es comprender el sentido de un texto y lo segundo buscarle una coyuntura donde encajarlo. Precede una comprensión; se le añade la explicación histórica de las coordenadas en que debió surgir."

sich nicht mit Texten, sondern mit Textrekonstruktionen zu beschäftigen, die auf Interpretationsfehlern basieren.

RICHTERS formaler Ansatz ist das Ergebnis einer langen Entwicklung in der historischen Bibelauslegung. Peter NEUMANN kommt darauf zu sprechen, wenn er am Ende seines Überblicks über die Prophetenforschung seit Heinrich EWALD feststellt, daß die "Botschaft der Propheten" in der Forschung über mehr als ein Jahrhundert weithin ausgeklammert geblieben sei. Soll damit gesagt werden, daß die Auslegung am Inhalt der Prophetenbücher vorbeigearbeitet hat? Das Urteil NEUMANNS unterstreicht, daß die biblische Hermeneutik zu einem Textbegriff zu finden hat, der sich vom Dualismus Form *versus* Inhalt abwendet. Relevante Formanalyse ist immer auch Inhaltsanalyse. Darum kann die Exegese nicht im Namen der Objektivität auf die Untersuchung ihres Forschungsobjektes verzichten und die Frage nach dem Textinhalt offenlassen.

Einige Hinweise zum exegetischen Untersuchungsgegenstand sind hier hilfreich. Jede wissenschaftliche Methode ist auf ihren Untersuchungsgegenstand ausgerichtet und von der Anschauung geprägt, die sie von ihm besitzt[5]. Ist diese ungenau oder falsch, hat das negative Auswirkungen auf die Methodenwahl und die Untersuchungsergebnisse. Manchmal wird der Untersuchungsgegenstand gar nicht reflektiert. Dann hängt die angewandte Methode von versteckten weltanschaulichen Vorentscheidungen ab. Sie ist dann nicht auf den Untersuchungsgegenstand, sondern dieser auf die Methode und ihre ideologischen Implikationen ausgerichtet. Zirkelschlüsse sind die Folge.

Bei der Auslegung von Ez 14 ist das Untersuchungsobjekt ein *Text*. Bei Textuntersuchungen besteht die Schwierigkeit darin, daß Texte dynamische Gebilde sind, die aus vielen Teilen bestehen, aber erst in deren Zusammenspiel "Text" werden. Darum erschöpft sich die Textauslegung nicht in der Erklärung der Einzelelemente. Es ist genau umgekehrt. Nur das Textganze bietet einen Rahmen, der das Verständnis der Textbausteine in ihrem kontextuellen Gebrauch und Verhältnis zum innertextlichen Kontext erlaubt [6]. Deshalb lenkt der Textbegriff die Interpretation und determiniert deren Ergebnisse. Die formale Voraussetzung für seine Bestimmung ist die Festlegung der Texteinheit [7] und

---

[5] Textauffassung und Textauslegung stehen in einem wechselseitigen Bedingungsverhältnis (FEIST [1995] 9). WATZLAWICK (1995) 143 erwähnt einen dem Physiker Albert Einstein zugeschriebenen Satz: "Dans sa conversation avec Heisenberg, à Copenhague en 1926, Einstein déjà est censé avoir dit: «Il est tout à fait incorrect de croire qu'une théorie se développe à partir de l'observation. C'est le contraire qui est vrai. C'est la théorie qui décide de ce que nous pouvons observer»." Ähnlich: LAATO (1996) 23: "If E_2 (= $Exeget_2$) examines theory A presented by E_1 (= $Exeget_1$) he must evaluate it in connection with its "native" model M_1 (= $Modell_1$) and not yield to the temptation of evaluating it on the basis of the alternative model M_2 which he accepts."

[6] HIPKISS (1995) 33: "The meaning and, thus, the truth of a statement are affected by its context within a possible world (...)."

[7] Oft beschränkt sich die Einheitsbestimmung auf die Festlegung des textlichen Anfangs- und Endpunktes (zum Problem der Textabgrenzung: WERLITZ [1992] 59-64).

die Determinierung des Kontextes. Das geschieht hier, weil es sich in Ez 14,1-11 um einen auf Gesprächspartner ausgerichteten Text handelt, auf Grund der Dialoggestalt [8].

1.1. *Der pragmalinguistische Hintergrund*

Die vorliegende Arbeit basiert auf einigen Ergebnissen der Pragmalinguistik [9] und Texttheorie [10]. Zentrale pragmalinguistische Begriffe sind "Sprache", "Text" und diese beide umfassend: "Dialog". Häufig bleibt die Bedeutung dieser drei linguistischen Parameter verkannt. Die folgenden Überlegungen möchten deshalb einige blinde Flecken der Auslegung aufspüren.

Die für diese Arbeit relevanten Anliegen der Pragmalinguistik lassen sich an Hand der drei genannten Grundbegriffe erklären. Als Einstieg bietet sich

---

Die Einheit ist jedoch erst hinreichend begriffen, wenn auch der Textkorpus beschrieben ist. Ansätze dazu gibt es bei der Gattungsforschung (vgl. "Gattung" in MÜLLER [1985] 112-120). Sie muß aber mit WEINRICH (1985) 34 bedenken, daß man die Gattungen nur dann als typisierte Gesprächssituationen auffassen kann, wenn man "einen sehr weiten Literaturbegriff und nicht den unangemessen engen Literaturbegriff einer bloßen Dichtungstheorie zugrunde legt." Denn: "(...) alle Kommunikationssituationen sind unterschiedlich, und keine gleicht genau der anderen (33)." Vor einem behaviouristischen Verständnis der Textproduktion warnt VAN DER PLOEG (1996) 120: "Man sollte nie vergessen, daß ein Text das Erzeugnis eines freien Menschen ist, der seinen freien Willen auch gebraucht, wenn er spricht oder schreibt, so daß es keine absolut gültigen Regeln gibt, denen er gehorchen muß."

[8] GORDON (1995a) 603: "(...) there are portions of the prophetic books that are dialogical in form." Die Dialoganalyse läßt sich also nicht auf jede Textart anwenden.

[9] Umberto ECO im Vorwort zur frz. Ausgabe von "Lector in Fabula" (1984): "Comme je l'ai appris plus tard, je faisais de la pragmatique du texte sans le savoir [...]. J'abordais l'aspect de l'activité coopérative qui amène le destinataire à tirer du texte ce que le texte ne dit pas mais qu'il présuppose, promet, implique ou implicite, à remplir les espaces vides, à relier ce qu'il y a dans ce texte au reste de l'intertextualité d'où il naît et où il ira se fondre (zitiert bei ADAM [1995] 33)." ADAM (1995) 38 grenzt die Pragma- von der strukturalen Linguistik ab: "Le propre des approches pragmatiques a été de remettre en cause la conception informationnelle de la langue, de remettre en cause la linéarité du principe du codage d'une pensée dans une langue, de sa transmission puis de son décodage." Er nennt ihre Anliegen: "Dans une perspective pragmatique, on parlera d'échanges productifs, de stratégies de production et d'interprétation qui intègrent les partenaires (co-énonciateurs) comme agents également actifs dans une situation d'interaction donnée, on parlera de calcul, on partira du fait que les énoncés sont contextuellement interprétés et immédiatement saisis dans leur fonction pragmatique." Die Pragmatik sucht nach SIMPSON (1993) 120 "to expand semantics by examining the meaning of language when it is produced in *a context of use*. Pragmaticians, therefore, seek to explain 'meaning in context': what happens to language when it is deployed in real interactions between people." Die Formel lautet: pragmatics = semantics + context. Zur Geschichte der Pragmatik: NERLICH (1996). Literatur: GRILLI (1992) 20-23.

[10] Zu deren Umsetzung auf die Bibelexegese hat Harald SCHWEIZER im deutschsprachigen Raum Pionierarbeit geleistet (siehe Literaturverzeichnis).

der *Sprachbegriff* an [11]. Er ist dem Textbegriff als umfassendere Größe vorgeordnet. Pragmalinguistisch wird Sprache als besondere Form des sozialen Handelns [12] und als Interaktion [13] zwischen Dialogpartnern in konkreten Gesprächssituationen verstanden. Diesem Sprachbegriff (Sprache als *Handlung*) steht die *system*orientierte Sprachauffassung gegenüber, welche die Sprache als semiotisches System kommunikativer Zeichen begreift [14].

Diese Sprachauffassung ist unser Ausgangspunkt für die Ermittlung des *Textbegriffes*. Mit P. SCHMIDT [15] verstehen wir "Text" pragmalinguistisch als Realisat eines kommunikativen Prozesses zwischen dem Texthersteller und dem Textrezipienten [16]. Der Text ist das Produkt und Zeugnis eines Dialoges zwischen Gesprächspartnern [17]. Um einen Text zu begreifen, ist das Gesagte in der Gesprächskonstellation zu erfassen. Diese bildet den *Kontext* der Auslegung [18]. Das Gespräch ist dann begriffen, wenn man die mitgeteilte Kommuni-

---

[11] COSERIU (1981) 7 unterscheidet drei Ebenen des Sprachlichen: a) die universelle Ebene der "Sprache im allgemeinen" (Sprache im Singular); b) die historische Ebene der Einzelsprachen (Sprachen im Plural, z.B. Deutsch, Romontsch etc.); c) die Ebene der Texte (schriftlich) und Redeakte (mündlich), die von einem Sprecher in einer bestimmten Situation erzeugt werden. Die Dialoganalyse interessiert sich vor allem für letztere.

[12] Das griechische Wort πράγμα bedeutet "Handeln", "Tun", "Tat". ADAM (1995) 37: "(...) on peut dire que la pragmatique a vocation d'étudier ce que les locuteurs «font» moins avec la langue ou avec les mots qu'avec les énoncés qu'ils produisent."

[13] Interaktion ist der wechselseitige Ablauf von Mitteilungen zwischen zwei oder mehreren Partnern eines Sprachprozesses, wobei sprachliche wie außersprachliche Phänomene relevant sind (MÜLLER [1985] 141).

[14] MÜLLER (1985) 201.

[15] Zitiert nach BREUER (1974) 922.

[16] SIMIAN-YOFRE (1995) 183: "(...) che la realtà primaria del linguaggio, oggetto di esperienza, non è costituito da suoni, parole o frasi, ma una realtà complessa, molteplice, che riempie una funzione comunicativa. Questa realtà è ciò che chiamiamo qui «testo»."

[17] Zur Problematik der Textdefinition vgl. WEINRICH (1985) 10s: "Offenbar ist es unbillig, von der einleitenden Definition alle Informationen zu erwarten, die bestenfalls erst die eingehende Untersuchung erbringen kann." WEINRICH gibt folgende Rahmen-Textdefinition: "Ein Text ist eine sinnvolle (d.h. kohärente und konsistente) Abfolge sprachlicher Zeichen zwischen zwei auffälligen Kommunikationsunterbrechungen." Zur Definition eines Textes als Produkt der Sprachhandlung: HARDMEIER (1978) 65-70. BROWN/YULE (1989) 190-204 geht von einer einfachen Textdefinition ("verbal record of a communicative event") aus und diskutiert die Prinzipien der Konnektivität nach HALLIDAY/HASAN: Cohesion in English. London 1976. Die Prinzipien sind: Kohäsion (additiv, adversativ, kausal, temporal), Exophora/Endophora (Verweise in den Außen-/Innenbereich des Textes), Substitution (Pronominalisierung).

[18] POSNER (1993) 222 zum Kontext im Poststrukturalismus: "Statt anzunehmen, ein Diskurs habe einen bereits vor seiner Rezeption feststehenden Inhalt vom Status eines komplexen Signifikats, das es nur zu dekodieren gilt (...), widmet sich die poststrukturalistische Semiotik dem Spiel der Unterschiede zwischen den Signifikanten sowie zwischen dem Diskurs und seinen wechselnden Kontexten." Dabei ist der Kontext keine beliebige Größe. Zur postmodernen Textinterpretation: HUNTER (1994).

kation *qua* Kommunikation versteht, also den Text unter Berücksichtigung von Funktion, Status und Wirkabsicht der Gesprächspartner interpretiert. Der Textsinn ist folglich das Resultat des Zusammenspiels vieler kommunikativer Faktoren [19]. Unsere Untersuchung beschränkt sich auf die Begegnung der Gesprächspartner auf der mündlichen Dialogebene und klammert den Dialog zwischen dem schriftlichen Text und dem virtuellen Leser aus.

Die Darstellung der von der Kommunikation geprägten Textgestalt und der Wirkabsicht der dialogischen Interventionen ist das Ziel des pragmatischen Analyseverfahrens. Um dieses Ziel zu erreichen, ist, wenn möglich, über den Einzeltext hinauszublicken. Das Studium von verwandten Gesprächsereignissen erlaubt ein besseres Verständnis der Dialogkonstellation. Deshalb ist die angewandte Methode induktiv. Aus der Untersuchung ähnlicher Dialogsituationen sollen gleichbleibende Elemente festgestellt und auf bestimmte Textgruppen anwendbare Kommunikationsregeln erarbeitet werden.

1.2. *Das Verstehen eines Textes in seinem Gesprächskontext*

Bei der Auslegung von Ez 14,1-11 bedeutet die Beachtung von Text und Kontext, daß das Stück unter Einbezug des ihm zugrundeliegenden Gespräches verstanden wird [20]. Die Analyse richtet ihr Augenmerk besonders auf jene Elemente, die auf die sprachliche Interaktion hinweisen, an der die Ältesten Israels, der Prophet und Jahwe beteiligt sind. Die Gesprächskonstellation zeigt, wem der Prophet das Gotteswort auszurichten hat, wo sich seine Dialogpartner befinden und was sie im Schilde führen [21]. Damit geht es um die im

---

[19] Nicht jede Äußerung ist eine Aussage, weshalb AUSTIN (1974) 10 die für das Verständnis von Gesprächen wichtige Kategorie der performativen Äußerungen einführt.

[20] Die räumliche, zeitliche und relationale Einbettung einer Sprachhandlung nennen wir Kommunikations-, Dialog- bzw. Anredesituation, Gesprächskontext, Gesprächskonstellation (o.ä.). Anders als HARDMEIER (1978) 85-89 verwenden wir den Begriff "Kommunikationssituation" in einem weiten Sinn, so daß er dem von ihm erwähnten "kommunikativen Handlungsspiel" nahe kommt. Bei SCHWEIZER (1986) 115 ist das Problem der Dialogsituation zuwenig von der Frage nach der historisch orientierten Ereignisrekonstruktion geschieden. Wir verstehen "Dialog" als Wortäußerung, die sich auf einen in der Gesprächssituation anwesenden oder als anwesend gesetzten Dialogpartner bezieht (zum Dialog: SCHWEIZER [1981] 271-282, bes. 271s). Man kann auch dann von Dialog sprechen, wenn in dessen Verschriftlichung nur die sprachliche Intervention einer Seite (z.B. jene Jahwes) mitgeteilt ist, weil der Dialogcharakter eines Textes durch seine *Ausrichtung* auf einen Redepartner zustande kommt. Dagegen ist der Monolog eine Rede, die sich an keinen bestimmten Adressaten richtet (ALONSO SCHÖKEL [1987] 204-206). Als dritte Textkategorie nennt SCHWEIZER (1981) 272 "unpersönliche Texte". Eine grundsätzlich dialogische Auffassung von Gedanken und Rede vertritt TEJERA (1995) 16-18. Zum "contesto situazionale": SILVESTRI (1994) 110s.

[21] Zum Dialog in prophetischen Texten: ALONSO SCHÖKEL (1987) 197-204. HILARIUS von Poitiers weist bei der Psalmauslegung auf die Dialogkonstellation: "Principalis haec in psalmis intellegentia est, ex cuius persona, uel in quem ea, quae dicta sint, intellegi oporteant, posse discernere. non enim uniformis et indiscreta eorum est constitutio, ut

Text bezeugte Interaktion der Gesprächspartner. Es stellt sich die Frage, ob ein konsistenter Gesprächsrahmen in einem at Propheten vorausgesetzt werden darf? Ist er nicht - sollte er einmal bestanden haben - von späteren Zusätzen oder Weglassungen zerstört worden? Diese berechtigte Anfrage kann nicht a priori, sondern erst im Gefolge der Untersuchung beantwortbar werden, wobei die Analyse von Ez 14,1-11 einen zusammenhängenden dialogischen Redezusammenhang nachweisen wird.

Ziel der Arbeit ist also, Ez 14 als Gotteswort im Ablauf der Kommunikation zu verstehen [22]. Unseres Wissens ist das noch nie versucht worden. Aus diesem dialogischen Ansatz ergeben sich einige Folgerungen [23].

Das Textverständnis mittels grammatikalischer, syntaktischer und semantischer Kriterien erweist sich als ungenügend. Auf diese Weise kann höchstens das *Gesagte* ermittelt werden, wobei der Einzeltext auf bestimmte Systeme (Grammatik-, Syntax-, Semantiktheorien) hin verallgemeinert wird. Der Einzeltext geht aber über solche Bedeutungsinhalte hinaus und öffnet sich auf das

---

non et auctores habeant et genera diuersa (tractatus in psalmum I: 19)." RONDEAU (1985) 8 findet darin das Programm der prosopologischen Textauslegung. Diese "consiste à s'interroger sur l'identité des personnages mis en scène, en particulier sur l'identité du personnage qui parle (que l'on distingue éventuellement de l'auteur à l'aide de la formule ἐκ προσώπου/*ex persona*: l'auteur sacré parle au nom d'un tel) et, corrélativement, sur celle du 'tu' auquel ce 'je' s'adresse et qui est susceptible de lui donner la réplique; plus rarement, et par une démarche qui est en réalité hétérogène, sur le 'lui'." Ferner: RONDEAU (1985) 7-93, ANDRESEN (1961) 9-14, ALONSO/CARNITI (1992) 24-26. Ein guter geschichtlicher Überblick bei: PACZKOWSKI (1994) 292-295.

[22] Das Auslegungsprinzip ist also weder ein historisches (Frage nach Entstehung, Urgestalt und Ursprungssituation) noch ein ästhetisch-literarisches (Frage nach der formalen Ordnung: Chiasmen, Parallelismen), sondern ein dialogisches Begreifen des Gesprächszusammenhanges und Einordnung des Gesagten in den Redeablauf. Das setzt keine "agnostic attitude" (LUST [1986] 3) gegenüber der historischen Fragestellung voraus. Die Dialoganalyse kann die historische Hypothesenbildung vorbereiten.

[23] Verwandt ist die "Discourse Analysis" (=Textlinguistik; DRESSLER [1978] 1-14, ENDO [1996] 18-23). MACDONALD (1992) 153: "It is not uncommon any more to find articles (...) on the relation of syntactic form to conversational etiquette, presupposition, intentions, cognitive processes, world views, and even personal values. Such contextual approaches are often grouped under the rubric of *discourse analysis*, which is a term that in current linguistic circles has become nearly synonymous with contextual studies of almost any kind. The code words in linguistics today are no longer the *transformation* and *deep structure*, but rather the *context* and the *function*." Und: "In discourse analysis, the notion of context has been expanded to include the linguistic framework, human mental capabilities and stategies, and the modes of speaker-hearer interaction (175)". Das ergibt eine funktionales Sprachverständnis (functional approaches). VAN DER MERWE (1994) 18 unterscheidet die in der allgemeinen Linguistik der zweiten Hälfte des 20. Jh. führende Schule des generativen Sprachverständnisses (generative approaches: "try to explain linguistic phenomena in terms of hypotheses concerning mankind's inherent «language machine») vom funktionalen Sprachverständnis: "try to explain linguistic phenomena in terms of their use in human communication (...)." Vgl. VAN DER MERWE (1996) 171.

Gemeinte, das heißt, auf das Gesagte, insofern es in eine bestimmte Gesprächssituation hineingesprochen ist und von ihr Sinn empfängt [24]. Dabei

[24] Eine scharfsinnige Intuition zur Abhängigkeit eines Wortes von der dialogischen Einbettung findet sich in Martin LUTHERs einleitender Predigt zu Genesis (WA 24). Obwohl LUTHER nicht die innerdialogischen Relationen, sondern die Dialogachse Leser-Text im Auge hat, gelten seine Überlegungen über die gemachte Anwendung hinaus: "Man mus also den Rottengeistern das maul stopffen, die da sagen: Also spricht Moses, da stehets ym Mose geschrieben und der gleichen. So sprich du: Moses gehet uns nicht an (6)." "Aber unser Rottengeister faren zu, alles das sie ynn Mose lesen, sprechen sie: Da redet Gott, das kan niemand leucken, darümb mus mans halten. Da felt denn der pöfel zu: Hui, hat es Gott geredt, wer wil dawidder reden? Da werden sie denn eingetrieben, wie die schwein uber ein trügel. Unser liebe Propheten haben also ynns volck geplaudert: Liebes volck, Gott hat geheyssen sein volck, das sie den Amalech zu tod schlügen, Und andere sprüche mehr, Daraus ist jamer und not komen, Da sind die bawern auffgestanden, haben kein unterscheid gewust, sind also ynn diesen yrthumb gefürt von den tollen Rottengeistern (11s)". "Lieben Rottengeister, es ist war, Gott hat es Mose geboten und hat also zum volck geredt, Aber wir sind nicht das volck, dazu es der Herr redet. Lieber, Gott hat auch mit Adam geredt, Ich bin darümb nicht Adam, Er hat Abraham geboten, Er solte seinen son erwürgen, Ich bin darümb nicht Abraham, das ich meinen son erwürge, Also hat er auch mit David geredt, Es ist alles Gottes wort, war ist es, Aber Gottes wort hyn, Gottes wort her, ich mus wissen und acht haben, zu wem das wort Gottes geredt wird." "Man mus mit der schrifft seuberlich handlen und faren, Das wort ist ynn mancherley weise geschehen von anfang, man mus nicht allein ansehen, ob es Gottes wort sey, ob es Gott geredt hab, sondern viel mehr, zu wem es geredt sey, ob es dich treffe odder einen anderen, Da scheydet sichs denn wie sommer und winter. Gott hat zu David viel geredt, hat yhn heyssen dis und jhenes thuen, Aber es gehet mich nicht an, es ist auch zu mir nicht geredt, Er kan es wol zu mir reden, wil er es haben, Du must auff das wort sehen, das dich betrifft, das zu dir geredt wird, und nicht was einen anderen antrifft. (12)". "Den unterscheid sollen wol mercken, fassen und zu hertzen nemen die prediger, so andere leute wöllen leren, Ja alle Christen, denn es ist die macht gantz und gar daran gelegen. Wenn es die bawern also verstanden hetten, weren yhr viel erhalten worden und nicht so jemmerlich verfürt und verdorben. Und wo wirs anders werden verstehen, so machen wir Secten und Rotten, wo wir also unter den pöfel ynn das tolle unverstendige volck on allen unterscheid speyen und geyfern: Gottes wort, Gottes wort. Ja lieber gesel, nicht also, Es heist, ob es dir gesagt sey odder nicht. Gott redet auch wol zun Engeln, holtz, fischen, vogeln, thieren und zu allen Creaturen, es gehet darümb mich nicht an, Ich sol auff das sehen, das mich betrifft, das mir gesagt ist, damit er mich manet, treibet und foddert. Des nym ein Exempel. Wenn ein hausvater hette eine frawen, tochter, son, magd und knechte, Nu er spreche zum knecht und hiesse yhn die pferde anspannen und ynns holtz faren, den acker pflügen und der gleichen erbeit thuen, Zu der magd spröch er, sie solle die küe melcken, büttern und der gleichen, Zur frawen aber, sie solle der küchen warten, Zur tocher, sie solle spynnen und das bette machen, Das alles weren wort eines herren, eines hausvaters. Wenn nu die magd zuführe und wolt mit den pferden umbgehen, wolt gen holtz faren, Der knecht setzet sich unter die küe und wolt melcken, Die tochter wolt mit dem wagen faren, wolt pflügen, Die frawe wölt das bette machen, wölt spynnen und die küchen verseumen, und wolten also sprechen: der herr hat es geheyssen, es ist der befelh des hausvaters. Da solt der hausvater zufaren und einen knüttel nemen und sie allzumal auff einen hauffen schmeissen und sprechen: wiewol es mein befelh ist, so hab ichs doch dir nicht befohlen, hab eim yglichen seinen bescheyd geben, da bey solt yhr geblieben seyn

sind zumindest drei Faktoren von Bedeutung, nämlich der Sprecher, der Empfänger und das verwendete Codesystem.

Zuerst der *Sprecher*. Der Sinn eines Wortes hängt davon ab, von wem es gesagt wird. Mein Freund redet anders mit mir als mein Dienstvorgesetzter. Die Persönlichkeit des Sprechers und die mit ihr verbundenen Assoziationen sind ein Aussageteil, der meist nicht expliziert, sondern vorausgesetzt wird. Wird er übersehen, verliert der Text seinen Kontext und wird unverständlich. Darum muß die Analyse der Redesituation den Sprecher identifizieren und sich ein Bild über seinen Gesprächsstatus machen. Es kann z.B. ein Gegensatz zwischen dem bestehen, was ein Sprecher *ist*, und dem, was er *sagt*. Redet mein Freund zu mir wie mein Chef, so ist das bei der Auslegung zu berücksichtigen.

Um vom Gesagten zum Gemeinten vorzustoßen, ist auch die Person des *Empfängers* richtig einzuschätzen. Was ihm gesagt wird, steht in einem Verhältnis zu seiner Person, Situation und Sozialisation. Während narrative Texte meist keinen expliziten Anredepartner besitzen, ist das Gotteswort in Ez 14 in eine Runde hinein formuliert und auf einen bestimmten Gesprächspartner ausgerichtet. Damit wird ein Vergleich zwischen der Anrede und dem Status des Angeredeten möglich [25].

Der dritte determinierende Faktor ist das *Codesystem*, das heißt, die Gesamtheit der Zeichen, mit denen sich der Sender einem Empfänger mitteilt. Die protokollarische Verschriftlichung des Wortlautes ist nur ein Teil davon. Leider lösen viele Auslegungen das Codesystem vom Sender, Empfänger und Dialog. Das Gesprächsgeschehen wird auf einige Inhalte genereller Natur reduziert, die Gesprächssituation ignoriert. Die Berücksichtigung der nichtsprachlichen Elemente, welche die Dialogsituation prägen, beugt dem vor. Diese Elemente müssen durch Kontextstudien ergänzt werden [26]. Das wichtigste nichtsprachliche Element ist der Status der Gesprächspartner. Er beeinflußt den Sinn des Gesagten wesentlich. Ez 14,1-11 ist ohne die richtige Beurteilung des Gesprächsstatus der Ältesten unverständlich.

Der Dialog faßt also diverse Elemente sprachlicher und nichtsprachlicher Natur in einem Beziehungsnetz zusammen [27]. Der Teil ist nur in seinem Ver-

---

(13s)".

[25] Der Satz "Du bist ein Esel!" besitzt keine Bedeutung an sich. Diese hängt an den Gesprächsumständen. Ob er z.B. vom Lehrer zum Schüler oder vom Schüler zum Lehrer gesagt wird, ist bei der Sinnfindung entscheidend und das, obwohl der Gesprächskontext in beiden Fällen fast identisch ist. Dialogische Aussagen sind erst im Licht der Gesprächssituation verständlich. Dazu: GEIS (1995) 20-24.

[26] MACDONALD (1992) 160: "During the production and reception of discourse, certain knowledge is activated by the social circumstances and the content of the discourse. These scripts allow the hearer to make sense of discourse even when the discourse itself is elliptical, imprecise, and loaded with presuppositions."

[27] HANKS (1996) 201: "To speak is to enter a field in which everything is moving

hältnis zum Gespräch zu begreifen. Einen Überblick über die Hauptelemente dieses Beziehungsnetzes gibt die Lasswell'sche Formel. Sie lautet vereinfacht: *Wer spricht was zu wem mit welcher Absicht und unter Zuhilfenahme welchen Formelsystems?* [28]

Zwei Vorteile ergeben sich aus den angeführten Interpretationsprinzipien. Sie wirken der häufigen exegetischen Zersplitterung des Textes entgegen, weil der Text von einem festen Einheitspunkt, dem Gesprächskontext, her verstanden wird. Ferner ordnen sie die Auslegung auf den Textinhalt hin, der erst aus dem Zusammenklang aller Textelemente erkennbar wird. Der Inhalt ist eine Größe, die nicht aus aneinandergereihten Wortbedeutungen hervorgeht: Erst das Ganze [29] macht Sinn, und die Einzelteile sind nur in seinem Licht verstehbar. Das Grundraster des Kommunikationsmodells erlaubt es, die vielen Sätze einer Einheit als zusammenhängenden Text zu lesen. Damit ist ein Mittel gefunden, um das alte exegetische Problem des Überganges von der Satz- zur Textebene zu lösen. Diese Fragestellung hat ihre Ursache zum Teil in der satzfixierten griechisch-lateinischen Grammatiktradition, die kaum Kriterien kennt, um die Textebene zu erfassen [30]. Der gesprächsbezogene Ansatz überschreitet die Satzgrenze und dringt zur dialogischen Größe "Text" vor.

Daraus ergeben sich Folgen für den Begriff des Schriftsinnes, den das Mittelalter bekanntlich in einer vierfachen Ausfaltung erklärt hat [31] und der später auf den Literalsinn eingeschränkt wurde. Im Gefolge dieser Entwicklung sucht man in Texten nach Aussagen, die man an Worten (vgl. "Wortsinn") oder an Sätzen ("Satzwahrheiten") festmachen kann. Der dialogische Ansatz führt dagegen zum Verständnis des Schriftsinnes als *Situationalsinn*. Die Bedeutung eines Textes ergibt sich aus seiner Lage in der vom Gesamttext bezeugten sinnstiftenden Gesprächssituation.

---

and objects exist in relation to one another."

[28] "Who says what in which channel to whom with what effect?" (zitiert nach SCHWEIZER [1981] 211). Vgl. auch BREUER (1974).

[29] Welches nach dem aristotelischen Ganzheitsaxiom mehr ist als die Summe seiner Teile (vgl. BRUGGER [1948] 105-7 "Ganzheit").

[30] Vgl. LYONS' (1968) 172 Satzdefinition nach Bloomfield: "the sentence is the largest unit of grammatical description." Zur Kritik: TALSTRA (1983) 6. RICHTER (1971) 29 scheint die Größe Text zu ignorieren: "Primär gegeben ist er Satz (...)". Die nächsten analytischen Stufen sind für ihn das Morphem und das Lexem. Die Textebene bleibt außer Betracht. KHAN (1988) XXV: "Semitic philologists, however, have generally shown little interest in the rich web of interpersonal and textual functions of syntax." WEINRICH (1978) 5: "Oggi sappiamo che la linguistica deve partire per ogni sua operazione dal testo-nella-situazione in quanto suo *primum datum*, e anche quando descriverà semplici segmenti di questo macrosegno non dovrà tralasciare di registrare quale è l'apporto di questi segmenti alla testualità del testo (aus dem Vorwort zur ital. Ausgabe)." Zum Übergang von der Satz- zur Textlinguistik: BODINE (1995) 1-5 (mit Literaturangaben).

[31] Vgl. das berühmte Diktum des Augustinus von Dazien (†1282): "Littera gesta docet, quid credas allegoria, moralis quid agas, quo tendas anagogia."

1.3. *Das Gespräch als literarische Fiktion*

Es ist nun auf den Wirklichkeitsbegriff der Dialoganalyse einzugehen. Jeder Text, mag er auch beanspruchen, Abbild einer außer ihm liegenden Realität zu sein, ist eine Abstraktion und folglich eine literarische Fiktion [32]. Bei der Verschriftlichung eines Gespräches, bedeutet dies, daß ein großer Unterschied zwischen einem realen Dialog und seiner Niederschrift besteht. Die Wirklichkeit kann schriftlich nie eingeholt werden. Die Versprachlichung ordnet und trifft eine Auswahl, um ein Bild der Ereignisse zu vermitteln.

Diese Erkenntnis ist für die Methodenwahl bedeutsam. Die historische Schriftauslegung ist fast ganz von der Frage absorbiert, was sich *wirklich* zugetragen hat. Entsprechend ist die Ermittlung des *literarisch* bezeugten Geschehens zweitrangig bzw. irrelevant [33]. Dieses Auslegungsverfahren geht davon aus, daß die meisten AT-Texte zwar unmittelbar einsichtig sind, aber durch historische Einflüsse verändert wurden. Dieses Urteil hat zwei Folgen: Erstens wird der Textgestalt ("Schlußredaktion") nicht genügend Aufmerksamkeit geschenkt, weil sie als das jüngste und folglich uninteressanteste literarische Zeugnis betrachtet wird. Und zweitens wird als Folge dieser Auffassung oft zu schnell versucht, *hinter* den Text zu blicken, um an den historischen Ursprung zu gelangen. Damit wird der Textbereich verlassen, noch bevor über ihn Klarheit herrscht [34]. Dergestalt gerät die Exegese in Gefahr, ihr Handwerk an den Texten vorbei zu betreiben.

Die "Wirklichkeit in sich" kann also nicht an der "Wirklichkeit im Text" vorbei erforscht werden. Die Textfiktion ist die sprachliche Nachahmung der

---

[32] Dies gilt sogar für wissenschaftliche, z.B. historische Texte, die je nach Blickpunkt als Widerspiegelung der Wirklichkeit oder als Konstruktion ohne Realitätsbezug betrachtet werden können. LIWAK (1987) 6: "Insofern ist die Fiktionalisierung nicht nur ein sekundäres Problem der Darstellungsform, sondern die Notwendigkeit, Geschichte gleichsam zu produzieren." Das bedeutet aber nicht - wie LIWAK zu glauben scheint - eine Aufhebung des Gegensatzes zwischen res factae/Faktizität und res fictae/Fiktion (bei LIWAK findet sich auch das weniger glückliche Begriffspaar Historik/Poetik). Ferner: LIWAK (1987) 54-57, REVENTLOW (1982) 65-77 mit Literatur, SAVOCA (1976) 9-26.

[33] RONDEAU (1985) 53s zum Unterschied zwischen historischer und prosopologischer Exegese: "La grande règle de la prosopopée, c'est, comme Origène le répète dans le *Contre Celse*, la convenance nécessaire qui lie le discours à la personne de celui qui le prononce (...). On peut donc, à l'aide de l'argument de convenance, tirer du discours lui-même l'identité du locuteur, quand celle-ci est ambiguë ou masquée. Ce critère, exprimé par πρέπειν, ἁρμόζειν, ἐφαρμόζειν, οἰκείως ἔχειν, ἀκόλουθον εἶναι, *conuenire, pertinere, competere, congruere, aptari* et autres synonymes, relève de l'analyse littéraire (...). Il met en jeu la cohérence du sujet avec son discours, non la vérification par l'histoire."

[34] Für das in Ez 14 erzählte Sprachgeschehen gibt es keinen anderen Beleg. Die Verifizierung des Gesagten ist bei Voraussetzung zweier unabhängiger Zeugen unmöglich. Bevor wir den Text auf die historische Anklagebank setzen, müssen wir ihn also zu Wort kommen lassen, so wie er geschrieben steht.

Wirklichkeit und oft deren einziger Zeuge. De Nachahmung ist dem Original zwar unterlegen, sie stellt aber zugleich eine Neuschöpfung dar. Will man zu einem historischen Urteil über die dem Abbild zugrundeliegende "reale" Wirklichkeit gelangen, kommt man an der Beachtung der Textfiktion nicht vorbei. Wir werden bei der Analyse der Auslegungen von Ez 14 zeigen, daß einschlägige Mängel die Ursache für viele historische Fehlurteile sind.

"Fiktionsebene" bedeutet also nicht, daß die Analyse bei der Untersuchung der Textform stehenbleibt. Vielmehr geht es um das Verständnis des erzählten Geschehens. Dabei wird die Untersuchung von der Frage geleitet: *Was hat sich nach dem Zeugnis des Textes auf welche Weise ereignet?*

Die Frage, ob das im Text Bezeugte *tatsächlich* geschehen ist, wird dabei nicht berührt. Es ist die Aufgabe der historischen Textuntersuchung, darauf eine Antwort zu finden. Dagegen verwendet die Gesprächsanalyse kommunikative Kriterien, um Texte nach dialogischen Blickpunkten zueinander in Verbindung zu bringen und auf ihre innere Konsistenz hin zu überprüfen. Das Hauptkriterium ist dabei die Gesprächskonstellation. Der Charakter der Anredepartner erlaubt bisweilen, Gesprächseinheiten auf Grund einer ähnlichen Gesprächskonstellation zu verbinden. Im Fall von Ez 14 können so Beziehungen zu Ez 8-11 und Ez 20 hergestellt werden.

1.4. *Göttliches und Irrationales in der literarischen Fiktion:* epoché

Nicht nur Ez 14, sondern viele religiöse Texte beschreiben Phänomene, von denen ein übernatürlicher Ursprung ausgesagt bzw. impliziert ist und die folglich mittels religiöser Kategorien zu deuten sind. Ezechiel tritt z.B. mit dem Anspruch auf, nicht seine eigenen, sondern Jahwes Worte zu verkündigen. Dadurch konstituiert sich Jahwe als selbständiger Gesprächspartner, dem der Prophet seine Stimme leiht. Überdies redet der Seher von Visionen, Entrückungen und körperlichen Symptomen. Mit welchem Maßstab ist an solche Erscheinungen heranzugehen?

Als Antwort auf diese Frage kann dienen, was Mircea ELIADE im Vorwort zu seinem *Traité d'histoire des religions* [35] sagt, wonach der Maßstab die Phänomene schafft. Es gibt keinen neutralen literarischen Blickpunkt, der allen textlichen Gegebenheiten gleichermaßen gerecht wird. Deshalb wäre es unwissenschaftlich, für eine bestimmte Methode eine zeitenthobene Objektivität zu beanspruchen [36]. Diese kann nur um den Preis des Verzichtes auf die Untersuchung des Textes erkauft werden.

Unsere Untersuchung beabsichtigt im Sinne ELIADEs einige Erscheinungsformen des Religiösen zu "messen", die in Ez auftreten. Nach ELIADE (1954) 11 offenbart sich das religiöse Phänomen nur dem, der es in seiner Modalität, das heißt, mit religiösen Maßstäben betrachtet:

---

[35] ELIADE (1954) 11.

[36] Vgl. RINGLER (1990) 180s.

> "Ein solches (sc. religiöses) Phänomen mittels der Physiologie, der Psychologie, der Soziologie, der Wirtschaftswissenschaft, der Sprachwissenschaft, der Kunst usw. einzukreisen, heißt, es leugnen. Heißt. Sich gerade das entkommen zu lassen, was an ihm einzigartig und unzurückführbar ist - nennen wir es den sakralen Charakter."

Das religiöse Phänomen erscheint, ELIADE ist sich dessen bewußt, nie in einer reinen Form. Dennoch würde es verfehlt, wollte man es auf sekundäre menschliche Funktionen reduzieren:

> "Es wäre auch vergeblich, sich über Madame Bovary an Hand einer Reihe von sozialen, ökonomischen und politischen Tatsachen klarwerden zu wollen, da diese Tatsachen zwar real sind, aber für die Dichtung als solche belanglos (12)."

Es ist somit notwendig, das religiöse Phänomen in Ez 14 genauer zu umschreiben. Wie kommt es zum Ausdruck? Die Antwort lautet: In der Hierophanie des Gotteswortereignisses. Hierophanie ist nach ELIADE (1954) 13 ein Beliebiges, in dem sich Sakrales manifestiert. In Ez 14 gehen wir von der Sprachhandlung aus [37], wobei literarkritische, historische, psychologische Deutungen (etc.) zurückgestellt werden. Wer an ihnen interessiert ist, findet dazu eine Fülle von Arbeiten [38]. Die dialoganalytische Untersuchung berücksichtigt die Ergebnisse dieser Forschungszweige, indem sie sie im Kontext der Sprachhandlung überprüft.

Zur Veranschaulichung der Hierophanie in Ez 14 ist der Begriff der religiösen Mystik zu klären [39]. Sie wird hier mit THOMAS VON AQUIN als Cognitio experimentalis de Deo verstanden [40]. Die Dialoganalyse prüft, wie sich die Gotteserfahrung des Sehers in Ez 14 ereignet. THOMAS' Definition läßt sich über den christlichen Rahmen hinaus auf das AT anwenden, ohne den Zugang zur at Gotteserfahrung durch inkarnatorisch geprägte Perspektiven zu verstellen [41]. Der Bereich, in dem sich die Cognitio experimentalis de Deo in Ez 14 vollzieht, ist ein Gespräch zwischen Jahwe und dem Propheten, in dem Älteste Israels einbezogen sind. Diese Sprachhandlung ist die Grundlage der Untersuchung. Jahwe wendet sich an zwei Empfänger, direkt an den Propheten und über ihn an die Ältesten. Ziel der Auslegung ist es, das Gotteswort innerhalb dieses dialogischen Beziehungsnetzes zu verstehen [42].

---

[37] ZIMMERLI (1954a) 3: "Prophetisches Wort ist etwas eigenartig Geschehnishaftes, ans Geschehnis Gebundenes, nie zu verwechseln mit zeitlos verfügbarer Wahrheit."

[38] Bei der historischen Beurteilung des Ez-Buches sind alle logisch möglichen Positionen konsistent vertreten worden (DUGUID [1994] 4).

[39] HEILER (1920); LINDBLOM (1939) 65-74.

[40] SUDBRACK (1989) 367-370.

[41] Darum ist z.B. die Gotteserfahrung des Ezechiel vom Damaskuserlebnis des Paulus verschieden. Christliche Hintergedanken bei der "historical-analogic method" vermutet GREENBERG (1980) 148.

[42] Dabei gilt, was ORIGENES in der Auslegung des Johannesevangeliums (Überset-

In den meisten modernen Kommentaren werden diese Auslegungsprinzipien ignoriert. Dafür wird das "Deus dixit" säkularisiert und in ein "Propheta dixit" umgemünzt. Dahinter steckt kein exegetisches, sondern ein weltanschauliches Urteil, das nicht mit Sicherheit widerspiegelt, wie sich die Dinge tatsächlich verhalten haben [43]. Auf dieser Ebene der Textuntersuchung ist die Vermischung von Religionskritik und Sachverhaltsanalyse verfrüht. Sie führt zu einer Uminterpretation der berichteten Wirklichkeit, und zwar noch bevor diese zur Kenntnis genommen wurde.

Hier wird eine vorsichtigere Vorgangsweise gewählt und der Text unabhängig von religiösen Standpunkten gelesen. Die Analyse enthält sich jeder Art von Religionskritik und beschränkt sich auf das Verständnis des Textes in seinem Selbstzeugnis. Diese Vorgangsweise verfährt in Abwandlung des Diktums von Hugo GROTIUS [44] nach der Maxime "Etsi daretur Deus esse". Die Ereignisanalyse hält sich angesichts des dialogischen Auftretens Gottes unter strikter Vermeidung wertender Urteile und subjektiver Standpunkte an die im Text dargestellten Fakten. In der Religionsphänomenologie wird diese Haltung mit dem Begriff der *epoché* bezeichnet [45]. Die Analyse beschränkt sich somit auf das, was am Untersuchungsobjekt wissenschaftlich feststellbar ist. Gottesreden, Wunder, Visionen und Auditionen werden auf ihre religiöse Intention und dialogische Bedeutung hin untersucht, ohne sie auf dem Hintergrund des Historizismus oder des mechanistischen Weltbildes des 19. Jahrhunderts auf ihre Glaubwürdigkeit hin zu befragen [46]. Eine Entmythologisierung oder Entgottung [47] gehört somit nicht zu den legitimen Zielsetzungen der Untersuchung,

---

zung nach SC 157 166-167 Nr. 53) sagt: "Celui qui veut lire l'Écriture attentivement doit toujours y apporter beaucoup de soin, car il est nécessaire d'observer par qui et quand les paroles sont dites, pour trouver que, dans tout l'ensemble des saints livres, les paroles sont attribuées aux différents personnages conformément (à leur caractère)." Dazu: PACZKOWSKI (1994) 293.

[43] Der Prophet Ezechiel wäre ein "Mystificator seiner selbst" (BECKER (1986) 139). CARLEY (1975) 6 berücksichtigt das ekstatische Element: "'prophecy' ist understood in the widest sense, namely as a form of communication, by a human intermediary, of information from powers of person beyond the sphere of normal sense perception."

[44] Vgl. hierzu GROTIUS' rechtswissenschaftliches Werk "De jure belli ac pacis". Prolegomena §11 (1646), wo die angewendete Methode unter die Prämisse "etsi daretur Deus non esse" gestellt wird.

[45] LANCZKOWSKI (1978) 15. Der Begriff findet sich zuerst bei Stoikern und Skeptikern, später bei HUSSERL (AUROUX [1990] 816). Zur Frage nach Sinn und Wahrheit der Rede über Gott: THISELTON (1995) 3-9: "God as Self-Affirming Illusion?"

[46] HOUSTON (1993) 179: "The validity of the prophetic claim to divine authority is a theological question (...). All that can be said here is that the prophets *claimed* divine authority, and that that claim was contested. Within the terms of the prophetic discourse itself, there is no way of challenging the claim, and we can only continue our analysis, having bypassed the theological question, by pragmatically accepting it.

[47] Kritisch äußert sich Friedrich HEILER (1961) 4s zum Interpretationsprinzip der Entmythologisierung: "Die moderne Religionswissenschaft hat großenteils den Begriff

weil sie dem Weltbild des Textes fremd und darum methodologisch unangemessen sind [48].

Die Dialoganalyse versucht folglich, ein Gotteswort *qua* Gotteswort zu erklären. Ihre Vorgangsweise ist phänomenologisch-induktiv [49]. Das Gespräch in Ez 14 ist im Rahmen des Sprachereignisses und unter den Vorgaben, die es sich selbst gibt, zu untersuchen. Diesbezüglich ist das vom Religionswissenschaftler Pierre Daniel CHANTEPIE DE LA SAUSSAYE (1898) 24 angeführte Beispiel aufschlußreich, wonach erst die religiöse Sinngebung erlaubt, einen Opferpriester von einem Metzger zu unterscheiden und - wie hinzugefügt werden kann - einen singenden Moralisten von einem prophetischen Sprachrohr Gottes.

Religion vermenschlicht und entgottet: der Mensch wird zum Schöpfer der Religion. Religion gilt als eine Fähigkeit des menschlichen Geistes wie das philosophische Denken und das künstlerische Schaffen. Von hier wird oft der Schritt zum Illusionismus getan; antike wie moderne Philosophen, vor allem Ludwig Feuerbach, sehen in der Religion eine Illusion des menschlichen Geistes. Dabei wird die Wurzel der Religion verschieden gesucht: teils im Verstand, teils im Willen oder Gefühl. Religion wird zu einem reinen Menschenwerk, einem bloßen Kulturphänomen; dieser Religionsbegriff wird darum als immanentistisch gekennzeichnet." Und: "Man kann der Religion nicht bloß mit rationalen, philologischen und psychologischen Maßstäben beikommen (17)." Darum postuliert HEILER drei Bedingungen, die bei der Analyse religiöser Phänomene notwendig sind:

1.) die "Ehrfurcht vor aller wirklichen Religion". Das Staunen ist der Anfang der Religionswissenschaft. In der Religion geht es nicht um Alltägliches, sondern um das Letzte und Höchste, um die Ewigkeit (vgl. Ex. 3,5);

2.) eine "persönliche religiöse Erfahrung". HEILER vergleicht sie mit dem sittlichen Gefühl, dem künstlerischen Empfinden oder der Wahrheitsliebe, ohne die es keine Ethik, Kunstwissenschaft oder Philosophie gibt;

3.) das "Ernstnehmen des religiösen Wahrheitsanspruches". Religion kann von dem nicht recht verstanden werden, der sie als Aberglaube, Illusion oder Popanz abtut. Sie ist zwar ein Stück Geistesleben, doch verständlich ist sie nur aus ihrer letzten metaphysischen Quelle, Gott.

Als Beispiel für die von HEILER kritisierte Haltung vgl. COHEN (1996) 285 über Morton Smith: "Smith had only scorn too for those who saw any truth in the prophetic experiences of either the Old Testament or the New Testament, as if God or any god would ever or did ever communicate in such a way with humans. For Smith the ideal of scholarly objectivity could be met only through atheism or Epicureanism, that is, the assumption that if the gods exist, they intervene not at all in human affairs (...)."

[48] Die Entmythologisierung leistet keinen wirklichen Beitrag zum Verständnis des Göttlichen, weil dieses durch sie ausgeblendet wird.

[49] Bei der phänomenologischen Exegese religiöser Texte unterscheidet CONNOLLY (1994) 207 zwei Phasen: eine vorbereitende ("[...] the exegete is imaginatively seeking to 'enter into' the reality construct of the other, to walk awhile in the shoes of the other.") und eine typologische ("takes the exegete outside the worldview of the author[s]/compiler[s]"), wobei ein Reduktionismus ("the analysis of one construction of experience in terms of another") zu vermeiden ist. Ähnlich: LAATO (1994) 296 und (1996) 13-17. Die induktive/deduktive Vorgangsweise unterscheidet KUSTÁR (1972) 18 so, "daß die induktive Methode die augenscheinliche Form im Kontext untersucht und die deduktive die im Hintergrund stehende und nur im grossen Zusammenhang sichtbare innere Struktur sucht und diese aufzeigt."

Deshalb definieren wir "Prophet" mit WEIPPERT (1988) 289s in einem religionsphänomenologischen Sinn als Person, die in einem kognitiven Erlebnis (Vision, Audition, Traum etc.) der Offenbarung einer Gottheit teilhaftig wird und von dieser den Auftrag erhält, die Offenbarung an den eigentlichen Adressaten weiterzuleiten [50].

Bei der Auslegung von Offenbarungen ist ein weiteres zu bedenken. Kognitive Erlebnisse mystischer Natur, wie sie in Visionen vorliegen, unterscheiden sich von der Augenzeugenschaft eines Beobachters, der die äußere Wirklichkeit verbürgt. In der Vision schaut der Seher die Dinge nicht mit seinen leiblichen Augen, sondern mit den Augen Gottes. In welchem Verhältnis stehen diese Schauungen zur äußeren Wirklichkeit? Ez 8-11 berichtet z.B. vom Tammus-Kult der Frauen oder von der Zerstörung Jerusalems durch sechs Männer [51]. Historisch gesehen ist ersterer wahrscheinlicher als die Niedermetzelung einer ganzen Stadt durch sechs Personen. Gleichwohl ist zu beachten, daß beide Tatbestände aus einer visionären Quelle stammen und für beide keine Augenzeugenschaft im historischen Sinn beansprucht wird. Die visionäre Schilderung beabsichtigt keine inventarmäßige Abbildung von Einzelsachverhalten, die in Jerusalem bestehen bzw. eintreffen, sondern eine konzentrierte Darstellung und Beurteilung der Gegenwart und Zukunft Jerusalems. Das muß die Auslegung berücksichtigen.

Gleiches gilt für die in Vision und Audition vermittelten Volks- und Ältestenzitate. Wichtiger als die Frage nach dem Wann und Wo ihres "Sitz im Leben" ist die Erkenntnis, daß Jahwe durch sie und durch die Visionsbilder eine Lage synthetisiert, die einem Beobachter der äußeren Wirklichkeit so nicht einsichtig gewesen sein muß. Die Vision stellt demzufolge eine Wirklichkeit dar, die dem auf den äußerlichen und punktuellen historischen Sachverhalt blickenden Auge verborgen bleiben kann [52]. Somit ist Ez 8-11 keine Filmreportage über die Lage des Glaubens in Jerusalem, sondern eine ausleuchtende Zusammenschau der Zustände in der Stadt, die es erlaubt, die Phänomene nicht nur zu sehen, sondern auch zu verstehen. Das ist möglich, weil Jahwe das prophetische Auge visionär lenkt [53].

---

[50] So FÜGLISTER (1996) 14 und MILLER (1995) 100: "mediation of a divine word." Zum religionsgeschichtlichen Begriff des Propheten: KLEIN (1996).

[51] Letztere nennt STALKER (1968) 103 mit Recht "a well-developped apocalyptic (superhistorical) description of God's judgment." SCHMALZL (1901) 101: "Die Prophetie ist nicht Historiographie".

[52] Daß in Ez 9 Jahwe hinter der Zerstörung der Stadt steht, wird nicht aus dem äußeren Geschehen, sondern nur aus der Vision verständlich. Ähnlich Ez 14: Erst durch das Gotteswort wird die Tragweite und Problematik der in Ez 14,1 dargestellten Prophetenbefragung sichtbar. BECKER (1971) 38 unterscheidet zwischen dem wirklich Geschauten und der geschauten Wirklichkeit.

[53] Das hat Folgen für die historische Auswertung visionärer Ereignisse. Audition und Vision offenbaren Jahwes Sicht der Dinge und keinen 'neutralen' historischen

1.5. *Der Ort der Literarkritik*

Um dem Einwand zu begegnen, die Dialoganalyse führe in einen vorkritischen Textpositivismus, ist das Verhältnis der Gesprächsanalyse zur Literarkritik zu bestimmen. Mit EGGER [54] (u.a.) sind wir der Auffassung, daß die Literarkritik, welche die Einheitlichkeit eines Textes zu beweisen bzw. die Texteinheit zu rekonstruieren versucht, der Dialoganalyse nachzuordnen ist. Die Beurteilung literarkritischer Phänomene setzt nämlich das Verständnis des Textganzen voraus [55]. Nur in seinem Lichte läßt sich die Frage nach dem Verhältnis eines Einzelphänomens zum Großtext beantworten [56].

Viele literarkritische Schulen orientieren sich - bis hinein in die Terminologie - an Vorstellungen, die der grabenden Archäologie entstammen [57]. Dort kann man die Schichtenfolgen und Verflechtungen von Gebäudeteilen oft gut erkennen und datieren. Die Anwendung solcher Modelle auf die Literarkritik

---

Blickpunkt. Während die Audition Gottes Wort vermittelt, stellt die Vision dar, wie er die Dinge sieht. In Ez 8-11 wird als Kontrast dazu die Sichtweise Jerusalems referiert. Das offenbart die unterschiedlichen Standpunkte (vgl. Beurteilung des Götzendienstes).

[54] EGGER (1987) 159. Ferner NICCACCI (1994a) 45: "Mettere cronologicamente al primo posto l'approccio diacronico non mi sembra il procedimento migliore, e questo per due motivi strettamente collegati tra loro. Primo, il testo certo e importante è quello finale, mentre le fonti restano ipotetiche e in ogni caso meno importanti; secondo, se si comincia con il sezionare il testo in fonti, riesce difficile valutarlo nella sua forma finale. Se è vero, come gli studi moderni sottolineano, che il testo finale non è un agglomerato informe di fonti ma un'opera letteraria, allora il senso inteso deriva dal modo come l'autore dispone le informazioni piuttosto che dal senso delle fonti originarie, anche se fosse possibile identificarle con certezza." LAATO (1994) 296: "Those who begin the reconstruction with a literary-critical analysis actually end up creating their own texts and there is great risk that from the outset such studies have lost their way."

[55] Das Problem wird von BUTH (1994) 138 so benannt: "To one analyst a discontinuity in a text signals a seam between two sources; to another, simply a literary technique." Wo die Kriterien der Textbehandlung im Dunkeln bleiben, gilt die Aussage von DAWSON (1994) 16 Anm.9: "Radical restructuring of the text is, for some, only a starting point in their protection of theory or ideology: difficulties in the text lead to rewriting the text."

[56] HARDMEIER (1993) 52 spricht vom "Anfangs- und Primärverdacht", wonach "der Text in seiner Endgestalt eine nachvollziehbar plausible Struktur haben muß und eine literarische Gesamtgestalt darstellt, die zuerst als solche wahrgenommen und beschrieben werden muß, bevor man sich im einzelnen auf die Spur diachroner Überarbeitungen macht." Vgl. KOCHs (1980) 192s Hinweis zur Literarkritik in den Prophetenbüchern: "(...) insbesondere deutschsprachige Untersuchungen sezieren die hebräischen Texte oft so, wie ein Deutschlehrer in der Oberschule einen deutschen Aufsatz korrigiert (...)". ANDERSEN (1995) 146s: "It is an anachronism to impose on biblical texts and other reports of visions the criteria we now apply to writings intended to be scientific or didactic - clear and distinct ideas, logically ordered." Und: ANDERSEN (1995) 147 zur Analyse der sprachlichen Kohärenz in prophetischer Rede ("Accepting the Text as It Is").

[57] ALTER (1992) 133.139: "excavative scholarship". Man spricht etwa von "Schichten", "Überresten", "Bausteinen" etc.

ist fragwürdig. Im Gegensatz zur Schichtenfolge in einem Tell ändert sich ein Text mit jedem Eingriff nicht nur an der direkt betroffenen Stelle, sondern in seinem ganzen Gefüge. Folglich hat eine Textänderung auch Einfluß auf Teile, die von der Eingriffsstelle weit entfernt sind und gar nicht betroffen scheinen. Das ist so, weil jeder Text ein dynamisches Bezugsgefüge von Zeichen und keine Sinnkonserve von in sich isolierten Satzwahrheiten ist [58].

Deshalb sind wir der Meinung, daß es der vorausgehenden Erfassung der inneren Diachronie eines Textes bedarf [59], bevor Kriterien vorliegen, um echte literarkritische Charakteristiken von Phänomenen zu unterschieden, die nach den Worten SCHWEIZERs jenseits "gekonnter bzw. notwendiger stilistischer Erscheinungen" liegen [60].

---

[58] Gegner einer Nachordnung der Literarkritik ist SCHWEIZER (1988) 26 Anm. 9. Obwohl er ([1988b] 68) um das Problem der Satzfixierung traditioneller Grammatikmodelle weiß, bleibt er in seiner Beurteilung der Literarkritik davon geprägt: "Wer zunächst auf die Kohärenzfaktoren so sehr achtet, läuft Gefahr, vorhandene literarkritische Brüche zuzuschmieren". Suggestivsprachliches "zuschmieren" kann nicht über die Problematik der Aussage hinwegtäuschen. Zeigt nicht *jeder* Text Spannungen und "störende" Wiederholungen, ja bisweilen sogar Fehler und logische Inkohärenzen? Es ist schwer, einen literarkritischen Bruch von einer Texteigenheit zu unterscheiden. SCHWEIZER (1986) 15 spricht vom Textwiderstand, an dem es sich zu reiben gilt, und anerkennt, daß dasselbe Phänomen Reibungspunkt oder Scheidungskriterium sein kann. Die Literarkritik ist in Gefahr, den natürlichen Widerstand eines Textes zu beseitigen und ihm - nach JAHN (1905) III - die Giftzähne zu ziehen. SCHWEIZER ist bezüglich des literarkritisch Machbaren optimistisch: "(...) diese Literarkritik setzt schon mehrere «vorbereitende Schritte der Analyse» voraus, ein genaues Textverstehen aufgrund geklärter Grammatik. Literarkritik «am Anfang» (sc. der Analyse) ist ohnehin nur möglich, wenn der Exeget aufgrund der Vorbereitungen in der Lage ist, ganz die Rolle des verstehenden Textempfängers, -lesers einzunehmen. Er ist also nicht mehr so sehr dem Nicht-Verstehen ausgeliefert, daß er in der Gefahr stünde, nur noch Spannungen und Fragmente im Text zu entdecken. Der Blick für die Kohärenzfaktoren des Textes ist also durchaus auch schon bei der beschriebenen Anfangsposition gegeben ([1988b] 69)". SCHWEIZERs exegetisches Instrumentarium steht in Kontrast zu dieser Aussage. Das unterstreicht seine literarkritische Modelluntersuchung ([1988] 42), deren Resultate er mit jenen GUNKELs vergleicht. SCHWEIZERs Urteil ist ernüchternd: "Gunkels Literarkritik macht einige richtige Beobachtungen, ist aber zu summarisch, noch zu wenig textnahe und wohl zu sehr von der Hypothese zweier durchlaufender Stränge geleitet". Wo literarkritische Ergebnisse so stark voneinander abweichen, ist ein gnoseologische Optimismus fehl am Platz. Dabei ist anzuerkennen, daß SCHWEIZER (1988) 50 das Problem der Literarkritik durchaus erkennt, wenn er z.B. bemerkt, daß bei vielen Texten "stilistische Kontraste, Neueinsätze, gedankliche Schwenks (sic!), überraschende Pointen der Normalfall sind.

[59] Unter der inneren Diachronie eines Textes verstehen wir den Ablauf der in einem Text bezeugten Sprachhandlung.

[60] Wir denken weniger an Textverderbnisse. Eine andere Frage ist, ob konsensfähige literarkritische Ergebnisse je zu erreichen sind. MILLARD (1996) 316s veranschaulicht die "Diskrepanz zwischen der postulierten Präzision und den tatsächlichen Widersprüchen innerhalb der verschiedenen einzelnen Exegesen" am Beispiel von Auslegungen, die Erich Zenger zu Ps 2 und Frank-Lothar Hossfeld zu Ps 15 vorgelegt haben.

Ergebnis: Ziel der Untersuchung ist das Verständnis des in Ez 14 bezeugten Sprachverhaltens Jahwes. Dadurch werden wir Aufschluß über das Funktionieren der Sprachhandlung bekommen. Erst wenn wir in diesem Punkt urteilsfähig sind, liegt ein Kontext vor, um literarkritische Urteile zu begründen bzw. um sich Gedanken über die Textentstehung zu machen.

1.6. *Die Abgrenzung zu den historischen Textinterpretationen* [61]

Die Beziehung zwischen der Dialoganalyse und den historischen Textinterpretationen soll mittels zweier Punkte dargestellt werden.

(i) Die Dialoganalyse bereitet die historische Untersuchungen vor [62]. Sie beachtet den Unterschied zwischen dem Skriptum und dem Faktum [63] und ruft in Erinnerung, daß das Faktum nur durch das Skriptum ermittelt werden kann. Das gilt besonders, wo ein Text der einzige Zeuge eines vergangenen Sachverhaltes ist. Je besser dieser Text verstanden wird, desto leichter kann von ihm auf einen geschichtlichen Hintergrund geschlossen werden. Der pragmalinguistische Ansatz zielt darum auf die direkt zugängliche, textlich-fiktive Wirklichkeitsebene. Von ihr ausgehend sucht historisches Arbeiten zur hinter dem Text stehenden geschichtlichen Wirklichkeit vorzudringen. Die pragmatische Methode legt also die im Text enthaltene fiktive Wirklichkeit zutage und ist dem Text und seiner Geschichte verpflichtet. [64]

---

[61] Diese Bezeichnung ersetzt den Ausdruck "historisch-kritische Methode". Erstens gibt es viele historische Ansätze und zweitens ist das Attribut "kritisch" für eine wissenschaftliche Methode selbstverständlich. Der gewählte Ausdruck paßt sich dem Sprachgebrauch der allgemeinen Geschichtswissenschaft an. Zu "historisch-kritisch": RICHTER (1971) 17-19. Zur Geschichte des Geschichtsbegriff: LIWAK (1987) 9-57. Zur Definition und Vorgangsweise der historischen Textinterpretationen: SIMIAN-YOFRE (1995) 79-119.

[62] BONO (1995) 8: "The very «documents» once seen by historians as providing evidence for or against historical narratives and explanations now present themselves as complex «texts» that are themselves the site of discursive conflicts and self-contesting motives and «interests.» The appeal to explanatory «contexts» to legitimate readings of «documents» or «complex texts» has also proven to be far more troublesome than past practitioners of history may have understood. While the call by some to reject context as a legitimate historical concept appears unnecessary, undesirable, and perhaps simplistic, historians do need to rethink the notion of context."

[63] Das Faktum ist eine historische Kategorie, für dessen Ermittlung nach SMITH (1968) 9 gilt: "But we can never recover the actual past event; therefore we have to accept, *faute de mieux*, the most probable explanation as the historical one."

[64] Mit Bezug auf die griech. Geschichtsschreibung und auf BARR (1976) untersucht NICHOLSON (1994) 149 die Anwendung des Begriffes "history" auf die narrative Prosaliteratur im AT. Er erkennt: "(...) that the narratives of the Yahwist and the Deuteronomist merit the title 'story' rather than 'history', or as put by Professor Barr in describing the long narrative corpus of the Pentateuch and Former Prophets that now comprises both these sources, 'merit entirely the title story but only in part the title history'." Dieses Ergebnis weist der Untersuchung der 'story' eine wichtige Bedeutung für das Verständnis der 'history' zu. BARR (1976) 11: "It [sc. der Pentateuch] is meant to be read not as the

(ii) Die Dialoganalyse beachtet die Textbesonderheiten in ihrem Kontext [65]. Die historische Analyse versteht den Text dagegen im Kontext von Quellen, Überarbeitungsschichten, äußeren Einflüssen (etc.). Was nicht in den angelegten historischen Raster paßt, wird als Zusatz (etc.) ausgeschieden. Die Harmonisierung des Einzeltextes auf einen historischen Sitz im Leben hin geht oft zu Lasten der Textindividualität [66]. Hier tritt die Dialoganalyse als Anwalt der textlichen Besonderheiten auf und läßt das "Ärgernis Ärgernis sein" [67]. Sie wirkt somit als Antithese zur historischen Textbehandlung. Man mag ihr deswegen eine harmonisierende Textinterpretation vorhalten. Gewiß, besteht diese Gefahr. Sie ist aber nicht größer als bei jedem anderen exegetischen Ansatz [68]. Bevor eine Methode mit diesem Argument angezweifelt wird, gilt: Abusus non tollit usum.

Besonders wirkt die Dialoganalyse der Textvergessenheit historischer Ansätze entgegen. Deren Ausrichtung auf das hinter dem Text liegende vergangene Ereignis bzw. das Begreifen von Texten mittels hypothetischer Rekonstruktionen hat zu einer Entfernung vom Einzeltext geführt. Statt auf den Textinhalt konzentriert sich die Auslegung auf die Rekonstruktion (verlorener) Textformen [69]. Dieser Rekonstruktion von historischen Texten und Fakten setzt die Dialoganalyse den Versuch entgegen, den Text zwar kritisch, aber so zu lesen, wie er ist. Verständnisprinzip ist die textlich verankerte Kommunikation, die nicht auf die Intentio auctoris reduziert werden kann, weil im Dialog verschiedene Intentionen aufeinandertreffen [70].

---

reflection of forces in the history of tradition which brought it into being but as a story developing and unfolding from its own beginning." Zur Unterscheidung von story/history: KRÜGER (1989) 4.30-40 und GOLDINGAY (1995) 15-21. LAATO (1996) 53: "(...) *the process of writing is always an interpretation!* In the process of writing the extra-textual referential world is incarnated in the text (im zitierten Text kursiv)."

[65] ADAM (1995) 34: "Manifestation toujours singulière d'une langue donnée, tout énoncé est hétérogène par nature."

[66] BARTHES (1970) 9 spricht nicht von Individualität, sondern von Differenz (dazu POSNER [1993] 219): "Il faut donc choisir: ou bien placer tous les textes dans un va-et-vient démonstratif, les égaliser sous l'œil de la science in-différente, les forcer à rejoindre inductivement la Copie dont on les fera ensuite dériver; ou bien remettre chaque texte, non dans son individualité, mais dans son jeu, le faire recueillir, avant même d'en parler, par le paradigme infini de la différence, le soumettre d'emblée à une typologie fondatrice, à une évaluation."

[67] Karl BARTH: Kirchliche Dogmatik III 1 154.

[68] Die Dialoganalyse steht in Gefahr, den Gesprächskontext zu verabsolutieren, während die historische oder die ästhetische Methode einen Text in Funktion einer bestimmten historischen Situation bzw. gefälligen Form beugen können.

[69] GOLDINGAY (1995) 20 verweist mit Robert POLZIN auf die Anstrengungen des historischen Ansatzes zur Ermittlung des richtigen Textes, "which is then ignored out of a desire to excavate behind it to its hypothetical earlier forms, so that the object of study is the pre-text rather than the text (20)."

[70] Sprache ereignet sich als Anrede. Die psychologisch orientierte Kategorie der

Das bedeutet keineswegs, daß die Gesprächsanalyse die Diachronie der Ereignisse ignoriert. Ganz im Gegenteil. Sie interessiert sich aber nicht für die historische Tatsachenrekonstruktion hinter dem Wort, sondern für die diachronische Verkettung der Ereignisse in der Sprachhandlung.

Mit diesem Anliegen ist eine Rückbesinnung auf den Auslegungsgegenstand "Text" verbunden, der als dynamischer Ausdruck dynamischer Inhalte verstanden wird. Die Dialoganalyse versucht, die von der historischen Methode in die Geschichte projizierte Bewegung zuerst in der Sprachhandlung zu entdecken. Findet sich eine solche Bewegung nicht in den Texten, so dürfte sie hinter ihnen erst recht nicht rekonstruierbar sein. Wissenschaftlich erkennbar ist nur die textgewordene Wirklichkeit. Dagegen ist es unmöglich ist, das Rad der Zeit zurückzudrehen und den vergangenen Augenblick aufzuerwecken [71].

In biblischen Texten kommt hinzu, daß die aktive Präsenz Gottes einer historischen Ereignisrekonstruktion im Wege steht. Sie führt die in der sogenannten Aufklärung erarbeiteten exegetischen Kriterien, die ein deistisches Gottesbild voraussetzen, bei der Auslegung biblischer Texte in eine Krise. Deshalb erarbeitet die Dialoganalyse, um weltanschauliche Kollisionen zu vermeiden, was - gelegen oder ungelegen - im Text ausgesagt ist und überläßt ideologische Akkommodationen anderen Wissenschaften [72].

"Intention des Autors" wird dem nicht gerecht. SIMIAN-YOFRE (1988) 83: "(...) los efectos de la comunicación superan el ámbito individual de cada uno y se extienden al conjunto de la sociedad." Und: "Las intenciones posibles por parte del productor del texto se ven así delimitadas por las mutuas asignaciones de roles y mutuas expectativas (...). En la interacción con el emitente, el receptor se convierte a su vez alternativamente en emitente (...). Puesto delante de otro, es imposible no comunicar de alguna manera (91s)."

[71] Der Historiker Reinhard WITTRAM drückt in seiner Abhandlung "Das Interesse an der Geschichte" (Göttingen [1958] 15s) die Aporie der Geschichtswissenschaft so aus: "Mir erscheinen die großen geschichtlichen Begebenheiten der Vergangenheit immer als gefrorene Katarakte: in der Kälte des entflohenen Lebens erstarrte Bilder, die uns in Distanz halten (...). Wir frieren im Anschauen der Größe gefallener Reiche, untergegangener Kulturen, ausgebrannter Leidenschaften, toter Gehirne (...). Wenn wir das ernstnehmen, kann es uns durchfahren, daß wir Historiker ein sonderbares Geschäft treiben: wir hausen in den Totenstädten, umfangen die Schatten, zensieren die Abgeschiedenen."

[72] SMITH (1968) 12 knüpft seine historische Analyse an den deistischen Atheismus: "Whether or not supernatural beings exist is a question for metaphysics (...). But the historian does require a world in which (...) normal phenomena are not interfered with by arbitrary and *ad hoc* divine interventions to produce abnormal events with special historical consequences." Er betont zu Recht, daß die historische Methode keine Kategorien kennt, um das Göttliche zu erfassen: "Now the minds of the gods are inscrutable and their actions, consequently, incalculable." Freilich überschätzt er in seiner Diskussion mit Thorkild Jacobsen ("that when writing the history of religion we are only concerned to determine what ancient beliefs were, not whether or not they were true") die Selbstverständlichkeit seines reduktiven Weltbildes und übersieht den Unterschied zwischen ihm und dem Weltbild des Textes. Dazu GROS LOUIS (1974) 13: "The text itself affirms a reality, one which is obscured when the text is divided into sources or when questions of historical validity are raised."

1.7. *Die Abgrenzung zu strukturorientierten Textuntersuchungen*

Vor allem in der englischsprachigen Bibelwissenschaft sind textstrukturorientierte Methoden als Rhetorical Criticism oder Literary Criticism bekannt geworden. Gelegentlich werden sie als "Close Reading" bezeichnet [73]. Dieses Analyseverfahren bemüht sich um eine Interpretation der poetischen Aspekte von Texten und will deren literarische Gestalt, die auf den sogenannten Endredaktor zurückgeht, aufzeigen [74].

Der strukturorientierte Textbegriff betrachtet den künstlerischen Aufbau eines literarischen Dokuments. Dabei werden die inhaltlichen, historischen oder philologischen Aspekte zurückgestellt. Gesucht wird nach einer bewußt ausgeführten harmonischen Form, die nach bestimmten Regeln gestaltet ist. So werden z.B. kleinere Untereinheiten erarbeitet und als Strophen interpretiert. Textteile, die sich einer solchen Aufteilung widersetzen, werden als Prosaeinlagen oder in Verbindung mit historischen Erklärungsschemen als spätere Zusätze betrachtet (etc.). So entstehen Textmodelle, die architektonischen Planskizzen ähnlich schauen, womit Texte nach Kriterien verstanden werden, die auch zur Beschreibung von Häuserfassaden dienen könnten.

Eine ähnliche Formalisierung erfolgt, mehr im inhaltlichen Bereich, bei der Analyse narrativer Texte. Die Handlung wird in Szenen aufgeteilt [75] und im Sinne einer strukturalistischen narrativen Syntax auf ihre der Besonderheiten der konkreten Erzählung entkleideten Grundkonstanten zurückgeführt [76]. Auf der formalen Ebene werden nach der Strukturierung des Textes Bereiche wie die Diktion, Prosodie, Textsyntax und die Bilder- und Symbolwelt analysiert. Dazu gehört auch die Herausarbeitung von Motiven und Themen.

---

[73] Z.B. BOZAK, Barbara A.: Life "Anew". A Literary-Theological Study of Jer 30-31. Roma 1991. Die genannten Beispiele entstammen dieser Arbeit. Zu Geschichte und Methode des Rhetorical Criticism mit Bibliographie: WATSON-HAUSER (1994).

[74] Insofern diese Methode die Grammatik/Syntax textlicher Form sucht und anwendet (wobei nicht-konforme Teile als Zusätze betrachtet werden), sind in ihr Elemente der strukturalistischen Texttheorie zu erkennen (SELDEN/WIDDOWSON [1993] 107).

[75] Die Methode inspiriert sich an den drei Einheitsbedingungen, die CASTELVETRO im Anschluß an die Poetik des ARISTOTELES für das Drama postuliert hat: Einheit der Handlung, der Zeit und des Ortes (vgl. FUHRMANN [1989] 176).

[76] Klassisch ist die Analyse der Morphologie russischer Märchen durch Wladimir PROPP. Er erarbeitet die *typischen* Aktanten (z.B. Held, Feigling) und Handlungsabläufe in Märchen. SELDEN/WIDDOWSON (1993) 109s weist auf die Gefahr der archetypischen Einfachheit der PROPP'schen Kategorien hin. Strukturalistische bzw. strukturalismusnahe Ansätze zeigen eine Tendenz, die durch die DE SAUSSURE'sche Bevorzugung der langue (präexistierendes Sprachsystem, HANKS [1996] 19-87) vor der parole (aktuelle Rede in konkreten Situationen) initiiert wurde (DE SAUSSURE [1931] 25). Zum Langue/Parole-Problem in der Grammatikforschung: HARDMEIER (1991) 128-139.

Die strukturorientierte Textuntersuchung sieht den Text als ein geordnetes und statisches Kunstwerk [77]. Das hat zwei Nachteile. Zuerst wird der Text unter Ausblendung der Diachronie der Sprachhandlung betrachtet. Anstelle des Textablaufes tritt die Auslegeordnung seiner Einzelteile ohne Rücksicht auf ihre temporale und dialogische (etc.) Qualifizierung. Sodann wird im Text ein Ordnungsprinzip gefunden, das zentrale Textkonstituenten (z.B. Tempus) ignoriert und darum den Verdacht erweckt, eine idealisierende Fiktion zu sein, die erst im Nachhinein auf den allzu summarisch erfaßten Text projiziert wird, so daß sich die Frage stellt, ob das postulierte Ordnungsprinzip am Anfang der Textentstehung oder am Anfang des Textverständnisses steht.

Ein großes Manko dieser Exegese ist sodann das Fehlen von wissenschaftlichen Stil- und Ordnungskriterien zur Beurteilung des künstlerischen Aufbaus von Texten. Damit unterliegt die Formbeurteilung stark dem persönlichen literarischen Geschmack des Auslegers und wird in der Folge schwer kommunikabel. Es besteht die Gefahr, daß letztlich jeder Text zum artistischen Kunstwerk erklärt wird. Diese Schwierigkeit verschärft sich im Umgang mit at Texten, weil das Problem der hebräischen Poetik trotz vielversprechender Ansätze noch ganz ungeklärt ist [78].

Als Gegenentwurf zur strukturorientierten Textbetrachtung versucht die Dialoganalyse, den Text nicht mittels einer vorgegebenen Literaturtheorie zu verstehen, sondern ihn im Rahmen des im Einzeltext greifbaren Dialoges zu analysieren. Damit rücken der Redeablauf und die temporale Abfolge als grundlegende Ordnungsprinzipien ins Zentrum. Es wird vorausgesetzt, daß das Gemeinte wenigstens ansatzweise bekannt ist, so daß zwischen dem dialogischen und dem syntaktisch-semantischen Textverständnis eine Wechselbeziehung besteht [79].

---

[77] Die folgenden Anmerkungen wollen die Legitimität und Ergebnisse der strukturorientierten Methode nicht grundsätzlich in Zweifel ziehen.

[78] ALONSO SCHÖKEL (1987). Zur Poesie in Prophetentexten: GELLER (1983). Es gibt keine klaren Kriterien, um Prosa und Poesie in hebr. Texten formal zu unterscheiden.

[79] GROSS (1976) 8 (Anm. 20). Das liefert die Auslegung keiner Eis-egese aus. Der formale Ansatz ist keine Garantie für eine objektivere Inhaltsanalyse. Inhalt und Form betreffen unterschiedliche Textebenen. Es gibt die Ebene (1) des bezeichnenden Zeichens, (2) des Bezeichneten und (3) des Gemeinten (KOSCHMIEDER [1945] 9). Jede Ebene hat ihre eigenen Kategorien, die auf einer anderen Ebene nicht greifen. GROSS (1976) 8: "(...) es führt kein direkter Weg vom Gemeinten zur Ausdruchksseite [sic] oder umgekehrt." DE SAUSSURE's Unterscheidung von Form und Inhalt beruht auf der Dichotomie Signifikant versus Signifikat. DE SAUSSURE zeigt, daß die Zuordnung von Zeichenkörper (Signifikant) zum begrifflichen Konzept (Signifikat) auf Konvention beruht. Der Versuch, mittels analytisch-formaler Urteile über den Signifikanten zu reinen Sinneinheiten (Signifikaten) vorzustossen, ist ein Irrweg (unbeschadet der Einwände POSNERs [1993] 217 gegen DE SAUSSURE: "Hat das, worüber man kommunizieren will [die Referenten], keinen Einfluß auf die Kodes, die man in der Kommunikation einsetzt?"). Dem wissenschaftlichen Textverständnis geht ein intuitives Begreifen voraus. Natürlich können

Somit folgt die Dialoganalyse nicht Textmustern, sondern dem Ablauf des Gespräches in seiner Ausrichtung auf verschiedene Anredepartner. An die Stelle des Kunstbegriffes tritt der Handlungsbegriff. Der Text wird als Zeugnis einer Handlung, genauer, der Sprachhandlung, verstanden. Das ist das methodische Apriori der pragmatischen Methode. Es wird also nicht der abendländische Kunstgeschmack, sondern die zeitgenössische Kommunikationserfahrung auf Dialoge vergangener Tage übertragen. Diese Transposition ist gerechtfertigt, weil die meisten biblischen Texte dem heutigen Leser nicht wie Funksprüche aus dem All vorkommen, sondern im großen und ganzen verständlich sind [80]. Daraus folgt, daß die Bibeltexte eine Kommunikation voraussetzen, die sich nach Regeln vollzieht, die auch die Kommunikation in unserem Alltag lenken.

1.8. *Praktische Analyseschritte*

Die historische Interpretation orientiert sich meist am Zeitraster der textlichen Entstehungsphasen. Die Dialoganalyse orientiert sich an den Dialogteilen bzw. am innertextlichen Zeitraster der Sprachhandlung [81].

In Ez 14 spielt sich das Gespräch auf verschiedenen Ebenen ab. Der erste Dialogteil wendet sich an den Propheten, der zweite an die Ältesten. Die doppelte, aber nicht identische Erwähnung eines Rechtssatzes kann folglich nicht als Dublette bezeichnet werden, solange sie nicht im Kontext der Dialogebenen interpretiert wurde [82].

---

nicht harmonierende Ergebnisse das Begriffene modifizieren oder gar umstürzen. Eine Exegese aber, die im Namen der Objektivität auf einen provisorischen Sinnkontext verzichtet, kommt über eine neutrale, sinn-lose Formbeschreibung nicht hinaus.

[80] Zu den für eine Kommunikation vorausgesetzten "maxims of conversation" (Grice): SCHWEIZER (1981) 220s und (1986) 81s. Hier ist auch von "Scripts" die Rede: "Scripts, in the sense developed by cognitive linguists, form the knowledge base that needs to be shared by both a speaker and a hearer of a specific communicative situation in order for the hearer to process the information of an utterance as the speaker expects (...). This freedom to assume a basic knowledge among hearers frees the speaker from the need to state all presuppositions and details about the references (MACDONALD [1992] 164s)."

[81] Zur Erfassung dialogischer Texteinheiten unterscheiden GÜHLICH/RAIBLE (1979) 79 "textinterne" (bezogen auf den Faktor Sprachsystem z.B. Syntax, Pronominalisierung) und "textexterne" (bezogen auf Faktoren wie 'Sprecher', 'Hörer', 'Kommunikationssituation', 'Bereich der Gegenstände und Sachverhalte') Merkmale. Diese Kriterien sind hierarchisch angeordnet und gehen vom Allgemeinen zum Besonderen vor. Sie sind bei MCLAIN CARR (1995) 58 so zusammengefaßt:

1. Meta-communicative sentences (dialogsteuernde Elemente)
2. Substitution on the meta-level (chapter-headings)
3. Substitution on an abstraction level (events)
4. Change in worlds (this world, other world)
5. Episode markers (change in time or place)
6. Changes in the grouping of agents

[82] Vgl. NICCACCI (1994a) 36-46 zur Dublettenfrage in der Sintfluterzählung.

Wichtig ist die Identifizierung der Gesprächspartner als Älteste Israels. Nach dem Urteil fast aller Autoren handelt es sich um Golah-Vertreter. In den von uns gesichteten Werken wird dieses Urteil nie mit innertextlichen Argumenten, sondern mit historischen Hypothesen begründet. Nach dem im Dialog vorausgesetzten Gesprächsstatus der Ältesten wird nie gefragt. Bei der Klärung dieser Frage werden wir auf zwei Ez-Texte zurückgreifen, in denen Älteste in einer ähnlichen Dialogkonstellation auftreten: Ez 8-11 und Ez 20. Reden diese Texte von der gleichen Personengruppe wie Ez 14? Wenn ja: In welchem Verhältnis stehen die drei Ältestendialoge zueinander? Diese Fragen verlangen die Klärung der Identität der Ältesten mittels kommunikativer Indizien. Erst wenn sie bekannt ist, können wir uns ein Bild vom Dialog machen.

Für einen ersten Textzugang unterteilen wir Ez 14 in Äußerungseinheiten [83]. Dieser Analyseschritt auf der Satzebene ist sogleich mit dem Ausgangspostulat zu versöhnen, wonach der Text *qua* Text und nicht als Summe einzelner Sätze Gegenstand der Untersuchung ist. Darum sind Analyseinstrumente zu wählen, mit denen Ez 14 auch formal als Text beschrieben werden kann. Dazu bietet sich die von Harald SCHWEIZER vorgeschlagene Kategorie des Makrosatzes an [84]. Als Makrosätze können mehrere Äußerungseinheiten zueinander in Beziehung gesetzt und die Zusammengehörigkeit von Einzelsätzen (Textualität) beschrieben werden. Auf der Textebene ist der Makrosatz die kleinste Einheit. Die Ordnung dieser kleinsten Texteinheiten und ihr gegenseitiges Verhältnis sind durch den Dialog bestimmt.

Nachdem ein erstes Bild von der Textgestalt vorliegt, stellt sich die Frage nach den Inhalten. Ihre Beantwortung muß den Aussagemodus von Ez 14 berücksichtigen. Ez 14 ist weder eine katechismusartige Exposition von Glaubenswahrheiten, noch eine Predigt oder Vorlesung, sondern eine Sprachhandlung, die auf Dialogpartner hinweist und die Dialogform durch viele redelenkende Zusätze unterstreicht [85]. Es geht in Ez 14 nicht nur um Worte, sondern um ein Sprachereignis mit verschiedenen Dialogpartnern. Die Exegese kann sich darum nicht nur auf den Wortsinn beschränken, sondern muß die Worte in ihrem dialogischen Kontext verstehen. Hierzu will diese Arbeit einen Beitrag leisten.

---

[83] SCHWEIZER (1981) 31-39. Die Unterteilung in Äußerungseinheiten verfeinert die von RICHTER vorgeschlagene Bestimmung der Satzgrenzen.

[84] SCHWEIZER (1981) 283: "Text-Kohärenz kann besonders wirksam dadurch aufgebaut werden, daß die Beziehungstypen, die schon innerhalb einer ÄE (sc. = Äußerungseinheit) möglich sind, nun auch das Verhältnis mehrerer ÄEen zueinander ordnen". Damit werden Kategorien, die innerhalb einer Äußerungseinheit gelten (z.B. Aktanten d.h. Subjekt/Objekt, Adverbialen) auf mehrere Äußerungseinheiten angewendet, die zusammengenommen einen Makrosatz bilden (SCHWEIZER [1986] 146).

[85] WEINRICH (1985) 11-14 spricht bei hohem Rekurrenzwert bestimmter textlicher Formen von "obstinaten Zeichen".

2. Analyse ausgewählter Interpretationen von Ez 14

Der folgende Querschnitt durch die zu Ez 14 vorgelegten Auslegungen ist mehr als ein Literaturüberblick. Es geht in ihm um die kritische Aufarbeitung der Forschungsergebnisse im Lichte der dialogischen Problematik. Die Spanne der Autoren reicht von ORIGENES bis zu ALLEN [86]. Die Untersuchung ist von einer dreifachen Fragestellung geleitet:

1.) Es wird überprüft, ob frühere Arbeiten Ergebnisse und Prämissen der hier angewendeten Dialoganalyse vorwegnehmen.

2.) Es wird nach Erkenntnissen gesucht, die gesprächsanalytisch ausgewertet werden können [87].

3.) Es werden Methode, Voraussetzungen und Ergebnisse der Auslegungen von einem dialoganalytischen Standpunkt aus gewürdigt.

2.1. *Kommentar und Homilien des Origenes (um 238/240)*

(i) Die älteste erhaltene Auslegung zu Ez 14 findet sich im Kommentarfragment des ORIGENES (185-254) zu Ezechiel [88]. Er geht darin abschnittweise vor, stellt jeweils eine Wendung voran und kommentiert sie kurz.

> Ez 14,3) εἰ ἀποκρινόμενος: Jahwe fragt, ob er antworten soll und bejaht das. V.4) ὅς ἄν θῇ τὰ διανοήματα αὐτοῦ: jeder empfängt die Antwort, die er verdient. V.5) ἐν οἷς ἐνέχεται ἡ Διάνοια: ἐν ὂις meint das, wovon das Herz der Ungeordneten, also auch der Fragesteller, angezogen wird. V.6) ἐπιστρέψατε: bevor die Ältesten zu Jahwe kommen, müssen sie umkehren. V.13) γῆ: die Bibel bezeichnet den Ort oft mit dem Namen seiner Bewohner und umgekehrt; ἐξολοθρευθήσεται ἐξ αὐτῆς ἄνθρωπος καὶ κτῆνος: ausgerottet werden auch die irdischen Verhaltensweisen. Doch die Erde als solche sündigt nicht (Gefahr der Metempsychose). V.13) καὶ συντρίψω αὐτῆς στήριγα ἄρτον: der äußere Mensch wird durch den sinnenhaften, der innere durch den geistlichen Hunger bestraft. Unsere Seele kann man als "Erde" bezeichnen. V.14) Νῶε, Ἰὼβ, Δανιήλ: jeder, der sich bewährt. 14/18/28) υἱοὶ καὶ θυγατέρες: die geistlichen Nachkommen. V.20) οὐχ ὑπολειφθήσονται: die Gerechtigkeit des Vaters hilft den ungerechten Söhnen nicht (1 Kön 17,1; Ps 95,11; Mk 8,12); die Verneinung οὐχ folgt aus der Schwurformel. V.22) ἐξάγουσιν ist eine Frage. Am Ende werden trotzdem Überlebende von Jerusalem nach Babylon gebracht. An ihnen werden die Exulanten zu ihrem Trost erkennen, daß sie als Verbannte viel weniger haben leiden müssen.

Diese Auslegung unterscheidet sich sehr von jener der Homilien des ORIGENES. Die Erklärungen sind kurz. Die in den Predigten häufigen methodologischen Reflexionen fehlen.

---

[86] HERNTRICH (1933) 1-37 setzt im Kapitel über die Geschichte der Auslegung des Buches Ezechiel erst bei EWALD ein.

[87] Z.B. Beachtung des Situationalsinnes, kontextuelle Interpretation von Einzelwahrnehmungen, Gewichtung des Gesagten unter dem Aspekt des Gesprächsstatus der Dialogpartner, vorausgesetzter Textbegriff (etc.).

[88] Selecta in Ezechielem (PG 13: 806-810), zur Datierung: 661s.

(1) Zum Kontextbegriff. An zwei Stellen wird auf die Redesituation hingewiesen, am Anfang und am Schluß. In V.5 erkennt ORIGENES, daß die Frage Jahwes in ein Gespräch eingebettet ist und sich an "euch"[89] bzw. an den Propheten richtet. In V.22 nimmt er eine kleine Dramatisierung vor und versteht den ersten Versteil als Frage:

> "Wird man einen Rest von Überlebenden finden, Söhne und Töchter, die man hat ausziehen lassen? Jawohl, hier sind sie, und sie ziehen euch entgegen, damit ihr ihr Benehmen seht (...)."

ORIGENES interpretiert den Auszug der Überlebenden aus dem exilischen Blickwinkel. Meist aber vermeidet er Bezüge zur Redesituation[90]. Seine Exegese ist verallgemeinernd und sucht den Inhalt weder in der Textindividualität noch im pragmatischen Kontext.

(2) Zum Textbegriff. Die verallgemeinernde Auslegung beabsichtigt, den Sinngehalt zu ermitteln, der den Aussagekontext übersteigt. Der Text wird auf seinen allgemeinen moralischen Gehalt transparent gemacht. Das kann man an zwei Stellen zeigen: an der Interpretation von ἐν οἷς (V.5) und am Verständnis der drei Gestalten (V.7).

Zu V.5 fragt ORIGENES, wovon die Herzen der Ältesten festgehalten werden und antwortet: "Das ist das, dem es (sc. das Herz) nachläuft, von dem es erfreut wird, dem es anhängt (806C)". Er schließt bei der Bestimmung des Tatbestandes alle möglichen Fehlhaltungen ein. Nur der naheliegende Götzendienst bleibt unerwähnt. In V.14 geht ORIGENES auf die drei Gestalten ein, die für ihn Musterbeispiele unverdorbener Menschen sind. Die Stoßrichtung der Auslegung ist klar. Es geht um das Verständnis des Textes als moralisches Lehrstück mit universalen Anwendungsmöglichkeiten. Dabei bleiben Hinweise auf den Gesprächskontext Randerscheinungen.

Ergebnis: ORIGENES' Kommentar objektiviert sehr stark und ist literaler als seine Homilien. ORIGENES vermeidet die Anwendung auf eine bestimmte textinterne oder textexterne Situation. Dadurch fehlt ein Kriterium für die zusammenhängende Betrachtung der Einzelbeobachtungen, womit ORIGENES den Text nicht als Ganzes zu verstehen vermag. Seine Auslegung besteht in der Herauslösung des Gesagten aus dem Dialogkontext und in der Erarbeitung allgemeiner Handlungsanweisungen.

(ii) Von ORIGENES' Ez-Homilien sind 14 in der lat. Übersetzung des HIERONYMUS erhalten. Ez 14 kommt in der dritten, vierten und fünften Predigt zur Sprache[91]. Die Auslegung unterscheidet sich sehr von jener im Kommentar.

---

[89] ORIGENES meint wohl den Textrezipienten.

[90] Daß die Anfrager Älteste sind, ist bedeutungslos. Auch der Götzendienst bleibt unerwähnt (z.B. zu Ez 14,3).

[91] Die Homilien umfassen die folgenden Texte: 3. Predigt: Ez 13,1.17- 22; 14,1-8. 4. Predigt: Ez 14,12-22. 5. Predigt: Ez 14,13-21; 15,1-4. Zur Datierung der Homilien: BORRET (1989) 7-15.

3. Homilie: Ez 14,1-8. V.1) "viri seniorum Istrahel": die Presbyter der Kirche. V.3) "posuerunt cogitationes suas": die weltlichen Gedanken. V.4) "Homo homo": das menschliche Doppelwesen. Manche sind nicht Mensch Mensch, sondern pferd- oder natter-ähnlich: also Mensch/Pferd oder Mensch/Natter; "respondebo ei in his": man soll jedem einzeln ("in his") antworten. V.8) "obfirmabo faciem meam": Jahwe geht nach der vergeblichen Warnung (V.4) zum Angriff über.

4. Homilie: Ez 14,12-22. V.13) "si terra peccaverit", "terra": nicht nur die Erdbewohner, sondern die ganze Schöpfung. Alternativinterpretation: "terra" = Seele; "emittam in eam famem": erste Strafe, deren Ursache schwer zu bestimmen ist; "auferam ex ea hominem et pecus" zielt als Strafe auf die Erde. V.14) "tres viri", Noah, Daniel und Job, haben nicht gleichzeitig gelebt. Jeder, der tut, was N/D/J tat, ist N/D/J. Die drei existieren in ihren geistlichen Nachkommen gleichzeitig. Dieser Auslegung widerspricht "tres", denn N/D/J haben gewiß mehr als drei geistliche Nachkommen. Lösung: Die vielen, die N/D/J nacheifern, formen einen einzigen N, D oder J. V.15) "bestias pessimas": der Teufel und böse Mächte. 14-16) "filii et filiae": die Gerechtigkeit des Vaters nützt dem ungerechten Nachkommen nicht. N/D/J sind erwähnt, da sie drei Seelenzustände (Glück/Trauer/Glück) erlebten.

5. Homilie: Ez 14,13-21. V.17) "romphaea": in der furchtbarsten Ausführung das Flammenschwert des Cherubs. Es schneidet und brennt zugleich. Für Christus sind Schwert und Feuer Heilungsinstrumente; "mors" ist die letzte Strafe, weil die ersten drei nicht immer tödlich sind. V.21) "super Hierusalem": Jerusalem sind wir. Am härtesten trifft die Strafe die abgefallenen Gläubigen und zwar entsprechend ihrem kirchlichen Stand.

Im Geist der alexandrinischen Schule ist ORIGENES' Auslegung stark allegorisch und von praktischen Anwendungen bestimmt. Besitzt sie einen Einheitspunkt oder folgt sie dem Einfall des Augenblicks? Diese Frage spricht das Text- und Kontextverständnis des ORIGENES an.

(1) Zum Kontextbegriff. Nirgends geht ORIGENES auf den Dialog zwischen Jahwe, dem Propheten und den Ältesten ein. Die Ordnung der Sätze ist für ihn ebenfalls bedeutungslos. Er greift einzelne Textteile heraus und interpretiert sie kontextfrei [92], indem er die Einzelelemente in einen neuen allgemeinen bzw. aktualisierenden Kontext einordnet. Ihren wahren Sinn erhalten sie erst dort. Die Zerschlagung des Ursprungskontextes ermöglicht das Verständnis der isolierten Einzelteile in einer neuen Ordnung. Dieser neue Kontext wird durch zwei Komponenten gebildet: Die erste ist die *Hl. Schrift*, wie sie in der Kirche gepredigt wird, wobei sich jedes biblische Wort harmonisch einfügt. Die zweite Komponente ist die *Kirche*, deren Rahmen ein Ausufern der assoziativen

[92] Selten interpretiert ORIGENES satzübergreifend. Am Ende der 3. Homilie stellt er z.B. fest, daß Gott in V.3dss eine milde Antwort versprochen hat. Dann interpretiert er 7fss: "si rursus venerit necdum curatus prioribus verbis, Obfirmabo, dixit, faciem meam super hominem illum, et ponam eum in desertum (III,8)." Er bezieht das nicht auf die Ältesten, sondern wendet auf seine Gemeinde an: "Ne auferas nos, Deus omnipotens, de medio populi tui (...)."

Schriftauslegung verhindert. ORIGENES weist oft darauf hin, daß der Text von der Kirche redet. So versteht er die Ältesten Israels als Presbyter der Kirche (III,7), Jerusalem als Symbol für die Bekehrten (V.3) und die verschiedenen Strafen als Vergeltung entsprechend dem kirchlichen Stand (V.4).

(2) Zum Textbegriff. Der Textbegriff entspricht dem dargestellten Kontextverständnis. Der Text wird von ORIGENES nie als Ganzes betrachtet. Er verteilt Ez 14 ohne Schwierigkeiten über drei Predigten und legt die Textfragmente zusammenhanglos aus. Ihr Sinn ist nur dem zugänglich, der hinter den Buchstaben blickt. Der Wortlaut wird überwunden. Erst der kirchliche Horizont offenbart den verborgenen Sinn der Worte. Sie werden leser- und hörerrelevant [93]. Der hintergründige Schriftsinn ist es alleine wert, entdeckt zu werden. Der Dialogkontext gehört dagegen zum Bereich des Buchstabens. Obwohl er den Literalsinn nicht immer ignoriert, bemüht sich ORIGENES zu zeigen, wie dieser mangelhaft und häufig sinnlos, ja unsinnig ist [94]. Den geistlichen Schriftsinn betrachtet er als etwas Verborgenes, das nur der aufmerksame Verstand findet [95], denn der wahre Sinn kommt nicht aus dem Text, sondern von Gott [96], wobei oft mehrere Sinne vorliegen [97]. Der wahre Sinn ist verborgen. Die Abneigung des ORIGENES richtet sich gegen den vordergründigen Sinn, weil er am schnellsten zu erfassen ist. Das geht aus seiner Auslegung von "si terra peccaverit" (Ez 14,13) hervor, wo er gegen die naheliegende metaphorisierende Auslegung auf dem Literalsinn beharrt. Das führt ihn zu einem schwierigen Exkurs zum Thema "Land".

Ergebnis: In den Homilien verwendet ORIGENES eine ekklesial-pragmatische Methode. Sie beruht auf dem homiletischen Anliegen, den Aktantenrahmen Jahwe/Prophet/Älteste durch den Kontext Bibel/Kirche/Hörer zu ersetzen und somit zu aktualisieren. Diese Interpretation zeigt, wie der gewählte Kontext die Auslegung bestimmt. ORIGENES ersetzt die Gesprächskonstellation durch einen mystagogisch-prophetischen Anredezusammenhang und lenkt den Inhalt

---

[93] IV,7: "Et hunc interim sensum, ut sequamur litteram ab altiori intellectu recedentes, (nunc sequi videmus prophetam)."

[94] ORIGENES beweist das, indem er literale Interpretationen ad absurdum führt. Dazu III,2: Es geht um die Pseudoprophetinnen, die sich Bänder nähen und dafür von Gott bestraft werden: "Quis autem potest in verbo consistens dicere quia, si quis cervicalia consuat et consuta sub cubito ponat alterius, delinquat et a Deo corripiatur?"

[95] IV,1: "(...) et ob id diligenter debemus attendere, et obsecramus auditores ut quasi ad aliquod grande spectaculum confluentes aciem mentis intendant, ne obscuritas relaxatis sensibus elabatur."

[96] IV,3: "De quibus, si Dominus orantibus vobis ministraverit sensum - si tamen sensum Domini capaces fuerimus effecti - volumus pauca disserere".

[97] Vgl. die Auslegung von "terra" in IV,7: "terra vero secundum omnes sensus quos superius diximus et quoscumque intelligentiae auditorum reliquimus, ut ex nostris dictis ipsi sibi alias intelligentias repperirent". Auch IV,1: "multa nos latent propter paupertatem memoriae, ingenii tarditatem."

von Ez 14 auf sich und seine Zuhörer, indem er den Text nicht ex tunc bzw. ex fictione, sondern - im Geiste eines guten Predigers - im Nunc seiner selbst und seines Publikums als Wort an die Kirche aktualisiert. Darum ist er aus guten Gründen weit von dem entfernt, was wir hier als unser Anliegen betrachten.

2.2. *Der Kommentar des Ephraim (um 363?* [98]*)*

Eine nur 26 Spaltenzeilen umfassende Auslegung zu Ez 14 legt EPHRAIM DER SYRER (um 306-373) vor. Sie liegt auf der Linie des Kommentars des ORIGENES. EPHRAIM greift einige Textstellen heraus und erläutert sie kurz [99].

Ez 14,9) "ego Dominus decepi Prophetam": Gott hindert den Irrenden nicht. "hunc perdam": weil er ein erlogenes Orakel verkündigt hat. V.14/16) "Noe et Job et Daniel": selbst sie könnten in diesem Fall nichts ausrichten. V.21) "quatuor plagas": gewaltige Unglücksfälle über Jerusalem. V.22) "filii et filiae eorum egredientur": einige Gerechte werden der Bestrafung Jerusalems entkommen und gerechte Kinder zeugen, deren Tugend euch erfreuen wird.

Da EPHRAIM nur fünf Verse ohne sichtbaren Zusammenhang untersucht, ist es ihm nicht möglich, einen Einblick in die Sprachhandlung zu bekommen. Folglich bleibt der Gesprächscharakter von Ez 14 unbeachtet. EPHRAIMS Auslegung ist eine text- und kontextunabhängige, problemorientierte Literalexegese.

Besonders *kraß* zeigt sich die Nichtbeachtung des Gesprächskontextes bei der Behandlung von V.22: "ingenti laetitia afficiamini". Mit keinem Wort geht EPHRAIM auf die durch die 2.Pl. von "afficiamini" veränderte Dialogsituation ein. Es bleibt so vom dialogischen Textzusammenhang fast nichts übrig. Ez 14 wird in einige Satzinhalte aufgelöst, die unmittelbar aus sich selber verständlich gemacht und auf einen generellen theologischen Kontext hin verallgemeinert werden. Ansätze zu einer auf die Sprachhandlung bezogenen Exegese fehlen.

2.3. *Der Kommentar des Hieronymus (nach 411)*

Im Jahre 411 beginnt HIERONYMUS (um 347-420) in Betlehem einen Ez-Kommentar. Oft bezieht er sich darin auf die griech. Übersetzungen oder geht hebr. Wortbedeutungen nach. Ez 14 ist im 4. Buch behandelt und in zwei getrennten Abschnitten, Ez 14,1-11 und 12-23, ausgelegt [100]. Dem Kommentar zum ersten Kapitelteil sind zwei lateinische Übersetzungen vorangestellt, die erste aus dem Hebräischen und die zweite aus der LXX.

Ez 14,1) "venerunt ad prophetam": sagt dem Seher, warum die Ältesten kommen. Wie Jesus besitzt Ez Einblick in die "arcana cordis". V.3) "immunditias suas": "cogitationes" oder nach SYMMACHUS/THEODOTION "idola"; "numquid (...) debeo respondere": der Prophet antwortet mit einem Gotteswort "ne levis sit auctoritas

---

[98] Diese Datierung impliziert kein Urteil über die Authentizität des Textes.

[99] Die Zitate erfolgen nach der lat. Übersetzung.

[100] HRABANUS MAURUS' Erklärung von Ez 14,1-23 (PL 110 [658-664]) ist eine wörtliche Abschrift davon.

respondentis". V.4) "respondebo ei iuxta cor et immunditias suas": da die Schuld evident ist, brauchen die Frager keine "correctio", sondern nur eine Warnung. Wie die Pharisäer bei Jesus sind die Ältesten der Wahrheit unwürdig. V.8) "in exemplum et in proverbium": weil Gott nicht die Worte, sondern die Herzen beachtet. V.9) "decepi prophetam illum": ein falscher Prophet ist gemeint, dessen Erfolg nicht Zeichen seiner Macht, sondern Mittel des Zorns Gottes ist. V.7) "homo, homo": weist nach Paulus auf den inneren/äußeren Menschen.
V.14) "Noe et Daniel et Iob": auch ihre Gerechtigkeit konnte das Unglück nicht abwenden (dagegen: ORIGENES: Dreizeitentheorie); der Gerechte kann den Ungerechten nicht retten. V.21) "quatuor plagas": nur wenige überleben und werden exiliert. V.23) "cum videritis": die Exilierten der ersten Deportation erkennen, daß die grausame Bestrafung zu Recht geschieht.
Anwendung: was von Jerusalem gesagt wird, gilt auch für unser Land: "terra es et in terram ibis". Wenn die Gläubigen die Gebote verachten, folgt "fames audiendi verbum Dei", "manus gladii" (etc.). Man darf nicht auf die Gerechtigkeit anderer hoffen.

HIERONYMUS versteht Ez 14 mit Rücksicht auf die Anredesituation. Das ist ein Schritt zur kontextorientierten Auslegung. Demgemäß macht er sich Gedanken über die Aktanten und den Ablauf der Sprachhandlung, wobei er die Dialogebenen berücksichtigt. Um dem Redefluß zu folgen, paraphrasiert er verschiedentlich in der Ich-Form des Gotteswortes.

(i) Zu den Gesprächsteilnehmern. HIERONYMUS merkt, daß das Gotteswort zuerst nur an den Propheten gerichtet ist und ihn über das Kommen der Ältesten unterrichtet. Dabei unterscheidet er zwischen dem Wort des Propheten und dem von ihm verkündeten Jahwewort. Erwidert der Seher mit einem Jahwewort, so hat dieses eine größere Überzeugungskraft. Deshalb antwortet Jahwe trotz der Unwürdigkeit der Ältesten. Daß nur einige Älteste zum Seher hintreten, bedeutet, daß nicht alle gefehlt haben. Ihre Schuld besteht im Götzendienst. HIERONYMUS versteht die Frage Jahwes ("numquid interrogatus respondebo eis?") aus dieser Perspektive. Jahwe läßt sich von den Ältesten nicht täuschen. Seine Antwort entspricht ihrer Diskussionsvorgabe und wird von HIERONYMUS auch so verstanden. Das Auftreten der drei Gestalten deutet er so, daß ihre Gerechtigkeit die Bestrafung der Ungerechten nicht abwenden kann. Das entspricht Ez 14,12-23, wonach die Gerechtigkeit des Gerechten dem Ungerechten nicht hilft. Die Dreizeitentheorie des ORIGENES, die ein Tertium comparationis zwischen den drei Gestalten entdeckt, aber nicht erklärt, wie sie mit dem Gesprächskontext zusammenhängen, läßt er somit fallen.

(ii) Zum Text- und Kontextbegriff. HIERONYMUS' Lektüre von Ez 14 nähert ihn dem anredeorientierten Textverständnis. Der allegorisch-moralische Ansatz des ORIGENES ist damit nicht aufgegeben. HIERONYMUS hängt an seine Auslegungen kleine spirituelle Exkurse an. So übernimmt er am Ende von 1-11 die auf ORIGENES zurückgehende Erklärung von "homo, homo". Nach 12-23 folgt eine Anwendung auf den Hörer: Das Gesagte gilt nicht nur für Jerusalem, sondern auch für "unsere Erde" und "unser Jerusalem", ja für alle Gläubigen, wenn sie die Gebote verachten.

Ergebnis: Die Trennung der kontextorientierten von der spirituellen Exegese zeigt, daß HIERONYMUS von einem neuen Bewußtsein geleitet ist. Der erste Schritt hin zu einem pragmalinguistischen Textbegriff und zu einer kontextbezogenen Exegese ist getan.

2.4. *Der Kommentar des Theodoret (vor 448* [101])

THEODORET VON CYRUS (um 395-460) ist einer der wichtigsten Vertreter der antiochenischen Schule. Er geht einen Mittelweg zwischen der literalen und der allegorisch-typologischen Auslegung. Seine Interpretation von Ez 14 behandelt 1-11 und 12-23 als unabhängige Einheiten.

Ez 14,1-3) spricht vom Götzendienst der Ältesten (AQUILA), die trotzdem vor Ezechiel hintreten. V.4s) Sie befragen Gott nur, um zu sehen, ob er ihre Gedanken kennt. καὶ ἔλθῃ πρὸς τὸν προφήτην (V.4) meint die Konsultation eines Pseudopropheten, den Jahwe wie in 1 Kön 22 benützt, um zu strafen (922C). V.6) Jahwe ermahnt, V.7) wiederholt, V.8) droht mit der verdienten Strafe. V.9.) meint einen Pseudopropheten, den Gott nicht κατ᾽ἐνέργειαν ("secundum efficaciam") sondern κατὰ συγχώρησιν ("secundum permissionem") täuscht. Gott läßt ihn vorerst handeln, ohne zu strafen. V.11) Die Strafe hat ein positives Ziel. 12-14) N/J/D sind erwähnt, weil ihre Gerechtigkeit keinen Ungerechten retten konnte. 15-20) Nur die Umkehr bringt Heil (vgl. Ninive). V.21s) Anders als bei den Nationen rettet Gott in Israel einen Rest, der die Exulanten über die Sünde des Volkes aufklärt. V.23) Die Überlebenden bezeugen die Rechtmäßigkeit der Strafe.

THEODORET legt den Text versweise aus und versteht ihn im Rahmen des Jahwe/Prophet/Ältesten-Dialoges [102]. Die Frage nach dem Gesprächsstatus der Ältesten und der Propheten ist für ihn deshalb bedeutsam.

(i) Zu den Aktanten. Die Ältesten treten im Wissen um ihre Unwürdigkeit vor den Seher. THEODORET folgert daraus aber nichts. Nach ihm geht es in V.4s und im Gotteswort um etwas anderes: um die Befragung eines falschen Propheten [103]. Dieser Themasprung wird damit gerechtfertigt, daß die Ältesten schon früher Propheten wie Pseudopropheten aufgesucht hätten. Woher THEODORET das weiß, bleibt rätselhaft.

Diese Auslegung beeinflußt THEODORETs Prophetenverständnis. Da er keinen Zusammenhang zwischen der Gesprächssituation in 1-3 und dem Rechtssatz sieht, rückt der Prophet und mit ihm dessen Befragung in den Hintergrund. Durch die Abkoppelung der Prophetenbefragung durch die Ältesten von der im Gotteswort erwähnten Konsultation eines Pseudopropheten weicht THEODORET der schon vor ihm erkannten Schwierigkeit aus, wonach Gott den Propheten zuerst in die Irre führt und dann dafür bestraft. Aus theologischen Gründen

---

[101] GUINOT (1980) 17.

[102] Gelegentlich verweist er auf inhaltliche Zusammenhänge. So nimmt μετανοίᾳ δὲ χρήσασθαι μή βουληθῶσιν (923C) das vorausgehende Thema der Buße auf.

[103] Entsprechend paraphrasiert THEODORET den Textteil καὶ ἔλθῃ πρὸς τὸν προφήτην mit κἄν πρὸς ψευδοπροφήτην ἀπέλθῃ.

kann das nur für einen Pseudopropheten gelten, nicht aber für die Befragung Ezechiels durch die Ältesten. Diese Auslegung stellt freilich die innere Einheit von Ez 14,1-11 in Frage. Nimmt das Rechtswort den Fall eines falschen Propheten an, so ergibt sich das Problem, warum Jahwe sich mit diesem überhaupt einläßt. Diese Schwierigkeit löst THEODORET mit Verweis auf 2 Kön 18,10, wo Jahwe den falschen Propheten als Instrument seines Zorns benützt.

(ii) Zum Text- und Kontextverständnis. THEODORET erkennt, daß die Ältesten Götzendiener sind. Davon ausgehend macht er sich ein Bild vom Sprachgeschehen. Daß er dabei zu Schlüssen kommt, die einer weiteren Abklärung bedürfen, wird klar, wenn er den Seher von V.9 als Pseudopropheten versteht und ihm so der Zusammenhang zwischen der Fragesituation in V.1 und derjenigen im Gotteswort verschlossen bleibt. Situationsparallelen berücksichtigt er dagegen bei der Beiziehung des AT-Kontextes, wobei ihn Ereignisparallelen mehr interessieren als bloße Wortwiederholungen.

Ergebnis: THEODORET besitzt eine dynamische Vorstellung vom Text und versucht, dessen Aussagen im Rahmen des Sprachgeschehens zu begreifen. So gibt es eine ganze Reihe Elemente, die seine Exegese von Ez 14 der pragmalinguistischen Auslegung annähern.

2.5. *Die Vorlesungen des Jean Calvin (1563/64)*

Am 20. Januar 1563 beginnt Jean CALVIN (1509-1564) seine Vorlesungen über Ez. Er bricht sie am 2. Februar des folgenden Jahres wegen einer Krankheit ab, die keine vier Monate später zu seinem Tod führt. 65 Lektionen über Ez 1-20 sind in der ausführlichen Mitschrift des Joannes BUDAEUS und des Carolus IONVILLAEUS überliefert. Die Auslegung von Ez 14 umfaßt in der Ausgabe des Corpus Reformatorum 28 Textspalten [104].

> 1-3) Ez erzählt eine "res gesta"; "sedisse" zeigt die elende Lage der Ältesten. Sie sind aber Heuchler und verdienen kein Mitleid. "extulisse idola": in ihrem Herzen nehmen Götzen Gottes Platz ein; "posuisse coram facie sua offendiculum" ist die offene Auflehnung gegen Gott; "inquirendo inquirar" (nicht: "consultus/rogatus respondebo") weist auf die wahnwitzigen Ältesten, die Gott betrügen wollen. V.4) ענה: erst jetzt kommt die Antwort; בה (nicht בא): Gott antwortet nach der Menge der Götzen. Das ist ein Gerichtsakt. V.5) "ut deprehendam": Die Antwort will die Heuchler provozieren und das Verborgene aufdecken: "alienarunt se" (nicht: "separarunt") ist die von den Ältesten versteckte Entfremdung von Gott. V.6) Gottes Drohung bewegt zur Umkehr. השיבו ist transitiv: "andere zur Umkehr führen". V.7) wiederholt die Drohung wegen der Uneinsicht der Ältesten; "peregrinus": was für ihn gilt, gilt erst recht für Israeliten. "separatus de post me" meint den Abfall; "respondebo in me": "in me" und nicht wie die Ältesten es erwarten. V.8) Gottes Drohungen sind wirkmächtig. Wenn der Prophet spricht, ist die Strafe schon unterwegs; "in signum et proverbia": die Strafe ist schwer und schändlich; "excidam eum": gibt jede Hoffnung preis; Erkenntnisformel: die Heuchler haben es direkt mit Gott zu tun. V.9) Vorüberlegung: Es ist keine

---

[104] Die deutschen Zitationen sind unsere Übersetzungen aus dem lat. Original.

Entschuldigung, von einem falschen Propheten getäuscht zu werden. Die Täuschung ist immer Strafe Gottes. Er "täuscht" (uneigentlich) wie in 1 Kön 22 mit Hilfe Satans. Die "widerliche" Unterscheidung zwischen "befehlen"/"zulassen" erfaßt dies nicht. Die falschen Propheten können ihre Schuld nicht auf Gott abwälzen, denn ihr Gewissen verurteilt sie. V.10) Keiner im Volk kann sich hinter dem anderen verstecken; "iniquitas prophetae": der falsche Prophet ist "per concessionem" Prophet genannt; "iniquitas sciscitantis": das Volk wird bestraft, weil die Verführung selbstverschuldet ist. Die Seinen schützt Gott vor Verführung. V.11) "ne errent amplius": die Strafe hebt den Bund nicht auf. "a me": wer von Gott abweicht, geht immer fehl; "Domus Israel": ist der erwählte Rest; "in cunctis suis sceleribus": den vielen Sünden entspricht Gottes Vergebungsbereitschaft; "sint mihi in populum": Israel hat sein Volk-Sein verspielt, wird es aber wiedererlangen. 12-14) Das Prinzip: 'Untergang des Volkes/Heil für einen Rest' bewahrt den Bund (Jer 15); "praevaricando": meint nicht Irrtum, sondern Treulosigkeit; "confregit baculum panis": Brot verliert den Nährwert (Ez 4/5); "tres viri": Heilige, die dem Ez als erste einfielen; "in sua iustitia eripient": scheint absurd, denn keiner rettet sich durch seine Gerechtigkeit. Lösung: "iustitia" ist von Gottes "gratuita venia" abhängig und meint Gottesfurcht, Keuschheit (etc.). V.15s) "bestiam malam transire fecero": Gott lenkt die wilden Tiere; "vivo ego": Gott kann bei nichts Höherem als bei sich schwören (Hebr 6,13). V.17s); "gladium": Gott benützt die Kriege, um Geduld einzuüben und Sünden zu bestrafen. V.19s) "filium et filiam": Der Sg. heißt, daß selbst einzelne nicht überleben. V.21s) "quanto magis": Schluß vom Kleineren zum Größeren; raubt jede Hoffnung; "iudicia mea mala": "mala", weil sie uns zuwider sind. Hinter den "iudicia" steht die Hand Gottes; "evasio": wird oft adversativ verstanden, aber Exil ist schlimmer als Sterben. V.23) "consolationem sumetis": der Anblick der Frevler tröstet und zeigt, daß Gott gerecht ist. V.23) "Utilis doctrina": wir können nur ruhig sein, wenn wir Gottes Gerechtigkeit vor Augen haben.

(i) Zur Dialogsituation. CALVIN sagt richtig, daß Ez 14 keine "nuda visio", sondern eine "res gesta" ist. Im Anschluß daran verschafft er sich ein Bild vom Geschehen. Er konzentriert sich auf den Status der Ältesten, sowie auf die Umstände ihrer Begegnung mit dem Propheten (300) und wendet sich damit einer für das dialogische Verständnis von Ez 14 wichtigen Fragestellung zu. Die Analyse bleibt allerdings wortfixiert, so daß die Gesprächssituation nie als ganze betrachtet wird. Ein Beispiel dafür ist V.23: "Verbum consolandi ponit nunc in tertia persona, sed eodem sensu." Der Wechsel in der Anrede wird zwar registriert, aber nicht erklärt.

CALVIN versteht die Gesprächssituation vor allem aus V.1b ("sederunt coram facie mea"). Er fühlt sich in das "sederunt" der Ältesten ein und begreift es als Ausdruck der Verzweiflung. Dadurch wollen die Ältesten bei Ezechiel Mitleid erwecken. Doch die Audition offenbart ihm, daß sie Heuchler sind, die kein Mitleid verdienen. Daß Heuchelei aber nur *eine* Variante des Synkretismus ist, wird nicht diskutiert [105]. Dennoch dreht sich die Auslegung um diesen

---

[105] Ähnliches gilt für den Seher im Rechtswort. Für CALVIN ist er ein falscher Prophet, so daß zwischen Rahmenhandlung und Rechtswort kein Bezug vorliegt. Dafür muß CALVIN die Anwendung des Ehrentitels "Prophet" auf einen Schwindler erklären.

Fixpunkt. Das Gotteswort wird als Reaktion auf die Heuchelei der Ältesten verstanden. Trotzdem ist die erkannte Interdependenz zwischen den Vorgaben der Ältesten und der Reaktion Jahwes das wichtigste dialoganalytische Ergebnis in CALVINs Auslegung.

(ii) Zum Textbegriff. Trotz der Bezeichnung von Ez 14 als "res gesta" betrachtet CALVIN den Text als Lehrstück. Seine Form wird ausgehend von der darin vermuteten ethischen Botschaft (Kritik an den Heuchlern) begriffen. Darum interessieren die Ältesten nicht als Götzendiener, sondern als "hypocritae". Das Gotteswort an sie beginnt nach CALVIN in V.3 und ist dreiteilig: Rechtssatz/Umkehrruf/Rechtssatz [106]. Den ersten Rechtssatz versteht er als Vernichtungsdrohung und Antwort auf die Heuchelei der Ältesten. Die Wiederholung in V.7 zeigt die Unbeugsamkeit der Ältesten, für die eine einzige Drohung nicht genüge. Hier mischen sich zwei Elemente: die Berücksichtigung der dialogischen Einbettung des Gesagten und eine moralisierende Auslegung. Diese Basis ist zu schmal, so daß viele Einzelbeobachtungen unabhängig vom Dialograhmen verallgemeinernd interpretiert werden. Das zeigt sich in V.8a ("ponam faciem meam super virum illum") [107], der CALVIN zu einem Exkurs über das Verhältnis zwischen prophetischer Drohung und göttlicher Strafe inspiriert. Deren Ergebnisse wendet er auf V.8a an. Auch in V.11a ("ut non errent amplius domus Israel a me") erklärt er an Hand allgemeiner Sachverhalte. So wird "a me" mit einem Exkurs auf der Wir-Ebene verdeutlicht (314): "Denn daraus können wir schließen, daß wir Irrtümern nachlaufen, selbst wenn wir nur ein wenig davon abweichen, Gott zu folgen (...)". [108]

Psychologisierend erklärt CALVIN V.5a "ut deprehendam domum Israel in corde ipsorum" (302) und meint, daß Gott die Schmeicheleien gewohnten Ältesten so lange provoziere, bis sie im Zorn die Maske der Heuchelei herunterreißen und ihr wahres Gesicht zeigen [109]. Eine längere Überlegung schließt er an das Rechtswort in V.9 "et propheta quum deceptus fuerit (...)" an (307):

---

[106] CALVIN (1889) 303: "Nunc ergo ad poenitentiam eos hortatur."

[107] CALVIN (1889) 306s: "Weltliche Menschen machen sich immer leere Hoffnungen, und wenn Gott droht, sagen sie, daß das nur ein Donner ohne Blitz sei (etc.)." An Hand dieses psychologischen Axioms versteht er, warum Jahwe über die Wirkung der Strafe spricht: "Wo Gott uns mündlich flucht, genügt das schon, um uns zu vernichten. Aber an dieser Stelle will er mehr aussagen, daß nämlich dort, wo die Propheten Boten seines Zorns gewesen sind und die Heuchler über die bevorstehenden Strafen, die auf sie warten, ermahnt wurden, seine Hand schon im Zuschlagen begriffen ist."

[108] CALVIN interpretiert häufig im Wir-Kontext. Zu "extulisse idola super cor" meint er (300): "Et iterum obliqua comparatio notanda est inter Deum et idola. Deus enim sedem imperii sui erexit in cordibus nostris (etc.)". Zum Umkehrruf in V.6 (303): "Nunc ostendit Deus cur tam severe minatus fuerit pseudoprophetis (...)". Nämlich: "ut territi eius iudicio redeamus in viam". Auch: "vivo ego" (322).

[109] Ähnlich beim zweiten Rechtswort (304): "Iterum redit Ezechiel ad minas, quia apud tam praefractos non satis efficax fuisset exhortatio."

"Hier begegnet Gott der törichten Meinung, die in den Köpfen vieler steckte. Wenn sie nämlich ihre Betrüger bei der Hand hatten, glaubten sie, alle Drohungen Gottes wie mit einem vorgehaltenen Schild abwehren zu können (...). Denn wenn auch zwei oder drei uns um die Hoffnung auf Heil bringen, so gibt es dennoch zahlreiche andere, die uns Heil versprechen, so daß es keinen Anlaß zum Verzagen gibt".

CALVIN versteht aktualisierend und redet über die Verdunkelung der wahren Religion und die Verunsicherung und Gleichgültigkeit in der Reformationszeit. Diese Auslegung verzichtet nicht auf den Buchstaben des Textes. An die Stelle der Dichotomie zwischen Geist und Buchstabe (ORIGENES) tritt das Gegensatzpaar Verallgemeinerung/Einzelfall. So distanziert sich CALVIN vom Ordnungsdenken der Väter, die jedes Textdetail allegorisch auslegen [110]. Stattdessen allegorisiert er die Fakten und klopft sie auf ihre theologische Bedeutung ab. Ein Mittel dazu ist der Schluß vom Kleineren zum Größeren [111], wobei CALVIN versucht, Ez 14 auf seine allgemeine Bedeutung hin transparent zu machen. Der allegorische Horizont des ORIGENES weicht der theologischen Verallgemeinerung bei CALVIN. Darauf kommt er bei V.9 zu sprechen:

"Nunc ergo tenemus spiritus sancti consilium, ubi Deus pronuntiat se esse autorem omnium errorum, quos tunc spargebant pseudoprophetae. Neque enim satis esset tenere quid verba sonent, deinde elicere summam propheticae doctrinae: sed attendere convenit ad spiritus consilium (308)".

Bei der Auslegung von V.14 doppelt er nach:

"Videmus ergo non esse adeo scrupulose excutienda singula, quoniam sufficit tenere spiritus sancti consilium (320)".

Ein Text ist dann verstanden, wenn darin das "spiritus sancti consilium" hörbar wird, das heißt, wenn er deduktiv auf einen allgemeinen theologischen Kontext hin transparent gemacht wurde [112].

(iii) Jahwe im Dialog. CALVIN merkt, daß Ez 14 wegen der Gegenwart Jahwes einer besonderen Hermeneutik bedarf, meint aber, daß Gottes Dialogverhalten den Menschen letztlich unzugänglich sei. Dieses Problem stellt sich in V.9, wo sich Jahwe als Urheber der Irrtümer des Propheten vorzustellen scheint (308). Obwohl für CALVIN klar ist, daß Gott die Irrtümer durch den Teufel wirken läßt, gerät er dadurch in eine Aporie:

"Videtur enim Deus secum ipse pugnare, dum licentiam Satanae permittit, ut sanam doctrinam pervertat" (309).

CALVIN erinnert daran, daß die Urteile Gottes zu Recht als Abgrund bezeichnet werden. Der Mensch könne nicht verstehen, was den Verstand der

---

[110] Für CALVIN ist es ein Zufall, daß Ez 14,14 die drei Gestalten erwähnt.

[111] Vgl. David Kimchi. Für die Beisassen bedeutet das: Wenn die Ermahnung für sie gilt, um wieviel mehr muß sie dann für die Israeliten zutreffen (304).

[112] Vgl. Ez 14,3 (301); 14,9 (308); 14,10 (312) etc.

Engel übersteigt. Er läßt aber unbeantwortet, in welchem Verhältnis diese Erklärung zu Ez 14 steht und wechselt so zu schnell von der "res gesta" in die theologische Spekulation.

Das Problem der dialogischen Rolle Jahwes wird durch eine unklare Unterscheidung zwischen Jahwe und dem Propheten verschärft. CALVIN beachtet häufig nicht, ob Jahwe spricht oder der Prophet. So meint er zu V.10: "Hic clarius docetur quod tantum una in parte Ezechiel attigerat" (311). In V.9 weist er das Wort zunächst dem Seher zu: "Nam propheta sumit illud principium ex Mose (308)" und meint: "Nunc ergo tenemus spiritus sancti consilium, ubi Deus pronuntiat". In Ez 14,3 glaubt er von der Übersetzung "rogatus/consultus respondebo", daß sie "minus remotum esse a mente prophetae" (301).

(iv) Ansätze zur kontextuellen Auslegung. Trotz verallgemeinernder Tendenzen gibt es bei CALVIN Ansätze zu einer kontextuellen Auslegung. So meint er, daß *nur* die in V.14 erwähnten drei Männer ihre Seele retten. Für diese Interpretation beruft er sich, weil die Partikel "tantum" fehlt, auf den Kontext [113].

Im Kontext wird auch V.5 ausgelegt. Nach CALVIN sagt der Vers, warum Gott die Ältesten nicht ohne Antwort wegschickt (302): weil er sie provozieren will, damit ihre wahre Natur zum Vorschein komme. Im gleichen Vers entscheidet sich CALVIN gegen "separarunt se" für "alienarunt se" und begründet aus dem Kontext: "et intelligemus clarius hoc postea, deinde res eo nos deducet" (303). Warum? Weil die "alienatio" besser zur "simulatio" der Heuchler paßt.

Auch V.8 wird aus dem Kleinkontext erklärt (306): "hoc iam debuit colligi ex proxima sententia". Daß Gott "durch sich" antwortet, bedeutet, daß er die angekündigte Strafe verwirklicht. Sogar der Erkenntnisformel im gleichen Vers sucht CALVIN einen situationalen Sinn abzuringen (307). Die Ältesten, die als Heuchler verkennen, daß sie in Ez 14 vor Gott stehen, sollen durch sie eines Besseren belehrt werden. V.9 bezieht er auf die Israeliten (308). Sie sollen mit dieser Aussage daran gehindert werden, Ausflüchte zu suchen, als ob es eine Ausrede wäre, von einem falschen Propheten verführt worden zu sein.

Zu V.22 meint er, daß die Verschonung eines Restes kein Werk der Barmherzigkeit Jahwes sei: "hoc colligitur ex contextu" (326). Es gibt aber im Kontext keinen Anhaltspunkt, daß Gott von den Erwählten redet.

Ergebnis: In CALVINs Auslegung von Ez 14 klingt die hermeneutische Problematik von Text, Kontext und Sprachhandlung ("res gesta") gelegentlich an. Sie bleibt aber eine Randerscheinung. Somit liegt sein Verdienst eher im Aufwerfen der Frage als in ihrer Beantwortung.

2.6. *Der Kommentar des Hector Pintus (1568)*

Kurz nach CALVIN verfaßt der portugiesische Hieronymitenmönch Hector PINTUS (Heitor Pinto: 1528-1584) einen Ez-Kommentar. Er beginnt die Auslegung

---

[113] "Non exprimitur quidem exclusiva particula, sed ex contextu facile erit colligere esse prophetae sensum (319)".

mit der Inhaltsangabe ("argumentum"), ihr folgt die Versexegese ("explanatio"), den Schluß bilden Worterklärungen und Varianten ("annotationes"). PINTUS teilt Ez 14 in die Abschnitte 1-8 und 9-23 [114].

In der Inhaltsangabe stellt er drei Punkte heraus: 1.) Gott kann erlauben, daß die Verächter seiner Worte durch falsche Propheten getäuscht werden. 2.) Die verstockten Gottlosen werden bestraft, obwohl Gerechte wie Noah, Job und Daniel für sie beten. 3.) Ezechiel tröstet die Exulanten in Babylon.

1-8. V.1) "et venerunt": die Götzendiener im Exil, weshalb die Befragung unwürdig ist; "viri seniorum Israel": Alter und Herkunft verschlimmern ihr Tun; es sind aber nur *einige* Älteste. V.3) "immunditias in cordibus": wegen der Götzen; "statuerunt contra faciem": was man liebt, stellt man vor die Augen. Darum: "anschauen" = "sich ergötzen" (Ps 65,18 Vulg). Gegenteil: "das Angesicht verbergen" (Hi 13). Die Ältesten leiden lieber, als von den Götzen zu lassen. Soll Gott antworten? Nein. Die Ältesten wollen Gott versuchen. Darum schweigt Jahwe wie Christus vor Pilatus. V.4) "homo homo": jeder; "respondebo ei in": ich antworte nicht, weil sie unwürdig sind. Oder: ich antworte geheimnisvoll, als ob ich nicht geantwortet hätte. Oder: ich antworte nicht auf die Frage, sondern um zu tadeln. Besser: ich antworte trotz der Götzen (Targum). V.5) "ut capiatur": täuschen. "ut" ist konsekutiv, nicht "causaliter", denn Gott ist nicht Ursache des Bösen. Gott ergreift im Herzen, so daß sie spüren, daß er sie durchschaut. V.6) "convertimini": Ausdruck der Milde Gottes; Proselyt: jüdischer Konvertit. V.7) "respondebo per me": Gott straft durch Taten. Oder: "propter me", um die Bosheit aufzudecken. V.8) "ponam faciem": bestrafen (Kampfterminus: Gesicht des Siegers über dem Besiegten); "in proverbium": sprichwörtlich; "et scietis quia": aus Unglück folgt Gotteserkenntnis (2 Sam: Scheba etc.).

Annotationes: V.3) גלוליהם "immunditias" meint oft Götzen. V.6) "convertimini": LXX ergänzt "ab inventionibus vestris", PAGNINO: "converti facite alios". V.8) "פנים" heißt auch Zorn (KIMCHI).

9-23. V.9) "propheta cum erravit": weil Gott es zuläßt (vgl. Micha/Ahab); "ego Dominus decepi": Gott täuscht nicht, auch nicht indirekt. Contra: Jakob täuscht wegen einer Offenbarung. Aber: Falsch, sonst hätte Jakob gelogen. Jakob präfiguriert den Glauben der Heiden. Job, Jes (etc.) sind "concedendo et permittendo" zu verstehen, nicht "efficiendo et operando". Gott "täuscht", indem er die Gnade vorenthält; "extendam manum": strafen (Hebr.); "portabunt": büßen. V.11) "non erret": den falschen Propheten nachjagen. V.13) "terra cum peccaverit": Israeliten und Heiden werden ungleich bestraft. Einige Israeliten überleben das, was für Heiden tödlich wäre. Darum ist Ez 14 ein Trostwort. "terra": Bewohner (Metonymie); "virgam panis": Brot wegnehmen (Hebr.); "iumentum": grobe Menschen. V.14) nennt N/D/J als fromme Fürbitter. V.17) "gladium": Schwertträger. V.19) "in sanguine": "in vita" (Lev), ich nehme ihnen das Leben. Oder: ich verderbe ihnen das Blut durch schlechte Luft. V.21) "iudicia mea pessima": "pessima" bezüglich der Strafe. V.22) "salvatio": ein Rest überlebt im Exil; "ad vos": Babylon; "videbitis viam eorum": das Unglück deckt ihre Verbrechen auf (Exkurs: Wege der Übeltäter); "consolabimini": euch geht es besser. Auch: Freude über Gottes Gerechtigkeit; "non frustra": die Medizin ist bitter, aber heilsam. V.12) Bundesformel: אלהים heißt Gott und Richter/Fürst (Gen 6).

---

[114] PINTUS (1589) 113-122.

PINTUS' Exegese ist wort- und ausdrucksorientiert. Sie beginnt meistens beim kontextfreien Literalsinn, spiritualisiert ihn und leuchtet ihn auf seine moralische und tropologische Bedeutung aus. Gerne zieht er Schriftparallelen, Beispiele aus der Natur, Wissenschaft und klassischen Literatur hinzu. Text und Kontext in Ez 14 bleiben ausgeblendet [115].

(i) Zu Text und Kontext. PINTUS beachtet den Gesprächsstatus der Ältesten, wenn er bei V.1 nach ihrer Herkunft fragt:

> "Wie die falschen Propheten jene täuschten, die nach der babylonischen Übersiedelung in Jerusalem verblieben waren, wurde im obigen Kapitel erklärt. Nun wird die List und Gemeinheit jener gezeigt, die in Chaldäa waren, besonders jener, die den übrigen an Alter vorausgingen."

Die Ältesten sind also babylonische Exulanten höheren Alters. Diese Annahme stützt sich nicht auf die Dialogsituation, sondern auf die Voraussetzung einer symmetrischen Kapitelanordnung.

Oft fehlen dem PINTUS Entscheidungskriterien. Zu V.4: "ego dominus respondebo ei in multitudine immunditiarum suarum" bietet er vier Lösungsvorschläge und entscheidet sich ohne Begründung für den Targum: "Ich antworte ihm, auch wenn er voll von seinen Götzen (zu mir) kommt". Zu V.6: "ego dominus respondebo ei per me" bietet er mehrere Interpretationen und überläßt dem Leser die Qual der Wahl. PINTUS kommt über die Wortebene nicht hinaus. Den Schritt zu anderen Stellen macht er über Wortassoziationen, mittels derer er die Ursprungsstelle illustriert. Die Wortebene ist Ausgangs- und Endpunkt der Untersuchung. Das zeigt die Auslegung der Bundesformel. PINTUS stellt die Frage nach der Bedeutung des Gottesnamens אלהים (119). Sie wird mit Hinweis auf die Göttersöhne von Gen 6 beantwortet und auf Ez 14,12 angewandt. Diese Methode ist manchmal fruchtbar. So sind zwei der vier Interpretationsschwerpunkte [116], jener über die Erkenntnisformel (V.7) und jener über den Weg (V.23) in der Auslegungsgeschichte neu.

Die Erkenntnisformel erklärt PINTUS nach dem Prinzip: "calamitas vehit hominem ad cognitionem Dei". Er zeigt das mit vielen Beispielen, wobei Ez 14 etwas aus dem Blick gerät. Er zitiert Jes und verdeutlicht den Grundsatz an der allegorischen Auslegung von 2 Sam 20. Daraus zieht er den Schluß: Wenn die Selbstliebe in der Seele wohnt, dann rüttelt uns Gott, bis wir uns bekehren. Er vergleicht das mit dem von Strabo erwähnten Linnen, das im Feuer gereinigt werden muß, oder mit der Ansicht des Plinius, daß Myrrhe den Leib genau so bewahrt, wie die Unglücke uns nützen können.

---

[115] Die Mißachtung des Kontextes zeigt die Zerschneidung des Kapitels in die zwei Blöcke 1-8 bzw. 9-23.

[116] 113f: "numquid interrogatus respondebo eis"; 115r "et scietis quia ego dominus"; 117b "ego dominus decepi prophetam illum"; 119t "et videbitis viam eorum".

(ii) Zur Hermeneutik. Nach der Auslegung von "nunquam interrogatus respondebo eis" stellt PINTUS einige methodologische Reflexionen an (114). Ausgehend von Mt 7,6 (das Heilige nicht den Hunden vorwerfen) erklärt er, warum Gott sich von den Ältesten abwendet, die das Gotteswort mißachten. Alle haben zwar Ohren, viele aber benützen sie nicht. So gebe es Leute, die aus dem Laden des Goldschmiedes nichts Besseres als ein Stück schmutziger Kohle vom Fußboden mitnehmen würden. Dieses Bild wendet er auf die Predigt an, in der manche nichts Nützliches suchen, sondern auf etwas Dummes oder Ungeschicktes warten, um den Prediger auszulachen oder zu verurteilen. Aber die Predigt des Evangeliums ist etwas anderes:

> "(Sie) ist ein reich ausgestatteter Goldschmiedeladen, voll von wunderbaren Armbändern, überreich an göttlichen Texten und Aussagen heiliger Lehrer. Aber man muß sich ihm mit einem heiligen Vorsatz, einem frommen Herzen und der Sehnsucht nach Wissen und Fortschritt nähern."

PINTUS vergleicht den Text mit der Auslage eines Goldschmiedes. Er behandelt jede Beobachtung als eine in sich geschlossene Größe, so wie es auf den Wert und die Beschaffenheit eines Ringes keinen Einfluß hat, ob er neben einem Armband oder einer Halskette liegt. So interpretiert er die isolierten Einzelteile und hebt bald dieses und bald jenes Kleinod hervor. Der Nachteil dieser Methode besteht darin, daß die Textteile zueinander in einem anderen Verhältnis stehen als die Auslagestücke in einem Schaufenster. Der Text ist nicht die Summe der Stücke, sondern die ganze Auslage. In diesem Rahmen ist das Einzelelement Teil einer größeren, bedeutungsstiftenden Einheit.

Ergebnis: PINTUS' Auslegung von Ez 14 ist eine assoziative Wort- und Ausdrucksexegese, die einen kontextlosen Literalsinn ermittelt und ihn im Gang durch die Bibel erläutert und ausmalt. Damit rückt der dialogische Kontext stark in den Hintergrund.

2.7. *Der Kommentar des Hieronymus Pradus (1596)*

Der posthum veröffentlichte, umfangreiche Kommentar des Jesuiten Hieronymus PRADUS (Jerónimo de Prado: 1547-1595) stellt der versweisen Auslegung eine lateinische Übersetzung voran.

> Ez 14,1) "viri seniorum": exilische Volksführer (Dan). Sie heucheln, weil sie ein günstiges Wort wollen. Gott offenbart dem Ez ihr Herz. V.3) "immunditias": Götzen (SYM/THEODOTION/Targ). "statuere contra faciem" = "sich ergötzen an"; "scandalum": wegen der Götzen; "iniquitas" ist "culpa" und "poena" (V.6); "interrogatus respondebo eis", eig.: "interrogatus interrogabor" = "werde ich tatsächlich befragt?" Nein, denn die Frage ist nicht ernst gemeint. Darum ignoriert sie Gott (Jes 43,22). V.4) "homo homo" = "jeder einzelne"; "in multitudine immunditiarum": "in" = "gemäß" (Ps). בה = בא "venienti". Varianten in Targ, LXX, ORIG, THEODOTION. V.5) "ut capiatur in corde suo"; "cor" heißt: Affekt/Wille; "in cunctis idolis" = "propter omnia idola"; תפש = Fangen im Netz des Gotteswortes "attemperando sermonem ad eius voluntatem". V.7) "de proselytis": Gottesfürchtige (Mt). "respondebo ei per me": "non sermone sed flagello". V.8) "ponam faciem meam

super" = "grimmig anblicken" (Gegenteil: "ponere oculos super"); "exemplum" ist Bild des Gotteszornes; "in proverbium": in aller Mund. V.9) "decepi prophetam" - falscher Prophet (Schol). Gott bestraft mit Langmut. POLYCH/THEODORET: Gott täuscht nicht, sondern läßt zu. Das ist "humano more" gesagt (HIER); "delebo eum" (LXX: "exterminare") sc. aus dem Buch des Lebens. V.10) "portabunt iniquitatem": die Strafe ist wie eine Last (lat. ferre supplicium). "iniquitas" ist "culpa"/"poena". V.11) "ut non erret ultra": Strafe reinigt vom Irrtum (POLYCH: von falschen Propheten) und ermahnt. V.13) "terra cum peccaverit": tröstet den Seher wegen seiner Mißerfolge (Schol/POLYCH). Doch der Vers wird erst am Ende klar; "terra" = Bewohner (ORIG), da die Erde nicht sündigen kann [117]; "praevaricetur praevaricans": verstärkt (vgl. HOMER). "virgam panis": Hebr.; "iumentum": drei Tierklassen. V.14) "liberabunt animas suas": "anima" = Leben/Heil (Joh), Person (Lev). Jeder rettet sich selbst. V.15) "bestias": Babylonier (Schol). Wildtierplagen sind im AT selten. Vielleicht gab es sie beim Wüstenmarsch (Ez 5,17). V.17); "gladio": Feind mit Schwert; "filios neque filias": sind noch ungestraft, weil nicht alle Plagen über alle Orte kommen. Gott straft nicht doppelt. V.18) nennt N/J/D, weil sie in diversen Orten/Zeiten lebten (ORIG). V.19) "pestillentiam", LXX: Tod, ORIG: etwas Ansteckendes; "effudero indignationem": bisher nur tröpfchenweise. "in sanguine": grausamer Tod; "filium et filiam" ist Sg, weil niemand übrigbleibt. V.20) Warum sind N/J/D genannt? Dreizeitenschema ist kontextfremd; Abfolge Gutes-Schlechtes-Gutes (ORIG/HIER) gilt auch für andere Patriarchen (fehlt in Ez 14); N/J/D konnten niemanden retten (HIER/POLYCH/THEODORET). Contra: N hat seine Familie gerettet [118]. CHRYS: In Ez 14 wären sogar N/J/D machtlos. Contra: Job hat niemanden gerettet. Lösung: N/J/D sind als große Gerechte genannt. Daniel ist zur Redezeit erst 27jährig. V.21) "quoniam" verknüpft; "iudicia" (LXX: "ultiones") = Rächer; "pessima" = hart/tödlich, bitter (THEODORET). V.22) "salvatio" = פלתיה = "evasio"; "educentium filios et filias": Lösung von V.13ss lautet, daß einige Ungerechte im Exil überleben; "consolabimini super malo": die Strafe tröstet. Die Ältesten hadern wegen der Strafe mit Gott, aber das Gericht ist milde und verschont sogar Ungerechte.

(i) Auslegungsprinzip. PRADUS' Exegese erklärt vor allem Begriffe und Wendungen. Er unterscheidet zwischen dem Gesagten und dem Gemeinten, indem er fragt, was eine Wendung "hoc loco" meint? Das führt aber nicht zum Dialog. Das Gemeinte eruiert PRADUS meist apodiktisch mit Hinweis auf Autoritäten (Väter, Übersetzungen, Theologie, Schriftsteller), auf den bibl. Sprachgebrauch oder auf praktische Überlegungen. Bei der Worterklärung berücksichtigt er den Kleinkontext häufig. So stößt die Auslegung in den Bereich kleiner Wortgruppen vor. Als Gesamttext betrachtet PRADUS Ez 14 aber nie.

(ii) Bezugnahmen auf den Gesprächsrahmen gibt es drei: zu Beginn und am Ende der Auslegung, sowie bei V.13. Es bleibt aber bei Einzelbeobachtungen. Wir wollen das kurz zeigen.

---

[117] PRADUS bezeichnet ORIGENES' gegenteilige Meinung als falsche Texttradition.

[118] Hieronymus meint, daß die Noahsöhne gerecht waren oder der Arterhaltung dienten. Dagegen spricht, daß sich ihre Gerechtigkeit nur vermuten läßt und sie für die Arterhaltung einer Strafdispens bedurft hätten. So zeigt weder Noah noch Daniel (Eunuch!), daß Gott die Söhne der Gerechten verschont.

(1) PRADUS betrachtet die zwei Aussagen über die Ältesten "posuerunt immunditias suas in cordibus suis" und "et scandalum iniquitatis suae statuerunt contra faciem suam" (162). Er bezieht sie auf V.6 und schließt, daß die Ältesten Götzendiener sind. Folglich kann ihre Anfrage nicht ernstgemeint sein. Jahwe wird deshalb "non sermone sed flagello" antworten. Leider bleiben diese Beobachtungen für die Auslegung folgenlos.

(2) Zu V.13 stellt PRADUS fest, daß der Sinn der Bestrafungsankündigung erst später sichtbar wird. Darauf kommt er am Schluß zurück (168) und meint, daß das Neue in 12-23 darin besteht, daß auch Ungerechte die Strafe überleben. Er erklärt das aus dem Dialoghintergrund:

> "Es scheint, daß jene (sc. die Ältesten) in ihrem Herzen dies eine erwogen, ob nämlich der Volksvergehen so viele wären, daß Gott die Stadt mit dem Tempel deswegen tatsächlich den Chaldäern ausliefern würde. Es schien ihnen nämlich hart, daß die blühende Stadt und der heiligste Tempel, in dem der einzige Gott verehrt wurde, wegen der Vergehen der Bürger von Gott verlassen und den Feinden zur Schändung, Verwüstung und Brandschatzung ausgeliefert würde. Darum suchen sie einen Anlaß zur Verleumdung der göttlichen Vorsehung, die dies bestimmte und Israel nicht milder als die anderen Nationen behandelt (unsere Übersetzung)."

Das ist ein guter Versuch zur Erfassung der Gesprächssituation, weil er Sprachhandlung und Kontext einbezieht. Das Gesagte wird aber ungenügend berücksichtigt. So bleibt der Götzendienst unerwähnt. Das beeinflußt die Beurteilung der Ältesten. PRADUS betrachtet sie als Exulanten. Damit sind von ihnen zwei Eigenschaften bekannt: Götzendiener und exilische Herkunft. Am Ende von Ez 14 wird ihnen nach PRADUS verheißen, daß sie getröstet werden. Folgt daraus, daß Götzendienern Trost verkündigt wird? Das offenbart einen Konflikt zwischen der Auslegung des Anfangs und des Endes von Ez 14.

Die drei Gestalten versteht PRADUS mit Verweis auf einige Väter. Er analysiert deren Erklärungen scharfsinnig und rezipiert daraus eine Minimalposition. Die Bedeutung von Daniel besteht für ihn, daß er zur Redezeit erst 27jährig war und trotzdem mit zwei Gewaltigen der Urzeit angeführt wird.

Ergebnis: PRADUS kommt mit der Unterscheidung zwischen Gemeintem und Gesagtem in die Nähe der pragmatischen Fragestellung. Es gelingt ihm aber kaum, sie bei der Textuntersuchung fruchtbar zu machen, weil sich seine Auslegung auf die Wortebene konzentriert.

2.8. *Der Kommentar des Gasparis Sanctius (1619)*

1619 publiziert ein weiterer Jesuit, Gasparis SANCTIUS (Gaspar Sánchez: 1554-1628), einen umfangreichen Kommentar über Ez und Dan. Die Analyse folgt einem festen Schema. Der erste Teil ("argumentum") überblickt den Inhalt. Es folgt eine zweispaltige Textdarstellung, die aus einer lat. Übersetzung (linke Spalte) und einer Versparaphrase (rechte Spalte) besteht. Im dritten, längsten Teil folgt die Versauslegung. Neu am Kommentar ist die Inhaltsübersicht, in der zum ersten Mal versucht wird, Ez 14 als Ganzes zu lesen. Diese Lektüre erlaubt Rückschlüsse auf das Textverständnis. Ez 14 wird so dargestellt [119]:

> 1.) Exulantenälteste kommen zum Propheten, u.a. für ein Gotteswort. 2.) Jahwe zeigt dem Seher, daß die Ältesten Götzendiener sind. 3.) Sie verdienen eine Antwort "non quidem verbis sed flagellis". 4.) Dennoch ergeht ein hartes Wort, das ihre Erwartungen enttäuscht. 5.) Es steht anstelle der Strafe und sagt, daß ein "in rebus dubiis" Fragender getäuscht wird. 6.) Am Ende kommt es zu einer vierfachen Volksbestrafung. 7.) Die Überlebenden bezeugen im Exil vor den schon Verbannten die Gerechtigkeit der Strafe.

(i) Zur Sprachhandlung. Im Argumentum beschreibt SANCTIUS die Sprachhandlung als einheitliches Geschehen. Diese Hinwendung zum Text ist ein Fortschritt, hat aber kaum Auswirkungen auf die Auslegung. Der Vorspann ist nur eine Lesehilfe. Die Exegese im dritten Kommentarteil nimmt darauf kaum Bezug. Auch die Gesprächskonstellation wird nur selten thematisiert. SANCTIUS ist der Versexegese seiner Vorgänger verhaftet. Entsprechend ist die Dialoganalyse inkonsistent. Zuerst werden die Ältesten als exilische Götzendiener verstanden. Während der Gottesrede erfolgt aber ein stiller Wechsel. Plötzlich geht es nicht mehr um sie, sondern um die Bestrafung Jerusalems. Die Ältestenfrage führt also zu einem Drohwort gegen das ferne Jerusalem und zu einer Trostverheißung an die Verbannten, die Ältesten eingeschlossen. Gleichwohl macht SANCTIUS zur Gesprächssituation eine Reihe guter Beobachtungen:

- In V.3 entdeckt er einen Hinweis auf um den Hals getragene Amulette und begründet diese Auslegung mit einer Fülle von Parallelstellen. Er zeigt auch, daß "peccatum" nicht selten ein Synonym für "Götze" ist.
- In V.4 macht er sich Gedanken zur Antwort Jahwes und meint, daß dessen Schweigen manchmal eine Antwort sei oder, daß sich die Antwort in der Bestrafung äußere.
- In V.5 erkennt er die Doppelbedeutung von "cor" als menschliches Ansinnen oder Amulettplatte auf der Brust: "interna peccata foras se produnt externis signis".
- In V.22 interpretiert er "salvatio" als ein Abstractum pro concreto, das die Überlebenden bezeichnet.

Ergebnis: SANCTIUS legt als erster der hier untersuchten Autoren eine Zusammenschau der Gesprächshandlung von Ez 14 vor und wird auf das Problem aufmerksam, wie die Antwort Jahwes in den Dialog einzuordnen ist. Seine Erkenntnismöglichkeiten sind aber wegen der marginalen Behandlung der Sprachhandlung beschränkt.

2.9. *Der Kommentar des Cornelius a Lapide (1622)*

Aus dem Jahre 1622 stammt der Ez-Kommentar des in Rom tätig gewesenen belgischen Jesuiten Cornelius A LAPIDE (Cornelis Cornelissen van den

---

[119] Die Numerierung stammt von uns und dient der Gliederung.

Steen: 1567-1637) [120]. A LAPIDE beginnt seine Auslegung mit einer Zusammenfassung ("synopsis capitis"). Es folgt der Text der Sixto-Clementina mit einem kurzen Verskommentar. In der Inhaltsangabe stellt A LAPIDE zwei Punkte heraus. Den Fragestellern wird eine echte Antwort durch Strafen und eine falsche durch Pseudopropheten angekündigt. Ferner: Gott würde zwar selbst die Fürsprache von N/D/J nicht erhören, er verschont aber einen Rest.

V.1) "viri seniorum": Magistraten (meist Älteste); ihre Frage ist vorgetäuscht. Gott bereitet den Seher auf eine harte Antwort vor. V.3) "immunditias": Götzen (AQUILA); "scandalum": Götzen; "statuerunt contra faciem": Götzen sind ihr höchstes Gut (anders LXX); "numquid respondebo" (anders Hebr): "nein". Eine unwürdige Frage verdient keine Antwort (HIER etc). V.4) "homo homo": jeder bzw. der innere/äußere Mensch (HIER); "respondebo ei": "iuxta cor et immunditias suas" (HIER) bzw. "in iis, in quibus tenetur mens eius" (LXX, 1 Kön 22); בה (KIMCHI בי): Pleonasmus. V.5) "ut capiatur": Schlingen im Herzen bringen Israel zu Fall. V.7) "proselyti": Gottesfürchtige (Apg 13,16) dürfen ihre Häresie nicht ausüben; "per me": durch Strafen, oder: ich *selbst*. V.8) "in exemplum": der Rache Gottes; "in proverbium": in aller Munde. V.9) "propheta": falscher Prophet, denn ein wahrer täuscht nicht; "decepi": ist permissiv (V.7s, 1 Kön 20). Gott ist nicht Autor der Lüge ("uti blasphemat Calvinus"). Andere: Prophet als getäuscht erklärt, oder: unerwartete Scham/Strafe. Frage: Warum "decepi" statt "permisi decipi"? Antwort: 1) Gott tut das als Strafe. Moralia: Gott behandelt einen Menschen, wie dieser ihn behandelt (Ps 18,26). V.10) "portabunt iniquitatem": Strafe (Metonymie); "iuxta iniquitatem": Gottes Antwort entspricht der Frage. V.11) "ut non erret ultra" durch Abschreckung. V.13) "terra": Bewohner; "ut praevaricetur" ist verstärkt (ORIG); "conteram virgam panis": Hungersnot. V.14) "animas": sich selbst. V.17) "si dixero": wenn ich befehlen würde. V.19) "in sanguine": durch schlechte Luft verdorbenes Blut (VATABLUS); besser: Blut/Leben wird vergossen (PRADUS, MALD). V.20) "N/D/J": Warum sie? Antwort mit (ORIG, HIER, CHRYS, PRAD). Tropologisch: Wenn N/J/D nicht helfen, wie retten dann fromme Eltern ihre bösen Kinder (HIER). Symbolisch: N/J/D stehen für Armut/Bedrängnis/Unterscheidungsgabe (ABBAS PASTOR) bzw. Lenker/Enthaltsame/Eheleute (GREGORIUS PAPA), bzw. Enthaltsame/Prälaten/Verheiratete (drei Kirchenordnungen: BERNHARD). V.21) "iudicia pessima" (LXX: ultiones): harte Strafen. Oder: Exekutoren der Strafe. V.22) "salvatio" (hebr. evasio): bewahrt Geschlecht Abrahams; "ingrediuntur": sie folgen euch (nicht umgekehrt); "videritis viam": andere wurden bestraft, sie überleben; "consolamini": die Milde Gottes rettet einige. Die Heiden werden ganz vernichtet.

(i) Zur Dialoganalyse. A LAPIDEs Auslegung gehört zu den kürzeren der Epoche [121]. Er überschreitet die Versgrenze kaum und ignoriert den Gesamttext. An zwei Stellen gibt es Ansätze zur dialogischen Betrachtung von Problemen. Die erste Stelle ist eine Erörterung über die Ältesten (V.1):

"Diese kamen zu Ezechiel, um ihn zu befragen, jedoch auf betrügerische Weise ("ficte"). Deshalb setzten sie sich mit ihm nieder. Aus diesem Grund offenbart

---

[120] A LAPIDE (1866) 1120-1124.

[121] Nur über "ego Dominus decepi" (V.9) und "Noe et Daniel et Job" (V.20) äußert er sich ausführlicher.

Gott dem Propheten, welcher Art sie sind, nämlich Heuchler, damit sich der Prophet nicht wundere, wenn Gott, um ihre Taten zu vergelten, hart oder überhaupt nicht antwortet. Das ist der Fall, wenn Gott spricht: «Soll ich ihnen, wenn sie mich fragen, antworten? (596)»"

A LAPIDE merkt, daß gewisse Teile nur an den Seher gerichtet sind und zu seiner Information dienen. Er benützt diese Erkenntnis, um das Timbre der von Jahwe gestellten Frage zu ermitteln. Das ist ein Ansatz zu einer satzübergreifenden Kontextinterpretation.

Die zweite Stelle, wo A LAPIDE über den Satzrand hinausblickt, ist V.9: "ego Dominus decepi" (597):

"Es ist angemessen, daß ein hinterhältiger Anfrager, der einen Lügengott und Pseudopropheten befragt, von diesem eine betrügerische, arglistige und lügnerische Antwort oder Botschaft erhält. Es handelt sich nämlich hier um Götzendienst und um einen falschen Propheten, wie aus V.7 hervorgeht und aus dem, was dem folgenden zugrundeliegt: "Ich vernichte ihn aus der Mitte des Volkes" (Ez 14,8). Denn wie Gott die Propheten täuscht, erklärt 1 Kön 20,21."

Nach A LAPIDE spricht V.9 von einem Pseudopropheten und vom Götzendienst. Das folgert er aus V.7. Dieses Urteil ist darum interessant, weil es verschiedene Verse beizieht. Das gilt auch für den Hinweis auf 1 Kön 20, das wegen der ähnlichen Handlung beigezogen wird. Zu den Ergebnissen gibt es dagegen Einwände. So meint A LAPIDE, daß die Rechtssätze in Ez 14 von der Befragung eines betrügerischen Propheten handeln, sagt aber nicht, worin der Betrug besteht. 1 Kön 22 [122] berichtet nicht von der Befragung eines falschen Propheten, sondern vom Konflikt zwischen falschen Sehern und Jahwepropheten, wobei sich König Ahab für die Betrüger entscheidet, weil Jahwe *ihn* und nicht den Seher betört. Zudem wird der falsche Prophet von Jahwe nicht negativ inspiriert, sondern es fehlt ihm schlicht die göttliche Eingebung.

Ergebnis: Dialogorientierte Überlegungen sind im Kommentar von A LAPIDE selten. Dennoch erkennt er das Phänomen der Propheteninstruktion und den Einfluß des Gesprächsstatus der Ältesten auf die Dialogsituation. Insgesamt interessiert er sich, unabhängig von den Dialogumständen, eher für theologische Fragestellungen.

2.10. *E.F.K. Rosenmüllers Scholia in Ezechielem (1808)*

An der Schwelle zum historischen Zeitalter steht der Leipziger Orientalist Ernst Friedrich Karl ROSENMÜLLER (1768-1835). Die lateinische Auslegung von Ez 14 ist Teil seines mehrbändigen Werkes, Scholia in Vetus Testamentum, wo viel Material aus Rabbinen, Kirchenvätern und Gelehrten zusammengetragen ist. ROSENMÜLLER faßt Ez 14 zuerst zusammen ("argumentum"). Es folgen die lateinische Übersetzung und die "notae", in denen er hebr. zitierte Versteile kommentiert. Mitunter ausführliche textkritische Anmerkungen stehen in den

[122] Sie dürfte mit der Angabe "3. Reg. 20.21" gemeint sein.

Fußnoten. Ez 14 ist zweigeteilt: 1-11 und 12-23. Das argumentum zu Ez 14,1-11 faßt das Geschehen so zusammen:

1-8) Den Götzendienern, Israeliten und Beisassen, die Gott in heuchlerischer Weise befragen, wird eine schwere Rüge zuteil. 9-11) Den heuchlerischen Fragern und ihren Beratern werden härteste Strafen angedroht.

Im Anschluß daran folgt die Versauslegung:

V.1) ויבוא ist Sg, weil die Ältesten nacheinander kamen (ABARBANEL); oder: zeigt ihre Einheit im Bösen (RASCHI, KIMCHI). Contra: Sg. erklärt sich aus arab. Grammatik; Ez 20,1: Grund des Kommens. Älteste sind aus Babylon (gegen GROTIUS). וישבו ist Akt der Täuschung. V.3) העלו: der Götzenkult kommt von Herzen ("cogitationes mentis"). ומכשול: Götzen führen zu Sünde/Strafe; נכח פניהם: der Kult ist auch äußerlich. האדרש: Ni. immer mit לְ; wenn ein anderes דרש vorausgeht, ist es Frageform und wenn ein Frager vorhanden ist, meint es "antworten". Die verneinte Frage ist eine Schelte (Ez 20,3.31: mit Schwur). Widerspruch: der Prophet antwortet, obwohl Gott nicht reden will. Lösung: אדרש meint eine geneigte Antwort. Sie wird verweigert (Dtn 11,12). Ni. ist oft reflexiv: "ich lasse mich von euch nicht als milde erfinden". דרש ni. geht über "antworten" hinaus: Gnadenerweis (Ez 36,37, Jes 65,1); האדרש ist Inf. Ni.: ה nach א erleichtert die Aussprache (KIMCHI, 2 Kön 6,21). V.4: הנביא meint einen wahren Propheten (gegen THEODORET). Erst V.9 redet von Pseudopropheten; ענה ist Hoph. "moveor ad respondendum"; ב: "entsprechend"; בה: Pleonasmus, vgl. Aram/Hebr (Jer 51,56; Hi 29,3). V.5) תפש: schelten, bloßlegen. V.7) והגר: wie Lev 17,10; דרש ב + Nomen meint: Vertrauensverhältnis zum genannten (AURIVILAEUS); דרש + ב + ל: "um von ihm zu fragen, indem sie Vertrauen in mich vortäuschen"; בי: so daß es mir gefällt, diesem Verächter meiner zu antworten d.h. strafend. V.8) ונתתי פני: streng auf den schauen, dem man zürnt; והשמותיהו als Zeichen für andere; וידעתם: Gott beachtet die Herzen mehr als Worte (HIER). V.9) והנביא כי־יפתה: falscher Prophet (Ez 13,2/1 Kön 22,11-22); פתיתי: eine schlechte Frage verdient einen schlechten Propheten. Gott täuscht "secundum permissionem", nicht "secundum efficaciam" (THEODORET): Metonymie macht Aktionsverben zu Permissionsverben (Ex 4,21); GROTIUS versteht פתיתי hinsichtlich der *unerwarteten* Strafe. STORR: Gott erklärt einen Propheten für abgefallen (Dtn 13,5). V.10) ונשׂו: Strafe trifft beide; עוֹנם meint die Strafe (Ez 44,12; Lev 5,1; 20,19); כעון יהיה: es trifft beide gleich. V.11) מאחרי: "recedendo a me".

In einem eigenen "argumentum" behandelt ROSENMÜLLER Ez 14,12-23:

12-23) Gott nimmt bei der Vernichtung Jerusalems ausnahmsweise einige aus. Die Verschonten dienen zur Anschauung. Ihre üblen Sitten beweisen, daß die Strafe gerecht war.

Es folgt die Versauslegung:

V.13) מטה־לחם (Ez 4,16; Lev 26,26): Bild eines Betagten, der einen Stock benützt; vollendet sich in V.16 [123]. V.14) N/J/D können die Strafe nicht abwenden (THEODORET), ihre Fürsprache wäre nutzlos (HIER). Warum N/J/D? ROSENMÜLLER: Interzessionstheorie. V.15) חיה meint nicht die Deportatoren (THEODORET), sondern wirkliche Tiere (HIER; Lev 26,22; 2 Kön 17,25); ושכלתה: keiner wird mehr

[123] Wohl Druckfehler für V.14.

durch das Land reisen (Jer 51,43; Zef 3,6). V.16) אם: leitet reduzierten Schwur ein. V.17) חרב: Armee (Ez 6,3; 11,8). V.19) בדם: "wegen des Blutes (=Mordtat)", richtiger: "mit Blut" (= Massaker durch Schwert/Pest). GROTIUS: in Hebr. ist jeder vorzeitige Tod דם. V.21) כל שכן + אף כי: um so mehr. Eine Strafe würde alle töten, erst recht alle vier Strafen. V.22) dennoch überleben einige (anders als bei den Fremdvölkern). Ihre schlechten Sitten bezeugen, daß die Bestrafung zu Recht geschah.

ROSENMÜLLER wendet sich der Interaktion zu, freilich ohne sie theoretisch zu reflektieren. Deshalb findet sich Neues und Altes oft unverbunden beisammen. Die Erörterung der Sprachhandlung ist meist oberflächlich. Die Analyse ist zweifach geprägt: von einer intuitiven Hinwendung zur Sprachhandlung und von der Zugrundelegung des hebr. Textes. Letztere bewirkt, daß Probleme, die man bisher auf der inhaltlichen Ebene löste, von einer grammatikalischen Perspektive aus betrachtet werden. Ein Beispiel ist der Sg. ויבוא mit Pl.-Subjekt. ROSENMÜLLER gibt dazu eine morphologische Erklärung und setzt sich von Exegeten ab, die den Sg. als Hinweis auf besondere Gesprächsumstände verstehen. Das ist zweifellos ein Fortschritt, wobei die polemische Art ("Argutiae!"), mit der er sich von den inhaltlichen Erklärungen absetzt, ein Vorbote der Kontraposition von inhaltlicher und formaler Texterklärung ist.

Den Bruch zwischen der theologisch-inhaltlichen und der grammatikalisch-formalen Auslegung deutet auch ROSENMÜLLERs Väterverwendung an. In V.14 fragt er z.B. nach der Bedeutung der drei Gestalten. Er zitiert dazu einfach aus THEODORET und HIERONYMUS. THEODORET wird sogar dort kommentarlos übernommen, wo er ROSENMÜLLER widerspricht (372). Die Dichotomie ist es unübersehbar: Während sich der erste Teil auf Grammatikprobleme beschränkt, wird die inhaltliche Darlegung den Vätern überlassen [124].

Neu stellt ROSENMÜLLER die Frage nach der Gesprächssituation. Für ihre Erklärung greift er auf Parallelstellen und versteht das Kommen der Ältesten an Hand von Ez 20,1. Dabei ist auch deren Herkunft von Gewicht. ROSENMÜLLER verwirft GROTIUS' These von ihrer Jerusalemer Herkunft mit dem Argumentum e silentio, daß nichts in Ez 14 einem exilischen Hintergrund widerspricht.

הדרש (V.3) übersetzt er mit "antworten" (369) und meint mit Bezug auf Grammatik und Kontext, daß es an eine implizite Frage der Ältesten anknüpft. Es ist klar, daß die Antwort auf הדרש nur "nein" sein kann. ROSENMÜLLER bezieht Ez 20 in die Erörterung der Ältestenfrage ein (369), da Jahwe auch dort eine Befragung durch die Ältesten ablehnt. Das führt zu dem Problem, daß Gott eine Antwort verweigert und später gleichwohl redet. ROSENMÜLLER löst es, indem er הדרש mit "*wohlwollend* antworten" übersetzt, wobei nur dieser Sprechakt ausgeschlossen sei (vgl. Dtn 11,12). Das Motiv der wohlwollenden Antwort findet er in Ez 36,37 (vgl. Jes 65,1). Diese Analyse ist wertvoll, weil sie die Dialogsituation einbezieht.

---

[124] Die Erkenntnisformel (V.8) erklärt ROSENMÜLLER mit HIERONYMUS.

Auf Grund des Kontextes gelangt ROSENMÜLLER zu neuen Einsichten über den נביא und stellt gegen THEODORET fest, daß נביא in V.4 keinen falschen Propheten bezeichnet (371), sondern auf Grund von Ez 14,1.3 die Person des Ezechiel einbezieht und so einen Zusammenhang zwischen der Dialogsituation und der Antwort des Propheten in Ez 14,4-8 herstellt.

Ergebnis: Die Exegese ROSENMÜLLERS besitzt drei Charakteristiken: die grammatikalische Erklärung der Ausdrucksseite, das Bemühen um die kontextuelle Interpretation von Einzelphänomenen und die Zuweisung der theologischen Auslegung an die Väter (vor allem THEODORET und HIERONYMUS). ROSENMÜLLER beschränkt sich auf die konkordanzorientierte grammatikalische bzw. kontextuelle Analyse. Damit wird die Inhaltsinterpretation zu einem Fremdkörper. Das geschieht auch zum Schaden der Dialoganalyse, weil die Dichotomie zwischen Form und Inhalt die Wahrnehmung der Sprachhandlung behindert.

2.11. *Der Kommentar von Heinrich Ewald (1841)*

Mit dem Anspruch, "dieses seit über zwei jahrtausenden wie verschüttete Alterthum" (IXs) neu zum Leben zu erwecken, geht Heinrich EWALD (1803-1875) an die Auslegung der Propheten [125]. Ez 14 ist für ihn zweiteilig, wobei der erste zu Ez 12,21-14,11 (Propheten und Prophetenwort) und der zweite zu Ez 14,12-19,14 (Verrat und andere Vergehen Jerusalems) gehört.

2.11.1. Die Auslegung von Ez 14,1-11. Folgender ist nach EWALD der Inhalt von Ez 14,1-11 (394):

> Es ist verderblich, vom Seher Unterstützung für sinnliche Erwartungen zu erhoffen, solange man ein klares Bewußtsein von den eigenen Sünden hat.

Die Auslegung von Ez 14,1-11 folgt auf knappen zwei Seiten (401s):

> 1-3) Der Prophet darf dem Heuchler keine Weissagung verkündigen (Ez 20,1-3; 36,37). 4-5) kürzere Version: Wer Jahwe zu täuschen versucht, bekommt keine Antwort, sondern wird gestraft. Das rüttelt die übrigen auf (Ez 18,30.32). 6-8) längere Version (zu V.7a/4: Lev 20,2). 9-11) stammt aus den Beispielen Pharaos (sic). נעניתי לו in V.4.7 ist eine Redensart: der Frager hört das Gegenteil vom Erwarteten. Ni.: ein verinnerlichtes/verstärktes Müssen. בי: Zusatz zum Reflexiv (בה → בי). Eine so tollkühne Anfrage ist nur möglich wegen der ausgereiften Sünde und letztlich wegen Jahwe, des Schöpfers dieser Gewalt.

Die Sprachhandlung selbst beachtet EWALD selten. Er versteht Ez 14,1-11 im Rahmen der Großeinheit (Ez 12,21ss) und findet so eine Kritik an jenen, die an der prophetischen Wahrheit zweifeln. Weil die Propheten einen gewichtigen Anteil am Verlust ihrer Glaubwürdigkeit haben, richtet sich Gott zuerst an sie (Ez 13). Ez 14,1-11 zeigt die Bedeutung der Haltung des Fragers. Die Sorge um den Großkontext führt zur Vernachlässigung der inneren Einheit.

---

[125] Wir beziehen uns auf die erweiterte Neuausgabe seines zuerst 1841 in Stuttgart erschienenen Werkes "Die Propheten des Alten Bundes".

So deutet EWALD nur an, daß dem Gotteswort ein konkreter Fall zugrundeliegt. Für das weitere bleibt diese Beobachtung folgenlos. Einmal wird die dialogische Rolle des Propheten mißverstanden (401):

> "während der Prophet weiß, daß sie (sc. die heuchlerischen Israeliten) ihr herz und auge eigentlich ganz dem dienste von gözen aller art geweiht haben (...)".

Daß das nicht stimmt, beweist die Propheteninstruktion, die den Seher über den Götzendienst der Ältesten aufklärt.

Zur Fragesituation in 1-3 weist EWALD auf Ez 20,1-3 und als Kontrast auf Ez 36,37. Er beschäftigt sich mit Jahwes Antwort an die Ältesten sowie mit der Täuschung und der Bestrafung des Getäuschten. Den Kontext rekonstruiert er ohne Textbezug stark idealisierend. Zum Dialog sagt er nur, daß Jahwe zuerst kürzer und dann ermahnend antwortet. Der Grund dafür bleibt unerklärt.

Aus dem Kontext erklärt EWALD נעניתי לו (V.4.7). Er sieht die Wendung als Wortspiel und Abwandlung der vom Frager erwarteten Antwort. Das ist eine ad-hoc-Erklärung, die notwendig wird, weil EWALD für נעניתי לו keine grammatikalische Deutung findet.

Ein zweiter Schwerpunkt ist die Prophetentäuschung (V.9). EWALD erklärt sie, indem er von der Kraft spricht, die ein Sünder benötigt, um jemanden zu verführen. Wie alles stammt sie von Gott. Deshalb kann sich Jahwe selbst als Verführer bezeichnen. Diese Erklärung zeigt, wie EWALDs Auslegung vom Geist seiner Zeit durchweht ist. Die Auferweckung des Altertums geschieht in den Kategorien des deutschen Idealismus.

2.11.2. Die Auslegung von Ez 14,12-23. Von Ez 14,1-11 losgelöst, behandelt EWALD den zweiten Teil von Ez 14 (402-406). Er versteht ihn als Anspielung auf den Verrat des Zidkija:

> Zidkija bricht den babylonischen Vasalleneid und wendet sich Ägypten zu. Das ist ein schmähliches Vergehen. Ezechiels Urteil stimmt mit jenem Jeremias überein. Ez 14,15-15,8 beschreibt kurz die Folgen des Verrates.

Der Bezug von Ez 14,15-15,8 zu Zidkijas Verrat folgt nach EWALD aus Ez 17. Damit versteht er die Einheit wie schon bei Ez 14,1-11 aus dem Großkontext. Das ist ein Fortschritt, der erlaubt, auf die Textebene auszugreifen. Bei Ez 14,12-23 geht die Darlegung der großen Linien aber auf Kosten der konkreten Umstände. So interpretiert EWALD das Stück im Sinne der Regel, wonach in einer Landesstrafe nur die Unschuldigen überleben, nicht aber ihre schuldigen Kinder. Auf Jerusalem angewandt ist dieses Gesetz besonders gravierend, weil Jahwe gegen die Stadt alle vier Strafarten auffahren will. Das Überleben einiger Schuldiger dient nur dazu, um den ungläubigen Exulanten die tiefe Verdorbenheit Jerusalems zu zeigen.

Mit dem Schema "allgemeines Gesetz - spezifische Anwendung" findet EWALD eine idealistische Erklärung für Ez 14,12-23. Damit erübrigt sich der dialogische Gesichtspunkt. Sein Fehlen zeigt sich besonders im Verständnis der drei Gestalten, wo er hinter den Stand der Exegese zurückfällt. Er versteht sie ohne Textbezug als Vertreter der Urzeit (Noah), der Völker (Job) und der Israeliten (Daniel).

Ergebnis: EWALDs Auslegung zeichnet sich durch den Einbezug des größeren Kontextes und der inneren Logik der Großeinheit aus. Das ist eine wertvolle Hinwendung zum Text. Der Nachdruck auf den Großkontext geht freilich auf Kosten des Textes. Zudem ist EWALDs Blick für das Ganze nicht selten durch eine idealistische Brille vermittelt, die das angestrebte ungetrübte Verständnis des Altertums behindert.

2.12. *Der Kommentar von Ferdinand Hitzig (1847)*

1847 verfaßt der EWALD-Schüler Ferdinand HITZIG (1807-1875) einen kurzen Ez-Kommentar, der aus einer Titelangabe, einer knappen Einleitung ohne Übersetzung und der Versexegese besteht.

2.12.1. Die Auslegung von Ez 14,1-11. V.1 nennt nach HITZIG den äußeren Anlaß des Gotteswortes. Doch HITZIG relativiert den Vers und bezeichnet ihn als für die Auslegung bedeutungslose Einkleidung, die keine Tatsachen mitteilt (93). Dieses Urteil scheint eine Berücksichtigung der Sprachhandlung zu verhindert. Doch es kommt anders. HITZIG fragt nach dem Grund des Kommens der Ältesten und erarbeitet dazu das situationale Umfeld, indem er von der Antwort Jahwes dialoganalytisch auf die Ältestenfrage zurückschließt.

Ähnlich legt er V.4s aus. Das Wort setze keine *offen* ausgesprochene Ältestenfrage voraus. Es sei ergangen, bevor diese hätten sprechen können [126]. Das Rechtswort in V.4 passe zur Dialogsituation von V.3a. Hier würden die Ältesten und kein abstrakter Gesetzesfall verhandelt. Obwohl diese These nicht erhärtet wird, ist sie ein Fortschritt. Zum ersten Mal wird nämlich eine Beziehung zwischen dem Gotteswort und der Dialogsituation angenommen.

In Schwierigkeiten gerät HITZIG bei der Bestimmung des Sprachaktes in V.4 (94). Er lehnt ein Verständnis von V.4 als Frage mit Verweis auf den למען-Satz (V.5) zu Recht ab, vermißt aber in der Jahwerede die Ablehnung eines Wortes an die Ältesten [127], das aussagen würde, daß Gott nicht durch den Seher, sondern durch sich selbst spreche [128]. Das wird aber nicht gesagt, בה (V.4h) spricht sogar eher dagegen. Darum ändert HITZIG diese Form nach V.7h in בי [129]. So erreicht er ein doppeltes Ziel. Er eliminiert das ihm ungelegene בה und findet in בי das fehlende Glied.

---

[126] Das setzt die dialogische Ausrichtung von V.4 auf die Ältesten voraus.

[127] Der Wunsch nach einer Antwortverweigerung offenbart HITZIGs dialogisches Vorverständnis und ist so stark, daß er nicht vor Textkorrekturen zurückscheut.

[128] HITZIG (1847) 94 lehnt es ab, das am hervorgehobenen אני in V.4h abzulesen.

[129] Jahwe antwortet nach V.4h durch sich selbst, also ohne Vermittlung des Propheten, der nach V.9 zu schweigen hat.

Dieses Problem und seine literarkritische Lösung beruhen auf einer Fehlanalyse des Dialoges. Die Anrede der Ältesten beginnt, wie noch zu zeigen ist, erst in V.6. Das beseitigt eine weitere Schwierigkeit: HITZIGS Analyse führt dazu, daß das Drohwort in V.7 vor den Ältesten "umständlich wiederholt" wird (95). Das rechtfertigt sich nach HITZIG als Begründung für den Umkehrruf in V.6. Da schon V.6 mit לכן eingeleitet ist, postuliert HITZIG somit in der Ältestenanrede zwei Grundangaben. Es ist zudem fraglich, ob die postulierte kausale Funktion genügt, um die eng aufeinanderfolgende Wiederholung zweier fast gleicher Rechtsworte zu erklären.

Ein weiteres Problem ist die unklare Abgrenzung zwischen der Aktantenrolle Jahwes und des Propheten. Das zeigt die folgende Aussage [130]:

> "Der Prophet kann sich nicht überzeugen, dass Jehova Unwürdigen mit Rath an die Hand gehen werde (...)".

Das impliziert, daß das Jahweworte eine Auffassung des Propheten widerspiegelt. Bei einer konsequenten Durchführung dieses Ansatzes wäre Ez 14 ein Monolog des Propheten mit sich selbst. Das aber wäre zu beweisen.

2.12.2. Die Auslegung von Ez 14,12-23. Als unabhängige Einheit behandelt HITZIG Ez 14,12-23. Er nennt es das zweite Orakel (96), erklärt es aber nicht als Jahwewort ("Orakel"), sondern aus der Perspektive eines Verfassers und bemüht sich um den logischen Gedankenablauf:

> "Zielend auf eine Theorie wie 1 Mos. 18,26 ff. und eine Gesinnung wie 5 Mos. 29,18, führt der Vf. hier nach der Reihe vier Schickungen auf (...), um bei jeder zu erklären, dass, wenn auch allbekannte Muster von Rechtschaffenheit sich am Ort befänden, dieselbe nur sie selbst retten würde (...). Davon macht Vers 21 ff. die Anwendung auf Jerus (96)."

Diese Textdefinition gibt die Richtung der Auslegung vor. "Zweites Orakel" heißt, daß Ez 14,12-23 eine unabhängige Einheit darstellt. Doch auf den neuen Dialogkontext kommt er trotz der 2.Pl. in V.23 nicht zu reden. Inhaltlich versteht er V.23 als Mitteilung, daß die Überlebenden des Untergangs Jerusalems in Babylon ein gottgefälliges Leben führen und die Golah trösten werden. Er erklärt das so (99):

> "Die hier ausgesprochene Erwartung eines löblichen Betragens der neuen Colonisten möchte leicht aus der Erfahrung abstrahirt sein; denn das Unglück hat ohne Zweifel ihren halsstarrigen Sinn gebrochen (...)."

Damit setzt er sich über die Dialogsituation hinweg und spekuliert über einen theoretisch möglichen Sitz im Leben post eventum ("aus der Erfahrung abstrahiert"). Damit ist HITZIGS Exegese von Ez 14,12-23 im Vergleich zu Ez 14,1-11 ein dialoganalytischer Rückschritt.

---

130 HITZIG (1847) 95: Es geht um הכרתיו in V.8c.

Ergebnis: HITZIG weist einige vielversprechende kommunikative Ansätze auf. Insgesamt bleibt er am Satz verhaftet. Fragen des Textzusammenhanges werden selten und auf einem vorwissenschaftlichen Niveau behandelt.

2.13. *Der Kommentar von Rudolf Smend (1880)*

1880 wird HITZIGS Kommentar durch Rudolf SMEND (1851-1913) neu verfaßt. Er geht von Großabschnitten aus (z.B. Ez 12-19) und kommentiert sie. Dann folgt die Exegese der Einzelstücke im Dreischritt: 1.) Überschrift, 2.) Zusammenfassung und 3.) Versauslegung. Zuerst spricht SMEND von Ez 14 bei der Einordnung des Textes in Ez 12-19 und in den Unterabschnitt Ez 12-14 (67s). Sie stellt sich so dar:

> Ez 8-11 wird von den Exulanten ignoriert, so daß Ez 12 das gleiche erneut sagt. Passend folgt darauf die Ausführung über die wahre/falsche Prophetie (Ez 12,21-14,11). Daran schließt der kleine Abschnitt Ez 14,12-23.

Alles dreht sich um die Exulanten. Ezechiel schreibt unter dem Eindruck der Zerstörung Jerusalems und baut dabei frühere Schriften ein. SMEND stellt somit die Schriftstellertätigkeit Ezechiels und die Schreibhandlung gegen die Sprachhandlung. Der Kontext der Auslegung ist nicht der Dialog, sondern die vorausgehenden und nachfolgenden Kapitel, wobei die Grundbotschaft der Worte interessiert [131].

2.13.1. Die Auslegung von Ez 14,1-11. Ez 14,1-11 versteht SMEND als Anleitung zum richtigen Gebrauch der wahren Prophetie (79):

> 1-11) Jahwe geht gegen das Volk vor (Ez 13: gegen Verführer). Man sucht beim Seher Trost und hängt den Götzen nach, ohne sich etwas anmerken zu lassen. Diese Sünde im Herzen will Jahwe ausrotten.

Was SMEND zu Ez 12-19 sagt, scheint bei der Einzelexegese durch: So redet er in Ez 14 nicht von den Ältesten, sondern vom Volk und paraphrasiert das Vergehen mit neutralen "man"-Formulierungen. Er behauptet, daß Ez 13 von den Verführern und Ez 14 von ihrem Gegenüber, dem Volk, spricht. Die Auslegung berücksichtigt die Dialogsituation nur selten:

V.1 ist nach SMEND wichtig, weil er von der Prophetenbefragung berichtet, die das Wort veranlaßt (79s). Diese Feststellung ist folgenlos. SMEND fällt sogar hinter die Dialoganalyse HITZIGS zurück. *V.4* verknüpft er wie HITZIG mit V.3 und sieht ihn durch den Fall der Ältesten veranlaßt (80). *V.6a* zeigt, daß sich die Rede "über ihren nächsten Anlass", den SMEND ausblendet, an das Volk richte (81). Schwierigkeiten macht *V.7* wegen der Beisassen, die nicht zum Rechtsfall passen [132]. SMEND deutet V.7 als bloße Redensart. In *V.9* erkennt er

---

[131] SMEND (1880) VIII: "Uebrigens ging mein Interesse vor allen Dingen dahin, (...) die Grundgedanken und den Zusammenhang seines (sc. Ezechiels) Buches aufzuzeigen".

[132] SMEND (1880) 81: "Es ist klar, dass diese Formel (...) nicht von Ez. selbst geprägt, sondern älter ist."

die Problematik seiner Übersetzung ("Der Prophet aber, wenn er sich verleiten lässt"): "man könnte meinen, dass ein Prophet, der redet, wo er nicht soll, überhaupt nicht echtes Gotteswort, sondern nur Selbsterdachtes verkünden könnte."

Auch dieses Problem löst SMEND mittels des Großkontextes und glaubt, daß kein falscher Prophet gemeint ist, weil dessen Fall in Ez 13 zur Sprache kommt. Das ist sein letzter Versuch, ein Problem der Dialogkonstellation auf der Ebene der Großkomposition zu lösen.

2.13.2. Die Auslegung von Ez 14,12-23. Der zweite Teil von Ez 14 fällt für SMEND aus dem Kontext. Er bezeichnet ihn darum als Ausnahme von der Regel und faßt ihn so zusammen (79):

> 12-23) Der schroffe Vergeltungsglaube Ezechiels erfährt beim Untergang Jerusalems eine Ausnahme. Allerlei Gottlose bleiben übrig, um den Exulanten die Gerechtigkeit der Bestrafung Jerusalems vor Augen zu führen.

Eine verallgemeinernde Interpretation der Einheit ist unmöglich, weil das Stück eine Ausnahme vorbringt. Darum ist SMEND stärker auf die Dialogsituation ausgerichtet (83-85).

Zu V.13s meint er, daß Israel und nicht die Heiden gemeint sind. In *V.14* erscheinen die drei Gestalten, weil sie gemäß Ez 14,12ss trotz allgemeinem Abfall am Glauben festhielten. *21-23* ist ein Vaticinium ex eventu. Die Vergeltungslehre des Propheten hat sich beim Fall Jerusalems nicht verwirklicht. Dagegen beteuert *12-20*, daß diese Theorie dennoch richtig ist: "Ez. ist der erste Dogmatiker und es war notwendig, dass die Dogmatik bei ihren ersten Schritten stolperte (84)." Die Rede von den üblen Taten der nach Babylon Weggeführten beruht nach SMEND auf der Erfahrung des Ezechiel und offenbart Spannungen zwischen den Exulanten der ersten und zweiten Deportation.

Ergebnis: SMEND interpretiert Ez 14,1-11 in seinem Großkontext. Das ist ihm bei Ez 14,12-23 nicht möglich. Deshalb versteht er das Stück im Kontext der Exulantenschaft nach dem Fall Jerusalems als Vaticinium ex eventu. Insgesamt betrachtet SMEND die Sprachhandlung als unechte Konstruktion. Er postuliert eine Dialogsituation hinter dem Buchstaben, die sich in 1-11 harmonisch in den Großkontext einfügt und in 12-23 im Lichte der späteren Ereignisse verständlich ist. Damit wird die gegebene Gesprächssituation ignoriert und bleibt unerforscht.

2.14. *Der Kommentar von Joseph Knabenbauer (1890)*

Der bayerische Jesuit Joseph KNABENBAUER (1839-1911) hat mit seinem lat. Commentarius in Ezechielem Prophetam den bedeutendsten katholischen Ez-Kommentar des 19. Jahrhunderts vorgelegt. Er betrachtet 1-12 und 13-23 als selbständige Teile der Großeinheit Ez 12-19 [133].

---

[133] KNABENBAUER (1890) 134-143.

2.14.1. Die Auslegung von Ez 14,1-11. KNABENBAUER überschreibt Ez 14,1-11 mit: "Contra idololatras". Er fragt nach Identität, Herkunft und Grund des Kommens der Ältesten. Diese Punkte betreffen zentrale Aspekte der Sprachhandlung, werden aber nicht dialoganalytisch geklärt.

(1) Die *Identität* der Ältesten erörtert KNABENBAUER ohne Textbezug:

> "viri de senioribus (hebr.): igitur viri nobiliores qui magistratum aliquem gerebant, auctoritate valebant, iudices erant populi (134)."

Die Ältesten werden ohne Rücksicht auf die Lage in V.1 beschrieben. Grund dafür ist eine begriffsorientierte Exegese. Sie erklärt Vorstellungen und theologische Fragen (etc.) unter Ausblendung des inneren Kontextes [134].

(2) Kurz wird die *Herkunft* der Ältesten erörtert. KNABENBAUER erwähnt eine mögliche palästinensische Herkunft, winkt aber ab:

> "Eos fuisse ex Palaestina cum nullo modo innuatur, seniores et magistratus inter exsules erunt censendi (134)."

Die Beweisführung ist negativ. KNABENBAUER verkennt die Bedeutung der Herkunft der Ältesten für das Verständnis der Perikope. Er interessiert sich eben vor allem für Einzelprobleme. Die Schwierigkeit dieser Exegese liegt nicht in einer grundsätzlichen Mißachtung der Sprachhandlung, sondern in der kontextfernen Klärung von Einzelfragen.

KNABENBAUER betrachtet die Ältesten als Exulanten und schließt von ihnen auf den Götzendienst der Golah. Das erschwert das Verständnis der Beisassen in V.7. KNABENBAUER schließt ihre Existenz im Exil zwar nicht aus, versteht sie aber als bloße Vergleichsgrößen, die zeigen, daß das Götzenverbot für Fremde und a fortiori für die Israeliten verpflichtet [135]. Wieder löst er ein Problem der Sprachhandlung durch Verallgemeinerung, womit die dialogische Anrede bedeutungslos wird. So werden Einzelaussage und Dialog nicht im gegenseitigen Licht, sondern nacheinander erklärt.

(iii) An dritter Stelle spricht KNABENBAUER vom Grund des Kommens der Ältesten (134):

> "Prophetam adibant, prout ex v. 4 colligitur, ut de re aliqua divinum exquirerent responsum (...)."

Die Ältesten werden nach KNABENBAUER ab V.4 angeredet. Sie haben eine Frage gestellt und erwarten ein Gotteswort. Die fehlende Frage erschließt KNABENBAUER aus dem ersten Rechtswort ("prout ex v.4 colligitur"). Er geht

---

[134] Der "innere Kontext" ist der inhaltliche Zusammenhang einer Einheit. Dagegen bezeichnet der "äußere Kontext" den Bezug von Texten untereinander.

[135] KNABENBAUER (1890) 136: "Unde etsi in Babylonia inter exsules eiusmodi advenae non adfuerint, tamen vates ita loqui potuit, ut ostenderet quid Deus ab ipsis alienigenis postularet, quanto magis ergo a suis."

wohl davon aus, daß sich die Dialogsituation im Rechtswort spiegelt, wobei die Antwort auf die Frage hinweist. Dieses implizite Argumentationsmuster zeigt, daß dialoganalytische Gesichtspunkte zwar nicht ganz fehlen, aber nur auf einer unreflektierten Ebene von Einzelwahrnehmungen begegnen.

Dialogisch begründet KNABENBAUER die Nichtmitteilung der vermuteten Ältestenfrage: Der Prophet wolle sich auf die Darstellung der Gottlosigkeit konzentrieren. Außerdem sei die Frage belanglos, weil sie ja unbeantwortet bleibe (135). Die Frageform von V.4 zeige, daß die Umstände es verbieten, zu antworten [136]. Diese Beobachtung ist gut, weil sie die Frage aus den dialogischen Umständen von Ez 14 versteht.

Mit einer freien Umschreibung des Dialoges legt KNABENBAUER schließlich V.9 aus (139):

> "etsi vobis adsunt oracula fausta prophetarum, haec falsa sunt, haec a deceptis et deceptoribus sunt profecta et a Deo vobis irato in iustam impietatis poenam permissa (...)."

Die Darstellung ist zwar dialogorientiert, der Rahmen ist aber nicht der Dialog von V.1, sondern die Frage, wie ein an Götzendiener ergehendes falsches Gotteswort zu verstehen ist. Ob diese Problematik in Ez 14,1-11 von Bedeutung ist, wird nicht geklärt. So bleibt die Sprachhandlung wieder ausgeklammert.

2.14.2. Die Auslegung von Ez 14,12-23. Als selbständige Einheit versteht KNABENBAUER den zweiten Teil von Ez 14. Er stellt ihn unter den Titel: "Iam nulla admittetur intercessio" und glaubt, daß die umkehrunwilligen Angeredeten damit rechneten, daß die Gerechten Jahwe von der Bestrafung des Landes abhalten können. Das ist eine interessante, aber unbewiesene Erklärung. Auf der Linie der Fürbitte erklärt KNABENBAUER die drei Gestalten. Er folgert für sie, ohne auf den Kontext einzugehen [137]:

> "Die Tatsache, daß zwei der genannten aus dem Altertum und einer aus der neuesten Zeit stammt, bekräftigt praktisch, daß die Kraft des Gebetes zuzunehmen scheint. Obwohl aber die Gerechtigkeit, die seit Alters her existiert, mit der aus jüngster Zeit gleichsam zusammengenommen wird, kann die Strafe dennoch nicht abgewendet werden (139)."

Dieses nichtdialogische Argument zeigt eine interessante Vorgehensweise. Einzelbeobachtungen werden im Zusammenhang und zeitlichen Bezug zur Dialoggegenwart begriffen. Das ist eine kontextuelle Exegese, die an die Dialoganalyse erinnert.

---

[136] KNABENBAUER erwähnt eine ähnliche Redeform in Ez 20,3, ohne auf die situationale Nähe zu Ez 14 hinzuweisen.

[137] Eine Bezugnahme ist die Interpretation des Daniel als zeitgenössisches Vorbild der Exulanten. Das impliziert, daß KNABENBAUER für Ez 14,12-23 eine exilisch-babylonische Anredesituation annimmt.

Ergebnis: KNABENBAUER zeigt einige Ansätze zur situationsbezogenen Auslegung von Ez 14, auch wenn er vor allem an der theologischen Bedeutung einer Aussage interessiert ist und ihre Einbettung in die Gesprächssituation vernachlässigt. So bleibt es bei ersten dialoganalytischen Schritten.

2.15. *Der Kommentar von Hans Schmidt (1915)*

Aus dem Jahre 1915 stammt das Werk "Die grossen Propheten" von Hans SCHMIDT (1877-1953) mit einer Einleitung von Hermann GUNKEL [138].

2.15.1. Die Auslegung von Ez 14,1-11. SCHMIDT gibt zuerst eine kurze Paraphrase (406):

> 1-5) Ezechiel verweigert den Ältesten ein Gotteswort. Empfinge er eines, würde er meinen, daß ihn Jahwe auf die Probe stellte. Die Ältesten sind innerlich und äußerlich Götzendiener. Jahwe antwortet ihnen zuerst nicht. Dann aber: Wehe ihnen! 6-8) Schwerfällig setzt Ezechiel neu an und spricht zum Volk. Er fürchtet, daß das Gericht über den einzelnen alle betrifft (vgl. Ez 9,8). 9-11) Ein Nachgeben Ezechiels würde das Volk in die Schuld der Führer verstricken. Darum erhalten die Ältesten keine Antwort. Das Volk aber soll sich bekehren.

Es ist ein großer Fortschritt, daß SCHMIDT den Dialog als Rahmen für die Auslegung benützt. So wird die Sprachhandlung zum ersten Mal zur Richtschnur der Auslegung. Freilich ist SCHMIDTs Interpretation noch ansatzhaft. Er betrachtet z.B. den Seher und nicht Jahwe als Wortführer [139].

Bis V.5 äußert sich SCHMIDT nur unklar zum Dialog. Es ist aber zu vermuten, daß er 2-5 als prophetische Anrede der Ältesten versteht, weil er zu diesem Teil Gegenargumente der Ältesten rekonstruiert [140] und meint, daß sich der Prophet ab V.6 von den Ältesten an das Volk wendet. Dabei ist der Übergang in V.6 richtig erkannt. SCHMIDT setzt in Ez 14,1-11 zwei Dialogteile voraus, für die drei Dialogpartner notwendig wären. Doch da er Jahwe und den Prophet als Aktanten voneinander nicht unterscheidet, bleiben als Dialogpartner nur sie und die Ältesten. Es fehlt der dritte Mann. SCHMIDT löst das Problem, indem er das in V.6a genannte "Haus Israel" als Anredepartner versteht. Diese Lösung wird aber in Frage gestellt, wenn er in V.4 die Antwort des Propheten von der Antwort Jahwes unterscheidet:

> "Für solche Männer - und ob sie hundertmal «Älteste» sind, hat Hesekiel keine Antwort. Denen mag Jahve selbst eine Antwort geben (406)."

Wenn Jahwe "selbst" antwortet, dann tritt ein neuer Aktant ins Spiel. Das aber bringt SCHMIDTs Dialoganalyse durcheinander. Als Ausweg bietet

---

[138] Die zweite Auflage (1923) bietet für Ez 14 eine unveränderte Auslegung.

[139] So zu V.6: "Aber nun wendet er (sc. der Prophet) sich an sein Volk: «Kehrt um, laßt euch bekehren!» (...)".

[140] SCHMIDT (1915) 406: "Sie müssen ihm wohl gesagt haben, daß sie diese Bilder nur so vor sich hinstellen (...)."

sich an, Jahwes Antwort metaphorisch als Strafakt zu verstehen, der sich nicht in Worten, sondern in gottgesandten Plagen äußert. Das ist eine Folge daraus, daß die Gesprächsanalyse prophetenzentriert ist und die dialogische Rolle Jahwes verkennt. SCHMIDTs Bewunderung gilt dem Propheten [141], und entsprechend interpretiert er Ez 14,1-11 eben als dessen Wort.

2.15.2. Die Auslegung von Ez 14,12-23. Unabhängig davon behandelt SCHMIDT 12-32 (407-409). Er eröffnet seine Ausführungen mit der Feststellung:

> "Wenn wir diesen Abschnitt recht verstehen wollen, müssen wir uns, wie so oft bei den Propheten (...) fragen: Worauf antwortet Hesekiel hier (407)?"

SCHMIDT erkennt, daß eine Antwort häufig von Meinung und Umfeld der Angeredeten beeinflußt ist [142]. In 12-23 findet er die Publikumsfrage nach dem Schicksal der Unschuldigen: Läßt Jahwe beim Fall Jerusalems die Gerechten wegen der Frevler leiden? SCHMIDT glaubt, daß der Prophet dieses Problem als Kind seiner Zeit, in der sich der Vorrang des Einzelnen vor dem Kollektiv durchsetzt, nach dem Grundsatz der Selbstverantwortung erklärt.

Wieder besteht die Stärke der Auslegung darin, den Text in seiner dialogischen Einbettung zu verstehen. Das führt zu einer einheitlichen Lektüre, wobei die Dialogsituation aus Vermutungen rekonstruiert wird [143]. SCHMIDT stellt sich eine mögliche Dialogkonstellation vor, ohne sie mit dem gegebenen Redekontext zu vergleichen. Dabei ist er von Vorstellungen zur historischen Entwicklung des religiösen Bewußtseins beeinflußt. Sie sind noch verfrüht. Das zeigt sein Verständnis der drei Gestalten:

> "Diese Männer müssen also damals als Muster der Rechtschaffenheit allgemein bekannt gewesen sein. Was man im übrigen damals von ihnen erzählte, läßt sich leider aus dieser Erwähnung nicht erschließen (408)."

Die drei Gestalten werden nicht im Licht ihrer Funktion in der Sprachhandlung, sondern vom historischen Damals her betrachtet. SCHMIDT stellt die Frage nach ihrer Bedeutung in der Entstehungszeit des Textes. Es ist aber unklar, ob eine solche univoke Bedeutung je existiert hat [144] und - wenn ja -

---

[141] SCHMIDT 1915) 407: "Und nun sehen wir wieder die Gewissenhaftigkeit wach, die uns an diesem Manne so tief bewegt (...)."

[142] SCHMIDT (1915) 222: "Bisweilen stellt die lebhafte Phantasie der Propheten ihnen, während sie schreiben, die Menschen, an die sie denken, so deutlich vor Augen, als wären sie leibhaftig zugegen. Dann mutet ihre Rede an, als ob man eine Unterhaltung belauscht, bei der man nur den einen Teil verstehen kann. Was der andere sagt, muß man erschließen - hinzudenken." Das sind gute dialogische Beobachtungen, aus denen auch hervorgeht, daß SCHMIDT das Gotteswort nicht vom Dialog, sondern von der schriftstellerischen Phantasie des Propheten her versteht.

[143] Dazu: "Man muß seiner (sc. des Propheten) Unheilsweissagung mit der Erwiderung begegnet sein (407)."

[144] Da die drei Gestalten ausschließlich hier gemeinsam auftreten, ist eine solche Bedeutung schwer auszumachen.

ob sie mit der Bedeutung der Gestalten in Ez 14 übereinstimmt. Somit betritt die Fragestellung den Bereich historischer Hypothesen, zu deren Klärung die Dialoganalyse eine Voraussetzung wäre.

Zu 21-23 stellt SCHMIDT ein Abweichen vom Vorausgehenden fest, weil das Beispiel der drei Gestalten in sein Gegenteil verkehrt wird: Die Überlebenden sind nicht verschonte Unschuldige, sondern entronnene Frevler. Das ist für ihn ein Widerspruch zu Ez 9,4 (Aussonderung von Unschuldigen). Er versteht ihn aus der Dialogsituation:

> "Warum erscheinen denn hier die Geretteten so ganz anders? Wahrscheinlich deshalb, weil der Prophet hier den Anspruch der Verbannten auf die Errettung ihrer Angehörigen bekämpft (409)."

Diese Ansicht ist deshalb besonders interessant, weil sie Hörervorgaben in die Dialoganalyse einbezieht. Leider wird diese Hypothese nicht vertieft. Der Einbezug anderer Sprachhandlungen (z.B. Ez 8-11) könnte weiterführen.

Ergebnis: SCHMIDTS Exegese ist ein großer Fortschritt in der dialogischen Auslegung von Ez 14. Er stellt die Sprachhandlung in den Vordergrund. Die Dialoganalyse steckt aber noch in den Anfängen und beschränkt sich oft auf ein vorwissenschaftliches Verständnis des Sprachgeschehens. Zudem ist ihre Abgrenzung zu anderen Ansätzen unklar.

2.16. *"Der Dichter und das Buch" von Gustav Hölscher (1924)*

Einer Radikalkur unterzieht Gustav HÖLSCHER (1877-1955) das Buch Ez in seiner literarkritischen Untersuchung aus dem Jahr 1924. Sein Ziel ist die Ausscheidung der Prosastücke aus den alleine für authentisch gehaltenen poetischen Teilen des Buches [145]. Im Rahmen dieser mit so gravierenden Aprioris belasteten Arbeitshypothese ist es schwer, dem Text gerecht zu werden. Trotzdem kommt HÖLSCHER zu einigen dialoganalytisch fruchtbaren Ergebnissen.

Das gilt aber nicht für die Auslegung von V.1. HÖLSCHER verweist auf die Unterschiede zu Ez 8,1 (זקני יהודה) und schließt, daß Ez 14,1ss nicht von Ez stammt, sondern eine midraschistische Erfindung ist:

> "Die Darstellung ist schlecht; daß die genannten Ältesten Israels Götzendiener sind und ein Jahwewort vom Propheten begehren, hätte gleich zu Anfang gesagt werden sollen (86)."

Von V.1 erwartet er eine "historische Verumständung". Der Vers scheint ihm aber mißraten und lückenhaft. Das verrät das Stück als redaktionelles Gebilde. Dieses Urteil hängt an der Ausgangshypothese. Ez 14,1-11 ist Prosa und deshalb ein Schreibtischprodukt. Der Wortergehungsdialog ist somit gefälscht [146]. Der Text trägt einige rechtliche Anmerkungen zum Gotteswort nach.

---

[145] Zuvor analysierte Bernhard DUHM (1847-1928) mit ähnlichen neuromantisch beeinflußten Voraussetzungen den Propheten/Poeten Jesaja (vgl. GITAY [1991] 1).

[146] HÖLSCHER bezeichnet den Text als "eine Art prosaisches Vorwort zu den nach-

Die Entstehungstheorie, die Ez 14 als einheitliches redaktionelles Stück versteht, ermöglicht eine einheitliche Lektüre des Textes und eine Überwindung der Satzverhaftetheit früherer Ansätze. Das führt zu einigen guten dialoganalytischen Beobachtungen. So erkennt HÖLSCHER nach der Antwort an die Frager [147] eine Hinwendung zum Haus Israel (V.6ss):

> "Nach dieser Abfertigung der Befrager wendet sich der Text [148] in 14,6ff an das Haus Israel mit der Aufforderung zur Umkehr vom Götzendienst. 14,6-7 ist nicht Parallele zu 14,4 (86)."

V.6s ist keine Wiederholung, sondern wendet sich an einen neuen Dialogpartner, wodurch sich der Aktantenkreis ausweitet [149]. Interessant ist die Aussage eines engen Zusammenhanges zwischen Ez 14,1-11 und 12-23 [150]:

- 1-11: Begründung der Weissagung gegen Jerusalem im Gesetzesstil
- 12-23: Feststellung, daß das Gericht an Jerusalem gerecht war

Der harmonische Ablauf zwischen Begründung und Gutheißung scheint im zweiten Kapitelteil etwas gestört:

> "Nachdem in 14,12-20 der allgemeine Grundsatz klargestellt ist, folgt in 14,21-23 die Anwendung auf Jerusalem mit direkter Anrede an die Exulanten. Man kann nicht leugnen, daß die Logik den Verfasser hier etwas im Stiche läßt (87s)."

Dennoch lehnt es HÖLSCHER aus allgemeinen Stilgründen ab, V.21ss als Zusatz zu betrachten. Damit beweist er ein letztes Mal, daß sein Einheitskriterium weder der Logik, noch der Dialogik [151], sondern der Unterscheidung von Prosa und Poesie entstammt. Ez 14 ist Prosa, die von einem Redaktor (im Sg!) als Einheit verfaßt wurde. HÖLSCHER entdeckt in seiner Auslegung, was er ihr als Voraussetzung zugrundegelegt hat.

Ergebnis: Die Unterscheidung von Prosa und Poesie führt HÖLSCHER dazu, Ez.14 als Einheit auszulegen. Damit gründet seine Exegese nicht auf dem dialogisch verfaßten Text, sondern auf der These von der historischen Ursprünglichkeit der ez Poesiestücke. Dennoch kommt seine einheitliche Auslegung zu einigen Ergebnissen, die dialoganalytisch bedeutsam sind.

2.17. *Der Kommentar von Alfred Bertholet (1936)*

Literarkritisch ausgerichtet ist der zweite Ez-Kommentar von Alfred BERTHOLET (1868-1951) aus dem Jahre 1936. BERTHOLET analysiert Ez 14 mittels

---

folgenden Gedichten Hesekiels".

[147] Daß die Ältesten "Befrager" genannt werden bzw. von "Befragung" gesprochen wird, ist der einzige direkte Hinweis auf den Dialogcharakter des Textes.

[148] HÖLSCHER spricht vom "Text" wie von einem dialogischen Aktanten.

[149] HÖLSCHER (1924) 86: "Die Ermahnung gilt nunmehr der gesamten Gemeinde".

[150] HÖLSCHER (1924) 87: "Daneben tritt dann ein zweiter Abschnitt - den man nicht mit Herrmann von 14,1-11 losreißen darf (...)."

[151] Dazu STUBBS (1983) 3: "(...) we often accept as appropriate in every-day conversation utterances which logic would reject as tautological or contradictory."

der Hypothese, daß der Prophet ein Skizzenbuch mit teilweise parallelen Entwürfen hinterlassen hat, die nach seinem Tod zusammenkomponiert wurden (XIII) [152]. Parallele Entwürfe findet er auch in Ez 14, das er als sekundäres Textgemisch betrachtet. Das erkennt er aus Wiederholungen und inneren Widersprüchen (etc.). Deshalb ist es die erste Aufgabe der Exegese, den Textknäuel in Ez 14 zu entwirren und die eingeflossenen Texte hervortreten zu lassen. Erst nach der Wiederherstellung der ursprünglichen Ordnung ist eine sinnvolle Auslegung möglich.

Zuerst sucht BERTHOLET nach Spannungen, die er als Abweichungen vom Textideal versteht. Dieses Textideal und die Kriterien, mit denen er Ez 14 beurteilt, gibt er nicht bekannt. So bleibt der Eindruck, daß er den Text a priori disqualifiziert und textfremde historische Kriterien an die Stelle der Untersuchung der inneren Gestalt der Einheit treten [153]. Die Exegese nähert sich jener des ORIGENES, weil sie Ez 14 mittels apriorischer Kategorien begreift und die Redesituation zugunsten eines historisierenden (ORIGENES: aktualisierenden) Horizontes aufgibt. BERTHOLET geht davon aus, daß ein Text nur "ursprünglich" ist [154], wenn er eine gradlinige Gedankenführung vorweist, wobei weder zu deutliche Parallelen noch zu schroffe Gegensätze vorliegen dürfen. Damit ist auch sein Textbegriff umschrieben. Unbeschadet dieser Vorgaben legt er einige dialogrelevante Ergebnisse vor.

2.17.1. Die Auslegung von Ez 14,1-11. BERTHOLET zerlegt Ez 14 in zwei Teile [155]. Die Ältesten identifiziert er mit jenen in Ez 8,1 und betrachtet Ez 8 als Kommentar zu Ez 14,1-11. Ez 8 stammt für ihn aus Jerusalem und so auch (die Grundschicht von) Ez 14,1-11 (51), wie der Sprachgebrauch (z.B.גר) beweist. BERTHOLET macht zwei dialoganalytisch gute Beobachtungen:

1.) BERTHOLET bezeichnet das Kommen der Ältesten vor Ezechiel als "Anlaß" für das ursprüngliche Prophetenwort in 7a-10. Er findet einen Zusammenhang zwischen der Dialogsituation und dem Redeinhalt. Wenn nämlich die Ältesten mit jenen von Ez 8,1 identisch sind, dann muß das von BERTHOLET isolierte Grundwort von einer judäischen (also nicht exilischen!) Wirklichkeit sprechen. Diese These wird bei der Besprechung von גר wiederholt.

---

[152] BERTHOLET setzt ein prophetisches Wirkungsfeld des Sehers in Jerusalem/Babylon voraus und identifiziert Jahwe dialogisch mit ihm.

[153] BERTHOLETs Entstehungstheorie dient als Kontext-Ersatz. Sie ist, weil historisch unbegründet, ein Entstehungsmythos. BERTHOLET beweist sie literarkritisch, indem er im Zirkelschluß die erwarteten Phänomene findet. So interpretiert er ähnliche Textteile selbst dort als Dubletten, wo Unterschiede (7a.8-10 bzw. 4b-7b.11) vorliegen. Wo Dubletten fehlen, benützt er Textunterschiede als Kriterium für die Quellenscheidung. Das wirft die Frage auf, ob seine Methode überhaupt falsifizierbar ist.

[154] Hier ist "ursprünglich" gleichbedeutend mit "einheitlich".

[155] BERTHOLET begründet selbst Schlüsselthesen oft kaum oder gar nicht. Das ist immer dort der Fall, wo wir seine Aussagen ohne Begründung vorlegen.

2.) BERTHOLET merkt, daß es in den Rechtsworten nebst Parallelen auch Unterschiede gibt, die er allerdings als Argumente für seine Textentstehungstheorie auswertet.

2.17.2. Die Auslegung von Ez 14,12-23. In 12-23 findet BERTHOLET zwei Texte (12-20 und 21-23), für die er einen Entstehungsort sucht. 12-20 verbindet er mit der individuellen Vergeltung und meint, daß sie am besten auf die Judäer passe (52). Dieses Urteil wirft ein dialoganalytisches Licht auf die Gesprächsumstände von 12-20.

21-23 ist nach BERTHOLET an die Golah gerichtet und entspricht den theologischen Auffassungen Ezechiels. Darum betrachtet er den Abschnitt als authentisch. Er entdeckt verschiedene, für die Dialoganalyse wichtige Bezüge: Parallelen zu anderen Textteilen, die Ausrichtung auf verschiedene Adressaten und die doppelte Erwähnung der vierfachen Strafe. Den beiden Teilen in 12-23 werden diverse historische Entstehungsorte zugewiesen (53), wobei die Annahme, wonach ein Redaktor 12-20 und 21-23 auf Grund der Erwähnung der vierfachen Strafe miteinander verbunden habe, zeigt, mit welch geringem Aufwand BERTHOLET die Textgestalt für erklärt betrachtet. Gleiches gilt für die drei Gestalten. Ohne Bezug auf den Kontext beschränkt er sich auf die lakonische Feststellung:

> "Natürlich könnte sie Hes nicht einfach so einführen, wenn seiner Umgebung ihre Geschichte nicht bereits bekannt gewesen wäre; nur daß wir leider zu wenig wissen, was für Vorstellungen im einzelnen sich mit diesen Namen verbanden (53)."

Dieses Problem ist zweitrangig. Aussagen zu außertextlichen Phänomenen sind nur ausgehend von der Wirklichkeit *im* Text möglich. Erst danach kann gefragt werden, ob sie dem 'allgemeinen Bewußtsein' einer Epoche entsprechen oder vom Verfasser als Eigengut eingebracht wurden. BERTHOLET beachtet diese Reihenfolge nicht. Die historische geht der textlichen Betrachtungsweise voraus. Das führt in einen textfremden Historizismus.

Ergebnis: BERTHOLETs Rekonstruktion des Zeitgeschehens setzt sich über das Sprachgeschehen hinweg. Das wirkt sich negativ auf seine historischen Urteile aus. Sein Interesse gilt nicht dem Text, so wie er ist, sondern einem Text, wie er gewesen ist bzw. sein sollte. Von ihm besitzt er präzise aprioristische Vorstellungen. Sie sind die Axiome, von denen geschichtliche Erkenntnis deduktiv abgeleitet wird und denen der Text durch literarkritische Interpretationen angepaßt wird. Darum sind dialoganalytisch brauchbare Ergebnisse selten.

2.18. *Der Kommentar von G.A. Cooke (1936)*

Mit seinem ebenfalls 1936 publizierten Kommentar legt George Albert COOKE (1865-1939) die erste, gemäßigt historische Auslegung von Ez 14 in englischer Sprache vor. Er behandelt 1-11 und 12-23 separat. Die Auslegung ist dreigeteilt: (1) zusammenfassende Interpretation; (2) versorientierte Erklärung von Ausdrücken und Redewendungen; (3) grammatikalische und textkritische Anmerkungen.

2.18.1. Die Auslegung von Ez 14,1-11. Den äußeren Kontext findet COOKE in Ez 12,21-13,23 und meint, daß das Stück dazu in einer antithetischen Beziehung steht. Ez 12,21-13,23 zielt auf die falschen Propheten und Ez 14,1-11 auf das 'falsch-herzige' Volk. Adressat ist die Golah, aber auch ganz Israel ist angesprochen (150). Das schließt er aus der Erwähnung des גר (V.7). Leider bleibt das Verhältnis der Ältesten zum Volksganzen unreflektiert. COOKE geht es nicht um die Gesprächsumstände, sondern um die "connexion of thought" [156], die ihm zur Bestimmung des Kontextes dient. Die Ordnung der Gedanken ist so bedeutsam, daß er ihr zugunsten die Versabfolge anpaßt [157]. COOKE sucht wie bei einem katechetischen Lehrbuch einen linear-logischen Ablauf. Die Einzelauslegung widerspiegelt meist dieses Textverständnis.

Ein erster dialogischer Hinweis findet sich bei V.1. COOKE sieht eine Verbindung zwischen den Ältesten von Ez 14 und Ez 8,1/20,1. Er verzichtet mit Verweis auf jene, die in Ez 33,30s ohne eine Frage zum Propheten kommen, auf die Rekonstruktion einer Ältestenfrage.

Zum Götzendienst meint er bei V.3: "It is not certain that Ez. is accusing the exiles of idolatry (150)." Er begreift also das Gotteswort als Prophetenwort [158]. Diese Eliminierung eines Dialogpartners ist folgenschwer, denn mit Jahwe verschwindet der wichtigste Aktant. Das zwingt COOKE, V.3 umzudeuten. Der angeredete Prophet ("Menschensohn!") rutscht in die Rolle des Sprechers, womit der Anredepartner fehlt, so daß COOKE einen neuen finden muß. Gegen die Ältesten in V.1 spricht, daß V.3 von "Männern" in der 3.Pl. spricht. Aber das stört ihn nicht. Er erwägt vielmehr, ob das Wort auch an die Exulanten gerichtet sein könnte [159]. Das lehnt er mit Bezug auf das Folgende ab und glaubt, daß das Wort zu ganz Israel redet. Offen bleibt, warum er den weiteren dem näheren Kontext vorzieht bzw. wie er die Spannung zwischen den beiden Texten erklärt. In dieser Lage erlaubt ihm der Verweis auf "ganz Israel", einer dialoganalytischen Festlegung auszuweichen. Unerklärt bleibt aber, wie das Wort ein Publikum anredet, das teils in Babylon und teils in Jerusalem wohnt.

Eine interessante Bemerkung macht COOKE zum Rechtswort in V.4:

> "a formula characteristic of H (...) it seems to invoke the authority of the Law to support the prophet's appeal (150)."

---

[156] COOKE (1936) 150. Das ist eine lineare Kategorie, die sich vom antithetischen (dialogischen) Charakter des Gespräches unterscheidet.

[157] COOKEs Nacherzählung beruht auf der Versabfolge: die Götzendiener erhalten von Jahwe nur eine "dreadful answer" (3-5); manchmal ist der Prophet ein betrogener Betrüger, auch dann straft Gott (7-10); das soll Israel zu ihm zurückführen (6.11).

[158] Vgl. auch zu Ez 14,9.

[159] COOKE glaubt, daß die Ältesten Führer der Exulantenkolonie Babylons sind.

Diese Erklärung ist schwer zu beweisen und textfremd. Die Rechtsworte in Ez 14 sind autoritativ, weil sie von Jahwe gesprochen sind. Um ihre göttliche Autorität zu unterstreichen, gäbe es bessere Möglichkeiten als die juridische Einkleidung. COOKE müßte eher erklären, warum Rechtsworte in V.4.7 auftreten, obwohl kein Rechtsfall vorliegt. Die Wahl der Sprechmittel hängt von der Dialogsituation und vom Status der Angeredeten ab. COOKE verkennt das. Er begreift den Unterschied zwischen den zwei Rechtsworten, indem er meint, daß V.4 von einem echten und V.7 von einem falschen Propheten redet.

Auf den Kontext beruft sich COOKE bei der Erklärung von נעניתי in V.4 (151). Er versteht den ungewöhnlichen Ni. als Hinweis auf den Charakter der Antwort. Das ist ein Schritt in die richtige Richtung, denn damit wird die Verbform im Rahmen des Sprachaktes erklärt.

Länger verweilt COOKE beim vieldiskutierten V.9. Es geht um den von Gott getäuschten und dann bestraften Propheten. COOKE erklärt das Problem, ohne zu prüfen, ob der Text sagt, was er ihm unterstellt. Er ordnet V.9 in den Rahmen der vorausgehenden Kapitel und knüpft an Stellen an, die Ursachen für die falsche Prophetie nennen. Ez 13,3.6 redet von der Selbsttäuschung und Ez 13,7 vom Einfluß der götzendienerischen Prophetenkundschaft. COOKE glaubt, daß V.9 tiefer in diese Problematik eindringt, weil der göttliche Wille der Täuschungsgrund ist. Das verstehe sich wegen der altorientalischen Mißachtung der Zweitursachen. Diese Erklärung, deren Angemessenheit für V.9 unbewiesen bleibt, überzeugt nicht, weil sie unvollständig ist und nach weiteren Hilfstheorien verlangt:

> "(...) the false prophet had been guilty of previous sin; he had abused his spiritual faculties, and brought on himself spiritual blindness as the result (...), his spiritual blindness and deceit could be attributed to God (151)."

Dieser Midrasch rekonstruiert den angenommenen Handlungskontext und ist eine erklärende Nacherzählung der Gesprächsumstände. Er geht in die Richtung der Dialoganalyse, bleibt aber auf V.9 beschränkt, wobei zuerst das Ergebnis feststeht und dann die Prämissen rekonstruiert werden.

2.18.2. Die Auslegung von Ez 14,12-23. Der geordnete Gedankenablauf begründet nach COOKE die Einheit. Er findet in 12-20 und 21-23 zwei nach dem Schema 'allgemeines Prinzip - Anwendung auf Jerusalem' verknüpfte Teile. Erneut ist der Ansatz logisch, und wieder bleibt ein unerklärter Rest:

> "The prophet is so keen to insist upon the divine justice, that he does not pause to consider how there would be any survivors at all (152)."

Die Überlebenden fügen sich nicht in COOKEs Erklärungsmodell. Sie werden dem Eifer des Verfassers angelastet. Verständnisbasis sind somit nicht der Text und der Dialog, sondern der Verfasser und seine Forma mentis ("prophet's mind"). COOKE findet im Text kein Sprachgeschehen, sondern eine Gedankenkette, die er als *Schreib*handlung versteht [160].

Mit einer Beobachtung zum Sprachakt eröffnet COOKE die Versexegese. In V.13 werde der Fall "with legal formality" (153) vorgetragen. Damit urteilt COOKE - ohne es zu merken - ähnlich wie in V.4.7. Was folgt daraus für den Gesprächspartner? Diese Frage stellt sich auch bei למעל־מעל, wo COOKE eine priesterliche Herkunft findet. Diese Beobachtungen bleiben folgenlos.

Kontextuell werden die drei Gestalten behandelt. Nach COOKE bringen sie die Schuld Jerusalems ins Spiel. Es führt aber nicht zum Ziel, deren Bedeutung mit Rückgriff auf die mögliche Konnotation, die sie bei der Textentstehung besaßen, zu erklären. Hier sind zwei verschiedene Ebenen (historische und dialogische) involviert. Es ist eine unbewiesene Annahme, daß sich der innere Zusammenhang eines Textes und sein historischer Kontext zueinander verhalten wie das Spezielle zum Allgemeinen, umso mehr, als das historisch Allgemeine nur aus Einzeltexten bekannt ist.

In V.22 spricht COOKE von den Überlebenden und findet eine Inkonsistenz [161], weil das Schema "Prinzip-Anwendung" fehlt. Aber 'inkonsistent' kann auch bedeuten, daß COOKES Modell dem Text nicht entspricht.

Ergebnis: COOKE ignoriert die kommunikativen Probleme meist oder deutet sie um. Sein Verständnisrahmen ist die in der Intention des Autors gründende Abfolge des Gedankens. Kommunikative Beobachtungen macht er eher zufällig und legt sie im Sinne seines Textbegriffs aus. Letztlich ist die Sprachhandlung für ihn bedeutungslos.

2.19. *"Ezechielfragen" von Nils Messel (1945)*

Die 1945 in Oslo erschienene literarkritische Arbeit von Nils MESSEL zeigt, daß literarkritische Ergebnisse für die Dialoganalyse nicht unergiebig sein müssen. MESSEL beginnt die Analyse von Ez 14 mit den Rechtsworten [162] und zitiert dazu die Opinio communis:

> "Wenn ein Götzendiener Jahwe durch einen Propheten befragen will, dann wird Jahwe ihm nicht durch den Propheten, sondern durch sich selbst antworten, und zwar durch ein Unglück, das er ihn treffen läßt (64s)".

MESSEL bezweifelt, daß dies der ursprüngliche Wortlaut gewesen ist. Dieser habe aus einer Antwortverweigerung Jahwes bestanden, die V.9s voraussetze. So stellt er die Konsistenz der Jahwerede auf Grund einer Ungereimtheit in der Sprachhandlung in Frage. Das ist ein Fortschritt, weil die Einheitlichkeit an der Einbettung eines Teils im Ganzen beurteilt wird. Leider ist die Kontextanalyse oberflächlich. MESSEL vermutet die fehlende logische Verbindung ohne

---

[160] Entscheidend ist nicht, was sich im Text abspielt, sondern was der Autor meint. Geschehen wird auf Gedanken und Tat auf Wort reduziert.

[161] Gegen V.22 sprechen nach COOKE: Ez 5,1-4; 9,1ss; 14,21.

[162] MESSEL (1945) 64-68.

Abklärung der dialogischen Beziehungen. Darum bleibt der vermutete Widerspruch unbewiesen [163].

Eine weitere Ungereimtheit findet MESSEL in der Spannung zwischen dem Anfang (1-4a) und der Fortsetzung in V.4bss:

> "Wenn nämlich ein Götzendiener zum Jahwepropheten kommt, um sich in irgend einer Not den Rat Jahwes zu holen, (...) dann gilt es für den Propheten zu wissen, ob er dem Rat Suchenden seinen Dienst leisten darf, und darauf antwortet 4b nicht (65)."

Erneut werden Erwartungen an den Redeablauf gestellt, die sich nicht erfüllen und darum eine Textänderung verlangen. Am problematischsten sind für MESSEL die unpassenden Rechtsworte. Er führt sie auf einen Schreibfehler zurück und rekonstruiert den ursprünglichen Text aus Ez 20,3.31 [164]. V.4bss fügt sich "überhaupt nicht" in die Situation von 1-3. Gut ist bei dieser Feststellung der Bezug zur Rede. Sie ist aber fragwürdig, weil das Rechtswort in V.4 die Lage der Ältesten vor Ez entgegen der Meinung MESSELS klar widerspiegelt. Auch die Ansicht, daß der Rechtssatz nicht davon handle, ob der Prophet antworten dürfe oder nicht, ist irrig, da es in V.4 heißt: אני יהוה נעניתי לו בה. Von einer Antwort ist klar die Rede, und der Bedeutungswandel von נעניתי ist hier noch belanglos.

Wichtig ist der situationale Bezug, den MESSEL zwischen Ez 14 und Ez 20 entdeckt. Leider biegt er ihn literarkritisch um und benutzt ihn als Aufhänger für eine Hypothese zur Textentstehung, obwohl noch kein Textbefund vorliegt. Die Unterschiede in der Dialogsituation von Ez 14 und Ez 20 werden unter dem Gesichtspunkt der Textentstehung gewürdigt und die Divergenzen zwischen den beiden Perikopen als redaktionelle Fehlleistungen betrachtet. Das führt zur Reduktion einer Dialogkonstellation auf die andere. Das schmälert MESSELS Verdienst nicht, auf den situationalen Zusammenhang zwischen Ez 14 und Ez 20 hingewiesen zu haben.

Ez 14,5-7 wird als Einschub betrachtet. Die Auslegung hat sich bereits so weit von der Gesprächssituation entfernt, daß sie ganz literarkritisch orientiert ist. Nur die Bestimmung von 5-7 als Zusatz erlaubt es, diese Verse als zusammengehörig zu verstehen. MESSEL unterminiert die Dialoganalyse durch die Ansicht, daß die Gesprächsgestalt des Wortes weitgehend zerstört ist. Das führt ihn zur Ausscheidung des wegen eines angeblichen Schreibfehlers in den Text geratenen ersten Rechtswortes. Ähnliches gilt für das zweite Rechtswort

---

[163] MESSEL betrachtet Ez 14,1-11 als einheitliche Argumentationskette, deren Aussagen sich, einer Abhandlung gleich, auf derselben dialogischen Ebene befinden. Das Problem, auf das er in V.9 hinweist, ist echt. Der Vers scheint die Mitteilung eines Gotteswortes an Götzendiener zu verurteilen. Die alten Kommentare nehmen deshalb an, daß V.9 von einem falschen Propheten redet, MESSEL vermutet logisch-dialogische Mängel und stellt die Textform in Frage.

[164] MESSEL sieht Ez 20 als eine nach der ursprünglichen Version von V.4 verfaßte redaktionelle Bildung, die als Spätling ein früheres Textstadium von Ez 14,4 bezeugt.

und das Zwischenstück, das durch die Emendationen seines Kontextes beraubt ist [165]. Ob MESSEL bemerkt, daß so von Ez 14,1-11 außer der Rekonstruktion aus Ez 20,3 fast nichts übrigbleibt [166]?

Ez 14,12-20 betrachtet MESSEL als einheitlichen Zusatz. Das verdeutlicht seinen Textbegriff: "redaktionell" bezeichnet für ihn ein Schreibtischkompilat, das einen Trägertext teils kommentiert und teils mißversteht und sich an andere Texte/Zusätze anlehnt. Ein solcher Text besitzt natürlich keine literarische Qualität. Deshalb sieht MESSEL in 12-20 ein Konglomerat von bereits Bekanntem. Er bemerkt z.B. eine Nachahmung von Ez 18. Der Redaktor unterstreiche damit nicht nur eine einzelne (Ez 14,8), sondern die Bedrohung aller Götzendiener. 12-20 verallgemeinert also den vorangegangenen Fall.

Zu Ez 14,21-23 referiert MESSEL die von ihm abgelehnte Mehrheitsmeinung:

> "Kap. 14,21-23 will nach der herrschenden Auffassung die Handlungsweise Jahwes rechtfertigen, indem es erklärt [,] warum Jahwe bei der Katastrophe im Jahre 587 vielen Gottlosen das Leben schonte [167], im Widerspruch mit dem V.12-20 aufgestellten Grundsatz (66s)."

Daß Überlebende als Zeugen der Sündenverfallenheit Jerusalems exiliert werden, hält MESSEL für "zu geschraubt [,] um wahrscheinlich zu sein". Er führt scharfsinnige Gegenargumente an: 1.) פלטה bezeichnet immer einen *frommen* Rest. Das scheint in Ez 14 auch so zu sein. 2.) יצא ist sehr undeutlich für "deportiert werden". 3.) Das Exil ist als Strafe so hart wie der Tod und kann darum keine Ehrenrettung Jahwes sein. 4.) Die Deportation ist kein Entrinnen. 5.) "Trösten" heißt nicht "jemanden von der Gerechtigkeit Gottes überzeugen".

Nach der Mehrheitsauffassung ist die Golah von 597 angeredet. MESSEL widerlegt diese Ansicht mit Bezug auf die Dialogsituation. Die Mehrheit interpretiert die Stelle (besonders נחמתם) so, daß die Exulanten jetzt fromm sind und die Rechtfertigung Jahwes begehren. Aber diese Lösung schafft neue Probleme, denn:

> "Waren sie schon bei ihrer Deportation fromm, dann ist ihnen ihr Schicksal ein Problem, das durch die Deportation Gottloser nicht gelöst wird. Waren sie aber damals gottlos, dann haben sie jetzt die Gerechtigkeit Gottes anerkannt, und die neue Deportation Gottloser hat ihnen nichts zu sagen (67)."

Darum vermutet MESSEL einen Rest, der nach dem Fall in Jerusalem wohnen bleibt und eine neue Gemeinde bildet. Diese Lösung ist wegen ihres Bezuges zur Sprachhandlung interessant. Sie ist möglich, weil MESSEL 20-23 als rückblickenden Zusatz betrachtet [168]. Diese Restgemeinde ist für ihn der

---

[165] MESSEL fügt dem auch Ez 14,11 hinzu.

[166] Wohin Ez 14,8 gehört, ist nicht ersichtlich. Zu Ez 14,9 meint er, daß V.9ab eine sinnwidrige Glosse und V.9aa noch später eingefügt worden sei (66).

[167] Das Wort ist also ein Vaticinium ex eventu.

[168] MESSEL interpretiert שלחתי und נותרה als Präterita.

Anredepartner. Wie 22b-23 dabei zu verstehen ist, bleibt rätselhaft. Das zeigt, daß MESSELs Dialoganalyse in den Anfängen steckt.

Ergebnis: MESSELs Auslegung weist am Anfang und Ende dialoganalytische Elemente auf. Zu Beginn erkennt er dialogische Widersprüche, die er literarkritisch löst. Das hindert ihn daran, die Ergebnisse seiner Textanalyse in einer Gesamtschau zu erfassen. Literarkritisch erweist sich Ez 14 als ein redaktionell zusammengestelltes und entstelltes Stück, dem die innere Einheit fehlt. Trotzdem erkennt MESSEL viele dialoganalytische Zusammenhänge. Daß die Kommunikation in Ez 14,1-11 sehr bewegt und in Ez 14,12-23 monologisch lehrhaft wirkt, zeigt seine Analyse deutlich. So ist es das Verdienst MESSELs, dialogische Elemente in die Literarkritik einzubeziehen.

2.20. *Der Kommentar von Arie van den Born (1954)*

Arie VAN DEN BORN betrachtet Ez als pseudoepigraphische Schrift [169]. Das verleiht seiner Auslegung eine gewisse Einheitlichkeit. Die Dialoganalyse bleibt weitgehend ausgeklammert. VAN DEN BORNs Auslegung ist ein Fußnotenkommentar. Haupt- und Zwischentitel stellen die Gliederung des Buches Ez heraus. Dabei wird zwischen Ez 14,1-11 und 12-23 getrennt [170].

2.20.1. Die Auslegung von Ez 14,1-11. Den ersten Teil (1-8) betitelt VAN DEN BORN mit "Tegen orakelvragende afgodendienaars" [171].

(i) Zuerst wird die Gesprächssituation mit Paralleltexten verglichen. Ein direkter Bezug zu V.1 ist nicht sichtbar [172], dennoch erfolgt eine gewisse Annäherung an die Sprachhandlung. Deren insgesamte Verkennung zeigt aber die Zusammenfassung von Ez 14,1-8, nach der Jahwe nicht will, daß ein Prophet Götzendienern Orakel übermittelt. Dazu wird auf Jes 65,1 verwiesen, wobei diese Stelle genau das Gegenteil sagt [173].

Daß Götzendiener kein Gotteswort erhalten, wird nach VAN DEN BORN durch die Paralleltexte V.4s (Text A) bzw. 6s.11 (Text B) gezeigt (87). Diese Auslegung stößt sich an das tatsächliche Ergehen eines Gotteswortes an die Götzendiener. Das stellt VAN DEN BORN sogar selbst fest. Die Folge ist ein Widerspruch zwischen Wort- und Sachverhaltsinterpretation.

---

[169] VAN DEN BORN (1954) 9; dazu LANG (1981) 11. Die pseudoepigraphische ist eine Variante der historischen Auslegung. Sie versteht den Text als einheitliches Gebilde mit einer kurzen Textgeschichte.

[170] 1-8 und 9-11 werden als vierter (d.) bzw. fünfter (e.) Unterpunkt des fünften Kapitels (Ez 12,21-14,11: "Overprofeten en profetie") und Ez 14,12-23 als eigenes sechstes Kapitel (Titel: "Vergeldingsleer") betrachtet.

[171] Die Versangabe "14,1-11" meint wohl richtig '14,1-8' (87).

[172] Es wird auf viele Parallelstellen verwiesen z.B. gleiche Situation wie in Ez 20,1; Wiederholung der Frage in Ez 33,30. Kontextprobleme löst VAN DEN BORN mit Vermutungen. So meint er, daß Ez 14,1 "vielleicht" eine Vorbereitung auf Ez 20,1 sei (87).

[173] VAN DEN BORN (1954) 87: "in Is 65,1 laat Hij zich door iedereen ondervragen."

Richtig erkennt er die Ausrichtung der Rechtsworte auf zwei Aktanten: die Ältesten und Israel. Unklar ist aber das Verhältnis zwischen beiden. So bleibt unklar, warum es zwei Empfänger und zwei Rechtsworte gibt. VAN DEN BORN sagt nur, daß das erste die Ältesten und das zweite Israel - und darin wohl eingeschlossen: die Ältesten und Beisassen [174] - anspricht. Welche Bedeutung hat der Sonderdialog mit den Ältesten? Unzulänglich ist in der Folge die Gesamtbeurteilung der Dialogsituation:

> "Overigens is de situatie van dit stuk niet de voorexilische; evenals in cp 13 is Ez midden in Jahwehs volk (niet het huis van weerspannigheid) en beschermt het tegen gevaarlijke elementen (88)."

Diese Aussage folgt nicht aus dem Text, sondern aus der pseudoepigraphischen Deutung. Somit ist die Gesamtbeurteilung nicht dem Textzeugnis, sondern einer Textentstehungshypothese verpflichtet. Der Unterschied zwischen der dialogischen und der historischen Situation wird vernachlässigt.

In der Einzelauslegung gibt es Hinweise auf die innertextliche Diachronie. Ein Beispiel dafür ist die Erklärung des Prophetenbesuchs der Ältesten mit Verweis auf Ez 20,1 (88). Dieser versübergreifende Ansatz ist gut, wenn auch nur stichwortartig und ansatzhaft [175].

Die Dialogsituation berührt VAN DEN BORN in Text A (4-5) und vermutet zu נעניתי, daß der Niphal den Antwortcharakter präzisiert. Diese Aussage kann eine kontextbezogene Semantik weiterführen. Ferner vergleicht VAN DEN BORN den Ausdruck "am Herzen greifen" (V.5) mit Potiphars Frau, die Joseph ergreift (Gen 39,12). Analog soll Israel gezwungen werden, bei Jahwe zu bleiben (88). Diese Situationsvergleiche sind interessant und ausbaufähig.

Der Umkehrruf (Text B 6-8 [176]) entspricht nach VAN DEN BORN Ez 18,30 bzw. 33,11, paßt aber hier nicht hinein. Dieses apodiktische Urteil scheint auf der Klassifizierung von Text B als "Umkehrruf" + "Rechtssatz" zu beruhen. Die Zusammengehörigkeit zweier Texte kann aber nicht nur auf Grund von Formunterschieden angezweifelt werden [177], sondern hängt an der Existenz eines verbindenden dialogischen Rahmens.

Die Mißachtung dieses Rahmens wirkt sich bei der Deutung des גר aus (89). VAN DEN BORN versteht ihn ohne Rücksicht auf seine Funktion in Ez 14. Er beantwortet die Frage nach dem Kleineren aus dem Größeren und betrachtet V.7 als Unterfall einer allgemeinen Bedeutung von גר.

(ii) Ez 14,9-11 ist für VAN DEN BORN ein Anhang. Wieder blickt er auf ähnliche Sprachereignisse, bei denen ein Prophet unwürdige Frager abweist

---

[174] VAN DEN BORN (1954) 88: "Tekst B is gericht tot Israel i.p.v. (= in plaats van) de oudsten."

[175] Eine ähnliche Wortverhaftetheit zeigt sich bei Ez 14,2-3 ('3,18' ist ein Druckfehler), wo eine auf Ausdrucksparallelen basierende Wortexegese vorliegt (88).

[176] Die Versangabe unterscheidet sich leicht von der auf Seite 87.

[177] Es gibt keine Regel, wonach ein Text aus ähnlichen Formen bestehen müßte.

bzw. auf sie eingeht [178]. Nennenswert ist der Bezug zu 1 Kön 22,19-23. Die Stelle wird seit THEODORET als Beispiel für eine Prophetentäuschung zitiert. VAN DEN BORN weist nach, daß in 1 Kön 22 nicht Jahwe einen Seher, sondern ein Prophet den Achab verleitet und daß die Lage anders ist, weil Achab - obwohl kein orthodoxer Jahwist - auch kein Götzendiener war. Das sind wichtige Beobachtungen, die jedoch von ihm nicht mit Ez 14 konfrontiert werden.

In der Einzelauslegung beschränkt sich VAN DEN BORN auf die Erwähnung des kasuistischen Stils und der Vergeltungslehre, die er im Hintergrund vermutet. Die Sprachhandlung wird nicht einbezogen. Bei der Auslegung von V.11 konzentriert er sich auf Ez-Parallelen auf der Wortebene, ohne aus ihnen Schlüsse zu ziehen [179]. Dadurch wird die Thematik von V.11 aus dem Kontext herausgeführt und nach Stichwortassoziationen interpretiert.

2.20.2. Die Auslegung von Ez 14,12-23. VAN DEN BORN unterscheidet zwei Abschnitte: 12-21 (Vergeltung ist individuell) und 22-23 (Grund der Aussonderung).

(1) Die Textdefinition. VAN DEN BORN versteht den Text als Weiterentwicklung der individuellen Vergeltung [180]. Diese Definition bestimmt die Auslegung. 12-23 wird als theologischer Traktat im Umfeld ideenpolitisch verwandter Texte ausgelegt und als Schreibtischprodukt verstanden, dessen Einheitlichkeit die Gedankenführung beweist. Die Rekonstruktion fehlender Glieder dient der Herausstellung des einheitsschaffenden theologischen Rahmens.

Die Analyse leidet an der Reduzierung des Textes auf ein ort- und zeitloses Argument. Der Kontext wird vernachlässigt und dafür eine Vergeltungslehre postuliert, die aus der Frage heraus formuliert ist, ob die Gerechten etwas für die ungerechten Volksgenossen tun können. VAN DEN BORN nimmt den Fall an, daß Menschen, die früher etwas für ihre Mitmenschen unternehmen konnten, nun machtlos sind. Dieser Kontextvorschlag wird am grünen Tisch erarbeitet, ist aber immerhin ein Versuch, den Hintergrund der Aussage zu verstehen.

Mit einer scharfsinnigen Konjektur erklärt VAN DEN BORN die Verbindung zwischen dem Anhang (V.22s) und dem Einheitsrest und glaubt, daß der Anhang im Gegensatz zum ersten Teil die Erfahrung einbezieht, daß die Guten sterben und die Bösen überleben [181]. Der Anhang wird also als Antithese kontextualisiert. Pfeiler dieser Auslegung ist ein säkularisierter Begriff vom

---

[178] Nach VAN DEN BORN kann ein Prophet ein Orakel geben, um dem Frager seinen Willen zu lassen, so z.B. in Jer 20,7 und Jer 20,20 (wohl Druckfehler).

[179] 'Israel' wird mit Ez 3,4, יתעו mit Ez 44,10.15; 48,11, טמא mit Ez 2,3, das weitere Geschehen mit Ez 11,20 und der Schluß mit Ez 5,11 verbunden. Zum Thema 'Abfall von Jahwe' zitiert er auch das NT: Hebr 3,10 (Ps 95,10); 2 Petr 2,15; Jud 11.13.

[180] Ähnlich wie Ez 3,16-21; 18; 33,1-20 (90).

[181] In 9-11 geht der Prophet nur auf den zweiten Fall ein.

Gotteswort = Prophetenwort, dem das Selbstzeugnis des Textes entgegensteht, wonach 12-23 von Jahwe und nicht vom Propheten gesprochen ist.

(2) Die Einzelauslegung. Die Auslegung von 12-23 folgt dem dargelegten Textbegriff. Die drei Gestalten werden als Gerechte bezeichnet, die einen Modellfall darstellen, der ab V.21 auf Jerusalem angewendet wird. Tertium comparationis ist, daß es auch dort keine Gerechten gab. Dazu zitiert VAN DEN BORN Ez 5,12; 9,5-10 und 11,7-12, wobei die These zumindestens aus Ez 9 (Bezeichnung der Gerechten mit einem Kreuz) nicht unmittelbar hervorzugehen scheint. Auf dieser Linie findet er zu Noah zwei Gen-Stellen und zu Daniel die ugaritische Legende. Dahinter steht die Annahme, daß die Erwähnung der drei Gestalten aus ihrer Darstellung in den heute bekannten Quellen zu verstehen ist.

Dialogunabhängig erkennt VAN DEN BORN in V.12s eine mit V.4 vergleichbare kasuistische Formulierung. Zum Stichwort "Sünde" sieht er Parallelen zu Lev und vergleicht die Anrede "Land" mit der Anrede der Berge in Ez 6. Wortparallelen im Großkontext ersetzen die Analyse der Einheit.

Die Auslegung von V.22s ist von der pseudoepigraphischen Ausgangsthese bestimmt. Die individuelle Vergeltungslehre im ersten Einheitsteil habe sich an der Realität gestoßen und sei erklärungsbedürftig geworden [182]. Gott benütze die Überlebenden, um den Fremden die Gerechtigkeit der Strafe zu zeigen. Diese Erklärung zerreißt 12-23 in zwei Teile, die zwei verschiedene historische Situationen voraussetzen und sich folglich nicht zusammenhängend verstehen lassen [183].

Die Auslegung des Schlusses bleibt auf der Wortebene. Zunächst wird das schwierige המוצאים registriert und als Glosse bezeichnet. Zu den "Söhnen und Töchtern" wird auf ihre unterschiedlichen Schicksale hingewiesen. Auch zu V.23 werden viele Einzelbeobachtungen gemacht. VAN DEN BORN spricht über das Bereuen und gibt Hinweise auf Parallelstellen. Die Textebene bleibt unbeachtet. Die Auslegung besitzt keinen Einheitspunkt.

Ergebnis: Obwohl der pseudoepigraphische Ansatz den Blick für die Textebene schärft, leidet die Analyse VAN DEN BORNS an ungelösten Problemen auf der Text- bzw. Dialogebene. Grund dafür ist sein unbefriedigender Textbegriff, so daß das Zusammenspiel der Textteile unerklärt bleibt. Das ist auch durch den Charakter des Werkes als Fußnotenkommentar bedingt.

2.21. *Der Kommentar von Georg Fohrer (1955)*

Der kurze Kommentar von Georg FOHRER weist vereinzelt auf den Dialog hin. Er folgt der üblichen Gliederung von Ez 14.

---

[182] Unter den Überlebenden des Untergangs gab es auch Ungerechte.

[183] Das macht erstens eine literarkritische Lösung unabweislich und müßte zweitens mit der pseudoepigraphischen Ausgangsthese versöhnt werden.

2.21.1. Die Auslegung von Ez 14,1-11. Nach der Aufteilung des Stückes in Strophen folgt eine Beobachtung zur Dialogsituation (76):

> "Das Wort setzt (...) voraus, daß Ez mit mündlicher Verkündigung gewirkt hat und nicht lediglich Schriftsteller war (...)."

Das ist eine von der Sprachhandlung unabhängige biographische Aussage über Ezechiel, die für die Auslegung folgenlos bleibt. Gleiches gilt für die Sprache der priesterlichen Theologie, die FOHRER in Ez 14 entdeckt.

In V.1 findet FOHRER die Redesituation. Einige Älteste der ersten Golah erwarten vom Seher ein Wort, wobei ein Zusammenhang mit Ez 20,1 besteht. FOHRER glaubt, daß die Ältestengruppen jeweils nur einen Teil der Exulanten vertreten und je verschieden zusammengesetzt sind. Das zeigt eine differenzierte Beurteilung des Dialogpartners. Die Lage der Ältesten wird mit Daten aus der Geschichte Israels ausgemalt, wobei FOHRER die Identität des historischen Geschichtsbildes mit der Gesprächskonstellation voraussetzt.

3-5 deutet er als Gotteswort an die Ältesten. Es sagt, daß Jahwe dem Götzendiener keine mündliche Antwort erteilt, sondern durch Taten reden wird. Diese Erklärung widerspricht, daß den Ältesten geantwortet wird. V.6s bezeichnet FOHRER wegen des Adressatenwechsels und weil V.8 gut an V.4s anschließt, als Glosse. Beide Gründe sind schwach. V.8 fügt sich auch tadellos an V.7, und בית ישׂראל, der neue Adressat in V.6, ist in V.5 in der 3. Pl. und in V.6 in der 2. Pl. genannt. Dieser Übergang ist dialoganalytisch zu beurteilen, bevor er für die Literarkritik benützt werden darf.

Als späterer Nachtrag wird 9-11a bezeichnet. Das scheint zu implizieren, daß kein Bezug zum Vorangehenden besteht. Doch ein solcher Bruch ist unbewiesen. Ein Themawechsel allein begründet noch keinen Zusatz und die Literarkritik kann nicht vorschreiben, worüber ein Text reden darf. FOHRER begründet sein Urteil nur mit der Erkenntnisformel, die er "Schlußformel" nennt. Da sie aber schon in V.8 auftritt [184], stimmt das erst, nachdem sie literarkritisch zur "Schluß"-formel gemacht wurde.

2.21.2. Die Auslegung von Ez 14,12-23. FOHRER bezeichnet das Stück als Diskussionswort: "Das Wort bildet die Erwiderung Ez's auf einen Einwand, der ihm gemacht worden ist (78)". Das ist ein guter Ansatz. 12-23 ist Teil einer größeren Sprachhandlung, die FOHRER als Antwort auf einen Einwand gegen das angedrohte Gericht über Jerusalem versteht [185]. Folglich ist V.12 kein absoluter Einheitsanfang [186]. Diese Auslegung ist unwahrscheinlich.

---

[184] Nach ZIMMERLI (1954) kann der Erkenntnisformel keine bestimmte Position im Text zugewiesen werden.

[185] FOHRERs (1955) 80 rekonstruiert die Sprachhandlung so: 1.) Ez sagt, daß bei einer Katastrophe Jerusalem zerstört wird (1-10). 2.) Dagegen fordert ein dtr Theologe Abstufungen in der Bestrafung. 3.) Darauf antwortet Ezechiel in 14,12-23.

[186] Ähnlich wird Ez 14,1 von denen ausgelegt, die eine Frage voraussetzen, mit

V.12ss formuliert eine These, die auf einen Fall angewendet wird. Es ist fraglich, ob man das als "Erwiderung Ez's auf einen Einwand" betrachten kann.

Lange beschäftigt sich FOHRER mit den drei Gestalten. Er stellt fest, daß sie als bekannt vorausgesetzt und unter dem Aspekt ihrer Frömmigkeit und des Verhältnisses zu ihren Kindern betrachtet werden. Dieser guten Charakterisierung folgt eine längere Darlegung der Quellenlage, die der dialogischen Textuntersuchung keine neuen Ergebnisse beifügt. So kann FOHRER nicht feststellen, daß die Nichtzugehörigkeit der drei Männer zu Israel kontextuell von Bedeutung ist (80).

Schließlich wendet sich FOHRER gegen die Abtrennung von 21-23. Der Abschluß des Wortes werde erst hier erreicht. Es formuliere für Jerusalem eine Ausnahme. Damit baut FOHRER eine logische Brücke zwischen 12-20 und 21-23. Sie fügt sich schwer in die Argumentation. Die logische Begründung der Textgestalt stößt sich an 21-23, wo das Schema "allgemeines Gesetz - spezifische Anwendung" in Frage gestellt wird. Wie ist die Vergeltungstheorie zu beweisen, wenn schon der erste Erklärungsversuch eine Ausnahme ist? So kommt FOHRERS Auslegung an eine Grenze, die mit der gegebenen Textdefinition unüberwindbar ist.

Ergebnis: FOHRER legt eine Auslegung vor, die sich auf die Argumentation konzentriert und versucht, Ez 14,1-11 bzw. 12-23 in ihrer Gesamtheit zu verstehen. Dazu macht er einige Erwägungen zum Dialog. Er verwendet sie auf der vortextlichen Ebene zur Ermittlung der Dialogvoraussetzungen, nicht aber für die Analyse der in Ez 14 bezeugten Anrede. Daraus folgt, daß seine Methode nicht dialogisch, sondern logisch ausgerichtet ist.

2.22. *Der Kommentar von Walther Zimmerli (1957/58)*

1957/58 erschien der Faszikel des Kommentars von Walther ZIMMERLI (1907-1983) mit der Auslegung von Ez 14.

2.22.1. Die Auslegung von Ez 14,1-11. Ez 14,1-11 ist mit "Der Prophet und die Götzendiener" übertitelt.

2.22.1.1. Die Frage nach der Form. Rund die Hälfte der Auslegung ist der Formkritik gewidmet. Sie impliziert eine Textdefinition, die das Stück als Juxtaposition von Formen versteht, die beschrieben und auf ihren "Sitz im Leben" zurückgeführt werden. Wenig wird über das Textganze gesagt.

(i) In ZIMMERLIS erstem Überblick über Ez 14,1-11 sind "Einleitung" und "Schlußformel" die einzigen Kategorien, die den bezeichneten Textteil in Beziehung zum Ganzen setzen (302). Ansonsten werden Abschnitte z.B. als dreiteilige Erweisworte bezeichnet, wobei die Frage nach der Texteinheit mit dem Verweis auf die Dreiheit unberührt bleibt. So beschränkt sich die erste Einheitsbestim-

---

der die Ältesten an den Propheten herantreten.

mung auf eine Beschreibung der Textglieder. Sie tendiert zur Verallgemeinerung und versteht Ez 14,1-11 nach dem Vorbild anderer Texte. Dialogische Elemente werden fast gänzlich ignoriert. Die Aufmerksamkeit ist auf die Teile, nicht auf das Ganze gerichtet.

Das führt zu einer unsicheren Beurteilung des Dialoges. So meint ZIMMERLI, daß die mit בן־אדם eingeleitete Frage in V.3 an die Götzendiener gerichtet sei. Dann glaubt er, daß V.4 ab לכן den Propheten anspreche. Da Jahwe nicht selbst, sondern durch den Mund des Sehers redet, ist ein solcher Wechsel schwer vorstellbar. Der Prophet müßte in einem Vers zu den Ältesten und im nächsten zu sich selbst sprechen. In diesen Rahmen paßt ZIMMERLIS Beurteilung der Frage in V.3. Er sieht in ihr im Sinne der formkritischen Beurteilung des Verses ein "Kunstmittel zur Verlebendigung der Scheltrede" (302).

Die erste Beschreibung von Ez 14,1-11 zeigt also drei Schwächen: 1.) eine unklare Bestimmung des Verhältnisses zwischen der Einheit und ihren Bausteinen; 2.) ein reduktiver Einheitsbegriff und, damit zusammenhängend, 3.) eine ungenügende und teils widersprüchliche Analyse des Dialoges.

(ii) An diese Einheitsbestimmung schließt sich eine zweite längere Analyse. Sie beobachtet, daß Ez 14,1-11 im prophetischen Stil beginnt und dann in eine juridische Redeweise umschlägt. Dabei macht ZIMMERLI einige dialogische Beobachtungen: Zu V.3 bemerkt er, daß die neutrale Formulierung die Götzendiener nicht zu beachten scheint. Zu V.4 stellt er fest, daß der Vers von den Sündern in der 3. Pl. redet. In V.5 findet er ein Hervortreten Israels, das in V.6 "gar" direkt angeredet wird. Merkwürdig kommt ihm vor, daß V.9 vom Propheten in "diesem neutralen Stil" spricht, während ihn V.3s direkt anredet. Diese Beobachtungen werden isoliert wahrgenommen, so daß sie teilweise widersprüchliche Phänomene bleiben, die das Verständnis der Einheit behindern. Diese begründet ZIMMERLI stattdessen mit dem "innere(n) Gefälle des Gedankenganges" (307). Ist aber sein disparater Befund kein Argument gegen die Existenz eines solchen Gefälles?

Die Ergebnislosigkeit der zweiten Textbeschreibung erstaunt nicht. ZIMMERLI beschränkt sich auf die formgeschichtliche Analyse von Wendungen und Ausdrücken, die für das Textverständnis meist ohne direkte Bedeutung sind (302-307) [187]. Das geht auf Kosten der Kommunikationsanalyse. Der Dialog läßt sich nicht an Hand der allgemeinen Formelentwicklung verstehen.

Dazu ein Beispiel. ZIMMERLI findet bei den Straffolgen (V.8bc: הכרית /השמיד) neben Parallelen zu H eine große "Variabilität" der Formulierungen (303-306). Darauf baut er eine Rekonstruktion des Wandels der כרת-Aussagen und möchte zeigen, an welcher Stelle der Entwicklung die Formel in Ez steht. Doch das kann die Analyse des Kontextes, der einer Redeform erst ihren besonderen

[187] Ein Beispiel ist die Analyse des sakralrechtlichen Stiles in V.4.7 (307). Dessen formgeschichtliche Herleitung ist für das Verständnis von Ez 14,1-11 belanglos. Das Stück ist kein sakralrechtlicher Text, sondern, wie ZIMMERLI bemerkt, ein Prophetenwort.

Inhalt verleiht, nicht ersetzen. So ist ZIMMERLIs Ergebnis rein entwicklungsgeschichtlicher Natur:

> "Daß die uns erhaltenen Formulierungen mit Ausnahme von Dt 4,3 ausschließlich dem nach seiner Endgestalt literarisch späten priesterlichen Schrifttum angehören, darf nicht über die Tatsache hinwegtäuschen, daß der Formtyp, wie vor allem das plur. עמים erweist, in eine frühe Zeit zurückreichen muß (305s)."

Durch die Aufspaltung des Textes in eine formale Substanz und eine Reihe zeitbedingter inhaltlicher Akzidentien wird der Einzeltext irrelevant. Er interessiert nur als Träger überzeitlicher Konstanten. Seine Kunde vom Vereinzelten verhallt ungehört [188].

Gegen diese Kritik an ZIMMERLIs Analyse der sakralrechtlichen Formulierungen könnte man einwenden, daß die überindividuelle Formelhaftigkeit im Rechtssatz ein notwendiges Attribut sei [189]. Dem ist entgegenzuhalten, daß die Rechtsform einen Rechtssatz erst im richtigen Dialogumfeld konstituiert. In Ez 14 ist dieses aber nicht juridischer, sondern prophetischer Natur [190], wie ZIMMERLI am Schluß der Untersuchung der sakralrechtlichen Redeformen selbst feststellt. Er beurteilt Ez 14,1-11 als

> "eine prophetische Sekundärverwendung einer vorgegebenen nicht prophetischen Redeform, welche deren Formelgut in großer Freiheit variiert (306)." [191]

Daraus geht hervor, was Ez 14,4.7 *nicht* ist. Mit ihm beschließt ZIMMERLI seine Untersuchung. Dann wendet er sich noch einmal der Einheitsfrage zu und weist Versuche ab, das Wort literarkritisch zu straffen [192]. Er erwähnt folgende mögliche Trennungsgründe:

> "Die mehrfache Wiederkehr gleichartiger Aussagen (4/7; 8/9), der erneute Redeauftrag (6) schien zu Textausscheidungen geradezu zu reizen (307)."

Ihnen begegnet er nicht mit literarkritischen Argumenten (307):

---

[188] Die Form ist der Schlüssel für die Erkenntnis der geschichtlichen Entwicklung. Sie wird als Art mathematische Formeln verstanden, in die je nach Epoche unterschiedliche Werte eingetragen sind. Folglich gibt es in jedem Text eine texttranszendente Formel und ein textspezifisches, nicht systematisierbares Füllmaterial, das sich einer präzisen wissenschaftlichen Erfassung entzieht.

[189] Aus der Sprachakttheorie ist der besondere Status der Rechtsformeln bekannt. Erst auf Grund ihrer präzisen Gestalt sind sie als solche zu erkennen. Es wäre somit sinnlos, nach der textlichen Individualität zu fragen, weil gerade deren Abwesenheit die Bedingung für die Gültigkeit des Rechtssatzes ist.

[190] Das bestätigt im Textbereich die linguistische Erkenntnis, wonach die Zuordnung von Signifikant (Zeichenkörper) und Signifikat (Bedeutung) willkürlich ist.

[191] Das relativiert die juridische Gestalt von Ez 14,4.7. Ähnlich könnte man die politische Verwendung des Bildwortes "eine Schwalbe macht noch keinen Sommer" als "politische Sekundärverwendung einer vorgegebenen nichtpolitischen Redeform, welche die spezifisch biologische Ausdrucksweise in großer Freiheit variiert" bezeichnen.

[192] Gegen JAHN, BERTHOLET, VAN DEN BORN.

> "Ein sorgfältiges Achten auf das innere Gefälle des Gedankenganges unter Beachtung der gewonnenen Einsichten über den Rechtsstil scheint mir all diese Zerschneidungen aus formalen Erwägungen zu verwehren und zur Einheit des Stückes zu raten (vgl. auch HÖLSCHER)."

Mit dem "innere(n) Gefälle des Gedankenganges" ist die Einheitlichkeit nicht begründet, umso mehr als der Nachweis dieses Gefälles nicht erbracht wurde, da das Verhältnis der Rechtsworte zum inneren Kontext praktisch ganz ausgeklammert blieb. Ferner deutet die Redeweise vom "Einbruch" der Rechtssprache nicht auf einen harmonischen Textverlauf [193].

(iii) In der Folge nimmt ZIMMERLI den "Einbruch sakraler Rechtssprache" zum Ausgangspunkt, um den Aufbau des Wortes ein drittes Mal zu erwägen (307s). Er gebraucht dazu eine Paraphrase und berücksichtigt den Dialog, indem er eine "Anfrage der Ältesten", auf die Jahwe antwortet, als Ausgangspunkt der Anrede betrachtet. Das ist der einzige dialogorientierte Ansatz, wobei ZIMMERLI die Anfrage nur als Aufhänger für das in V.6 einsetzende Gotteswort benützt. Die oberflächliche Behandlung des Dialoges zeigt die fehlende Prüfung der Anfrage-Hypothese. Sie determiniert aber die Beurteilung des Textrestes, der als Antwort Jahwes an die Ältesten verstanden wird.

ZIMMERLI überblickt den Text so: V.3s begegnet der Anfrage der Ältesten in einem unerwartet abweisenden Stil und droht mit einem Gottesurteil. V.5 deckt Jahwes geheime Absicht auf: *Israel* soll getroffen werden. In V.6 beginnt das eigentlich gemeinte Wort. V.7 entfaltet V.3 kasuistisch. V.7s behandelt die Götzendiener. V.9 äußert sich zum Propheten. V.10 faßt zusammen. V.11 unterstreicht die Ausrichtung auf Israel.

Das erste dialogische Element, daß der Analyse zum Opfer fällt, ist die Menschensohn-Anrede in *V.3*. Sie und die mittels לכן bzw. למען anschließenden Aussagen werden aus dem Bezug zum Seher gelöst und als Antwort auf die Ältestenanfrage betrachtet. Deshalb bezeichnet ZIMMERLI den Stil dieser Verse als "abweisend" und "bedrohlich". In *V.5* findet er die "Aufdeckung der geheimen Absicht" Jahwes, der *Israel* treffen will. Er nennt Jahwes Absicht "geheim", obwohl Israel schon in der Einleitung des Rechtssatzes erwähnt ist. In *V.6* sieht er keinen literarkritischen Bruch [194], sondern nur eine Zäsur, die das eigentliche Wort beginnen läßt. Das kann angesichts der von ihm vorausgesetzten Ältestenanrede nicht stimmen, weil V.4 große Teile von V.7 vorwegnimmt [195]. Schließlich meint ZIMMERLI ausgehend von *V.11*, daß das Umlenken

---

[193] Der Verweis auf HÖLSCHER ist wertlos, da dieser die Einheitlichkeit von Ez 14 auf sein exzentrisches Auslegungsapriori stützt.

[194] Mit Berufung auf die Empfindungen JAHNs: "Jahn hat richtig empfunden, daß mit 6 das recht eigentlich gemeinte Wort einsetzt (308)."

[195] ZIMMERLI (1979) 308 spricht von einer Intensivierung der Aussage und einer "gewichtigen Zukehr zu Israel". Inwieweit dies der Fall ist, hängt davon ab, wie man die bereits erfolgte doppelte Erwähnung Israels beurteilt.

aus einem zufälligen Einzelgespräch zum grundsätzlichen Problem "Israel" die eigentliche "Absicht des Wortes" sei (308).

Daraus folgt eine Zweiteilung des Wortes, das aus einem zufälligen Einzelgespräch und den Ausführungen über Israel besteht. Damit wird die auf der Formebene vertretene Einheitlichkeit von Ez 14,1-11 bei der inhaltlichen Analyse aufgegeben. Das widerspiegelt die Schwierigkeit, die Texteinheit mittels einer formkritischen Zergliederung darzustellen. Deshalb überzeugt auch ZIMMERLIs dritte Einheitsbeschreibung von Ez 14,1-11 nicht. Sie krankt an der Dichotomie zwischen Gesprächskonstellation und Textinhalt, die als voneinander unabhängige Größen betrachtet werden. Mit der Bezeichnung von Ez 14,1-11 als "zufälliges Einzelgespräch", aus dem der wahre Gesprächsinhalt nach einem "energische(n) Umlenken" und "Sich-Herausringen" hervorgeht, wird die Emanzipation des Hauptstückes (6-11) vom anfänglichen Einzelgespräch behauptet. Eine solche Interpretation impliziert die Irrelevanz des dialogischen Netzes, in das 6-11 eingebunden ist. Die Unabhängigkeit der beiden Teile ist sogar eine Bedingung, um die "Absicht des Wortes" zu verstehen [196]. An die Stelle des dialogischen Bezugsrahmens tritt der formgeschichtliche Horizont. Dagegen steht, daß die Differentia specifica und nicht das Genus proximum Grundlage für das Verständnis des Einzeltextes ist.

2.22.1.2. Der historische Ort. Sodann bestimmt ZIMMERLI den historischen Ort der Einheit (308). Den babylonischen Schauplatz erkennt er aus der exilischen Wirksamkeit des Propheten. Er begründet sie für Ez 14 mit der Vernachlässigung Jerusalems. Dieses Argumentum e silentio verfehlt zugleich die Sprachhandlung. Das gilt auch für die Beurteilung der גר-Erwähnung in V.7. Ihre Formelhaftigkeit verbiete es "mit Sicherheit", auf Jerusalem zu schließen. So exklusiv formuliert stimmt das, nur folgt daraus noch kein Argument für eine exilische Interpretation. Es wird indes deutlich, daß V.7 nicht ausgehend von seiner Formelhaftigkeit, sondern nur im Dialog begriffen werden kann.

Eine späte exilische Datierung wird ferner aus der Individualisierung des Gottesgerichtes abgeleitet. Dabei bleibt unbeachtet, daß diese Individualisierung sich aus dem Sprachgeschehen verstehen läßt. ZIMMERLIs Texttheorie ist immer die gleiche. Der Text wird im Lichte eines übertextlichen historischen Entwicklungsbegriffs interpretiert, wobei sich das (historische) Endurteil auf die Annahme stützt, daß Ez 14,1-11 die Golah meint und deren babylonische Situation vor oder nach dem Untergang Jerusalems widerspiegelt.

2.22.1.3. Die Einzelauslegung. Die Einzelverse legt ZIMMERLI im Rahmen seiner exilischen Ansiedelung des Textes in einem einfühlenden Sinn aus [197].

---

[196] Dieser Sprachgebrauch ist unglücklich, denn der Dialog entsteht erst durch das Zusammentreffen verschiedener Absichten.

[197] Damit steht ZIMMERLI in der Tradition HERDERs. Man vergleiche z.B. die Interpretation von 14,4: "Es ist offensichtlich von Bedeutung, daß die Gottesankündigung (...) abrupt in den Stil der Rechtsrede umbricht. Dieser Stilbruch soll ins Ohr fallen.

Bei dieser Vorgangsweise tritt die dramatisierende Nacherzählung an die Stelle der Dialoganalyse:

- Ez 14,1-3:

Zu Ez 14,1-3 spricht ZIMMERLI von der "Situation" und vom "Wortereignis". Er fragt nach dem "Vergehen der beim Propheten weilenden Ältesten Israels" (308s) und beantwortet die Frage mit anderen Texten. Zur "Situation" wird auf Ez 8,1 verwiesen und die Frage unbeantwortet gelassen, ob die Ältesten eine Wende für das 587 zerschlagene Israel erwarten oder wie in Ez 8,1 und 20,1 ein Heilswort für das noch bestehende Jerusalem wünschen. Die Tragweite dieser Frage erkennt ZIMMERLI nicht. An die Stelle der Dialoganalyse tritt ein vorsichtiges, intuitives Sich-Herantasten an die Situation. ZIMMERLI wagt es nicht einmal, sich zum Vergehen der Ältesten festzulegen [198], so daß seine Beurteilung der Lage ziemlich unklar bleibt:

> "Der Text (...) läßt nur erkennen, daß es für Ez auf jeden Fall trotz der veränderten Exilssituation nur das strengste Festhalten an der reinen Ordnung des Jahwedienstes geben kann, mag dann die Exilsgemeinde auch noch so armselig dastehen mit den geringen ihr gebliebenen Möglichkeiten eines Gottesdienstes (309)."

Obwohl dieses Ergebnis kaum Bezüge zum Dialog aufweist, führt es plötzlich einen situationalen Umstand - den Gottesdienst - ein, der im Text nirgends erwähnt ist.

- Ez 14,4:

ZIMMERLI versteht diesen Vers aus dem Blickpunkt der Angeredeten [199] und ist der Auffassung, daß die Scheltrede im Übergang zur Rechtsrede ende. Es ist fraglich, ob das stimmt. Wie kann man von "Scheltrede" sprechen, wenn die Bescholtenen gar nicht angeredet werden? Der angezeigte Stilbruch ist zudem kein sicheres Indiz für einen kommunikativen Wechsel. Es ist zwar richtig, daß die Botenformel ergeht, aber auf sie folgt eine Rechtsformulierung, die für ein Gotteswort untypisch ist und keine dialogische Ausrichtung auf die vermuteten Anredepartner erkennen läßt [200].

- Ez 14,6:

In V.6 entdeckt ZIMMERLI einen unerwarteten Neuansatz, weil "mitten in einem hart abweisenden Gotteswort ein großer, nur auf dem Hintergrund

---

Den Männern, die (...) die Ohren spitzen und sich zusprechen: Still, ein Gotteswort! (...), soll so kräftig wie möglich das Wort des Gebotes (...) quer in den Weg treten."

[198] ZIMMERLI (1979) 309: "In dem pauschalen Sammelwort גלולים (...) ist die Vergehung (sic!) der Ältesten mehr verhüllt als enthüllt."

[199] Das geschieht unter Annahme der Ältesten als einzige Adressaten des Wortes.

[200] ZIMMERLI vertieft durch eine einfühlende Nachinterpretation: "Unheimlich gewittert hinter dieser wenig und zugleich viel sagenden Antwort die Fülle der göttlichen Unheilsdrohung (310)."

eines neuen göttlichen Heilshandelns verständlicher Ruf der Einladung aufbricht (311)." Das deutet er abstrakt als "Gottes Gericht über die Sünde", welches das Gottesrecht in Erinnerung ruft.

- Ez 14,8:

ZIMMERLI glaubt, daß sich das Rechtswort in V.7s durch diesen Vers zum prophetischen Erweiswort wandelt (312). Das ist ein Ansatz zur Erklärung des Verses aus dem Kontext.

- Ez 14,9:

ZIMMERLI findet hier das Problem des ungehorsamen Sehers, das "in einer eigenartig ezechielischen Weise konkretisiert wird". Leider konfrontiert er diese Idee nicht mit dem unmittelbaren Kontext, sondern lediglich mit außer-ez Parallelstellen.

- Ez 14,10:

ZIMMERLI findet eine weitere Anspielung auf den Gottesdienst: "Die Schuldformel ונשׂאו עונם hat nochmals das Gewicht einer Überantwortung an die Jahweferne, in der keine gottesdienstliche Sühnung mehr das Leben retten kann (312)." Wie gesagt, weist in Ez 14 nichts auf die gottesdienstliche Sühnung hin. Zudem ist die vorausgesetzte Exilsituation für einen mit dem Tempel verbundenen Sühnegottesdienst ungeeignet. Man kann ZIMMERLIS Aussage also nur als kontextunabhängige Assoziation zu ונשׂאו עונם begreifen, die für das Verständnis von Ez 14 bedeutungslos ist.

- Ez 14,11:

Der Schlußvers wird als Weiterführung des Doppelfalles von Götzendiener und Prophet verstanden, der durch V.11 ein "Teilereignis in einem weitergespannten Geschehen" ist. Die Verallgemeinerung ist ein letztes Mal Mittel der Auslegung. Kein Wunder, daß der Vers nichts Neues mitteilt, wurde doch schon das Vorausgehende verallgemeinernd ausgelegt. V.11 ist ein "Nochmals" [201], durch das der sakralrechtliche Doppelfall weitergeführt wird, obwohl er "eigentlich erledigt" wäre (312). Mit diesem Urteil wird die Einheitlichkeit des Textes erneut in Frage gestellt.

Zwischenergebnis: ZIMMERLIS formgeschichtliche Betrachtung der Textteile verstellt den Blick auf die Einheit. Textumgreifende Merkmale wie die Dialoggestalt werden nur gestreift. Vom inneren Zusammenhang des Stückes und der textschaffenden Interrelation seiner Elemente ist kaum die Rede. Statt dessen triumphiert die Verallgemeinerung, durch die einheitsübergreifende Parallelen aufgezeigt und unpassende Teile vernachlässigt bzw. gegen eine Textzeugen-Mehrheit aufgewogen werden [202].

---

[201] Alleine auf S.312 benützt ZIMMERLI dieses Wort dreimal.

[202] Das zeigt die Widerlegung MESNILS, nach dem העלו גלוליהם wörtlich gemeint und

2.22.2. Die Auslegung von Ez 14,12-23. Ohne Begründung betrachtet ZIMMERLI Ez 14,12-23 als Einheit, obwohl die Abgrenzung nach vorne unklar ist. Gegen sie spricht z.B. der sakralrechtliche Stil, der eine Brücke zu Ez 14,1-11 schlägt. Das wird zwar gesagt (316), aber nicht zum Anlaß genommen, um nach einer Interdependenz der Kapitelteile zu fragen [203].

2.22.2.1. Die Frage nach der Form. Die Dialogsituation erfaßt ZIMMERLI besser als vorher [204]. Er erkennt, daß der Text aus zwei Teilen, einer allgemeinen Abhandlung an den Seher (13-20) und einem Wort an die Golah (21-23) besteht. Eher verdunkelnd sind die formgeschichtlichen Theorien. So wird gesagt, daß 12-20 einen "von Hause aus" (317) [205] neutral formulierten gesetzlichen Stil aufweist, der durch die Umsetzung in die Jahwerede verlebendigt werde. Diese Aussage ist doppelt fragwürdig: 1.) Sie insinuiert, daß die Dialogteile auswechselbare Stileigenheiten sind, die nur der Verlebendigung dienen. Das wäre aber zu zeigen. 2.) Der Verweis auf die Bedeutung einer Wendung "von Hause aus", beinhaltet eine methodologische Diskriminierung ihrer dialogischen Verwendung.

In der Folge konzentriert sich ZIMMERLI auf die Formkritik und behauptet trotz der Unterschiede zwischen 12-20 und 21-23 die Einheitlichkeit des Stükkes. 21-23 nennt er eine "Weiterführung" [206].

Als Argument für die Einheitlichkeit von Ez 14,12-23 führt er an, daß 12-20 ohne den in 21-23 realisierten "konkreten Auftrag an Israel" ein allgemeines Lehrstück bleibe. Das ist ein bemerkenswertes Urteil, weil es die fehlende Konkretheit der Aussage bemängelt. Es spricht so implizit den Referenzrahmen der Einheit an.

Ohne Bezug zum Dialog ist die Beurteilung von 21-23 als "Weiterführung" von geringem Erklärungswert. ZIMMERLI erkennt zwar in V.21 den Wechsel in der Anrede, empfindet ihn aber als Bruch, so daß er eine Gedankenbrücke nachweisen muß, um den Text von der Quellenscheidung zu bewahren. Dennoch bleibt die Dialogsituation unbeachtet. Die Anrede Israels wird als allgemeine Eigenschaft ez Texte interpretiert und der Übergang nach V.20s als Hinweis,

---

das Tragen der Amulette auf der Brust meint (300). Um eine geistige Bedeutung von לב zu beweisen, wird auf Texte verwiesen, die statt von לב von רוח reden. Aber diese Erklärung übergeht die induktive, auf die Einzelstelle orientierte Erklärung. Warum redet V.3 von לב und nicht von רוח? Kann es nicht sein, daß sich der Text mit לב von den רוח-Formulierungen abgrenzt, weil לב konkretere und רוח abstraktere Konnotationen besitzt? Ähnlich ist die כי- und כה-Frage gelagert (301).

[203] Auch ZIMMERLIs Feststellung, daß in הכרתי (Ez 14,13.17.19) die alte Bannformel anklingt (317), läßt ihn nicht aufhorchen.

[204] Bei der Literarkritik lehnt er die Streichung von כי (V.21) mit Verweis auf den Dialog ab und meint, daß es zur Anrede an die Verbannten überleitet (316).

[205] Diese Redeweise wird noch drei weitere Male verwendet (319).

[206] "Er (sc. der zweite Teil: 21-23) will ohne Zweifel als Weiterführung jener Verse (sc. 13-20) verstanden sein (317)."

daß ein neuer Teil des Erweiswortes beginnt. Das ist eine Uminterpretierung eines dialogischen in einen formkritischen Sachverhalt, wobei sich die Einheitsbegründung nur negativ auf die Prüfung von Schwachstellen beschränkt.

Nach der Begründung der Einheit wendet sich ZIMMERLI ihrer Beschreibung zu. Er bezeichnet 12-23 formkritisch als dreiteiliges Erweiswort, bei dem die ersten beiden Glieder (begründende Scheltrede - Gerichtsansage) durch ein "doppelteiliges Rechtswort" ersetzt sind (318). Wieder werden dialogische Elemente formkritisch uminterpretiert. Ursache dafür ist das ungeklärte Verhältnis zwischen Form und Inhalt, wie es bei folgender Gegenüberstellung erscheint:

> "Wenn Fohrer 12-23 als «Diskussionswort» bezeichnet, so trifft er damit die inhaltliche, nicht aber die formale Bestimmtheit des Wortes (318)."

Dieses Urteil ist fragwürdig, weil "Diskussionswort" auch eine bestimmte - dialogische - Form impliziert. ZIMMERLI scheint Form und Inhalt als unabhängige Größen zu behandeln. Es liegt an den angewendeten Kategorien, wenn er die Form des Diskussionswortes nicht erfaßt [207]. Durch die Bestimmung von Ez 14 als Diskussionswort kann eine auf Verallgemeinerung ausgerichtete Formexegese zum Text zurückgelenkt werden, denn die Kommunikationsanalyse ist auf das einheitsschaffende Gerüst eines dialogischen Textes ausgerichtet.

2.22.2.2. Die Abhängigkeit von Jer 15,1-3. Dialoganalytisch ist die Aussage zu prüfen, wonach Ez 14,12-23 von Jer 15,1-3 abhängt (318). Das Thema der vier Gerichtsinstanzen und der Unerbittlichkeit Jahwes, die selbst der Fürbitte großer Frommer widersteht, verbindet beide Stücke. Aber es ist schwer, daraus eine historische Verbindung abzuleiten. Das setzt die positive Beantwortung der folgenden vier Ermessensfragen voraus:

> Vermag die Ähnlichkeit zwischen Ez 14 und Jer 15 eine Abhängigkeit zu begründen? Wenn ja, ist dieser Schluß notwendig? Kann die Abhängigkeit nicht zufällig oder über einen dritten Faktor zustandegekommen sein? Ist die Abhängigkeitstheorie mit der Aussage vereinbar, wonach Ez 14 nicht auf Grund von Jer 15, sondern als Eingebung Gottes entstanden ist? [208]

Die Beantwortung dieser Fragen ist wissenschaftlich nicht möglich. Sie wird von ZIMMERLI auch nicht versucht. Der von ihm postulierten Abhängigkeit fehlt somit die Basis.

Der Abstand zwischen Ez 14 und Jer 15 vergrößert sich, wenn man die dialogische Einbettung der beiden Aussagen vergleicht. Daraus zeigt sich, wie schwierig es ist, aus einer *motivlichen* Verwandtschaft *inhaltliche* Folgerungen

---

[207] ZIMMERLIs Formfixierung entfernt ihn von der Sprachhandlung, die mit apriorischen Kategorien nicht vorauszusehen ist und sich wegen der vielen möglichen Gesprächsformen nicht in das Prokrustesbett formkritischer Kategorien zwingen läßt. Die Diskussion ist letztlich unvorhersehbar und nur aus dem Einzeltext zu verstehen.

[208] Hinter der vierten Frage verbirgt sich das religionsphänomenologische Problem der textgemäßen Analyse von Gottesworten. Vgl. dazu die Einleitung.

zu ziehen. Das vermeidet selbst ZIMMERLI trotz der postulierten Abhängigkeit: "Der (...) Vergleich wird dann allerdings auch hier wieder die eigenartig ezechielische Durchdringung des Übernommenen verraten (318)." Bei der Einzelexegese stellt er vor allem Unterschiede fest. In V.12ss vermißt er einen Bezug zur Situation, wobei einzuwenden ist, daß die Zurückweisung in 12-23 nicht im leeren Raum, sondern im Rahmen der Anrede erfolgt.

2.22.2.3. Der "Sitz im Leben". Der Gesprächssituation nähert sich ZIMMERLI mit der Frage nach dem "Sitz im Leben" (319). Er geht davon aus, daß die Dialogumstände die Ursprungssituation abbilden und sucht nach Anhaltspunkten, um Ez 14,12-23 in ein Geschichts- und Ortsraster einzufügen. Dabei macht er gute dialoganalytische Einzelbeobachtungen. Er stellt fest, daß die auf die Wortereignisformel folgenden Beispiele nur an den Seher gerichtet sind und sich der Kreis der Angeredeten erst in V.21 ausweitet (319). Diese Beobachtung bleibt aber für die Neubeurteilung des diskutierten Übergangs von V.20 nach V.21 folgenlos [209].

Die kommunikative Zweiteilung von 12-23 begründet er mit dem Fehlen eines eröffnenden Redebefehls und leitet daraus ab, daß sich V.12ss nur an den Propheten richtet. Seltsamerweise übersieht er das gleiche Phänomen in Ez 14,1-11. Dort erscheinen die zwei Redebefehle ebenfalls erst in V.4 bzw. V.6, ohne daß er daraus Folgerungen zum Redebeginn zieht. Soweit zum kommunikativen Verständnis von 12-23. Mit Bezug auf den "Sitz im Leben" werden auch die Rechtsfälle in V.12ss erklärt. Zu ihnen meint ZIMMERLI:

> "In Ez 14,12ff. ist die aktuelle Situation verschwunden. Die Zurückweisung ist allgemein, lehrhaft formuliert (320)."

Den fehlenden Kontextbezug ergänzt er mit Hinweis auf den priesterlichen Hintergrund Ezechiels. An die Stelle des situationalen rückt der biographische Kontext. Damit wird das Nähere durch das Entferntere erklärt [210]. Selbst wenn diese Hypothesen richtig wären, ist der kausale Zusammenhang mit der Biographie Ezechiels erst bewiesen, wenn der Textvordergrund dafür Anhaltspunkte liefert. Es wäre zu zeigen, daß das Leben des Propheten (und nicht etwas Anderes) Verständnismaßstab für die in Frage stehende Aussage ist.

2.22.2.4. Die drei Gestalten. Daß die situationale Einordnung bei ZIMMERLI eine Randerscheinung ist, zeigt die Auslegung der drei Gestalten:

---

[209] In der Frage der Textkohärenz von Ez 14,12-23 hat sich die Auslegung in einer "Alles-oder-Nichts-Mentalität" festgefahren. Entweder wird eine Abtrennung von Ez 14,20-23 und eine Minimalisierung der verbindenden Elemente vorgeschlagen oder es wird die Einheitlichkeit mit gleichzeitiger Abwertung der trennenden Faktoren postuliert.

[210] Aus der sakralrechtlichen Bannformel wird z.B. die Verwurzelung des Propheten im priesterlichen Raum, wo der Begriff des Lebens mit der Zulassung zum Bereich des Heiligen verbunden ist, abgeleitet. Ebenso wisse Ezechiel aus der priesterlichen Tempelpraxis vom Urteil Jahwes, das den Gerechten persönlich behaftet.

"Wenn Ez als die drei exemplarisch Gerechten Noah, Daniel und Hiob aufführt, so will er damit offenbar bewußt aus dem Bereich des Bundesvolkes heraustreten und weltweit Gültiges sagen (320)."

Damit ist das Stück eine Art prophetischer Homilie. Dem widerspricht, daß der erste Einheitsteil (V.12-20) den *Propheten* als Hörer voraussetzt [211]. Hörer oder Prediger - Sprecher oder Empfänger? Das ist die Frage. Ohne ihre Klärung ist 12-23 unverständlich. Das gilt auch, wenn man die Prophetenanrede in 12-20 als homiletischen Kunstgriff erklärt. Auch das würde die Grundform des Wortes betreffen und darum die Auslegung des Textes determinieren.

Im weiteren sucht ZIMMERLI zu begreifen, warum gerade Noah, Daniel und Hiob genannt sind. Er findet im Thema der Rettung eines Gerechten das die drei Gestalten verbindende Motiv. Diese These wird mit biblischen und außerbiblischen Quellen begründet. Während Gen für Noah und Hi 42 für Hiob Hinweise liefern, daß Ezechiel sie als errettete Fromme betrachtet haben könnte, gerät ZIMMERLI bei Daniel in Beweisnot [212]. Damit bleibt seine These sogar auf der Ebene der Traditionsgeschichte unbewiesen [213].

Aus der Darstellung der drei Gestalten als vor- bzw. außerisraelitische Fromme leitet ZIMMERLI ab, daß Ez von einer "weltweiten" göttlichen Gerechtigkeit redet und Jahwe in einer "Kampffront gegen alle eingebildeten Sicherheiten Israels, das sich auf die Verdienste seiner großen Frommen verlassen möchte" steht (321s). Betrachtet man diese Auslegung im Licht des Dialoges, stößt man auf Schwierigkeiten. So wird die Fremdstämmigkeit der drei Gestalten in Ez 14 nirgends unterstrichen.

Am klarsten sprechen die als "überraschende Wendung" bezeichneten Verse 21-23 gegen diese Interpretation. Es kann mit der weltweiten Wirkung der Gerechtigkeit Gottes nicht weit her sein, wenn nun von Fällen die Rede ist, die das Gegenteil beweisen. Da helfen auch ZIMMERLIs Anstrengungen, 21-23 zurechtzubiegen, nichts (323). Er übersieht, daß der von der Fremdstämmigkeit der Gerechten abgeleitete Verweis auf die weltweite göttliche Gerechtigkeit das Verhältnis Jahwes zu Israel nicht mitumfaßt. Ein Israelit könnte weiterhin versucht sein, sich auf die Verdienste der großen Frommen zu verlassen, weil diese im Vergleich zu den fremdstämmigen Gerechten in einem näheren Gottesverhältnis lebten und folglich für wirkmächtiger gehalten werden könnten. Der Fall der außerisraelitischen Gerechten genügt nicht, um die

---

211 Dazu ZIMMERLI (1979) 319 über Ez 14,12.

212 In der phöniz. bzw. ugarit. Literatur finden sich für diese These nichts. Darum ist ZIMMERLIs Urteil sehr vage: "Darf man weiter vermuten, daß Ez eine Geschichte wunderbarer Rettung des gerechten Daniel gleich derjenigen Noahs kannte (321)?"

213 Bei der Annahme des Rettungsmotives läßt sich ZIMMERLI wohl vom Kontext leiten. Das ist lobenswert, um so mehr, als 12-20 von Rettung spricht (vgl. V.18). Die Lösung besteht darin, dieses Motiv mit der Sprachhandlung zu verbinden. Denn selbst wenn ZIMMERLI die Existenz des Motives traditionsgeschichtlich beweisen könnte, wäre dessen einheitsschaffende Funktion in 12-20 noch nicht nachgewiesen.

ausweglose Lage der Israeliten zu zeigen, weil dadurch eben nicht "alle" Sicherheiten Israels in Frage gestellt werden.

Gegen die Hervorhebung der Fremdstämmigkeit der drei Gestalten spricht auch die Götzenpolemik in 12-23 [214]. In diesem Rahmen wäre es ein Widersinn, die Fremdstämmigkeit von Gerechten aus der götzenverehrenden Umwelt hervorzuheben. Das sind Ungereimtheiten, die eine Neuerwägung der Dialogsituation in 12-23 nahelegen.

2.22.2.5. Die Auslegung von Ez 14,21-23. Zu V.21 verweist ZIMMERLI auf den Zusammenhang zwischen 12-20 und 21-23. Er erklärt ihn mit einem Schluß vom Größeren auf das Kleinere: "Gilt die Strenge der göttlichen Gerechtigkeit schon über «irgendeinem Land», wieviel mehr da, wo das Gottesurteil in seiner Totalität den Ort der Mitte (...), Jerusalem, trifft (322)."

Dieser Schluß ist nicht zwingend. Man könnte sich auch vorstellen, daß Jahwe Israel milder behandelt als die Fremdvölker. In der Tat scheint die Anwendung des in Ez 14,12-20 dargelegten Prinzips darauf hinzudeuten[215]. Zudem wird die Angleichung von 12-20 an 21-23 soweit geführt, daß von der erwähnten überraschenden Wendung wenig übrigbleibt. Vom dialogischen Standpunkt aus ist zu fragen, was der Übergang auf die Anrede der Golah bedeutet [216]. Von daher ist die Einheit zu erwägen, wobei viele Beobachtungen ZIMMERLIs darin durchaus ihren Platz finden.

Einheitlich interpretiert ZIMMERLI die Trostrede in Ez 14,22b-23a und versteht sie als spätere "überraschende Nachinterpretation" (323). Damit rechtfertigt er ihre literarkritische Eliminierung, wodurch die Anrede der Golah noch kürzer wird. Die Qualifizierung als Überraschung drückt die Schwierigkeit der inhaltlichen Einordnung des Verses in den Kontext aus. Das ist wohl der Grund, warum 22b-23a ausgeschieden wird [217]. Auch wenn sich diese Lösung als falsch erweisen sollte, weist ZIMMERLI auf eine echte textliche Schwierigkeit.

Eine zusammenfassende Darstellung von Ez 14,12-23 wird in der mit "Ziel" überschriebenen spirituellen Auswertung geboten (323s). Sie präsentiert das Wort als Verkündigung des Triumphes der Gerechtigkeit Gottes. Dieses Thema wird in einem Dreischritt behandelt:

---

[214] Vgl. zum Beispiel V.13: מעל.

[215] ZIMMERLI meint, daß נצל bewußt gemieden ist (322). Ob daraus (trotz Jer 15,1s) eine Strafkonnotation abgeleitet werden kann, ist schwer zu sagen. Das ist ZIMMERLIs Argument, um den Korrekturvorschlag המצילים (statt המוצאים) abzulehnen, weil damit die Feinheit der Meidung von נצל zerstört werde (Petitio principii).

[216] ZIMMERLI (1979) 322 spricht in der Einzelauslegung von den Exulanten, "die nun in 22f. angeredet werden", ohne diese Feststellung auszuwerten.

[217] ZIMMERLI neigt zu literarkritischen Kompromissen. Dafür ist Ez 14,21-23 ein Beispiel. Es wird auf die vollständige Ausscheidung von Ez 14,21-23 verzichtet. Als Zusatz gilt nur 22b-23a, ohne daß die Trennungsgründe schwerwiegender als in V.20 wären, wo zugunsten der textlichen Einheit optiert wird.

1.) Die göttliche Gerechtigkeit bietet niemandem einen Schlupfwinkel. 2.) Wo es dennoch Verschonte gibt, kann man Jahwe das Zurückbleiben hinter seiner gerechten Ordnung nicht vorrechnen. 3.) Gottes erschreckendes Richten ist Anlaß zu einer seltsamen Tröstung.

Die widersprüchliche Auslegung und mangelnde Kontextualisierung machen sich ein letztes Mal bemerkbar: Einer radikalen Strafverheißung steht eine lasche Ausführung gegenüber. Das unerbittliche göttliche Strafhandeln wird zur Quelle des Trostes. All' das steht unvermittelt da. Die vorgeschlagene Textgestalt fügt sich nicht zur Einheit. Die lineare Uminterpretation der dialogischen Sprachhandlung scheitert. Zu häufig hat der literarkritische Kompromiß gefordert, Unversöhnliches zusammenzudenken.

Ergebnis: ZIMMERLIs Kommentar ist das Monument der historischen Erforschung von Ez. Für Ez 14 stellt er das historische Wissen in einem einmaligen Licht dar. Dieses Licht wirft aber zugleich den langen Schatten eines mangelhaften Verständnisses der dialogischen Einheitsgestalt.

2.23. *Der Kommentar von Walther Eichrodt (1966)*

Der Kommentar von Walther EICHRODT (1890-1978) ist in der Reihe "Das Alte Testament Deutsch" erschienen. Die Gesprächsgestalt von Ez 14 wird darin nur am Rande berücksichtigt. Die Analyse unterscheidet die beiden Stücke 1-11 und 12-23.

2.23.1. Die Auslegung von Ez 14,1-11. EICHRODT nimmt eine unerwähnte Anfrage der Ältesten an und versteht den Text als Antwort darauf. Den Inhalt und die Umstände der Anfrage hält er für belanglos, insbesondere, ob Jerusalem schon zerstört sei oder nicht. So kommen Dialog und Anredepartner kaum in den Blick. Deshalb läßt er viele phatische Elemente unbeachtet. Nur dank dieser globalen Sicht kann er das Stück nach dem Schema "Anfrage - Antwort" begreifen. Letztere versteht EICHRODT als "Antwort Hesekiels" (103), so daß aus der Prophetenanrede Jahwes eine Replik des Sehers an die Ältesten wird. Das zwingt EICHRODT zu komplizierten Transformationen.

Zuerst legt er V.3 als Anklage gegen die Ältesten aus. Er erklärt ihn mittels einer Analyse von "sie haben ihre Götzen in ihrem Herzen aufsteigen lassen" und identifiziert das motivgeschichtlich als Wiederaufnahme eines fallengelassenen Brauches. Unklar bleibt der Beitrag dieser Erklärung für das Verständnis der Situation. Dann modifiziert EICHRODT die Auslegung von V.3 und versteht den Vers richtiger als Gotteswort an den Propheten (104), das ihn zum Widerstand gegen die Götzendiener auffordert. Dagegen spricht aber, daß der Vers eine Frage ist, die sich schwer als Aufforderung deuten läßt. Diese zweite Auslegung führt die Frage nach dem Inhalt von V.3 in ein Dilemma. Ist der Vers eine Prophetenanrede Jahwes oder eine Antwort des Sehers an die Ältesten? Nach EICHRODT scheint beides der Fall zu sein. Seine salomonische Lösung besteht darin, daß die Ältesten in V.3 *nicht angesprochen* werden, sondern nur *mithören* dürfen, wenn Jahwe zum Propheten redet [218]. Das aber ist dialogtechnisch unmöglich, weil das Gotteswort von Außenstehenden nur über den Seher vernommen werden kann. Der Prophet müßte das Wort Jahwes an ihn laut und zu sich selbst sprechen. Dabei hätte er kundzutun, daß das Wort nicht ihn meint, sondern auf die Ältesten zielt, die Jahwe direkt nicht ansprechen will [219].

EICHRODT stellt sich solchen Problemen nicht, weil er den Dialog nicht als Anrede (also: dialogisch), sondern als Rede (also: rhetorisch) versteht, als Stilform, die Jahwes Absage wirkungsvoll vorträgt. Eine Rede bietet einen offeneren Rahmen als ein Zwiegespräch. In ihr ist es dem Sprecher leichter möglich, eine Gruppe anzureden und dabei eine andere zu meinen. In V.3 liegen die Dinge aber anders. בן־אדם spricht nur den Propheten an. Erst in der schriftlichen Form wird dieser Wortteil - nach Beifügung der Wortergehungsformel - nach außen mitteilbar. Das Verständnis von V.3 als indirekte Antwort an die Ältesten ist auch eine ungeeignete Basis für die Auslegung von V.4, den EICHRODT als "Befehl zu einer Antwort auf die geschehene Anfrage" versteht (104), wobei er sich über diese Antwort überrascht zeigt [220].

EICHRODT betrachtet V.4 und identifiziert den Vers formal als Rechtssatz, der mit der Gesprächssituation locker verbunden ist: Durch ihn werde eine situationsbedingte Weisung verallgemeinert [221]. Damit sei der Dialogbezug relativiert, obwohl sich die Frage stellt, wie die allgemeine Formulierung in die konkrete Situation eingebettet ist. Inhaltlich kommt EICHRODT dagegen zu einem anderen Ergebnis und sieht V.4 als "Hinwendung zu dem Frager" (104). Das relativiert er damit, daß die Antwort nach V.5 Israel gilt. Diese Auslegung ist unbefriedigend, weil das Verhältnis Älteste/Israel und die Identität der in V.4s Angesprochenen unklar bleibt. Dennoch macht EICHRODT einige gute Beobachtungen zur Ältestenanrede. Er erkennt, daß sie eine "tief erschütternde Antwort" sein muß, die nicht nur verbal, sondern auch handlungsbezogen ist:

> "In der Tat, diese Antwort hat nichts mit der Wißbegier des Fragestellers zu tun, sie bedarf auch keiner Worte, denn sie besteht, wie wir aus V.8 vorausnehmen können, in einem Gottesurteil (104)."

---

[218] EICHRODT (1966) 104: "Es verstärkt die Schärfe dieser Abweisung, daß sie nur in einem Zwiegespräch zwischen Gott und Prophet geäußert wird, bei dem die Ältesten keiner Anrede gewürdigt werden, sondern als entlarvte Betrüger dabeistehen und zuhören müssen."

[219] Gegen diese Erklärung spricht auch das direkte Wort an die Ältesten in V.6.

[220] EICHRODT (1966) 104: "Um so überraschender wirkt der Befehl zu einer Antwort auf die geschehene Anfrage (...)". Oder später: "Inhaltlich aber überrascht der scheinbare Widerspruch zum Vorausgehenden (...)".

[221] EICHRODT (1966) 104: "Das, was sich in diesem Augenblick abspielt, ist demnach so wichtig für den Bestand der Gemeinde, daß es nur in der Form des unumstößlichen Gesetzeswillens Gottes geregelt werden kann, ohne die Person der Frager noch weiter zu berücksichtigen."

Diese Auslegung erzeugt eine wahre Inflation von Antworten. Nachdem in V.2s von einer Antwort die Rede war, liegt nach der Auslegung von V.4s und V.8 eine dreifache Replik Gottes vor, wobei weiter im Raum steht, daß Jahwe eine Antwort verweigert. So wird das Ungenügen der vorgelegten Dialoganalyse mit dem Fortschreiten der Auslegung immer deutlicher.

Den Umkehrruf in V.6 versteht EICHRODT als Unterbrechung der Rede, die Gottes Retterwillen kundtut und das Urteil in V.7 vorbereitet (105). Dem widerspricht, daß eine Vorbereitung eher zu Beginn der Urteilsverkündigung, also vor V.4s, zu erwarten wäre, weil die Ausrottung der Götzendiener den Ältesten nach EICHRODT schon dort verkündigt wird. V.7 fügt dem nichts Neues hinzu. Damit bleibt der Kontext von V.6 unerklärt.

Ähnliche Mängel weist die Auslegung von V.7 auf. Es wird behauptet, daß das dort ausgesprochene Urteil erst durch die Verkündigung der göttlichen Heilsabsicht in V.6 "freie Bahn" bekommt (105). Dagegen spricht die frühere Feststellung, wonach hier nur bereits Gesagtes wiederholt wird.

Auch V.7s kommt zur Sprache. Es gehe um die Austilgung des Schuldigen ohne menschlichen Gerichtsvollzug (105). Damit wolle Gott ein "Beglaubigungszeichen für die unbedingte Geltung seines Willens" geben [222]. Leider fehlt eine Begründung, so daß das Verhältnis zwischen dem juridischen Prinzip und der Anwendung in V.7s ungeklärt bleibt. Dagegen bemüht sich EICHRODT, die Erkenntnisformel (V.8) zu erklären. Das ist ein guter Versuch, deren Stereotypie zu überwinden.

Am Schluß entdeckt EICHRODT Jahwes Hinwendung zum Gottesvolk. Das erinnere an die durch die Vergeltung angezielte Bundeserneuerung (106). Spätestens hier sind die Ältesten vergessen. Die גלולים in ihrem Herzen sind auf Israel verallgemeinert. Das Gotteswort wird zu einem generellen Umkehraufruf an das unspezifizierte Israel. Das Ende der Auslegung zeigt die theologischen Leitideen: Die Bundesformel wird als Forderung nach einer unerreichbaren Ganzhingabe verstanden, wie sie in der Bergpredigt als eine aus einer anderen Dimension kommende Wirklichkeit erscheint (106). Der theologische Kreis schließt sich: Ausgehend von einer Prophetenbefragung gelangt die Auslegung über das Evangelium zum reformatorischen Prinzip der sola gratia.

2.23.2. Die Auslegung von Ez 14,12-23. Im ersten Teil des Stückes (12-20) sieht EICHRODT eine Prophetenanrede Jahwes (107) [223] und meint, daß sie mit 21-23 eine Einheit bildet und nur so verständlich sei. Er vermutet eine Polemik gegen einen Leugner des Vergeltungsgrundsatzes. Darum postuliert er für 12-23 eine ähnliche Ausgangslage wie für 1-11. Sie besteht in einem vorausgegangenen, nur indirekt bezeugten Sprachgeschehen. So wendet EICHRODT den

---

[222] Diese Erklärung setzt sich von HERRMANN (göttlicher Gerichtsvollzug als *Warnzeichen*) und ZIMMERLI (göttlicher Gerichtsvollzug als *Erkennungszeichen*) ab.

[223] Obwohl die Eröffnung in Ez 14,12s jener in Ez 14,2s entspricht, interpretiert er sie anders: V.2s als Antwort des Propheten und V.12s als Gottesrede an ihn.

FOHRER'schen Begriff des "Diskussionswortes" auf Ez 14,12-23 an, ohne die Einheit als Diskussion auszulegen.

Eine mangelnde Orientierung am Text zeigt sich in der Einheitsbegründung (108). Die Zusammengehörigkeit von 13-20 und 21-23 wird damit erklärt, daß sich eine Trennung "als Auseinanderreißung von Zusammengehörigem, durch die der Exegese kein guter Dienst geleistet wird", erweise. Das ist keine hinreichende Begründung. Ferner werde das Ziel des ersten Teiles erst in 21-23 sichtbar. Das setzt ein Wissen voraus, das an dieser Stelle noch nicht gesichert ist.

Deutlicher als bisher zeigt EICHRODT Ansätze zur Dialoganalyse. Er erwähnt drei Hauptelemente der Gesprächskonstellation:

1.) daß Jahwe den Propheten anspricht,
2.) daß ein ungenannter Gegner im Spiel ist und
3.) daß sich ein Diskussionswort entwickelt.

Ferner erkennt er den prophetischen Charakter der Ergänzung in 21-23. Es fällt ihm aber nicht auf, daß das Gespräch in 21-23 in die 2. Pl. wechselt. Ebenso wird der Zusammenhang zwischen 21-23 und 12-20 nicht problematisiert. So bleibt die Dialoganalyse Stückwerk, und die Einzelauslegung greift auf den logischen Einheitsbegriff zurück.

Trotzdem macht EICHRODT einige dialoganalytische Beobachtungen. In V.13 erkennt er den juridischen Stil und findet eine Parallele in V.4 (108). Dem kann man beifügen, daß beiderorts eine direkte Anrede folgt. Diese Beobachtung kann nur dialoganalytisch weitergeführt werden, da sie ohne Kontext vieldeutig ist[224].

Dagegen sind Interpretationen, die im Namen der Objektivität den direkten Sprung von der Formanalyse zur inhaltlichen Auslegung wagen, weniger glücklich. Ein Beispiel ist der Kommentar zu V.12ss:

> "Hier ist offenbar von vornherein keine Änderung des göttlichen Verfahrens zu erwarten, die Konstruktion verschiedener «Fälle» ist also künstlich, man möchte sagen von erhabener Ironie diktiert, ihre Abwandlung im Gesetzesstil ist ein äußerliches Stilmittel, um die Allgemeingültigkeit des göttlichen Verfahrens durch den ehernen Klang der gleichen Strafformulierung sinnenfällig zu machen (108)."

Diese Auslegung hypostatisiert die Stilmerkmale und ist nur möglich, wenn eine uneingestandene Vorstellung vom Textinhalt schon a priori besteht. Die Dialoganalyse wird durch sie nicht ersetzt.

In einem nächsten Punkt sucht EICHRODT die Absicht der Rechtsworte in 12-20. Mit Beispielen aus Ez und anderswo legt er dar, daß es ihnen nicht um die individuelle Vergeltung, sondern um die Frage geht, ob fromme Eltern ihre frevlerischen Kinder retten können (108s). Diese Lösung wird nicht an der Sprachhandlung in 23-34, sondern an einem vermuteten historischen Hintergrund verifiziert und weiterentwickelt. Es sei die Forderung nach Ausnahme-

---

[224] EICHRODT zieht daraus keine weiteren Schlüsse.

behandlung der Kinder frommer Eltern laut geworden. Wieder ersetzen außertextliche Vermutungen die Analyse der Dialogumstände.

Immerhin erkennt EICHRODT, daß 12-20 nicht von Israel, sondern von der Bestrafung irgendeines Volkes spricht. Das versteht er als Seitenhieb gegen das Erwählungsdogma, auf das sich die Vertreter einer Sonderbehandlung Israels berufen. Welche Funktion hat ein solcher Seitenhieb in einem Wort an den Propheten? Wohl keine, denn einen Seitenhieb hat nicht der Prophet, sondern das Volk verdient, das selbstgerecht auf seine Erwählung vertraut. Der Fehler besteht darin, daß 12-20 - trotz der Klassifizierung als *Wort an den Propheten* - in der Auslegung als *Gotteswort an das Volk* verstanden wird.

Ungenügend kontextualisiert ist schließlich das Verständnis der drei Gestalten. Ihre Gemeinsamkeit sei, daß sie das Unglück ihrer Kinder gesehen haben [225]. Die Belege dazu stammen aus Sekundärtexten. Außerdem versteht EICHRODT den Vers nicht aus der Optik des Propheten, sondern aus der des Volkes.

Als "Wendung" bezeichnet EICHRODT den Übergang zu 21-23. Er deutet ihn als "Voraussage eines unerwarteten göttlichen Handelns", weil die Überlebenden kein hoffnungsvoller Rest, sondern der Beweis der Verderbnis Jerusalems sind (110s). 21-23 versteht er im gleichen Dialograhmen wie 12-20, so daß der Gegensatz zwischen den beiden Abschnitten deutlich hervortritt: Werden nun alle vernichtet (12-20) oder gibt es einen Rest (21-23)? EICHRODT versteht diese Spannung als Ironie. Das wäre vielleicht eine Erklärung, wenn die Ihr-Anrede von V.22 nicht auf einen neuen Dialogpartner und eine veränderte Redesituation hindeuten würde.

Ergebnis: EICHRODT zeichnet sich durch eine versorientierte, rhetorische Lektüre aus. Die mangelhafte Berücksichtigung des Dialoges verhindert eine Rekonstruktion der Sprachhandlung, wobei er häufig versucht, gesprächsanalytische Lücken durch theologische Erklärungen zu schließen.

2.24. *Der Kommentar von John W. Wevers (1969)*

Im 1969 erschienenen Fußnotenkommentar von John W. WEVERS gibt es gelegentlich Hinweise zur Gesprächssituation.

2.24.1. Die Auslegung von Ez 14,1-11. WEVERS versteht die Einheit im Rahmen des geschichtlichen Schulwissens (111) und betrachtet den Synkretismus als typische Versuchung des Vielgötterlandes Babylon. Er bestimmt die Dialogsituation nicht aus dem Text, sondern aus einem vorausgesetzten zeitgeschichtlichen Rahmen. Zwar erkennt er die Bedeutung des Dialogkontextes für die Auslegung, verwechselt aber die historische Rekonstruktion einer Zeitepoche (*history*) mit der Sprachhandlung (*story*).

---

[225] Das beweist EICHRODT (1966) 110 mit ugaritischen Texten auch für Daniel.

Die Situation ermittelt WEVERS nicht aus V.1, sondern aus V.3. Die Lage der Ältesten bleibt also unbeachtet, so daß das Wort auf eine von den konkreten Bezügen losgelöste Problematik reduziert wird. WEVERS erkennt in V.3 eine Frage und in V.4s die Antwort. Dieses Grundgerüst benützt er, um 1-11 zu straffen und Doppelungen auszuscheiden. So wird eine der Botenformeln als Dublette entfernt. Dieser Eingriff ist aber erst dann zulässig, wenn die Funktion des ausgeschiedenen Textteiles erkannt ist.

Problematisch ist in WEVERS' Strukturanalyse das Verhältnis von V.4 und V.7. Dessen literarkritische Prüfung führt zu verschiedenen Schwierigkeiten. WEVERS beurteilt den Umkehrruf (V.6) auf Grund seiner linearen Einheitsvorstellung als Zusatz (112). V.7 bezeichnet er wegen des Textplus als nachgetragene Dublette. Weiterführung und Abschluß des Problem-Antwort-Schemas entdeckt er erst in der Erkenntnisformel. 9-11 ist ein Zusatz [226]. Somit reduziert er Ez 14,1-11 literarkritisch auf ein theologisches Problem ohne Kontext. Die Ausklammerung von V.1s unterstreicht das. Verständnisrahmen ist nicht die Dialogsituation, sondern der babylonische Synkretismus. Dieses Vorgehen ist nicht prinzipiell falsch. Um aber der voreiligen Identifizierung einer Dialogsituation mit einem bestimmten Geschichtsentwurf zu entgehen, ist zuerst die kleine Welt des Textes zu verstehen, erst dann darf sie mit historischen Modellen konfrontiert werden.

Die detailorientierte kurze Einzelauslegung können wir hier übergehen.

2.24.2. Die Auslegung von Ez 14,12-23. Im zweiten Kapitelteil entdeckt WEVERS Parallelen zu Jer 14,19-15,4 sowie eine juridisch-individualistische Ausrichtung (114-117). Er stellt auch eine Zweiteilung fest (12-20 bzw. 21-23) und betrachtet 22-23a als Zusatz. Die beiden Teile von 12-23 bezeichnet er als Fall (12-20) und als Urteil (21-23). Damit versteht er die Einheit wieder in einem logischen Sinn. Da 22-23a sich nicht in dieses Schema einfügt, wird es ausgeschieden. Daneben macht er viele Beobachtungen, die er nie mit dem Gesamttext in Beziehung setzt. Sie bleiben deshalb unbegründet.

In der Einzelauslegung klingen ab und zu kommunikative Probleme an. Wo sie unerkannt bleiben, bereiten sie Schwierigkeiten. So wird zu V.13 bemerkt, daß nach der Menschensohn-Anrede im Vokativ ein Imperativ fehlt. WEVERS schließt daraus, daß Jahwe sich nur an den Propheten wendet und fügt mit Blick auf V.23 hinzu:

> "it is clear from the 2nd plural in the recognition formula in verse 23b, however, that the exilic community is the audience (114)."

Das ist eine voreilige Harmonisierung, die das Problem nicht erklärt, weil offen bleibt, warum V.13 an den Propheten gerichtet ist, da der Vers doch alle anredet. Ebenfalls bleibt der Grund für die 2.Pl.-Adressierung offen.

---

[226] WEVERS versteht 9-11 an Hand der wiederholten Thematik von V.3. Die Erwähnung des Propheten (V.9), die auf den Anfangs (V.1) weist, ignoriert er.

In V.14 erklärt WEVERS die drei Gestalten als Nicht-Israeliten. Er zieht Jer 15 bei, wo Moses und Samuel als israelitische Fürbitter auftreten (115). Aber damit ist weder für Ez 14 noch für Jer 15 bewiesen, daß die Nationalität der Personen der springende Punkt ist. Und selbst wenn sie es wäre, ließe sich ohne den Nachweis eines Zusammenhanges zwischen Ez 14 und Jer 15 nichts Sicheres schließen, denn Fragestellungen, die über das Gesagte hinausgehen, können nur aus dem dialogischen Rahmen beantwortet werden.

V.21 versteht WEVERS als Anwendung von 12-20 auf Jerusalem (116): Die Rechtsform weiche einem Gerichtswort gegen die Stadt. Es stimmt, daß der Vers von Jerusalem spricht, die formkritische Einordnung als Gerichtswort ist aber fragwürdig, weil nicht vom Gericht, sondern von Überlebenden gesprochen wird und nicht Jerusalem, sondern die Golah angesprochen ist.

Die raison d'être des Abschnittes tritt nach WEVERS in der Erkenntnisformel (V.23b) zutage: "Yahweh's destruction of Jerusalem by the four judgments is completely justified (117)." Diese Erklärung befriedigt nicht. Das Ziel einer Aussage geht selten nur aus einem Einzelvers hervor. Wieder zeigt sich die Schwierigkeit des Überganges von der Einzelbeobachtung zum Gesamttext.

Ergebnis: WEVERS macht einige interessante Beobachtungen zur Textgeschichte und Textgestalt. Aber insgesamt ist sein Blick für die dialogische Sprachhandlung wenig geschärft.

2.25. *Der Kommentar von Moshe Greenberg (1983)*

Moshe GREENBERGS Kommentar ist in der Reihe "The Anchor Bible" erschienen und behandelt Ez 14 in zwei getrennten Abschnitten.

2.25.1. Die Auslegung von Ez 14,1-11. Im ersten Kommentarteil werden Ausdrücke und Redewendungen im Licht von at Parallelen semantisch untersucht. Der Kontext wird stark vernachlässigt. Das wirkt sich negativ auf die lobenswerten Versuche zur Bestimmung der Sprechakte (Illokutionen) aus [227]:

> Zu V.3 אדרש: "The infinitive absolute strengthens the indignant tone of the question" (248); V.4 נעניתי: "Nif'al of *'nh* serves, as in Mishnaic Hebrew, to express (sarcastically here) a somewhat formal reply" (248); בה (=בא): "Apparently an angry interjection (249)"; V.5 תפש (etc.): "There is a triumphal note there, perceived by the medievals" (249); V.7 ומהגר: "The old formula (...) is kept (...) to lend the pronouncement the aura of ancient, general authority and applicability" (249); V.8 והכרתיו: "the meaning is not expulsion from society or the cult community (...) but early, untimely death (...)" (250); V.9 יפתה "which Moffatt excellently renders, «perhaps he will make a slip»" (250).

Keine dieser intuitiven Auslegungen wird dialogisch begründet. Trotzdem ist der Versuch einer Sprachakt-Analyse anzuerkennen. Fehlende Begründungen machen sich auch bei den Ausführungen zu "Strukturen und Themen"

---

[227] SCHWEIZER (1981) 94ss und (1986) 57 unterscheidet repräsentative, direktive, expressive, phatische und performative Sprechakte.

bemerkbar. GREENBERG findet sieben Textbausteine [228], die sich infolge eines fortschreitenden Gedankenablaufs zur Einheit fügen (251):

> "The oracle is introduced with a notice of the attendance of some elders (...) and consists of A (vs.3), a justification for denying these men a response, followed by an abstract, general formulation in three paragraphs (B, C, D) of the offense and punishment of such Israelites."

Gegen die behauptete gedankliche Geradlinigkeit spricht, daß der Text auf zwei Anredepartner ausgerichtet ist, womit sich unterschiedliche Akzentsetzungen und Wiederholungen ergeben.

Neben der inhaltlichen findet GREENBERG auch eine formale Wohlgestalt. Er glaubt, daß die Textparallelen der Symmetrie dienen, während kleinere Unterschiede für Abwechslung sorgen [229], und legt den Text als Kunstwerk aus, wobei er die oft als sekundär betrachteten Wiederholungen nach dem Modell "Thema mit Variation" versteht. Diese ästhetisierende Auslegung ordnet die Gegenwart der Ältesten der Einkleidung zu und interpretiert das Gotteswort situationsunabhängig. So verweist GREENBERG zum Rechtsstil vollumfänglich auf das in Ez 3,16-21 Gesagte.

Auf diesen Annahmen beruht der Vergleich von Ez 14 mit Lev 17 (252). Ohne Rücksicht auf Dialog und Kontext findet GREENBERG Stücke im priesterlichen Rechtsstil [230]. Das ist eine rein formale Beobachtung [231]. Über den Wortlaut einiger Wendungen hinaus haben Ez 14 und Lev 17 wenig gemeinsam. Der Interpretationskontext von Ez 14 ist nicht Lev 17, sondern die Anredesituation.

Von den Ältesten redet GREENBERG, wenn er über ihr Verhältnis zum Götzendienst spricht. Er glaubt, daß es in Ez 14 nicht um diesen, sondern um verschiedene religiöse Auffassungen geht:

> "That the elders came to Ezechiel for an oracle shows that in their own estimate they were true devotees of YHWH, worthy of his attention (253)."

Dieses Argument ist unzureichend. Daß sich die Ältesten subjektiv für wahre Jahwe-Verehrer halten bzw. einen solchen Anschein geben, schließt den objektiven Sachverhalt des Götzendienstes bzw. des Synkretismus nicht aus. GREENBERG meint, daß bisher nie vom Götzendienst die Rede war. Das

---

[228] V.1s Einleitung; V.3 Begründung der Antwortverweigerung; V.4s Fall der Götzendiener; V.6 Brücke zum folgenden Umkehrruf; V.7s Darlegung des Vergehens; V.9s Fall des Propheten; V.11 Schluß.

[229] GREENBERG (1983) 251: "The parallelistic description of the offense in A (sc. V.3) is repeated in B (sc. 4-5) and C (sc. 7-8), each time with variation to avoid monotony (...)".

[230] Vgl. auch die Suche einer "progression of expressions" an Hand innertextlicher Wortparallelen und zusammenhangloser Wortreihen (251s).

[231] GREENBERG folgert aus dem Vergleich von Ez 14 mit Lev 17 nur, daß Lev 17 dem Ezechiel bekanntgewesen sei (252). Selbst wenn das stimmt, so ist damit über die Bedeutung der Rechtsworte in Ez 14,1-11 noch nicht viel gesagt.

läßt sich an Hand von Ez 8 leicht widerlegen. Einen Einwand gegen den Götzendienst der Ältesten formuliert er in Frageform:

> "Since when did YHWH tolerate idolatry in Israel so long as the culprits refrained from seeking his oracles (253)? "

Diese Überlegung ist zwar scharfsinnig, unterstellt aber dem Gotteswort eine fremde Problematik. In 1-11 geht es nicht darum, wie Jahwe Götzendiener bestraft, die ihn *nicht* befragen, sondern um die Antwort, die ein Götzendiener bei einer Jahwebefragung erhält. Das ist in Ez 14 nicht nur ein theoretisches Problem, sondern liegt dem Dialog faktisch zugrunde. Ohne das zu beachten, konstruiert GREENBERG den Fall von "subverters of YHWH's authority", von denen er sich fragt, ob sie tatsächlich "would have sought an oracle from him (sc. Jahwe) from the zealot Ezekiel (253)". Das ist eine Ermessensfrage, die sich apriorisch nicht beantworten läßt.

Insgesamt versteht GREENBERG die Rede über die Götzen metaphorisch als "rubric for an unregenerate state of mind (253)". Er findet die "«idols» in the people's thoughts" und glaubt, daß Ez 14 die Beziehung zwischen Israel und Jahwe erwägt. "Volk" und "Israel" treten an die Stelle der Ältesten, die er wie die Götzen als Symbole einer tieferen Wirklichkeit versteht. So interpretiert GREENBERG die Kommunikation in einem sehr globalen Sinn:

> "Communication between heaven and earth moves in one direction only (...) There will be (...) no benevolent condescension to movement initiated from below (253)."

Wenn in Ez 14,1-11 keine wirklichen Götzen im Spiel sind, mag die heftige Reaktion Jahwes auf die Frage der Ältesten verwundern. GREENBERG findet sie im Unverständnis begründet, das die Golah zu einem falschen Gottvertrauen verleitet. Er illustriert das mit Jer 29,15 ("Jahwe hat für uns Propheten in Babylon erstehen lassen") und glaubt, daß alle exilischen "respondents in YHWH's name" falsche Propheten sind, ohne zu erwähnen, daß sich unter ihnen auch ein Ezechiel befindet.

Zum Schluß bezeichnet GREENBERG den Text als Promulgation einer neuen Rechtssatzung. Das läßt sich dialogisch kaum begründen [232], denn das Rechtswort ist ein Teil des Gotteswortes und ist in einem prophetischen Kontext verwendet. GREENBERG rückt die juridischen Teile aus dieser Einbettung und betrachtet sie als die Hauptaussage [233]. Das erklärt sich aus einer Übertragung der Dialogsituation von Lev 17 auf Ez 14.

---

232 GREENBERG (1983) 254: "In language redolent of old priestly law, Ezekiel promulgates a new theological ordinance (tora) defining for his time and place strictures on contact with God (...)."

233 Das kommt der Literarkritik, von der sich GREENBERG abzusetzen versucht, sehr nahe. So scheidet er V.6 durch dessen Erklärung als Brücke zwischen zwei Textblöcken (4-5/7-8) praktisch aus dem Kontext aus (251).

2.25.2. Die Auslegung von Ez 14,12-23. Bei der Behandlung der Strukturen und Themen erkennt GREENBERG, daß die Botenformel nicht in der Redeeinleitung, sondern erst zu Beginn des zweiten Orakelteiles (V.21) auftaucht und meint:

> "The versions all agree with MT; there is irreducible inconsistency and variety amidst the repetitions and formulas of Ezekiel; he was not a machine (259s)."

Diese Deutung besitzt zwei Nachteile. Sie erklärt ein Jahwe zugeschriebenes Wort aus der psychischen Konstitution eines Dialogpartners und impliziert, daß die redelenkenden Elemente in der Sprachhandlung nur von ornamentalem Wert sind. Beide Annahmen wären zu begründen.

Es verwundert nicht, daß GREENBERG das Vorhandensein zweier Anredesituationen (12-20 an den Propheten; 21-23 an die Golah) übersieht und beide gemäß seinem linear-logischen Textbegriff als Hypothese ("four hypothetical cases") und Anwendung ("application") versteht. Damit will er die Spannung zwischen den Teilen mildern und zeigen, daß die Überlebenden in V.22 der Aussage von 12-20 nicht widersprechen [234]. Das Überleben von Ungerechten sei eine Erziehungsmaßnahme für die Exulanten.

Eine andere Art, die Spannungen im Stück zu erklären, ist deren Bezeichnung als "Überraschungen". Das versucht GREENBERG aus einer ad hoc konstruierten Dialogsituation plausibel zu machen. Er benützt die hypothetische Frage, auf die 20-23 antwortet, um über die Redesituation in 12-23 nachzudenken (261):

> Mit Spiegel meint er, V.12ss drücke die Sorge der Exulanten um ihre Kinder zu Hause angesichts der drohenden Vernichtung aus. 12-20 spiele den Untergang im Gedankenexperiment durch. Dagegen sei 20-23 keine Theorie, sondern behandle die wirklichen Exulantenkinder und widerspreche dem Versuch, aus Stellen wie Gen 19 deren Rettung abzuleiten.

Diese Erklärung besitzt etwas Widersprüchliches, denn sie setzt voraus, daß die Exulanten um ihre Kinder gleichzeitig in Sorge (vgl. Ez 24,21) und in guter Hoffnung (vgl. Gen 19,29) sind.

Blicken wir abschließend auf die Absicht von Ez 14,12-23. Nach GREENBERG zeigt das Stück, daß nicht Gen 19, sondern die Vergeltungslehre von Ez 18 [235] das Verständnismodell für die Ereignisse in Jerusalem ist. Die in der Golah kursierende Anwendung von Gen 19 auf Jerusalem solle abgewehrt werden. Die vier Plagen würden das Überleben Ungerechter nicht ausschließen, zeigten aber, daß sie ihr Leben nicht der Gerechtigkeit anderer, sondern einem didaktischen Plan Jahwes verdanken. Diese Auslegung ist konsequent und originell. Sie steht und fällt aber mit dem vorausgesetzten Textbegriff.

---

[234] Nach GREENBERG gibt die Ankündigung den vier Fällen den nötigen "punch" (260). Später spricht er von der "organic relation of the contradiction to the doctrine".

[235] Das heißt: Keiner kann mit seiner Gerechtigkeit einen anderen retten.

Ergebnis: GREENBERGs Interpretation nimmt keine Rücksicht auf den dialogischen Kontext, sondern versteht das Stück an Hand statischer Kategorien (Parallelismen, Strukturen, Inversionen) als linearlogische Abhandlung. So wird das Wort als wohlgeordnete Juxtaposition von Teilen erkannt, in denen verschiedene Haupt- und Nebenthemen zur Sprache kommen.

2.26. *Der Kommentar von William H. Brownlee (1986)*

Einen Fortschritt in der dialogischen Interpretation von Ez 14 bedeutet der posthum publizierte Kommentar von William H. BROWNLEE (1917-1983), der Ez 14 in die üblichen zwei Einheiten unterteilt.

2.26.1. Die Auslegung von Ez 14,1-11. BROWNLEE ist der erste, der die Wiederholungen in Ez 14,1-11 dialogisch versteht: "the repetitions are not all addressed to the same people (201)". Die Anrede sieht demnach so aus:

- V.3: Nur an Ezechiel gerichtetes Wort
- V.4-5: Wort an die Ältesten
- V.6-11: Wort an das ganze Volk

BROWNLEE erkennt, daß die Wiederholungen nur in der schriftlichen Fassung ("when narrating the whole course of events") erscheinen und die Verbindung zwischen der Propheten- und der Ältesten/Volksanrede nur dann sichtbar ist. Diese dialogorientierte Textbehandlung findet in der Einzelauslegung kaum Widerhall. So redet BROWNLEE von verschiedenen Ursachen für das Kommen der Ältesten, ohne sich festzulegen. Auch bezüglich ihres Götzendienstes bleibt er bei Vermutungen. Ez 8,10 kann er nicht hinzuziehen, weil er Ez 14,1-11 als den älteren Text betrachtet. Eine dialogische Grenze findet BROWNLEE in V.6, wobei die Begründung verschiedene Schwachpunkte aufweist:

> "These verses appear to be addressed to the people at large who are called «the house of Israel» (202)."

Eine Anrede Israels würde, weil im Sprechaugenblick nur Prophet und Ältesten da sind, letztere als Vermittler des Wortes an das Volk benötigen. Die von BROWNLEE dabei hinzugezogene Ausrichtung des Wortes auf Israel wird nur in V.6a mitgeteilt. Dieser Vers bleibt aber den Ältesten vorenthalten. So wie sie das Wort hören, ist es explizit nur auf sie ausgerichtet. Dennoch besteht kein Widerspruch zwischen V.6a und der faktischen Ausrichtung des Wortes auf die Ältesten, weil diese, wie BROWNLEE selbst feststellt, mit "Haus Israel" angeredet werden können. Es gibt also keinen Grund, in V.6 einen Anredewechsel von den Ältesten zum Volk anzunehmen und mit BROWNLEE ein "Überlappen" zweier Gottesworte zu vermuten, um einen scheinbaren Ausschluß der Ältesten vom Umkehrruf abzuwenden.

Daß die Dialoganalyse ansatzhaft ist, zeigt die Auslegung von 9-11. Wendungen wie "we see Ezekiel as the didactic prophet", "he rebukes the prophet of Yahweh", "Ezekiel added the final paragraph" zeigt sich sogar ein Rückschritt hinter die dialogische Unterscheidung zwischen Jahwe und dem Propheten. Das beeinflußt die Auslegung. Wenn das Rechtswort in V.9s von Ezechiel stammt, meint es nicht ihn, sondern andere - BROWNLEE denkt an falsche - Propheten. Spricht aber Jahwe, so ist zu erwägen, inwiefern sich V.9s auf Ezechiels dialogische Stellung auswirkt. BROWNLEES Anwendung von V.9s auf falsche Propheten zwingt ihn anzunehmen, daß ein falscher Prophet auch in ehrlicher Absicht falsch reden kann [236]. Das scheint zu implizieren, daß ein falscher Prophet von Jahwe durch eine Negativinspiration getäuscht werden muß.

2.26.2. Die Auslegung von Ez 14,12-23. Wieder nennt BROWNLEE die dialogischen Grunddaten und bezeichnet 13-20 als an den Seher gerichtete Erörterung Jahwes (206) [237], während V.22s einen Adressaten in der 2. Pl. anspricht (208). Das ist eine gute Bestandesaufnahme. Die weitere Auslegung geht aber davon aus, daß die 2.Pl.-Anrede ein späterer Zusatz Ezechiels ist. Die Erörterung habe ursprünglich nach V.20 in einer verlorenen Schlußaussage geendet. Diese Hypothese hindert BROWNLEE, die dialogische Konsistenz der Einheit zu prüfen. Dialogische Daten werden historisch uminterpretiert, wobei die Analyse nicht mehr als eine Bestandesaufnahme beinhaltet.

Trotz der vermuteten Hinzufügung von 21-23 sucht BROWNLEE die logische Konsistenz des Stückes zu retten und meint, daß diese Verse Jahwes Gerechtigkeit nur scheinbar in Frage stellten:

> "(...) for as chap. 15 will show, those who survive the first catastrophe of the city will be subjected to further judgment. Their definitive punishment is being delayed, not canceled (208)."

Seine Anstrengung zielt darauf ab, die innere Logik des Stückes zu retten, die trotz Fortschreibung keinen Schaden genommen hat. Schließlich fragt BROWNLEE nach der Identität der später hinzugefügten Ihr-Ansprechpartner. Das gibt ihm Gelegenheit, seine Ansicht über die palästinensische bzw. ägyptische Lokalisierung des Propheten zu erneuern.

Ergebnis: BROWNLEES Auslegung ist ein wichtiger und weiterführender Beitrag für die dialogisch- und textorientierte Interpretation von Ez 14. Im zweiten Kapitelteil kommen seine Ergebnisse aber ohne Berücksichtigung der Anredesituation zustande, weil Annahmen zur Textentstehung auf einem dialogisch unverstandenen Text aufbauen.

2.27. *Der Kommentar von Leslie C. Allen (1994)*

Leslie C. ALLEN siedelt seinen Kommentar zu Ez 1-19, der seine bereits 1990 erschienene Auslegung von Ez 20-48 vervollständigt, methodologisch

---

[236] BROWNLEE (1986) 204: "The false prophet may be sincere".

[237] BROWNLEE (1986) 206: "theological disquisition".

zwischen ZIMMERLI und GREENBERG an [238]. Er ordnet 1-11 der Großeinheit 12,21-14,11 und die zweite Kapitelhälfte Ez 14,12-15,8 zu.

2.27.1. Die Auslegung von Ez 14,1-11. Mit Bezug auf TALMON/FISHBANE (1976) 136 sieht ALLEN Ez 14,1-11 als "pair of oracles" (193). Er bezeichnet 3-4b korrekt als Propheteninstruktion (195) und nennt weitere Fälle in Ez, wo eine solche dem öffentlichen Wort vorausgehen. Leider grenzt er sie in Ez 14 nicht klar ab. 4c-11 bezeichnet er als an die Golah gerichtetes Gotteswort ("public oracle"). Er beschreibt es als Reihe von Illokutionsakten ("admonition", "accusation", "threat", "promise") und als Variante eines Gerichtswortes. Es folgen Hinweise zu Rechtssprache, Rechtsstil, Gattung, Formeln und H-Parallelen. Abschließend bezeichnet ALLEN das Stück mit HÖLSCHER und ZIMMERLI als Einheit. Ein Einheitsprinzip hat er freilich nicht nachgewiesen. Die Einheitsbegründung bleibt unbefriedigend. Warum z.B. die Wendungen in V.3.4.7, die sich auf den Frager und Jahwes Antwort beziehen, das Stück zusammenhalten (196), bleibt unerklärt [239]. Unklar ist ebenso die postulierte einheitsschaffende Funktion von אני יהוה (V.4.7.8.). Aus dem Wortspiel zwischen dem Vergehen der Ältesten (נתן\שׂים...פניו) und ihrer Bestrafung (נתן פני...שׂים) bzw. zwischen ענה, נענה und למען, folgt für die Satz- bzw. Textebene nicht viel, da Wortspiele vor allem die Wortebene betreffen.

Die Einzelauslegung ist eine teils einfühlende, teils vergleichende bzw. mutmaßende Exegese. Der Rahmen ist die Zeit nach dem Fall Jerusalems (205). Der Dialog bleibt ein Randthema. ALLEN fragt, wie sich die Zusage eines Gotteswortes (V.4s) mit der Wortverweigerung in V.3 vertrage und verweist auf Ez 20, wo ein günstiges Gotteswort verweigert, ein Gerichtswort aber gewährt wird. Das ist ein guter Ansatz. Zu V.9s meint er, daß die Nennung des Sehers die Angeredeten abschrecken soll (207s).

2.27.2. Die Auslegung von Ez 14,12-23. ALLEN betrachtet Ez 14,12-23 und Ez 15,1-8 trotz der vermuteten unterschiedlichen Herkunft als literarische Einheit, die er mit Wortparallelen, Chiasmen, Inklusionen und Argumentationsstrategien begründet (214). Ob diese Beobachtungen dialogisch von Bedeutung sind und wie sie die Sprachhandlung prägen, bleibt unklar. Immerhin betrachtet ALLEN die Exulanten als Wortempfänger, wobei der Fall Jerusalems anders als im ersten Kapitelteil noch aussteht (216).

In der Einzelauslegung schließt ALLEN von der exilischen Ausrichtung von V.22s auf den Empfänger und läßt die Menschensohn-Anrede in V.13 - und somit die Hinordnung auf den Seher - unberücksichtigt (217). V.12s interpretiert er nur an Hand biblischer Parallelen. Dafür versteht er die drei Gestalten (V.14) als Antwort auf die Ansicht der Golah, daß die Tugend der einen die Sünde der anderen aufhebt (218). Die Verbannten könnten den

---

[238] ALLEN (1994) XXIII.

[239] Einige Autoren sehen hier Hinweise für die literarkritische Scheidung.

Gedanken an den Untergang der Verwandten zu Hause nicht ertragen (221). Das ist eine ad hoc Hypothese ohne Sprachhandlungsbezug.

In 21-23 findet ALLEN den Übergang von einer allgemeinen zu einer konkreten, judabezogenen Rede (219). Den scheinbaren Widerspruch zum ersten Teil erklärt er mit der neuen inhaltlichen Perspektive. Das ist eine gute Beobachtung. Wie läßt sie sich mit der Ansicht versöhnen, daß 12-23 nur *einen* Empfänger besitzt? Zuletzt wird die Ankündigung von Überlebenden als Blick in die Zukunft verstanden. Damit stellt sich das Problem so dar: Die Golah soll erkennen, daß die Judäer nicht durch eine sentimentale Golah-Theologie gerettet werden, sondern der totalen Vernichtung anheimfallen. Die Überlebenden sind dabei keine Geretteten, sondern Zeugen der göttlichen Gerechtigkeit.

Ergebnis: ALLENs Analyse zeigt verschiedene kleine Anhaltspunkte, die in einer zusammenhängenden, dialogischen Auslegung integriert werden können. Es fehlt ihr allerdings ein Einheitspunkt, der die Zusammenschau der Textbeobachtungen erlauben würde.

II. Kapitel

DIE TEXTVORBEREITUNG

0. Methodologische Standortbestimmung

Im ersten Kapitel wurden Prinzipien formuliert, an Hand derer wir Beispiele aus der Auslegungstradition von Ez 14 beurteilt haben. Dabei ließen wir uns von folgenden Fragen leiten:

- Wie werden die exegetischen Urteile begründet?
- Sind die vorgelegten Analysen in sich kohärent?
- Wird die Textualität bei der Auslegung berücksichtigt?
- Welche Rolle spielt das Textganze bei der Lösung von Einzelproblemen?

Ziel dieser Aufarbeitung war der Aufweis der Problematik in Ez 14 und die Vorbereitung der Gesprächsanalyse. Jetzt sind einige textvorbereitende Schritte nötig. Sie umfassen die Bestimmung der operationalen Einheit und der Satzgrenzen, die Klärung textkritischer Fragen und die Behandlung grammatikalischer und syntaktischer Probleme.

(1) Zunächst sind die operationale Einheit und die Satzgrenzen zu bestimmen. Erstere ist eine praktische Größe, welche die Arbeit am Text erleichtert. Sie unterscheidet sich von der dialogischen Texteinheit, die erst im Laufe der Gesprächsanalyse sichtbar wird. Praktische Vorteile bietet auch die Bestimmung der Satzgrenzen, weil sie den Umgang mit dem Text vereinfacht.

(2) Sodann geht es um die übliche Klärung textkritischer Probleme im massoretischen Text.

(3) Schließlich werden grammatikalische und syntaktische Probleme erörtert. Die Basis dafür ist die Binsenwahrheit, daß jeder Sprecher einem Regelsystem folgen muß, um verstanden zu werden. Die Erörterung der Grammatik und Syntax prüft, wie dieses Regelsystem in Ez 14 verwendet wird. Man beachte, daß Regeln in der Sprache nicht in einem rigoros mathematischen Sinne gelten. Jede Sprache bietet eine Fülle alternativer Redeweisen, für deren Gebrauch es nicht immer präzise Vorschriften gibt, ja, die bisweilen "regelwidrig" aber dennoch korrekt sind. Viele grammatikalische und syntaktische Probleme sind darum erst aus dem spezifischen Gebrauchskontext verständlich. Deshalb kann dieser Arbeitsschritt den Bereich der Textvorbereitung überschreiten.

Nicht mehr zur Textvorbereitung gehört die semantische Untersuchung, weil die Bedeutung eines Wortes (etc.) durch seinen Gebrauch bestimmt wird (*verba valent usu*) [1]. Folglich werden lexikalisch-semantische Probleme nicht isoliert, sondern vor Ort im Sprachgeschehen erwogen.

---

[1] Vgl. die Einführung zum Dictionary of Classical Hebrew von CLINES: "(...) we subscribe to the dictum that the meaning of a word is its use in the language (14)."

1. Einheit und Satzgrenzen

Analysegegenstand ist Ez 14,1-11 [2]. Der Text gibt den Anschein einer gewissen inhaltlichen Geschlossenheit. Mit der Wahl dieser operationalen Einheit ist aber weder etwas über die innere Textkonsistenz noch über das Verhältnis zum Kontext ausgesagt [3]. Der Einheitsbeginn ist dialoganalytisch leicht nachzuweisen. Nach dem "Wort wider die falschen Propheten und Prophetinnen" (Ez 13,1-23) führt Ez 14,1 Älteste als neue Aktanten ein. V.2 eröffnet eine Gottesrede, die keine direkte Verbindung mit Ez 13 erkennen läßt. Folglich scheint Ez 14,1 ein Neuansatz zu sein. Unbestimmter ist das Textende in V.11 [4]. Für die Grenzziehung in V.11 sprechen zwei praktische Gründe:

1.) Ez 14,12 beginnt mit der Wortereignisformel, die in Ez häufig ein neues Orakel einleitet, wobei sich die Wortereöffnung in V.12ss aber nicht wie 32× bei Ez im Dreischritt "Wort - sprich! - so spricht" fortsetzt.

2.) Auffällig ist der Themen- und Stilwechsel. Es geht nicht mehr um die Bestrafung Schuldiger, sondern um die Bewahrung Unschuldiger.

Diese Abgrenzung ist freilich provisorisch. Es ist nicht zu leugnen, daß die angezeigten Unterschiede komplementär sind. Ungeklärt bleibt außerdem der Bezugspunkt der 2.Pl-Anrede in Ez 14,22. Angesichts dieses zweideutigen Befundes ist die Frage nach der Wechselbeziehung der Kapitelteile in Ez 14 offen zu lassen. Das ist legitim, weil die Dialoganalyse die Lösung solcher Fragen nicht zur Voraussetzung, sondern zum Ziel hat. Soweit zur Begründung der operationalen Einheit.

Nachfolgend ist der Text nach Richter/Schweizer in Äußerungseinheiten [5] aufgegliedert. Das bietet ein nützliches Referenzsystem bei der Zitation der Textteile [6]:

---

[2] Textbasis nach BHS. Die in Qumran gefundene Ez-Rolle konnte nicht geöffnet werden. Unter den Fragmenten und Zitaten befindet sich kein Textzeugnis für Ez 14 vgl. Lust (1986a) 100 und Ulrich (1995) 94.

[3] Das gilt besonders für die Abgrenzung des Textes nach hinten, auf deren Erörterung hier verzichtet werden muß.

[4] Hölscher lehnt eine Grenze nach V.11 ab. Dagegen Gardiner (1884) 238: "The prophet is now (sc. nach V.11) directed (...) in a distinct communication (...)."

[5] Zum Begriff: Schweizer (1981) 23. Er unterscheidet mit Hardmeier (1978) 179.184s "phrastische" (satzhafte) und "a-phrastische" (nicht-satzhafte) Äußerungseinheiten. Unsere Abgrenzung der Äußerungseinheiten ist keine gänzliche Übernahme von Schweizers Methode. Sie benützt aber die Bezeichnung "Äußerungseinheit", um den Eindruck zu vermeiden, daß auf jeder Linie der Textpräsentation ein vollständiger Satz vorliegt (dazu Gross [1988] 254). Gross (1988) 257 Anm. 20 weist darauf hin, daß die Zerlegung eines Textes in Äußerungseinheiten die Satz- und Kontextebene nicht verwischen darf. Ferner ist der Begriff "Satz" vorsichtig zu verwenden, weil eine scharfe Trennung von Satz bzw. nicht-satzhaften Elementen oft schwierig ist (Gross [1988] 253). Hier werden Äußerungseinheiten auch Syntagmen genannt.

[6] Der Einfachheit halber bleiben die syntaktischen Relationen von der Numerie-

Narrative Einleitung

Es kamen zu mir Männer von den Ältesten Israels,	וַיָּבוֹא אֵלַי אֲנָשִׁים מִזִּקְנֵי יִשְׂרָאֵל	1a
und sie setzten sich vor mich.	וַיֵּשְׁבוּ לְפָנָי׃	b
Da erging das Wort Jahwes an mich	וַיְהִי דְבַר־יְהוָה אֵלַי	2a
folgendermaßen:	לֵאמֹר׃[7]	b

Propheteninstruktion I

Menschensohn,	בֶּן־אָדָם	3a
diese Männer haben ihre Götter an ihrem Herzen festgemacht	הָאֲנָשִׁים הָאֵלֶּה הֶעֱלוּ גִלּוּלֵיהֶם עַל־לִבָּם	b
und den Stolperstein ihrer Schuld vor ihr Angesicht gestellt.	וּמִכְשׁוֹל עֲוֹנָם נָתְנוּ נֹכַח פְּנֵיהֶם	c
Soll ich mich etwa von ihnen erbitten lassen?	הַאִדָּרֹשׁ אִדָּרֵשׁ לָהֶם׃	d
Darum sprich zu ihnen	לָכֵן דַּבֵּר־אוֹתָם	4a
und richte ihnen aus:	וְאָמַרְתָּ אֲלֵיהֶם	b
So spricht Adonai Jahwe,	כֹּה־אָמַר ׀ אֲדֹנָי יְהוִה	c
jeder vom Haus Israel,	אִישׁ אִישׁ מִבֵּית יִשְׂרָאֵל	d
der seine Götter an seinem Herzen festmacht,	אֲשֶׁר יַעֲלֶה אֶת־גִּלּוּלָיו אֶל־לִבּוֹ	e
den Stolperstein seiner Schuld vor sein Angesicht setzt	וּמִכְשׁוֹל עֲוֹנוֹ יָשִׂים נֹכַח פָּנָיו	f
und zum Propheten kommt,	וּבָא אֶל־הַנָּבִיא	g
ich, Jahwe, habe mich von ihm darin (sc. schon) zu einer Antwort bewegen lassen (sc. und zwar) gemäß der Menge seiner Götter,	אֲנִי יְהוָה נַעֲנֵיתִי לוֹ בָה בְּרֹב גִּלּוּלָיו׃	h
um das Haus Israel an seinem Herzen zu packen,	לְמַעַן תְּפֹשׂ אֶת־בֵּית־יִשְׂרָאֵל בְּלִבָּם	5a
das sich als ganzes von mir abgewendet hat mit seinen Göttern.	אֲשֶׁר נָזֹרוּ מֵעָלַי בְּגִלּוּלֵיהֶם כֻּלָּם׃	b
Darum sprich zum Haus Israel:	לָכֵן אֱמֹר ׀ אֶל־בֵּית יִשְׂרָאֵל	6a

Ältestenanrede

So spricht Adonai Jahwe,	כֹּה אָמַר אֲדֹנָי יְהוִה	b
erneut,	שׁוּבוּ	c
wendet euch ab von euren Göttern	וְהָשִׁיבוּ מֵעַל גִּלּוּלֵיכֶם	d
und von all euren Greueln wendet euer Angesicht ab!	וּמֵעַל כָּל־תּוֹעֲבֹתֵיכֶם הָשִׁיבוּ פְנֵיכֶם׃	e
Denn jeder vom Haus Israel oder von den Beisassen[8],	כִּי אִישׁ אִישׁ מִבֵּית יִשְׂרָאֵל וּמֵהַגֵּר[9]	7a

---

rung ausgeklammert (vgl. RICHTER [1993]).

[7] לאמר wird trotz fossiliertem Gebrauch und unregelmäßiger Vokalisation (zur Elision des א: MEYER [1969] 137) mit RICHTER (1993) 97 als Äußerungseinheit betrachtet. Dagegen schließt NICCACCI (1991) לאמר an das vorausgehende an und BARTELMUS (1982) 83 versteht es als Textmarker/Satzzeichen für den Übergang zwischen Erzählung und direkter Rede (Funktor auf der Textebene).

[8] Hebr.: Sg. BROCKELMANN (1956) §17: "Der masc. Singular kann zur Bezeichnung von Menschen- und Tierklassen dienen (...)."

[9] Das Pendens ist mit כי eingeleitet (anders: V.4d). Ob es deshalb in den Pendenssatz

der in Israel wohnt,	אֲשֶׁר־יָגוּר בְּיִשְׂרָאֵל	b
und sich von mir entfernt,	וְיִנָּזֵר מֵאַחֲרַי	c
seine Götter an seinem Herzen festmacht,	וְיַעַל גִּלּוּלָיו אֶל־לִבּוֹ	d
den Stolperstein seiner Schuld vor sein Angesicht stellt	וּמִכְשׁוֹל עֲוֺנוֹ יָשִׂים נֹכַח פָּנָיו	e
und zum Propheten geht,	וּבָא אֶל־הַנָּבִיא	f
um ihn über mich zu befragen,	לִדְרָשׁ־לוֹ בִי	g
ich, Jahwe, pflege mich in solchen Fällen zu einer Antwort bewegen zu lassen.	אֲנִי יְהוָה [10] נַעֲנֶה־לּוֹ בִּי׃	h
Ich werde mein Angesicht gegen diesen Mann wenden,	וְנָתַתִּי פָנַי בָּאִישׁ הַהוּא	8a
lasse ihn zum Zeichen und zu Sprichwörtern werden	וַהֲשִׂמֹתִיהוּ לְאוֹת וְלִמְשָׁלִים	b
und rotte ihn aus meinem Volk aus.	וְהִכְרַתִּיו מִתּוֹךְ עַמִּי	c
Dann werdet ihr sehen,	וִידַעְתֶּם	d
daß ich Jahwe bin.	כִּי־אֲנִי יְהוָה׃	e

Propheteninstruktion II

Und der Prophet,	וְהַנָּבִיא	9a
wenn er in Ekstase versetzt wird	כִי־יְפֻתֶּה [11]	b
und ein Gotteswort spricht,	וְדִבֶּר דָּבָר	c
wobei ich, Jahwe, diesen Propheten in Ekstase versetzt habe,	אֲנִי יְהוָה פִּתֵּיתִי אֵת הַנָּבִיא הַהוּא	d
dann strecke ich meine Hand über ihn aus	וְנָטִיתִי אֶת־יָדִי עָלָיו	e
und werde ihn aus meinem Volk Israel vernichten.	וְהִשְׁמַדְתִּיו מִתּוֹךְ עַמִּי יִשְׂרָאֵל׃	f
Sie werden ihre Schuld tragen:	וְנָשְׂאוּ עֲוֺנָם	10a
Die Schuld des Fragers und die Schuld des Propheten wird gleich sein,	כַּעֲוֺן הַדֹּרֵשׁ כַּעֲוֺן הַנָּבִיא יִהְיֶה׃	b
damit das Haus Israel nicht mehr von mir abweicht	לְמַעַן לֹא־יִתְעוּ עוֹד בֵּית־יִשְׂרָאֵל מֵאַחֲרַי	11a
und sich nicht mehr mit all seinen Sünden befleckt.	וְלֹא־יִטַּמְּאוּ עוֹד בְּכָל־פִּשְׁעֵיהֶם	b
Dann wird es mir zum Volk sein,	וְהָיוּ לִי לְעָם	c
und ich werde ihnen Gott sein.	וַאֲנִי אֶהְיֶה לָהֶם לֵאלֹהִים	d
Spruch Adonai Jahwes.	נְאֻם אֲדֹנָי יְהוִה׃	e

(V.7h) eingebunden werden muß, braucht hier nicht erörtert zu werden (vgl. GROSS [1987] 187s). Für Literatur zum Casus pendens: KHAN (1988) XXXI.

[10] RICHTER (1993) 99 läßt אני יהוה als Äußerungseinheit stehen, weil er nachfolgendes נענה־לו בי als Fortsetzung des כי in V.7a betrachtet. Damit rückt אני יהוה aber in eine anakoluth-ähnliche Position, während partizipiales נענה ohne pronominale Bestimmung bleibt. Dieses Problem wäre durch eine Integration von אני יהוה in den von RICHTER postulierten כי-Satz leicht zu beheben. Dennoch glauben wir, daß es angesichts des H-Rechtssatzstiles angebrachter ist, כי als Einführungspartikel zu sehen, die das ganze Rechtswort meint und darum an die folgenden Textteile anschließt.

[11] Wir verstehen V.9ab wie RICHTER (1993) 99 als Pendenskonstruktion besonderer Natur, weil das finite Verb - wie im Ugar. - mit proklitischem כי hervorgehoben ist, so daß es an das Satzende tritt (MEYER [1972] 11). Dazu: GROSS (1987) 171.

2. Textkritische Bemerkungen

2.1. *Die Singularform* וַיָּבוֹא *(14,1a)*

Vereinzelt wird וַיָּבוֹא mit einigen Handschriften als Pl. gelesen. Die Form wird als Schreibfehler erklärt, bei dem die in Ez vorkommende Vertauschung von א und ו vorliegt. Die äußere Textkritik erlaubt aber keine gesicherte Konjektur. Die von ZIMMERLI (1979) 300 angeführten sechs Manuskripte, in denen eine Pl.-Form auftritt, sind alle Übersetzungen, die ein auf der hebr. Grammatik beruhendes Phänomen nicht wiedergeben können [12]. Es ist somit im nächsten Arbeitsabschnitt eine grammatikalische Lösung anzupeilen.

2.2. *Keine Änderung von* בָּה *(14,4h) in* בִּי

בָּה wird sehr oft mit Hinweis auf V.7f als בִּי gelesen [13]. Diese Emendation kann sich nur auf den Targum berufen. Sie nimmt an, daß V.4 und V.7 Repetitionen sind und ignoriert den Kontext und die Unterschiede im Wortlaut. So wird eine textkritische Vorentscheidung über den Versinhalt getroffen. Das aber ist erst dann möglich, wenn die Kontextanalyse den repetitiven Charakter von V.4 und V.7 nachgewiesen hat [14].

2.3. *Die schwierige Form* וַהֲשִׂמֹתִיהוּ *(14,8b)*

והשׂמתיהו ist strittig, weil der Hi.-Gebrauch von שׂים selten und schwierig ist [15]. Gelegentlich wird mit שׁ statt שׂ als והשׁמתיהו punktiert und von שׁמם abgeleitet. So KEIL: "ich mache ihn wüste, daß er zum Zeichen und zu Sprichwörtern wird." Doch für והשׂמתיהו spricht, daß die Form schon in den alten Übersetzungen als שׂים-Derivat gelesen wird [16]. GREENBERG (1983) 250 versteht sie mit BARTH [17] als Pseudo-Hi., der inhaltlich einem Qal entspricht. Dieses Problem ist - wenn überhaupt - nicht mit wenigen Zeilen zu lösen. Hier genügt die Erkenntnis, daß die Stelle keine inhaltliche Schwierigkeit darstellt. Der Sachverhalt besteht darin, daß Jahwe das Rechtssubjekt bestraft, das heißt, es irgendwie als Zeichen bzw. als Sprichwörter hinstellt. Zur Erklärung dieser Aussage ist der Redekontext beizuziehen.

---

[12] So auch AALDERS (1955) 239.

[13] BRUNO (1959) 206 möchte dagegen בה lesen und בי (V.7f) in בו ändern.

[14] Mehr dazu in der grammatikalischen Untersuchung.

[15] Ez 21,21 (schwierig; fehlt in V und LXX), Hi 4,20 (schwierig; HARTLEY [1988] 110 möchte לב hinzudenken). Im Hoph: Gen 24,33 (Ketib: ויישׂם; Qere: ויושׂם).

[16] Darauf macht KEIL (1882) 135 mit Hinweis auf Targum, Syriaca und Vulgata selbst aufmerksam.

[17] Nach BARTH (1894) 119 (auch [1889] 190s) konnte PK qal, weil ע"י-Stämme in der Präformativkonjugation (PK) eine gemeinsame Form für Qal und Hi. besitzen, als PK hi. aufgefaßt und zum Ausgangspunkt für die Bildung weiterer Hi.-Formen verwendet werden. Für Literatur: JOÜON/MURAOKA (1993) §54f.

2.4. *Der ungewöhnliche Plural in* וְלִמְשָׁלִים *(14,8b)*

Einige Autoren lesen die Form mit dem syrischen Text und der Vulgata im Sg. [18]. Den Pl. bezeugt der Targum. In dieser Pattsituation ist von einer textkritischen Korrektur abzusehen und eine grammatikalische Erklärung zu prüfen. ROOKER (1990) 77 verweist zur Stelle auf die pluralisierende Tendenz im späten Bibelhebräisch (LBH [19]).

3. GRAMMATIKALISCHE UND SYNTAKTISCHE PROBLEME

3.1. *Die Singularform* יָבוֹא *(14,1a)*

Die Konstruktion eines Sg.-Prädikates mit einem Pl.-Subjekt ist im Hebr. möglich. JOÜON (1923) §150j weist auf das "ziemlich häufige" grammatikalische Phänomen, daß eine dem Pl.-Subjekt vorausgehende Verbform in der 3.Sg. mk. belassen wird [20]. Das ist namentlich der Fall, wenn das Prädikat vom Subjekt durch ein oder mehrere Wörter getrennt ist. Vergleichbar ist die Erscheinung im Arabischen, wo das Prädikat stammesmodifizierter Plurale (gebrochene Plurale, vgl. אֲנָשִׁים) immer im Sg. konstruiert wird [21].

3.2. *Die Vokalisation von* הַאִדָּרֹשׁ *(14,3d)*

Die Form erklärt sich im Kontext: הַאִדָּרֹשׁ אִדָּרֵשׁ[22]. Die Partikel הֲ (hier הַ vor Guttural) bezeichnet die Frage. Darum und wegen der zwei דרשׁ-Derivate liegt es nahe, den Satz nach der relativ häufigen Konstruktion: Fragepartikel → Infinitiv absolut → finite Verbform zu verstehen [23]. אִדָּרֹשׁ wäre so und wegen der Vokalisation ein Infinitiv absolut ni. Dieser müßte bei folgendem yiqtol הִדָּרֹשׁ lauten [24]. Wie erklärt sich der Übergang von ה nach א? KEIL (1882) 133 meint, wie vor ihm KIMCHI [25], daß eine Erweichung vorliegt, die das Zusammentreffen zweier ה vermeidet. BÖTTCHER (1866) 143 erklärt den Wechsel von ה nach א als Phänomen (h wird zu א geschwächt), das bei Gutturalen vorkommt [26].

---

[18] Vgl. Dtn 28,37; 1 Kön 9,7 etc.

[19] Dazu: KUTSCHER (1982) §17.107; LANCELLOTTI (1996) §2.2.

[20] Auch KÖNIG (1897) 460. SCHROEDER (1873) 144 erklärt den Sg. als Ausdruck des Kommens einer Deputation. Zur Weiterführung mit Pl. in V.1b (וַיֵּשְׁבוּ) dagegen: GESENIUS/KAUTZSCH (1909) §145s.

[21] LEVI (1987) 219 erklärt die Stelle als Konstruktion mit unpersönlichem Verb, an das ein Substantiv als direktes Objekt angeschlossen ist (Lev 11,34).

[22] Zu 1.Sg אִדָּרֵשׁ neben אֶקְטֹל: GESENIUS/KAUTZSCH (1909) §51p, BERGSTRÄSSER (1926/29) §16h und MEYER (1969) §69.

[23] Gen 37,8.10; 43,7; Num 22,38; Ri 11,25; 1 Sam 2,27; Jes 50,2; Jer 13,12 (verneint); Jer 14,19; Jer 40,14; Sach 7,5; 2 Chr 32,13. Dazu: GIBSON (1994) 124.

[24] MEYER (1969) 119.

[25] BERTHOLET (1897) 73.

[26] Jer 52,12. 1 Kön 11,14ss.

GESENIUS/KAUTZSCH (1909) §51k spricht von einer irrtümlichen Umsetzung des ה in א wegen folgendem אדרש[27], BAUER/LEANDER (1922) §44a' von einem Babylonismus. Auf den Wechsel von ה nach א in Jes 63,3 weist EHRLICH (1912) 47 hin. V.3d ist also eine Form, die grammatikalisch erklärbar und inhaltlich problemlos ist.

3.3. עַל־לִבָּם *(14,3b) neben* אֶל־לִבּוֹ *(14,4e)*

Im späten Bibelhebräisch dehnt sich die Anwendung der Präposition על auf Kosten von אל aus. Das zeigt der fast unterschiedslose Gebrauch von אל/על in Ez. ROOKER (1990) 128 illustriert diese "confusion" u.a. am Beispiel von Ez 14,3.4.

3.4. אוֹתָם *(14,4a) statt erwartetes* אִתָּם

V.4a verwendet die Akk-Partikel אֵת an einer Stelle, wo eine Form der Präp. אֵת (=mit) zu erwarten wäre[28]. Dieses Phänomen ist in Kön, Jer und Ez häufig. BAUER/LEANDER (1922) § 81o' bezeichnet es als eine "falsche Tradition", während JOÜON (1923) §103j es "abusif" nennt. Für die Dialoganalyse ergeben sich daraus keine Probleme[29].

3.5. *Die Bedeutung von* בָהּ *(14,4h)*

Nach KEIL (1882) 133 ist בָהּ eine pronominale Vorwegnahme des folgenden Nominalbegriffes, wie sie im Aram. häufig anzutreffen ist. Diese grammatikalische Deutung ist folgendermaßen zu präzisieren: 1.) Das in בָהּ enthaltene Suffix ה־ ist ein Äquivalent für das deutsche Neutrum[30]. 2.) בָהּ ist auf die genannten גִּלּוּלָיו und מִכְשׁוֹל bezogen und wird durch die Apposition בְּרֹב גִּלּוּלָיו erklärt. Damit kann V.4h so übersetzt werden: "Ich Jahwe, habe mich hergegeben, ihm darin (angesichts dessen) zu antworten, in (angesichts) der Menge seiner Götzen"[31]. Somit wird gesagt, daß Jahwe antwortet, wobei auf den Inhalt dieser Antwort nicht eingegangen wird.

3.6. *Der außergewöhnliche Niphal* נַעֲנֵיתִי *(14,4h)*

ענה im Ni. ist selten[32]. Um die Form zu verstehen, ist דרש ni. in V.3d zu beachten[33], denn אִדָּרֵשׁ לָהֶם steht in einer ähnlichen Position wie נַעֲנֵיתִי und legt

---

[27] Ähnlich: BAUER/LEANDER (1922) §50v.

[28] GESENIUS/KAUTZSCH §103b; BAUER/LEANDER §81o'.

[29] Vgl. die Anmerkung in JOÜON/MURAOKA (1993) §103j.

[30] Vgl. בָהּ in Gen 24,14. Zur Pronominalisierung von Neutrum-Aktanten mit Fem-Sg-Pronomina vgl. die Fülle von Belegen bei BÖTTCHER (1868) 27.

[31] Die Übersetzung von ב ist provisorisch. Dazu IV.2.2.2.

[32] Nur noch in Hi 11,2; 19,7 und Spr 21,13.

[33] Vgl. KÖNIG (1997) 35 zu דרש ni.

- wie ZIMMERLI richtig sieht - für נַעֲנֵיתִי ni. das Wortfeld 'antworten' nahe [34]. Wie ist der Ni. zu übersetzen? Drei Interpretationen sind möglich: reflexiv, passiv oder tolerativ [35]. BAUER/LEANDER §38w' gebraucht דרשׁ ni. als Paradigma für den tolerativen Gebrauch des Ni. in der Bedeutung "sich ausfragen lassen". In dieser Verwendung tritt das Verb in V.3d, Ez 20,3.31 und Jes 65,1 auf, wobei das präpositionale Objekt mit ל anschließt. Da dies auch für V.4h zutrifft und der Kontext ähnlich ist, interpretieren wir נַעֲנֵיתִי ebenfalls tolerativ [36]: "sich antworten lassen", das heißt: "sich zu einer Antwort herbeilassen".

3.7. *Die Wurzel von* נָזֹרוּ/וְיִנָּזֵר *(14,5b.7c)*

Beide Formen stehen in einem ähnlichem Kontext und reden vom Abfall (o.ä.) der Götzendiener von Jahwe. Ihr Problem besteht darin, daß נָזֹרוּ (V.5b) ein Ni. von זור "sich entfernen/abbiegen/abweichen" [37] und וְיִנָּזֵר (V.7c) ein Ni. von נזר "sich enthalten/weihen" ist [38]. Die Form mit verschiedenen Doppelpräpositionen (נזרו מעלי[39] vs. וינזר מאחרי[40]) rät davon ab, den Unterschied zwischen den Verbformen auf die mass. Vokalisation zu reduzieren [41]. Die Bedeutung dieses Gebrauchs kann erst die Dialoganalyse erhellen.

3.8. *Das Bezugswort von* כֻּלָּם *(14,5b)*

Mögliche Bezugswörter von כֻּלָּם sind בְּגִלּוּלֵיהֶם oder בֵּית־יִשְׂרָאֵל. ZIMMERLI (1954) 5 wendet gegen בְּגִלּוּלֵיהֶם ein, daß der Ausdruck "alle Götzen" in Ez mit vorangestelltem כל + Konstruktus gebildet wird und verbindet כֻּלָּם wie KEIL

[34] Das ist nicht selbstverständlich. ענה pi. bedeutet z.B. "sexuell mißbrauchen" (Ez 22,10c).

[35] SIEBESMA (1991) 170.

[36] Ähnlich: GESENIUS/KAUTZSCH (1909) §51c, WALTKE/O'CONNOR (1990) 390 und WILLIAMS (1976) §138: "let oneself be consulted". UMBREIT (1843) 74s: "ich will mich zu einem Antwortenden machen", MAARSINGH (1985) 186: "Ik YHWH, Ik laat Mij ertoe brengen om aan hem een antwoord te geven". SCHROEDER (1873) 145 versteht die Form als Frage: "Frage ohne Fragewörtchen".

[37] SNIJDERS (1954) 9: "to deviate, to turn away from"; SNIJDERS (1977) 558: "(geistliche) Entfernung"; LXX: ἀπηλλοτριωμένας ἀπ᾽ ἐμοῦ; Vulgata: *recesserunt a me*.

[38] LXX: ἀπαλλοτριωθῇ ἀπ᾽ ἐμοῦ; Vulgata: *alienatus fuerit a me*. MAYER (1986) 330 schließt aus Ez 14,5.7 auf einen semantischen Zusammenhang zwischen den in V.5 bzw. V.7 gebrauchten Wurzeln. Das legt auch die LXX sowie die Syriaca (SNIJDERS [1954] 9.12) nahe (vgl. aber die Dialoganalyse).

[39] Nach SNIJDERS (1954) 17 wird זור qal in der Bedeutung "sich abwenden" (etc.) mit מן konstruiert, so Ps 58,4 (SNIJDERS [1954] 11); 78,30; Hi 19,13); in der Bedeutung "jemandem fremd sein" mit ל: Hi 19,17. Im Ni.: Ez 14,5 (מן), Jes 1,4 (אחור ohne präp. Anschluß eines Aktanten).

[40] Mit anderer Bedeutung im Ni.: Lev 22,2 und Sach 7,3. Während Ez 14,7 eine Weihe 'von Jahwe weg' meint, spricht Hos 9,10 (וינזרו לבשת "weihten sich der Schande") von einer Weihe 'auf die Götzen hin'.

[41] Gegen HOLLADAY (1983) 235.

(1882) mit dem אשׁר-Relativsatz, der sich auf בית־ישׂראל bezieht. כֻּלָּם ist also ein retrospektives Pronomen im Nominativ [42]. Dem ist zuzustimmen. כֻּלָּם als Attribut eines suffigierten Nomens (בְּגִלּוּלֵיהֶם) ist abzulehnen, weil dann in V.5b eine Suffixkumulation mit unterschiedlichen Bezugswörtern entstünde. Das wäre im AT trotz des häufigen Vorkommens von כֻּלָּם einmalig. Adjektivisches כל ist einem suffigierten Nomen nie nachgestellt, sondern geht ihm als כל־ voran. Nach nichtsuffigierten Nomen tritt nachgestelltes כֻּלָּם in Ez ab und zu auf [43].

Die Zuordnung von כֻּלָּם ist für die Beurteilung der Syntax bedeutsam. In der hebr. Grammatik wird die Ordnung im verbalen Relativsatz mit der Reihenfolge "אשׁר - Prädikat - Subjekt" angegeben [44]. Hier fällt die Einschiebung zweier adverbialer Umstandsbestimmungen zwischen Prädikat und Subjekt auf. Was das bedeutet, ist dialoganalytisch zu klären.

3.9. *Die syntaktische Form von* שׁוּבוּ וְהָשִׁיבוּ *(14,6c)*

שׁוּבוּ וְהָשִׁיבוּ leitet einen synthetischen Parallelismus ein, der durch Formen von שׁוב und die Präposition מעל konstituiert ist [45]. שׁוב ist im ersten Glied intransitiv mit präpositionalem Objekt und im zweiten Glied transitiv gebraucht [46].

3.10. *Die Zeitenwahl in 14,4.7*

Zur Erfassung des Sachverhaltes ist es wichtig, die Zeitenwahl in V.4 und V.7 zu verstehen und die temporalen Unterschiede zwischen beiden Versen zu erklären [47].

3.10.1. Das Problem. Schwierig ist die Übersetzung des qatal נעניתי in V.4h und des Partizips נענה in V.7h. Beide Formen sind im Nachsatz von איש איש-Rechtsworten ungewöhnlich [48]. Nach H sind in Rechtsnachsätzen dieser

---

[42] Gen 7,2. SCHROEDER (1873) 145, JOYCE (1989) 68. Anders: ALLEN (1994) 192.

[43] Ez 38,8; 39,18.23. Nach GIBSON (1994) 42 steht suffigiertes כל oft nachgestellt.

[44] Nach GROSS (1994) 208 geht Prosarelativsätzen mit אשׁר nur selten ein nominaler Satzteil voraus.

[45] Ez 14,6: שׁוּבוּ וְהָשִׁיבוּ → שׁוּבוּ → מֵעַל → וּמֵעַל → הָשִׁיבוּ.

[46] Das ist nach GREENBERG (1986) die übliche Verwendung von שׁוב hi.; zur Form: Ps 29,1; Ps 96,6.

[47] Mit WEINRICH (1985) 7 ist das außersprachliche Phänomen Zeit (engl. "time") und die sprachliche Form (Tempus, engl. "tense") zu unterscheiden. CARSON (1996) 67: "(...) suppose a verb form is *morphologically* «present tense» while not in fact referring to present time but to past time: then shall we refer to such an example as «past present tense»?"

[48] JEPSEN (1927) 56: "Im Nachsatz steht das Verbum immer im Perfectum consecutivum, wenn das Verb an der Spitze des Nachsatzes steht, oder sonst im Imperfectum." Ebenso: HOSSFELD/MEYER (1975) 119.

Art Verbformen der x-yiqtol- bzw. wqatal-Klasse zu erwarten [49]. Trotzdem wird die Tempussituation in Ez 14,4.7 meist ignoriert. Qatal und Partizip werden dort gleich, nämlich im Präsens bzw. Futur übersetzt [50]. Das setzt für Ez eine Ausnahmeregel voraus, wonach die Ez-Apodosis mit praktisch jeder beliebigen Verbform konstruiert werden kann [51].

Zur Klärung der Frage gehen wir in einem Zweischritt vor. Als Illustration wird geprüft, wie LXX und Vulgata übersetzen. Dabei wird auf die Tempustheorie von ZUBER (1986) eingegangen. Dann wird an Hand der von DENZ und GROSS vorgelegten Kategorien eine Lösung des Problems versucht [52].

3.10.2. Die Tempora in der Septuaginta und in der Vulgata. In der folgenden Tabelle sind die Verbformen von V.4 und V.7 mit ihren Übersetzungen in Vulgata und LXX aufgeführt und nach ZUBER (1986) und GROSS klassifiziert [53].

V.4:		V.7s:	
Form	Tempusklasse	Form	Tempusklasse
(fehlt)		(b) יָגוּר	x-yiqtol LF-x/obliquo
		προσηλυτευόντων (Ptz. präs. akt. Gen. Pl.)	
		advena fuerit	
(fehlt)			(c) וְיִנָּזֵר
w=yiqtol-x/obliquo			
		ἂν ἀπαλλοτριωθῇ (Konj. Aor. pass.)	
		alienatus fuerit	
(e) יַעֲלֶה	x-yiqtol LF-x/obl.	(d) וְיַעַל	w=yiqtol KF-x/obliquo
ἂν θῇ (Konj. Aor. akt.: τίθημι)		θῆται (Konj. Aor. med.: τίθημι)	
posuerit		*posuerit*	

[49] Vgl. LIEDKE (1971) zur Zeitenwahl in kasuistischen (34-39; Vordersatz: yiqtol; Nachsatz: wqatal/yiqtol) bzw. apodiktischen (117-120; אשר-Vordersatz: yiqtol; Nachsatz: wqatal/yiqtol) Rechtssätzen.

[50] ZIMMERLI (1979) 300: "dem lasse ich - ich Jahwe - mich selber zur Antwort bewegen"; GREENBERG (1982) 247: "I YHWH will oblige him with an answer"; Einheitsübersetzung: "dann werde ich (...) antworten"; Zürcher Bibel: "dem will ich, der Herr, selbst die Antwort geben"; TOB: "c'est moi, le SEIGNEUR, qui répondrai", CHOURAQUI (1974) 57: "moi-même je lui répondrai", NRSV: "I the LORD will answer"; CEI: "gli risponderò io"; Biblia de América: "le responderé". BROWNLEE (1986) 199s versucht, die temporalen Unterschiede zu beachten: "I Yahweh have an answer ready" (V.4h) bzw. "I Yahweh shall answer him" (V.7h).

[51] Dagegen: GROSS (1976) 3 zum Promiscuegebrauch sprachlicher Zeichen.

[52] Der Arabist Adolf DENZ benützt die Untersuchung der Verbalsyntax eines neuarabischen Dialektes, um eine allgemeine Tempus- und Aspektlehre vorzulegen, die von GROSS und anderen auf die althebr. Verbalsyntax angewendet wurde.

[53] Zur Kritik an ZUBER: GROSS (1986/1987a) und NICCACCI (1986). Bei der Transkription der Paradigmen wird auf die Setzung des diakritischen Punktes unter dem Buchstaben "t" verzichtet.

(f) יָשִׂים x-yiqtol LF-x/obl. τάξῃ (Konj. Aor. akt. von τάσσω) *statuerit*	(e) יָשִׂים x-yiqtol LF-x/obliquo τάξῃ (idem) *statuerit*
(g) וּבָא w=qatal-x/obliquo ἔλθῃ (Konj. Aor. akt. von ἔρχομαι) *venerit*	w=qatal-x [54]/obl. (f) וּבָא ἔλθῃ (idem) *venerit*
(h) נַעֲנֵיתִי x-qatal-x/recto ἀποκριθήσομαι (Fut.I m/p: ἀποκρίνομαι) *respondebo* (𝔗 משׁתאיל)	(h) נַעֲנֶה Ptz ἀποκριθήσομαι (idem) *respondebo* (𝔗 משׁתאיל)
(fehlt) w=qatal-x/obliquo	(8a) וְנָתַתִּי στηριῶ (Fut I. akt. von στηρίζω) *ponam*
(fehlt) w=qatal-x/obliquo	(b) וַהֲשִׂמֹתִיהוּ θήσομαι (Fut I. m/p: τίθημι) *faciam*
(fehlt) w=qatal-x/obliquo	(c) וְהִכְרַתִּיו ἐξαρῶ (Fut I. akt. von ἐξαίρω) *disperdam*
(fehlt) w=qatal-x/obliquo	(d) וִידַעְתֶּם ἐπιγνώσεσθε (Fut I. m/p) *scietis*

ZUBER unterscheidet zwei Tempusstufen, die er als *obliquo* und *recto* bezeichnet: (1) Die obliquo-Klasse umfaßt 0-/x-Präfix- sowie w-Suffixformen, denen er eine modale bzw. futurische Bedeutung zuordnet. (2) Die recto-Klasse umfaßt die 0-/x-Suffix- sowie w-Präfixformen mit indikativischer Bedeutung [55]. In Ez 14,4.7 gibt es mit Ausnahme der ענה-Derivate (V.4h.7h) nur obliquo-Formen, welche die Vulgata und die LXX mit Futur bzw. Konjunktiv Aorist

[54] Bei ובא handelt es sich entweder um ein w=qatal oder um ein w=qataltj. Wegen des temporalen Kontextes kommt hier nur w=qataltj in Frage. Dazu GROSS (1976) 65: "Die SK steht in dieser Funktion immer am Satzanfang und hat w= bei sich, nur durch dieses w= unterscheidet sie sich von der satzeröffnenden SK (= Suffixkonjugation) der ersten Dreiergruppe (sc. qatal-x)." Die Relevanz der Tonverschiebung wird von NICCACCI (1989) 324 in Frage gestellt.

[55] O = Verb an erster Stelle im Satz; x = Verb nicht an erster Stelle; w = conversiv/narrativ. Kurzform/Langform (S.146), Aspekt- (vollendet/unvollendet) und Aktionsarten-Oppositionen (punktuell/durativ) berücksichtigt ZUBER nicht.

übersetzen [56]. Die Klassifizierung nach GROSS beachtet erstens die morphologische Realisierung [57], zweitens die Verbstellung im Satz (erste/nicht erste Position) und drittens die Satzfolge und Satzverknüpfung (Syndese, Asyndese, ו etc.).

Es ist nun auf die Tempuswahl in der Vulgata und LXX einzugehen.

3.10.2.1. Die Tempora in der Vulgata. In der Vulgata finden sich ZUBERS Verbklassen, insofern obliquo- und recto-Formen in V.4.7 unterschiedlich übersetzt sind: obliquo im Fut. II und recto im Fut. I. Gegen ZUBERS Theorie spricht, daß die recto-Form in V.4h mit dem von ihm modal aufgefaßten Fut I wiedergegeben ist [58]. Aber es ist offensichtlich, daß sich die Vulgata weniger von den hebr. Verbformen, als von einer angenommenen Wenn-dann-Bedingungssituation leiten läßt und mit dem Fut II- bzw. Fut I die Zeitenfolge im Konditionalsatz ausdrückt, indem sie die Bedingung ("wenn x geschehen sein wird") im Futurum exactum und das Bedingte ("dann wird y eintreten") im Fut I formuliert. Die Tempussituation stellt sich in der Vulgata so dar:

Bedingung	*Bedingtes*
Futur II (Futurum exactum)	Futur I
obliquo	recto
vorzeitig	Handlungszeit

Somit versteht die Vulgata V.4efg bzw. V.7bcdefg als Rechtsfall und V.4h bzw. V.7h als Rechtsfolge und übersetzt V.4.7 wie die H-Rechtssätze [59]. Irregu-

[56] Die Fut-II-Formen der Vulgata sind zweideutig, weil sie morphologisch mit dem Konj. Perf. zusammenfallen. Das ist aber vernachlässigbar, weil das modale Gefühl beim Konj. Perf. in nachklassischer Zeit schwindet und Fut II und Konj. Perf. in ihrer Bedeutung zusammenfallen (LEUMANN-HOFMANN-SZANTYR [1965] 323/329).

[57] Vgl. z.B. GROSS (1976) 12. SK (=Suffixkonjugation), PKKF (=Präfixkonjugation-Kurzform), PKLF (=Präfixkonjugation-Langform), Ptz (=Partizip).

[58] Futur II (futurum exactum) ordnet ZUBER (1986) 138 dem recto-Bereich zu.

[59] Die folgende Liste führt alle H-Stellen mit איש איש → אשר an, bei denen der Nachsatz eine Strafbestimmung und keine Vorschrift (z.B. Lev 17,13; 22,4.18) ist. Die Vulgata übersetzt den Wenn-Satz im Fut II und den Dann-Satz im Fut II (selten: jussivischer Konj. Präs.).

Stelle	Rechtsfall	Rechtsfolge
Lev 17,3	occiderit (obliquo; x-yiqtol-x)	reus erit (obliquo; x-yiqtol-x)
Lev 17,8s	obtulerit (obliquo; x-yiqtol-LF-x)	interibit (obliquo; w=qatal)
Lev 17,10	comederit (obliquo; x-yiqtol-x)	offirmabo (obliquo; w=qatal)
Lev 19,20	dormierit (obliquo; x-yiqtol-x)	vapulabunt (obliquo; x-yiqtol-LF)
Lev 20,2	dederit (obliquo; x-yiqtol-x)	moriatur/lapidabit (obl.; x-yiqtol-x)
Lev 20,9	maledixerit (obliquo; x-yiqtol-x)	moriatur (obliquo; x-yiqtol)
Lev 20,14	duxerit (obliquo; x-yiqtol-x)	ardebit (obliquo; x-yiqtol-x)
Lev 21,9	violaverit (obliquo; x-yiqtol-x)	exuretur (obliquo; x-yiqtol)
Lev 22,3	accesserit (obliquo; x-yiqtol-x)	peribit (obliquo; w=qatal)
Lev 24,15	maledixerit (obliquo; x-yiqtol-x)	portabit (obliquo; w=qatal)
Lev 25,26	habuerit (obliquo; x-yiqtol-LF-x)	computabuntur (obliquo; w=qatal)

läres נעניתי als Prädikat im hebr. Nachsatz bleibt unbeachtet. Somit widerspricht die fut. Übersetzung von נעניתי der ZUBER'schen Tempustheorie und ignoriert zugleich den qatal נעניתי im Nachsatz. Bevor wir darauf zurückkommen, ist ein Blick auf die Tempuswahl der LXX zu werfen.

3.10.2.2. Die Tempora in der Septuaginta. Wie die Vulgata, zeigt auch die LXX eine ZUBER-ähnliche Unterscheidung von zwei Verbklassen, wobei obliquo als Konj. Aor. [60] und recto als Fut I interpretiert wird [61]. Wie ist diese Übersetzung der Tempora zu verstehen?

Nach SCHWYZER ist das Aoristsystem im Griech. meist vorzeitig gebraucht [62]. Somit entspricht die aoristische Übersetzung der obliquo-Formen dem Fut II der Vulgata, weil sie wie dort die Vorzeitigkeit ausdrückt [63]. Mehr sagt der Konjunktiv Aorist über das Tempus nicht aus, da die griech. Konjunktivformen keiner festen Zeitstufe zugeordnet sind. Diese geht erst aus dem temporalen Kontext hervor, der durch das Prädikat im Hauptsatz (V.4h: נעניתי) definiert ist. LXX und Vulgata übersetzen im Fut I. Somit gehen beide davon aus, daß in V.4h bzw. V.7h der Nachsatz des Bedingungsgefüges beginnt. Sie verstehen die Tempussituation in Ez 14,4.7 nicht an Hand der morphologischen Gestalt des Prädikates, sondern unter Annahme einer bestimmten Rechtssatzgestalt. Dabei wird die Übersetzung von נעניתי als Fut I in Kauf genommen.

3.10.3. נעניתי im Lichte von Ez 14,9d (פתיתי). Es gibt zwei Gründe, um die syntaktische Stellung von נעניתי im Lichte von Ez 14,9 zu betrachten. V.9 ist

---

Einheitlichkeit findet sich bei diesen Beispielen im Hebr. nur im Vordersatz ("non-perfective of possibility": WALTKE/O'CONNOR [1990] 508). Er steht immer im x-yiqtol (LF)-x. Der Nachsatz läßt verschiedene Möglichkeiten zu (aber NICCACCI [1987] 15: "In the apodosis, we find both Yiqtol and w^{e}Qatal used indifferently, i.e. they are paradigmatically interchangeable."). Dennoch fanden wir keinen Beleg, bei dem qatal im Nachsatz benützt wird (vgl. die Tabelle bei NICCACCI (1987) 14).

[60] Das Griechische kennt keinen Fut II.

[61] Die oben erwähnten Rechssatzbelege sehen in der LXX-Textform so aus:

Stelle	Rechtsfall	Rechtsfolge
Lev 17,3	σφάξῃ/ (Konj. Aor.)	λογισθήσεται (Fut.I pass.)
Lev 17,8	ποιήσῃ/ (Konj. Aor.)	ἐξολεθρευθήσεται (Fut.I pass.)
Lev 17,10	φάγῃ/ (Konj. Aor.)	ἐπιστήσω (Fut.I akt.: ἐπίστημι)
Lev 19,20	κοιμηθῇ (Konj. Aor.)	ἐπισκοπὴ ἔσται (Fut.I: εἶναι)
Lev 20,2	δῷ (Konj. Aor.)	λιθοβολήσουσιν (Fut.I akt.)
Lev 20,9	εἴπῃ (Konj. Aor.)	θανατούσθω (2.Sg Imperat m/p)
Lev 20,14	λάβῃ (Konj. Aor.)	κατακαύσουσιν (Fut.I akt.)
Lev 21,9	βεβηλωθῇ (Konj. Aor.: βεβηλόω)	κατακαυθήσεται (Fut.I pass.)
Lev 22,3	προσέλθῃ (Konj. Aor.)	ἐξολεθρευθήσεται (Fut.I pass)
Lev 24,15	καταράσηται (Konj. Aor.: -ράομαι)	λήμψεται (Fut.I NF)
Lev 25,26	ᾖ (Konj. Aor.: εἶναι)	συλλογιεῖται (Fut.I med.)

Die Auswahl zeigt mit Ausnahme des leicht einsichtigen Sonderfalles Lev 20,9 eine gleiche Übersetzung der Tempora, nämlich Konj. Aor. für den Rechtsfall und Fut. für die Rechtsfolge.

wie V.4.7 eine pendierende Konditionalkonstruktion [64]. Das Prädikat wird ebenfalls durch einen qatal (פתיתי) gebildet. Um die syntaktische Stellung von פתיתי zu klären, ist auf die Konditionalrelation in V.9 zu blicken:

V.9

b	יִפְתֶּה [65] πλανήσῃ [66] *erraverit*	x-yiqtol LF/obliquo (Konj. Aor. Akt.: πλανάω)
c	וְדִבֶּר λαλήσῃ *locutus fuerit*	w=qatal-x/obliquo (Konj. Aor. Akt.: λαλέω)
d	פִּתֵּיתִי πεπλάνηκα *decepi*	x-qatal-x/recto (Ind. Perf. Akt.: πλανάω)
e	וְנָטִיתִי ἐκτενῶ *extendam*	w=qatal [67]/obliquo (Ind. Fut. I Akt.: ἐκτείνω)
f	וְהִשְׁמַדְתִּיו ἀφανιῶ *delebo*	w=qatal [68]/obliquo (Ind. Fut.I Akt.: ἀφανίζω)

Nach der im Hebr. üblichen Consecutio temporum sieht die Konditionalkonstruktion so aus:

Vordersatz:		Nachsatz:
והנביא כי־יפתה ודבר (V.9abc)	→	ונטיתי (V.9e)

Dabei steht in V.9d: אני יהוה פתיתי. פתיתי fällt als x-qatal aus dem Rahmen der Bedingungskonstruktion [69] und ist eine rückblickende kommentierende

[62] SCHWYZER (1950) 298.

[63] Fut II (Futurum exactum) ist gegenüber von Fut I vorzeitig.

[64] Zur formalen Einordnung des Pendens: GROSS (1987) 98s; zum pendierenden Rechtssatz: KHAN (1988) 98.

[65] Zur Vokalisation: BERGSTRÄSSER (1926/29) §30o.

[66] Gelegentlich: πλανηθῇ, (Konj. Aor. m/p).

[67] Die massoretische Akzentuierung (Mahpak) legt den Ton auf die Ultima.

[68] Die massoretische Akzentuierung (Zaqep parvum) legt den Ton auf die Ultima.

[69] Das widerspiegeln Vulgata und Septuaginta mit der Übersetzung im Indikativ Perfekt (*decepi* bzw. πεπλάνηκα). NICCACCI (1990) 82ss kennt keinen Fall, wo ein x-qatal (z.B. V.9d) durch ein wqatal weitergeführt wird. Das bestärkt die Annahme, daß V.9d eine retrospektive Information außerhalb der Konditionalkonstruktion ist (NICCACCI [1990] 30: "preceding circumstance"). Unerkannt bleibt der Tempusübergang bei MOSIS (1975) 166: "Zudem steht das perfektische *pitteti* in einer Reihe mit den beiden folgenden, ebenfalls perfektischen Verben *w^enaṭiti* (...) und *w^ehišmadtiw* (...); *pitteti* kann dann aber nicht anders aufgefaßt werden als diese Verben (...)." RODRÍGUEZ MERINO (1984) 499 bemerkt die Abfolge von yiqtol-qatal, glaubt aber, daß V.9d den Nachsatz bildet: "El

Interjektion: "Ich, Jahwe, habe ihn [פתח]" [70]. Diese Übersetzung bestätigt die textsemantische Analyse der Zeiten- und Bedingungsverhältnisse.

In V.9d erkennen Vulgata und LXX die besondere Tempussituation und übersetzen פתיתי als verbale Interjektion außerhalb des Wenn-Dann-Gefüges, so daß die beiden x-qatal-Formen trotz eines fast identischen syntaktischen Umfeldes verschieden wiedergegeben sind. Die Übersetzung von V.4h als konditionaler Nachsatz liegt u.E. daran, daß in V.5a (anders als in V.9e) kein als Nachsatzbeginn in Frage kommendes Syntagma folgt.

Zwischenergebnis: V.4h ist keine normale Fortsetzung eines konditionalen Vordersatzes. Wegen der präteritierialen Übersetzung von פתיתי und der Tempussituation im Rechtswort drängt sich ein vergangenheitliches Verständnis von נעניתי auf: "Ich, Jahwe, habe ihm auf Grund der Menge seiner Götzen (schon) geantwortet" [71]. Diese Hypothese ist im Rahmen der Dialoganalyse zu überprüfen. Da dies später geschehen wird, mögen hier einige Andeutungen genügen: Wenn V.4h von einer bereits ergangenen Antwort spricht, dann muß es einen "Sitz in der Sprachhandlung" geben, wo diese Antwort gegeben wurde. Er findet sich in der Tempelvision (Ez 8-11). Dort spielt der Götzendienst wie in Ez 20 eine wichtige Rolle. Außerdem gibt es eine Fülle von Gemeinsamkeiten zwischen diesen Perikopen.

3.10.4. Die Tempora im ersten Rechtswort. Die Tempusabfolge des Rechtswortes in V.4 sieht so aus [72]:

Vordersatz:		Nachsatz:
(e) x-yiqtol LF-x (יעלה)		
(f) x-yiqtol LF-x (ישים)		
(g) w=qatal-x (ובא)		
	→	(h) x-qatal-x (נעניתי)

Die Formen des Vordersatzes gehören zum Inversionspaar für den imperfektiven Aspekt ("unvollendet") [73]. Der Vordersatz wird durch zweimaliges x-

---

perfecto se podría interpretar, en tal caso, como un futuro perfecto: «habré sido yo quien ha...»."

[70] Das erkennt schon KEIL (1882) 135: "das פִּתֵּיתִי aber kann nicht futurisch gefaßt werden: ich will bereden, sondern ist Perfectum, denn das Bereden des Propheten muß dem sich Beredenlassen vorangehen."

[71] Etwas anders stehen die Dinge in V.7h, wo das Prädikat ein Partizip ist.

[72] Ein Überblick über die hier vorgenommene Tempusanalyse bei: IRSIGLER (1978) 79s/159.161 und BARTELMUS (1982) 79. Zu den Zeitverhältnissen im Konditionalsatz: NICCACCI (1990) 137s.

[73] Diese Gruppe wird nach GROSS (1982) 65 (schon: [1976] 41) von w-qatal-x, (w-)yiqtol LF-x und (w-)x-yiqtol LF (=Langform) gebildet (zur Infragestellung der Aspekt-Kategorie im Bibelhebr.: NICCACCI [1991] VIII.36ss; aber: NICCACCI [1994] 129; zum Problem des Aspektes als verbale Hauptfunktion im Bibelhebr.: BARTELMUS [1982] 42s). KUSTÁR (1972) 42-44 unterscheidet Tempus, Aktio, Aspekt und nennt das Grundprinzip: "Durch den Gebrauch der qṭl- und jqṭl-Aspektkategorien unterscheidet der Sprechende

yiqtol LF-x eingeleitet, das für H-Vordersätze typisch ist. Ein Rechtssatz drückt einen generellen Sachverhalt aus [74], der keiner bestimmten Zeitstufe angehört [75]. Er umschreibt die Strafhandlung ganz allgemein. Zwischen V.4e und V.4f besteht ein synonymer Parallelismus mit Handlungen in der Gleichzeitigkeit [76]. Darum ist zwischen יעלה und ישים kein Progreß ausgedrückt. ומכשול עונם (V.4f) steht leicht in Emphase [77]. Progreß kommt erst mit V.4g (ובא) auf [78]. V.4g setzt den in V.4ef eingeführten Sachverhalt fort.

V.4h beginnt den Nachsatz, der den Pendens von V.4d aufnimmt. Die Besonderheit des x-qatal-x im Nachsatz unterstreicht das Faktum, daß die grundlegende syntaktische Opposition im Hebr. durch die Suffixkonjugation und die Präfixkonjugation-Langform gebildet wird. Die Suffixkonjugation bezeichnet positionsunabhängig (bzw. wayyiqtol in erster Position bei Zweitsetzung) vergangene individuelle Sachverhalte. Präformativkonjugation-Langform bezeichnet (meist nicht an erster Position) u.a. zukünftige Sachverhalte, Injunktive oder - wie in V.4ef generell formulierte Bedingungen [79].

Welchen Sachverhalt meint V.4? Seine Rechtssatzgestalt legt nahe, daß V.4h das in der Folge des juridischen Wenn-Satzes anstehende Bedingte ein-

---

die Handlungen danach, welche im unmittelbaren Verhältnis der Handlungen zueinander als determinierend (sc. qṭl) und welche als determiniert (sc. jqṭl) zu betrachten sind (55)." Die noëtischen Kategorien der GROSS'sche Tempustheorie stammen von DENZ bzw. KOSCHMIEDER (vgl. [1952] 16: "Die Beschreibung des Gemeinten und des Meinens ist Aufgabe eines besonderen Wissensgebietes, das wir die Noetik nennen wollen"; ferner: BARTELMUS [1982] 29-35 und ein Grundriß noetischer Kategorien bei RICHTER [1978] 141 und WILLMES [1990] 69). Ein Überblick über sechs Theorien der Tempuserklärung bei SIEBESMA (1991) 173 Anm. 4.

[74] DENZ (1971) 18. Dagegen kann der individuelle Sachverhalt im kalendarisch-chronometrischen System eindeutig festgelegt werden (KOSCHMIEDER [1952] 19). DENZ (1971) 7s unterscheidet die drei Typen: individuell ("Er trank seinen Becher aus"), generell ("Er trank und mußte daher in die Entziehungsanstalt"), allgemeingültig (naturwissenschaftliche Gesetze, mathematische Formeln). Für die Bezeichnung genereller Sachverhalte ist die imperfektive Aspektgruppe zuständig (GROSS [1982] 63).

[75] Ein Rechtssatz im Fut II bzw. Fut I steht in der Vulgata nicht für einen zukünftigen Sachverhalt. Ein Rechtssatz meint alle Fälle, auch den soeben geschehenden bzw. jenen, der sich gestern ereignet hat. Der Futur bezeichnet also keine bestimmte Zeitstufe, sondern den Rechtssatzsachverhalt. Dazu GROSS (1982) 66 (Anm. 157): "Der durch x-yiqtol LF ausgedrückte generelle Sachverhalt ist somit aus sich heraus zeitstufenmäßig nicht festgelegt."

[76] Nach GROSS (1976) 43 kann x-PK-Langform in abhängigen Sätzen untergeordnete gleichzeitige Handlungen beliebiger Zeitstufen bezeichnen.

[77] "Leicht", weil stilistische Gründe der chiastischen Verbindung zweier paralleler Syntagmen hineinspielen (vgl. V.3bc). Zu w=x-qatal: GROSS (1982) 64.

[78] GROSS (1982) 66: "w=qaṭal-x führt einen anderen, zuvor genannten Sachverhalt syntaktisch gleichgeordnet weiter und bezeichnet vor allem den Progreß (...)."

[79] GROSS (1976) 42.

führt. In Aspektsprachen ist zu erwarten [80], daß die Bedingung ("Wenn" [81]) mit einer Form des Perfektiv bezeichnet wird. Das ist aber weder hier noch in den H-Rechtssätzen der Fall. Grund dafür ist, daß sich DENZ in seiner Theorie über den Aspekt der Bedingungen auf individuelle Sachverhalte (o.ä.) konzentriert und nicht auf generelle Tatbestände, wie sie in Rechtsworten auftreten. Um deren aspektuelles Verhalten zu verstehen, ist bei DENZ' (1971) 39 Aussage über bedingende Sachverhalte anzusetzen:

> "Die im Prinzip perfektive Zeitablaufstruktur der bedingenden Sachverhalte kann, ja muß imperfektiv werden in dem Augenblick, da der Relationswert nicht in den Zeitwert des resultierenden Sachverhaltes [82] gestellt wird, sondern ein dritter Zeitwert hineinspielt, sei es in Form des Gegenwartspunktes bei der echten Bedingung der Gegenwart, sei es ein Zeitpunkt der dem Interesse des Sprechers gemäßer ist (...)."

Es scheint, daß bei der temporalen Gestaltung *allgemeiner* Bedingungsverhältnisse des juridischen Typs, wie sie in Ez 14 oder in H vorliegen, für die Bestimmung der Zeitverhältnisse im Vordersatz nicht der Zeitwert des resultierenden Sachverhaltes ("Dann") entscheidend ist, sondern der Zeitbereich, von dem aus die Realisierung des *ganzen* Konditionalfalles noch aussteht, so daß sowohl Bedingung als auch Bedingtes imperfektivisch ausgedrückt sind [83]. Es erstaunt deshalb nicht, daß Wenn-Dann-Konstruktionen genereller Natur in H mit imperfektivem Prädikat gebildet sind. In V.4 ist das nicht der Fall, denn das Prädikat des Nachsatzes ist ein Perfektiv (x-qatal-x), das für einen vollendeten Tatbestand steht, der im juridischen Nachsatz überrascht. GROSS [84] erwähnt zwar den Fall, wo x-qatal unabhängige zukünftige Sachverhalte meint,

> "die als abgeschlossen bezeichnet werden, um die Sicherheit ihres Eintreffens zu unterstreichen, wobei aus dem Kontext bzw. aus lexikalischen Präzisierungen

---

[80] Zum aspektuellen Verhalten bedingender Sachverhalte: DENZ (1971) 36-39 und zur DENZ'schen Tempus- und Aspektlehre: BARTELMUS (1982) 35-40.

[81] Die Konjunktionen ו, אם, לו, כי (etc.) sind nicht unbedingt nötig. Es genügt die Juxtaposition von Hypothese und Apodosis (Beispiel bei JOÜON [1923] §167a Anm.2: "Point d'argent, point de Suisse").

[82] Den resultierenden Sachverhalt drückt der Dann-Satz aus.

[83] Das temporale Verhältnis zwischen Vorder- und Nachsatz (Vorzeitigkeit der Bedingung) wird, obwohl im Hebr. möglich (GROSS [1976] 43), nicht präzisiert. Ähnlich wird im Deutschen der Präsens gebraucht: "Wer die Buße nicht zahlt, hat Sanktionen zu befürchten." Oder Italienisch: "Chi non paga le tasse, va in galera."

[84] GROSS (1976) 38 Anm. 74. Damit spielt er auf den mit Vorsicht zu gebrauchenden Perfectum propheticum an (GESENIUS-KAUTZSCH §106n; NICCACCI [1986] 404). EWALD (1863) 352 setzt dafür die Bedingung: "(...) übrigens aber muß das perf. selbst immer nachdrücklich vorne im saze stehen, oder durch den sinn des ganzen sazes als erst künftig möglich vonselbst klar seyn (...)." Das ist in Ez 14,4 nicht der Fall. Zudem ist der Vers juridisch geprägt, so daß ein Perfectum propheticum noch unwahrscheinlicher ist. Auch x-qatal für Koinzidenz (GROSS [1976] 37) fällt aus. Nach BLAKE (1951) 3 zeigt das Perfectum propheticum die ursprüngliche Präsensbedeutung des hebr. Perfekt.

entnommen werden muß, daß der als abgeschlossen dargestellte Sachverhalt zukünftig ist."

Das trifft bei V.4h nicht zu. Der Vers nennt keinen absoluten zukünftigen Sachverhalt, sondern knüpft ihn an eine Bedingung, deren Formulierung (Bedingtes im Futurum exactum) mit dem Imperfektiv der Bedingung kollidieren würde. Außerdem fehlen die von GROSS verlangten kontextuellen Präzisierungen.

Liegt in V.4h kein besonderer qatal vor, dann ist dieser im Rahmen seiner gewöhnlichen Verwendung zu verstehen. Die hierzu von GROSS formulierte Regel lautet: Wird in frei gewählter Erstsetzung in Reden in einem konjunktionslosen verbalen Aussage-Hauptsatz ein individueller vergangener Sachverhalt ausgesagt, so muß dieser durch Suffixkonjugation in Stellung qatal-x oder x-qatal formuliert sein [85]. Somit ist נעניתי ein Präteritum, das sich auf ein einmaliges vergangenes Geschehen bezieht. Damit ist die in V.4d begonnene Konditionalkonstruktion unterbrochen, so daß zwischen Vordersatz und V.4h keinen Progreß besteht [86].

V.4 meint folgendes: Wenn die im Konditionalsatz genannte Befragung eintritt, *hat* Gott *schon geantwortet* (Vergangenheit!) [87]. Der Vers beginnt als generelle Bedingung und endet in der individuellen Weiterführung der Apodosis. Der Vordersatz benützt zwar juridisches Redematerial, verwendet es aber in einer neuen Funktion [88]. Wenn V.4h einen individuellen vergangenen Sachverhalt bezeichnet, ist die Frage unabwendbar, *wann* Jahwe geantwortet hat. Zu ihrer Beantwortung ist die Untersuchung auf die Text- und Kontextebene (z.B. Ez 8-11) auszuweiten [89].

3.10.5. Die Tempora im zweiten Rechtswort. Wenden wir uns nun der Tempusabfolge des zweiten Rechtswortes in V.7 zu:

---

[85] GROSS (1976) 35. Sämtliche Zweitsetzungen individueller vergangener Sachverhalte werden, sofern nichts entgegensteht (Betonung, Unterbrechung der Progression etc.), mit wayyiqtol weitergeführt. In V.4 gibt es keine Zweitsetzungen.

[86] Zur Apodosis im Präteritum: NICCACCI (1990) 142. Zum Tempus im Nachsatz: NICCACCI (1994c) 673, der wayyiqtol, qatal und (waw-) x-qatal als Formen "nell'asse del passato" bezeichnet.

[87] BREUER (1921) 90. Als geschehener Entschluß bei HOSSFELD/MEYER (1973) 119: "Ich habe mich zur Antwort (schon) entschlossen."

[88] Weil Ez 14 ein prophetischer Text ist, verwundert das nicht. Ähnlich ZIMMERLI (1979) 306 ("Sekundärverwendung einer vorgegebenen nichtprophetischen Redeform") und GROSS (1987) 171 ("Nachahmungen der Gattung kasuistischer Rechtssatz"). LIEDKE (1971) 24: "In Ez 1-39 findet sich kein stilrein formulierter kasuistischer Rechtssatz."

[89] WEINRICH (1985) 138 kommt zum Schluß, "daß es nicht einmal ausreicht, ein Tempus aus seinem Stellenwert innerhalb des geschlossenen Textes einer Novelle zu beurteilen. Wenn die Novelle Teil einer großen Rahmenerzählung ist, können gewisse Tempora nur aus der Erzählstruktur der gesamten Novellensammlung und ihres Rahmens interpretiert werden."

Vordersatz: Nachsatz:
(c) w=yiqtol-x
(d) w=yiqtol KF-x
(e) x-yiqtol LF-x
(f) w=qatal-x
→ (h) Ptz

Während die Rechtssatzform jener in V.4 entspricht, sind ויעל (w=yiqtol KF-x) in V.7d und נענה (Ptz) in V.7h im Vergleich zu V.4 neu. V.7c leitet den Rechtsfall mit וינזר (w-yiqtol-x) ein und nennt einen generellen Tatbestand [90], wobei einleitendes ו konjunktiv, nicht konsekutiv ist [91]. Damit ist eine Weiterführung (Progreß) des Relativsatzes in V.7b, der den גר näher bestimmt und zum Redehintergrund gehört, ausgeschlossen. V.7c setzt somit einen Fall, der den איש איש und den גר betrifft. Die Eröffnungsposition von וינזר[92] und die in V.7d folgende Jussivform [93]ויעל beweisen, daß וינזר auch eine Jussivform ist.

Was bedeuten diese Verbformen? JOÜON (1923) §167a erwähnt die Konditionalkonstruktion, bei der das Bedingungsverhältnis nicht durch eine Konditionalkonjunktion (אם, לו etc.), sondern durch einen Volitiv bzw. durch ו bezeichnet ist. וינזר ist eine solche Jussivform, die durch einfaches waw [94] eingeführt wird, das ein Satzweiser für den Wenn-Satz ist, während das zweite ו in V.7d koordiniert. Die Jussivformen markieren V.7c-g als konditionalen Vordersatz [95]. Das Konditionalverhältnis ist zu unterstreichen, weil אשר (V.7b) nicht wie in V.4e auf den Beginn des Wenn-Satzes hinweist [96], sondern den גר beschreibt. V.7b kommt also für die Bezeichnung der Hypothese nicht in Frage. Dazu werden Volitive benützt, die ihres imperativischen Charakters entkleidet sind [97].

---

[90] V.7b ist als Relativsatz nicht Teil der Konditionalkonstruktion.

[91] ROOKER (1990) 101 zählt für Ez mindestens 34 ähnliche Stellen auf.

[92] NICCACCI (1987) 7.

[93] "Jussivform" ist eine Klassifizierung ohne inhaltliche Implikation (dazu schon DAVIDSON [1902] §65Rem.6: "(...) many juss. forms cannot be understood in a juss. sense"). Ein jussivischer Sachverhalt wird hier als "Jussiv" bezeichnet. Diese Terminologie steht anstelle der unüblichen Bezeichnungen wyiqtol bzw. eindeutiger: wyaqom.

[94] JOÜON (1923) §115; BLAKE (1951) 8. Schon KEIL (1882) 134 meint, daß es sich beim ו vor וינזר und ויעל nicht um das ו relationis, sondern um ein ו handelt, das einen Fall setzt und somit den Wenn-Satz einleitet.

[95] Gegen GIBSON (1994) 104: "fut. settings".

[96] Zur relativen Einführung pendierender Wenn-Sätze + אשר: KHAN (1988) 98.

[97] BLAKE (1951) 8 gibt viele Belege und meint: "The short forms have non-imperative meanings (...) regularly after ו conversive in 2 m. and 3 sg., in variation with coordinated normal imperfects, sometimes after ו, sometimes in conditional sentences, and elsewhere." Man beachte, daß BLAKE mit Bezug auf die morphologische Gestalt der Verbform von "short form" spricht und "jussive" strikt semantisch versteht. NICCACCI (1987) 7: "A Yiqtol in the first position of a sentence is always jussive (...)", wobei er drei Ausnahmen für die Apodosis zuläßt. ROOKER (1990) 101 erklärt die Verwendung von einfachem ו mit yiqtol anstelle von wqatal (mit energischem וֹ; zur Terminologie JOÜON [1923] §115a)

Im Vergleich zu V.4h besteht ein zweiter Unterschied im Gebrauch des Partizips in der Apodosis. Im Hebr. steht das Partizip (neben PK-Langform) für generelle Sachverhalte beliebiger Zeitstufe [98]. Im Rechtssatz wäre ein solcher Tatbestand möglich, wobei Partizip im Nachsatz ungebräuchlich ist. Darum ist anzunehmen, daß die Rechtssatzform erneut durchbrochen ist. Man könnte vermuten, daß das Partizip einen Sachverhalt der individuellen Gegenwart meint, den es im Aussage-Hauptsatz bezeichnen kann [99]. In V.7h kommt aber hinzu, daß es im konditionalen Nachsatz gebraucht und durch finite Verbformen weitergeführt ist. FERGUSONS (1882) Beispiele von Partizipien im Nachsatz [100] kommen als Vergleichsmaterial nur eingeschränkt in Frage, weil die nötige kontextuelle Nähe zu Ez 14,7 fehlt [101].

Ein Ansatz zum Verständnis von נענה besteht in der Tatsache, daß in V.7h zwei Weiterführungen vermieden sind: die zu erwartende imperfektivische bzw. die in V.4h bezeugte perfektive [102]. Damit weicht V.7h einem Bezug auf die Vergangenheit (V.4h) und der H-Rechtssatzform aus.

Wie ist das Partizip also zu verstehen? Nicht nur bei Bewegungsverben, sondern auch bei anderen Zeitworten kann ein perfektischer Sachverhalt partizipisch ausgedrückt werden [103]. Das würde נענה semantisch an נעניתי heranrükken. Alternativ kommt die Verwendung des Partizips in Sätzen in Frage, die von Aktionen berichten, wobei das Partizip regelhaft ausschließlich oder überwiegend für Funktionen steht, die in den Bereich der PK-Langform fallen [104]. Das würde V.7 den Rechtssätzen in Lev 17-26 annähern.

Das Problem ist nicht leicht zu lösen, denn bis V.7h gibt es kaum Elemente, die den Sachverhalt präzisieren. Daran ändern die wqatal-Formen in V.8a-d nichts. Sie zeigen nur, daß der partizipial ausgedrückte Sachverhalt syntaktisch

---

als Ez-typisches Merkmal des sprachlichen Übergangs ins späte Bibelhebräisch.

[98] GROSS (1976) 39.

[99] GROSS (1976) 39 Anm. 77. 43; (1982) 67.

[100] FERGUSON (1882) erwähnt folgende partizipiale Nachsätze: Gen 4,7; 30,1; Ex 8,17; 9,2s; 10,4; 14,23 (?); 18,16; Num 5,8; Dtn 10,12 (?); 1 Sam 1,28; 19,11; 26,19; 2 Kön 17,40; Jer 2,22; 14,12; 26,15; Jes 1,15; Sach 7,6; Hi 20,12.14; Ps 27,3; Spr 4,16.

[101] Es gibt dort einen partizipialen Nachsatz in juridischem Kontext (Num 5,8), wobei ein determiniertes Partizip anschließt. In anderen Fällen bezeichnen die partizipialen Nachsätze Zustände (Gen 4,7; 1 Sam 1,28; 26,19; Jer 2,22; Jes 1,15; Hi 20,12.14; ev. auch Gen 30,1). Bisweilen findet sich ein Partizip schon im Vordersatz (Ex 8,17; Ex 9,2; Ex 10,4; 1 Sam 19,11; Jer 26,15).

[102] Dann wäre die syntaktische Stellung der Verbform mit פתיחי zu vergleichen.

[103] GROSS (1982) 63 Anm. 147. Nach DENZ (1972) 50 gibt es im Althebr. Ansätze, um mit dem Partizip Präsens aktiv den Perfekt zu bezeichnen.

[104] GROSS (1982) 67 Anm. 163. In diese Kategorie fällt das von WALTKE/O'CONNOR (1990) 627 erwähnte Futurum-Instans-Partizip, für das die Übersetzung "I am going to..." vorgeschlagen wird.

gleichgeordnet weitergeführt ist [105]. Als Ergebnis steht darum nur fest, daß eine eindeutigere Formulierung, die durch die erwähnten zwei Verbformen möglich gewesen wäre, durch das Partizip vermieden ist. Das Partizip bezeichnet regelhaft individuelle Sachverhalte der Gegenwart, ferner generelle Sachverhalte beliebiger Zeitstufe [106]. Ein individueller Sachverhalt kommt in V.7 nicht in Frage: "Ich antworte (gerade)" entspricht nicht den Umständen im Bedingungssatz, der einen allgemeinen Fall konstituiert.

Es bleibt als letzte Möglichkeit, das Partizip als Ausdruck eines generellen gegenwärtigen Tatbestandes zu verstehen: *"Ich pflege (in diesen Fällen) zu antworten."* [107] Wie bei V.4h kann nur die Dialoganalyse Aufschluß über das Gemeinte geben. Hier muß eine Skizze genügen. Jahwe bezieht sich auf ein Geschehen der Vergangenheit, das mit der Sprachhandlung in Ez 14 verbunden wird. Dieser Bezug wird in V.7h abgeschwächt erneuert. "Ich pflege zu antworten" bedeutet, daß Jahwe in ähnlichen Fällen ähnlich reagiert hat. Damit ist die angekündigte Antwort nach V.8 keine bloße Wortmitteilung, sondern bedeutet die Ausmerzung des Fragenden aus dem Jahwevolk. Die Merkmale der Antwort sind also nach Ez 14 die folgenden: 1.) Jahwes Antwort an die Ältesten baut auf einer vergangenen Erwiderung auf. 2.) Sie besitzt nach V.8 Strafcharakter. Was das bedeutet, wird noch zu zeigen sein.

3.11. בית־ישׂראל *als Pluralnomen (Ez 14,11a)*

בית־ישׂראל mit Pl.-Prädikat entspricht dem hebr. Sprachgebrauch [108], zu dem es in den 148 Stellen des AT mit בית־ישׂראל keine Ausnahme gibt. 56% der at בית־ישׂראל-Stellen finden sich in ausgeglichener Verteilung in Ez.

---

[105] GROSS (1982) 66.

[106] Der Unterschied zwischen individuellen und generellen Sachverhalten erklärt sich nach DENZ (1971) 18 damit, daß der generelle Sachverhalt sich gegen das Zeitadverb "gerade" sperrt. Man kann sagen "Er geht (gerade) in die Schule", nicht aber "Er haßt (gerade) seinen Feind". Ein Satz wie "Hans lehrt Französisch" kann somit heißen, daß Hans "gerade" dabei ist, Französisch zu lehren (individuell) bzw. daß er ein Französischlehrer ist, selbst dann, wenn er in den Ferien ist (generell).

[107] HOSSFELD/MEYER (1973) 120: "Die Wendung ist also als Hinweis auf ein konstantes Verhalten zu verstehen." Dabei wird V.7h syntaktisch als "Parenthese" und V.8a als Nachsatz begriffen.

[108] ROOKER (1990) 95.

III. Kapitel

DIE REDESITUATION

0. Methodologische Standortbestimmung

Bei der Analyse der Redesituation geht es um die Gesprächs*voraussetzungen*, die für das Verständnis des Gesagten bedeutsam sind. Es interessiert also der synchrone Aspekt des Dialoges [1]. Eine interaktive Wortäußerung zeigt alle Merkmale einer Aussage (énonciation [2]). Dazu gehören: die Verankerung in der Situation, der Gebrauch von Formulierungsvarianten, die Selbstkorrektur (etc.). Die Analyse der Redesituation konzentriert sich auf den ersten Punkt und fragt nach Informationen, die vielleicht nur implizit oder am Rand erscheinen, die aber für das Wortverständnis wichtig sind. Dazu gehört z.B. der Gesprächsstatus der Dialogpartner. Von ihm hängt das Verständnis des Wortes maßgeblich ab. Das Problem in Ez 14,1-11 ist, ob die Ältesten Vertreter der Golah oder der nach 597 in Palästina verbliebenen Restjudäer sind. Diese Frage kann Ez 14,1-11 nicht alleine beantworten. Zwei weitere Texte, welche die gleiche Gesprächskonstellation aufweisen, Ez 8-11 und Ez 20, sind miteinzubeziehen. Das sind Stellen, wo der Prophet ein Wort vor Ältesten empfängt. Wir nennen diese Stellen darum Ältestenperikopen. Es wird sich zeigen, wie sie einander erklären. Dazu ist der Ablauf der Hierophanie, die sich nach den Regeln der menschlichen Kommunikation vollzieht, nachzuzeichnen. In einem ersten Schritt sucht die Auslegung einen Überblick über die Anrede in Ez 14,1-11 zu gewinnen. Dann geht es mittels einer ausführlichen Analyse von Ez 8-11 und Ez 20 um den Dialogstatus, besonders die Herkunft, der Ältesten.

1. Die drei Kommunikationsebenen von Ez 14,1-11

MÜLLER (1985) 89 versteht den Dialog als partnerbezogene interaktive Kommunikation sprachlicher Art mit Informationstendenz [3]. Diese bringt PETTERSSON (1990) 47ss auf die folgende Formel: "A communicates m to B by means of x". Das ist eine vereinfachte Darstellung des Gesprächsverlaufs, die viele interaktive Elemente des sprachlichen und außersprachlichen Dialogverhaltens unbeachtet läßt. Auch in Ez 14 kommen viele spezifische Faktoren hinzu [4]. Faktor *m* (message/Botschaft) ist also keine in sich isolierte Größe,

---

[1] "Synchron" und "diachron" sind hier auf die temporalen dialogischen Verhältnisse bezogen. Auch die synchronen Gesprächsvoraussetzungen sind zeitlich verfaßt.

[2] CARDONA (1988) 121. Nach BENVENISTE (1974) 79-88 bezeichnet "énonciation" den Prozeß der Wahl variabler Elemente, der die Verwirklichung einer Worthandlung begleitet und sie in der Situation, bei den Dialogpartnern und in der Zeit verankert.

[3] Zur Unterscheidung der Kommunikationsebenen: HARDMEIER (1993) 63ss.

[4] Gegen POHLMANN (1992) 6: "Beiden Texten (sc. Ez 14,1-11 und 12-20) ist

sondern hängt davon ab, von wem, zu wem und womit bzw. auf welche Weise [5] *m* gesprochen wird. Die Besonderheit von Ez 14 besteht in dem dialogischen Einbezug dreier Parteien, Jahwe, Prophet und Älteste. Diese determinieren einander gegenseitig. Nur unter Beachtung dieses Zusammenspiels wird Ez 14 richtig beurteilt. Der Dialog ist mehr als eine Informationsübertragung von A nach B. Er ist ein Sprachgeschehen in einem sozialen Kontext und kann deshalb Sprach*handlung* genannt werden.

Im folgenden wird die Gesprächsgestalt des Untersuchungstextes überblickt. Es geht um die Durchdringung der Sprachhandlung, die durch einen dreistufigen Dialog nach dem Modell konzentrischer Kreise konstituiert wird [6].

1.1. *Die Kommunikation nach außen*

Die äußerste Redeebene umfaßt das ganze Stück Ez 14,1-11. Wir nennen sie die Kommunikation nach außen [7]. Sie spielt sich zwischen dem Erzähler und dem Zuhörer/Leser ab. Durch sie entsteht eine vom in Ez 14,1-11 geschilderten Sprachereignis unabhängige Redeebene, weshalb am Textanfang einführende Informationen nötig sind. Sie teilen mit, daß der Verschriftlichung eine mündliche Prophetenanrede durch Jahwe vorausgegangen ist [8]. Es wäre Aufgabe einer eigenen Untersuchung, diese Dialogebene und das Profil und die Lenkung des virtuellen Empfängers zu verstehen. Diese Probleme bleiben hier ausgeklammert.

1.2. *Der Dialog zwischen Jahwe und dem Propheten*

Auf einer zweiten Ebene befindet sich der Dialog zwischen Jahwe und dem Propheten. Er beginnt mit dessen Anrede in V.3a und besteht aus Teilen, die nur an ihn ("Menschensohn" [9]) gerichtet sind und Teilen, die er an die Ältesten weiterzugeben hat. Diese dialogischen Texttypen werden aus zwei Gründen oft übersehen:

1.) Zum einen wird die unterschiedliche Rezeption des Gotteswortes durch den Leser/Zuhörer bzw. die Ältesten oft nicht beachtet. Die Ältesten sind zwar

---

immerhin gemeinsam, daß die darin angesprochenen Fragestellungen unkonkret zeitlos und somit gleichsam theoretisch abgehandelt werden."

[5] PETTERSSON (1990) 47: "There is also a physical message (x) - in simple cases a piece of behaviour by A functioning as a sign or a sequence of signs."

[6] VAN DYKE PARUNAK (1994) 513: "An oracle in a writing prophet reflects as many as three communication events: the *committal* from God to the prophet; the *delivery* from the prophet to the original audience; and the *report* from the compiler of the prophetic book to the readers."

[7] Weniger korrekt:"schriftliche Kommunikation", weil die Verschriftlichung keine notwendige Bedingung für die Kommunikation nach außen ist.

[8] Im Kontext der Gottesrede ist 'mündlich' eine uneigentliche Redeweise.

[9] CLEMENTS (1996a) 62 meint, daß V.3 vom Propheten gesprochen ist. Dagegen BLOCK (1997) 422 zu V.3: "intended for the prophet's own consumption."

direkt angesprochen, vernehmen das Wort aber nur teilweise, während der Leser/Zuhörer nicht direkt angeredet ist, aber auch jene Wortteile erfährt, die dem Propheten vorbehalten sind. Diese Anredesituation ist für das Verständnis der Sprachhandlung fundamental. Dem Leser liegt ein Protokoll des Gesamtdialoges zwischen Jahwe und dem Seher vor, während die Anwesenden lediglich das hören, was Jahwe sie hören lassen will.

2.) Zum anderen enthält Ez 14,3-11 das Jahwewort, wie es an den Seher, nicht wie es an die Ältesten gerichtet ist. Es sind deshalb Verkündigungsanweisungen zu suchen, um zu sehen, welche Wortteile Israel bzw. die Ältesten ansprechen und wie sich diese Teile von der Prophetenanrede unterscheiden. Dieser Vergleich führt zu Informationen über die Ältesten, deren Status eines der Probleme des Wortes ist, weil dieses bald an sie, bald an Israel gerichtet zu sein scheint. Solange über die Adressaten (Prophet, Älteste, Haus Israel) keine Klarheit besteht, ist ein Verständnis von Ez 14 schwierig.

Um das Gotteswort aus der Dialogperspektive der Ältesten zu studieren, ist weder die Kommunikation nach außen noch der Dialog zwischen Jahwe und dem Propheten als Arbeitsgrundlage beizuziehen. Ausgangspunkt ist vielmehr die gesprächsanalytische Rekonstruktion jener Wortteile, die dem Propheten als Mitteilung an die Ältesten anvertraut werden.

1.3. *Der Dialog zwischen dem Propheten und den Ältesten*

Die Wortverkündigung an die Ältesten befindet sich auf einer dritten Dialogebene. Ihre Ermittlung ist wichtig, weil so der Personenkreis ins Zentrum rückt, um den herum sich das Wortereignis abspielt. Die Frage nach der Identität des Zielpublikums bildet neben der damit verbundenen Analyse der Redesituation den Hauptgegenstand des Kapitels. Je nach Zielpublikum wandelt sich die Form und Wirkabsicht eines Textes. Das eröffnet ein weites Untersuchungsfeld für die Analyse der Sprachhandlung.

Die Sprachhandlung in Ez 14,1-11 besitzt einen progressiven Charakter. Zuerst ist der Menschensohn angeredet, dann die Ältesten und schließlich ein allgemeiner Leserkreis. Es läßt sich also mit ZIMMERLI (1980), der für die von ihm erarbeiteten ez Redaktionsschichten den Begriff der "Fortschreibung" geprägt hat [10], eine Fortschreibung kommunikativer Natur zeigen, durch die der ursprüngliche Dialog auf neue Adressaten ausgeweitet wird. So entstehen Anrede-Ebenen. Die Wortübermittlung an die Ältesten gehört z.B. auch zur

---

[10] Auch ZIMMERLI (1982a) 768s. Demnach haben bei der redaktionellen Arbeit an Ez viele Autoren/Ez-Schule weiter)geschrieben (schon: MOWINCKEL [1946] 66-71; zur Ez-Schule: BOADT [1992] 720). Dagegen BALTZER (1986) 180: "Zimmerlis Harmonisierungsversuch, den Prozeß der (...) Nachinterpretation im Ezechiel-Buch mit dem recht formal und hohl bleibenden Begriff der Ezechiel-Schule zu erfassen, vermag nicht voll zu befriedigen. Zu undeutlich bleiben zudem mögliche Hinweise auf eine derartige Institution." KAUFMANN (1960) 428-430 weist an Hand vieler Beispiele nach, daß der Ez-Text nicht an spätere historische Ereignisse angepaßt wurde.

Prophetenanrede und der Kommunikation nach außen, während die narrative Einleitung Teil der Kommunikation nach außen, nicht aber der Propheten- oder Ältestenanrede ist. Je nach dialogischem Blickwinkel stehen die Teile von Ez 14,1-11 also in verschiedenen Kontexten.

2. Beschreibung der Einheit als Dialog

Ein Dialog ist die Interaktion zwischen zwei oder mehreren Partnern in einem Sprachprozeß. Die Interaktion in Ez 14,1-11 ist dadurch charakterisiert, daß nur Jahwe spricht und er dem Propheten eine Botschaft für einen dritten Gesprächspartner aufträgt. Im folgenden wird der Ablauf der Sprachhandlung im Überblick dargestellt.

2.1. *Ez 14,1a-2b: Die narrative Einleitung*

Die einleitenden Verse sind leicht als Worte des Sehers zu erkennen, die durch die narrative Form und die Ich-Rede des Propheten gekennzeichnet sind. Bedeutend ist V.2ab (ויהי דבר־יהוה אלי לאמר), weil er das folgende als Jahwerede und den Propheten als deren Empfänger bezeichnet.

2.2. *Ez 14,3a-6a: Die Propheteninstruktion I*

Mit בן־אדם beginnt die Prophetenanrede [11]. Häufig wird behauptet, daß die nach V.1 anwesenden Ältesten ab V.3a auch angesprochen sind und bei der mystischen Anrede des Propheten durch Jahwe mithören [12]. Dagegen spricht, daß die Ältesten zu Beginn des Gotteswortes in der 3.Pl. genannt sind. Das wird bisweilen so interpretiert, daß Jahwe zwar nicht *mit* ihnen, aber, für sie hörbar, *über* sie spricht: Die Ältesten nehmen am Wort teil und werden gleichzeitig links liegen gelassen. Diese Erklärung setzt eine schwierige Dialogkonstellation voraus. Der Prophet hört das Gotteswort nämlich nicht laut, sondern mit dem inneren Ohr. Dafür kann es keine Mithörer geben. Der Prophet müßte das Wort an ihn sogleich laut nachsprechen und sich selbst anreden, wobei er verständlich zu machen hätte, daß sich das Gesagte auf die Ältesten bezieht. Dazu wäre das Gotteswort komplizierten dialogischen Transformationen zu unterwerfen, die in Ez 14 nicht bezeugt sind [13]. Ein weiterer Hinweis dafür, daß das Gotteswort die Ältesten zunächst aus dem Spiel läßt,

---

[11] ALLEN (1994) 195 redet von "private, explanatory oracle to the prophet", betrachtet aber Ez 14,4c-11 als öffentliches Gotteswort ("public oracle").

[12] So LAMPARTER (1968) 101, der aber hinzufügt: "Merkwürdig berührt nur, daß das Wort des Herrn nicht an die Ältesten gerichtet ist (...)."

[13] BULTMANN (1992) 197 mißachtet die Dialoggestalt und nennt Ez 14,1-4 mit FOHRER (1955) 76 ein "Drohwort gegen synkretistische Frager". Dieser Textdefinition führt ihn zu schweren literarkritischen Eingriffen und konfrontiert ihn mit Fragen, die er dialoganalytisch leicht beantworten könnte: "Aber warum sollte der Prophet in v.7 eine sinnlose erstarrte Formel gebrauchen, wenn er in v.4 schon sachgemäß die «kürzere Form» gebraucht hat (199)?"

ist der Redeauftrag in V.4ab [14]. Er impliziert, daß die Ältesten noch nicht angesprochen sind.

Andere Ausleger lassen darum die Ältestenanrede wegen V.4ab in V.4c beginnen [15]. Das führt zunächst zum Problem, daß die Ältesten in 4c-5b nie direkt angesprochen sind, womit ein dialogischer Hinweis für diese Grenzziehung fehlt. Das mag für das unpersönliche Rechtswort in V.4d-h angehen. V.5a löst sich zwar von der Rechtsform, redet aber trotzdem von בית ישׂראל in der 3. Pl. und folgert, ohne die Ältesten einzubeziehen. Damit gerät die Ansicht ins Wanken, wonach sich das erste Rechtswort an die Ältesten und das zweite an Israel richtet [16]. Dialogisch ist ein doppeltes Publikum nicht feststellbar. Das erste Rechtswort redet nicht von den Ältesten Israels, sondern von "jemandem vom *Haus Israel*". Außerdem entsprechen beide Rechtsworte dem Tatbestand, in den die Ältesten verwickelt sind. Ein doppelter Anredepartner - Älteste und Haus Israel - folgt auch nicht aus den Anredeformen. 4c-5b, wo es nach einigen Auslegern um die Ältesten geht, würden die persönliche Anrede vermeiden, um den Boykott der Ältesten durch Jahwe zu unterstreichen. Dieser Deutung widerspricht, daß eine persönliche Anrede in 6b-8e vorliegt, wobei nur die Ältesten als Angeredete in Frage kommen, weil sie die einzigen Umstehenden sind und das erwähnte Vergehen ihrem Hintreten vor den Seher entspricht. Somit ist die Vermutung, daß das "Haus Israel" neben den Ältesten bzw. an ihnen vorbei angesprochen ist, dialoganalytisch unbeweisbar.

Es besteht die letzte Möglichkeit, die Ältesten als Adressaten beider Rechtsworte (V.4 und 7s) zu verstehen. Diese Lösung hätte zwei Nachteile. Zum einen würden die Ältesten zweimal fast gleich angeredet, wobei zu zeigen wäre, warum das erste Rechtswort unpersönlich und das zweite persönlich formuliert ist. Zum anderen würde eine solche Ältestenanrede in V.6a durch einen Redebefehl an den Propheten unterbrochen [17].

---

[14] ZIMMERLI (1954a) 4 läßt die Ältestenanrede in V.4 beginnen und bemerkt, daß etwas nicht stimmen kann: "Wer scharf hingehört und ein gewisses Empfinden für Stil hat, wird hier überrascht aufsehen. Ist das die zu erwartende prophetische Antwort? Ist das überhaupt noch prophetischer Stil?"

[15] JOYCE (1989) 68: "In vv.4-5, Yahweh answers the idolatrous inquirer (...)."

[16] LIND (1996) 115.

[17] Oft werden die Rechtsworte ohne Bezug zum Dialog als Dubletten verstanden. HOSSFELD/MEYER (1973]) 117: "Die Formulierung des Rechtskasus in V 4 findet in V 7 eine Wiederholung, wobei der Sinn der Verdoppelung nicht klar wird." Ferner: POHLMANN (1992]) 67 Anm. 86. Dagegen spricht ZIMMERLI (1954a) 8, offenbar ohne die Dialogsituation zu erfassen, von einer "neue(n) Adressierung".

2.3. *Ez 14,6b-8e: Die Ältestenanrede*

Gegen eine dialogisch einheitliche Deutung von 4c-8e spricht V.6a [18]. Als Teil der Prophetenanrede fordert V.6a den Seher auf, Israel zur Umkehr einzuladen [19]. Als Adressaten kommen nur die Ältesten in Frage [20]. Das zeigt, daß sie als Vertreter der בית ישׂראל angesprochen sind. Hätte die Ältestenanrede schon in V.4c begonnen, wäre V.6a eine redundante Interjektion, die dem Seher befiehlt, was schon geschieht. Aber Interjektion ist V.6a schon darum nicht, weil der Vers nicht aus dem Zusammenhang fällt, sondern mit לכן kausal anschließt. Das zeigt, daß die Jahwerede immer noch den בן־אדם, anspricht [21]. Das Wort an die Ältesten beginnt somit in V.6b [22].

---

[18] Ein kleiner Hinweis auf den dialogischen Wechsel in V.6a ist אמר im Gegensatz zu דבר in der Prophetenanrede (V.4a). אמר hat einen direktiven Unterton ("befehlen") und ist stärker auf einen Anredepartner orientiert als das neutralere דבר. CLEMENTS (1996a) 64 bezeichnet 6-8 als erstes Gotteswort.

[19] Wegen שׁוב מן müßte man von einem Abkehrruf sprechen (WOLFF [1951] 146 bzw. [1973] 148; ALONSO SCHÖKEL [1971] 89).

[20] Darum erstaunt die Aussage bei MATTIES (1990) 134: "In the instruction to the prophet that follows in v 6, the prophet is given a call to repentance."

[21] Häufig wird der brüske Wechsel zwischen 2./3.Sg als ez Stileigenheit bezeichnet. "Stil" kann aber nicht meinen, daß dieser Wechsel beliebig ist. Nach CARDONA (1988) 293 ist Stil die "qualità specifica delle scelte linguistiche usate, all'interno di una data varietà." Der Stil steht in einem Verhältnis zum Sachverhalt (vgl. MELTZER [1995]). FOWLER (1987): "A style is a manner of expression, describable in linguistic terms, justifiable and valuable in respect of non-linguistic factors (236)." Der Stil steht in einem Verhältnis zum Sprecher und zum Gesagten und konstituiert sich aus dem Zusammenspiel sprachlich-formaler und extrasprachlich-situationaler Elemente. Dieses Zusammenspiel ist für jede Dialogsituation zu prüfen. Nur im Dialogkontext zeigt sich, ob verschiedene Ausdrücke das Gleiche oder gleiche Ausdrücke Verschiedenes meinen. Vgl. aber GROSS (1976) 3: "Die Sprache ist ein Zeichensystem, und ein Zeichensystem, in dem alle Zeichen dasselbe bezeichnen können, ist ein Widerspruch." Das ist die dialoganalytische Ausgangsbasis. Der Gebrauch personendistinktiver Morpheme kann also nicht beliebig sein (WEINRICH [1984] 29: "Es gibt aber keine mir bekannte Sprache, die von dem Grundschema erste: zweite: dritte Person bis zur Unerkennbarkeit abwiche"). Das schließt Fehler (Ez 11,19 vgl. S.162, Anm. 129) nicht aus. Diese sind dialoganalytisch nachzuweisen. Schwierig ist die Dialoganalyse, wo Informationen zur Anredesituation fehlen, z.B. im Wort gegen das Gebirge Seïr (Ez 35, vgl. V.7s: Wechsel von 2.Sg in 3.Sg und zurück; zum Personen- und Numeruswechsel: SIMIAN-[YOFRE] [1974] 110). Der Anredepartner, das Gebirge Seïr, besitzt einen eigenen Dialogstatus. Zu einem Berg redet man anders als zu Menschen. Es gibt in Ez 35 Hinweise, daß das Gebirge Seïr ein symbolischer Adressat ist und ein zuhörender Gesprächspartner (vgl. Theaterpublikum) vorausgesetzt wird, dessen Anwesenheit aus den Worten in der 3.Sg hervorgeht (Ez 35,7; Ez 33,30; GREENBERG (1997) 714: "double audience"). Zu ORIGENES' Behandlung des Anredewechsels in Psalmen und Propheten: RONDEAU (1985) 63ss. Zum Versagen rein gramm. Merkmale bei der Analyse von Performativen: AUSTIN (1974) 19. Zur Katalogisierung und meist psychologisierenden Interpretation des Numerus- und Personenwechsels im AT: KÖNIG (1900) 232-259. Zum Numeruswechsel: LEVI (1987) 38s.

[22] ZIMMERLI (1954a) 6: "Der Prophet scheint damit den vollen Anschluß an die

Das erste Rechtswort ist durch Prophetenanreden eingefaßt, während das zweite in Ältestenanreden (V.6c: שׁובו והשׁיבו bzw. V.8d: וידעתם) eingebettet ist. Der Prophet ist der Adressat des ersten Rechtswortes, das ihn instruiert [23], während das zweite die Ältesten anredet. Die dialogische Wende zwischen beiden Rechtsworten markiert V.6a. Wenden wir uns nun dem zweiten Rechtswort und seinem Umfeld zu.

Das zweite Rechtswort wird von 2.Pl.-Anreden, am Anfang der Umkehrruf und am Ende die Erkenntnisformel, umgeben. Dieser Rahmen spricht die Ältesten an, denn erstens entspricht die Fallbeschreibung ihrer Situation und zweitens ist sonst niemand anwesend. Anders als im ersten Rechtswort kündigt V.8abc die Bestrafung der Fragesteller an. Das stellt die Dialoganalyse vor eines der Grundprobleme von Ez 14.

Nach V.1 ist der Tatbestand einer unwürdigen Jahwebefragung durch die Ältesten erfüllt. Das zweite Rechtswort ordnet die Ausmerzung solcher Frager aus dem Volk an [24]. Das Gotteswort kann für die Ältesten nicht folgenlos bleiben. Aber werden sie für ihre Gottesbefragung tatsächlich bestraft? Aus Ez 14 und dem weiteren literarischen Zusammenhang verlautet davon nichts.

Man kann einwenden, daß das zweite Rechtswort keine direkte Bestrafung erwähnt. Die Strafe könnte später eingetroffen sein. Dazu ist ein Blick auf den Dialogstatus der Ältesten zu werfen:

• Handelt es sich bei den Ältesten um Golah-Vertreter, ist eine spätere Bestrafung nicht auszumachen. Man müßte an eine Strafaktion denken, deren Spuren sich in der Geschichte verloren haben.

• Handelt es sich bei den Ältesten um Gesandte des judäischen Volksrestes, könnte die Strafansage auf die Eroberung Jerusalems anspielen.

• Es gibt noch eine dritte Lösungsmöglichkeit. Jahwe fragt in V.3d, ob er den Ältesten antworten soll. Dem entspricht, daß die Ältestenanrede mit einem Umkehrruf beginnt, der illokutionstechnisch keine direkte Antwort auf eine Frage sein kann. Es wird durch ihn keine Frage-Antwort-Situation konstituiert, so daß sich der Umkehrruf als Intervention verstehen läßt, die einer (strafenden) Antwort zuvorkommt. Damit bleibt vorerst offen, ob der Tatbestand einer göttlichen Antwort an die Ältesten erfüllt ist und die Umstände für eine Bestrafung gegeben sind.

Das zweite Rechtswort mündet in die Erkenntnis- und Selbstvorstellungsformel, welche die letzte direkte Anrede eines Gesprächspartners in Ez 14,1-11

---

prophetische Redeweise wiedergewonnen zu haben."

[23] Eine saubere Dialoganalyse zeigt LUST (1967) 491. Danach sind viele ez Gottesworte zweiteilig: 1.) Wort an den Propheten und 2.) göttliche Botschaft, "également adressé à l'homme de Dieu mais appelé à être transmis par lui au public." Zu Aufbau und Situationalisierung von Gottesworten bei Jer: MILLER (1955) 19s.

[24] V.8c (והכרתיו מתוך עמי) zeigt, daß das zweite Rechtswort nicht kollektiv an Israel gerichtet sein kann, sondern an eine Teilmenge, für die allein es möglich ist, aus dem Gesamtvolk ausgemerzt zu werden.

ist. In V.8 bildet sie nicht nur die Grenze zwischen zwei Pendenskonstruktionen, sondern auch zwischen zwei sprachlich sehr verschiedenen Bereichen. Der Bereich von V.8s zeigt eine Veränderung im Vokabular. Wörter und Redewendungen, die im ersten Teil häufig sind, treten nicht mehr auf oder werden durch andere ersetzt. Das berechtigt, V.8de zu jenen 80% der Fälle zu zählen, in denen die Erkenntnisformel nach ZIMMERLI eine Zäsur im Text darstellt [25]. Die Frage, ob in V.8de auch eine inhaltliche Grenze vorliegt, kann nicht ohne Prüfung der dialogischen Stellung des Schlußabschnittes beantwortet werden.

2.4. *Ez 14,9a-11e: Die Propheteninstruktion II*

Ist die Erkenntnisformel als Beginn einer neuen Anrede zu verstehen? Das Fehlen einer persönlichen Anrede im Schlußteil deutet darauf. Das erklärt sich teils mit dem Prophetenrechtswort, das den vorherigen Rechtsaussagen gleicht [26]. Doch ab V.11a ist der נביא nicht mehr erwähnt. V.11 erinnert mit seiner Rede über das Haus Israel in der 3. Pl. an V.5a und zeigt, daß die Dialogsituation jener in der Propheteninstruktion I entspricht. Von Israel redet 9a-11e nur in der 3. Pl. Somit bezeichnet die Erkenntnisformel die Grenze der Ältestenanrede. Was danach folgt, führt auf die Dialogebene von 3a-5b zurück.

Ergebnis: Ez 14,3a-11 ist ein Gotteswort an den Seher, das ihn beauftragt, die Botschaft *6b-8e* an die um ihn versammelten Ältesten weiterzugeben.

Jetzt ist abzuklären, wie die beiden dialogischen Texttypen in Ez 14,1-11 zueinander stehen, und wie sie in der Sprachhandlung zusammenspielen. Dazu ist zu prüfen, wie das Gotteswort durch seine Ausrichtung auf die Ältesten geprägt ist.

3. Die Ältesten als Schlüssel zum Verständnis des Dialoges

Ein Dialog ist mehr als eine Informationsübermittlung von A nach B [27]. Um eine dialogische Aussage zu verstehen, muß man wissen, an wen sie gerichtet ist und welchen Gesprächsstatus der Anredepartner besitzt. Das

---

[25] ZIMMERLI (1954b) 10: Die "Zuordnung der Formel als Ziel- und Schlußaussage eines Wortgefüges herrscht im Buche Ezechiel vor. In mehr als der Hälfte der Stellen findet sich die Formel im Ende eines klar abgetrennten Gotteswortes, in einer Reihe weiterer Stellen wenigstens am Ende einer Gedankenreihe innerhalb des Redezusammenhanges. Nur in ungefähr einem Fünftel der Stellen ist die Rede ohne spürbare Unterbrechung über die Erkenntnisaussage hin weitergeführt". Auch ZIMMERLI (1954b) 40 bestätigt sich in V.8d, wonach die Erkenntnisformel mit einer Tat Jahwes zusammenhängt, aus der für die Anwesenden die Erkenntnis Gottes hervorgeht. Zur Erkenntnisformel auch: SAVOCA (1976) 35-38.

[26] ZIMMERLI (1954a) 7: "Das Ausweichen der Gottesrede in die 3. Person mitten im Wort an Ezechiel ist nur aus dem Zwang des gesetzlichen Stils, der hier wirkt, zu verstehen."

[27] Nach PETTERSSON (1991) 47 ist ein solcher reduktiver Kommunikationsbegriff nur geeignet, um etwa die Informationsweitergabe von einem datenverarbeitenden Rechner auf einen Drucker zu beschreiben.

Gotteswort nennt die Adressaten "Männer von den Ältesten Israels" [28]. Das genügt nicht, um ihren Gesprächsstatus zu begreifen. Die Untersuchung ist auf die Analyse der Redesituation auszuweiten. Daraus wird nicht nur das Dialogprofil der Ältesten, die das auslösende Moment des Gotteswortes sind und den Schlüssel zu seinem Verständnis bilden, sondern auch der Dialog besser verständlich [29].

Die Frage nach der Identität der Ältesten ist kein historisches Problem. Die Untersuchung des Dialoges bleibt innerhalb des Sprachspiels [30] und vergleicht auch andere Texte bzw. Textdeutungen auf dieser Ebene [31].

Ausgangspunkt für die Klärung des Gesprächsstatus der Ältesten sei die Schulmeinung, wonach sie Vertreter der Verbannten im babylonischen Exil waren [32]. Deckt sich das mit dem gegebenen Sachverhalt? Diese Frage ist mit

---

[28] Zur Gegenüberstellung der Ältesten in Ez und im dtr Geschichtswerk: NAGANO (1993) 5-13. Ferner: PONS (1986) 215s.

[29] Darum sucht auch PONS (1986) 216 mittels Ez 20 den Status der Ältesten zu verstehen. Er glaubt, daß Ez 20 die Ältesten als Vertreter des Dtn anspricht und sich von ihnen polemisch absetzt. Dieser Ansatz ist dialogisch interessant ("[...] nous essaierons de montrer comment Éz, face aux anciens, va se servir de mots qui leur sont familiers [216]"), hat aber den Nachteil, die Dialoguntersuchung auf die Wortebene zu beschränken (Nachweis von dtn/dtr-Vokabular). Daß die Ältesten Exulanten sind, wird vorausgesetzt (216). Das führt PONS zu weitreichenden Schlüssen: "Il y avait donc controverse en exil entre les milieux dtr et Ézéchiel (232)". Bedenklich ist ferner PONS' Prinzip, jene Textteile zu eliminieren, in denen das erwartete Dtn-Vokabular fehlt: "Mais les passages où nous n'aurons pas décelée cette volonté de confrontation avec Dt/dtr seront a priori suspects, surtout si les thèmes qu'ils développent vont à l'encontre de la ligne de pensée générale du chapitre; et nous considérerons volontiers ces passages comme ne provenant pas du prophète lui-même (215)." PONS' Untersuchung ist wegen seiner ansatzhaften Berücksichtigung des Dialoges bemerkenswert. Er versucht sogar, Ps 106 als Replik auf Ez 20 zu verstehen (233).

[30] Sprache dient nicht nur zur Beschreibung, sondern wird auch in sprachlichen Handlungen, sogenannten Sprachspielen, eingesetzt (SCHLIEBEN-LANGE [1979] 32). Nach WITTGENSTEIN (1967) 24 meint "Sprachspiel", "daß das Sprechen der Sprache ein Teil ist einer Tätigkeit oder Lebensform." WITTGENSTEIN gibt Beispiele: Befehlen, Beschreiben eines Gegenstandes, Berichten eines Herganges, Theater spielen, Übersetzen, Bitten, Danken, Beten, Fluchen, Grüßen (etc.). Überall, wo in der Begegnung zwischen Menschen und Gott Sprache eine Rolle spielt, werden Sprachspiele relevant. Der sprachliche Nachvollzug eines Ereignisses geschieht mittels eines Sprachspieles, das den Augenblick nicht festhalten kann, sondern nur nachahmt.

[31] Da Sprachspiele das Fundament historischer Untersuchungen sind, und historische Interpretationen als Sprachspiele formuliert sind, ist eine Begegnung zwischen den beiden Ebenen möglich und notwendig. Im Idealfall, wo das Sprachspiel die historische Wirklichkeit 1:1 abbildet, ist das dialogische mit dem historischen Sprachspiel identisch.

[32] Neben den Kommentaren: GAUTIER (1891) 222s, DÜRR (1923) 128, ARCHUTOWSKI (1930) 333, BUTTENWIESER (1930) 1, GRONKOWSKI (1937) 5s (379s), CHAINE (1946) 160, HOWIE (1950) 16, KAUFMANN (1960) 427, ACKROYD (1968) 33, MONLOUBOU (1972) 28, MAYS (1978) 18, JOYCE (1989) 13, ALBERTZ (1992) 380, SAPORETTI (1996) 91, FLANDERS/CRAPPS/SMITH (1996) 411, BOGGIO (1997) 100. Ferner: DANDAMAYEV (1982) 41,

Blick auf das ganze Ez-Buch zu beantworten. Es ist zu prüfen, ob die Ältesten dort einen einheitlichen Aktantenstatus besitzen. Ist dem so, dann sind die Ältestenperikopen auf dem Hintergrund dieses Horizonts auszulegen.

Wir beginnen mit dem Überblick über die Stellen, wo die זקנים in Ez vorkommen:

• Ez 7,26 zählt in einer Untergangsprophetie Ältesten, Propheten und Priester auf und sagt, daß ihnen ihr Amts-Charisma genommen wird: dem Propheten die Weissagung, dem Priester das Gesetz und dem Ältesten die עצה, der Rat [33].

• In Ez 8,11 treiben während der Tempelvision siebzig von Jaasaniahu Ben Schaphan angeführte Älteste Götzendienst im Gotteshaus.

• In Ez 11,1 erscheint während der gleichen Tempelvision eine weitere Männerversammlung, die zwar nicht als Älteste bezeichnet, aber vom Seher angeklagt wird, böse Ratschläge (עצת־רע) gegeben zu haben. Deshalb liegt es nahe, diese Männer als Älteste zu betrachten [34].

• In Ez 20,1.3ss ergeht ein langes Prophetenwort an Älteste [35].

Die זקנים treten also in Ez zwar selten, aber immer in wichtigen Positionen auf [36]. Um ihre dialogische Identität zu verstehen, werden wir zuerst die Situation

---

der aber keine neobabylonischen Dokumente zitiert, die Älteste als Vertreter fremdstämmiger Siedlungsgemeinschaften in Mesopotamien erwähnen. Ferner HERZOG (1923), wobei die Aussage erstaunt: "Daß das Schicksal des Tempels und der Stadt ein vollauf verdientes ist, beweisen die Ausführungen Ez 8 und 14 (121)." Ferner DAVIDSON (1906) 92, der aber hinzufügt: "but in them the prophet sees representatives of the house of Israel both at home and abroad"; PAREIRA (1975) 27.33; CONRAD (1977) 647 und von ihm abhängig KOHATA (1986) 77; REVIV (1983) 111; REINDL (1987) 75; GRABBE (1995) 77. SCHROEDER (1873) 144: "Abgesandte aus den Exilierten des Zehnstämmereichs".

[33] Auch Jer 18,18. Das schließt nicht aus, daß die Ältesten die unterschiedlichsten Funktionen ausüben können: HOPPE (1983) 262.

[34] DUGUID (1994) 114s. Diesen Verdacht wird die Untersuchung erhärten. LIND (1996) 85 bemerkt, daß das Stadttor, wo die Gruppe steht, auch der Ort war, wo Ratschläge gegeben wurden.

[35] Die im Klagelied über den Untergang von Tyrus (Ez 27,9) erwähnten Ältesten von Gebal sind nicht israelitischer Herkunft und werden darum übergangen.

[36] Unklar ist, ob Ez 9,6 von Ältesten oder von alten Männern redet. Der Kontext deutet auf letztere: "«Den Greis (זקן), den Jüngling, die Jungfrau, die Kinder und Frauen, haut sie nieder (...). Fangt an bei meinem Heiligtum!» Und sie fingen an באנשים הזקנים, die vor dem Tempel waren." DUGUID (1994) 70 hält sie für Älteste: "The agents of judgement were standing beside Solomon's bronze altar (Ezek. 9:2), which was on the north east corner of the Temple court, so they would have been in close proximity to the sun-worshippers. These sun-worshippers, whose location is described in Ezekiel 8:16 (...) are the only men whose position fits the description of Ezekiel 9:6: lipnê habbayit." Die Sonnenanbeter sind wegen ihres Aufenthaltsortes für DUGUID die Erstgerichteten. Diese Lösung ist zweifach unbefriedigend. Erstens werden die Sonnenanbeter im Text weder als Älteste bezeichnet, noch besitzen sie Ältesten-Attribute; zweitens nennt Ez 9,6 nicht זקנים, sondern אנשים הזקנים. DUGUID erklärt den Ausdruck mit einer dunklen gramm. Beziehung zwischen אנשים הזקנים und der Bezeichnung der Ältesten als אנשים מזקני ישראל in

in Ez 14,1 klären, zweitens die Ältesten den שׂרים gegenüberstellen, drittens die Bezeichnung "Älteste Israels/Judas" hinterfragen, viertens ihren Dialogstatus in Ez 8-11 und fünftens in Ez 20 nachzeichnen.

3.1. *Der Prophet und die Ältesten in Ez 14,1*

Der Dialogstatus der Ältesten ist an Hand der zwei Informationsarten, die der Prophet über sie in der narrativen Einleitung mitteilt bzw. durch das Gotteswort empfängt, zu analysieren. Aus deren Vergleich ergeben sich auch Erkenntnisse zur dialogischen Stellung des Sehers und zu seinem Verhältnis zu den Ältesten.

3.1.1. Das Problem. Der Prophet erkennt die Männer als Älteste Israels, so daß Jahwe sie ihm nicht vorzustellen braucht, sondern einfach אנשים האלה nennt (V.3b) und damit die Bekanntschaft des Sehers mit den Ältesten voraussetzt. Woher kennen sie sich? Wie oben gezeigt, sehen die meisten modernen und, soweit sie das Problem behandeln, antiken Autoren die Ältesten als mit der ersten Deportation verschleppte Exulantenvertreter (2 Kön 24 [37]). Sollte dem tatsächlich so sein, dann überrascht es nicht, daß Älteste und Prophet einander kennen. Überraschend ist dagegen, daß Jahwe den Propheten auf den Götzendienst der Ältesten hinweisen muß. Hat der Prophet darüber tatsächlich noch nichts gehört [38]? Das ist die offensichtlichste Schwierigkeit des

---

Ez 14,1 und 20,1 und zeigt mit LXX-Handschriften, daß האנשים keine Glosse ist. Dem widerspricht KEIL (1882) 103, wonach Ez 9,6 weder die 70 Ältesten meint (diese wären nicht לפני הבית) noch die Sonnenanbeter, die er für Priester hält und für die die Bezeichnung אנשים הזקנים unpassend wäre: "Wir haben daher wol (sic!) überhaupt an alte, betagte Männer zu denken, die in den Vorhof gekommen waren, vielleicht um zu opfern, aber dabei doch des Gerichtes schuldig waren." KEILs textlich unabgesicherte Identifizierung der 25 Sonnenanbetern mit Priestern stellt DUGUID zu Recht in Frage. Doch das gilt mutatis mutandis für DUGUIDs Identifizierung der 25 als Älteste. Zwischen אנשים הזקנים und אנשים מזקני ישׂראל besteht keine Struktur-, nur eine Wortverwandtschaft. In Ez 9,6 fehlt nicht nur die Partitivpartikel מן, sondern auch die Ortsbezeichnung, die den Gebrauch des Adjektivs זקן dort, wo das Wort Älteste meint, charakterisiert. Daß die Schächer zuerst die אנשים הזקנים töten, liegt nicht an ihrer Nähe zu den 25 Sonnenanbetern, sondern versteht sich, weil den Schächern aufgetragen ist, Alte, Kinder und Frauen zu töten. Das betont die Strenge des Gerichtes. Dazu paßt, daß Ez 9,6 nicht von Ältesten, sondern von alten Menschen redet. Das heißt nicht, daß das Gemetzel nicht auch den Ältesten (z.B. jenen in Ez 8,11) oder den 25 Sonnenanbetern gilt. Die Aussage ist diese: Wenn schon Alte, Frauen und Kinder umgebracht werden, um wieviel mehr die Ältesten. Es besteht also letztlich in der Beurteilung der Situation kein wesentlicher Unterschied zwischen unserer (bzw. KEILs) und DUGUIDs Auslegung von אנשים הזקנים. Während die Niedermachung der Ältesten nach DUGUID direkt berichtet wird, ist in unserer Rekonstruktion die Bestrafung der Ältesten a fortiori unterstrichen.

[37] Zur ersten Deportation: Ez 1,1; 3,11.15; 11,25; 14,22; 17,12; 19,9; 22,31.

[38] LOFTHOUSE (1911) 129 weiß zwar um die Problematik eines exilischen Götzendienstes ("We know that the exile broke the power of idolatry among the Jews; and we nowhere learn definitely from Ezekiel that idols were worshipped in the community of

exilischen Ältestenverständnisses. Sie wird dadurch verschärft, daß der Götzendienst der Ältesten nicht erst in V.3, sondern schon in der Tempelvision (Ez 8-11) klar zur Sprache kommt. Darauf ist nun ein Blick zu werfen.

Bei seinem visionären Besuch in Jerusalem wird der Prophet in Ez 8,7 zum Tempelvorhof geführt, wo er durch ein Loch in der Wand ins Innere des Gotteshauses steigt. Dort sieht er 70 Männer, die er als Älteste Israels um Jaasanjahu Ben Schaphan erkennt, ohne daß sie ihm vom visionären Begleiter vorgestellt werden. Letzterer weist den Seher aber auf ihr *Handeln* hin: "Hast du gesehen, was die Ältesten des Hauses Israels im Finstern tun? (Ez 8,12)". Das ist die erste Konfrontation des Propheten mit dem Götzendienst der Ältesten. Nach Ez 8,1 ist das Ereignis ins sechste Jahr nach der ersten Deportation datiert [39]. Der Prophet ist also sechs Jahre landesabwesend, so daß er seine Landsleute zwar noch kennt, aber über ihre Lebensumstände nicht mehr im Bilde ist. Die visionäre Entrückung klärt ihn über die letzten Entwicklungen in der Heimat auf.

Es gibt ferner in der Schilderung des Götzendienstes eine interessante Situationsparallele zwischen Ez 8 und Ez 14. Ez 8,10s berichtet von der Verehrung von Bildern, die sich vor den Ältesten befinden (עמדים לפניהם). Ez 14,3 klagt die Ältesten u.a. an: ומכשול עונם נתנו נכח פניהם. Es wird abzuklären sein, ob sich Ez 14,3 auf den Bilderkult bezieht, der in Ez 8,11 geschildert ist. Soweit zu den Gemeinsamkeiten.

Das stärkste Argument gegen eine Teil- oder Ganzidentifizierung der Ältesten von Ez 8 mit jenen in Ez 14 ist der Ortsunterschied. Die Ältesten der Tempelvision befinden sich in Jerusalem, die Ältesten von Ez 14,1 in Babylon. Das berührt die Frage der doppelten Lokalisierung von Ez, die mit dem Wirkungsort des Propheten zusammenhängt [40]. Vier Lösungsmodelle existieren:

- Ez's Wirkungsort und Publikum ist nur babylonisch [41].

Tel-abib"), schließt aber nicht aus, daß die Götzen von den Deportierten nach Babylon gebracht worden sind. Ähnlich: HALL (1979) 403.

[39] Nach KUTSCH (1985) 60 und PARKER-DUBBERSTEIN (1956) 27s ereignet sich die Vision am 28. September 593. Zur Authentizität ez Datierungen: LEMAIRE (1986) 366.

[40] Forschungsüberblicke bei GREENBERG (1970), SIMIAN[-YOFRE] (1974) 18-58, GARSCHA (1974) 7-13, HOSSFELD (1977) 10-18; LANG (1981) 1-18, BROWNLEE (1986) XIX-XXIII, BOADT (1990) 305s, MCKEATING (1993) 30-61, COOPER (1994) 31-37, CLEMENTS (1996) 151s.

[41] FOHRER (1952) 203ss vertritt eine babylonische Wirksamkeit Ezechiels (203/215). Folglich sind die Augenzeugen der symbolischen Handlungen Exulanten (215). Er mißt aber diese Hypothese nicht am Dialog und deutet 'unpassende' Anreden schnell als Stilformen. So besitzt der Redebefehl an den Seher für ihn keine persönliche Ausrichtung. Damit begeht FOHRER, der den Vertretern eines judäischen Ezechiel den begründeten Vorhalt macht, vom Ort der Angesprochenen auf den Ort des Propheten zu schließen (207), den umgekehrten Fehler des Schlusses vom Ort des Propheten auf jenen der Angeredeten. Ähnlich: ZIMMERLI (1979), GREENBERG (1986), REINDL (1987),

• Ez's Wirkungsort und Publikum ist nur judäisch [42].
• Ez hat zuerst in Juda und später in Babylon gewirkt (o.ä.) [43].
• Ez ist ein vor- bzw. nachzudatierendes Pseudoepigraphon [44].

Keine dieser Erklärungen führt zu einer befriedigenden Lösung. Die ersten zwei müssen die Hinweise auf Jerusalem bzw. auf Babylon relativieren, die dritte hat unbezeugte Wanderungen des Propheten anzunehmen, und die vierte löst die Frage mittels grundsätzlicher Erwägungen. Ohne literarkritische Abstriche kommt zudem keine der Auslegungen aus [45].

Die Dialoganalyse versucht aus dieser Sackgasse herauszuführen. Ihre Hypothese, die auf der Ebene der Anrede nachzuweisen ist, lautet: *Die Ältesten erscheinen in Ez 14,1 nicht als Vertreter der babylonischen Golah, sondern als Abgesandte aus Jerusalem, die nur vorübergehend in Babylon weilen.* Das erklärt, warum sie der Prophet - wie schon in Ez 8,11s - zwar kennt, aber nicht um ihre Lebensumstände weiß [46].

Diese Hypothese kommt der Intuition des Hugo GROTIUS in seinen *Annotationes in Vetus Testamentum* (Paris, 1644) zu Ez 14,1 nahe. Er bezeichnet die Ältesten mit Bezug auf Jer 51,59 als "Saraias et qui cum eo a Sedecia missi Babylonem". Eine Identifizierung mit der Gesandtschaft Serajas ist wegen der schmalen Quellenlage unhaltbar, interessant ist aber die Bezeichnung der Ältesten als judäische Gesandte. Ältestenmissionen nach Babylon sind in neubabylonischen Dokumenten bezeugt [47]. Die dialoganalytisch erhärtete In-

---

BLENKINSOPP (1990), VAWTER/HOPPE (1991), COOPER (1994).

[42] BERRY (1930) 83-93, HERNTRICH (1933) 131: babylonisch überarbeitete Worte eines Jerusalemer Propheten; BROWNLEE (1986), FUHS (1995) 1141: Wirksamkeit in Jerusalem zwischen 593-586.

[43] IRWIN (1943) VIII: Exilierung erst 597; VAN DEN BORN (1947), AUVRAY (1947) 7 und (1948) 519; SPIEGEL (1935) 170: BERTHOLET (1936) XIV.

[44] Vordatierung (SMITH [1931] 98: Zeit von Manasse 722-669) bzw. Spätdatierung (ZUNZ [1832/1892]: Perser [171]; TORREY [1930]; BROWNE [1952]: Alexander der Große). Dazu: CASSUTO (1930) 875.

[45] Eine Mittelposition nimmt BRUNNER (1969) 155 ein. Er versteht die Ältesten in Ez 14,1 als Repräsentanten der Tempelgemeinde, fügt aber hinzu: "Dass sie eigens aus Jerusalem herkamen, braucht man deswegen nicht anzunehmen. Es kann sich sehr wohl um Männer handeln, die auch in der Verschickung lebten und ein ähnliches Los wie Ezechiel erduldet haben."

[46] Man könnte einwenden, daß der Prophet in Ez 14,1 keiner weiteren Information über den Götzendienst bedarf. Das setzt voraus, daß zwischen der visionären Gruppe in Ez 8 und jener in Ez 14,1 eine personelle Übereinstimmung besteht und daß der Prophet die Ältesten in Ez 14,1 sogleich mit jenen der Vision identifizieren kann. Dies ist nicht notwendigerweise der Fall, womit Ez 14,3 z.B. dazu dienen könnte, die Erinnerung an das in Ez 8 Geschaute aufzufrischen.

[47] DANDAMAYEV (1982) 39 erwähnt neubabylonische Briefe aus dem 7.Jh v.Chr.: "(...) according to ABL 202:rev.15, Elders will come to Babylon and take the oath of the Assyrian king. As seen from ABL 287:12, fifteen Elders came to enquire about the king's welfare. In ABL 517:12 the Elders of the tribe Bīt-Amukanu are mentioned. ABL 576 is

tuition des GROTIUS hat den Vorteil, weder einen unausgewiesenen doppelten Wirkungsort des Propheten vermuten, noch die Hinweise auf Juda/Jerusalem ignorieren oder umdeuten zu müssen [48]. Sie nimmt das Zusammentreffen von zwei Aktanten verschiedener Herkunft an. In Ez 8-11, wo der Prophet als visionärer Eindringling nach Jerusalem entrückt wird, läßt sich das leicht erkennen. Ist ähnliches in Ez 14,1-11 der Fall [49], dann wäre das Stück eine dialogische Parallele zur Tempelvision.

3.1.2. Zu den Ortsangaben im Ez-Buch. Gegen die judäische Herkunft der Ältesten spricht, daß Ez 14,1 eine solche nicht erwähnt. Das stimmt zwar, steht aber im Rahmen der allgemeinen Vernachlässigung lokaler Umstandsbestimmungen in Ez 14 [50]. Diese erklärt sich aus dem größeren Kontext [51]. Dazu ist ein Blick auf die Lokalisierungen in Ez zu werfen. Die erste ausführliche Ortsangabe steht in Ez 1,1-3 (Tel Abib, Kebar). Sie wird in Ez 3,15s samt Datierung wiederaufgenommen. In Ez 3,22s ist der Schauplatz "*die* Ebene" [52]. Am Buchanfang wird also mit absoluten Ortsangaben lokalisiert.

Die nächsten Ortsangaben stehen in Ez 8,1. Die babylonischen Lokalisierungen sind nun durch Referenzpunkte aus dem privaten Bereich des Sehers ersetzt: "als ich in meinem Hause (בביתי) war und die Ältesten Judas vor mir (לפני) saßen". Daraus folgt, daß die Topologie als bekannt vorausgesetzt wird. Im Kontrast dazu taucht in Ez 8,1 ("Älteste Judas") der Bezugspunkt יהודה

a letter sent by the Elders of the Sealand to the king of Assyria." AUVRAY (1947) 6 erwägt die Existenz von Beziehungen zwischen Babylon und Jerusalem, hält sie aber für eine Ausnahmeerscheinung. HOWIE (1962) 205 nennt Jer 29 als Beweis für bestehende Kontakte zwischen Heimat und Exulanten.

[48] Ein Beispiel für eine solche Anpassung ist die גר-Erwähnung (Ez 14,7), die den Autoren Probleme schafft, welche die זקנים als Älteste der Golah verstehen und darum die nach Juda weisende Nennung des גר umdeuten müssen. GREENBERG (1983) 249: "The old formula (...) is kept despite its inappropriateness for the exilic community (...) to lend the pronouncement the aura of ancient, general authority and applicability." BALTZER (1975) 133 vertritt eine babylonische Wirksamkeit des Propheten und sieht die Jerusalem-Anrede als literarischen Formzwang, der den "traditionelle(n) Anspruch" des Propheten über Jerusalem und Israel herausstellt.

[49] Gegen HOWIE (1950) 16.

[50] Die Ortsbezeichnungen beschränken sich auf Wendungen wie אלי, לפני und ישראל. Damit ist der *Seher* der wichtigste räumliche Bezugspunkt im Gotteswort.

[51] RENDTORFF (1986) 263 zur Bedeutung des Großkontextes: "Die Frage nach der Komposition verändert die Bedeutung der formgeschichtlichen Betrachtung (...). Ich würde ihr (sc. der Formgeschichte) jedoch heute nicht mehr die uneingeschränkte Bedeutung zugestehen, die sie in der «Schule», aus der ich komme, bisher gehabt hat. Sie kann leicht zu einer Isolierung der einzelnen Texteinheiten voneinander und gegeneinander führen und damit zu einer Atomisierung des Textes. Sie sollte deshalb stets durch die Frage nach der Stellung und Funktion der einzelnen Text- bzw. Redeeinheiten in ihrem engeren und weiteren Kontext ergänzt und u.U. auch korrigiert werden." Ferner: STECK (1996) 110s Anm. 150 nach SCHWAGMEIER.

[52] Determiniertes הבקעה legt nahe, daß der Ausdruck einen bestimmten Ort meint.

auf, der, wie zu zeigen ist, eine starke geographische Konnotation besitzt und auf die alte Heimat der Golah verweist [53].

In den folgenden Kapiteln stehen absolute babylonische Ortsbezeichnungen selten, z.B. bei der Entrückung des Sehers nach Jerusalem und zurück, wobei Ez 11,24 von Chaldäa (כשׂדימה) spricht und Ez 12,13 das Land erwähnt (ארץ כשׂדים), wohin der König von Juda gebracht werden soll.

In Ez 14,1 sind die Ortsbezeichnungen im Vergleich zu Ez 8,1 weiter vereinfacht. Neben der Bezugnahme auf die Person des Sehers findet sich die polyseme Bezeichnung ישׂראל. Der Aufenthaltsort des Propheten und die Herkunft der Ältesten sind also vorausgesetzt. Für das Verständnis der Lokalisierungen in Ez 14,1 sind somit drei Dinge zu beachten:

1.) Die Lokalisierungen in Ez 14,1 setzen die Angaben der früheren Kapitel voraus. Das unterstreicht, daß Ez 14,1-11 Teil einer Großkomposition ist.

2.) Fixpunkt für das räumliche Verständnis von Ez 14,1-11 ist die Person des Propheten. Die Bezugnahme auf sich selbst ist bei Ezechiel häufig und erscheint erstmals am Buchanfang, wo er die Thronwagenvision an Hand seines Lebensalters datiert [54].

3.) Wegen der progressiven Relativierung der Ortsangaben ist zu vermuten, daß "Älteste Israels" (Ez 14,1) und "Älteste Judas" (Ez 8,1) eine analoge Gruppe meint. Die Bezeichnung "Älteste Israels" würde die festgestellte Lokalisierungsunschärfe erklären.

Die Ausweitung der Analyse auf den Kontext ist nötig, um die dialogisch wichtigen Örtlichkeiten und den Gesprächsstatus der Ältesten zu bestimmen. Wie bei der Natanserzählung (2 Sam 12,1-7) werden in Ez 14 die äußere Wirklichkeit und die Wirklichkeit im Gotteswort zusammengeführt. Damit stehen die Ältesten zum איש איש der Gesetzesrede im gleichen Verhältnis wie David

---

TORREY (1930) 44 sucht die הבקעה in Jerusalem.

[53] Das merkt schon REDPATH (1907) 37, versteht aber die Bezeichnung als Abgrenzung der judäisch-exilischen Ältesten von den Exulanten des Nordreiches.

[54] Die kontroverse Wendung "im dreißigsten Jahr" (Ez 1,1) ist mit ORIGENES (u.a.) als Lebensalter des Propheten zu deuten. FOHRER (1952) 113s wendet ein, daß 1.) der Ausdruck "dreißigstes Jahr" zur Bezeichnung des Lebensalters eines Menschen nicht genüge, und daß 2.) Ezechiels exakte Kenntnisse über den Tempel schließen ließen, daß er in Jerusalem als Priester tätig gewesen sei, womit er die Stadt nicht als Jugendlicher verlassen haben könne. KUTSCH (1985) 48 fügt hinzu, daß eine solche Bezeichnung der Lebensjahre im AT einmalig wäre. Ohne Gründe lehnt er die von TAYLOR (1966) 119s in Gen 8,13 gefundene Parallele ab, die das Lebensalter des Noah wie in Ez 1,1-3 mit einer Datumsnennung bestehend aus Monat und Tag aussagt. Wir meinen, daß die von TAYLOR neu begründete Lösung des ORIGENES, Ez 1,1-3 am besten erklärt. FOHRER's Hinweis auf die Kenntnisse des Propheten über den Tempel kann eine priesterliche Aktivität Ezechiels in Jerusalem nicht beweisen. Zur Lebensalter-Theorie: KLOSTERMANN (1877) 411 (mit Verweis auf Gen 7,6.11 und 8,13); BROOME (1946) 282s, MILLER (1992) und HOSSFELD (1995) 354.356.

zum reichen Mann [55]. Die auf den Kontext ausgedehnte Untersuchung des Gesprächsstatus der Ältesten geht in einem Dreischritt vor. Zuerst wird abgeklärt, ob die in Ez 11,1 von den zwei שׂרי־העם, Jaasanja Ben Asur und Pelatjahu Ben Benajahu, angeführten 25 Männer Älteste und als solche einzubeziehen sind (3.2.). Dann wird der Unterschied zwischen der Bezeichnung "Älteste Israels" und "Älteste Judas" präzisiert (3.3.). Schließlich geht es um den Gesprächsstatus der Ältesten in Ez 8-11 und Ez 20 (3.4.).

3.2. *Die Männer in Ez 11,1 und die* שׂרים

Die שׂרים sind für das Verständnis der Ältesten bedeutsam, weil sie in Ez 11,1 als שׂרי העם im Umfeld einer mutmaßlichen Ältestengruppe auftreten. Bevor wir darauf eingehen, sind die ez שׂרים-Vorkommen zu überblicken.

3.2.1. Die שׂרים in Ez. Von den שׂרים redet Ez nur selten. Nachfolgend sind alle Vorkommen aufgelistet und kurz kommentiert:

- Ez 11,1 spricht von 25 Männern, in deren Mitte sich Jaasanja Ben Asur und Pelatjahu Ben Benajahu befinden, die שׂרי העם genannt werden. Pelatjahu stirbt in Ez 11,13 vor dem Propheten.
- Ez 17,12 deutet das Adlergleichnis: "Siehe, der König von Babel kam nach Jerusalem und nahm dessen König und Fürsten (ואת שׂריה) und brachte sie zu sich nach Babel."
- Ez 22,27 ist Teil der Ständepredigt an Jerusalem. Die שׂרים werden der Gewalttat und der Gewinnsucht angeklagt. Es wird auf Zustände zurückgeblickt, die zur Redezeit nicht mehr aktuell sind, sondern nach V.31 durch die erste Deportation bestraft wurden.

Die Rolle der שׂרים in Ez ist schnell charakterisiert:

Zweimal, in Ez 17,12 und Ez 22,27, sind die שׂרים Objekt der Erinnerung. Beide Stellen blicken auf die Zeit vor der ersten Deportation, als שׂרים in Jerusalem als Hofbeamte wirkten [56]. Einmal treten die שׂרי העם Jaasanja und Pelatjahu in der Sprachgegenwart auf (Ez 11,1).

Die nächste Frage lautet: In welchem Verhältnis stehen die שׂרי העם von Ez 11,1 zu den שׂרים in Ez 17/22 sowie zur sie umgebenden Männergruppe?

Die שׂרי העם unterscheiden sich von den königlichen שׂרים in Ez 17/22 dadurch, daß sie nicht שׂרים *von Jerusalem*, sondern שׂרים *des Volkes* genannt werden. Sie sind keine Hofbeamten des Zidkija, sondern stehen im Umfeld einer Männergruppe mit Ältestenattributen, wobei die Anklage der עצת־רע, des bösen Rates, in Ez 11,2 nicht nur an die 25 Männer, sondern auch an Jaasanja und Pelatjahu gerichtet ist. Durch diese Anspielung auf das Amtscharisma der Ältesten werden die 25 samt Jaasanja und Pelatjahu in die Nähe der

---

[55] Basilius spricht von der Ersetzung der Person (ὑποβολῇ προσώπου: PACZKOWSKI [1994] 306).

[56] Die שׂרים des Zidkija (Jer 36,12) erwähnt Ez nicht.

Ältesten gerückt. Daß sie sich im Tempel befinden, bringt sie mit dem Götzendienst zusammen, obwohl diese Anklage nicht ausdrücklich erhoben wird [57].

Daneben gibt es Anklagen an die שׂרי העם, die dem ähnlich sind, was Ez 22,27 gegen die שׂרים des Königs sagt. So werden den שׂרי העם und den 25 Gewalttaten vorgehalten (V.6), vielleicht auch Bereicherung (V.3). Diese Beschuldigungen gelten ebenfalls nicht nur den שׂרי העם, sondern der ganzen Gruppe. Die Situation ist also anders als in Jer, wo immer zwischen den Ältesten und den שׂרים unterschieden wird. Dort sind die Ältesten vor allem ein Organ des Königs, während die שׂרי העם in Ez ohne diesen auftreten.

Ergebnis: In Ez gibt es zwei Arten von שׂרים: die שׂרים der Erinnerung und die שׂרי העם der Sprechgegenwart [58]. Die Anklage gegen die 25 in Ez 11,1 verbindet Ältesten-typische Vorwürfe (עצת־רע) mit שׂרים-spezifischen Anklagen und sagt, daß Älteste bzw. Ältesten-nahe Funktionäre (שׂרי העם) gemeinsam mit den 70 Ältesten (Ez 8,11) nach der ersten Verbannung entscheidend am Niedergang Jerusalems beteiligt waren. Dagegen verschwinden die שׂרים Jerusalems mit der ersten Deportation von der Bildfläche.

3.2.2. Die שׂרים in Jer. In Jer stehen 56 שׂרים-Stellen nur drei זקנים-Nennungen gegenüber [59]. Das erklärt sich teilweise damit, daß Jer שׂרים nicht nur für die Minister des Königs, sondern in zusammengesetzten Begriffen für verschiedene Ämter verwendet [60]. Außerdem ereignen sich viele jer Gottesworte vor der ersten Deportation, was die häufige Erwähnung der שׂרים des Jojakim erklärt [61]. Die שׂרים des Königs treten aber auch noch nach der ersten Deportation auf [62].

Ein Distinktivum der שׂרים ist die Fünferzahl. In Jer 36,12 sind alle שׂרים Jojakims beim Schreiber versammelt: der Schreiber Elischama, Delajahu, Elnatan, Gemarjahu und Zidkijahu, ferner וכל־השׂרים. Trotz dieses Zusatzes besitzt die namentlich erwähnte Fünfergruppe eine besondere Stellung. Daß ihre Anzahl nicht beliebig ist, beweist eine analoge Fünfergruppe, die nach der Exilierung der Minister des Jojakim in der Zeit des Zidkija erscheint. Jer 38,1

---

57 DUGUID (1994) 123.

58 Ob Ez 17,12 und 22,27 die gleiche שׂרים-Gruppe meinen, braucht nicht untersucht zu werden. Daß das שׂר-Amt keine homogene Funktion bezeichnet, zeigen die vielen שׂרים und שׂרים-haltigen Titel, die RÜTERSWÖRDEN (1985) aufzählt (zu den שׂרי העם: S.46).

59 Jer 19,1 (Krugwort); 26,17 (Prozeß); 29,1 (Brief an die Verbannten). In Jer 6,11; 31,13; 51,22 bezeichnet זקן kein Amt, sondern das physische Lebensalter. Zu den literarischen Beziehungen zwischen Jer und Ez: VIEWEGER (1993).

60 Es gibt z.B. viele mit שׂר gebildete militärische Titel (Jer 40-43). Oft ist von שׂרים anderer Staaten die Rede (Jer 38,17; 48,7; 49,3; 49,38; 50,35; 51,57 etc.).

61 Jer 1,18; 2,26; 4,9; 8,1.

62 Eine aktive Rolle spielen die שׂרים in Jer vor 597: bei Verhaftung und Freispruch des Jeremia (Jer 26) und bei der Verbrennung seiner Orakel durch Jojakim (Jer 36). Nach 597 ist von den שׂרים dreimal die Rede: bei der von Zidkija angeordneten Sklavenbefreiung (Jer 34), bei der Verhaftung Jeremias (Jer 37-38) und bei der Hinrichtung der שׂרים in Ribla (Jer 52,10).

berichtet, daß Schephatja, Gedalja, Juchal und Paschchur von den Unheilsworten des im Wachhof eingekerkerten Jeremia hören. Aus V.4 ("Da sprachen die שׂרים zum König [...]") geht hervor, daß die vier שׂרים sind, während der fünfte שׂר nach Jer 36,12 der Schreiber Jehonatan (V.14) ist. Eine solche Fünfergruppe erscheint in Ez nie. Auch erwähnt Jer die Namen der zwei in Ez genannten שׂרי־העם nicht. Das legt nahe, zwischen den ez שׂרי־העם und den jer שׂרים des Königs zu unterscheiden.

Eine Sonderstellung nehmen die in Ez 17,12 retrospektiv erwähnten שׂרים ein. Sie werden mit dem König verschleppt. Ihre Nähe zum König läßt an die jer שׂרים denken [63]. Ez 17,12 teilt das Ende beider, des Königs und seiner שׂרים, mit [64]. Der Untergang der שׂרים des Jojakin spiegelt sich im Brief des Jeremias an die Golah wieder (Jer 29,1). Angeschrieben sind die Ältesten, Priester, Propheten und das Volk, nicht aber der König und die שׂרים, obwohl die Aufzählung der Deportierten in V.2 den König Jechonia, die Königsmutter, die שׂרים, die Würdenträger, Werkmeister und Handwerker nennt. Offensichtlich setzt die Adressangabe für das Exil eine neue Gesellschaftsstruktur voraus: Älteste, Priester, Propheten und das Volk. Die שׂרים und der König haben ihre politische Stellung eingebüßt [65]. CONRAD (1977) 647 folgert darum, daß die Ältesten das führende Organ der Golah waren und begründet die These auch mit den ez Ältestenperikopen, womit er impliziert, daß dort exilische Älteste auftreten [66]. Bevor wir diese Frage angehen, ist ein Blick auf die drei jer Ältesten-Erwähnungen zu werfen.

In aktiver Funktion treten Älteste in Jer nur zweimal auf: als Zeugen bei der Krug-Symbolhandlung (Jer 19,1ss: זקני העם) und als Verteidiger des Prophe-

---

[63] König und שׂרים sind in Jer eng verbunden, wobei oft weitere Amtsträger (Priester, Propheten, Älteste) erwähnt sind. Die שׂרים folgen aber immer als erste Gruppe nach dem König: Jer 1,18; 2,26; 4,9; 8,1; 17,25; 32,32.

[64] RÜTERSWÖRDEN (1985) 65 legt die Bedeutung der שׂרים im vorexilischen Jerusalem dar und weist darauf hin, daß שׂרים im Status absolutus fast nur die höchste Beamtenschicht um den König meint (Ausnahme: שׂר als militärische Bezeichnung). Die שׂרים waren wohl Ältesten vorgeordnet (Ez 8,11; 11,1; vielleicht Ps 105,22). Ob sie aus den Ältesten hervorgegangen sind, kann nur vermutet werden.

[65] Das politische Ende der שׂרים insinuieren die von WEIDNER (1939) publizierten Keilschrifttexte, die von Essenszuteilungen an den in Babylon gefangenen Jojakin und seine "fünf Söhne" sprechen. Mit Recht zweifelt WEIDNER (1939) 926 die Übersetzung "fünf Söhne" an. Jojakin war zur Zeit der Deportation 18-23 Jahre alt. Daß er in diesem Alter schon fünf Söhne besessen hat, ist zwar möglich aber unwahrscheinlich (gegen SEITZ [1989] 129). Sind diese "Söhne" des Königs שׂרים, von denen Jer 36,12 deren fünf aufzählt? Als Gefangene besäßen sie dann so wenig wie der abgesetzte König einen politischen Einfluß auf die Exilsgemeinde.

[66] In Ez 40-48 fehlen die שׂרים (dazu: DUGUID [1994] 130). Einmal ist dort von עבד die Rede, ein Beamtentitel, den Jer 7x nennt. Nach der ersten Deportation spielen die Ältesten laut Ez die politische Hauptrolle. Historisch hatten sie durch ihre in der Familie gründenden Stellung (MCKENZIE [1959]) vielleicht bessere Chancen als die שׂרים, den politischen Umsturz zu überleben.

ten (Jer 26,17: זקני הארץ) [67]. Auf diese zwei Stellen ist im folgenden kurz einzugehen.

Jer 19 ist trotz textkritischer Schwierigkeiten aufschlußreich, weil dort Älteste wie in Ez an einer prophetischen Wortverkündigung teilnehmen. Was ist ihre Funktion? Jeremia soll vor den Ältesten des Volkes (זקני העם) und der Priester (זקני הכהנים) sprechen (vgl. 2 Kön 19,2 || Jes 37,2) [68], wobei er den Auftrag erhält: "Du sollst sagen: Hört das Wort Jahwes, ihr Könige von Juda und ihr Bewohner Jerusalems (Jer 19,3)." Das Wort besitzt also zwei Empfänger, die anwesenden Ältesten des Volkes und der Priester sowie die intendierten Adressaten (Könige bzw. Bewohner Jerusalems). Die beiden Ältestengruppen sind als *Wortüberbringer* angesprochen. Welche Ältestengruppe ist welchem Empfänger zugeordnet? Diese Frage beantwortet Jer 19,14. Der Prophet geht in den Tempelvorhof und spricht zum Volk. Das ist der Ort, um das Volk anzureden. Entsprechend sind die Priester und deren Ältesten zuständig, das Gotteswort von Jer 19 an die Bewohner Jerusalems weiterzugeben, womit die זקני העם für die Information des Königs zuständig sind. Das bestätigt Jer 26, wo die Ältesten (אנשים מזקני הארץ) während des Prozesses gegen Jeremia mit Bezug auf die frühere Behandlung der Propheten durch die Könige argumentieren (V18ss) [69] und somit eine 'königsnahe' Rolle spielen.

Ergebnis: Die 'königsnahe' Rolle der זקני העם in Jer steht im klaren Kontrast zum Ältestenbild in Ez, wo die Ältesten zum Volk hin vermitteln [70].

3.2.3. Ergebnisse. Es wäre verfrüht, aus alledem zu schließen, daß die ez Ältesten, weil sie Volksvertreter sind, die Golah repräsentieren und im Exil die Rolle des Königs übernommen haben. Die Unterschiede zwischen den Ältesten in Jer und in Ez haben andere Gründe. So besitzt Jeremia als Bewohner Jerusalems einen differenzierten Zugang zu den Institutionen der Stadt. Das beeinflußt die Art, wie er sein Publikum anspricht. Er kann die Gottesworte durch Mittelsmänner präzis ausrichten bzw. dem Volk im Tempel persönlich verkünden. Dagegen besitzt Ezechiel in Babylon nur beschränkte Kontaktmög-

---

[67] Die dritte Erwähnung ist die Adressatenliste des Briefes an die Golah (Jer 29,1).

[68] Num 11,16 unterscheidet die זקני ישראל von den זקני העם: "Da sprach Jahwe zu Moses: «Hole mir siebzig Männer aus den Ältesten Israels (איש מזקני ישראל) zusammen, von denen du weißt, daß sie זקני העם und seine (sc. des Volkes) Leiter sind.»" Die Hinzufügung der Leiter (ושטריו) deutet darauf hin, daß זקני העם kein neues Amt meint, sondern nur unterstreicht, daß die Ältesten ihr Amt *wirklich* wahrnehmen.

[69] Gegen NAGANO (1993) 31 der meint, daß bei Ez nicht die Ältesten, sondern nur die Priester die israelitische Kultgemeinde repräsentieren.

[70] MCKENZIE (1959) 523s nennt eine Fülle von nicht immer überzeugenden Belegen, wo die Ältesten als Vertreter des Volkes oder der Gemeinschaft tätig sind. Zu Ez meint er: "It is very probably as representatives of the people that the elders of the house of Israel consult Ezekiel (14,1; 20,1), just as the elders of Judah sit with him (8,1). This suggests that the elders who sit with Elisha (2 K 6,32) also come to consult him in the name of the people."

lichkeiten zu Restjuda. Entsprechend sind die Ältesten in einer Doppelfunktion, als Amtsträger und Vertreter der judäischen Restgemeinde angesprochen. Diese Doppeladressierung, die den einzelnen und das Restvolk anspricht, ist im Gotteswort klar erkennbar [71].

Es gibt in Ez also zwei Arten von שׂרים, die שׂרים des Volkes und die שׂרים Jerusalems. In Ez 11,1 nehmen die שׂרי העם mit anderen eine Funktion wahr, die sie als Älteste identifiziert [72]. Von ihnen unterscheiden sich in Ez 17,12 und 22,27 die שׂרים Jerusalems, die eine Gruppe um den König bilden, die im Redeaugenblick von Ez 11,1 von der politischen Bühne abgetreten sind. Das mag ein Grund sein, warum dem Jaasanja und dem Pelatjahu in Jerusalem, obwohl sie als Ältestenanführer auftreten, gewisse Aufgaben (und Laster!) der alten שׂרים zugeschrieben werden.

3.3. *Die Ältesten als* זקני ישׂראל *bzw.* זקני יהודה

Das Hauptproblem der ez Ältestenbezeichnung ist, daß die זקנים in Ez 8,1 Älteste Judas, in Ez 14,1 und Ez 20,1 aber Älteste Israels heißen [73]. Wie erklärt sich dieser Wechsel? Der statistische Vergleich der Israel- und Juda-Vorkommen in Ez und Jer bietet einen Einstieg in diese Fragestellung:

Ez: 186× Israel gegen 15× Juda.
Jer: 125× Israel gegen 183× Juda [74].

In Ez tritt יהודה selten auf. ישׂראל kommt zwölf Mal häufiger vor. In Jer steht יהודה dagegen rund einen Drittel häufiger als ישׂראל. Dieser Unterschied erklärt sich in Ez damit, daß יהודה in einem engen geographischen Rahmen verwendet wird (siehe unten), während ישׂראל das Volk und seinen Existenzbereich in einem weiteren Sinn meint [75]. Es ist klar, daß der geographische

---

[71] Gegen HOSSFELD (1995) 348, der die mangelhafte Ausdifferenzierung der Anredepartner als Hinweis auf die soziale Zusammensetzung der Golah begreift.

[72] Die weitere Untersuchung der Redesituation wird das bestätigen.

[73] Zu Ez 20,1 meint CURREY (1976) 84: "The use of the word *Israel* is the more appropriate here, because in his reply the prophet refers to the history of the people from the very beginning." Zu "Israel" im AT: HARVEY (1996) 148-188.

[74] Zahlen nach ACCORDANCE (1998); vgl. ZIMMERLI (1979) 1258-61.

[75] "Israel" bezeichnet zumindest drei Größen: 1.) das Gottesvolk (Juda, Jerusalem, die Golah, das untergegangene Nordreich; ZIMMERLI [1979] 1260). Oft steht "ganz Israel", wobei ein entsprechendes"ganz Juda" fehlt. 2.) selten und meist leicht ersichtlich: das untergegangene Nordreich (vgl. Ez 37 und die Israel/Juda-Auflistung bei FOHRER [1954] 210-212). 3.) Menschen aus Juda und Jerusalem (Ez 8,6). Nach TORREY (1930) 24 weist בית ישׂראל nach Palästina: "He (sc. der Prophet) is sent with a message of dire calamity and a call to repentance to «a rebellious house,» to «the house of Israel,» to the «children of Israel.» This would naturally be supposed to mean the Hebrews of Palestine; not merely because of the long-standing use of these terms, but also because any assemblage of 'exiles' who could be addressed by an 'exilic' prophet would be a very small fraction of the Israelite people." Beachtlich ist der Einbezug der Sprachhandlung.

Terminus יהודה in Jer, wo der Hauptschauplatz Juda und Jerusalem ist, oft vorkommt. Statt von Juda spricht Ez eher von Jerusalem (26×) und Israel. Die יהודה-Stellen in Ez sind neben Ez 8,1:

(1) Dreimal ist in Abgrenzung zum Nordreich Israel vom Südreich Juda die Rede. In *Ez 4,6* trägt der Prophet die Verschuldung des Nordreiches und dann des Hauses Juda. In *Ez 37,16.19* werden folgende Größen verglichen: Juda mit den verbündeten Söhnen Israels und Joseph, Holz Ephraims, mit dem ganzen verbündeten Haus Israel (V.16) bzw. das Holz Josephs, das in der Hand Ephraims ist, mit den verbündeten Stämmen Israels und das Holz Judas (V.19).

(2) Fünf Mal ist von Juda in einem politischen bzw. merkantilen Sinn die Rede. Nach *Ez 21,25* soll der Prophet den Weg zeichnen, auf dem das Schwert des Nebukadnezar über Rabbat-Ammon nach Juda und Jerusalem kommt. Nach *Ez 25,3* haben sich die Ammoniter über das Unglück des Hauses Juda gefreut. In *Ez 25,8* sagen Moab und Seïr, daß es dem Hause Juda so geht, wie den anderen Völkern. *Ez 25,12* berichtet von der Rachsucht Edoms gegen das Haus Juda. *Ez 27,17* nennt u.a. Juda und das Land Israel als Handelspartner von Tyrus. Diese Juda-Verwendung findet sich auch in der neubabylonischen Chronik, die von der Einnahme Jerusalems im Jahre 597 berichtet und das Südreich Ia-a-ḫu-du nennt [76].

(3) Die Tempelvision erwähnt Juda zweimal. In *Ez 8,17* sagt der Visionsbegleiter ob der Zustände im Tempel: "Ist es dem Haus Juda noch nicht genug, diese Greuel zu tun (...)?" Die Schuld von בית־ישׂראל ויהודה [77] erwähnt *Ez 9,9* und konkretisiert sie in einer Weise, die keinen Zweifel darüber läßt, daß es um Vergehen in Juda und Jerusalem geht (Blutschuld des Landes, Rechtsbruch der Stadt) [78].

Ergebnis: Die Übersicht zeigt, daß Ez יהודה zur Lokalisierung des Südreiches bzw. von Südreich-Phänomenen verwendet. Gleich ist der Gebrauch von יהודה in Jer, wo der Ausdruck immer im Kontext der Könige, der Städte oder des Gebietes des Südreiches sowie oft im Gegensatz zum Nordreich erscheint. Auf Ez 8,1 angewendet bedeutet dies, daß die dortigen זקני יהודה keine Golahvertreter, sondern aus Juda angereiste Älteste sind. Somit sind Judäer in Ez 8-11 nicht nur durch die von Judäern in Juda verübten Greueltaten (Ez 8,17) in der Tempelvision, sondern auch in der Rahmenhandlung gegenwärtig. Dieser Hypothese ist im folgenden nachzugehen, wobei die Beziehung zwischen der Rahmenhandlung und den Visionsereignissen besonders interessiert.

3.4. *Die Ältesten in Ez 8-11 und Ez 20*

Im Exkurs "«Israel» im Buche Ezechiel" zählt ZIMMERLI (1979) 1259 Ez 8,1, 14,1 und 20,1 zu den Stellen, in denen ein ihm uneinsichtiger, aber offenbar

---

[76] GALLING (1968) 74. Die von WEIDNER (1939) publizierten babyl. Keilschrifttexte legen allen Bezeichnungen des Reiches des Jojakin das Wort 'Juda' zugrunde.

[77] Dieser Wortlaut wird oft angezweifelt, obwohl die Textzeugen dafür keinen Anlaß bieten und die Wendung in 2 Sam 12,8 und vielleicht in Hos 12,1 vorkommt.

[78] In Ez 40-48 (Ez 48,7.8.22.31) kommt יהודה viermal bei der Landverteilung bzw. zur Bezeichnung eines Nordtors vor, wobei die zwölf Stämme gemeinsam das Haus Israel bilden (Ez 45,8).

synonymer Gebrauch von Juda und Israel begegnet [79]. Tatsächlich sind die Gesprächsumstände (Ort [80] und Dialogkonstellation [81]) in diesen Stellen gleich. ZIMMERLI glaubt deshalb, daß Ez 8,1 und Ez 14,1 die gleiche Art von Ältesten erwähnt [82]. Das ist nun zu zeigen, wobei sich gegen ZIMMERLI [83] auch für Ez 8-11 und Ez 20 eine judäische Herkunft der Ältesten herausstellen wird.

3.4.1. Die judäische Herkunft der Ältesten in Ez 8-11. In Ez 8,1 sitzen זקני יהודה vor dem Propheten [84], während die Hand Gottes im Seher eine lange Vision auslöst, die in Ez 11,4-12 in ein Gotteswort mündet [85]. Ihm folgt in V.13 der Tod des Pelatjahu [86], der Aufschrei des Sehers, seine entsetzte Frage

---

[79] Folgende Stellen kann ZIMMERLI nicht erklären: 8,1 (Älteste Judas) neben 14,1 und 20,1 (Älteste Israels [vgl. Ez 8,11]) sowie 8,17 (Haus Juda) neben 8,10 (Haus Israel [eventuell Ez 9,9]). CURREY (1876) 5 glaubt, daß die Begegnung von Exulanten aus dem Norden und dem Süden in Babylon zu einer vermischten Verwendung von "Juda"/"Israel" bzw. zur Bevorzugung der Bezeichnung "Juda" geführt hat. BUCHHOLZ (1988) 30.38s betrachtet die Ältesten Judas (= redaktionell eingefügte Vermittler) und die Ältesten Israels (= Götzendiener) als unterschiedliche Gruppen.

[80] Ez 8,1 nennt das Haus des Propheten. In Ez 14,1 und 20,1 ist es aus אלי bzw. לפני zu erschließen.

[81] Prophet und Älteste Judas bzw. Prophet und Älteste Israels.

[82] TROCHON (1880) 98 findet in Ez 8,1 mit Schröder eine andere Ältestengruppe.

[83] Für ZIMMERLI sind die Ältesten Vertreter der Golah.

[84] POHLMANN (1992) 96-107 ignoriert die Präsenz der Ältesten bei der Auslegung.

[85] ZIMMERLI (1972a) 18 ist überrascht, "daß die mit Kap. 10 auf ihr Ende hindrängende Schau in Kap. 11,1-13 und 14-21 nochmals nachträglich um zwei Textstücke erweitert ist, die an dieser Stelle zweifellos nicht mehr zu erwarten sind." HOSSFELD (1986) 153s gibt Gründe gegen eine "ursprüngliche Zugehörigkeit" von Ez 11,1-13 zur Tempelvision: die Durchbrechung der Visionsstruktur, die Entrückung durch den Geist, die Verbindung von Geist und Jahwe, die Überlebenden aus dem Totalgericht, der Übergang vom Total- zum Einzelgericht, die Anklage sozialer (statt kultischer) Vergehen, das Disputationswort (statt Führungsvision). Diese richtigen Beobachtungen sind für den Nachweis einer sekundären Einschiebung von Ez 11,1-13 solange unbrauchbar, als keine Klarheit über ihre Funktion in der Sprachhandlung besteht. Es ist möglich, daß die Visionsebene in Ez 11,13 absichtlich durchbrochen wird und die genannten Textmerkmale darauf hinweisen. HOSSFELD stellt ferner die Sprache in Ez 11,1-13 an Hand zweier Einzelausdrücke als nicht-ez dar und meint, daß die Grundvision (mit Parallelen z.B. in Ez 14,1; 20,1) die Ältesten als Führungsschicht des Volkes bezeichnet, während Ez 11,1 im Stil des chr Geschichtswerkes von den שרי העם spricht. Aber dieser Wortvergleich ist vieldeutig, weil nicht klar wird, welcher Personenkreis mit diesen Ausdrücken gemeint ist. Wie "verräterisch" ferner die Bezeichnung der Opfer von Unterdrückung und Justizmord mit חללים ist, bleibt angesichts des häufigen חלל-Vorkommens in Ez (DOMMERSHAUSEN [1977]) eine Ermessensfrage. Auch die Verbindung von Vision und Disputationswort ist als Parallele zur "redaktionellen Verklammerung von Totengebeinvision 37,1-11a* und 37,9" nur rudimentär erfaßt, da die Vision ohne diese Verbindung für die Ältesten ergebnislos bzw. rätselhaft wäre. Zur Kritik an HOSSFELD: GREENBERG (1986) 128-131.

[86] GOETTSBERGER (1931) 14 betont die Bedeutung des Namens: "Jahwe läßt entrinnen."

und ein zweites Gotteswort (Ez 11,14) [87]. Dann verläßt Jahwes Herrlichkeit Jerusalem, und die Vision endet, indem der Prophet vom Geist nach Chaldäa zurückgebracht wird, wo er das Geschaute der Golah kundtut. Der Nachbericht in Ez 11,25 führt über die Vision hinaus: וָאֲדַבֵּר אֶל־הַגּוֹלָה אֵת כָּל־דִּבְרֵי יְהוָה אֲשֶׁר הֶרְאָנִי V.25 läßt aufhorchen, weil nicht die Ältesten Judas, sondern die Golah informiert wird. Das kann zweifach verstanden werden: Entweder sind die Ältesten Judas in der Golah miteingeschlossen oder nicht. Nur die Analyse des Visionsablaufs kann diese Frage klären. Es geht um die Identität der Ältesten, die auch für das Verständnis von Ez 14 grundlegend ist.

Der Ablauf von Vision und Wortereignis in Ez 8-11 wurde, soweit uns bekannt, auf der Ebene der Sprachhandlung und mit Blick auf die Ältesten noch nie analysiert [88]. Meist wird das Stück an Hand aprioristischer Einheitsvorstellungen literarkritisch geglättet [89]. Unser Ziel besteht nicht in der vollständigen Rekonstruktion der Sprachhandlung. Das würde den Rahmen der

---

[87] HOSSFELD (1986) 155s übersieht, daß das zweite Gotteswort eine neue Dialogsituation voraussetzt und dennoch im Rahmen der Visionsereignisse zu lesen ist (HOSSFELD [1995] 279: "daß man diesen Text auch ohne den nahen Kontext der Vision zunächst einmal für sich behandeln kann"); vgl. aber HOSSFELDs Revision dieser Auffassung in (1995) 280-282.

[88] KLEIN (1988) 53 verstellt sich den Blick auf den Dialog mit der Aussage: "These exilic elders play no further role in the vision complex of Ezekiel 8-11, unless they are to be identified with the exiles to whom the prophet reports «all the words of Yahweh which he had shown me» (11:25)." Ähnlich ZIMMERLI (1972a) 44: "Ganz anders als in Jer.28 ist in Ez. 11 von einer Gesprächsverflechtung zwischen Ezechiel und den 25 Männern nichts zu sehen." Pseudoepigraphisch und somit meist einheitlich legt BECKER (1986) Ez aus. Er will den fiktiven Charakter des Buches und dessen mangelnde "Lebensechtheit" herausstellen. Letztere ist eine unpräzise und für das Verständnis einer Vision ungeeignete Kategorie.

[89] GREENBERG (1983) bzw. im Vorabdruck (1980) versucht eine Überwindung der literarkritischen Interpretation von Ez 8-11, indem er die Ordnung der Visionselemente beachtet: "The diverse material of chs. 8-11 is organized into a single visonary experience whose complexity indicates a considerable literary effort (192)". Dieses Urteil versteht sich aus einem ästhetisierenden Textbegriff (vgl. I.2.25.). Die folgende Darstellung erinnert an eine Symphonie: "The various materials that have been fitted into the framework of the vision have been so disposed that the statement of the main theme (sin and punishment) is followed by an echo (not necessarily sequential or contemporaneous) analogous in structure and content. An auxiliary theme, the Majesty's abandonment of the temple, runs through the whole from beginning to end yet concentrating in the center of the panorama. Material within the vision as well as its narrative framework is arranged in successive «envelopes» so that first corresponds to last, second to next-to-last, and so forth. An integrating design is clearly evidenced (205)". Diese Ordnung beweist für GREENBERG, daß Ez 8-11 ein "deliberate design" (195) bzw. "intentional product" (199) ist. Die Literarkritik deutet dagegen auf nicht harmonisierbare Phänomene, die eine Anpassung des Textes erfordern (HOSSFELD [1987]; Anm. 94). Gattungskritisch versteht LAMELAS (1993) 51s Ez 8-11 als prophetischen Urteilsspruch (oráculo de condenación): Anklage (Ez 8), Verurteilung (Ez 9-10) und Anhang (Ez 11).

Untersuchung sprengen[90]. Wir beschränken uns auf den Dialogstatus der Ältesten, die in Ez 8-11 unter verschiedenen Bezeichnungen auftreten[91].

3.4.1.1. Die Vision aus der Perspektive der Ältesten. Die Vision ereignet sich, während Älteste Judas vor dem Seher sitzen. Da nur der Prophet entrückt wird und er seine visionären Erlebnisse nicht fortlaufend mitteilt, bleibt der größte Teil der Vision den Ältesten verborgen[92]. Es gibt aber in Ez 8-11 zwei Punkte, wo Visionselemente auf die Prophet-Ältesten-Ebene durchsickern.

(i) Der erste ist *Ez 9,8*. Der Vers berichtet vom Aufschrei des Sehers während des visionären Gemetzels in der Stadt: "Ach, Herr Jahwe, willst du den ganzen Rest Israels vernichten, indem du deinen Grimm ausschüttest über Jerusalem?" KLEIN (1988) 59 bemerkt, daß hier eines der wenigen Worte vorliegt, die der Prophet nicht unter göttlichem Diktat spricht[93]. Dadurch greift er aktiv ins Visionsgeschehen ein: וָאֶפְּלָה עַל־פָּנַי וָאֶזְעַק וָאֹמַר (Ez 9,8). Wie ist ואמר zu verstehen? Ergreift der Prophet das Wort in Gedanken, oder spricht er laut, so daß ihn die Ältesten Judas hören? Es kann gezeigt werden, daß letzteres der Fall ist.

---

[90] Ez 10 wird z.B. nicht berührt, weil es für die Ermittlung des Ältestenstatus nicht direkt von Belang ist.

[91] GREENBERG (1983) 192s sieht in Ez 8-11 zwei Hauptteile mit je zwei Unterteilen: A: 8,5-10,7 (A1: 8,5-18 vier Tempelgreuel; A2: 9,1-10,7 Ausrottung der Sünder und Befehl zum Anzünden der Stadt) und B: 11,1-21 (B1: 11,1-13 Verschwörung am Osttor; B2: 11,14-21 Restaurationszusage an die Exulanten). Den Zusammenhang zwischen B1 und B2 erklärt er so: "On reflection, it appears that in fact 2 (sc. B2) serves as a reply to the prophet's cry (...)." Er macht dazu eine Einschränkung: "It is true that the responsive character of 2 is not explicit, and thus its relation to 1 less organic than that of A2 (punishment) to A1 (sin)". Mit "reply" und "responsive character" führt GREENBERG dialogische Begriffe ein, wendet sie aber auf strukturelle Sachverhalte an (ähnlich LAMELAS [1993] 59 für Ez 11,14-21: "La respuesta se da en el segundo oráculo" bzw. "Es una respuesta divina personal al lamento del profeta [...]"). Das ist problematisch, denn ob Ez 11,14-21 eine Antwort auf den Ausruf des Propheten (V.13) ist, hängt einzig davon ab, ob Ez 14,14-21 den Prophetenausruf als dialogische Vorgabe aufnimmt oder nicht. GREENBERG mischt zwei Argumentationsebenen, indem er der formal-strukturalen Analyse den Vorrang gibt und daraus den Dialogverlauf ermittelt. CODY (1984) 68 glaubt, daß die Ältesten von Ez 8,1 für das Verständnis von Ez 8,1-11,25 bedeutungslos sind.

[92] Das beachtet CARLEY (1974) 68: "we are not told whether the councillors even heard Ezekiel speaking." Deutlicher BUCHHOLZ (1988) 29: "(...) da sich das Geschehen Ez 8,2ff an ihnen (sc. den Ältesten) vorbei vollzieht." DAVIDSON (1906) 52 spricht von der "trance in presence of the elders".

[93] KLEIN nennt ferner Ez 4,14; 11,13; 24,20 (statt fehlerhaftem 20,49) und 37,3. ABERBACH (1972) 1080 fügt Ez 9,8 und 21,5 hinzu. Zur Unterscheidung von Propheten- und Gotteswort vgl. WOLTERSTORFF (1995) 45: "Biblical prophecy (...) moves back and forth in just this way between (...) the prophet speaking in his own voice but delivering a message from God, and the prophet speaking in his own voice and not delivering a message from God."

Dazu ist ein Blick auf *Ez 3,22-24* zu werfen, wo Vision und äußere Wirklichkeit ebenfalls ineinanderfließen:

> "(22) Da kam dort über mich die Hand Jahwes, und er sprach zu mir: «Erhebe dich und ziehe hinaus zur Ebene. Dort werde ich zu dir sprechen». (23) Da erhob ich mich und zog hinaus zur Ebene und siehe: Dort stand die Herrlichkeit Jahwes wie die Herrlichkeit, die ich beim Fluß Kebar gesehen hatte. Da fiel ich auf mein Angesicht. (24) Da kam in mich Geist und stellte mich auf meine Beine und sprach zu mir und sagte zu mir (...)."

Wie in Ez 8,1 kommt die Hand Jahwes in Ez 3,22 über den Propheten, so daß er in Verzückung gerät. Sogleich befiehlt ihm Jahwe, zur Ebene zu marschieren, was in V.23 (ואקום ואצא) geschieht, ohne daß der visionäre Zustand abgebrochen würde, denn bei der Ankunft am Ziel sieht der Prophet sogleich die Herrlichkeit Jahwes: ואפל על־פני. Das ist ein körperliches und kein bloß inneres Niederfallen, denn der Geist muß dem Seher auf die Füße helfen (V.24). Somit handelt der Prophet in Ez 3 nicht auf der Visionsebene, sondern auf der Ebene der äußeren Wirklichkeit.

Das Geschehen in Ez 9,8 ist ähnlich. Der Prophet berichtet erstens von seinem Niederfallen (ואפלה על־פני), zweitens vom Schrei (ואזעק) und drittens vom Ausspruch (ואמר). Die drei Handlungen sind - anders als z.B. Ez 8,8 - nicht auf das visionäre Umfeld angewiesen und werden dem Seher nicht von Jahwe aufgetragen [94]. Ez 3,23 beweist, daß der Prophet während einer Vision niederfällt und somit ähnliches in Ez 9,8 geschehen kann, wobei die Ältesten Judas den Aufschrei des Propheten dann hören müssen.

Der Vergleich mit Ez 3,22-24 zeigt freilich nicht mehr als eine *Möglichkeit* auf. Ein endgültiges Urteil ist mittels Fremdtexten nicht zu erreichen. Darum ist die Frage bei der Analyse der Sprachhandlung von Ez 8-11 neu zu stellen.

(ii) Ein zweiter Ort, wo ein mutmaßlicher Einblick der Ältesten Judas in die Vision vorliegt, ist *Ez 11,4*. Die Handlung spielt am Osttor des Tempels. Der Prophet empfängt vor den 25 Männern, die provisorisch als Älteste identifiziert wurden, ein Gotteswort. Ez 11,13 berichtet seine Verkündigung ("als ich beim Weissagen war") [95]. An wen ist die Weissagung gerichtet? Etwa inner-

---

[94] In der Vision handelt der Prophet auf Einladung seines Begleiters. Auch das zeigt, daß seine Reaktion kein Erschrecken *in* der Vision, sondern *über* sie ist.

[95] SEDLMEIER (1995) 308 Anm. 39 interpretiert כהנבאי als Neueinsatz: "Um eine Vollzugsmeldung sein zu können, müßte V.13 ursprünglich zum Prophetenspruch VV.1-10 gehören." Das ist ein Zirkelschluß. Daß der Prophet keinen Auftrag hat, Pelatjahu sterben zu lassen, ist auch kein Argument gegen eine Verbindung des ersten Gotteswortes mit V.13, weil im Text offengelassen ist, ob das Weissagen des Propheten der Grund für den Tod des Pelatjahu ist. Dieser dialogfremden Exegese von Ez 11,13 entspricht eine entkontextualisierende Interpretation von Pelatjahus Tod: "Auf dieser gegenüber 11,1-10 späteren Redaktionsstufe ist es nicht mehr wesentlich, wo Pelatja stirbt, ob in Jerusalem oder außerhalb des Landes, ob als Erschlagener oder durch einen plötzlichen und rätselhaften Tod, ob zusammen mit den übrigen 24 Männern oder allein. Worauf es ankommt, ist vielmehr dies: daß der Tod des Pelatja gleichzeitig mit dem prophetischen

visionär an die 25 Gestalten in Ez 11,2? Das ist aus drei Gründen zu bezweifeln: 1.) Der Mittlerdienst des Sehers ist in der Vision überflüssig, weil Jahwe darin als Visionsbegleiter persönlich gegenwärtig ist [96]. In Ez 9,1 bewegt er sich ohne prophetische Vermittlung, ruft die Wachen der Stadt herbei und nimmt aktiv am Visionsgeschehen teil. Damit ist Ezechiel als Prophet unnötig. 2.) Im Gegensatz zu Jahwe ist der Prophet kein Aktant im Visionsgeschehen. Er wird von den Visionsgestalten nicht wahrgenommen, obwohl er sich mitten in der visionären Handlung bewegt. Auch das Gemetzel geht spurlos an ihm vorüber, obwohl er kein schützendes Tau auf der Stirn trägt. Folglich ist er auch nicht in der Lage, den Visionsgestalten ein Gotteswort zu verkündigen. 3.) Gegen Ende der Schau werden dem Propheten zwei Gottesworte aufgetragen. Das erste verkündigt er nach Ez 11,13. Der Inhalt und die dialogische Hinordnung der beiden Worte zeigt, daß sie weit über den Visionshorizont hinausgehen [97]. Das erste Gotteswort verheißt eine zukünftige Bestrafung (während die Bestrafung in der Vision bereits stattgefunden hat), und das zweite Gotteswort richtet sich an die Exulanten, die im Visionsgeschehen gar nicht vorkommen [98].

Wenn die zwei Jahweworte nicht für die Vision bestimmt sind, dann müssen sie sich nach außen richten. Die Dialogpartner sind genannt: die Ältesten Judas vor dem Propheten und die Exulanten, wobei das erste Wort die Ältesten und das zweite die Golah anspricht [99]. Die Verkündigung des

---

Wirken eintrifft (Anm 42)."

[96] HERRMANN (1924) 59: "Was er (sc. der Prophet) schaut, ist die Gestalt Jahwes wie in 1,4." ZIMMERLI (1979) 210 wendet ein, daß Jahwe dem Seher nur in der Gestalt des כבוד entgegentritt und der Visionsbegleiter ein himmlischer Bote sei. Das ist erstens nicht zwingend und zweitens erstaunlich, weil ZIMMERLI die Beschreibung der Feuergestalt in Ez 1,26-28 - die seiner Ansicht nach Jahwe repräsentiert - dem Grundtext zurechnet: "Im übrigen ist in 26-28 mit Ausnahme des Zusatzes in 27a guter ursprünglicher Text zu finden (30)." Er sieht den Zusammenhang zwischen Ez 1 und Ez 8 darin, daß eine clichéartige Beschreibung himmlischer Wesen in Ez 1 auf Jahwe und in Ez 8 auf einen himmlischen Boten bezogen worden sei. Ein kurzer Blick auf die Dialoglage zeigt, daß der Visionsbegleiter mit Jahwe identisch ist. In Ez 8,5 redet er den Seher an, wobei selbst ZIMMERLI meint, daß Jahwe spricht: "Die Verschlingung der handelnden Subjekte: 1) der Mann, 2) der Geist, 3) Jahwe selber, der von 5 ab durch sein Wort an den Propheten den weiteren Gang des Erlebens bestimmt, darf nicht in logischer Scheidung aufgetrennt und literarkritisch zerrissen werden. Der eine göttliche Zugriff ist hier vom Propheten unter verschiedenen Aspekten erfahren." Eine solche Aktantenmischung ist dialoganalytisch nicht nachweisbar. Die Gesprächssituation entspricht vielmehr jener in der Eingangsvision, wo die Gestalt den Propheten anzureden beginnt (Ez 2,1).

[97] Gegen GOETTSBERGER (1931) 18: "Alles von Ez 11,1-13 geschah in der Vision und bloß in der Vision."

[98] GRAFFY (1984) 47 liegt folglich nicht ganz richtig: "This disputation speech is unique in being located within a vision". Besser PEARSON (1962) 722: "The prophet was enabled to prophesy while still in the trance."

[99] Damit sind die Ältesten keine Vertreter der Golah (gegen FOHRER [1955] 55; BUCHHOLZ [1988] 29).

ersten Wortes (5-12) geschieht also nicht auf der Visions-, sondern auf der Propheten-Ältesten-Ebene. Da Pelatjahu während der Verkündigung (כהנבאי!) stirbt, gehört sein Tod nicht in die Vision, sondern ins Umfeld des Propheten-Ältesten-Dialoges, also zur Dialogebene von Ez 8,1 [100]. Wenn der Prophet auf die Ältesten blickt und dabei den Tod des Pelatjahu wahrnimmt, dann heißt das, daß Pelatjahu nicht in der Vision, sondern während der Propheten-Ältesten-Anrede in Babylon stirbt [101]. Damit gehört Pelatjahu zur Gruppe der Ältesten Judas, die vor dem Seher sitzen. Die Visionsebene wird erst wieder in Ez 11,22 erreicht [102].

3.4.1.2. Der Tod des Pelatjahu. Weitere Hinweise zeigen, daß Pelatjahu nicht in der Vision, sondern auf der Dialogebene von Ez 8,1 stirbt [102]:

1.) Nicht nur Pelatjahu, sondern auch die 25 Ältesten spielen eine Doppelrolle auf der Visions- bzw. auf der Anredeebene [102]. Wenn nach dem visionären Gemetzel 25 Älteste auftreten, die nach den Kriterien des Blutbades zu den Erschlagenen gehören müßten, ist das kein peinlicher Mißgriff eines Redaktors, sondern eine Folge daraus, daß die Übeltäter - trotz visionärer Tötung - in der äußeren Wirklichkeit nach wie vor am Leben sind [103]. Darum geht die Vision

[100] Es ist problematisch, die Unterscheidung der Visions- (Prophet im Tempel) von der Wortmitteilungsebene (Prophet vor den Ältesten) als Ausgangspunkt für die Literarkritik zu benützen (KLEIN [1988] 53: "It is unlikely that this vision complex was created at one time by one person. The ancillary vision in 11:1-13, for example, takes no notice of the divine glory at the very gate where this vision takes place [...])." Ez 11,1-4 stellt die Wortempfänger vor, die, wie Ez 11,13 zeigt, mit den Ältesten Judas in Ez 8,1 identisch sind. Unglücklich ist deshalb GRAFFYs (1984) 47 Bezeichnung von Ez 11,1-13 als "minor vision" (ähnlich VOGT [1981] 48) und seine Meinung über Ez 11,14-17: "Unlike the preceding disputation speech, 11,14-17 is not set within a vision, though the redactor has placed it within the major vision of Ezek 8-11."

[101] Gehört Ez 11,13 zum ersten Gotteswort? SEDLMEIER (1995) 300 fragt dazu, ob Pelatjahus Tod die dortige Gerichtsankündigung bestätigt und verneint das, weil Pelatjahus Todesart der angesagten Strafe widerspricht: 1.) der Tod erfolgt durch das Schwert (V.8) und 2.) außerhalb des Landes Israel (V.9s). Nun ist die Ausdrucksweise "Schwert" mit Pelatjahus Tod nicht unvereinbar. Das beweist Ez 21, wo das militärische Schwert des Königs von Babylon (V.24) und das Schwert Jahwes (V.8), das in der Stadt wirkt und mit ersten nicht identisch ist, vorkommen. Auch in Ez 7,15 ist der Schwerttod (außerhalb der Stadt [Ez 11,9]), dem das Dahinsiechen durch Pest und Hunger in der Stadt gegenübersteht, schwerlich *nur* mit dem Schwerttod im Krieg identisch. Wenn Jahwe in Ez 11,8 sagt, daß er das Schwert über die Angeredeten bringt, so ist Pelatjahus Todesart eine mögliche Verwirklichung davon. Zudem stirbt Pelatjahu in Babylon, also außerhalb des Landes. Sein Tod ist darum mit dem ersten Gotteswort vereinbar. SEDLMEIER zählt weitere Spannungen auf (Schicksalsgemeinschaft mit den Kollegen, Zukünftigkeit der Strafe, Unstimmigkeit in der Ausgangssituation), die sekundäre Faktoren betreffen und zum Aufweis einer Unvereinbarkeit ebenfalls nicht genügen.

[102] Gegen BLOCK (1997) 279: "the prophet's immediate audience becomes totally irrelevant."

[103] VON ORELLI (1896) 47: "Daß hier trotz der K. 9 angeordneten allgemeinen Vertilgung noch Menschen sind, wie auch die Stadt noch steht trotz der K. 10 befohlenen

in eine Wortmitteilung an sie über. Die Ältesten in Ez 11,1 leiten diesen Übergang ein. Wir nennen sie darum Vermittlungsgestalten [104]. Das Gotteswortes ist innervisionär an sie gerichtet, wird aber vom Propheten den Ältesten Judas verkündigt. Die 25 Männer funktionieren also als visionäre Repräsentanten der Ältesten Judas. Was an die ersten gerichtet ist, wird den zweiten mitgeteilt. So zeigt das Gotteswort in Ez 11,5-12, daß die 25 Männer in der Vision und die Ältesten Judas im Dialog die gleiche Gruppe sind. Eine ähnliche Doppelrolle spielt Pelatjahu in der Vision und in der Anrede.

2.) Gelegentlich wird gesagt, daß sich Pelatjahus Tod in Jerusalem gleichzeitig mit der babylonischen Vision des Propheten ereignet hat, wobei Ez 11 letzteren visionär darüber informiert. Aber müßte das dann nicht auch für das Tempelgemetzel gelten? Und wenn nein: Warum nicht? Das Tempelgemetzel ist jedoch wegen der Datumsangabe in Ez 8,1 historisch sehr unwahrscheinlich. Ez 8-11 kann dazu nicht dienen, da es eine prophetische Schau bezeugt [105]. Wenn aber das Tempelgemetzel kein Ereignis der äußeren Wirklichkeit ist, warum sollte das dann für den nur visionär berichteten Tod des Pelatjahu gelten? Als Lösung bliebe, Pelatjahu entweder als visionäre Phantasiegestalt oder als einen bekannten Aktanten zu betrachten, der aber nur in der visionären Phantasie des Propheten stirbt, in der äußeren Wirklichkeit aber weiterlebt. Doch damit würde sich die Vision ad absurdum führen und sich vor aller Leute Augen als Bluff erweisen.

3.) Pelatjahus Tod und die mit ihm zusammenhängenden Ereignisse sind dem Visionsgeschehen gegenübergestellt. Der Ereignisablauf besteht aus vier Elementen und beginnt mit der Zornrede Jahwes. Auf sie folgt der Tod des Pelatjahu. Er provoziert einen Aufschrei des Propheten. An diesen schließt eine zweite Gottesrede an. Damit wiederholt sich der Handlungsablauf der

---

Verbrennung, rührt daher, daß eben jene Vorgänge transcendenter Art waren und nicht sofort in menschlich irdischer Wirklichkeit sich vollziehen sollten. K. 11 dagegen ist Ezechiel wieder in die gegenwärtige Wirklichkeit versetzt." Ähnlich BLOCK (1997) 273.

[104] SCHMIDT (1950) 89: "Wir reden darum von zwei verschiedenen «Visionsbildern» in *einem* visionären Zusammenhang." Und weiter: "Kap.8-11 bilden also eine Visionenfolge, so wie sich in der Nacht verschiedene Träume folgen können, in denen das gleiche Ereignis und der gleiche Schauplatz sich abwandelt."

[105] Die historische Auswertung eines Textes visionären Ursprungs ist ein Problem der Auslegung von Ez 8-11. Visionen sind keine geschichtlichen Zeugnisse. KAUFMANN (1960) 430 spricht von der "fantastic nature" der Vision: "the entire vision is but a «parable»." GREENBERG (1983) 201s meint, daß Ez 8 die historische Lage in Jerusalem vor 587 nicht widerspiegelt: "The data of ch. 8 are generally thought to give a true picture of the state of Judahite religion contemporary with Ezekiel, but their contrast with the data of Jeremiah and Lamentations, whose authors were actually in Jerusalem at the time of the fall, points to an opposite conclusion." Im Falle von Ez 9 braucht man sich nur die simple Frage zu stellen, ob es sechs Bewaffneten möglich ist, eine ganze Stadt niederzumachen. Das schließt auch aus, daß die Gemetzeldarstellung eine Rückprojektion des Untergangs von Jerusalem ist.

Vision auf der Dialogebene [106]. Das sieht in der Gegenüberstellung folgendermaßen aus:

8,17ss Zornrede Gottes an Propheten	11,5 Zornrede Gottes durch den Propheten
9,6ss Gemetzel unter den Schuldigen	11,13 Tod des Pelatjahu
9,8 Aufschrei des Propheten	11,13 Aufschrei des Propheten
9,10 Mitleidsverweigerung Gottes	11,14-21 Heil für die Exilierten, Tod für die Götzenanbeter

Da die Ältesten auf der Dialogebene alleine sind, muß Pelatjahu zu ihnen gehören. Das Gotteswort spricht sie als Bewohner Jerusalems an. Daraus folgt, daß Pelatjahu in Babylon als Mitglied einer judäischen Ältestengruppe stirbt.

Ergebnis: Pelatjahu gehört zu den aus Juda angereisten Ältesten, die sich ab Ez 8,1 vor dem Propheten befinden, während dieser eine Vision schaut, in der Älteste Judas als Götzendiener auftreten und im visionären Gemetzel umkommen. Von den Visionsereignissen erfahren die Ältesten der äußeren Wirklichkeit fast nichts. Es wird ihnen aber in Ez 11 ein Gerichtswort angesagt. Von der Vision zur Wortverkündigung leiten die Vermittlungsgestalten in Ez 11,1 über. Das Gotteswort wird an sie adressiert, aber an die Ältesten von Ez 8,1 verkündigt, womit die Vermittlungsgestalten als visionäre Repräsentanten der Ältesten stehen.

3.4.1.3. Die Tempelvision aus der Ältestenperspektive. Die Unterscheidung der zwei Wirklichkeitsebenen, Visionsgeschehen bzw. äußere Wirklichkeit, ist der Grundpfeiler für die Auslegung von Ez 8-11. Der Erkenntnisbereich der Ältesten beschränkt sich auf die äußere Wirklichkeit. Sie sehen keine Vision, sondern nur den verzückten Seher. Nachdem dieser in Ekstase gefallen ist (Ez 8,1), folgt zuerst einmal nichts. Der Aufschrei des Sehers in Ez 9,8 ist das erste Zeugnis, das bis zur äußeren Wirklichkeit durchdringt. Danach folgt wieder eine Pause, bis der Prophet das Gotteswort von Ez 11,5-12 an die Ältesten richtet. Während das geschieht, bricht Pelatjahu, der sich unter den Ältesten von Ez 8,1 befindet, vor diesen und dem Seher tot zusammen. Darauf reagiert der Prophet mit einem zweiten Aufschrei, der ebenfalls für alle hörbar ist [107]. Danach ist wieder Stille, denn nun empfängt der Seher ein zweites

---

[106] GREENBERG (1983) 189 meint, daß das Gemetzel und Pelatjahus Tod verschiedene Episoden der Visionsereignisse sind: "Nothing suggests that there was more reality to Pelatiah's death than to the mass execution of ch.9 (...)". Er versteht כהנבאי in Ez 11,13 als visionäre Weissagung an ein visionäres Publikum. Das Problem dieser Erklärung liegt in der ungenauen Verhältnisbestimmung zwischen dem Vorausgehenden (z.B. Gemetzel) und dem Tod des Pelatjahu. LINDBLOM (1962) 134s löst das Problem mit dem spezifischen Charakter der Vision: "The discrepancy between this scene and that of IX. 5 ff. and X. 2 (the massacre in Jerusalem) is not surprising in an ecstatic vision such as this." Diese Deutung ist erst legitim, wenn andere Erklärungen des Visionszusammenhanges versagt haben. Ferner: LINDBLOM (1962) 200.

[107] Der zweite Aufschrei ist dem ersten derart ähnlich, daß letzterer den Ältesten

Gotteswort (Ez 11,14-21), das nicht an die Ältesten, sondern als Heilsverheißung für die Verbannten bestimmt ist [108]. Von der Mitteilung der Vision und des Wortes an die Golah berichtet Ez 11,25, womit das Gespräch nicht mehr auf die Prophet-Ältesten-Ebene von Ez 8,1 zurückkehrt. Das im zweiten Gotteswort vorausgesetzte Adressatenprofil unterscheidet sich von dem im ersten Gotteswort und beweist, daß mit der Golah eine neue Gruppe eingeführt wird [109]. So ist bei der Weiterleitung an die Golah von den כל־דברי יהוה die Rede, die Jahwe dem Propheten *gezeigt* hat (הראני). Diese Formulierung schließt das ganze Visionsgeschehen ein, wobei כל im Gegensatz zur partiellen Mitteilung der Visionsereignisse an die Ältesten steht.

Somit stellen der Tod des Pelatjahu und der zweite Aufschrei des Sehers für die Ältesten das Ende der in Ez 8,1 begonnenen Prophetenkonsultation dar. Die Ältestenanrede in Ez 11,4-12 erlaubt eine gute Darstellung der Verflechtung der Visionsebene und der äußeren Wirklichkeit. Dabei erhärtet sich die Annahme, daß die Ältesten in Ez 8,1 keine Golah-Vertreter, sondern Abgesandte aus Juda sind und somit den gleichen Gesprächsstatus besitzen wie die Ältesten in Ez 14,1.

3.4.1.4. Die dialogische Einbettung der Ältestenanrede. Es ist nun zu zeigen, wie sich das erste Gotteswort in Ez 11 in den von den Ältesten wahrgenommenen Ereigniszusammenhang einfügt. Wie in Ez 14,1-5 ist die Ältestenanrede in Ez 11 mit einer Propheteninstruktion eingeleitet (Ez 11,2-4), die den Seher über den Adressaten informiert. Damit wird angenommen, daß Ezechiel über die aus Juda angereisten Ältesten nicht im Bilde ist.

Es folgt das Wort an die Ältesten, das mit der direkten Anrede in V.5e (כן אמרתם) beginnt. Ist das ein verständlicher Redeanfang? Die Partikel כן bezieht sich auf etwas Zurück- oder auf etwas Vorausliegendes [110]. Hier kommt als Bezug nur der in der Propheteninstruktion zitierte Ältestenspruch in Frage. Später gibt es für כן אמרתם keinen Referenzpunkt mehr. Aber diese Beziehung

---

im Nachhinein als prophetische Vorhersage von Pelatjahus Tod vorkommen muß.

[108] TORREY (1930) 40s meint, daß Ez 11,14-21 judäische Aufrechte anspricht, ist aber gezwungen, eine "confusion of second and third person" (41) und "transposition and altered suffixes" (42) anzunehmen.

[109] BALTZER (1986) meint, daß das erste Heilswort "ohne Zweifel in den Zeitraum des noch bestehenden Jerusalemer Heiligtums, d.h. aber vor das Jahr 587 und zwar zum Exilspropheten unter die Verbannten (171)" führt. Angesichts dieses Urteils ist es seltsam, daß er Ez 11,14-21 in der Erfahrung des Exils und der Zerstörung Jerusalems verwurzelt sieht (179).

[110] In Ez 33,10 kommt die gleiche Wendung vor. Sie ist dort auf das nachfolgende Zitat gemünzt. In 1 Sam 5,7 leitet כן יאמר Benajas Worte an den alten König David ein. Wieder richtet sich der Ausdruck auf die folgende Wortmeldung (das gilt unabhängig von den textkritischen Problemen am Ort). Ein weiteres Beispiel ist 1 Kön 22,12 (vgl. 2 Chr 18,11): נבאים כן לאמר. Erneut wird auf das Folgende verwiesen. Die Wendung findet sich einmal im aram. Dan (7,23) im vorausweisenden Sinn.

ist nur aus der Optik des Sehers/Lesers zu erkennen. Für die Ältesten, die von der Propheteninstruktion nichts wissen, scheint כן אמרתם beziehungslos und ohne Kontext zu sein [111]. Dieses Problem verschärft sich, weil die Ältestenanrede einen zweiten offenen Bezug aufweist, die Wendung בעיר הזאת in V.6. Sie verweist auf den Aufenthalt des Propheten im visionär geschauten Jerusalem. Dieser Standort ist den Ältesten unbekannt, weil sie den Visionsinhalt nicht kennen. Ferner widerspricht die Verwendung eines Demonstrativpronomens ohne Bezugswort einem korrekten sprachlichen Verhalten.

So entsteht der Eindruck, daß das Gotteswort nicht für die Ältesten, sondern für jemanden formuliert ist, der um die Vision und die Propheteninstruktion weiß. Wer das sein könnte, ist im Rahmen der Dialogsituation schwer zu sagen. Die Konsistenz der postulierten Dialoggestalt scheint somit massiv erschüttert zu sein.

Es stellt sich so die Frage, ob Ez 11,5-12 wirklich die Ältesten anredet. Das kann nur als bewiesen gelten, wenn es ein dialogisches Netz gibt, in das sich die bezeichneten Wendungen einfügen. Dazu muß כן in כן אמרתם einen Bezug herstellen, der von den Ältesten auf der Ebene des Propheten-Ältesten-Dialoges verstanden wird. Es wird auf einen Ausspruch der Ältesten angespielt, der noch so frisch in Erinnerung ist, daß כן genügt, um daran anzuknüpfen. In einer solchen Position könnten sie das in der Propheteninstruktion erwähnte Ältestenzitat gesprochen haben. Aber gibt es Hinweise, daß dieser Ausspruch der Ältesten gleichzeitig mit den Visionsereignissen gefallen ist?

Wir glauben, daß das der Fall ist und an Hand der Sprachhandlung, wie sie aus der Optik der Ältesten gesehen wird, gezeigt werden kann. Die Arbeitshypothese lautet: *Das Ältestenzitat in Ez 11,3 ist die Wiederaufnahme einer Aussage, welche die Ältesten parallel zum Visionsgeschehen und unmittelbar vor ihrer Anrede im Gotteswort gemacht haben* [112]. Diese Hypothese ist bewiesen, wenn für sie ein konsistenter Gesprächszusammenhang gefunden wird. Dazu sind die Ereignisse der Tempelvision, wie sie von den Ältesten wahrgenommen werden, nach ihrer zeitlichen Reihenfolge aufzulisten. Wo ist die hypothetische Ältestenrede einzufügen? Da כן, um verständlich zu bleiben, nur eine minimale Distanz zwischen Bezugspunkt und Bezugnahme erlaubt, ist das Ältestenwort zwischen dem Aufschrei des Propheten in Ez 9,8 und der Bezugnahme darauf in Ez 11,5 anzusetzen. Ez 8-11 spielt sich dann für die Ältesten so ab:

1. Die Ältesten versammeln sich vor dem Propheten (Ez 8,1).

---

[111] Wegen dieser Schwierigkeiten kann nicht auf eine Anrede der 25 Männer von Ez 11,1 geschlossen werden, denn ihnen ist die Propheteninstruktion und somit der Bezugspunkt von כן genauso vorenthalten.

[112] Zu den Zitaten ("proverbs") vgl. LIND (1996) 76: "The three proverbs, the first stated twice (8:12; 9:9; 11:3, 15), provide the foci to which the vision speaks." LIND schließt von ihnen auf den Hintergrund der "exiled elders", meint aber: "The proverbs quoted in the vision were spoken in Jerusalem (88)."

2. Der Prophet fällt in Ekstase (Ez 8,1).
3. Nach einer Zeit der Stille schreit der Prophet laut auf (Ez 9,8) [113].
4. *Die Ältesten reagieren darauf mit einem Ausspruch (Ez 11,3).*
5. In dieser Situation ergeht das Gotteswort an sie (Ez 11,5-12).
6. Während seiner Proklamation stirbt Pelatjahu (Ez 11,13).
7. Der Prophet schreit erneut auf (Ez 11,13).

Das erste, was die Ältesten nach ihrer Ankunft vor dem Seher hören, ist sein Aufschrei (Ez 9,8 [114]): "Ach, Herr Jahwe, willst du den ganzen Rest Israels vernichten, indem du deinen Grimm ausschüttest über Jerusalem?" Der Aufschrei ist für sie auch ohne Kenntnis der visionären Umstände verständlich. Wir nehmen an, daß die Ältesten dem Ausruf mit Ez 11,3 widersprechen: "Nein. Nahe ist das Häuserbauen [115]. Sie (sc. Jerusalem [116]) ist der Topf und

---

[113] Der Aufschrei ist, wie die Rede im Schlaf, in der äußeren Wirklichkeit hörbar.

[114] STEINMANN (1953) 64: "En pleine vision, le prophète pousse un cri d'intercession (...)."

[115] לא בקרוב בנות בתים ist schwierig (Übersicht: TAYLOR [1969] 109). Gemäß der Vulgata (*nonne dudum aedificatae sunt domus?*) beglückwünschen sich die Männer zum Wiederaufbau der Stadt nach 597 (COOKE [1936] 122), wobei לא wie הלא gebraucht ist, vgl. GESENIUS (לא: 1.f). GRAFFY (1984) 43s versteht das Wort im Sinne von: "Rome was not built in a day!" KEIL (1882) 111 weist darauf hin, daß der Infinitiv cons. בנות als Subjekt, nicht aber als finite Verbform stehen und לא, wo Worte eines anderen zitiert sind, nicht als Frageeinleitung benützt werden kann. Er schließt, daß sich Ez 11,3 aus Jer 29,5 erklärt, wo Jeremia die Golah auffordert, Häuser zu bauen und sich im Exil einzurichten. Dieses Wort verhöhnen nach KEIL die Machthaber Jerusalems: "Nicht nahe ist das Häuserbauen d.h. mit dem Häuserbauen im Exile hat es noch gute Weile; soweit wird es nicht kommen, daß Jerusalem auf die Dauer oder völlig in die Gewalt des Königs von Babel fallen werde." Diese Lösung ist scharfsinnig, setzt aber eine Polemik gegen Jer voraus, die schwer zu beweisen ist. Das Hauptproblem von V.3 liegt in der Vieldeutigkeit von בנה בית (FOHRER [1955] 60). HORST (1953) 340 bezieht die Wendung auf das Verbot der Gründung von Familien mit nahen Verwandten (= לא בקרוב), vgl. SCHMIDT (1931) 147 zu Ps 127. Hier soll die Wendung umrisshaft aus dem Dialog erklärt werden. Ausgangspunkt ist die Verbindung zwischen Ez 11,3 und Ez 9,8. In Ez 9,8 fragt der Prophet Jahwe: "Wirst du Israel zerstören (etc.)?" Der Antwort kommen die Ältesten zuvor: "Nein! In Kürze wird Häuserbauen (sc. das Gegenteil von Zerstörung) sein." Zu לא als Antwort auf eine Frage: GESENIUS (לא: 1.g). Das prägt den Versrest: היא הסיר ואנחנו הבשר. Er wurde so verstanden, daß der Topf das Fleisch vor dem Verbrennen im Feuer schützt (SCHMIDT [1915] 398, ROTHSTEIN (1922) 893, CHAINE [1946] 171, FISCH (1950) 57). Dagegen spricht ein zweifaches: 1.) Kein Feuer ist erwähnt (vgl. aber Ez 24,5); 2.) Das Gesottenwerden ist keine überzeugende Alternative zur Verbrennung. Somit ist folgendes gemeint: Wie der Topf das Fleisch zusammenhält, so ist die Bevölkerung in den Mauern Jerusalems geborgen. Die Topf-Symbolik erscheint auch in der Rede von den vollen Fleischtöpfen (vgl. Ex. 16,3: סיר הבשר). LECHNER (1884) 444: "Durch die Wahl des Bildes, in welches die Rathgeber Jerusalems ihren Gedanken kleiden, zeigen sie zugleich ihre sinnliche, auf das Irdische gerichtete Gesinnung, die gleich jener der Israeliten, die aus Aegypten gewandert waren, nur auf die Fleischtöpfe Aegyptens hinging Exod. 16,3."

[116] Jerusalem ist feminin vgl. SIEGFRIED/STADE (1893).

wir das Fleisch." Der pronominale Anschluß Jerusalems schließt eng an den Aufschrei des Propheten, der Jerusalem namentlich nennt. Es gibt also eine Reihe Hinweise, die das Zitat in Ez 11,3 als Antwort der Ältesten auf den Aufschrei des Propheten identifizieren. Wie die Ältesten widersprochen haben, ob offen oder in Gedanken, verlautet nicht [117].

Ez 11,5-12 schließt nahtlos an die Widerrede der Ältesten an: "So sprecht ihr Haus Israel (etc.)". Pelatjahu stirbt während der Verkündigung, worauf der Prophet die Aussage des Aufschreis, die durch Pelatjahus Tod auf schauerliche Weise bestätigt wird, erneuert: "Ach, Herr Jahwe, willst du dem Rest Israels ein Ende machen?" Pelatjahu spielt also in Ez 8-11 eine Doppelrolle. In der Vision tritt er als Mitglied einer Männergruppe im Tempel auf, und im Propheten-Ältesten-Dialog wird sein Tod vom Propheten als Vorbote der Zerstörung des Restes Israels betrachtet. Dieser Rest steht in einem Jerusalemer Rahmen und ist folglich eine judäische Größe. Damit bestätigen beide Wirklichkeitsebenen, daß Pelatjahu und die Ältesten keine Exulanten, sondern Judäer sind[118].

In diesem Licht ist der bisweilen vorgebrachte Einwand, wonach das Stück eine unmögliche bzw. unwahrscheinliche Koinzidenz der babylonischen Vision mit dem Jerusalemer Tod des Pelatjahu voraussetzt, ein Scheinproblem[119]. Die Unterscheidung der Wirklichkeitsebenen zeigt, daß die Ereignisabfolge eine solche Übereinstimmung nicht fordert, weil Pelatjahus Tod kein Visionsereignis ist. Daß Pelatjahu als Aktant in der Vision vorkommt, schließt seine Präsenz auf der Dialogebene nicht aus. Eine ähnliche Doppelrolle spielen auch die Ältesten und der Prophet.

Ergebnis: Ez 8-11 setzt wie Ez 14 eine judäische Herkunft der Ältesten voraus. Damit ist an beiden Orten von Ältestengruppen die Rede, die sich nach dem Vorbild der Seraja-Gesandtschaft (Jer 51,59) vorübergehend in Babylon aufhalten. Die Problematik des Stückes besteht also nicht in der Koinzidenz der babylonischen Vision mit dem judäischen Tod Pelatjahus, sondern in der visionären Aufklärung des Propheten über den Götzendienst in Jerusalem[120].

---

[117] Ez 11,5 (ומעלות רוחכם אני ידעתיה) insinuiert, daß sie ihre Meinung gedacht haben (so GREENBERG [1964] 438 Anm. 6). KLEIN (1988) 64: "Yahweh commanded Ezekiel to prophesy against these people, and the prophet experienced the divine spirit falling on him (cf. 8:1). The subsequent divine oracle indicated that Yahweh knew the unexpressed thoughts of the group gathered by the east gate (cf. 14:3; 20:32)."

[118] HALPERIN (1993) 73ss fragt nach der Herkunft der Angeredeten des ersten Gotteswortes ("Is it really possible to regard the sinners of 11:1-13 [...] as exiles in Babylon?"). Er hält sie für Exulanten, wobei er z.B. das Ältestenzitat als ironische Reaktion der Exulanten auf den Brief des Jeremias sieht. Gut ist die Situationsanalyse, insgesamt liest er den Text aber zu sehr gegen seinen Wortlaut.

[119] Zur Interpretation des Todes des Pelatjahu: BROWNLEE (1986) 159-162.

[120] Zur mystischen Hellseherei: KITTEL (1927) 151-158 gegen HÖLSCHER. TORREY (1930) 77 meint mit Verweis auf KRAETZSCHMAR (1900) 71s/156 (z.B. zu Ez 17: "deshalb wird hier nicht geweissagt, sondern vorausgesetzt"): "Modern interpreters are very naturally concerned to avoid, as far as possible, the recognition of definite prediction amounting

3.4.1.5. Die Bezeichnung der Ältesten. Die Schwierigkeit bei der Identifizierung der Ältesten resultiert aus der uneinheitlichen Nomenklatur in Ez 8-11. Sie erklärt sich aber aus der Sprachhandlung.

Der Befund ist folgender: *Ez 8,1* nennt die Männer Älteste Judas. *Ez 8,11* bezeichnet die Gruppe um Jaasanjahu als Älteste Israels. Am Visionsende erscheinen in *Ez 11,1-2* Männer, die auf Grund der gegen sie gerichteten Anklage als Älteste zu identifizieren sind. Pelatjahus Person ist das Bindeglied, das die Identifizierung der Männergruppe von Ez 11,1-2 mit den Ältesten Judas in Ez 8,1 erlaubt. Dieser Wechsel in der Ältestenbezeichnung folgt einer inneren Logik. Die informativste Bezeichnung ist der Ausdruck "Älteste Judas". Er präzisiert die Herkunft der Ältesten. Das ist aus zwei Gründen notwendig:

1.) Ez 8,1 ist das erste Treffen des Propheten mit Ältesten in Ez. Es ist darum wichtig, die für das Verständnis der Sprachhandlung bedeutenden Dialogumstände anzugeben. 2.) Die judäische Herkunft der Ältesten ist im Dialog von Bedeutung und unterstreicht, daß die Ältesten Judas und die Ereignisse in der Tempelvision verknüpft sind [121].

Die Vision bezeichnet die Männer um Jaasanjahu als "Älteste Israels" (Ez 8,11). Mit der Verwendung des polysemen Begriffes 'Israel' rückt der lokale Aspekt in den Hintergrund [122]. Das ist so, weil die judäische Situierung des Geschehens außer Frage steht. Außerdem sind die Ältesten nicht wegen ihrer Herkunft, sondern in religiös-kultischer Hinsicht bedeutsam. Nachdem ihr Jerusalemer Götzendienst dargestellt worden ist, begnügt sich Ez 11,1 damit, die Identität der Männer um Jaasanja und Pelatjahu beiläufig zu erwähnen. Daß sie mit jener der Ältestengruppe von Ez 8,1 übereinstimmt, zeigt der Tod des Pelatjahu. Auf der Vorstellung der Ältesten in Ez 8-11 baut Ez 14,1 auf. Es genügt nun, die Gruppe vor dem Propheten als "Männer von den Ältesten Israels" zu bezeichnen.

Ergebnis: Das wichtigste Hindernis für die Identifizierung der Ältesten ist, daß sie je nach Ort verschieden bezeichnet werden. Das erklärt sich aber aus der Sprachhandlung. Dabei ist festzustellen, daß die Ältestenbezeichnung in Ez 14,1 die Vorgaben in Ez 8-11 voraussetzt.

3.4.1.6. Bezüge zwischen der Tempelvision und Ez 14. Das Auftreten von Ältesten ist nur *ein* Hinweise auf die dialogische Verbindung zwischen Ez 8-11 und Ez 14,1-11. Es besteht, wie noch zu zeigen ist, ein dialogisches

---

to clairvoyance." Für ihn ist Ez's Hellseherei eine "literary procedure made familiar by other Jewish authors (82)". LINDBLOM (1962) 199-201 räumt hellseherischen Elementen in der at Prophetie fast keinen Raum ein. Ferner: MCKEATING (1993) 41. Ob die biblischen Visions- und Gottesworterfahrungen wahr sind, ist eine fundamentaltheologische Frage. Hier genügt die Feststellung, daß das Phänomen behauptet wird.

[121] TORREY (1930) 35: "It is natural to suppose that the elders of vs. 1 belonged to the same group as those mentioned in vss. 11f.; otherwise, why were they introduced at all?"

[122] Dafür mag 'Israel' den religiösen Bezug stärker betonen.

Netz, in dem sich eine Fülle von Gemeinsamkeiten findet [123]. Hier beschränken wir uns auf die äußeren Parallelen in der Dialoggestalt von Ez 14,1-11 und Ez 11,14-21. In Ez gibt es über fünfzig durch ויהי דבר־יהוה אלי לאמר eingeleitete Wortereignisse, die durch redelenkende Teile gegliedert sind. An Hand der phatischen Elemente ist es möglich, die Dialogteile im Gotteswort zu unterscheiden. Unter diesem Blickwinkel zeigen Ez 11,14-21 und Ez 14,1-11 einen Aufbau, der nur in diesen beiden Gottesworten zu finden ist [124]:

Ez 11,14-21	*Ez 14,1-11*
1) ויהי דבר־יהוה אלי לאמר	1) ויהי דבר־יהוה אלי לאמר
2) בן־אדם	2) בן־אדם
dazwischen: Redeblock I	
3) לכן אמר	3) לכן דבר
4) כה־אמר אדני יהוה	4) כה־אמר אדני יהוה
dazwischen: Redeblock II	
5) לכן אמר	5) לכן אמר
6) כה אמר אדני יהוה	6) כה אמר אדני יהוה
dazwischen: Redeblock III	
7) נאם אדני יהוה	7) נאם אדני יהוה

Nicht berücksichtigt ist die Erkenntnisformel in Ez 14,8, weil sie kein dialogsteuerndes Element ist. Der parallele Aufbau der beiden Gottesworte schafft Raum für drei Mitteilungsblöcke, die inhaltlich übereinstimmen [125]:

---

[123] Z.B. Götzendienst, Herkunft der Ältesten, götzendienerische Prophetenbefragung, Propheteninstruktion (etc.).

[124] Der einzige Unterschied im Formelmaterial besteht in der Variation des Verbums dicendi am Anfang des ersten Redeblockes. In Ez 11,16 steht לכן אמר gegen לכן דבר in Ez 14,4. Zu Ez 11,14-20: SIMIAN-[YOFRE] (1974) 150s.

[125] HOSSFELD (1987) 275 bezeichnet Ez 11,1-13 und 14-21 als dreiteilige Disputationsworte: "Der erste Teil ist durch V.1 und 13 leidlich in das Visionsgeschehen eingebunden, der zweite Teil (sc. wohl 14-21) dagegen ist durch Eingangs- und Schlußformeln zunächst einmal von der Vision völlig unabhängig" (so schon HERRMANN [1908] 16). Die Kontextualisierung der beiden Gottesworte läßt sich an Hand punktueller, von der Redesituation losgelöster Strukturbeobachtungen nicht beschreiben. Das gilt auch für das Verständnis der Eingangs- und Schlußformeln des zweiten Gotteswortes. Daß sie dieses "völlig unabhängig" von der Vision setzen, ist eine arge Überinterpretation. Vielmehr stehen sie im Kontext der Dialogsituation, die HOSSFELD auf S.271 erwähnt. HOSSFELD folgert dann: "Wir haben also nicht nur eine übergreifende Struktur, sondern viele Strukturen, die sich überlagern und nicht von vornherein ineinandergreifen." Unter Ausklammerung der Sprachhandlung ist es schwierig, den inneren Textzusammenhang zu erfassen. Wenn HOSSFELD der GREENBERG'schen Exegese vorwirft, daß sie abstrahiert, harmonisiert und enthistorisiert, so trifft beide Autoren der Einwand, daß ihre Auslegung enttextlicht. Den Harmonisierungsvorwurf erhebt auch GREENBERG an die Adresse der Literarkritik: "to interpret the text without eliminating the tensions (199)."

(I) *Ez 11,1s und Ez 14,3*

Nach der Anrede als בן־אדם wird der Prophet über eine Problematik informiert, die mit einem Dialogpartner zusammenhängt, wobei eine Tat dieses Drittaktanten zur Sprache kommt [126]. Ez 11 spricht von der Ausgrenzung der Golah von 597 durch die Judäer, Ez 14 vom Götzendienst der Ältesten.

(II) *Ez 11,16 und Ez 14,4-6a*

Der zweite Redeblock vertieft die Propheteninstruktion. Jahwe informiert den Seher genauer über das Problem. Vom Drittaktanten ist in dieser Phase in der 3.Pl. die Rede [127].

(III) *Ez 11,17-21 und Ez 14,6-11*

Im dritten Redeblock wird die anwesende Personengruppe direkt angesprochen [128]. Ez 11,17 richtet sich an die Golah, Ez 14,6 an die Ältesten. Dieser Redeblock geht in Ez 11,18 und in Ez 14,9 in die Propheteninstruktion über, so daß vom Ansprechpartner wieder in der 3.Pl. geredet wird [129].

---

[126] Der Drittaktant ist in Ez 14,3: האנשים האלה und in Ez 11,15: ישבי ירושלם bzw. die Exulanten. Die schwierige Anredesituation in Ez 11,14-21 hat häufig zu Textänderungen Anlaß gegeben. ZIMMERLI (1979) 200 findet mehrere Redaktoren. Die dialoganalytische Betrachtung von Ez 11,14-21 führt dagegen zu einer einheitlichen Lösung.

[127] Eine gute dialogorientierte Beobachtung macht HOSSFELD (1995a) 280, indem er den Übergang von der 3.Pl. von V.16 in die Anredeform von V. 17 als "situationsbedingten Richtungswechsel" interpretiert und feststellt, daß es sich beim Stück um eine Rede Jahwes an den Propheten handelt.

[128] Im kritischen Apparat der BHS oder in der deutschen Ausgabe der Jerusalemer Bibel (1968) wird die direkte Anrede von Ez 11,17 eliminiert.

[129] Eine Ausnahme ist בקרבכם (Ez 11,19), das als 2.Pl. nach drei vorausgehenden und vor sechs folgenden 3.Pl.-Ausdrücken steht. Die Form fällt aus dem Dialograhmen und muß fehlerhaft sein. Nach HOSSFELD (1995a) 283 zeigt בקרבכם, daß Ez 11,19 "sicher" eine Glosse ist. Diese Vermutung setzt einen 'dummen Glossator' voraus. GRAFFY (1984) 48 sieht in Ez 11,14-17 eine "perplexing confusion of pronouns" und zieht das Disputationswort in Ez 33,23-29 bei, das nach einer 2.Pl-Anrede in die 3.Pl. übergeht. Er unterscheidet zwischen dem "grammatical addressee" und dem faktisch angesprochenen exilischen Dialogpartner und erklärt die ez Anredesituation damit, daß Ezechiel grundsätzlich zu Exulanten gesprochen hat. Wie ist dann zu verstehen, daß "in both disputation speeches the first refutation (sc. Ez 11,16 bzw. Ez 33,25s) is grammatically addressed to the speakers of the quotation back in Jerusalem"? Das stimmt für Ez 33,25s. Aus der 3.Pl. in Ez 11,16 läßt sich dagegen keine Anrede der judäischen Sprecher des Zitates in V.15 ableiten (51). Wie soll man sich eine solche Anrede praktisch vorstellen? Probleme sieht GRAFFY erst in Ez 11,18-20, weil es erneut in die 3.Pl. wechselt. Er bezeichnet es als Zusatz. Nachdem er den Übergang von der 3.Pl. (V.16) in die 2.Pl. (V.17) akzeptiert hat, sollte ein zweiter Übergang keine Probleme schaffen. Somit stößt GRAFFY auf die dialogische Problematik, ohne eine Lösung für sie zu finden. HOSSFELD (1995a) 282 erkennt den Übergang in die 3.Pl. ab V.18, versteht ihn aber mehr inhaltlich als dialogisch. Ferner: MULLO WEIR (1952) 100: "the prophet turns from contemplating the Babylonian exiles to include all exiled Israel."

Interessant ist schließlich der Abschluß der Rede durch die Bundesformel (Ez 11,20 bzw. Ez 14,11). Sie kommt in Ez nicht häufig vor [130].

3.4.1.7. Ergebnisse. Es gibt viele Kontakte zwischen Ez 14,1-11 und Ez 8-11. Aus einer ähnlichen dialogischen Einbettung geht beidenorts eine ähnlich gegliederte Sprachhandlung hervor. Die Hauptsünde, die den Judäern in der Tempelvision vorgehalten wird, ist der Götzendienst. Er geht einher mit dem Götzenkult der Ältesten in Ez 8,11 und der Ältestendarstellung in Ez 14. Wenn die Ältesten in Ez 11,5 meinen: "Jahwe sieht uns nicht", so ist nicht nur Ez 11,5, sondern auch Ez 14,1-11 der Beweis des Gegenteils: Jahwe kennt die im Herzen verborgenen Gedanken [131]. Der mit den Ältesten verbundene Götzendienst ist in Ez ein Leitmotiv. Dabei zeigt sich, daß die Ältesten in Ez 8,1 und Ez 14,1 aus Jerusalem angereiste Gesandte sind. Beidenorts sind sie Götzendiener, beide Sprachhandlungen finden vor der Zerstörung Jerusalems statt, und beide Male scheuen sich die Ältesten nicht, trotz der Fremdkulte vor den Jahwepropheten zu treten.

Die beiden Gottesworte in Ez 11 sind auf zwei Dialogpartner hingeordnet (זקני יהודה und גולה). Diese doppelte Ausrichtung spiegelt sich in der Visionserzählung und erklärt, warum die Tempelvision nur der Golah mitgeteilt wird [132]. Nur den Exulanten, die seit Jahren nicht mehr in Juda wohnen, sind die visionär geschilderten Zustände unbekannt. Dagegen sind die Ältesten persönlich darin involviert und brauchen deshalb über sie nicht informiert zu werden.

Zwischen dem ersten Gotteswort an die Judäer und dem zweiten an die Exulanten gibt es eine Progression: Jahwe zerstört und baut wieder auf. Die Ältestenanrede spricht von der Ausrottung der Sünder in Jerusalem, die Golahanrede verkündigt die Ersetzung der judäischen Bevölkerung durch die babylonischen Exulanten. Diese Doppelthematik erscheint auch in Ez 14,1-11. Dort wird die Ausrottung des Götzendieners bekräftigt und auf die Umkehr hingewiesen. Damit mildert Ez 14,1-11 die kategorische Vernichtungsankündigung in Ez 11,14-21. Ez 14 bietet denen, die in Ez 11 noch verworfen sind, Heil an. Ez 11 spricht von einem Bund für die Verbannten, die ins Land zurückkehren, Ez 14 überbietet dieses Angebot und eröffnet sogar eine Bundesmöglichkeit für den umkehrbereiten Götzendiener. Mehr noch: Der Umkehrruf steht zu Beginn der Ältestenanrede in Ez 14,6. Die Anklage weicht der Aufforderung, das Heil zu ergreifen [133].

---

[130] BERNHARDT (1977) 403s. Die Bundesformel (zur Kritik an dieser Bezeichnung: SCHMID [1980] 19s) findet sich noch in Ez 36,28; 37,23.27.

[131] ALLEN (1994) 205: "God could read minds (Ps 7:10[9]; Jer 11:20), and he found inconsistency between their outward recourse to a Yahwistic prophet and their inner disposition."

[132] NOBILE (1983) 199: "una visione offerta alla meditazione dell'anima esiliata".

[133] MOSIS (1975) 163 räumt dem Umkehrruf zu Recht die zentrale Position ein.

Deutlicher als in Ez 11 spricht Ez 14 den Götzendienst an. Obwohl die Entweihung des Tempels durch Götzenkulte das visionäre Hauptthema ist, erwähnt die Ältestenanrede in Ez 11 den Götzendienst kaum. In der Propheteninstruktion (Ez 11,2) ist er ganz abwesend [134]. Die anschließende Golah-Anrede macht nur Andeutungen. Zum Generalthema wird der Götzendienst erst in den zwei Ältestenperikopen in Ez 14 und Ez 20. Diese Entwicklung, bringt das Thema des judäischen Götzendienstes immer unüberhörbarer zur Sprache.

3.4.2. Die judäische Herkunft der Ältesten in Ez 20. Ez 20 ist die dritte [135] und letzte Stelle, in der sich ez Älteste mit dem Propheten treffen [136]. Wieder interessiert ihr Dialogstatus [137]. Es soll gezeigt werden, daß Ez 20 als dialogische

---

[134] Die Vorstellung sagt nur, daß die Männer Unheil sinnen und bösen Rat pflegen.

[135] Nicht "zweite": LANG (1981) 35.

[136] CORTESE (1973) 143 ("sermone penitenziale") und LAMELAS (1993) 94 verstehen Ez 20 ohne Rücksicht auf die Dialogsituation als Teil einer Sühneliturgie, welche die Geschichte in Erinnerung ruft und die Rebellion des Volkes hervorhebt.

[137] SEDLMEIER (1990) 15s ist am Sprachgeschehen in Ez 20 interessiert, unterscheidet aber die historische nicht genügend von der dialogischen Ebene. Er meint, daß das 'reale Geschehen', das zur Entstehung von Ez 20 geführt hat, nicht Ausgangspunkt der Auslegung sein könne, weil es bei der Verschriftlichung zugunsten der Textentstehungssituation in den Hintergrund trete. Dieser textorientierte Ansatz bleibt der historischen Optik verhaftet, weil sich SEDLMEIERs Interesse nur von einem historischen "Sitz im Leben" (Ursprungsdialog) zu einem anderen (Verschriftlichung) verlagert, ohne die Dialoganalyse zu berühren. Diese ist von der Geschichtsrekonstruktion zu trennen und geht ihr voraus. SEDLMEIER ordnet aber die Dialoganalyse der Rekonstruktion der historischen Verschriftlichung unter. Dabei zitiert er HARDMEIER (1990) 29s: "Methodisch betrachtet, ist deshalb die Texterzeugungssituation des Autors und seine Perspektive der archimedische Punkt, auf dessen Aufhellung und Rekonstruktion sich historisch-exegetische Bemühungen zuerst zu richten haben. Denn die Autorperspektive, seine Wirkabsicht und die Texterzeugungssituation sind die unmittelbarsten Faktoren, von denen ein Text in seinem spezifischen inhaltlichen Gesamtaufbau und seiner unverwechselbaren Sprachgestalt im Detail bestimmt ist." Worauf gründet diese Rekonstruktion, wenn die dialogische Gestalt von Ez 20 im Dunkeln bleibt und darin Hinweise zur Texterzeugung fast ganz fehlen? SEDLMEIER erfaßt die Dialogsituation nur vorwissenschaftlich und erkennt den Einfluß der Ältesten auf die Sprachhandlung nicht (163-167). Ihr Treffen mit dem Propheten reduziert er auf die Konfrontation des theologisch verstandenen Israel mit Jahwe (165): "Nicht ein historisches Ereignis der Anfrage einiger Ältester ist in v.1 eingefangen, sondern es soll, da die Ältesten als solche, also als Repräsentanten Israels vorgestellt sind, eine Aussage gemacht werden, die die Gesamtgröße Israel als theologisch-heilsgeschichtliche Größe betrifft (166)." Der erste Teil der Aussage ist eine Binsenwahrheit, da 'historisch' eine neuzeitliche Kategorie ist (SMEND [1968] 33 nach VATKE [1835] 716: "Es fällt nicht leicht, macht man sich von dem hier besonders leicht hineinspielenden Bedürfnis nach Apologetik frei, der Behauptung Vatkes zu widersprechen: «...auf den Standpunkt der eigentlich-historischen Betrachtung haben sich die Hebräer überhaupt nicht erhoben, und kein Buch des A.T., mag sich auch sonst objektiv-historischer Stoff darin finden, verdient den Namen wahrer Geschichtsschreibung.»"). Das Verhältnis zwischen V.1 und der Sprachhandlung kann nicht apriorisch ("grundsätzlich-typische Aussagen" [167]), sondern nur dialoganalytisch bestimmt

Einheit gelesen werden kann, in der die Ältesten erneut als Vertreter Restjudas vor dem Propheten im Exil auftreten [138]. Wenn dem so ist, dann meint die in V.34 (vgl. auch V.38) angekündigte Herausführung aus den Völkern nicht, wie allgemein angenommen, die Rückkehr der Golah aus Babylon [139], sondern die Reinigung der Judäer von den Götzen. Damit würde Ez 20 die enge dialogische Verbundenheit zwischen den drei ez Ältestenperikopen bestätigen [140].

Die auffälligsten Parallelen zwischen den Ältestenperikopen sind: Übereinstimmung in Aktanten (Älteste!) und Handlungsort, das Thema 'Götzendienst' und die Ansetzung der Perikope vor dem Fall Jerusalems. Ez 20,1 nennt auch den Zweck des Kommens der Ältesten: לדרש את יהוה. Das erinnert an Ez 14, wo דרש יהוה ebenfalls eine Rolle spielt [141]. Daneben gibt es eine Fülle von Vokabular- und Themenparallelen:

- אנשים מזקני ישראל (14,1; 20,1; vgl. זקני יהודה in 8,1)
- וישבו לפני (14,1; 20,1)
- Fragethematik (14,3.7; 20,3.31)
- Vorwurf des Götzendienstes (14,3; 20,30)

---

werden.

[138] REVENTLOW (1962) versteht Ez 20 im institutionellen Rahmen einer klassischen Prophetenbefragung, die der Seher wegen der Unreinheit der Frager ablehnt, so daß das Folgende "nichts weiter als eine Begründung für die Verweigerung dieser Auskunft" ist (77). Diese Verweigerung geschieht mit einem kultischen Schuldspruch, der in die Vergangenheit und Zukunft verlängert wird. REVENTLOW ist bemüht, Ez 20 auf traditionelle Ausdrucksformen zurückzuführen. Daß das nicht genügt, wird deutlich, wenn er meint: "Nach literarkritischen Gesichtspunkten kann es überraschen, daß hier, nachdem die Ältesten eine so radikal abschlägige Antwort erhalten hatten, ihnen nun doch ein Jahwewort gesagt wird, und noch dazu ein so überaus heilsträchtiges! Einer formalen Logik entspricht dies wirklich nicht (85)." Kultisch interpretiert auch NOBILE (1982) 60. Auf die Gesprächsumstände aufmerksam wird DELORME (1950) 115: "On se tromperait lourdement en faisant abstraction des circonstances concrètes qui provoquèrent sa (sc. des Propheten) réflexion." Für SACCHI (1994) 53 redet das Stück babylonische Ältester an, deren Schuld darin besteht, daß sie Israel und sein Schicksal so betrachteten wie zur Zeit, als sie noch in der Heimat waren. Traditionell literargeschichtlich deuten IRWIN (1943) 149-153 und OHNESORGE (1991) 78-202 (zur Kritik: POLA [1995] 153 Anm. 33).

[139] So GREENBERG (1964) 439, der folgerichtig schließt, daß die Rückkehr aus dem Exil dann wider Israels Willen geschieht ("בעל-כורחם של ישראל"). Nachdem das relativ angenehme Leben im Exil den Sinn der Israeliten nicht hat brechen können, soll das bei der Befreiung durch den starken Arm Jahwes geschehen (441). GARCIA (1961) 858 beantwortet den Einwand, daß sich die Rückkehr der Exulanten anders zugetragen hat: "Las descripciones proféticas del futuro no deben tomarse al pie de la letra, pues suelen estar idealizadas en función de una doctrina."

[140] Zur Gegenüberstellung von Ez 20 mit Ez 14: KRÜGER (1989) 204.

[141] Es gibt zwischen Ez 14 und Ez 20 auch dialogische Spannungen. Wie erklärt sich z.B., daß eine Gottesbefragung durch Unwürdige nach Ez 14,3 in Ez 20,1.3 erneut stattfindet? Warum wendet sich Jahwe nach Ez 14 ein zweites Mal an Synkretisten? Zu diesen Fragen vgl. IV.2.2.2. (220-235).

- גלולים/לב (14,3 etc; 20,16)
- ויעל גלוליו אל־לבו o.ä. (11,5 [מעלות]; 14,4.7; 20,32)
- "so spricht dcr Hcrr" o.ä.: איש + גלולים (14,4.7; 20,7.39)
- אני יהוה - אל־תטמאו/אל־תטמאו/ולא־יטמאו (14,11; 20,7.18s)
- בשפכך את־חמתך (9,8; 20,33)
- גוים/ארצות (11,16; 20,32 etc.)

Abgesehen von den Redeeinleitungen gibt es kaum wörtliche Übereinstimmungen, aber einen gemeinsamen lexikalischen Fundus. Das ist der allgemeinste Hinweis auf einen Zusammenhang zwischen den Ältestenperikopen. Nur auf Grund der Sprachhandlung können daraus Folgerungen gezogen werden. Dazu ist zu zeigen, daß Ez 20 ein zusammenhängendes Sprachereignis ist, das von den Judäern vor dem Fall Jerusalems spricht [142]. Auf der dialogischen Ebene ist dieser Nachweis noch nie geführt worden [143]. Die meisten modernen Autoren interpretieren den Text literarkritisch, das heißt, ohne Beachtung der Sprachhandlung [144], wobei meist ein Bruch zwischen der vorexilischen Datierung in V.1 und der in der 2.Pl.-Anrede (27-44) offensichtlich implizierten Verbannung vermutet wird, woraus dann die Uneinheitlichkeit

---

[142] PATTON (1996) 89 sieht in Ez 20 eine radikale Neuinterpretation der Rechts- und Geschichtstraditionen Israels nach dem Fall Jerusalems.

[143] Als Einheit ausgelegt wird Ez 20 von folgenden Autoren: HÖLSCHER (1924) 110: "im Großen und Ganzen einheitlich", wegen des Prosa-Charakters nicht von Ez; COOKE (1936) 212-226 vermutet eine planmäßige Konstruktion (213) und diskutiert die Einheitlichkeit nicht; REVENTLOW (1962), GREENBERG (1964) 433s, EICHRODT (1966); GARSCHA (1974) 113-126: 1.) die Aufteilung von Ez 20 ist nur nötig, wenn man mindestens den ersten Teil dem Seher zuschreibt; 2.) erst 32-44 beantwortet die Frage, warum 27-31 nicht von Jahwes Handeln um seiner Ehre willen spricht; 3.) dem Dreischritt der Willensoffenbarung Jahwes entspricht die dreigliedrige Heilstat; 4.) der schwierige V.32 wird verständlich, wenn Ez 20 eine Einheit ist; 5.) V.39ss erklärt die Aussage in V.25; 6.) die Zusätze in V.3 und 27-31 lassen sich leicht herauslösen. Ez 20 ist eine pseudo-epigraphische deutero-ez Bearbeitung, wobei punktuell und logisch argumentiert wird und die Gesprächsebenen unbeachtet bleibt; SAVOCA (1976) 38-60; MONARI (1994) 66-69; CLEMENTS (1996a) 61-65; PAREIRA (1975) 35 Anm. 46 s: "literary unit of one word-event". LUST (1967) 502-513 findet in 4-26 einen Prozeß im Sinne internationaler Rechtsfälle. GARMUS (1975) 40s versteht Ez 20 als sechsteilige Gerichtsrede (rib-pattern), übergeht aber die Anredesituation und besteht trotz der literarischen Gestalt von Ez 20 nur auf einer "certa unidade redacional entre a primeira parte (20,1-25.30-31) e a segunda parte do capítulo (20,32-44), embora admitindo que as duas partes foram pronunciadas em épocas diferentes da atividade profética de Ezequiel." Heißt das, daß die Gerichtsrede in einer Dialogsituation begonnen und in einer anderen abgeschlossen wurde und Ez 20 ein Konstrukt ist? Ebenfalls juridisch versteht SAVOCA (1976) 33 Ez 20 und findet drei Teile (introduzione [1-4], accusa [5-26], sentenza punitiva [27-34]) und einen Bezug zum Ansprechpartner: "Il suo contenuto corrisponde bene alla situazione degli interroganti, che stanno dinanzi al profeta (41)." Zum rib-pattern auch S.169.

[144] Vereinzelte Beobachtungen zur Anredesituation macht BALTZER (1971) 3.

des Kapitels folgt [145]. Der erste Teil wird als Wort an die Verbannten des Jahres 597 und der zweite als Rückkehrverheißung nach dem Fall Jerusalems verstanden.

Im Gegensatz zu dieser Auslegung sucht die Dialoganalyse, den Text im Sprachgeschehen zu verstehen [146]. Es geht um die Frage, ob in Ez 20 das gleiche Ältestenbild wie in den ersten zwei Ältestenperikopen vorliegt. Dabei ist bei der Analyse der Sprachhandlung anzusetzen und zu prüfen, ob und wie der Geschichtsabriß im ersten Kapitelteil mit der Ältestenanrede ab V.27 zusammenhängt [147]. Wenn diese den Untergang Jerusalems und die Verbannung nach Babylon hinter sich haben, dann ist anzunehmen, daß diese Ereignisse im Geschichtsabriß erwähnt sind. Dessen Analyse erlaubt somit Rückschlüsse auf den Gesprächsstatus der Ältesten [148]. Dabei sind die Zusammenhänge

---

[145] LUST (1967) 489: "La situation historique que les deux sections (sc. 4-31 bzw. 32-44) présupposent, n'est pas identique. La première fut prononcée avant et la deuxième après la prise de Jérusalem." GARSCHA (1974) 118: "V18 setzt nämlich die Bestrafung bereits voraus. Entsprechend kann angenommen werden, daß zwischen der Strafankündigung 20,23-26 und V32 die Strafe, das Exil, erfolgt ist." Dagegen COOKE (1936) 213s: "Some think that the dispersion and gathering referred to in vv.23.41 imply that the general exile had already taken place, and therefore that the ch. was written after 586 B.C.; this, however, is by no means clear." Leider äußert sich COOKE dazu nicht weiter (vgl. zu V.23: "the prophet, however, is writing from the point of view of Dt. 4,27 28,64, Jer. 9,15, Lev. 26,33 i.e. before or during the exile [218]; oder zu V.30: "Apparently the prophet accuses the exiles of idolatry, cp.vv.32.39; but he may be thinking chiefly of the people still at home [220]").

[146] GREENBERG (1983) 382 stellt sich nach einem Überblick über die Hauptelemente von Ez 20 die Frage: "One may well wonder whether all these features can be embraced in a single interpretation."

[147] ZIMMERLI (1951) 138 entdeckt in Ez 20 eine Verstümmelung des Credos, übersieht aber die Dialogsituation, in der nicht die integrale Wiedergabe des Glaubensbekenntnisses, sondern der Untergang der Götzendiener im Zentrum steht.

[148] KRÜGER (1989) 214-220 bemüht sich um die dialogischen Vorgaben und die Erwartungen der Frager. Er merkt, daß Ez 20 (mit Ez 8-11; 14,1-11) einer der wenigen Ez-Texte ist, die auf eine bestimmte Dialogsituation anspielen (214), und stellt die Frage nach dem Verhältnis von Geschichtsentwurf und situativem Rahmen. Auch weist er auf die Diskrepanz zwischen der Antwortverweigerung und dem eloquenten Gotteswort hin. Das ist gut erkannt, weniger gut ist die vorgeschlagene Lösung. KRÜGER konstruiert nämlich einen Gegensatz zu Ez 14, wo jeder einzelne Israelit angesprochen sei, während sich Ez 20 an das Haus Israel richte. Diese Ausweitung bewirke der Geschichtsabriß. Doch dieser Gegensatz zwischen Einzel- und Israelanrede ist schwer zu belegen. So betonen die איש איש-Sätze in Ez 14 nicht den Sg., sondern den Gesetzesstil, also die umfassende Bedeutung des Gesagten (vgl. BERLINERBLAU [1996] 114s). Wo der Gesetzesstil in Ez 14 fehlt (z.B. im Umkehrruf in V.6), ist das Haus Israel sehr wohl im Pl. angesprochen. Zudem wechselt Ez 20 zwischen Ältesten und Haus Israel hin und her und spricht die Ältesten auch als Haus Israel an (V.39). Die These von der Ausweitung des Anredepartners ist also zweifelhaft. Sodann fragt KRÜGER, ob der Bezug auf die Zukunft Israels (32-44) vom situativen Rahmen des Textes her motiviert sei (215) und erarbeitet den "konzeptionellen Hintergrund der «Fragesteller»" (220). Dabei verläßt er den dialogischen Rahmen

zwischen den Ältestenperikopen zu berücksichtigen, die auf der Wort-, Themen- und Dialogebene bestehen.

Um die dialogische Lektüre von Ez 20 besser hervortreten zu lassen, wird die Analyse auf dem Hintergrund der literarkritischen Behandlung von Ez 20 in ZIMMERLIS Ez-Kommentar dargestellt [149]. ZIMMERLI postuliert das Grundwort 20,2-26.30-31, das ein reiner Gerichtsspruch an die Ältesten der Golah von 597 wäre [150]. Nach 587 sei der Grundtext durch 32-44 erweitert worden, womit "aus der Exilssituation auf eine kommende Heilswende" ausgeblickt werde (453). Wie beweist ZIMMERLI den ursprünglichen Gerichtscharakter von Ez 20? Sein Hauptargument sind Parallelen in Ez 14,1-11 und im Grundtext von Ez 8-11, wo das Kommen der Ältesten nach ihm mit Abweisung und Gerichtsdrohung quittiert wird [151]. Das veranlaßt ZIMMERLI zu der Frage: "Sollte das in der ursprünglichen Anlage von Ez 20 anders gewesen sein? (438)." Er verneint dies und schließt daraus auf eine sekundäre Hinzufügung des Heilswortes in Ez 20 [152]. Damit ist für ihn der ursprüngliche Gerichtswort-Charakter von Ez 20 bewiesen.

Diese Schlußfolgerung wird aber durch einen Lapsus, der sich bei der Beurteilung von Ez 14,1-11 eingeschlichen hat, falsifiziert. So heißt es, daß Ez 14,1-11 - wie der Grundtext von Ez 8-11 - in einer Perspektive des Unheils schließt [153]. Es ist an Hand von Ez 14,11 leicht nachzuweisen, daß das nicht

---

und beruft sich auf den übertextlich semantischen bzw. traditionsgeschichtlichen Horizont. Damit reicht KRÜGER an das Genus proximum (konzeptioneller Hintergrund) nicht aber an die Natura specifica (dialogischer Hintergrund) des Wortereignisses. Als Restitutionsprognose, die durch die Geschichtsrekonstruktion begründet ist und die Auseinandersetzung mit den Fragestellern weiterführt, versteht er schließlich 32-44 (227).

[149] ZIMMERLI (1979) 437ss.

[150] Dahinter steckt die Annahme, daß viele Prophetenworte ursprünglich als Gerichtsworte verkündigt wurden. Als erster hat HÖLSCHER (1924) dem Grundtext von Ez die Heilsverkündigung abgesprochen (ferner BERRY [1930] 85s). HERRMANN (1965) 290 meint, "daß aber mit hoher Wahrscheinlichkeit in dem uns vorliegenden Ezechielbuch nichts enthalten ist, was als Heilserwartung des exilierten Propheten angesehen werden kann." BALTZER (1986) 166s überblickt die Beurteilung der ez Heilsworte in der Exegesegeschichte und stellt fest, daß "eine flächendeckende, thematisch-inhaltliche Systematisierung der Heilsverkündigung im Ezechiel-Buch dem vorliegenden Textmaterial nicht gerecht (166)" wird, so daß er mit dem Monitum schließt: "Kritische Exegese soll differenzieren nicht nivellieren."

[151] In Ez 8-11 greift ZIMMERLI literarkritisch stark ein (zur Textrekonstruktion: 205s) und scheidet u.a. Ez 11,1-21 und damit die Heilsansage "als Fremdkörper" aus. Ez 14,1-11 ist für ihn einheitlich (vgl. 307).

[152] Dahinter steht die Annahme, daß Ez 20 zuerst den restlosen Untergang ansagte. Dieses Gerichtswort wäre auf Grund des Überlebens einzelner nach dem Fall Jerusalems und der Rückkehr des Volkes aus dem Exil gemildert worden. Diese Ansicht ist schon darum falsch, weil sie den Trostcharakter von Ez 20,32(33)ss zu selbstverständlich voraussetzt (dazu GREENBERG [1964] 434): vgl. Ez 20,34s.38.43.

[153] So auch POLA (1995) 152.

stimmt. Der Vers endet mit der Bundesformel, also mit einer Heilszusage. Das erkennt ZIMMERLI zuvor noch selbst [154]. Damit steht die von Ez 14 abgeleitete Priorität des Gerichtswortes in Ez 20 auf wackligen Füßen [155], denn die Ausscheidung der Heilsaussagen in Ez 20 beruht auf einer falschen Auslegung von Ez 14. Somit finden sich Heilsworte in allen drei Ältestenperikopen. Es trifft das Gegenteil von dem zu, was ZIMMERLI für Ez 20 postuliert. Dieses Ergebnis unterstreicht, daß eine Einheit zuerst innerhalb der Sprachhandlung zu verstehen ist, bevor sie als Quellentext für historische oder literarkritische Analysen verwendet werden darf [156].

3.4.2.1. Die Sprachhandlung in Ez 20. Um die Einheitlichkeit von Ez 20 nachzuweisen, ist ein Überblick über die Sprachhandlung zu gewinnen [157]:

(1) 20,1-2 Exposition
(2) 20,3abc Prophetenanrede
(3) 20,3ds Ältestenanrede
(4) 20,4 Propheteninstruktion
(5) 20,5-44 Geschichtsrückblick und direkte Anrede (ab V.27)

Welches sind die Zeit- und Ortsverhältnisse im Stück? Die literarkritische Schulmeinung zu Ez 20 sagt, daß der zweite Teil an die Golah nach 587 gerichtet ist. Kann der damit implizierte Bruch zwischen Datierung und Anrede auch dialoganalytisch festgestellt werden? [158] Um diese Frage zu beantworten, ist zu sehen, wie Geschichtsabriß und direkte Anrede miteinander verknüpft

---

[154] ZIMMERLI (1979) 312: "Und nochmals wird hörbar, daß Jahwe in seinem harten Gericht unterwegs ist, seines Volkes Heil zu bereiten. In zwei negativen und einem abschließenden, positiv formulierten Satz ist diese letzte Absicht Jahwes ausgesprochen (...)." So auch HOSSFELD (1995) 353.

[155] In Ez 8-11 'fehlt' das Heilswort (Ez 11,14-21) nach ZIMMERLI nur, weil er es literarkritisch ausgeschieden hat.

[156] ZIMMERLI's Beschreibung der Ältestenperikopen kann eine literarkritisch neutrale Alternative entgegengesetzt werden: (1) Einführung der Gesprächspartner (Älteste); (2) Problemstellung (Vision; Rechtssätze; Antwortproblematik); (3) Gerichts- und Heilswort. Deutlich sind die Parallelen zwischen Ez 8-11 und Ez 20. Nach der Eröffnung folgt eine lange Narration, die von einem als direkte Anrede formulierten und teilweise Heil verheißenden Wort weitergeführt wird. GREENBERG (1964) 433s meint, daß Ez 20 ohne V.32(33)ss eine in Ez einmalige sterile Rüge ohne Gegenwarts- und Zukunftsbezug ist.

[157] Dazu SKA (1982) 539. Daß sich 1-25 nur an die Ältesten und 26-29.30.31 an das Volk richtet, läßt sich dialoganalytisch nicht zeigen. Der erste Hinweis auf das Haus Israel erfolgt in V.27 nur in der Propheteninstruktion, während die erste Anrede der Ältesten als בית ישׂראל erst in V.30 erscheint. Zu einem inhaltlich orientierten Überblick über Ez 20: LUST (1981) 137 Anm.76, FISHBANE (1984) 142s, BURDEN (1994) 168.175, POLA (1995) 358, ferner: SIMIAN[-YOFRE] (1974) 173s.

[158] In den Worten PAREIRAs (1975) 36: "What is the significance of this historical recital of the abominations of the fathers as judgment upon the elders? Is there any relation between the sins of the elders of Israel, the representatives of the exiles (sc. nach PAREIRA: die Ältesten), and the fathers?"

sind. Wie weit reicht die Geschichtsdarstellung? Was für ein Status wird für die Angesprochenen angenommen? Ist das Exil Teil ihrer Identität? Anzufangen ist bei der Geschichtsrekapitulation. Sie beginnt mit dem Aufenthalt des Hauses Jakobs in Ägypten (Ez 20,5) und gliedert sich in vier Etappen [159]:

1.) Die erste Station ist Ägypten (5-9). Die Ereignisse kommen in Bewegung, nachdem Jahwe geschworen hat, das Volk ins Gelobte Land zu führen. Der Schwur Jahwes ist an die Bedingung geknüpft, daß das Volk sich vom Götzendienst abwendet. Aber das Volk hört nicht.

2.) Die zweite Station ist die Wüste (10-17). Gott will das Volk nicht vor den Ägyptern vernichten und bringt es in die Wüste, wo er ihm seine Gesetze offenbart. Aber das Volk ist erneut widerspenstig und hängt den Götzen an. Jahwe verschont es aus Erbarmen.

3.) Die dritte Station ist die Hinwendung zur Generation der Wüstensöhne (18-22). Auch sie belehrt Gott vergebens, denn sie sind widerspenstig. Aber um seines Namens willen verschont er sie.

4.) Die vierte Station ist die Ankündigung der Bestrafung der Söhne (23-26) [160]. Jahwe schwört, sie unter die Völker zu bringen, und teilt mit, ihnen ungute Gesetze gegeben zu haben. Die Aussage, die vom Imperfekt der unguten Gesetze in den Futur der למען-Sätze wechselt, ist für das Verständnis des Horizonts und der Redezeit von Ez 20 wichtig.

Die ersten drei Etappen der Geschichtsrekapitulation kennzeichnet ein gleicher Ablauf [161]: Gabe der Gebote - Mißachtung der Gebote - Gottes Zorn und Strafnachlaß - Ausweg. Die letzte Etappe hat eine eigene Gestalt. Auf den Zornnachlaß in V.22 folgt keine aus dem Exodus bekannte Phase, sondern:

- die Ansage der Zerstreuung unter die Völker (V.23)
- die Gabe unguter Gesetze (V.25)
- die Erkenntnisverheißung

Die Zerstreuung stellt der Geschichtsabriß als zukünftiges Ereignis dar. Sie steht somit in V.23 noch aus, wird aber in V.34 auf der Ebene der Ältestenanrede als geschehen vorausgesetzt. Die Gabe der unguten Gesetze ist nach V.25 (נתתי) im Anredezeitpunkt bereits geschehen. Einzig die in V.26 verheißene Erkenntnis ist noch nicht eingetroffen. Es ergibt sich also die zeitliche Reihenfolge: Ungute Gesetze - Zerstreuung unter die Völker - Erkenntnis. An diesem Punkt kommt die Geschichtsrekapitulation zu ihrem Ende. Dabei sind drei Dinge auffällig:

---

[159] Einer ganz eigenen Abschnittseinteilung (5-10; 11-17; 18-26; 27-29) folgt GREENBERG (1964) 435. Er hält 27-29 für einen späteren Zusatz (438).

[160] Man kann den Standpunkt vertreten, daß Ez 20,23-26 kein eigenes Glied, sondern im Sinne von V.10 und V.15ss eine Ausweitung des dritten Punktes der dritten Etappe ist. Freilich bringt der Abschnitt mit der Zerstreuung der Söhne einen neuen für die dialogische Stellung der Ältesten wichtigen Faktor ein. Zur Struktur: LUST (1967) 496, HALS (1989), ALLEN (1992) 448-462 und BARTELMUS (1993) 42.

[161] KRÜGER (1989) 202.

• Die Zerstreuung der Wüstensöhne wird *vor* der Landnahme mitgeteilt. Verstünde man die Zerstreuung als Ankündigung des babylonischen Exils, ergäbe sich die paradoxe Situation, daß Jahwe die Verbannung noch vor der Ankunft des Hauses Israel im Verheißungsland ankündigt [162].

• Was tut Jahwe nach der Zerstreuungsansage? Er legt den Wüstensöhnen ungute Satzungen, Unreinheit und Kinderopfer auf (V.25s). Vor allem V.26 redet von Handlungen, die an die Praktiken des Götzendienstes erinnern. So wird die Zerstreuung und die Übergabe an den Götzendienst eng verknüpft.

• Die unguten Gesetze sind nicht als Vorbereitung auf das Exil gedacht, sondern sollen nach V.26 zur Gotteserkenntnis führen. Damit wird das Exil überflüssig.

Das sind erste Hinweise, daß die in V.23 angesagte Zerstreuung nicht die Ereignisse nach dem Fall der Stadt (587), sondern die *Zerstreuung des Gottesvolkes unter die Götzendiener* meint [163]. Diese Spur ist im nächsten Arbeitsschritt zu verfolgen.

3.4.2.2. Die Situation in Ez 20,27-44. Ez 20,27 zeichnet sich dialogisch durch die Aufforderung an den Seher aus, das Haus Israel anzusprechen. Es folgt die erste Ältestenanrede in Ez 20 (vgl. אבותיכם). Hier ergeben sich zwei Fragen: Wie knüpft die Ältestenanrede an den Geschichtsabriß, und wie wird die historische Rekapitulation darin weitergeführt? Die Antwort zur ersten Frage lautet: V.27ss schließt dreifach an das Vorausgehende an:

1.) עוד זאת nimmt Bezug auf den Geschichtsabriß.
2.) Die Wüstensöhne werden vor den Ältesten "eure Väter" genannt.
3.) Der Landgabe-Schwur (V.5s) hat sich nach V.28 erfüllt.

Diese Bezüge zeigen, daß die Anrede kein losgelöster Anhang ist, sondern den im Geschichtsabriß gesponnenen Faden weiterführt. Das ergibt eine bemerkenswerte Ereignisabfolge, die uns zur zweiten Frage führt: Wie knüpft die direkte Ältestenanrede an den Geschichtsrückblick, der in V.23 bei der Zerstreuung der Wüstensöhne angelangt? Etwa mit dem Exil? Nein, im Gegenteil: mit der Landnahme (V.28). Diese Fortsetzung weist darauf hin, daß die Zerstreuungsankündigung etwas anderes meint als die Verbannung nach Babylon. Zerstreuung und Landnahme sind Begriffe, die einander nicht ausschließen.

Es wird somit immer deutlicher, daß die Zerstreuungsansage in V.23 die *Übergabe des Volkes an den Götzendienst* meint. Diese beginnt in der Wüste

[162] So GREENBERG (1964) 435: "נזירת הגלות כבר נגזרה במדבר" (neuhebr.: "die Exilierung wurde schon in der Wüste beschlossen") und LUST (1981) 137: "Before they reach the Promised Land, they are sent into captivity."

[163] UFFENHEIMER (1992) 216 findet die Aussage, "that God, enraged by Israel's rebellious behaviour, had decided already, during their wandering in the desert, to disperse them among the nations", auch im Ez 20 nahestehenden Ps 106,26s. Ps 106,28 zeigt aber, daß sich das angekündigte לְהַפִּיל זַרְעָם בַּגּוֹיִם וּלְזָרוֹתָם בָּאֲרָצוֹת wie in Ez 20,25s als Hingabe der Israeliten an den Götzendienst verwirklicht.

und hält im Lande an. Das sagt die Ältestenanrede gleich zu Beginn: Die Praktik der unguten Gesetze geht von den Wüstensöhnen auf ihre Nachkommen über "bis auf den heutigen Tag" (V.29.31: עד היום).

Die Landnahme in V.28 ist somit nicht die Erfüllung der Verheißung von V.5s. Das Land, das die Wüstensöhne betreten, fließt nicht von Milch und Honig (V.6), sondern von Trankopfern an die Götzen (V.28) und ist der Ort, wo die Huld Jahwes gegen jene der Götzen eingetauscht ist [164]. Deshalb verwirklicht sich der Schwur in V.15 und V.23, durch den Jahwe ankündigt, die Götzendiener nicht ins Verheißungsland zu führen. Die Landnahme in V.28 ist kein Hulderweis Jahwes, denn die Elterngeneration nimmt das Land im selbstgewählten Zustand der Zerstreuung in Besitz und lebt dort unter den Völkern (V.34), das heißt: im Götzendienst. Dieser ist zugleich die von Jahwe verhängte Strafe. In diesem Motivrahmen weist GRAFFY (1984) 66 darauf hin, daß Dtn 4,28 und Dtn 28,36.64 die Verehrung von Holz und Stein als eine der Flüche auflistet, die Israel treffen, wenn es nicht nach Gottes Gesetzen wandelt. Folglich leben die Götzendiener in der Wüste und jene im Land im Zustand der Zerstreuung und werden beide in gleicher Weise für den Götzendienst bestraft. Das entspricht der in Ez vertretenen individuellen Vergeltungslehre. Identifiziert man dagegen die Zerstreuung mit dem Exil, würde die Verbannung den Wüstenvätern angekündigt, aber an deren Nachkommen vollstreckt, wobei hinzukäme, daß die, denen die Zerstreuung verheißen ist, am Ende sogar ins Lande einziehen und sich dort niederlassen (V.31).

Soweit zu den Gesprächsvoraussetzungen der Ältestenanrede, welche die Ältesten ab V.29 direkt anspricht und wegen der Erwähnung der Bamah und der mit Jerusalem verbundenen Kinderopfer [165] auf das Land Juda weist. Das Exil ist somit immer noch nicht vorausgesetzt. Dafür sagt V.30, daß die Ältesten den Götzendienst ihrer Väter weiterführen. Weder der Geschichtsabriß noch die Anrede ab V.27 gibt Anlaß, in den Ältesten Vertreter der Golah von 597 zu sehen. Vielmehr sind sie, wie in den ersten zwei Ältestenperikopen, restjudäische Gesandte, die sich vorübergehend in Babylon aufhalten.

---

[164] Ähnlich SPREAFICO (1985) 113: "Israele ha interpretato la terra come bāmāh."

[165] Diese Anklage setzt ein Wirkungsfeld der Ältesten in Jerusalem voraus (ähnlich VAN DEN BORN [1947] 167), wo Kinderopfer mit der Opferstätte im Gehinnomtal verbunden waren (Jer 19). In Ez wird nicht nur retrospektiv-historisch gegen sie polemisiert: Ez 16,20s; 23,37.39. Das spricht gegen ZIMMERLI (1979) 450, wonach in V.31 ein Späterer "recht ungeschickt auch noch das Kinderopfer (...) erwähnen zu müssen gemeint" hat. Ez's Darstellung, wonach Jahwe die Vorschrift dazu selbst erlassen hat, könnte mit der Ableitung der Kinderopfer vom Gesetz der Weihe der Erstgeburt zusammenhängen (Ez 20,25). Dazu: HAMP (1962) 297, GESE (1977), WENHAM (1979) 258s. Mit dem Kinderopfer mag auch die ZIMMERLI (1979) 454 überraschende Aussage vom Königtum Gottes (V.33) verbunden sein. Die Verbform אמלוך steht in lautlicher Nähe zum Namen des Herrn der Menschenopfer, Moloch. Gegen eine Verbindung von Erstgeburts- und Kinderopfer in Ez 20,26: HAHN (1995) 118 Anm.167. Dafür: PATTON (1996) 78. Literatur bei: DEARMAN (1996).

Ergebnis: Nach Ez 20 ist die Zerstreuung unter die Völker kein politisches Exil, sondern, wie aus der Verbindung der Zerstreuungsansage mit der Gabe unguter Gesetze hervorgeht, die Auslieferung des Volkes an lebensfeindliche Gesetze und unreine Erstgeburtsopfer [166]. Die Zerstreuung ist keine Verbannung im Sinne einer Ortsverschiebung, sondern ein *geistliches Exil der Jahweferne*, das inmitten der Götzen verbracht wird [167]. Für die angeredeten Ältesten wird folglich eine judäische Herkunft angenommen.

3.4.2.3. Die Interpretation von Ez 20,32-44. Die Analyse des Dialogstatus der Ältesten in Ez 20 hat gezeigt, daß sie als Judäer auftreten, die in Jerusalem im Götzenexil leben. Dieses Ältestenbild fügt sich gut in den Rest der Gottesrede ein.

(i) Ein erster Beweis für die judäische Herkunft der Ansprechpartner ist das Ältestenzitat in V.32. Ihm kommt für das Verständnis von 32-44 eine Schlüsselstellung zu:

> "Wir wollen sein wie die גּוֹיִם, wie die מִשְׁפְּחוֹת הָאֲרָצוֹת, um Holz und Stein zu dienen."

ZIMMERLI (1979) 453 setzt für 32-44 eine neue historische Situation voraus, wo die Rückkehr des Volkes aus dem Exil ins Spiel kommt [168]. Er betrachtet das Stück als Fortschreibung des Grundtextes:

> "Das Wort blickt aus der Exilssituation auf eine kommende Heilswende aus. Das Zitat 32 läßt in die Resignation der Exulanten nach dem völligen Zusammenbruch aller Hoffnungen auf Wiederherstellung nach dem Brande Jerusalems von 587 hineinschauen."

---

[166] Ez 11,16s steht trotz ähnlicher Formulierung in einem anderen Dialogkontext und ist aus diesem zu erklären. V.18s, wo die Dialogebene wechselt, redet von der Reinigung von den Götzen, die in Ez 20,33ss angesagt ist.

[167] Wegen der ez Aramaismen versteht TORREY (1930) 88s Ez 20,23-26 als Frage: "In Aramaic, interrogative sentences commonly have no introductory particle, in this respect differing from the Hebrew." 23-26 sagt dann aus, daß das Volk sündigte, obwohl Jahwe alles unternahm, um für es zu sorgen: "Did I at all swear to them in the wilderness, that I would scatter them among the nations (...)?" Antwort: "By no means (90)". Ähnlich V.25: "Did I at all give them statutes that were not good, and judgments whereby they should not live?" TORREY folgert: "This is stern irony (...)." Diese Auslegung, welche die Zerstreuungsaussage verneint, läßt sich nicht einfach von der Hand weisen, kann hier aber nicht im einzelnen überprüft werden. VOGT (1981) 122-126 stimmt ihr zu. PONS (1986) 223 versteht die unguten Gesetze nach Dtn 6,24.

[168] Ähnlich die meisten modernen Autoren, z.B. UFFENHEIMER (1992) 216: "The second section of his speech, especially formulated for those in exile (vv.32-44) (...)." GRAFFY (1984) 65 postuliert für V.32 ebenfalls einen neuen Einheitsbeginn. Diese Grenze bleibt unklar, wenn er zuerst meint: "The quotation in v.32 ist to be considered not as an illustration of the attitude of the elders of v.1, whose request to the prophet has been refused, but as the beginning of a new unit, which is a disputation speech." Und dann sagt: "The lack of a full introduction to the disputation speech suggests that it was intended to be seen as closely related to what precedes (...)."

Die Datierung in die Zeit nach dem Fall Jerusalems zwingt ZIMMERLI, das Volkszitat in V.32 als Klage auszulegen. Er findet darin den resignierten Götzendienst der Verbannten (ohne Kinderopfer [450]) [169]. Darauf antwortet Jahwe mit der Ansage einer Strafexpedition in die Wüste. Gegen diese Auslegung, die für die als Beweis angeführten Seitenreferenzen (Ez 33,10; 37,11) stimmen mag, erheben sich schwere Bedenken:

• Liest man V.32 im Licht der zwei vorangegangenen Ältestenperikopen, ist unübersehbar, daß sich im Ältestenzitat von V.32 die Zustände der Tempelvision widerspiegeln.

• Die Zornesrede, mit der Jahwe auf V.32 antwortet, paßt nicht zu einem entmutigten Dialogpartner, sondern setzt einen selbstsicheren Götzendiener voraus.

• Nach ZIMMERLI ist der Götzendienst der Golah und der Zorn Jahwes (V.33s) der Grund für die Rückkehr des Volkes aus Babylon [170]. Wenn das stimmt, dann gelangten die Israeliten wegen des Götzendienstes ins Exil und würden aus demselben Grund wieder ins Verheißungsland zurückgeschafft: Heimkehr als Bestrafung? Eine als Strafexpedition verstandene Rückführung stünde im eklatanten Gegensatz zur Rückkehreuphorie und Wüstenromantik des Dtjes (vgl. Jes 41) [171].

---

[169] Ob Ez 20,32 eine Klage oder ein Wunsch ist, hängt von der Interpretation von נהיה (Futur: Klage; Kohortativ: Wunsch) ab (BEUKEN [1972] 49 mit Literatur). Als Klage (o.ä.): KAUFMANN (1960) 441, ZIMMERLI (1971) 508/(1979) 453, BEUKEN (1972) 49s, LUST (1981) 138, GRAFFY (1984) 66, KOENEN (1994) 43-45 mit Diskussion und Literatur, sowie BIGGS (1996) 62; diplomatisch PAREIRA (1975) 38: "not only utter desperation, but also a plan of rupture with Yahweh."

[170] Ähnlich: GRONKOWSKI (1930) 29s, IRWIN (1943) 150, HAAG (1943) 75, MAY (1956) 167, MUILENBURG (1962) 579, ACKROYD (1968) 110, LUST (1981) 138, WILSON (1988) 679, BURDEN (1994) 168, SPREAFICO (1985) 113, LIND (1996) 172, BIGGS (1996) 62, BLOCK (1997) 651 (u.a.), die von einem neuen Exodus sprechen. Aber Ez 11,14-21 stellt die Rückkehr ganz anders dar: Die Heimkehrer werden das Land von den Götzen reinigen, (V.18). Den Götzendienern wird nicht Rückschaffung, sondern Vergeltung angekündigt (V.21). Für MULLO WEIR (1952) 103s ist eine in Ez 14 und Ez 20 an die Golah gerichtete Anklage des Götzendienstes problematisch, so daß er erwägt, wenigstens einige der Ältesten als "visitors from Judah" zu betrachten.

[171] Das merkt ZIMMERLI und sieht Ez als Mittelglied zwischen Hos 2,16s (drohender zweiter Exodus) und Dtjes (bevorstehendes Heil). Doch historisch ist Ez weit weg von Hos und nahe bei Dtjes. Müßten nach ZIMMERLIs Entwicklungsschema die Ähnlichkeiten zwischen Ez und Dtjs nicht größer sein als zwischen Hos und Ez? Den Unterschied zwischen Ez und Dtjes sieht ZIMMERLI (1960) 203 so: "Gegen den Gedanken des richtenden Zurechtbringens, der Ez.20 beherrscht, setzt er (sc. Dtjes) die Aussage vom Offenbarwerden des weltweit schaubaren Barmherzigkeitserweises an Israel, der alle Zeichen eines neuen Schöpfungsvorganges an sich trägt und der vom Jubel der Gemeinde begrüßt wird." Dialoganalytisch ist dieser Unterschied leicht verständlich, weil Ez und Dtjes nicht vom gleichen Gegenstand reden. Damit erübrigen sich ZIMMERLIs Versuche, den Gegensatz zu überbrücken (203s).

• Die Vorstellung einer Heimkehr als Bestrafung[172] widerspricht auch dem faktischen Verlauf der Dinge bei der Rückführung der Israeliten aus dem babylonischen Exil.

All das zeigt, daß V.32 nicht als Klage der Exulanten, sondern als Wunsch der Bevölkerung Restjudas zu verstehen ist. V.32 offenbart ihren selbstbewußten, götzendienerischen Willensentschluß[173] und entspricht der Selbstverständlichkeit, mit der die Ältesten im Tempel den Götzenkult praktizieren. Darum meint 33-37 nicht die Rückkehr aus Babylon[174], sondern die Herausführung der Götzendiener aus Juda. Dieser Auszug führt in die Wüste, wo die große Reinigung (Scheidungsgericht[175]) erwartet wird[176].

(ii) Ein zweiter Beweis, daß die Reinigung nicht bei der Rückkehr aus Babylon, sondern bei der Zerstörung Jerusalems stattfindet, ist ארץ מגוריהם in V.38b:

> "Aus dem אֶרֶץ מְגוּרֵיהֶם, wo sie sich aufhalten, werde ich sie herausführen, aber in die אַדְמַת יִשְׂרָאֵל sollen sie nicht kommen."

Unter Annahme, daß der Vers die Rückkehr aus dem Exil beschreibt, wird hier gesagt, daß sich die Rückkehr des Jahres 538 als exodusähnliche Wüstenwanderung abspielt, bei der die götzendienerischen Heimkehrer jenseits des Landes sterben. Es läßt sich schwer beweisen, daß sich die Rückkehr aus dem Exil auch nur annähernd so abgespielt hat. V.38 wäre folglich eine nie eingetroffene Prophetie, die von einem Scheidungsgericht spricht, das sich weder beim Exodus noch bei der Rückkehr aus Babylon ereignet hat[177].

---

[172] ZIEGLER (1948) 62: "Jahwe führt die Israeliten aus Babel, aber nicht in die Heimat, sondern in die «Wüste der Völker», d.h. in die syrisch-arabische Wüste, um sie hier zu vernichten."

[173] DÄCHSEL (1898) 512s paraphrasiert: "weil wir ja sehen, daß die übrigen Völker bei ihrem Götzendienst gedeihen und es ihnen ganz wohl ergehet, während wir mit unserem von ihnen abgesonderten Gottesdienst auf keinen grünen Zweig kommen". Ähnlich: ASENIO (1970) 795, HOSSFELD (1995a) 286. Dagegen ZIEGLER (1948) 62, der meint, daß das in Ez 20,32 genannte Gottesbild aus Holz und Stein Jahwe darstellt.

[174] Ähnlich die bahnbrechende, aber kaum beachtete Auslegung von DÄCHSEL (1898) 514.

[175] Dessen Problematik stellt KOENEN (1994) 44s.50 so dar: Wenn alle Angeredeten Sünder sind und diese keinen Anteil am Heil besitzen, ist eine Scheidung undurchführbar, so daß sich 32-38 als sekundäre Hinzufügung verrät. HOSSFELD (1995a) 288 merkt, daß ein als Scheidungsgericht erklärter neuer Exodus eine neue Idee ist: "Dadurch unterscheidet sie sich von allen anderen mehr oder minder geprägten Ansagen des neuen Exodus sowohl im Ezechielbuch wie auch bei den anderen Propheten wie Hosea, Jeremia oder Deuterojesaja."

[176] V.36 benützt zwar den Exodus als Vergleich, bezieht sich aber nicht auf die *Rückführung*, sondern auf die *Reinigung in der Wüste*.

[177] In Schwierigkeiten gerät BALTZER (1971) 2-11, der V.32 als Wort der Exulanten versteht, die in Babylon zum Götzendienst abgefallen sind (3), wobei ihm die seltsame Verbindung von Gerichts- und Exodusthema auffällt, die er aus der Redesituation

Unsere Lösung besteht darin, die Herausführung aus dem ארץ מגוריהם als *Exilierung des Volkes nach dem Fall Jerusalems* zu verstehen. Die Reinigung in der Wüste, auf die z.B. das Strafgericht in der Wüste von Ribla hindeuten, paßt gut zu den Ereignissen von 587 [178]. Sie ist folglich nicht nur hier erwähnt, sondern fügt sich in die weiteren Geschehnisse. Tatsächlich kehren die Hinausgeführten nach der Reinigung in der Wüste nicht in das Land Israel zurück, sondern werden nach Babylon gebracht. Somit meint אֶרֶץ מְגוּרֵיהֶם (V.38) also nicht Mesopotamien, sondern das Land Juda. Kann das sein?

ZIMMERLI (1979) 456 versteht 32-44 als sekundäre exilische Weiterführung der ez Verkündigung und meint, daß ארץ מגוריהם das Exilsland Babylon bezeichnet, in dem sich die Verbannten ab 587 aufhalten [179]. Er weist darauf hin, daß ארץ מגוריהם nur noch in P vorkommt, dort aber für das den Vätern noch nicht ausgehändigte Verheißungsland - also u.a. für das Land Juda - steht [180]. Von dieser Bedeutung weicht ZIMMERLI aus an sich respektablen Gründen ab, indem er kontextuellen Gesichtspunkten den Vorrang vor semantischen Einzelbeobachtung gibt.

Für die hier vorgelegte Rekonstruktion der Sprachhandlung ist die P-Verwendung von ארץ מגוריהם dagegen ein wichtiger Zeuge, daß die Bezeichnung des Landes mit diesem Ausdruck nicht nur möglich, sondern üblich ist, so daß für dessen Übersetzung in Ez 20 keine Ausnahme postuliert werden muß. ארץ מגוריהם verbindet die Ältestenperikope mit der Vätergeschichte. In Gen und Ex umschreibt die Wendung das Verhältnis der Urväter zum Land der Verheißung, das von ihnen zwar bewohnt aber noch nicht in Besitz genommen ist. Die Inbesitznahme erfolgt erst nach dem Auszug Jakobs nach Ägypten, wobei es seinen aus der Sklaverei ins Verheißungsland zurückkehrenden Nachkommen vorbehalten ist, das Land zu erben.

Ähnlich zeichnet Ez das Verhältnis des Hauses Israel zum Land. Gemäß der Tempelvision und Ez 20,32ss ist der nach 597 übriggebliebene Bevölkerungsteil tief in den Götzendienst verstrickt. Er wohnt im Land wie unter Fremdvölkern, das heißt: unter den Götzen. ארץ מגוריהם besagt, daß das Land wegen des Götzendienstes in die Hände der גוים, ארצות und עמים gefallen ist und sich vom Verheißungsland in das Heidenland Kanaan zurückverwandelt hat.

---

erklärt (8). Er erkennt, daß ein Scheidungsgericht in der angenommenen Redesituation problematisch ist, glaubt aber, daß die Ursache dafür in einer "etwas krampfhaft gewollten und deshalb nicht recht aufgehenden Typologie" liegt (9). Diese Schwierigkeiten fallen bei Anwendung des Gesagten auf einen judäischen Dialogpartner dahin.

[178] 2 Kön 25,6.20s; Jer 39,5s; 52,9s.26s; Ez 6,14: דִּבְלָתָה.

[179] Ähnlich GREENBERG (1964) 435: "אדמת ישראל", לעומת בבל, "ארץ מגוריהם" (neuhebr.: "das Land Israel [אדמת ישראל] ist im Gegensatz zu Babylon das Land der Einwohnerschaft [ארץ מגוריהם]"; ferner S.438).

[180] So schon HERZOG (1923) 97; POLA (1995) 190. Ferner: Gen 17,8; 28,4; 36,7; 37,1; Ex 6,4. Die Datierung der Stellen spielt hier eine untergeordnete Rolle (HOSSFELD [1995] 287).

in das Land einzugehen, das dann nicht mehr ארץ מגוריהם, sondern אדמת ישראל (V.38) sein wird. Diese ez Wortprägung bezeichnet das Land, das von Jahwe geschenkt und unter seiner und nicht der Götzen Herrschaft steht [181].

Ergebnis: Die hier vorgelegte Interpretation von Ez 20 beruht darauf, daß להפיץ בגוים (V.23 etc.) nicht die Exilierung von 587, sondern die Übergabe der Söhne Israels an die Götzen meint (V.25s). Der Götzendienst ist folglich eine Bestrafung des judäischen Restvolkes durch Jahwe, so daß להפיץ בגוים nicht als lokale Ortsverschiebung zu verstehen ist [182]. Als solche vollzieht sich die Befreiung vom Götzendienst durch die Herausführung aus dem Land, das durch die Götzen zum ארץ מגוריהם geworden ist.

3.4.2.4. Die Wüste trennt von Götzen/Völkern. Ez 20 zeigt, daß die Rede von den Völker häufig im Zusammenhang mit den Götzen steht. Das wird in der Selbstaussage der Judäer in V.32 deutlich, wo die 'Fremdvölker' und der 'Götzendienst' im gleichen Atemzug genannt werden. Der Götzendienst wird als 'Sein wie die Völker' definiert. In der Folge geschieht die Loslösung von den Götzen durch die Loslösung von den Völkern. Der dafür bestimmte Ort heißt: מִדְבַּר הָעַמִּים (V.35).

(i) Es wäre falsch, מדבר העמים so zu verstehen, daß sich die Reinigung vom Götzendienst im Durchzug durch die Wüste zwischen Babylon und Palästina verwirklicht [183]. Der Ausdruck ist als Ortsname unbekannt, während z.B. die Wüste des Exodus mit מדבר ארץ מצרים geographisch klar identifiziert ist (V.36). In der Götzenpolemik meint מדבר העמים den Ort, wo die Völker, das heißt: die Götzen, abwesend sind [184]. In der Wüste der Völker richtet Jahwe die Ältesten und das Volk פנים אל־פנים, weil deren Angesicht (פנים) dort nicht mehr den Götzen zugewendet ist (Ez 8,11; 14,3).

Warum wird das Bild der Wüste verwendet, um die Abwesenheit der Völker/Götzen zu bezeichnen? Diese Frage ist im Licht von הר־קדשי in V.40 zu beantworten. Nach TALMON (1984) 670 tritt in Ez 20 und andernorts die nicht örtlich gemeinte Opposition zwischen dem Heilssymbol הר und dem Unheilssymbol מדבר auf. Sie hat ihren Ursprung im Gegensatzpaar הר סיני - מדבר סיני (vgl. Hos 2,16 [185]). Diese Konzeptualisierung entspricht der Wiederaufnahme der Sinai-Symbolik in Ez 20.

37,1; Ex 6,4. Die Datierung der Stellen spielt hier eine untergeordnete Rolle (HOSSFELD [1995] 287).

[181] PLÖGER (1973) 100.

[182] Man beachte, daß in beiden Fällen (גוים und עמים als Götzendienst-Metaphern bzw. Ortsbezeichnung) ein uneigentlicher Gebrauch vorliegt.

[183] ZIMMERLI (1979) 455 sieht in "Wüste der Völker" eine nicht lokalisierbare Neuprägung Ez's. PONS (1986) 222: "Pour Éz 20, le désert est une sorte de champ clos de la confrontation entre Israël et Dieu (...)."

[184] Für die Interpretation von עמים als Genetivus objectivus vgl. unten.

[185] Zum Wüstenbild bei Hosea: SIMIAN-YOFRE (1993) 56.193-198.

(ii) Die symbolisch-theologische Ebene zeigt sich auch bei der Anwendung der Begriffe 'Volk-Land-Wüste' auf den Götzendienst. Dabei sind konstante Gestaltungsprinzipien sichtbar:

1.) Beginnen wir bei ארץ (12×) bzw. bei alleinstehendem ארצות (6×). ארץ bezeichnet zuerst vor allem das Land Ägypten (ארץ מצרים), dann immer häufiger das Verheißungsland. Der Plural ארצות bezeichnet in V.6.15 mit der Präposition ל "alle Länder", die den Kontrast zum Gelobten Land bilden. In V.23.32 nennt der Plural גוים mit בְּ/כְּ das für die Götzendiener bestimmte Ziel. Zuletzt ist mit מן konstruiertes ארצות der Punkt, aus dem Gott herausführt (Ez 20,34.41). Das ergibt den folgender Gebrauch von ארצות:

- als Opposition: לְ.
- als Zielpunkt: בְּ/כְּ.
- als Ort, aus dem herausgeführt wird: מן.

Dieser Dreischritt legt das Verhältnis Israels zum Götzendienst dar.

2.) Nach dem gleichen Ablauf und mit den gleichen Präpositionen sind die zwei Leitwörter גוים (5×) und עמים (3×) konstruiert:

- לעיני הגוים (V.9.14.22) zeigt die Völker als Zuschauer.
- בגוים (V.23)/כגוים (V.32) zeigt das Jahwevolk als Götzendiener.
- מן־עמים (V.34), מדבר העמים (V.35), מן־עמים (V.41) bezeichnet die Loslösung.

In Ez 20,41 steht die Wendung des Anfangs: לעיני הגוים. Israel ist wieder Zeichen für die Völker (V.41s).

In der Phase der Loslösung ist מדבר העמים der Reinigungsort. Die Dissoziierung von den Göttern, von מן unterstrichen, fordert die Interpretation von העמים als Genetivus objectivus zu מדבר. מדבר העמים bezeichnet dann die Wüste als Ort der Menschenleere, wobei עמים nicht die um Israel wohnenden Völker meint bzw. die Staaten, wo Israel im Exil lebt [186], sondern den Ort, wo es keinen Götzendienst gibt. Dort geschieht die Reinigung Israels.

Hier ist ein Wort zum in V.38 angekündigten Scheidungsgericht nötig [187]. Was gibt es zu scheiden, wenn Israel in seiner Ganzheit abgefallen ist? Diesem Einwand ist ausgehend vom Modus der in V.34 angesagten Herausführung aus den Völkern in die Wüste der Völker zu begegnen [188]. Die Herausführung gipfelt im Scheidungsgericht und spielt sich nach V.36 wie die Verurteilung der Väter in der Wüste Ägyptens ab. Wie ist das zu verstehen? Auf diese Frage antwortet der vorausgehende Geschichtsabriß. Nach V.14ss besteht die Bestrafung Israels in der ägyptischen Wüste nicht in der Vernichtung, sondern darin, daß dieser Generation der Einzug ins Gelobte Land verwehrt wird (V.15). Von verschonten Gerechten ist keine Rede. Ähnlich setzt das Scheidungs-

[186] Z.B. Babylon, Assur, Ägypten.

[187] KOENEN (1994) 42-52 (vgl. oben Anm. 182).

[188] Wie ähnliche Formulierungen in unterschiedlichen dialogischen Einbettungen Verschiedenes bedeuten können, zeigt der Vergleich mit Ez 11,17.

gericht von V.38 ebenfalls keine Gerechten voraus [189], sondern sagt, daß die Strafe keine Kollektivstrafe ist, obwohl alle ihr verfallen. Sie ist ein Gericht über alle, weil alle schuldig sind.

(iii) Das letzte Leitwort ist מדבר (9×). Es ist bis auf einmal (אל) immer mit der Präposition בְּ konstruiert. Neben seinem Vorkommen in מדבר העמים steht es in Beziehung zum Exodus (V.36: מדבר ארץ מצרים [190]) und zum Paar הר-מדבר. Die Wüste ist im Sinne des Exodus Ort der Bestrafung/Reinigung des Gottesvolkes und im Sinne des Topos הר-מדבר die Vorbereitung für die Liturgie auf dem heiligen Berg. Bestrafung und Reinigung verbinden מדבר mit der Befreiung vom Götzendienst. Der Götzendienst Israels spielt sich im Umfeld von Israel und den Größen ארץ, גוים, עמים und מדבר ab. Durch diese Begriffe verkündet Jahwe Israels Fall und Herausführung aus dem Götzendienst im Bild des Exodus.

Während die Geschichtsrekapitulation die Wüstenwanderung und den Götzendienst der Wüstenväter thematisiert, spricht die Ältestenanrede (besonders ab V.33) von der Gegenwart und Zukunft der Dialogpartner. Dabei geht es nicht um die detaillierte Voraussage des bevorstehenden Falles von Jerusalem, sondern um die Ankündigung einer erneuten Wanderung durch die Wüste, deren Ausgangspunkt nicht Ägypten ist, sondern das Land der Völker (=Götzendiener), in das sich Juda verwandelt hat. Es handelt sich also um einen Anti-Exodus, der aus dem götzenverseuchten Land in die Kargheit der Wüste der Völker führt [191], wo Israel nicht mehr den Völkern/Götzen ausgesetzt ist, wodurch am Horizont eine heilvolle Zukunft aufscheint [192].

Ergebnis: Ez 20 redet vom Götzendienst Restjudas, dessen Älteste sich als Gesandte vor dem Propheten befinden. Gegenwart und Zukunft des judäischen Volkes werden nach dem Vorbild der Urväter gedeutet [193]. Wegen des

---

[189] Der Auftrag zur Bezeichnung der Gerechten in Ez 9,14 bedeutet nicht, daß solche wirklich gefunden werden.

[190] COATS (1968) 240 Anm. 114: "מדבר העמים is parallel to the מדבר ארץ מצרים in vs. 36 and thus serves the same function for this generation as the מדבר מצרים did for the earlier generation."

[191] Zu dieser Wüste verweist DRACH (1829) 282 auf Ez 5,14 und paraphrasiert: "Je vous amenerai dans un lieu désert et sans peuples, dans la terre même de vos père réduite alors en solitude." Aus diesem verwüsteten Land werden die Götzendiener nach Ez 20,38 herausgeführt. Damit dieses Gebiet wieder zum Land Israel werden kann, muß es von den Rückkehrern nach Ez 11,18 zuerst gereinigt werden.

[192] Vgl. die Heilsworte in Ez 8-11, Ez 14,1-11, Ez 20.

[193] GREENBERG (1993) 36 zur ez Verwendung von traditionellem Material: "History was, for him (sc. Ezechiel) a repository of lessons for the present age. We are therefore not to look to him for an interpretation of the narratives in any objective sense (= what they meant in their original context), but only in such a way that would serve his cause (36)." "In sum, Ezekiel was ahistorical: he read the past as a mirror of the present. The tradition served him as building blocks out of which he built his own personal world view (37)."

Götzendienstes ist Juda nicht mehr das Land der Verheißung, sondern Israel lebt darin wie Abraham und seine Nachkommen, die als Fremdlinge im Lande Kanaan weilten. Eine zweite Inbesitznahme des Landes ist notwendig, weshalb das Volk das Land verlassen und in der Wüste der Völker, wo es keine Götzen gibt, gereinigt werden muß. Ergebnis der Dialoganalyse ist somit, daß 33-44 von der Verbannung und nicht von der Rückkehr aus dem Exil spricht, womit sich die Ältesten von Ez 20 in der gleichen Lage befinden wie jene in Ez 8,1 und 14,1. Die ez Ältestenperikopen sind folglich im Rahmen gleicher dialogischer Grunddaten (Ort: Babylon, Zeit: vor 587, Gesprächsstatus: Gesandtschaft aus Juda) zu verstehen.

4. Ergebnisse

Eine Rede ist dialogisch, wenn sie einen *bestimmten* Gesprächspartner anspricht. Ihr Verständnis ergibt sich aus ihre *Verankerung in der Redesituation*. Dieser geht der erste Teil der Untersuchung von Ez 14,1-11 nach und kommt zu folgenden Ergebnissen.

1. In Ez 14,1-11 berichtet ein prophetischer Ich-Erzähler von einem Gotteswort, das ihm die Mitteilung einer Botschaft an Älteste Israels aufträgt. Obwohl sich das Wort in seiner dialogischen Form als ganzes an den Propheten richtet, sind darin Teile unterscheidbar, die nur für ihn oder aber über ihn für die Ältesten bestimmt sind. Die Ältestenanrede unfaßt *Ez 14,6b-8*. Ihr Rahmen (Ez 14,3-6a.9-11) dient als Instruktion des Sehers und ist nicht für die Verkündigung an die Ältesten bestimmt. Erst die Nacherzählung bzw. Verschriftlichung teilen ihn nach außen mit.

2. Ältestenanrede und rahmende Propheteninstruktion drehen sich um den Götzendienst der Ältesten. Geht es um den Götzendienst der Restjudäer oder der Exulanten? Diese Frage rückt die Herkunft der Ältesten ins Zentrum. Die Art, wie Jahwe sie anspricht und der Zusammenhang mit Ez 8-11 und Ez 20 deuten auf eine judäische Herkunft. Somit ist Ez 14,6b-8 ein nach Juda orientiertes Gotteswort [194], während der Rahmen den in Babylon angesiedelten Seher anspricht. Dieser Befund entspricht der Dialogkonstellation, die Hugo GROTIUS für Ez 14,1 zwar vorgeschlagen, aber kaum begründet hat.

3. Die Analyse des dialogischen Großkontexts in Ez 8-11 und Ez 20 zeigt, daß die Anredesituation in den drei Ältestenperikopen immer die gleiche

---

[194] TORREY (1930) 35 findet in Ez 14 viele Hinweise auf Jerusalem: "The «multitude of idols» (vs.4) is the same multitude which had been mentioned in 8:10. In his reply to the elders, the prophet addresses «the house of Israel» (vss.5f.); includes «the strangers that sojourn in Israel» (vs.7); specifies then more particularly the land of Judea (cf. vs. 15 with 5,17); and finally names Jerusalem as the city whose representatives have thus inquired of the prophet (cf. vss. 7b, 8 with 21 f.). The fact that Ezekiel dwells in the city, and is inquired of, cannot save its people unless they repent. Even Noah, Job, and Daniel could not deliver the land which is doomed."

ist. Die Ältesten sind Mitglieder einer judäischen Delegation, die sich vorübergehend in Babylon aufhält. Daß die זקנים zuerst Älteste Judas (Ez 8,1) und dann Älteste Israels (Ez 14,1; 20,1) genannt werden, versteht sich aus der Art, wie Ezechiel die topologischen Bezeichnungen verwendet.

3.1. Der Dialogverlauf in Ez 8-11 zeigt, daß die Vision 1.) in Ez 8,11 den Götzendienst anklagt, der von Ältesten in Jerusalem begangen wird und daß 2.) die 25 Männer im Tempel (Ez 11,1) visionäre Platzhalter für die in Ez 8,1 anwesenden Ältesten Judas sind. Damit wird für sie ein Wirkungsort in Jerusalem und folglich ein nur vorübergehender Aufenthalt beim exilischen Propheten angenommen.

3.2. Die dialoganalytische Auslegung von *Ez 20* bestätigt dieses Ergebnis. Auslegungen, die den Text als Verbindung von Strafe und Rückkehr verstehen, müssen annehmen, daß der Götzendienst sowohl der Grund für die Verbannung, als auch für die Heimführung der Exulanten ist. Daraus ergeben sich Engpässe, die auch durch eine literarkritische Anpassung nicht leicht auszuräumen sind. Die Analyse des Dialogstatus der Ältesten zeigt aber, daß für sie ein judäischer Wohnort impliziert ist. Folglich steht eine über die erste Deportation hinausgehende politische Umwälzung in Palästina nicht im Redehintergrund, womit die in Ez 20 angedrohte Zerstreuung unter die Völker und die Herausführung aus dem ארץ מגוריהם (= das Götzenland Juda) im Licht des judäischen Götzendienstes und nicht der zweiten Deportation zu verstehen ist.

4. Die dialogische Ausgangslage der Ältestenperikopen ist somit die gleiche, unterschiedlich ist dagegen die Akzentsetzung. *Ez 8-11* legt das Hauptgewicht auf die Darlegung der üblen Zustände in Jerusalem und prophezeit die totale Vernichtung. Dieses Urteil wird in *Ez 14* zwar bestätigt, aber durch ein Umkehrangebot (Ez 14,6) etwas entschärft. *Ez 20* führt die Feststellung der Götzenverfallenheit Jerusalems auf den Höhepunkt und kündigt eine Bestrafung an, die durch die Herausführung aus den Götzen an den Ort der Reinigung geschieht und aus zwei Komponenten besteht: aus der Ausmerzung der Götzendiener und aus der Wiederbelebung des Jahwekultes auf dem heiligen Berg.

IV. Kapitel

DIE DIALOGANALYSE

0. Methodologische Standortbestimmung

Das letzte Kapitel hat die Gesprächs*voraussetzungen* und somit den synchronen Aspekt des Dialoges betrachtet. Jetzt geht es um den Gesprächs*verlauf*. Das betont den diachronischen Aspekt des Dialoges [1]. Es ist zu prüfen, wie sich Früheres und Späteres im dialogischen Fortschreiten des Gesprächs vorbereitet, bedingt und erhellt. Dabei sind Raum und Zeit zu berücksichtigen.

(1) Der *Zeitfaktor* ist für die Dialoganalyse sehr wichtig [2]. Menschliches Handeln und menschliche Sprache, die Teil, Reflex und wichtigstes Instrument des menschlichen Handelns sind [3], sind zeitlich verfaßt und ereignen sich in einem Nacheinander. Unter dem Gesichtspunkt des Textverlaufs redet WEINRICH (1985) von der Textzeit:

> "Jedes Sprachzeichen im Text hat daher ein textuelles Vorher und Nachher. Vorinformation und Nachinformation tragen zu seiner Determinierung bei. Generell können wir von Textzeit sprechen (56)."

WEINRICH unterscheidet Zeit und Tempus und warnt davor, die verbalen Tempusformen (z.B. deutsches Präsens) mit dem außersprachlichen Phänomen der Zeitstufen (z.B. Gegenwart) gleichzusetzen. Die Funktion der Tempora geht über die Verzeitlichung von Texten hinaus. WEINRICH stellt fest, daß die deutschen Tempora zwei fundamentale *Sprechhaltungen* unterscheiden, jene des Besprechens bzw. des Erzählens, und so zwei Tempus-Gruppen bilden [4]. NICCACCI wendet diese Erkenntnis auf narrative AT-Texte an [5] und unterscheidet Tempus-Gruppen, welche die Reliefgebung (Vordergrund/ Hintergrund) [6] bzw. die Sprechperspektive (Vor-, Nachinformation, Nullstelle [7]) bezeichnen [8].

---

[1] Synchronie und Diachronie sind eng verbunden. Die hier vorgenommene Unterscheidung rechtfertigt sich nur aus praktischen Gründen. Man beachte, daß "Diachronie" den Ablauf der Sprachhandlung bezeichnet, der vom historischen Sachverhalt oder von der Textentstehung zu unterscheiden ist.

[2] SCHWEIZER (1981) 233 versteht "Text" mit ISENBERG als zeitlich aufgegliederte Einheit, die eine temporale Abfolge von Sprachhandlungen darstellt, bei deren Vollzug Sätze gebildet werden.

[3] BRONCKART (1985) 10.

[4] WEINRICH (1985) 18.

[5] Zusammenfassende Tabellen: NICCACCI (1990) 168.

[6] Deutsche Terminologie nach WEINRICH (1985) 93. NICCACCI (1986A) 76: "messa in rilievo" bzw. "primo piano" und "sfondo"; NICCACCI (1990) 116: "prominence" bzw. "foreground" und "background".

[7] WEINRICH (1985) 57 zum Begriff der Nullstelle: "Für den (verhältnismäßig

(2) Der zweite mit dem Zeitfaktor verbundene und den Dialog determinierende Faktor ist der *Raum*. Aus den vielen möglichen Welten entfaltet die Sprachhandlung eine. Diese Welt genügt sich nicht selbst, sondern macht vielfältige Anleihen aus dem sie umgebenden Kontext, dessen Abgrenzung immer eine Ermessensfrage ist [9]. Hier wird "Kontext" als dialogische Umgebung verstanden, die den Gesprächsstatus der Aktanten, die Begleitumstände der Rede und den Dialogverlauf umfaßt [10].

Die Teile einer literarischen Einheit stehen zueinander in Kontext und bilden den Text als größere Einheit. Wie kann dessen Textualität dargestellt werden? SCHWEIZER schlägt zur Beschreibung der Textkohärenz die gleichen Kategorien vor, die er für die syntaktische Analyse der Äußerungseinheiten verwendet und überträgt damit die Kriterien der Syntax auf die Textanalyse [11].

---

häufigen) Fall, daß die Relation von Textzeit und Aktzeit (sc. =Zeitpunkt oder Zeitverlauf des Kommunikationsinhalts) problemlos ist oder, genauer gesagt, daß der Sprecher die Aufmerksamkeit des Hörers nicht auf das mögliche Problem eines Verhältnisses von Textzeit und Aktzeit lenken will, enthält sowohl die besprechende als auch die erzählende Tempus-Gruppe eine Null-Stelle."

[8] Zur Terminologie: WEINRICH (1985) 55s, der auch von "nachgeholter" bzw. "vorweggenommener Information" spricht; NICCACCI (1986a) 76: "prospettiva linguistica" bzw. "informazione recuperata", "grado zero" und "informazione anticipata". NICCACCI (1990) 117: "linguistic perspective" bzw. "recovered information", "degree zero" und "anticipated information". Zur Kritik an NICCACCI: DAWSON (1994) 28-39, doch vgl. NICCACCI (1995) 543-580.

[9] Zum Kontext in pragmatischer Sicht: ADAM (1995) 40-42. Auf die Unterscheidung von Kontext und Kotext nach BAR-HILLEL (BRONCKART [1985] 27) wird verzichtet. Der Kontext ist ein vieldiskutiertes Problem (Kontextarten: SIMIAN-YOFRE [1988] 89-91; [1995] 187-189). BRONCKART (1985) 25: "le contexte reste une entité floue, tant sur le plan de son statut que sur celui de son extension." Die Definierung des Kontextes steht in der Spannung zwischen einem schrankenlosen Kontextualismus und einem engen Kontextbegriff, der nicht abgedeckte Etc.'s übrigläßt. Deshalb führt BRONCKART die drei Unterscheidungen "extralangage", "contextuel" und "référentiel" ein: "l'extralangage se définit comme un ensemble théorique d'entités mondaines qui n'ont, en elles-mêmes, aucune pertinence; c'est l'activité langagière qui crée et qui délimite le référentiel et le contexte; ces derniers n'ont donc aucune existence stable indépendamment de (ou préalablement à) l'activité; ils en sont au contraire un des produits (26)." Gut bezeichnet SMELIK (1992) 78-81 die Folgen der verkannten Kontextproblematik in der historischen AT-Auslegung.

[10] MÜLLER (1985) 158 unterscheidet vier Kontexttypen: den sprachlichen Kontext (gesprochene oder geschriebene Rede: parole), den Situationskontext, den kulturellen Kontext (historisch-soziologischer Hintergrund) und den emotionalen Kontext (Intonation, Tonstärke, Tempo, Sprechgeschwindigkeit, Tonlage, Artikulation usw.). *Den* Kontext gibt es nicht (BARNHART [1980] 501: "Every context has a context").

[11] SCHWEIZER (1981) 283: "Text-Kohärenz kann besonders wirksam dadurch aufgebaut werden, daß die Beziehungstypen, die schon innerhalb einer ÄE (sc. Äußerungseinheit) möglich sind, nun auch das Verhältnis mehrerer ÄEen zueinander ordnen." Dabei benützt SCHWEIZER folgende Kategorien: Zentralprädikat mit abhängigen Aktanten (Objekten), Adjunktionen (Zusatz- oder Begleitinformationen), semantische Codes (Syn-

So werden die semantischen Relationen beschrieben, welche die Äußerungseinheiten in Gruppen zusammenfassen. Diese nennt SCHWEIZER Makrosätze [12]. Sie sind die textlichen Grundeinheiten des Dialoges. Der Dialog ist das Ordnungs- und Einheitsprinzip, das die Makrosätze zusammenfaßt. An Hand der Makrosätze soll ein erster Eindruck von der Textgestalt von Ez 14,1-11 gewonnen werden.

1. Die makrosyntaktische Gestalt von Ez 14,1-11

Im Makrosatz stehen die Äußerungseinheiten zueinander in einem textsyntaktischen Verhältnis [13]. Zu dessen Ermittlung finden zwei Verfahren Verwendung. Zum einen wird beim Zentralprädikat, dem Einheitspunkt des Makrosatzes, angesetzt. Von ihm aus kann die Interdependenz der Äußerungseinheiten ermittelt werden [14]. Zum anderen wird die Tempussituation nach WEINRICH/NICCACCI erhoben [15]. WEINRICH zeigt, daß die Sprache die Welt aller möglichen Kommunikationsgegenstände unter dem Gesichtspunkt des Kommunika-

---

dese/Asyndese bzw. Koordination/Subordination), Illokution (Aussagemodus). Im Makrosatz nehmen die Äußerungseinheiten die Stellung ein, die in der Syntax ihren Teilen zukommt. Semantik und Pragmatik unterscheidet SCHWEIZER so: "Semantik beschäftigt sich mit den Relationen innerhalb einer ÄE; Pragmatik mit dem Zueinander von zwei oder mehreren ÄEen (284)."

[12] NICCACCI (1991) spricht von "macrosintassi".

[13] NICCACCI (1991) 44s verwendet für die Syntax/Makrosyntax folgende Namen: "frase" (= "proposizione" = einfacher Satz), "proposizione duplice" (z.B. Konditionalkonstruktion), unità linguistica/sintattica (= Makrosatz). WALTKE/O'CONNOR (1990) 68s unterscheidet "phrase" (=Satzteil), "clause" (= syntaktische Kombination von Subjekt und Prädikat) und erwähnt die "clause's relationship to other clauses or sentences".

[14] Zuerst wird das zentrale textgrammatische Prädikat (= die einheitsschaffende Äußerungseinheit im Makrosatz) bestimmt. Dann werden mit Hilfe der oben genannten Kategorien die Makrosatzteile aufeinander bezogen. Zuletzt wird der Makrosatz im Kontext der Einheit interpretiert.

[15] NICCACCI unterscheidet nach SCHNEIDER (1985) den Verbalsatz (Verb an erster Stelle) vom einfachen Nominalsatz (ohne bzw. mit nominalisiertem Verb) bzw. vom zusammengesetzten Nominalsatz (Verb an zweiter Stelle: "preceded by an element of any kind [other than WAW]": NICCACCI [1990] 28). Zu letzterem: MEYER (1972) 13 und kritisch: BARTELMUS (1982) 92-102, GROSS (1988) 254 und (1993) 3. NICCACCI untersucht den Gebrauch der drei Satztypen in den Bereichen: (1) Erzählung vs. Rede/Kommentar; (2) Reliefgebung: Vordergrund/Zusammenhang vs. Hintergrund/Unterbrechung (dagegen: ENDO [1996] 27s, 324); (3) Sprechperspektive (Vor- bzw. Nachinformation, Nullstufe). Weitere Kriterien sind: Zeitachse (Vergangenheit, Gegenwart, Zukunft), Gleichzeitigkeit/Nachzeitigkeit, Aktionsart (einmalige/wiederholte Handlung) und Emphase. Bei der Verbposition läßt er in Redetexten drei Ausnahmen zu, bei denen das Verb in zweiter Position keinen Hintergrund bezeichnet, nämlich x-qatal des Berichtes, x-yiqtol Jussiv und x-yiqtol Indikativ. NICCACCI (1990) 194 beschränkt sich auf erzählende Texte und meint, daß die Poesie "in a completely separate way" funktioniert. Wie dem auch sei. Ez 14,1-11 ist ein *besprechender* Text, der nach den von NICCACCI für solche Texte angegebenen Kriterien beurteilt werden kann.

tionsprozesses sortiert [16]. Somit geht der Bereich der Kommunikation in die sprachliche Kodifizierung eines Sachverhaltes ein und wird durch Elemente ausgedrückt, die oft von hohem Rekurrenzwert [17] sind. Zu ihnen gehören neben den Personenformen vor allem die Tempora. Sie bilden ein strukturiertes, textübergreifendes Netz, das wichtige Aufschlüsse über die Textgestalt vermittelt [18].

1.1. *Die narrative Einleitung: 1a-2a*

Der erste Makrosatz besteht aus der narrativen Einleitung des Wortes [19].

1.1.1. Makrosyntaktische Form. Die Parataxe wirft die Frage auf, ob die semantischen Relationen in einem zentralen textgrammatischen Prädikat zusammenlaufen. Sie ist dadurch charakterisiert, daß die drei Syntagmen einander voraussetzen und daß das Vorausgehende Umstandsbedingung für das Spätere ist. Folglich sind die semantischen Relationen im Makrosatz so zu interpretieren:

1. Erste parataktische adverbiale Umstandsbedingung (V.1a)
2. Zweite parataktische adverbiale Umstandsbedingung (V.1b)
3. Zentralprädikat: Wortereignis (V.2a)
4. Einleitung des Wortereignisses (V.2b)

1.1.2. Analyse. Grammatikalisch [20] liegen drei Verbalsätze vor, die eine Narrativkette bilden. Daß wir uns in V.1a in der Erzählung befinden, zeigt

---

[16] WEINRICH (1985) 29: "Unter dem Gesichtspunkt der Kommunikation wird die Welt grob eingeteilt in die Positionen Sprecher («Sender»), Hörer («Empfänger») und «alles übrige» (Restkategorie). Das ist, ich unterstreiche es, eine sehr grobe Einteilung, die die Welt sehr gewaltsam unter einen Gesichtspunkt zwingt."

[17] Zum Begriff: WEINRICH (1985) 13.

[18] WEINRICH (1985) 29: "Der Prozeß der Kommunikation, der durch den sprachlichen Code ermöglicht wird, erscheint selber in diesem Code, und zwar mit der Vorzugsfunktion obstinater (sc. häufig wiederkehrender) Verwendung. Durch die obstinat wiederkehrenden Person-Formen eines Textes werden also die Inhalte der Kommunikation in einer für den Hörer einprägsamen Wiederholung in der Kommunikationssituation verankert. Der Hörer weiß immer, ob der Sprecher gemeint ist oder ob er selber gemeint ist oder ob etwas anderes gemeint ist."

[19] Nur ca. 11 ez Gottesworte besitzen narrative Einleitungen (ohne: ca. 35).

[20] NICCACCI (1991) 30s unterscheidet drei Ebenen der Kohärenz des Verbalsystems: die grammatikalische (Verbal-, Nominalsatz etc.), die syntaktische (Satzkonstruktionen, größere Einheiten) und die textlinguistische (Kommunikation, Vorder-, Hintergrund, Voraus-/Nachinformationen). Zur Textlinguistik (engl. discourse analysis): VAN DER MERWE (1994) 41 Anm. 1 und WEINRICH (1985) 8-11. SILVESTRI (1994) 176 nennt folgende in der "analisi del discorso" behandelte Problematiken: "(...) il costante riferimento al contesto di comunicazione, l'attenzione all'argomento trattato ed alle «strategie» dell'esposizione, le implicazioni presupposizionali e referenziali e, in generale, le possibilità di interpretazione del discorso."

einleitendes wayyiqtol. Nur in Narrationen steht es in texteröffnender Position [21]. Die Narrativkette unterstreicht, daß nach Ez 13,23 etwas Neues beginnt. Sprechperspektivisch setzen die Narrative den Hauptstrang der Erzählung fort (Nullstufe). Textlinguistisch bewegen sie sich im Erzählvordergrund. Das Ende der Narrativkette und somit die Makrosatzgrenze bezeichnet לאמר[22]. Es bekundet, daß die Narration in den Dialog übergeht. Die Sprechhaltung wechselt [23]. Das beweist die neue Tempora-Gruppe.

1.2. *Die Propheteninstruktion I (3a-4c + 6ab)*

In der Propheteninstruktion I beginnt das Gotteswort auf der Rede-Ebene. Es besteht aus zwei Makrosätzen.

1.2.1. Makrosyntaktische Form. Ansatzpunkt für die Bestimmung des Zentralprädikats des ersten Makrosatzes ist der Vokativ בן־אדם (V.3a) [24]. Er ist mit der Frage in V.3d und der Redeaufforderung in V.4ab [25] verhängt. Durch לכן (V.4a) wird der Redebefehl zum Begründeten und das Vorausgehende zum Grund [26]. Das Begründete (V.4ab) stellt das Zentralprädikat dar, da sich von ihm aus alle Makrosatzglieder im Sinne der Lasswell'schen Formel erfragen lassen. Formalisiert sieht der Makrosatz 3a-4c so aus:

1. Anrede: Wer? (V.3a)
2. Begründung des Redebefehls: Warum? (3b-3d)
3. Zentralprädikat: Sprich! (V.4ab)
4. Inhalt der Anrede: Was? (V.4c)

Das Zentralprädikat wird in V.6ab mit geringen Varianten (אמר statt דבר) wiederholt und ist dort Ausgangspunkt einer zweiten makrosyntaktischen Einheit. V.6a lenkt das Gespräch und eröffnet dem Redebefehl von V.4ab einen neuen Makrosatz [27].

---

21 NICCACCI (1991) 6 mit Übersicht auf S.22 und S.25.

22 לאמר ist ein Signal zur Kommunikationssteuerung (WEINRICH [1985] 174).

23 WEINRICH (1985) 33-38.

24 Die Anrede des Sehers als בן־אדם steht in Ez 93× fast immer mit Imperativ bzw. im Imperativkontext (Ausnahmen: Ez 4,16; 14,13; 22,18; 23,2; 24,25). Bei Ez 11,2.15; 12,9; 33,24 (u.a.) werden zwischen der Menschensohn-Anrede und dem Redebefehl Aussagen über einen Dialogpartner gemacht. Ebenso Ez 14,3a-6a: (1) Menschensohn-Anrede, (2) Aussage über die Fragenden, (3) Zusammenfassung in einer rhetorischen Frage, (4) Redebefehl. (2) und (3) können aus Zitationen (ev. in Frageform) bestehen.

25 V.4b ist eine Konsekutivform, die V.4a verstärkt.

26 HARDMEIER (1993) 55 äußert sich zur satzübergreifenden Funktion von לכן, die den textsyntaktischen Erwartungshorizont steuert.

27 Die Makrosätze sind Konstituenten der Texteinheit. Weil das erste Rechtswort zur Prophetenanrede gehört, ist es sehr eng mit dem zweiten Makrosatz verbunden.

1.2.2. Analyse. Neben לאמר zeigt der Vokativ בן־אדם den Wechsel zur Anrede-Ebene an. Temporal äußert er sich durch yiqtol- und Volitivformen [28]. Syntaktisch fallen die zusammengesetzten Nominalsätze auf [29], die als normale Verbalsätze zu werten sind und die Nullstelle bezeichnen [30]. Wie angedeutet, stehen die Syntagmen des zweiten Makrosatzes durch לכן in einem kausalen Verhältnis. Während der Redebefehl syntaktisch einheitlich ist, liegt die Begründung auf zwei Tempusebenen. V.3bc setzt sich von der Hauptebene ab, ist also kein qatal des Berichtes [31], sondern enthält eine Hintergrundinformation. Auf die Nullstufe führt die Frage in V.3d (האדרש: x-yiqtol), wobei der Infinitiv absolut den Fragecharakter betont [32]. Die Nullstufe wird durch V.4ab weitergeführt und durch die Botenformel (V.4c), die eine neue Untereinheit ankündigt, abgeschlossen.

1.3. *Das erste Rechtswort*[33] *(4d-5b)*

Hier taucht die erste der für Ez 14,1-11 typischen Pendenskonstruktionen auf [34].

1.3.1. Makrosyntaktische Form. Der Pendens איש איש (V.4d) wird in V.4h durch לו aufgenommen. Diese Achse bildet das Rückgrat des Makrosatzes. Sie verbindet איש איש und die davon abhängigen Syntagmen (V.4efg) eng mit dem Hauptsatz [35]. Das Zentralprädikat befindet sich also in V.4h. Im Überblick sieht der Makrosatz 4d-5b so aus:

---

[28] Nach NICCACCI (1990) 29 ist yiqtol die typische Form der hebr. Rede (Übersicht: S.21).

[29] Die Unterscheidung der Nominalsatzarten bei der Anwendung der Tempusregeln NICCACCIs will nicht in die Diskussion um den zusammengesetzten Nominalsatz eingreifen (vgl. GROSS [1993] 2-12; ferner die Fälle bei NICCACCI [1991] 28, wo ein Satz der Form x-yiqtol bzw. x-qatal syntaktisch ein Verbalsatz ist).

[30] In der Nullstelle wird das Verhältnis zwischen Textzeit und Aktzeit nicht problematisiert. Die "Aktzeit" ist der Zeitpunkt oder der Zeitverlauf des Kommunikationsinhalts (WEINRICH [1985] 57). Im Rückbezug auf nachgeholte Informationen oder im Vorausgriff auf vorweggenommene Informationen kann die Aktzeit hinter der Textzeit zurückliegen bzw. ihr vorausliegen.

[31] NICCACCI (1991) 28: "qatal di resoconto".

[32] DAVIDSON (1902) §86a, ferner GROSS (1993) 15.

[33] "Rechtswort" wird der Bezeichnung "Rechtssatz" vorgezogen, um dem prophetischen Gebrauch der juridischen Formulierung Rechnung zu tragen.

[34] Pendentia sind nach GROSS (1987) 2 "Wortgruppen, nominale oder pronominale Elemente, die im folgenden Satz syntaktisch oder zumindest semantisch die Rolle eines Syntagmas oder des Teils eines Syntagmas spielen, von diesem Satz aber isoliert sind, insofern in diesem Satz eine pronominale Kopie von ihnen vorhanden und/oder zu Beginn dieses folgenden Satzes durch w'=/wa=, Konjunktion, Fragepronomen oder Satzdeiktikon eine Satzgrenze angezeigt ist."

[35] Beim Gebrauch der Kategorie 'Hauptsatz' ist zu beachten, daß sich der hebr. Hauptsatz strukturell vom Nebensatz nicht unterscheidet (WILLMES [1990] 63).

1. Vorgezogenes Objekt: Wem? (V.4d)
2. Vordersatz (V.4efg)
3. Zentralprädikat/Nachsatz (V.4h)
4. Ziel: Wozu? (V.5a)
5. Relative Spezifizierung (V.5b)

1.3.2. Analyse. Neben den Syntagmen der Form x-yiqtol, welche Verbalsätze der Hauptebene sind, gibt es in V.4h.5b zwei zusammengesetzte Nominalsätze der Form x-qatal. Weil sie nicht die erste Position in der Periode einnehmen, bezeichnen sie statt der Nullstufe einen vorausgehenden Umstand [36]. Der Makrosatz wird durch eine syntaktische Konstruktion mit zwei Elementen zusammengehalten (Wenn-Dann-Verbindung). Der Vordersatz führt die Rede ohne die Einschübe auf der Nullstufe weiter (x-yiqtol Indikativ [37]). Überraschend wird diese Linie in der Apodosis auf einen vergangenen Umstand zurückgeführt. Daraufhin nennt der למען-Satz (V.5a) die beabsichtigten Folgen der Antwort, während V.5b den Einzelfall in V.4h verallgemeinert und von einer Zurechtweisung Israels spricht, die in der Vergangenheit geschah und sich bis in die Sprechgegenwart auswirkt. So werden Vorder- und Hintergrundbereich textlinguistisch verknüpft. Die Vergangenheitsbezüge in 3-5 erzählen folgende Geschichte:

3b הָאֲנָשִׁים הָאֵלֶּה הֶעֱלוּ גִלּוּלֵיהֶם עַל־לִבָּם
3c וּמִכְשׁוֹל עֲוֹנָם נָתְנוּ נֹכַח פְּנֵיהֶם
4h אֲנִי יְהוָה נַעֲנֵיתִי לוֹ בָהּ בְּרֹב גִּלּוּלָיו
5a לְמַעַן תְּפֹּשׂ אֶת־בֵּית־יִשְׂרָאֵל בְּלִבָּם
5b אֲשֶׁר נָזֹרוּ מֵעָלַי בְּגִלּוּלֵיהֶם כֻּלָּם

Diese Zusammenstellung zeigt trotz der kontextbedingten Besonderheiten der Syntagmen eine kohärente Abfolge. Das ist der Hintergrund des Rechtswortes. Die Dialoganalyse wird zeigen, wovon die Rede ist, wie sich die Vergangenheit der Ältesten auf ihre Stellung in Ez 14,1 auswirkt und welches Ziel Jahwe mit V.5a verfolgt.

1.4. *Die Ältestenanrede (6c-8e).*

Der vierte Makrosatz ist dialogisch zweigeteilt und besteht aus 2.Pl-Anreden, die das Rechtswort einrahmen. Auf seine Gestalt wird nur eingegangen, sofern Beobachtungen anstehen, die über das zum ersten Rechtswort Gesagte hinausgehen.

1.4.1. Makrosyntaktische Form. Zwei Dinge sind bei der Analyse der Makrosyntax von 6c-8e zu beachten: 1.) In V.7a bezeichnet כי ein Begründungs-

[36] NICCACCI (1990) 30.
[37] NICCACCI (1991) 28s.

verhältnis [38]. 2.) In V.8d führt וידעתם anders als die vorausgehenden Formen (והכרתיו, והשמתיהו, ונתתי) das Prädikat der Apodosis in V.7a nicht fort, obwohl die wqatal-Kette weiterläuft. Das zeigt der Wechsel der Anrede [39]. וידעתם kann nur eine Folge bezeichnen. Der Makrosatz sieht so aus:

1. Zentralprädikat: Umkehraufruf (V.6cde)
2. Warum? Vordersatz/Nachsatz (V.7a-8c)
3. Wozu? Erkenntnisformel (V.8de)

1.4.2. Analyse. Grammatikalisch ist der vierte Makrosatz durch die Verbalsätze geprägt (wichtige Ausnahme: V.7h). Syntaktisch ist er relativ einförmig. Textlinguistisch stehen die Umkehrrufe auf der Hauptebene. Diese Linie unterbricht der Pendens. Danach fährt die Hauptebene fort. Der einfache Nominalsatz in der Apodosis (V.7h) unterbricht nicht, sondern bezeichnet den Beginn des Nachsatzes und drückt die Präsensstufe aus [40]. Die Formen der Hauptebene, vor allem die wqatal-Ketten [41], bringen die Rede voran. Dagegen ist das erste Rechtswort von Rückblicken unterbrochen. Dieser Unterschied ist in der Dialoganalyse zu berücksichtigen.

1.5. *Die Propheteninstruktion II (V.9a-11d)*

Im fünften Makrosatz eröffnet extraponiertes והנביא die letzte Pendenskonstruktion [42]. Zuerst geht es um den נביא, dann fügt der sechste Makrosatz den Synkretisten an und weitet sich zum Schluß auf ganz Israel aus.

1.5.1. Makrosyntaktische Form. Schlüssel für das Verständnis des fünften Makrosatzes ist die Konditionalstruktur und das pendierende Nomen in V.9a (והנביא), das in Vorder- und Nachsatz eingebunden ist [43].

Ein erstes Problem ist die Grenze zwischen Vorder- und Nachsatz. Im Sinn von V.4h.7h, wo das Eingreifen Jahwes den Nachsatzbeginn markiert, könnte man V.9d (אני יהוה וגו) als Nachsatzanfang betrachten [44]. הנביא ההוא wäre das Bezugswort der Pendenskonstruktion. Dagegen gibt es zwei Einwände. 1.)

---

[38] Das bestätigen die Kausalrelationen. Daneben kann כי im Konditionalgefüge den Vordersatz (anstelle von אם) einleiten (JOÜON [1923] §167k), wobei die übliche Form aber איש כי ist (KHAN [1988] 99).

[39] SCHWEIZER (1986) 146 weist auf die notwendige Unterscheidung einheitlicher kommunikativer Ebenen hin (z.B. erzählte Sachverhalte, direkter Rede etc.).

[40] NICCACCI (1990) 34 und 74: "The foreground can be denoted by (...) simple noun clauses" (auch S.117).

[41] Zur Bedeutung von wqatal: NICCACCI (1990) 82ss.

[42] NICCACCI (1990) 145ss möchte pendierende Extrapositionen mit "Concerning the matter:..." übersetzen.

[43] Zur Voranstellung des Subjektes in Rechtssätzen: GIBSON (1994) 155.

[44] So ZIMMERLI (1979) 300: "Wenn aber der Prophet sich betören läßt und ein (Gottes-) Wort sagt, dann betöre ich - ich Jahwe - diesen Propheten."

הנביא ההוא ist im Sinne von GROSS (1987) 2 keine pronominale Kopie des Pendens in V.9a, sondern eine Wiederholung. 2.) x-qatal in V.9d ist für die Fortführung des Nachsatzes ungeeignet[45]. Darum kommt V.9d als Apodosis und Bezug für das Pendens nicht in Betracht. Es fällt aus der Wenn-Dann-Konstruktion und ist eine Hintergrundinformation. Somit schließt die Pendensverbindung an V.9ef. Syntaktisch rechtfertigt sich dieser Schluß durch die wqatal-x-Form der beiden Syntagmen, in denen es auch inhaltlich um die von Jahwe ausgeführte Strafe geht. Daran schließt V.10a mit ונשאו (wqatal-x) an. Dieser Vers redet nicht von der Strafe Jahwes, sondern vom Tun der beiden Bestraften. Gehört er noch zum Nachsatz?

Die Frage ist an Hand des Ältestenrechtswortes zu verneinen. Dieses wird mit der Erkenntnisformel in der Konstruktion wqatal-x weitergeführt (V.8d). Die Erkenntnisformel ist wegen der inhaltlichen Neuausrichtung - es geht nicht mehr um die Strafe - und wegen des Wechsels in die direkte Anrede kein Teil der Strafansage. In V.10a ist die Situation analog. Der Vers spricht nicht mehr von den Straffolgen, sondern bringt eine 3.Pl. ins Spiel, die das Rechtssubjekt von V.7ss (=Synkretist) und von V.9 (=Prophet) verbindet. V.10a steht folglich als Zusammenfassung. GROSS erwähnt den Fall, bei dem wqatal-x in Reden zukünftige Aussagen resümierend aufnimmt[46]. Daß das in V.10a zutrifft, zeigt die nachträgliche Nennung der beiden Rechtssubjekte in V.10b. Daraus folgt, daß in V.10a der sechste und letzte Makrosatz beginnt.

In welchem syntaktischen Verhältnis steht V.10b zu V.10a? Zur Beantwortung dieser Frage ist die Konstruktion mit doppeltem כ zu beachten. Sie wird im Hebr. verschieden gebraucht: nominal oder eingeleitet mit והיה (vor allem in Reden)[47]. Hier steht eine dritte Variante mit nachgestelltem יהיה[48]. Warum ist gerade sie gewählt?

Offensichtlich ist die Aussage von Progreß (והיה)[49] bzw. eine Mitteilung im Vordergrund (יהיה)[50] nicht beabsichtigt. Damit entfällt die Erstsetzung von היה.

---

[45] Vgl. II.3.10.3.

[46] GROSS (1978) 106 bzw. (1982) 66.

[47] Zur Konstruktion mit doppeltem כ: JOÜON (1923) §174i und BARTELMUS (1982) 172s. Doppeltes כ steht häufig im Nominalsatz (Gen 44,18; Lev 7,7; 24,16; Jos 14,11; Ri 8,18; 1 Sam 30,24; Ez 18,4; Hag 2,3). Im Verbalsatz steht die Konstruktion mit eröffnendem והיה (Gen 18,25; Jes 24,2) bzw. mit verneintem Verb an erster Stelle (Dan 11,29: ולא־תהיה).

[48] Vgl. Lev 24,22. Mit יהיה zwischen כ/כ-Konstruktion und Ortsadverbiale: Num 15,15. Die von KILWING (1978) 48 an Hand von Gen/Ps erarbeiteten Stellungsregeln der Kopula היה in Gen/Ps sind schwer auf die כ/כ-Konstruktion übertragbar, weil nicht klar ist, welches Satzglied Subjekt und welches Prädikat ist (BARTELMUS [1982] 173). Ferner: JENNI (1994) 27.48-53.

[49] Nach NICCACCI (1991) 18 hat והיה die Aufgabe: "di collegare il tutto alla linea principale della comunicazione."

[50] Zu yiqtol am Redeanfang: GROSS (1976) 38-42. NICCACCI (1990) 94 kann jeden yiqtol am Satzanfang als Jussiv verstehen, weil er nicht zwischen Lang- und Kurzform

Angesichts der relativ starren כ/כ-Konstruktion, in deren Innerem keine Verbform stehen kann, bleibt nur die Endstellung von יהיה. Sie ist eine gleichzeitige Hintergrundinformation, die alternativ mit einem Nominalsatz ausgedrückt werden kann [51].

Was für eine Funktion hat יהיה? Nach BARTELMUS (1982) 92 dient היה der "Verzeitlichung" eines Nominalsatzes, das heißt, seiner temporalen sowie modalen Nuancierung [52]. Für einen generellen imperfektiven Sachverhalt mit Richtungskoeffizient →[53] ist somit eine Verzeitlichung des Nominalsatzes mit yiqtol zu erwarten. Das hängt damit zusammen, daß sich die Verbformen mit der Hauptfunktion Gleichzeitigkeit - bzw. mit damit zusammenhängenden Gesichtspunkten (z.B. Nominalsatz [54]) - weniger eignen, um in Nebenfunktion iterative oder generelle Sachverhalte auszudrücken [55]. Folglich zeigt יהיה in V.10b, daß ein genereller Tatbestand gemeint ist [56]. Das entspricht der Sachverhaltsanalyse. V.10b ist also eine das vorausgehende Syntagma spezifizierende Hintergrundinformation der gleichen Zeitstufe.

Ebenfalls auf der Hintergrundebene folgt in V.11a ein mit למען eingeleiteter verneinter Finalnebensatz [57]. Die parallele Konstruktion (לא + Verb + עוד) zeigt,

---

unterscheidet.

[51] NICCACCI (1990) 73.117.

[52] Weil BARTELMUS "Verzeitlichung" nicht nur temporal versteht, benützt er den Begriff in Anführungs- und Schlußzeichen.

[53] Von einem Relationspunkt auf der Zeitlinie aus gesehen, weisen Vor-, Gleich- und Nachzeitigkeit einen unterschiedlichen Richtungsbezug auf, den BARTELMUS (1982) 44 "Richtungskoeffizient" nennt. Damit ist gemeint, daß die Sprache Sachverhalte in aufeinanderfolgenden Sätzen bezeichnet, wobei die zeitliche Ordnung der Sachverhalte auf Grund von Richtungsverweisen von der Ordnung des sprachlichen Ablaufs abweichen kann. Nachzeitigkeit ist prospektiv (→) und Vorzeitigkeit retrospektiv (←).

[54] BARTELMUS [1982] 89-92.

[55] BARTELMUS (1982) 59: "Zur GZ (sc. Gleichzeitigkeit) gehört zwar als Aspekt die Imperfektivität, aber die Konnotation «Durativität» fügt sich schlecht zu der Tatsache, daß das Wesentliche an iterativen und generellen Sachverhalten nicht die ununterbrochene Dauer, sondern vielmehr das mehrmals bzw. immer wieder Eintreten des betreffenden SV (sc. Sachverhaltes) ist, Ingress ist jedoch in noetischer Hinsicht notwendig punktuell. M.a.W., will man das Proprium von iterativen bzw. generellen Sachverhalten mit den Mitteln eines relativen Zeitsystems ausdrücken, dann bleibt nichts anderes übrig, als deren zeitliche Zuordnung zu vernachlässigen - d.h. dem Kontext zu überlassen - und die Form, die als Hauptfunktion die NZ (sc. Nachzeitigkeit) bezeichnet, in Nebenfunktion zum Ausdruck von iterativen und generellen Sachverhalten zu verwenden - und diese Form ist im bh (sc. bibelhebräischen) System die hier in Rede stehende Form yiqtol."

[56] BARTELMUS (1982) 173 spricht bei Ez 14,10 nicht ganz richtig von "Zukunft".

[57] Nach ROOKER (1990) 172 ist למען לא in den Schriften der ersten Tempelperiode ungebräuchlich und deutet auf den Übergang zum späten Bibelhebräisch. Zur Form: JOÜON (1923) §168d, WILLIAMS (1976) §524 und WALTKE/O'CONNOR (1990) 639, Anm. 26.

daß V.11b - analog zu V.11a - final zu verstehen ist und von למען abhängt. Auf der Hauptebene folgt in V.11c die Bundesformel. Außerhalb des Makrosatzes steht V.11e. Er bezeichnet in Ez oft das Ende eines Gotteswortes. Damit schließt der Makrosatz, wie auch die Weiterführung in V.12 zeigt. Der fünfte Makrosatz mit dem Zentralprädikat in V.9ef sieht im Überblick so aus:

1. Vorangestelltes Objekt: Wen? (V.9a)
2. Vordersatz: spezifiziert das Objekt (V.9bc)
3. Nachgeholte Information (V.9d)
4. Zentralprädikat (Apodosis: V.9ef)

Daran schließt sich der zusammenfassende sechste Makrosatz an:

5. Zentralprädikat (V.10a)
6. Präzisierung im Hintergrund (V.10b)
7. Folge I (V.11ab)
8. Folge II (V.11cd)

1.5.2. Analyse. Der Progreß in den beiden letzten Makrosätzen ist zweimal, in V.9d und in V.10b-11b, unterbrochen [58]: Den Tempusübergang in V.9d bezeichnet der Satz-, Tempus- und Personenwechsel [59]. Das verbietet, V.9d als Zentralprädikat und V.9ef als dessen Fortführung zu verstehen [60]. Es ist auch nicht möglich, V.9 wie das erste Rechtswort (נעניתי) zu verstehen. Damit ist V.9d aus seinem temporal-syntaktischen Umfeld herausgehoben und als Teil des Hintergrundes gekennzeichnet [61]. Textlinguistisch tritt die Konditionalkonstruktion in V.9 besser hervor als vorher [62], weil ו sowohl für den Vorder- als auch für den Nachsatz verwendet ist (והנביא → ונטיתי) [63]. Die Hintergrundinformation in V.10b besitzt ein neues Subjekt und wird durch zwei Folgesätze erklärt. Die Propheteninstruktion II endet mit der Bundesformel im Redevordergrund.

---

[58] NICCACCI (1991) 31 gibt folgende Regel: "E' emersa la corrispondenza tra prima posizione (sc. del verbo) e livello principale, da una parte, e tra seconda posizione (sc. del verbo) e livello secondario, dall'altra." V.11d bewegt sich auf der gleichen Ebene wie V.11c und gehört somit zu den in NICCACCI (1991) 28 aufgezählten Ausnahmen.

[59] Zum Begriff des Tempusüberganges: WEINRICH (1985) 164-189.

[60] Die Situation ist anders als in V.4h, wo ein Nachsatz der Form x-qatal von einem Infinitivsatz mit למען (V.5a) weitergeführt wird.

[61] NICCACCI (1990) 117 redet von "WAW-x-QATAL for an antecedent circumstance". Das trifft für V.9d zu, obwohl ו fehlt, ev. um eine Verwechslung mit dem ו der Apodosis auszuschließen.

[62] Zur Konditionalkonstruktion: JOÜON (1923) §176.

[63] Der Rechtssatz in Lev 20,4 ist ähnlich: ואם leitet den Vordersatz und ושמתי den Nachsatz ein. Man beachte daß betontes אני nachgestellt ist, um die Eröffnung des Nachsatzes mit ו zu ermöglichen.

1.6. *Ergebnisse der Makrosatzanalyse*

Die Makrosatzanalyse ist die erste und abstrakteste Art der Textuntersuchung. Sie gibt einen relativ formalen Eindruck vom Text und bereitet ihn für die Dialoganalyse vor. Ihre Ergebnisse sind folgende:

- Die Anwendung textlinguistischer Tempuskriterien ermöglicht, die Sprechebenen zu unterscheiden und den Vordergrund bzw. Hintergrund der Sprachhandlung zu bestimmen.
- Tempuskriterien geben den Ausschlag zur Ermittlung der Form und Zeitverhältnisse in den Rechtsworten.
- Durch die Inbezugsetzung der Syntagmen werden dialogische und logische Relationen sichtbar, welche die Textualität der Einheit bilden.
- Die Erhebung textlicher und kontextlicher Differenzen macht Unterschiede zwischen ähnlichen Textteilen ("Dubletten") sichtbar [64].

Es ist die Aufgabe der Dialoganalyse, die Ergebnisse dieses Arbeitsschrittes weiterzuführen.

2. Grundlegung und Verlauf des Dialoges in Ez 14,1-11

Jetzt soll das Gotteswort im Rahmen des dialogischen Prozesses ausgelegt werden [65]. Dabei spielt hinein, was schon erkannt wurde: die Verankerung der Sprachhandlung in der Dialogsituation, der Kommunikationsstatus der Aktanten, der Wechsel der Redeebenen und das syntaktisch-temporale Verhältnis der Gesprächsteile.

2.1. *Der Auftritt der Ältesten vor dem Propheten (Ez 14,1)*

V.1s ist die narrative Einleitung des Gotteswortes. Wir bewegen uns im Bereich der Redesituation. V.1s ist eine Exposition und beschreibt die Ankunft der Ältesten in der Abfolge von Kommen (בוא) und Sitzen (ישׁב), wie sie ähnlich in Ez 20,1 und Ez 33,31 zu finden ist [66]. Was fügt das der Bestimmung der Redesituation hinzu?

2.1.1. Der Ausdruck בוא אל. Diese Wortverbindung beschreibt Hiskijas Hinwendung zu Jesaja (Feldzug des Sancherib: 2 Kön 19,5 [67]) sowie die Kontaktierung Bileams durch Boten des Moabiterkönigs Balak (Num 22) [68]. Daß

---

[64] Zu den Glossen in Ez: z.B. FOHRER (1951).

[65] Nach SIMIAN-YOFRE (1988) 84 übermittelt ein Prophetenwort nicht nur Informationen, sondern initiiert einen kommunikativen Prozeß: "De aquí se segue también que (...) lo que la Escritura quiera decirnos en determinados casos (su "mensaje teológico"), no coincida con el contenido proposicional de los textos pronunciados por los diferentes personajes en interacción, sino que se exprese por el proceso comunicativo mismo, es decir por la interacción progresiva entre los personajes."

[66] Ez 8,1 berichtet vom Sitzen (ישׁב לפני), nicht aber vom Kommen der Ältesten.

[67] Der Ausdruck fehlt in der Parallelversion (Jes 37,2).

[68] Auch: 1 Kön 14,3.5. Zu בוא in der Prophetenbefragung: PREUSS (1973) 541.

die Abfolge von בוא und ישב ein ritualisierter, gar obligatorischer Modus für das Ergehen eines Prophetenwortes ist, kann nicht gezeigt, aber an *2 Kön 19* leicht falsifiziert werden [69]. Dort tritt Hiskija mit Jesaja auf ganz unterschiedliche Weisen in Kontakt. Einmal sendet er Männer, unter denen sich die Ältesten der Priester befinden, zum Seher (2 Kön 19,2). Dann geht der Seher von sich aus zum König bzw. wird von ihm gerufen. Es kann auch sein, daß der König den Propheten aufsucht (2 Kön 6,33). Man beachte, daß Hiskija in 2 Kön 19 seine Delegation nicht mit einer Frage losschickt, sondern den Propheten um Gebet bittet. Trotzdem ergeht aus dem Mund Jesajas ein Jahwewort. Einer Prophetenbefragung darf somit nicht a priori ein Frage-Antwort-Schema zugrundegelegt werden. Ez 14,1 sagt nicht, daß die Ältesten mit einer Frage an den Propheten herantreten. Hintergrund und Absicht ihres Erscheinens sind also zunächst ungewiß [70].

Eine Situationsparallele zu Ez 14,1 ist *Num 22,5ss.* Balak, der König von Moab, schickt während der Israelitengefahr Älteste zu Bileam (Num 22,7), damit dieser komme und die Israeliten verfluche. Bei dieser Gelegenheit empfängt Bileam ein Gotteswort. In Num 22,7 wird für die Ankunft der Ältesten bei Bileam wie in Ez 14,1 בוא אל gebraucht. Das Treffen in Num 22 zeigt drei Parallelen zu Ez 14,1:

- Die zu Bileam gesandte Delegation besteht aus Ältesten [71].
- Die Ältesten kommen ohne eine bestimmte Frage.
- Die Distanz zwischen Moab und Petor, dem Wohnort des Bileam (Num 22,5), ist nur um ein Viertel kürzer als die Strecke zwischen Jerusalem und Babylon. Sie wird aber zweimal begangen [72].

2.1.2. Der Ausdruck ישב. Prophetisch verwendet wird das zweite Verb, ישב (V.1b), auch in der Elischa-Erzählung. In 2 Kön 4,38 bzw. 6,1 [73] sitzen die Jünger Elischas vor dem Meister (ישב לפני). In 2 Kön 6,32 lagern die Ältesten vor Elischa, wobei die Präposition את statt לפני benützt wird [74]. Der mit ישב verbundene Tatbestand ist zu allgemein, um ihn als spezifischen Teil der

---

[69] Gemeinsam erscheinen בוא und ישב nur in 1 Sam 31,7 und 1 Chr 10,7. Dabei ist בוא mit ב konstruiert und nicht in einem prophetischen, sondern (u.a.) in einem kriegerischen Kontext verwendet.

[70] Zu den Gründen der Prophetenbefragung: BLENKINSOPP (1990) 71.

[71] Zu diesen Ältesten: BETTENZOLI (1983) 50-52.

[72] NOTH (1966) 153 und ASHLEY (1993) 445 identifizieren Petor (Num 22,5) mit dem alten Pitru (Tel el-Aḥmar), das über 370 Meilen (ca. 600 km) von den Steppen Moabs entfernt ist und an einem Nebenfluß des Euphrat ca. 20 km südlich von Karkemisch liegt. FENSHAM (1982) 100 schätzt die Distanz zwischen Jerusalem und Babylon auf ungefähr 500 Meilen (ca. 800 km).

[73] Es geht um die Vergrößerung des Raumes, in dem die Prophetenjünger vor Elischa sitzen (ישבים Ptz).

[74] In 2 Chr 18,9 sitzen (ישבים Ptz) die Könige von Juda und Israel am Eingang des Tores, während die Propheten vor ihnen (לפניהם) weissagen.

Prophetenbefragung zu betrachten [75]. Zudem wird ישב לפני bei Elischa zwar auf die Prophetenjünger (2 Kön 6,1), nicht aber auf die Ältesten (2 Kön 6,32) angewendet. Aus dem Gebrauch der Allerweltswörter בוא und שב [76] ist also eine nähere Bestimmung des Treffens der Ältesten mit dem Propheten in Ez 14,1 nicht möglich.

Man beachte, daß בוא nur im narrativen Vorspann der zweiten und dritten Ältestenperikope steht. Damit ist das Ende des Treffens in Ez 8 bzw. Ez 14 impliziert, von dem ansonsten nicht berichtet wird. Das Verständnis von בוא als nachträgliche Schlußformel würde auch erklären, warum das Verb in Ez 8,1 fehlt, eben weil die Ältesten dort erstmals auftreten. Dieses Fehlen von בוא zeigt, daß das Verb kein fester Bestandteil eines Rituals der Prophetenbefragung ist. Somit dient בוא der textsemantischen Verknüpfung.

2.1.3. Steht eine Frage im Raum? Oft wird eine dem Gotteswort vorangegangene Ältestenfrage vermutet. Hier soll geprüft werden, ob die Jahwerede Rückschlüsse auf verbale Gesprächsvorgaben der Ältesten erlaubt.

(i) Im Sinne von 2 Kön 19,2 [77] ist vorauszuschicken, daß eine Sachfrage oder Bitte keine Conditio sine qua non der Prophetenkonsultation ist [78]. So beschreibt z.B. 2 Kön 3,11 die Hinwendung zu Jahwe in einer ausweglosen Situation. In Ez 8,1 ist eine Sachfrage weder auszumachen, noch im weiteren von Bedeutung. Ez 33,30s zeigt Menschen, die ohne ein besonderes Anliegen zum Propheten gehen.

Um eine verbale Gesprächsvorgabe dialoganalytisch nachzuweisen, ist bei der Ältestenanrede anzusetzen [79]. Sie wäre bei Annahme einer Ältestenfrage die Antwort. Doch der einleitende Umkehrruf eignet sich nicht dazu. Wie würde eine ihm entsprechende Frage lauten? Vielleicht: "Sollen wir vom Götzendienst umkehren?"? Eine solche Frage wäre selbstevident und würde den Götzendienst der Ältesten vor dem Propheten vorwegnehmen, so daß es überflüssig würde, den Seher darüber in der Propheteninstruktion aufzuklären.

Man könnte einwenden, daß sich eine direktive Anweisung als Antwort auf fast jede beliebige Gesprächsvorgabe eignet. Das stimmt. Der Umkehrruf wäre dann aber - vor allem bei einer Frage - keine Weiterführung, sondern

---

[75] Gegen MOSIS (1975) 190s und POLA (1995) 158 Anm. 54. Das beweisen der nichtprophetische Gebrauch von ישב לפני z,B. für das Sitzen vor Jahwe (Gen 43,33; Ri 20,26; 21,2; 2 Sam 17,18; Jes 23,18; Ps 61,8; 1 Chr 17,16) und vor dem Hohenpriester (Sach 3,8).

[76] Sie gehören zu den 20 häufigsten Wurzeln im AT (BARTELMUS [1982] 82).

[77] Hiskija sendet zu Jesaja, legt ihm seine Not vor und bittet ihn um sein Gebet, worauf der Prophet mit einem Gotteswort reagiert.

[78] WESTERMANN (1960) 17ss definiert die Gottesbefragung: "Das Befragen Jahwes ist ein Sich-Wenden an Jahwe, das die Wendung der Not durch Jahwe sucht (18)."

[79] PETIT (1896) 516 bezieht sich zu diesem Problem auf die Art, wie Gott zum Propheten redet ("manière dont Dieu lui parle").

würde die Vorgabe einfach beiseite schieben, so daß letztere nicht Ursache, sondern nur Anlaß des Gotteswortes wäre und zwischen beiden nur ein allgemeiner inhaltlicher Zusammenhang bestünde.

(ii) Das Problem kann an der Propheteninstruktion und an der Ältestenanrede präzisiert werden. Finden sich dort Hinweise auf eine verbale Vorgabe? Die Propheteninstruktion zeigt zwei Anhaltspunkte: V.3d (האדרש אדרש להם) und das Rechtswort. אדרש להם ist eine Passivformulierung, bei welcher der Auctor actionis in להם, wie oft im Hebr., mit ל angeschlossen ist [80]. Die aktivische Umformung der Aussage zeigt, daß sie das דרש-Tun der Ältesten impliziert. Die Formulierung sagt aber nicht, ob das דרש-Tun schon vollzogen ist oder als zukünftige Möglichkeit betrachtet wird.

Wenden wir uns darum den Rechtsworten zu. Das erste Rechtswort nennt das Hinzutreten von Götzendienern vor einem Jahwepropheten, wobei mit dem Hinweis ובא אל־הנביא auf die Ankunft der Ältesten angespielt wird. Eine verbale Vorgabe ist nicht erwähnt. Expliziter ist das zweite Rechtswort: לדרש־לו בי[81]. Als Gesprächsvorgabe ist aber nur die *Absicht* des דרש (לדרש!) genannt. Worin besteht sie? Nach WESTERMANN (1960) 14 meint דרש weder "fragen" noch "suchen" im eigentlichen Sinn [82]. Das Vorliegen einer Ältestenfrage geht darum aus dem bloßen דרש-Tun der Ältesten nicht hervor. Was es bedeutet, wird später abzuklären sein.

Ergebnis: Es gibt neben den semantisch noch zu klärenden דרש- bzw. ענה-Formen keinen Hinweis auf das Vorhandensein einer Frage am Dialogbeginn und schon gar nicht auf die inhaltliche Beeinflussung der Kommunikation durch eine solche. Ein Frage-Antwort-Schema kann somit der Auslegung von Ez 14,1-11 nicht zugrundegelegt werden [83].

---

[80] JOÜON (1923) §132f.

[81] ל nach דרש erklärt ROOKER (1990) 97 als Einführung eines direkten Objektes. In Anm. 113 gibt er drei alternative Auslegungen: 1.) לו für direktes Objekt ("ihn [=den Propheten] befragen") vgl. POLZIN (1976) 64s: "mark of the accusative"; 2.) לו für indirektes Objekt ("für sich nach mir suchen") vgl. KÖNIG (1897) 272; 3.) בי für direktes Objekt vgl. ALONSO SCHÖKEL (1994) 186 bzw. Nueva Biblia (1975): "[consultarme] mediante el profeta". ZIMMERLI (1979) 301 legt לו nach Ez 20,3.31 und 36,37 aus. Weil dort Ni-Konstruktionen stehen, ist das schwierig. Das Problem von לדרש־לו בי ist, daß לו und בי, ein direktes oder ein indirektes Objekt meinen können. Das ergibt vier logisch mögliche und bezeugte Übersetzungen, ohne daß es stichhaltige Kriterien gibt, um eine Möglichkeit vorzuziehen. Darauf ist später zurückzukommen.

[82] Für das erkundigende bzw. verlangende Fragen (vor allem: Losorakel) wird nach WESTERMANN שאל gebraucht.

[83] BREUER (1921) 89: "Möglich auch, daß sie (sc. die Ältesten) zunächst nur als stille Zuhörer sich vor dem Propheten niederließen, um erst allmählich mit dem eigentlichen Zweck ihres Kommens herauszurücken. Das Gotteswort ließ es aber gar nicht so weit kommen."

2.2. *Die Propheteninstruktion I (Ez 14,3-6a)*

Die für die Ältesten bestimmten Redeteile sind zuerst dem Propheten gesagt und können aus seiner Optik interpretiert werden. Zusätzlich umfaßt die Propheteninstruktion Textteile, die nur den Seher betreffen. Sie liefern ihm Hintergrundinformationen und widerspiegeln seinen Dialogstatus.

2.2.1. Der Gesprächshintergrund. Die Tempusanalyse hat den zeitlichen Hintergrund offengelegt, auf den sich die Propheteninstruktion I bezieht. Die Syntagmen sind hier noch einmal aufgeführt:

הָאֲנָשִׁים הָאֵלֶּה הֶעֱלוּ גִלּוּלֵיהֶם עַל־לִבָּם	3b
וּמִכְשׁוֹל עֲוֹנָם נָתְנוּ נֹכַח פְּנֵיהֶם	3c
אֲנִי יְהוָה נַעֲנֵיתִי לוֹ בָה בְּרֹב גִּלּוּלָיו	4h
לְמַעַן תְּפֹשׂ אֶת־בֵּית־יִשְׂרָאֵל בְּלִבָּם	5a
אֲשֶׁר נָזֹרוּ מֵעָלַי בְּגִלּוּלֵיהֶם כֻּלָּם	5b

Diese Informationen werden in der Ältestenanrede nicht wiederholt. Schon deshalb kann man die beiden Rechtsworte nicht als Parallelen bezeichnen. Wenden wir uns diesem Rückblick für den Propheten zu.

2.2.1.1. Die Erwähnung von Göttern in Ez 14,3bc. V.3bc bezichtigt die Ältesten des Götzendienstes. In welchem Verhältnis steht diese Anklage zur Dialogsituation? Geht es um ein Faktum der unmittelbaren Vorvergangenheit, das in die Dialogsituation hineinreicht, oder handelt es sich um einen vergangenen Sachverhalt, den erst das Gotteswort mit dem Sprachgeschehen von Ez 14 verknüpft?

(i) V.3b erwähnt die גלולים[84] der Ältesten "auf" dem Herzen. Der Vers hat zwei Auslegungen erfahren. Die Autorenmehrheit glaubt, daß die גלולים götzendienerische *Gedanken* sind, die im Herzen (= לב) aufsteigen [85]. Es geht folglich um die götzendienerische Geisteshaltung des Volkes. Eine Autorenminderheit vertritt die Auffassung, daß V.3b auf Formen des Götterkults anspielt, womit die גלולים *gegenständliche* Götzenamulette sind, die um den Hals gehängt oder auf der Brust (hebr. ebenfalls לב) getragen werden [86].

(1) Die Klärung der Frage ist für das Verständnis des Redehintergrunds bedeutsam. Als Ausgangspunkt wählen wir העלו על. Was meint die Wendung?

---

[84] Zu גלולים: PREUSS (1977), HOFFMANN (1980) 359s, SCHROER (1987) 418s und HERRMANN (1994) 83-94, der mittels archäologischer Argumente zeigt, daß גלולים nicht große Götzenbilder (Stelen, Statuen), sondern kleinere Objekte (z.B. Amulette) meint. STALKER (1968) 129 zieht u.a. auch Amulette in Betracht.

[85] BEWER (1949) 364 ("not practising it outwardly") oder JOYCE (1989) 109: "«moral» sense".

[86] CRAMPON (1901) 505 sieht, obwohl er die Ältesten als Exulantenvertreter betrachtet, sogar einen Zusammenhang mit Ez 8,10. BODI (1993) 501 reiht Ez 14,3.4.7 unter die Texte, "où les «idoles» représentent peut-être des amulettes."

Ihr Verständnis wird durch die in Ez häufige Vertauschung von אל/על bzw. die Bevorzugung von על sehr erschwert [87]. עלה hi. ist meist mit על konstruiert [88], אל ist selten. Ez 14 verwendet beide Formen im selben Kontext. Obzwar ein Bedeutungsunterschied zwischen der Konstruktion mit על (V.3b) bzw. mit אל (V.4e.7d) unmittelbar nicht ersichtlich ist, ist der Präpositionenwechsel auf so engem Raum auffällig. Die alten Übersetzungen übergehen ihn und geben אל/על unterschiedslos wieder. Die Vulgata übersetzt mit *in* (+ Abl), die LXX mit ἐπί (+ Akk) und der Targum mit על.

Der Unterschied zwischen dem AT-Gebrauch von עלה hi. mit על bzw. mit אל läßt sich auf folgenden Nenner bringen:

• עלה hi. + על: meist übertragener bzw. spezialisierter Gebrauch [89].

• עלה hi. + אל: mehr praktisch-lokaler Gebrauch [90].

עלה hi. + על wird also eher für ungegenständliche Wirklichkeiten (z.B. Gedanken), עלה hi. + אל dagegen eher für Objekte (z.B. Amulette) verwendet. Nur die beiden אל-Verwendungen in Ez 14,4e.7d weichen von dieser Bedeutung ab und scheinen nach עלה hi. + על zu tendieren. Die Konstruktionen mit עלה hi. + אל/על sind in Ez 14 semantisch nicht so eindeutig gebraucht, daß an Hand der Präpositionenverwendung über eine abstrakte bzw. gegenständliche Auslegung von גלולים entscheiden werden kann. Deshalb sind weitere Elemente in V.3b zu untersuchen.

(2) Dazu bietet sich das mit על angeschlossene Nomen לב an, das meist mit 'Herz' übersetzt wird. Von den vielen Bedeutungsvarianten des deutschen Wortes 'Herz' bezeichnet לב nur das Herz als Zentralorgan des Blutkreislaufes fast nie. Ansonsten hat das Wort eine weite Bedeutungsbreite [91]. לב kann die Brust meinen, wofür es im Hebr. kein eigenes Wort gibt [92], oder die Schichten der menschlichen Person (Wille, Verstand, Gefühl) [93].

---

[87] Ez 14,3b (העלו על) und Ez 14,4e.7d (ויעל/יעלה אל). Das späte Bibelhebräisch benützt על statt אל (ROOKER [1990] 127-131), so daß oft schwer zu sagen ist, ob על als על oder als אל zu verstehen ist.

[88] Ex 40,29; Dtn 27,6; Jos 7,6; 8,31; 22,23; Ri 13,19; 2 Sam 1,24; 1 Kön 10,16s; 20,3; 2 Kön 3,27; Ez 14,3; 16,40; 23,46; 26,3.19; 27,30; 37,6; 43,18; Am 8,10; Klgl 2,10; Esr 3,25; 2 Chr 1,6s; 3,5; 3,14; 9,15s; 29,21; Jes 65,17; Jer 3,16; 7,31; 44,21.

[89] Für Opferung auf dem Altar (12×; z.B. Ez 43,1), für die im Herzen aufsteigenden Gedanken (Jes 65,17; Jer 3,16;7,31;44,21), für das Aufwenden einer Geldsumme (3×), für das Bestreuen des Hauptes mit Staub (3× z.B. Ez 27,3), für die Einberufung einer Versammlung (Ez 16,40;23,4), für das Anbringen eines Gegenstandes an einen anderen bzw. an den Körper (5× z.B. Ez 37,6). 1 Kön 20,33 meint das Besteigen eines Wagens.

[90] Besonders in der Bedeutung 'einen Menschen von einem Punkt zu einem anderen führen' (5×): 1 Kön 17,19; 2 Kön 10,15; 25,6; Jer 27,22; 39,5.

[91] FABRY (1984) 424.

[92] חָזֶה wird nur für die Brust von Tieren verwendet (JOÜON [1924] 49).

[93] LAUHA (1983) 49.

Ez widerspiegelt den Bedeutungsreichtum des Wortes. Folglich liefert auch die semantische Analyse von לב keine Antwort auf unsere Ausgangsfrage. Andere Anhaltspunkte sind notwendig.

(3) Vermittelt vielleicht paralleles V.3c ein präziseres Bild vom Dialoghintergrund? Einen Ansatzpunkt bietet die Präposition נכח. Sie bedeutet 'gegen', 'gegenüber' und wird in allen 22 in Frage kommenden Parallelstellen in einer lokalen, konkret-gegenständlichen Bedeutung und nie in einem geistig/geistlichen Sinn gebraucht [94]. Wenden wir diesen kleinen Hinweis auf V.3b an, so hieße das, daß der Vers nicht nur die Götzenmentalität (etc.), sondern Götzenbilder meint. Auf sie deutet der Bericht in Ez 8,5.11, wonach die Ältesten sich in der Vision vor/לפני Wandbildern (vgl. Ez 7,20) hinstellen. V.3c könnte auf solche Praktiken anspielen.

Zwischenergebnis: Die Wandbilder in der Tempelvision und der Gebrauch von נכח legen ein gegenständliches Verständnis der Götzenanklage gegen die Ältesten in V.3bc nahe. Folgt daraus, daß die in sich zweideutige Redeweise העלו גלוליהם על־לבם auch von gegenständlichen Götzenbildern redet? [95]

(ii) Um darauf eine Antwort zu finden, ist zu prüfen, ob es in Ez eine gegenständliche Auslegung dieser Götzenerwähnungen gibt. Zuvor ist zu fragen, ob Ez eine Form des Götzendienstes erwähnt, die eine gegenständliche Auffassung von V.3b zuläßt.

Dazu ist auf die These von MESNIL DU BUISSON (1939) 421 und ihre Ablehnung durch ZIMMERLI (1979) 300 einzugehen [96]. MESNIL übersetzt על לבם in Ez 14,3.7 mit "auf ihrer Brust" und bezieht על לבם auf eine um den Hals getragene Amulettafel [97]. ZIMMERLI weist diese Auslegung zurück und führt Ez 11,5;20,32 an, wo in einer ähnlichen Konstruktion mit עלה hi. + על/אל das Wort לב durch רוח ersetzt ist. Ohne nach dem Sinn des Wortwechsels zu fragen, glaubt er, in רוח die eigentliche Bedeutung von לב zu finden und

---

[94] Wo Jahwe das Gegenüber ist (Jer 17,16; Klgl 2,19), wird ebenfalls ein realer Raum vorausgesetzt. Die Wendung נכח פנים findet sich ferner in Num 19,4 (Gegenüber: (Offenbarungszelt): TÅNGBERG (1987) 105. Dagegen BROCKELMANN (1956) §116d zu Ez 14,7: etwas mit "Wohlgefallen betrachten".

[95] Zu Recht bezweifelt KEEL (1985) 44s eine rein geistige Bedeutung der AT-Aussagen vom "Wegwerfen" der Götter (o.ä. z.B. Ez 20,7s), womit ein bloß innerlicher Bezug zu fernen Götterbildern gemeint wäre. HERRMANN (1994) 87 betont, daß der Imperativ השליכו ("werft weg!", Ez 20,6) unter Annahme großer ägypt. Götterbilder, wie sie in Palästina nicht gefunden wurden, nicht wörtlich verstanden werden kann. Er wendet darum Ez 20,7 auf das Wegwerfen persönlicher Götzenamuletten an. Auch den Pl. גלולים deutet er als Hinweis auf Amulette, die man meist in der Mehrzahl an Halsketten trug. Eine gegenständliche Auslegung schon bei: LOWTH (1844) 541.

[96] Auch: ZIMMERLI (1979) 149. Dagegen: HERRMANN (1994) 85.

[97] HERRMANN (1994) 2 definiert ein Amulett als kleines Objekt, das den Träger durch seine magische Kraft schützen, Böses von ihm ablenken, ihn mit Gesundheit und anderen Gütern ausstatten sowie seiner magischen Kraft teilhaftig werden lassen soll. Diese Definition ist gut, vergißt aber den devotionalen Aspekt der Amulette.

übersetzt לב in V.3b wie רוח[98]. Doch die angeführten Parallelstellen beweisen nicht viel. Zum einen werden עלה hi. + אל bzw. + על in Ez ganz verschieden verwendet, so daß die Vorkommen nicht auf eine einzige Bedeutung zurückgeführt werden können. Zum anderen sind die Formen in Ez 11,5 und 20,32 nicht nur unterschiedlich konstruiert, sondern durch den Gebrauch von רוח statt לב gar keine Parallelen[99]. Im von ZIMMERLI (1979) 300 angeführten Ez 38,10 (יעלו דברים על־לבבך) steigen דברים (statt גלולים) im Herzen auf. Sie werden als "böser Plan" identifiziert. Die vieldeutige יעלו-Aussage wird also erst im Kontext präzisiert. Außerhalb von Ez findet sich עלה hi. + לב in der Bedeutung "denken" (etc.). Doch das widerlegt MESNILS Deutung von V.3b nicht. Es gibt nämlich einen von ZIMMERLI übersehenen Unterschied zwischen V.3b und diesen Stellen[100]. Er besteht darin, daß עלה hi. + על nur in V.3b transitiv verwendet ist.

MESNIL DU BUISSONS Beweisstück, eine Amulettafel (8,2 × 6,7 × 2,2 cm) aus dem Gebiet des mittleren Euphrat mit Umhängevorrichtung und Schnurresten, ist insofern überholt, als MCGOVERN (1985) über 847 amuletthafte, dekorative Umhänger aus der palästinischen Spätbronzezeit[101] und HERRMANN (1994) insgesamt 1433 palästinische Amulette aus der Spätbronzezeit bis zur römischen Zeit (1300 v.Chr. - 324 n.Chr) publiziert haben. Der Existenzbeweis für Amulette im palästinischen Raum des ersten Jahrtausends v.Chr. ist somit geführt[102].

Gibt es Hinweise, daß Amulette im AT erwähnt sind[103]? Diese Frage ist nicht leicht zu beantworten, weil das Hebr. kein eindeutiges Wort für die Bezeichnung von Amuletten kennt und sich die ez Götternamen sehr häufig im unpräzisen Wortfeld der spottenden Götzenpolemik bewegen[104]. Darum ist den Amuletten in Ez nicht durch vereinzelte Begriffsuntersuchungen auf die Spur zu kommen. Der Text ist eher auf Stellen zu untersuchen, die sachlich von Amuletten reden. Wir benützen dazu die Definition von HERRMANN, der Amulette als getragene Objekte beschreibt, und nehmen an, daß die Amulette um den Hals gehängt wurden und auf der Brust aufruhten.

---

[98] D.h. als innere, geistige Fakultät des Menschen. Zum Verhältnis von לב und רוח in Ez: HOSSFELD (1995a) 283.

[99] ZIMMERLI läßt die Frage offen, warum V.3b לב verwendet, obwohl das Wort seiner Meinung nach das gleiche wie רוח in Ez 11,5;20,32 bedeutet.

[100] Jes 63,17; Jer 3,16; 7,31; 44,21.

[101] Die palästinische Spätbronzezeit beginnt mit der Vertreibung der Hyxos (zw. 1580 und 1545 v.Chr.) und endet mit dem Eindringen der Seevölker (1200) vgl. MCGOVERN (1985) 3. Zur Periodisierung in Palästina: KEEL/UELINGER (1992) 17.

[102] Zu den Amuletten im neobabylonischen Bereich: BODI (1993) 502-504.

[103] In HERRMANN (1994) 83 ist ein Rechenschaftsbericht über die AT-Rezeption der Amulette angekündigt. KEEL (1985) 44s beläßt es bei einigen generellen Hinweisen zu Jes 3,18-21 und Ez 20,2-26.30s.

[104] SCHROER (1987) 414.

In Ez gibt es eine Aussage, die auf tönerne [105], umgehängte Amulette hinweist: לב האבן[106]. Sie kommt in der ersten untersuchten Stelle zwar nicht vor, ist für sie aber dennoch von Bedeutung.

(1) *Ez 6,9* sagt, daß Jahwe das buhlerische Herz der Israeliten zerbricht (נִשְׁבַּרְתִּי אֶת־לִבָּם הַזּוֹנֶה). Wir meinen, daß damit die Vernichtung von auf der Brust (= לב) getragenen Götzenamuletten ausgesagt ist. In Ez 6,9 gibt es dazu vier Hinweise: 1.) זונה nennt den Götzendienst als Grund des Eingreifens Jahwes. 2.) Ez 6,6 redet vom Zerbrechen der Götzen: וְנִשְׁבְּרוּ וְנִשְׁבְּתוּ גִּלּוּלֵיכֶם. 3.) Die Augen werden zerbrochen [107]. 4.) Das Wort spricht die Bewohner des Landes an.

Daraus folgt: Das AT redet mitunter vom לב נשבר ("gebrochenes Herz"), doch nur Ez 6,9 spricht transitiv vom "Zerbrechen des Herzens" durch Jahwe [108]. Einem rein übertragenen Verständnis dieser Aussage stellt sich Ez 6,6 entgegen, das vom Zerbrechen der Götzen handelt und לב und גלולים parallelisiert. Generell kann לבם הזונה die Brust oder die auf ihr getragenen Amulette bzw. den Götzensinn und נשברתי das Zerbrechen der Götzentafeln oder die Reinigung der Herzen meinen. Aber die Rede vom Zerbrechen der Augen betont die sichtbare Komponente der Aussage und verbindet zugleich mit Ez 14,3bc. Ferner schaffen die גלולים eine Brücke zum Vorkommen des Wortes in Ez 14,3b. Mit Ez 14 ist die Stelle auch durch ihre Lokalisierung in Restjuda verbunden.

Wir halten fest: Das Ergebnis der Analyse von Ez 6,9 ist zwar vorläufig, rechtfertigt aber die Weiterverfolgung der aufgenommenen Spur.

(2) Ein nächster Anhaltspunkt ist *Ez 11,19*: וְנָתַתִּי לָהֶם לֵב אֶחָר. Diese Textform wird im kritischen Apparat der BHS mit Hinweis auf die alten Übersetzungen

---

[105] Die meisten Amulette wurden aus ägyptischer Fayence (mit Glasur überzogene Tonware) hergestellt. Selten finden sich Objekte aus Metallen, Knochen, Nilpferdzahn oder Stein (HERRMANN [1994] 26).

[106] Ez 11,19; Ez 36,26 und FABRY (1984) 439. Daß Amulette meist aus Ton und nicht aus Stein sind, tut nichts zur Sache. אבן hat im Hebr., wie auch Ez zeigt, den größeren Bedeutungsumfang als das deutsche Wort "Stein" (KAPELRUD [1973] 52).

[107] FUHS (1984) 41 weist auf Num 15,39 hin, das vom Herzen und von den Augen redet. Gleiches gilt für Ez 14,3bc: V.3b erwähnt לבם, während נתנו נכח פניהם in V.3c auf das Sehen und die Augen anspielt. Ez 20,7 erwähnt die שקוצי עיניו und die גלולי מצרים (die Amulette Palästinas stammen meist aus Ägypten: KEEL [1985] 42; PONS [1986] 220 weist auf das Wortpaar גלולים/שקוצים in Dtn 29,16 zur Bezeichnung des Götzendienstes in Ägypten und beim Exodus). Zu שקוץ: HOFFMANN (1980) 359. Man beachte, daß das Verb נשברתי mit seinen zwei Objekten nur auf das erste paßt (= Zeugma: KÖNIG [1900] 122; BÜHLMANN/SCHERER [1973] 53).

[108] KEIL (1882) 82 schlägt medialen Ni. vor: "sibi frangere" (Jes 27,11), auch KÖNIG (1897) 269. Zur Wendung "zerbrochenes Herz": Jes 61,1; Jer 23,9; Ps 34,19; 51,19; 69,21; 147,3. Von einem "zerbrochenen Geist" spricht Jes 65,14 und Ps 51,19. Intransitiv zerbricht das Herz in Jer 23,9: נִשְׁבַּר לִבִּי בְּקִרְבִּי. Spr 18,12 erwähnt das שבר (Subst.) des Herzens. In Ez 32,9 bezeichnet כעס hi. Jahwes Einwirken auf die Herzen der Völker. Allgemein zu שבר ni.: KNIPPING (1993) 1034.

angezweifelt [109]. Dahinter verbergen sich inhaltliche Vorentscheide: Wenn לב mit "Sinn" (lat. mens o.ä.) übersetzt wird, ist אחר tatsächlich schwer zu verstehen, und eine Textänderung legt sich nahe. Ez 11,19 sagt sodann, daß den zurückkehrenden Israeliten der לב האבן (V.19) genommen wird. Heißt das, daß die Exulanten bis zu ihrer Rückkehr in die Heimat noch Götzendiener sind? In Ez 11,15-21 sprechen zwei Gründe dagegen: 1.) Ez 11,16: וָאֱהִי לָהֶם לְמִקְדָּשׁ מְעַט redet nicht vom Götzendienst, sondern von der Jahweverbundenheit der Golah, womit der Götzendienst im Exil nicht anzudauern scheint. 2.) Ez 11,21 kündigt den Götzendienern keine Rückkehr ins Land, sondern die Vergeltung an.

Was bedeutet es also, daß die Exulanten ein einziges Herz (לב אחד) und einen neuen Geist empfangen, das Herz von Stein verlieren und ein Herz von Fleisch bekommen, wenn sie schon vom Götzendienst frei sind?

Die Verheißung eines לב אחד setzt voraus, daß die Rückkehrer mehr als *ein* Herz besitzen. Von mehreren Herzen redet z.B. Ez 11 (לב האבן bzw. לב בשר). Aber die durch לב אחד vorausgesetzte Mehrzahl der Herzen ist nicht auf dieses Begriffspaar zu beziehen, weil diese beiden Herzen *aufeinander* folgen und darum nicht gleichzeitig vorhanden sind. Bei der Klärung des Problems ist von Ez 11,16 auszugehen. Der Vers nennt Jahwe als Ursache für die Verbannung und Zerstreuung der Exulanten. Die mangelnde Gesetzestreue und der Götzendienst sind Auslöser dafür [110]. לב אחד hängt mit letzterem zusammen. Um das zu zeigen, ist auf Ez 6,9 zurückzublenden.

Dem dort erwähnten Zerbrechen des Herzens gehen verschiedene Ereignisse voraus. Ez 6,8 spricht von Götzendienern, die dem Gemetzel entgehen und unter die Völker zerstreut werden. Sie kommen während des Exils zur Besinnung. Darum zerbricht Jahwe ihr vom Götzendienst beflecktes Herz. Das Zerbrechen des Herzens ist mit der Umkehr zu Jahwe verbunden.

Im Exil lebt die in Ez 11,14-21 angeredete Golah. Zwar sind die Gründe dafür nicht genannt. Aber da sich Jahwe als Ursache bezeichnet (הרחקתים, הפיצותים), liegt die Annahme einer göttlichen Bestrafung nahe. Anders als in Ez 6,9 zerbricht Jahwe die Herzen der exilierten Götzendiener nicht, sondern verkündigt die Absicht, ihnen nach der Heimkehr ein לב אחד zu geben. Von Ez 6,9 nach Ez 11,19 liegt also ein Zweischritt vor: Zuerst wird das Herz zerbrochen (Ez 6,9) und dann ein לב אחד verliehen. Wie ist das zu verstehen?

Im Exil entzweit Jahwe das götzendienerische Herz aus Stein, das die Stelle des Herzens aus Fleisch eingenommen hat. Damit wird der Götzendienst in der Verbannung beendet. Doch fern vom Tempel ist eine volle Rückkehr zu Jahwe nicht möglich (Ez 11,16: מקדש מעט!). Das ist der tiefere Sinn der Entzweiung des Herzens. Sie bezeichnet die Situation der Verbannten: Sie sind zwar keine Götzendiener mehr und haben aber keine volle Gemeinschaft mit Jahwe. In

---

109 BHS schlägt אחר bzw. חדש vor. Zur Textkritik: HOSSFELD (1995a) 283.

110 Ez 11,21 nimmt das Begriffspaar in V.18 תועבות/שקוצים auf. Mit תועבות wird in Ez 8,16 das Tun der 25 Sonnenanbeter qualifiziert.

dieser Phase wird ihre Reinigung eingeleitet. Aber erst nach der Rückkehr ins Land gibt Jahwe ihnen ein לב אחר, ein Herz aus Fleisch [111].

Zwischenergebnis: לב אחר (Ez 11,19) schließt sich gut an Ez 6,9 und setzt die Vorstellung des zerbrochenen לב voraus. Daß לב אחר keine bloße geistige Wirklichkeit meint, beweist die Hinzufügung von רוח חדשה, das diesen Bereich speziell bezeichnet [112].

(3) Ein dritter Hinweis auf Amulette findet sich in *Ez 21,20* [113]. Die Stelle lautet: לְמַעַן לָמוּג לֵב וְהַרְבֵּה הַמִּכְשֹׁלִים[114]. Was wird gesagt? Schwierig ist die Übersetzung des Verbums מוג[115]. Es ist in allen Qal-Vorkommen im AT (3×) problematisch [116]. Die modernen Übersetzungen erschließen seine Bedeutung meist ad hoc und verstehen es in einem übertragenen Sinn [117]. Die Vulgata ("facit corde tabescere" = im Herzen schwinden/schmelzen/vergehen) bewegt sich auf dieser Linie. Dagegen übersetzen der Targum (תבר = zerbrechen) und die LXX (θραυσθῇ von θραύω = zerbrechen [118]) mit Verben, die שבר in Ez 6,9 sehr

---

[111] Gegen die Erklärung, wonach sich der Götzendiener zu seinem Herzen aus Fleisch ein Herz aus Stein (Amulett) erwirbt, das Jahwe nach der Heimkehr beseitigt, so daß das Herz aus Fleisch wieder לב אחר ist, spricht, daß das Herz aus Fleisch im Lande neu gegeben wird (Ez 11,19). Außerdem zeigt Ez 11,16-19 zwei Stufen der Loslösung vom Götzendienst: Der *Beendung* des Götzendienstes im Exil entspricht ein *Neubeginn* der Jahwefrömmigkeit bei der Heimkehr. Ez 6,8-10 und Ez 11,18-21 sind also komplementär.

[112] GIL MODREGO (o.J.) 63s.

[113] Die Dialogsituation in Ez 21 ist durch die Aneinanderreihung von vier Gottesworten gekennzeichnet. Die Erklärung ihres gegenseitigen Verhältnisses bedürfte einer ausführlichen Untersuchung. Ez 21,20 ist Teil des dritten דבר יהוה (Ez 21,13-22), des sogenannten Schwertliedes.

[114] Targum Jonatan: בדיל למתבר לבהון ולאסגאה (LEVEY [1987]: "in order to crush their heart, and to increase their stumbling"); LXX (Ez 20,15): ὅπως θραυσθῇ ἡ καρδία καὶ πληθυνθῶσιν οἱ ἀσθενοῦντες ἐπὶ πᾶσαν πύλην; Vulgata (Ez 21,15): "(hic est gladius occisionis magnae qui obstupescere eos facit) et corde tabescere et multiplicat ruinas"; ZIMMERLI: "Damit das Herz verzage und der Stürzenden viel werden"; Einheitsübersetzung: "Das Herz soll verzagen, und viele sollen straucheln"; KEIL: "Damit das Herz zerfließe und der Anstöße viele werden"; COOKE: "In order that heart may melt, and many be the stumblings at all their gates"; EICHRODT: "Daß jedes Herz verzage und zahlreich werden die Gefällten"; ALLEN: "so that hearts may melt and the fallen be many"; TOB: "Afin de faire trembler les cœurs, de multiplier les chutes."

[115] Mit ל steht למען nur hier (aber: Lev 20,3; Ps 8,3; 2 Chr 6,33). Das hat zu Korrekturen (z.B. Änderung von מוג in המוג ni.) geführt. Mit KÖNIG (1897) §319c (dort weitere Beispiele) verstehen wir die Form als Pleonasmus, der bei bibelhebräischen Präpositionen nicht unüblich ist.

[116] Am 9,5; Ps 46,7. In Ez 21,20 ist מוג dagegen transitiv verwendet. Transitiv übersetzt GIL MODREGO (o.J.) 33.659.

[117] HARTOM (1967) 68: "למען ימוג לבם ויפחדו" (neuhebr: "damit ihr Herz schmilzt und sie sich fürchten") erklärt psychologisierend.

[118] Das Verb (23× in LXX mit 3 Makk) wird in Dtn 20,3 und 1 Sam 20,34 und vielleicht in Dtn 28,33 und Jes 2,10.19.21 in einem übertragenen, spirituellen bzw.

nahekommen [119]. Das zeigt, daß מוג als Zerstören eines materiellen Gegenstandes verstanden wird.

Gibt es im Umfeld von Ez 21,20 Hinweise, die das bestätigen? Ein Anhaltspunkt ist folgendes והרבה המכשלים. Von der Antike bis in die Moderne wurde diese Wendung fast immer als zweiter, von למען abhängiger Nominalsatz begriffen [120]. Aber ein nominalsatzeinleitendes למען wird in der Literatur nie erwähnt und findet sich im AT nur in der schwierigen Stelle Neh 6,13 [121]. Es besteht aber die u.E. nie wahrgenommene Möglichkeit, והרבה המכשלים statt von למען von למוג abhängen zu lassen und als zweites Akkusativobjekt neben לב zu begreifen, wobei הרבה als indeklinables Substantiv (nominalisierter Inf. abs. hi. [122]) in der Bedeutung "Menge" zu verstehen ist [123] und der Ausdruck eine Genitivkette mit Nomen regens (הרבה) und determiniertem Nomen rectum (המכשלים) bildet. Die Übersetzung lautet: "um das Herz (לב) und die Menge der מכשלים zu zerbrechen (מוג)." Zwar gibt es im AT kein weiteres Beispiel für eine Genitivverbindung mit הרבה, aber es finden sich analoge Konstruktionen mit dem parallelen Begriff רב[124] bzw. mit dem Kontrastwort מעט[125].

Dieser Befund stellt sich der Übersetzung von המכשלים mit "Stürzende" (o.ä. [126]) entgegen. Sie wird meist nicht semantisch, sondern kontextuell gerechtfertigt und ist schon deshalb fragwürdig, weil מכשול (15× im AT) dieser Bedeutung nur in Jer 18,23 (והיו המכשלים) - allerdings anders vokalisiert -

---

psychologischen Sinn verwendet. In Ez 21,12 steht es für מסס in וְנָמֵס כָּל־לֵב.

[119] Der Targum benützt sogar die gleiche Wurzel תבר/שבר.

[120] MOSCHKOWITZ (1985) קמז/147 umschreibt: "כדי להמס לב האנשים ולהרבות המכשולים" (neuhebr.: "damit das Herz der Männer schmilzt und die Hindernisse/Fallenden vermehrt werden").

[121] Neh 6,13 lautet: (...) לְמַעַן שָׂכוּר הוּא לְמַעַן. Der Passus ist dunkel (RUDOLPH [1949] 136: "Das erste למען ist unverständlich") und wird oft gestrichen (vgl. BHS mit Hinweis auf LXX). KÖNIG (1900) 138: "um deswillen war er gemietet, damit er (...)." WILLIAMSON (1985) 250 verwirft eine ähnliche Übersetzung: 'This, however, is an unparalleled use of למען, which otherwise always qualifies what precedes, and it can scarcely be accepted." KÖNIG (1897) 342 zählt Neh 6,13 zu den Stellen, wo nach der Präposition ein logisches Objekt fehlt. Somit bleibt auch bei einer grammatikalischen Lösung des Problems die Verbindung von למען mit dem Nominalsatz schwierig. Die Stelle kann darum die Syntax von Ez 21,20 nicht erhellen. Zur Wortstellung im Nominalsatz: JOÜON/MURAOKA (1993) §154f. Zu למען: BRONGERS (1973) und FASSBERG (1994).

[122] GESENIUS/KAUTZSCH §75ff.113k.

[123] KÖNIG (1897) 115 sieht הרבה als Inf. abs., der den Inf. const. למוג fortsetzt. Daß das nicht stimmt, ergibt sich aus dem in Anm. 121 Gesagten. Zu הרבה als Objekt: Hag 1,6; Koh 5,11; 2 Kön 10,18; als Attribut: Ps 130,7; Koh 1,16 (הרבה חכמה).

[124] Lev 25,16 (רב השנים); Jos 9,13 (מרב הדרך); ferner: Ri 7,2; 1 Sam 26,13; 2 Kön 12,11; Jer 32,19; Am 8,3; Koh 11,1; 2 Chr 24,11.

[125] Lev 25,16 (מעט השנים); 1 Sam 17,28 (מעט הצאן).

[126] ZIMMERLI (1979) 469; KEIL (1882) 203: "Anstöße"; KNABENBAUER (1890) 211: "ruinas"; ALLEN (1990) 18 "the fallen"; TOB: "chutes".

nahekommt [127]. Sonst bezeichnet das Wort etwas, das eine Verschuldung veranlaßt (z.B. "Stolperstein" o.ä.). In Ez, wo מכשול am häufigsten (8×) erscheint, findet sich diese Bedeutung 5× im Götzenumfeld: Die Götzen veranlassen eine Verschuldung. Im Kontext der Verschuldung erscheint das Wort in Ez 3,20 und Ez 18,30. Wo es bei Ez im Götzenkontext steht, bezeichnet es 1.) Silber und Gold als Material zur Götzenherstellung (Ez 7,19), 2.) Götzenbilder (Ez 14,3.4.7), 3.) die götzendienerischen Leviten (Ez 44,12).

Der ez Gebrauch von מכשל und der Kontext von Ez 21,20 legen nahe, המכשלים nicht im semantischen Umfeld des Schwertes, sondern der Götzen zu verstehen. In Verbindung mit למוג bezeichnet es nicht die Stürzenden (o.ä.), sondern muß gemäß der ez Verwendung des Terminus "Stolpersteine" bedeuten. Auf Grund der Übersetzung von מוג in Targum und LXX und des gemeinsamen Auftretens von לב, מוג (= zerbrechen) und המכשלים gilt für Ez 21,20 das gleiche wie für Ez 6,9 und Ez 11,19: Ez 21,20 bezieht sich auf um den Hals und auf der Brust getragene Amulette. Dabei ist die Verbindung mit Ez 6,9, das vom Zerbrechen der Amulette redet, besonders eng. In Ez 21,20 bezieht sich der Pl. המכשלים darauf, daß man mehrere Amulette an einer Halskette zu tragen pflegte [128].

(4) Betrachten wir nun *Ez 36,26*. Der Vers ist Teil von Ez 36,16-38 [129]. Vom Götzendienst spricht V.18 (וּבְגִלּוּלֵיהֶם טִמְּאוּהָ) und vorausgehender V.25 (Reinigung von den Götzen). V.26 erwähnt das neue Herz (לב חדש), den neuen Geist (רוח חדשה), die Entfernung des Herzens aus Stein (לב האבן) und die Gabe eines Herzens aus Fleisch (לב בשר). Die Reinigung von den Götzen impliziert die Bundesformel (V.28). Sie erscheint in Ez immer im Kontext des Götzenthemas: in Ez 11,20 (Umfeld: לב בשר, לב האבן, רוח חדשה, לב אחר) [130], in Ez 37,23.27 (Umfeld: טהר, טמא בגלולים) und in Ez 14,11 [131].

Die begriffliche Anknüpfung an die Amulette tritt im Vergleich zu den bereits untersuchten Stellen zurück. Es geht um die innere Reinigung der Götzendiener [132]. Das entspricht den Redeumständen von Ez 36,16-38. Der Götzendienst ist Teil der Vergangenheit geworden (V.18). Es gibt keine direkte Konfrontation mit ihm, weil die Bestrafung und Zerstreuung der Götzendiener erfolgt ist (V.19) [133]. Daß der Götzendienst in den Hintergrund getreten ist,

---

[127] Jer 6,21 sagt, daß Jahwe מִכְשֹׁלִים (Hindernisse) in den Weg legen will.

[128] Vgl. oben S.203, Anm. 103 zu HERRMANN (1994).

[129] Das Stück beginnt mit der Propheteninstruktion (17-22). Es folgt ein Wort an Israel (22-36). Der Anschluß von 37-38 muß hier offen bleiben. SIMIAN-[YOFRE] (1974) 103 betrachtet Ez 36,26-28 als Zusatz.

[130] Die Ähnlichkeit zwischen Ez 36,24-28 und Ez 11,19-20 ist bemerkenswert.

[131] Dazu auch SCHMID (1980) 16.

[132] OHNESORGE (1991) 267.

[133] Das Partizip ישבים (Ez 36,17) bezeichnet, wie aus dem Vergleich mit ואפיץ (Ez 36,19) hervorgeht, einen andauernden Sachverhalt der Vergangenheit.

zeigt die Begründung der Rückführung des Volkes. Sie soll die Entweihung des göttlichen Namens beenden, die eine Folge der Bestrafung des Volkes durch das Exil ist [134]. Nicht die Vergeltung des Götzendienstes, sondern die Treue zu sich selbst treibt Jahwe [135]. Vom Götzendienst ist im weiteren nur noch bei der kultischen Entsühnung nach der Rückkehr die Rede. Für die Gesprächsgegenwart ist er irrelevant geworden [136].

Daß die Rede von לב חרשׁ, לב האבן und לב בשׂר die Vorstellung von Amuletten voraussetzt, klingt in der Unterscheidung von רוח und לב an [137]. Würde לב die innere Geisteshaltung des Götzendieners meinen, so wäre die Verwendung von רוח schwer zu verstehen. Stattdessen zeigt die Rede von לב bzw. רוח die festgestellte Unterscheidung des äußeren Zeichens (לב) von der inneren Haltung (רוח), wobei die äußeren Zeichen nach Ez 36,16-38 nur in der Erinnerung gegenwärtig sind.

(5) Abschließend ist zu prüfen, ob der Gebrauch von אל לב bzw. על לב [138] auf einen Amulett-Hintergrund weist. Beide Wendungen überschneiden sich häufig. Meist kommt אל לב im ungegenständlichen Bedeutungskontext "reden", "zu Herzen nehmen", "erwägen" (etc.) vor [139], während על לב (V.3b) häufiger im gegenständlichen Bereich erscheint [140].

• Eine wichtige Stelle ist *Ex 28,29s*. Es geht um die priesterliche Kleidung Aarons, den Brustschild der Entscheidung. Ihn soll Aaron על לב bzw. על לבו tragen. Die Stelle belegt, daß das Tragen eines Gegenstandes auf der Brust mit על לב bezeichnet wird.

• *Jer 17,1* redet von der Sünde der Judäer, die auf die Tafel ihres Herzens (על־לוח לבם) [141] und die Hörner ihrer Altäre (לקרנות מזבחותיכם) eingegraben ist. "Hörner ihrer Altäre" mit מזבחותיכם im Pl. bezeichnet den Götzendienst, seitdem Hiskija die Altäre abgeschafft und den Kult im Tempel zentralisiert hat [142]. Die

---

[134] Das ist eine andere Entweihung des Namens Gottes (חלל) als jene in Ez 20,39: וְאֶת־שֵׁם קָדְשִׁי לֹא תְחַלְּלוּ־עוֹד בְּמַתְּנוֹתֵיכֶם וּבְגִלּוּלֵיכֶם (vgl. auch Ez 23,39).

[135] LEVIN (1985) 213.

[136] KRÜGER (1989) 442 unterscheidet eine "antithetische Beziehung von Vergangenheit (Gericht) und Zukunft (Restitution)." Der Götzendienst gehört der überwundenen Gerichtsphase an.

[137] Vgl. Ez 11,19. Anders OHNESORGE (1991) 269.

[138] על לב 39×; אל לב 17× (2 Chr 6,30 in LISOWSKY [1981] 712 ist fehlerhaft). Ein anderer Gebrauch liegt in דבר על־לב vor. Dazu: FISCHER (1984) 246 Anm. 10.

[139] Die Ausnahme Ex 9,14 zeigt, daß es keine allgemeine Regel gibt.

[140] Nach JOÜON (1924) 50 ist die gegenständliche die eigentliche und die ungegenständliche die übertragene Verwendung und versteht Ez 14,3 im zweiten Sinn.

[141] Was Theodotion und der griechische Text nach der Rezension des Origenes und des Lukian mit τοῦ στήθους (Brust) übersetzen.

[142] Positiv redet das AT nur dreimal von Jahwealtären (im Pl.): in Num 3,31 (Auszugssituation vor der Errichtung des Tempels), 1 Kön 19,10.14 (Elia und Nordreichtradition) und Ps 84,4.

Anspielung auf den Götzendienst entspricht dem Kontext von Jer 17. Die Parallelisierung der "Tafel ihres Herzens" mit den "Hörnern ihrer Altäre" insinuiert, daß auch לוח לבם Fremdkultgegenstände meint. Wenn das stimmt, spielt Jer 17,1 auf Amulette an, die auf der Brust getragen werden.

• Drei Stellen finden sich im Buch der Sprüche. *Spr 3,3* redet von Liebe und Treue und empfiehlt, sie an den Hals (על־גרגרותיך) zu binden und auf die Tafel des Herzens (על־לוח לבך) zu schreiben [143]. Das Binden um den Hals bzw. Beschriften von Tafeln sind Tätigkeiten, die auf den Kontext von Amuletten bzw. Schrifttafeln (vgl. MESNIL) hinweisen.

• Um den Hals gebundene Devotionalien sind in *Hoh 8,6* bezeugt. Der Bräutigam bittet die Braut, ihn wie ein Siegel um den Hals zu binden.

Diese Stellen sind alle mit על לב verbunden, womit von der menschlichen Brust und von auf ihr getragenen Kultgegenständen gesprochen wird. על לב findet sich auch in Ez 14,3b. Ob die Variante mit אל in Ez 14,4.7 mehr als ein Problem der Orthographie ist, muß an Hand der dialogischen Einbettung der Rechtsworte geprüft werden.

Ergebnis: Am Anfang stand die Frage, ob die Aussagen zum Götzendienst der Ältesten (V.3bc) gegenständlich oder ungegenständlich zu verstehen sind. Ohne Kontextbezug, haben wir in נכח (V.3c) einen ersten Hinweis auf eine gegenständliche Interpretation gefunden, wobei der genaue Tatbestand aus den Beschimpfungsvokabeln גלולים und מכשול עונם nicht geklärt werden konnte. Darum wurde für V.3c auf Ez 8,11 verwiesen, wo sich räuchernde Älteste vor Bildern aufstellen. Ein indirektes Analyseverfahren führte dann zur Klärung des in V.3b gemeinten Sachverhaltes. Ausgehend von MESNIL (1939) wurde die Frage gestellt, ob der Vers auf der Brust getragene Amulette voraussetzt. Die Untersuchung weiterer Ez-Stellen hat diese Annahme erhärtet. Sie fügt sich nicht nur in den Rahmen von Ez 14, sondern ist der Schlüssel für das Verständnis einer Reihe von Texten in Ez.

2.2.1.2. Ez 8 als Bezugsgeschehen von Ez 14,3bc. Der in V.3bc erwähnte Götzendienst weist auf die erste Nachricht über die Ältesten, die den Propheten in der Tempelvision ereilt. Die zwischen Ez 8 und dem Götzendienst in Ez 14,3c bestehenden Zusammenhänge zeigen, daß die Visionsereignisse von Ez 8 den Bezugsrahmen darstellen, auf den der Seher in der Propheteninstruktion I hingewiesen wird. Jahwe redet dort nämlich 1.) vom früheren Götzendienst der Ältesten, 2.) von einer Antwort, die er einem von ihnen gegeben und 3.) vom Ergebnis, das er sich von dieser Antwort versprochen hat. Das sind, wie wir sehen werden, Aussagen, in denen sich Ereignisse der Tempelvision widerspiegeln. Der Rückblick in Ez 14 ist deshalb mit Ez 8-11 zu konfrontieren. Ausgangspunkt sind die 70 Ältesten in Ez 8,10-12. Sie sind in einem Tempelraum mit allerlei Abbildungen zum Götzendienst versammelt:

---

[143] Ferner Spr 6,21 (קשׁרם על־לבך); Spr 7,3 (על־לוח לבך). JOÜON (1924) 50 interpretiert Spr 6,21 wie Dtn 6,6 ("être dans la mémoire") in einem übertragenen Sinn.

8,10b וְהִנֵּה כָל־תַּבְנִית רֶמֶשׂ וּבְהֵמָה שֶׁקֶץ
8,10c וְכָל־גִּלּוּלֵי בֵּית יִשְׂרָאֵל מְחֻקֶּה עַל־הַקִּיר סָבִיב סָבִיב

Die Mehrzahl der Ausleger versteht den Vers als Hinweis auf Götzenobjekte, die auf die Wand gemalt bzw. dort als Reliefdarstellungen (o.ä.) abgebildet sind [144]. Gegen diese Interpretation sprechen zwei wenig beachtete Schwierigkeiten: 1.) מחקה ist eine Sg.-Konstruktion. 2.) Jahwe weist den Seher in Ez 8,12 darauf hin, daß der Götzendienst von jedem einzelnen Ältesten und zwar בחדרי משכיתו[145] praktiziert wird. Wie ist dann zu verstehen, daß nicht jeder in seinem, sondern alle zusammen in *einem* Raum den Götzen huldigen?

(1) Beginnen wir mit der Sg.-Form מחקה. Ihrer Auslegung als partizipiales Prädikat der vorausgehend aufgezählten Subjekte steht entgegen, daß der Sg. מחקה nicht mit einem Pl.-Subjekt kongruiert [146]. Folglich ist diese Erklärung nicht richtig. Es gibt zwei Möglichkeiten, um Ez 8,10 zu verstehen:

• KÖNIG (1897) §305b [147] erklärt מחקה als substantiviertes Adjektiv. Er verweist auf Ez 23,14, wo die Form als Nomen rectum einer Genitivkette steht. Danach ist מחקה das substantivische Prädikat eines Nominalsatzes bzw. eine erklärende Hinzufügung: "und alle Götzen des Hauses Israel: *Eingeritztes* ringsherum". Der Singular würde meinen, daß nur das letzte Glied, בית ישראל כל־גלולי, als מחקה zu betrachten ist. Diese Lösung hat den Nachteil, daß sie in Ez 8,10 eine sehr lockere Syntax annehmen muß. Das ist nicht nötig, wenn an die Stelle einer nominalen eine adjektivische bzw. partizipiale Interpretation von מחקה tritt.

• Eine zweite, syntaktisch leichter verständliche Möglichkeit ist, מחקה mit der Mehrheit der Ausleger als normales (d.h. nicht nominalisiertes) Partizip zu lesen, wobei zu beachten ist, daß es sich wegen des Sg. nur auf das letzte Element der Götzenaufzählung (כל־גלולי בית ישראל) bezieht.

Dagegen erhebt sich folgender Einwand: Das Prädikat eines Satzes, dessen Subjekt eine Konstruktusverbindung ist, wird im Normalfall vom Nomen regens bestimmt [148]. Diese Regel wird bei כל-Verbindungen gewöhnlich außer Kraft

---

[144] GREENBERG (1983) 165: "I went in and saw that there were figures of all sorts of creeping things and beasts, detestations and all the idols of the house of Israel engraved on the wall all around (...)." KEIL (1882) 97 findet neben Wanddarstellungen auch Götzen. SCHOLZ (1877) 41 erwähnt zwar Götterstatuen, findet aber in Ez 8,10 nur Wandgemälde. סביב סביב ist nach HURWITZ (1982) 84-87 eine nachklassische Form.

[145] KEIL (1882) 95: "ein jeder in seinen Bilderkammern".

[146] Ähnlich ACKERMAN (1992) 43: "MT mĕḥuqqeh, singular, requires a singular subject (...)." Ob כל-Konstruktionen im Sg. oder Pl. zu konstruieren sind, ist ein Unterproblem, dem wir uns noch zuwenden werden.

[147] Dort weitere Beispiele. Mit Berufung auf EHRLICH (1912) 26, der eine Änderung der Vokalisation fordert, stimmt ZIMMERLI (1979) 193 dieser Erklärung zu, bringt sie aber in seiner Übersetzung nicht zum Ausdruck.

[148] LEVI (1987) 129ss erwähnt aber eine Reihe von Fällen, in denen Kongruenz mit

gesetzt, so daß sich das Prädikat nach dem Nomen rectum richtet [149]. In einer כל-Verbindung mit גלולי בית ישראל als Nomen rectum ist somit ein Pl.-Prädikat zu erwarten. Man kann sich aber auf den vereinzelt auftretenden Fall berufen, bei dem die für כל-Verbindungen genannte Ausnahmeregel nicht zutrifft [150]. Wir glauben, daß dies - wie die weiteren Überlegungen zeigen - hier der Fall ist, und die Lösungsvariante nach KÖNIG, obwohl מְחֻקֶּה in Ez 23,14 in nominaler Form auftritt, aus syntaktischen Gründen weniger erklärungsadäquat ist.

Es stellt sich nun die Frage, warum die (statistisch) näherliegende Pl.-Konstruktion für כל-Verbindungen vermieden wird. Um darauf zu antworten, ist zu beachten, daß beim Kult der 70 Ältesten zwei Götzengruppen vorkommen: כָל־תַּבְנִית רֶמֶשׂ וּבְהֵמָה שֶׁקֶץ [151] und וְכָל־גִּלּוּלֵי (וגו) (Ez 8,10) [152]. Beide Bezeichnungen sind כל-Verbindungen. Das Sg.-Partizip מְחֻקֶּה hat einen semantischen Dreifacheffekt: 1.) Es stellt klar, daß es sich nur auf die letzte der beiden Gruppen bezieht. 2.) Es legt den Nachdruck auf כל und somit auf die Gesamtheit der Götzen. 3.) Es verschafft dem im Ez-Kontext farblosen Ausdruck כל־גלולי (וגו) Profil.

מְחֻקֶּה im Sg. bedeutet, daß einzig die zweite Götzengruppe in der Form (וגו) מְחֻקֶּה עַל־הַקִּיר vorliegt. Sie wird dadurch als Wanddarstellung im visionären Tempelraum gekennzeichnet [153]. Wenn dieser Zustand nicht auf die erste Gruppe zutrifft, stellt sich die Frage, in welcher Gestalt sie vorliegt. Die Alternative ist nicht groß: Es muß sich bei ihnen um *figürliche* Darstellungen handeln, die mit den Ausdrücken רמש und בהמה umschrieben sind [154]. Obwohl aus diesem Beschimpfungsvokabular keine exakte Beschreibung des Bezeichneten zu erwarten ist, ist festzustellen, daß beide Wendungen Tierbezeichnungen sind, die bei Ez nur hier auf Götzen angewendet sind. Wir nehmen deshalb an, daß sie trotz ihrer karikierenden Art einen Wahrheitskern beinhalten, der auf die Gestalt der Kultbilder hinweist.

---

dem Nomen rectum vorliegt.

149 MEYER (1972) 21; BROCKELMANN (1956) 124.

150 Trotz JOÜON (1923) §150o: "Les exceptions sont très rares."; GESENIUS/KAUTZSCH §146c: Jes 64,10; Spr 16,2; Hos 10,14; Nah 3,7. Ferner KÖNIG (1897) §349d (auch b und c).

151 Der Ausdruck ist sehr expressiv: "allerlei Gebilde von Gewürm und abscheulichem Vieh". Wir verstehen בהמה שקץ mit KÖNIG (1897) §333p wie איש בליעל.

152 Im Gegensatz zur ersten Götzenbezeichnung ist diese Wendung eher farblos.

153 Für die folgenden Überlegungen ist die archäologische Näherbestimmung der Darstellungen bedeutungslos. ALBRIGHT (1946) 166 findet in Ez 8,10 zwei Götzenarten ("reptiles and unclean beasts" und "mythological scenes"), nimmt aber für beide an, daß sie "carved representations" an der Wand sind.

154 Beide Darstellungsarten deutet STEINMANN (1953) 63 an: "des reliefs de pierre ou des statues d'idoles". Auf ACKERMAN (1992) 70s, der שקץ für unreine Speisen hält, kann hier nicht eingegangen werden, obwohl das im Rahmen unserer Auslegung ein Beweis dafür wäre, daß V.10 gegenständliche Kultobjekte meint.

(2) An diesem Punkt ist Ez 8,12 einzubeziehen:

הֲרָאִיתָ (...) אֲשֶׁר זִקְנֵי בֵית־יִשְׂרָאֵל עֹשִׂים בַּחֹשֶׁךְ אִישׁ בְּחַדְרֵי מַשְׂכִּיתוֹ

Der Vers unterstreicht zweifach, daß die Visionsereignisse dazu dienen, um auf ein Tun der Ältesten hinzuweisen, das sich mit deren visionärem Verhalten zwar nicht deckt, aber darin zum Ausdruck kommt. Es wird gesagt, daß 1.) ein jeder (איש) der Ältesten 2.) in seinen Bilderkammern (בחדרי משכיתו) [155] räuchert. Das entspricht nicht dem Visionsgeschehen, wo alle miteinander räuchern [156]. Es wird stattdessen gesagt, daß jeder Älteste bei sich und für sich handelt [157]. Darum ist KEIL (1882) 96 trotz BERTHOLET (1897) 48 [158] zuzustimmen, wenn er die Szene in Ez 8,9-12 als visionäre Veranschaulichung dessen, was die Ältesten des Volkes im ganzen Land heimlich treiben, betrachtet. Mit בחדרי משכיתו wird der private Hauskult ins Spiel gebracht [159].

Die Bestimmung der כל־תבנית רמש ובהמה שקץ hat von folgenden Anhaltspunkten auszugehen: 1.) von der figürlichen Gestalt der Götzen dieser Gruppe, 2.) von ihrer karikierenden Bezeichnung mit Tiernamen und 3.) vom erwähnten privaten Götzenkult. Diese drei Beobachtungen fügen sich im aufgezeigten Amuletthorizont zu einem Ganzen. Die Amulette sind figürliche Darstellungen. Sie bilden häufig Tiergestalten ab und eignen sich auf Grund ihrer Ausmaße und Verbreitung für den privaten Hauskult [160].

HERRMANN (1994) stellt Amulettformen vor, auf welche die in Ez 8,10 erwähnten Tiernamen passen. Für die hier relevante historische Epoche (Eisenzeit III: 600/587-450 v.Chr. [161]) präsentiert er eine Fülle von Beispielen in

---

[155] משכית läßt ohne Kontext nicht erkennen, ob Bilder oder Statuen gemeint sind. ALONSO SCHÖKEL (1994) 461 legt sich nicht fest: "camarines de las imágenes, hornacinas".

[156] Es ist keine Lösung, איש ("ein jeder") mit Ez 8,11 so zu verstehen, daß jeder Älteste ein Rauchfaß in der Hand hält und räuchert. בחדרי משכיתו verlangt auch eine räumliche Absonderung. Diesen Unterschied sieht SCHMIDT (1915) 393: "Die Leute sind ja alle in einer Kammer". Er schließt daraus, daß בחדרי משכיתו ein erklärender Zusatz ist, ohne zu zeigen, worin die Erklärung besteht. Dazu COOKE (1936) 95: "but is it likely that each of the seventy elders had a chamber to himself?"

[157] So auch TAYLOR (1969) 99.

[701] BERTHOLET nennt KEILs Vorschlag einen "ganz unglücklichen Gedanken" und plädiert für eine Textänderung. Dagegen REUSS (1892) 360: "Die Folge zeigt auch, daß diese Männer in ihren respektiven Häusern ihr Wesen treiben." Ähnlich: Abarbanel nach EISEMANN (1977) 160.

[159] Zu Recht weist KEIL (1882) 96 darauf hin, daß die Zellen an den Toren des Tempels nicht groß genug waren, um 71 Männer für einen Götzendienst zu fassen. Es läßt sich aus בחדרי משכיתו auch nicht schließen, daß jeder Älteste im Tempelbereich einen eigenen Raum (bzw. eigene Räume) für den Götzenkult besaß. Zudem ist zu beachten, daß die Szene nicht real, sondern visionär ist.

[160] Für Fresko-, Reliefdarstellungen oder Statuen gilt das aus Gründen der Herstellung, der Kosten und der Aufbewahrung viel weniger.

[161] Zur Periodisierung: HERRMANN (1994) 30.

Tiergestalt bzw. mit Tierkopf [162]. Er weist darauf hin, daß man Amulette nicht als bloße Umhänger verstehen kann [163], da alle anthropo- und theriomorphen Amulette seit der Eisenzeit IIA (1000-900 v.Chr.) bis in die hellenistische Epoche neben der Anhängevorrichtung auch einen Sockel besitzen. In hellenistischer Zeit finden sich sogar Amulette mit einem aus der Basis herausragenden Stift, der zur Fixierung auf einer Unterlage dient. Sockel oder Stift weisen darauf hin, daß die Amulette als Statuetten aufgestellt werden können. Diesen kann man Rauch- oder Speiseopfer darbringen (z.B. Sir 30,18). Das sind wichtige Informationen, um die Szene in Ez 8,10-12 und deren Wiederaufnahme in Ez 14,3bc zu verstehen.

Es zeigt sich somit, daß die 70 Ältesten in Ez 8,10-12 zwei Typen von Götterbildern beweihräuchern: Wandbilder und figürliche Amulette. Während eine Wanddarstellung an den Raum gebunden ist, wo sie gemalt ist, sind Amulette bewegliche Objekte des privaten Götzenkultes. Auf ihn spielt die Mitteilung über die Ältesten in Ez 8,12 an. Sie mag angesichts der vorausgegangenen Konzelebration erstaunen, weil die Ältesten nicht der Verunreinigung des Tempels, sondern der *privaten* Götterverehrung angeklagt werden. Die in Ez 8,10s aufgebaute Szene denunziert also nicht so sehr die Tempelentweihung, sondern zielt auf die in einem einzigen visionären Bild komprimierte Darstellung der Verstrickung der Ältestenschaft Jerusalems in den privaten Götzendienst [164].

Ergebnis: Ez 8,10-12 benützt eine visionäre Fremdkulthandlung im Tempel, bei der zwei Typen von Götzenbildern (Amulette/Figurinen [165] und Wandbilder) involviert sind, um den privaten Götzenkult der Ältesten anzuklagen, wobei in der Rede an die Golah getragene Amulette erwähnt sind (Ez 11,19) .

2.2.1.3. Die Art des Götzendienstes in Ez 14. Nun stellt sich die Frage, wie sich der für Ez 8,10ss und Kontext aufgezeigte Tatbestand in Ez 14,3bc reflektiert. Wie Ez 8,10 unterscheidet V.3bc zwei Götzentypen: Amulette (על־לב) bzw. Andachtsbilder (נכח פניהם), wobei die *Art der Götzenverehrung* hervorgehoben ist [166]. Diese Akzentverschiebung ist die erste Eigenheit von V.3bc. Die Form

---

[162] Vgl. die Auflistung nach typologischen Kriterien bei HERRMANN (1994) 45-47. Für EZ III finden sich folgende theriomorphe Exemplare: Thoeris, Stier, Katze, Löwe, Sau, Hase, Affe, Krokodil und Fisch. Anthropomorphe Amulette aus derselben Periode, nicht selten mit Tierkopf, sind: Isis (selten), Thot (sehr häufig; Ibiskopf), Anubis (Canidenkopf), Sachmet und Bastet (selten; Frau mit Löwenkopf bzw. als Katze), Schu, Nefertem (Blütengestalt bzw. Menschengestalt mit Lotusblüte und steil aufragenden Kopffedern), nackte Gestalt mit großem Glied, Bes und Patäke. Daneben gibt es Objektamulette. MAARSINGH (1985) 106 denkt wegen der Tiergestalt nicht an babyl., sondern an ägypt. Götzen.

[163] HERRMANN (1994) 85.

[164] Nach HERRMANN (1994) 3 wurden in privaten Wohnräumen auffallend viele Amulette gefunden.

[165] Aus כל־תבנית läßt sich ableiten, daß keine großen Statuen gemeint sind.

[166] Davon spricht Ez 8 erst an zweiter Stelle (V.11).

der Götzenabbildungen rückt in den Hintergrund. So kann V.3c sowohl Bilder als auch Figurinen meinen [167], während sich V.3b nur auf umgehängte Amulette anwenden läßt. Die zweite Neuerung in Ez 14 ist sodann die Bezugnahme auf *umgehängte* Amulette.

Dialoganalytisch sind diese Unterscheidungen wichtig. Mit dem Übergang von der Gestalt der Götzen zur Gestalt des Götzendienstes rücken die Ältesten und ihr Tun sowie das Geschehen in Ez 14 in den Mittelpunkt. Dabei haben V.3b und V.3c unterschiedliche Funktionen. V.3b erklärt, daß die Ältesten Amulette tragen. Diese Götzendienstform kann unabhängig von Bilderkammern praktiziert werden. Ihrer sind die Ältesten in Ez 8,10ss nicht angeklagt [168]. V.3b ist also keine bloße Wiederholung von Ez 8,10-12. Das Tragen der Amulette ist darum aus Ez 14, das heißt: aus der Gesprächssituation, zu verstehen. V.3b (העלו גלוליהם [ונו]) bestätigt somit, daß sich die Ältesten in einer nicht näher bestimmten Vergangenheit Amulette umgehängt haben.

Ob sie diese in Ez 14 noch tragen, läßt sich aus V.3b weder zeigen noch widerlegen. Dafür ist auf V.5a vorzugreifen: למען תפש את־בית־ישׂראל בלבם. Die Makrosatzanalyse hat gezeigt, daß sich V.5ab über den Tatbestand in V.4h hinaus erstreckt und von einer Zurechtweisung Israels redet, die in der Vergangenheit begonnen hat und sich bis in die Sprechgegenwart erstreckt, so daß sich Vorder- und Hintergrund verbinden. Die in V.5a auf den Vordergrund angewendete gegenständliche Redeweise mit תפשׂ ב [169] hat nur einen Sinn, wenn die Ältesten die Amulette vor dem Seher noch tragen. Sind diese Amulette sichtbar oder unter den Kleidern versteckt? Die Frage läßt sich im Anschluß an die Propheteninstruktion I beantworten. Die Tatsache, daß der Seher von Jahwe auf die Amulette hingewiesen wird, deutet auf Amulette, die für den Propheten unsichtbar sind und sich folglich unter den Kleidern befinden [170].

Zwischenergebnis: V.3b und V.3c sind unterschiedlich ausgerichtet: V.3b weist auf einen Umstand der Dialogsituation in Ez 14, V.3c blickt auf Ez 8,10-12 zurück. Die Propheteninstruktion I läßt sich somit an Hand eines Dreischritts beschreiben. Sie beginnt 1.) mit einer Hintergrundschilderung (V.3bc), die 2.) durch einen Zwischenteil (Frage, Redeaufforderung, halbes Rechtswort) unterbrochen und 3.) auf Israel ausgeweitet wird. Im einzelnen:

1.) Die Ältesten sind nach V.3bc Götzendiener der Gegenwart (V.3b) und der Vergangenheit (V.3c), so daß ihr Erscheinen vor dem Propheten keine

---

[167] Den Objektbezug erkennt TONDELLI (1930): "(...) erano idoli, collocati nel posto d'onore della casa, in modo da averne l'immagine sempre sotto gli occhi."

[168] Zur Verwendung der Amulette als Grabbeigaben, Standfigurinen, Schmuck und Kinderspielzeug: HERRMANN (1994) 3.

[169] Vgl. dazu IV.2.2.1.4. (S.217s).

[170] MAARSINGH (1985) 184: "De profeet krijgt echter een kijk op de innerlijke gesteldheid van de mannen, niet op grond van zijn mensenkennis, noch door een scherpe intuïtie, maar krachtens goddelijke openbaring (...)." Zum geheimen Tragen von Amuletten unter den Kleidern: 2 Makk 12,40. Allgemeiner: Jes 45,20.

Umkehr impliziert. Die Tempelvision hat also in ihrer Aussage über die Ältesten nichts an Aktualität eingebüßt.

2.) Aus dieser Redesituation ist die Frage in V.3d zu verstehen. Hinter ihr steht weder ein Zweifel Jahwes, noch die Bitte um eine Information, noch eine Prüfung des Propheten. Die Frage ist rhetorisch und verweigert den Ältesten eine Antwort: "Soll ich mich (unter solchen Umständen) *etwa* erbitten lassen?" Die insinuierte Antwort lautet: nein. Damit entspricht V.3d der lat. *num*-Frage (Vulgata: "numquid") [171].

3.) Statt einer Antwort richtet Jahwe ein Rechtswort an die Ältesten, das ihr Verhalten anspricht: Das scheinbar unschuldige Treffen der Ältesten mit dem Seher konstituiert ein Vergehen. An diesem Punkt geht das Rechtswort in den Nachsatz über. Auf ihn ist jetzt einzugehen.

2.2.1.4. Der zweite Teil der Hintergrundschilderung. Der Nachsatz schließt das begonnene Rechtswort ab und durchbricht es durch den Tempusübergang in V.4h (נעניתי!):

4h אֲנִי יְהוָה נַעֲנֵיתִי לוֹ בָהּ בְּרֹב גִּלּוּלָיו
5a לְמַעַן תְּפֹשׂ אֶת־בֵּית־יִשְׂרָאֵל בְּלִבָּם
5b אֲשֶׁר נָזֹרוּ מֵעָלַי בְּגִלּוּלֵיהֶם כֻּלָּם

(i) *Der Bezug zu Pelatjahu.* V.4h spricht anders als V.3bc von einem Götzendiener im Sg. Wegen des vom qatal נעניתי erzeugten Bruchs läßt sich dieser Übergang nicht aus dem Sg. im Rechtswort erklären. Der Tempuswechsel in V.4h beginnt einen neuen Sprechakt, der einen singulären Sachverhalt der Vergangenheit einführt. Nach ihm ist Ausschau zu halten.

Der Befund ist folgender: Auf den Rechtsfall folgt nicht die Bekanntgabe der Rechtsfolge, sondern ein Beispiel aus der Vergangenheit. In der Paraphrase lautet der Nachsatz: *(Wer solches tut, soll wissen,) daß ich einem solchen (schon einmal) geantwortet habe.* Wie wird diese Aussage vom Seher verstanden? Nachdem sich die Tempelvision im Hintergrund befindet, liegt es nahe, den Bezugspunkt dort zu suchen.

In Ez 8-11 treten götzendienerische Älteste vor den Seher, wobei Pelatjahu während der Verkündigung des Gotteswortes stirbt (Ez 11,13) [172]. In Ez 14,1 bahnt sich eine ähnliche Begegnung an. Dabei verweist Jahwe auf den Ausgang der Befragung in Ez 11,13: Was gleich beginnt, wird gleich enden. Pelatjahu soll den Götzendienern eine Lehre sein. Damit lautet die Propheteninstruktion I paraphrasiert: *Menschensohn, diese Männer sind dieselben Götzendiener der Tempelvision, die sich nicht gebessert haben. Darum lasse ich mich von ihnen*

[171] So GARDINER (1884) 237, REDPATH (1907) 62, SPADAFORA (1948) 113, FISCH (1950) 76, HOSSFELD/MEYER (1973) 117, DAVIS (1989) 54. Anders: FILLION (1903) 52. Es ist später zu zeigen, daß das Gotteswort an die Ältesten der in V.3d angekündigten Antwortverweigerung nicht widerspricht.

[172] Zu Ez 8-11: III.3.4.1. (148-164).

nicht erbitten. Erinnere dich vielmehr daran, wie ich dem Pelatjahu geantwortet habe, als sie das erste Mal vor mich getreten sind.

Ez 14 erhellt das Sprachgeschehen in Ez 8-11 also zweifach: 1.) V.4h trägt eine Interpretation von Ez 11,13 nach: Pelatjahus Tod ist die Folge der synkretistischen Jahwekonsultation. 2.) Ez 14,5 beantwortet die Frage nach dem Ziel des Geschehens [173]: Pelatjahus Tod ist eine Warnung an die Götzendiener.

(ii) *Der Bezug zum Götzendienst.* Die Antwort bezweckt, das Haus Israel "am Herzen zu greifen" (V.5a: תפשׂ בלב). Das ist eine seltene Redeweise [174], deren Problematik glättende Übersetzungen oft verdecken [175]. Was meint sie? Ist einfach von einem Aufrütteln Israels (o.ä.) die Rede oder steckt dahinter eine präzisere Aussage? Wegen des Amulettkontextes von לב ist zu prüfen, ob die Wendung gegenständlich zu verstehen ist. Die semantische Untersuchung der Konstruktion mit תפשׂ erhärtet diese Vermutung [176]. V.5a gebraucht תפשׂ in folgendem Rahmen:

תפשׂ → את/Akk [177] → ב.

Im at Gebrauch des Verbums תפשׂ (46× qal) gibt es zwei Konstruktionsarten: mit bloßem Akkusativ bzw. mit Akk-Marker את (36×) oder mit ב als Einleitung eines präpositionalen Objekts (10×).

תפשׂ + Akk/את meint das qualifizierte Ergreifen eines Gegenstandes in einem spezialisierten technischen Sinn. Dazu gehören die partizipialen תפשׂ-Verbindungen, die mit direktem Akkusativ konstruieren und z.B. in Gen 4,21 den Flötenspieler (תפשׂ כנור) bezeichnen [178]. Sehr häufig (17×) ist תפשׂ für die Verhaftung einer Person [179] oder für die Eroberung eines Ortes (7×) gebraucht [180]. תפשׂ mit Akk/את wird somit immer in einem erweiterten, bisweilen uneigentlichen

---

[173] Die Reaktion des Sehers auf Pelatjahus Tod impliziert, daß die anderen das gleiche Schicksal verdient hätten (Ez 11,13).

[174] Noch in Gen 39,12.

[175] EICHRODT (1986) 102 "an ihr Herz zu greifen" (vgl. deutsch: 'herzergreifend'). Diese scheinbar wörtliche Übersetzung verschleiert die Problematik von תפשׂ בלב. Übersetzungen in Sprachen, die eine solche Redeweise nicht kennen, sind meist sehr frei und spiritualisierend. So z.B. GIL MODREGO (o.J.) 188.

[176] OSTY/TRINQUET (1972) 94: "(...) un terme qui indique toujours une action de mainmise et de violence".

[177] Die Kasusbezeichnung steht für den Fall, wo das Akk-Objekt (2. Aktant: SCHWEIZER [1981] 137-139) direkt anschließt.

[178] Ferner Krieger (Num 31,27), Schildträger und Bogenschützen (Jer 46,9 vgl. Am 2,15), Sichelschwinger (Jer 50,16), Gesetzeslehrer (Jer 2,8), Ruderer (Ez 27,29) oder Schwertträger (Ez 38,4).

[179] Dtn 22,28 redet nicht wie V.25 (חזק hi.) von einer Vergewaltigung.

[180] Was Spr 30,9 meint, muß hier offenbleiben. Da Gott Akk-Objekt von תפשׂ ist, dürfte ein gegenständliches Zupacken ausgeschlossen sein. Verschleiernd ist die germanisierende Übersetzung: daß ich mich nicht "am Namen meines Gottes vergreife".

Sinn verwendet [181]. Dem steht תפש ב entgegen. Es meint das Zugreifen der bloßen Hand bzw. mit den Händen, also keine qualifizierte Tätigkeit [182].

Die Verbindung beider Konstruktionsarten mit Akkusativ und ב findet sich noch in Gen 39,12: Joseph wird von der Frau seines Herrn bedrängt. Da er ihrem Willen nicht nachgibt, packt sie ihn (Akk) an (ב) seinem Kleid (etc.). Ez 14,5 sagt, daß Jahwe Israel an (ב) seinem Herzen packt [183]. Den Unterschied zwischen dem physischen Zupacken (mit ב) und dem Verhaften als Amtshandlung (mit Akk) zeigt Jer 37,14: Jeremias wird am Stadttor ergriffen. תפש ב fällt auf, weil bei der Verhaftung durch einen Beamten תפש mit Akk/את zu erwarten wäre. Dieses Problem löst Jer 37,13 (ויתפש את־ירמיהו), das die Verhaftung erwähnt. Bevor der Vollzugsbeamte Jirija in V.14 Hand an (ב) Jeremia legt und ihn abführt, wurde der Prophet also bereits verhaftet [184].

תפש ב bedeutet somit ein gegenständliches Anpacken. ב bezeichnet das angefaßte Objekt. Das führt in V.5a zur Übersetzung: "ich packe das Haus Israel an seiner [185] Brust". Nachdem die ez Bezugnahme auf umgehängte Götzenamulette nachgewiesen wurde, legt sich eine solche somit auch hier nahe. Somit sagt Jahwe in V.5, daß die Antwort an Pelatjahu beabsichtigte, die Amulette Israels - "Amulette" steht für den Götzendienst überhaupt - zu beseitigen. Diese Vorstellung wird von V.5a nachträglich in Ez 8,10-12 zurückprojiziert. Die Antwort Jahwes bedeutet also nicht nur, daß er eine Wortinformation x an einen Adressaten y übermittelt, sondern meint seine Mühen, Israel von den Götzen zu reinigen.

(iii) *Die Zusammenfassung in V.5b.* V.5b enthält verschiedene Probleme, die kontextuell zu lösen sind: der relative Anschluß von אשר, die Präsenz von זור und die Bezugsgröße von כלם.

---

[181] Somit ist die Erklärung von תפש in ZIMMERLI (1954a) 5 Anm. 3 unvollständig.

[182] Das mit ב angefügte Nomen ('worauf zugegriffen wird') übersetzt das Deutsche als Akk-Objekt. Moses ergreift die Bundestafeln (בשני הלחת) und zerstört sie (Dtn 9,17). Der Prophet Achija faßt seinen Mantel (בשלמה) und zerreißt ihn (1 Kön 11,30; vgl. Ez 29,7). Um das Schwert geht es in Ez 21,16; 30,21; 38,4. Die ersten zwei Stellen reden vom Ergreifen des Schwertes. Ez 21,16: Man gibt das Schwert dem Schlächter, damit er es packe. Ez 30,21: Der gebrochene Arm des Pharao kann das Schwert nicht mehr fassen. Erwartungsgemäß steht ב. Anders Ez 38,4: תפשי חרבות - Soldaten und keine zufälligen "Schwertergreifer" - sollen gegen Gog auftreten. Folglich fehlt ב. Ferner: Gen 39,12; Dtn 21,19; Jes 3,6; Jer 37,14.

[183] Ähnlich Jes 3,6: Beim Untergang Jerusalems wird einer seinen Bruder fassen (תפש ב) und ihn, weil er einen Mantel besitzt, zum Fürsten machen.

[184] Jer 37,14 erklärt Dtn 21,19. Die Eltern sollen ihren üblen Sohn packen (תפש ב) und zum Henker schleppen. Die Festnahme bezeichnet תפש ב. Das ist keine Ausnahme. תפש mit Akk/את erscheint im beamtlichen, selten im religiösen und nie im familiären Kontext. Eltern können ihren Sohn nicht 'verhaften'. Dtn 21,19 meint das handgreifliche Packen des Sohnes, der in seiner Widerspenstigkeit den Gang zum Schafott nicht freiwillig antreten dürfte.

[185] Hebr.: an "ihrer" Brust.

V.5b drückt die Anklage mit נזרו מעלי aus. Der Sinn der Wendung hängt vom אשר-Bezugswort ab. Zwei Anschlüsse sind möglich: das mit לב verbundene enklitische Pl-Possessivpronomen bzw. לב. Im ersten Fall bezeichnet אשר Israel als Pl-Subjekt von נזרו, im zweiten Fall das Herz als Instrument des Abfalls (Vulgata: "*quo* [corde] *recesserunt a me*"). Dafür wäre aber im Bibelhebr. ein pronominaler Rückverweis (בו) zu erwarten [186]. Ohne ihn fehlt in אשר auch ein Bezug zum Herz und somit zum innerlichen Aspekt des Götzendienstes [187]. Damit widerspricht V.5b dem Nachdruck auf den praktischen Götzendienst nicht, was den Prophet auf die enge Verbindung zwischen dem ersten und dem zweiten Ältestenbesuch hinlenkt.

Wie fügt sich זור in diesen Rahmen? Im Gegensatz zu ויּנזר (von נזר) in V.7c wird נזרו in V.5b nur auf Israel angewendet, u.a. auf sein Tun in der Tempelvision. Das ist der Rahmen für die Auslegung des Verbums. Die Idee des sich Abwendens/Abweichens von etwas, was einem nahestand, steht im Raum [188]. Das Verb redet nicht nur vom Abfall, sondern impliziert einen heilen Ausgangspunkt [189]. Wie ist das zu verstehen, da die ez Gottesworte schon den frühesten Anfang als eine verdorbene Zeit des Abfalls darstellen? Darauf antwortet Ez 16, das Jerusalems Geschichte im Sinnbild darstellt.

Daß die ersten Anfänge der Stadt - ihre Geburt - ein Unglück waren, sagt Ez 16,3-5. Jerusalem wird als Bastard geboren und landet ungewaschen auf dem Feld, weil es alle verabscheuen. Der heile Ausgangspunkt liegt nicht in der Geburt der Stadt, sondern im anschließenden Heilshandeln Jahwes (Ez 16,6-14): "Bleib am Leben und wachse heran wie eine Blume des Feldes!" Damit legt נזרו den Nachdruck nicht darauf, daß Jerusalem den Pfad der Tugend verlassen, sondern daß es sich vom Gnadenhandeln Jahwes abgewendet hat. *Ez 20* entfaltet dieses Thema und zeigt, daß es nicht einen, sondern viele heile Ausgangspunkte gab, die Jahwe mit seinem Volk versuchte. Daran knüpft Ez 14,5b an.

V.5b unterstreicht sodann, daß alle Israeliten Jahwe untreu geworden und den Götzen nachgelaufen sind. Ist das im Hinblick auf Ez 8-11 oder auf Ez 14,3b oder auf beide gesagt? *Ez 8-11* redet zwar vom Götzendienst, der aber nicht das einzige Vergehen der Aktanten in der Tempelvision ist (vgl. Ez 9,9 und die Ältestenanrede). Ganz auf den Götzendienst ist dagegen *Ez 20* ausgerichtet. Er ist die Ursünde, der die Israeliten schon in Ägypten verfallen. Diese Anklage durchzieht das Kapitel wie ein Cantus firmus und kulminiert im Ältestenzitat von Ez 20,32. Nach Ez 20 ist *ganz* Israel, das heißt, alle und

---

[186] MEYER (1972) 99. Jes 47,12 konstruiert mit באשר: וברב כשפיך → באשר.

[187] Gegen SNIJDERS (1977) 558.

[188] Das gilt sowohl für die Qal- wie für die Ni.-Verwendung von זור. Ein sinnverwandtes Verb ist סור (SNIJDERS [1986] 804).

[189] Zum Gegensatz zwischen der Voraussetzung einer heilen Vergangenheit und der Abrechnung mit der Geschichte Israels (z.B. in Ez 20) vgl. IV. 2.3.4.1. (S. 255-257).

von Anfang an, dem Götzendienst verfallen. Daraus folgt, daß der Nachdruck auf den Götzendienst im Übergang von der ersten zur dritten Ältestenperikope zunimmt. Parallel dazu ist die Bestrafung Israels immer klarer ausgesagt [190]. כלם redet in einer Schärfe, die in Ez 8-11 nicht zu finden ist. Somit bezieht sich V.5b auf die Tempelvision, steht aber in einer veränderten Dialogsituation. Dadurch weitet sich die Anklage des Götzendienstes auf das *ganze* Haus Israel aus.

Ergebnis: V.4h (נעניתי) verbindet das Propheten-Ältesten-Treffen mit der ersten Begegnung und dem dort erfolgten Tod des Pelatjahu. Dessen Sterben soll den Israeliten, die "allesamt" dem Götzendienst verfallen sind, nach V.5a die Amulette von den Hälsen reißen. Durch diese Aussage und die Weiterführung des Themas in Ez 20 rückt der Götzendienst ins Zentrum der Auseinandersetzung zwischen Jahwe und den Ältesten. Dabei wird die Untreue des Volkes in V.5b (זור) dem Heilshandeln Jahwes am Volk gegenübergestellt.

2.2.2. Die Jahwebefragung durch die Ältesten. Es wurde gezeigt, daß V.3d eine zu verneinende rhetorische Frage an den Propheten ist. Sie steht im Redevordergrund und ist mit anderen Aussagen der Propheteninstruktion I auf der gleichen Ebene verbunden. Der Vordergrund stellt den direkten dialogischen Bezug zum Seher her. Aus dem Kontext herausgelöst sieht diese Redeschicht so aus:

בֶּן־אָדָם 3a
הַאִדָּרֹשׁ אִדָּרֵשׁ לָהֶם 3d
לָכֵן דַּבֵּר־אוֹתָם 4a
וְאָמַרְתָּ אֲלֵיהֶם 4b
לָכֵן אֱמֹר אֶל־בֵּית יִשְׂרָאֵל 6a

Der Übergang von V.3d nach V.4a weist auf eine Diskrepanz in den Direktiven hin. Wenn die Frage von V.3d eine Antwort ablehnt, scheint der folgende Redebefehl dazu im Widerspruch zu stehen. Es stellt sich die Frage, was das Antwortverbot beinhaltet. Um dazu eine Lösung zu finden, ist zu prüfen, ob - und wenn ja - wie die Frage in den zwei anderen Ältestenperikopen ausgedrückt ist. Behelfsmäßig verwenden wir wie vorausgehend die Begriffe "Frage"/"fragen" bzw. "Antwort"/"antworten", allerdings in einem unpräzisen Sinn [191]. Aussagen über die Natur der untersuchten Sprachakte sollen damit nicht vorweggenommen werden.

---

[190] ZIMMERLI (1972) 506 kommt an Hand anderer Texte zur Feststellung, daß "Ezechiels Unheilsverkündigung in einer sich steigernden Intensität auf den Punkt fixiert ist, an dem es mit Jerusalem endgültig zu Ende gehen wird."

[191] Um das zu unterstreichen, stehen Begriffe wie "fragen" oder "antworten" (etc.) in Anführungszeichen. Aber auch, wo mit Bezug auf die Prophetenkonsultation von "Fragen" und "Antworten" (etc.) geredet wird, ist das nicht an Hand des vereinfachenden Binoms "eine Frage stellen" - "eine Antwort darauf geben" mißzuverstehen.

2.2.2.1. Der Kontext von דרש und ענה. Das Problem lautet: In welcher Hinsicht wird den Fragestellern eine "Antwort" zugestanden und in welcher Hinsicht nicht? Zuerst wollen wir uns den Konstruktionen mit דרש zuwenden. Sie kommen im hier relevanten Kontext in drei Einheiten vor.

• In *Ez 14,3d* lehnt es Jahwe ab, sich "befragen zu lassen". Das ist mit dem Verb דרש ni. ausgesagt. In *Ez 14,7g* spricht Jahwe von denen, die kommen, um ihn zu "befragen". Das Verb ist דרש qal. *Ez 14,10* spricht vom "Frager" und bezeichnet ihn mit einem Partizip qal von דרש.

• *Ez 20,1* berichtet, daß die Ältesten gekommen sind, um Jahwe zu "befragen": דרש qal (ferner Ez 20,3: הלדרש). Ihnen antwortet Jahwe im gleichen Vers und sagt, daß er sich von ihnen nicht "befragen" läßt: אדרש, von דרש ni. (ebenso in Ez 20,31: אדרש).

• In *Ez 36,37* läßt sich Jahwe in einem neuen Kontext zu Wohltaten erbitten (דרש ni.) [192].

Kürzer ist der Überblick über die zu דרש ni. alternative Konstruktion mit ענה. Sie kommt in Ez außer in den zwei Ni.-Verwendungen von *Ez 14,4.7* nirgends vor. ענה ni. bezeichnet die Einwilligung Jahwes, sich vor den Ältesten "zu einer Antwort herbeizulassen".

Zwischenergebnis: Wo es um die von den Ältesten gestellte "Frage" geht, wird immer das Wort דרש qal verwendet: לדרש (Ez 14,7), הדרש (Ez 14,10), לדרש (Ez 20,1), הלדרש (Ez 20,3). Die "Antwort" Jahwes bezeichnen dagegen zwei Ausdrücke, דרש ni. und ענה ni., wobei Jahwe, wo er die "Frage" der Ältesten ablehnt, das mit Hilfe des Verbums דרש ni. tut, während er seine Einwilligung zu einer "Antwort" mit ענה ni. mitteilt. Im Überblick:

(1) דרש ni.: ablehnende Antwort
(2) ענה ni.: zustimmende Antwort

(1) דרש ni. erklärt sich durch die positive Verwendung in Ez 36,37. Es geht um die Gewährung eines Hulderweises, so daß דרש ni. nicht "sich befragen lassen" bedeuten kann [193], sondern mit "sich erbitten lassen" wiederzugeben ist [194]. In den Ältestenperikopen wird die Verbform verneint benützt, um zu sagen, daß דרש ni. unter den gegebenen Umständen nicht möglich ist.

(2) Die Realisierung von ענה ni. wird in Ez 14 zweimal bestätigt. Die Form bezeichnet die "Antwort", die unwürdige Jahwebefrager bekommen. In V.4h spielt נעניתי auf die "Antwort" an, die in Ez 11,13 an Pelatjahu ergeht, und verheißt so nichts Gutes. נענה in V.7h wird durch die folgenden Syntagmen ebenfalls negativ qualifiziert. Angesichts dieses Sprachgebrauchs ist ענה ni. mit "sich herbeilassen, eine sprachliche Antwort zu geben" nicht richtig über-

---

[192] RUPRECHT (1971) 463 weist auch auf Jer 37,3.7.

[193] Nach Ez 36,37 läßt sich Jahwe erbitten, das Haus Israel zu vermehren.

[194] Ob die Ältesten um "Weisung" bitten (SCHÄFER-LICHTENBERGER [1995] 35), kommt dabei nicht zum Ausdruck.

setzt. Es beinhaltet eine Reaktion Jahwes, die nicht nur aus Worten, sondern aus Taten besteht und das Gegenstück zum Hulderweis darstellt. Damit werden דרשׁ ni. und ענה ni. nicht als Synonyme gebraucht. דרשׁ ni. ist mit dem Hulderweis Jahwes und ענה ni. mit seinem Strafhandeln verbunden.

Sowohl ענה ni. als auch דרשׁ ni. erscheinen in Abhängigkeit von einem vorausgehenden דרשׁ qal, das die "Frage" bezeichnet. Im Überblick sehen die Zusammenhänge in Ez 14 und Ez 20 so aus:

"Frage"	→	"Antwort"
לדרשׁ (Ez 14,7g)	→	ענה ni. (Ez 14,7h)
הדרשׁ (Ez 14,10)	→	(indirekt: נענה)[195]
לדרשׁ (Ez 20,1)	→	(ohne eindeutigen Bezug)
הלדרשׁ (Ez 20,3)	→	דרשׁ ni. (Ez 20,3)

Diese Tabelle zeigt, daß das Begriffspaar "fragen-antworten" in den Ältestenperikopen auf zwei unterschiedliche Weisen realisiert ist:

1.) דרשׁ	→	דרשׁ ni.:	für (abgelehnten) Gnadenerweis
2.) דרשׁ	→	ענה ni.:	für (angekündigte) Bestrafung

Daß das דרשׁ-Tun der Ältesten nicht einfach auf eine Wortmitteilung abzielt, zeigt Ez 20. In Ez 20,1 kommen die Ältesten, um Jahwe zu "befragen" (לדרשׁ את־יהוה). Jahwe lehnt ihr Ansinnen ab (Ez 20,3), wobei daraus nicht folgt, daß Jahwe vor den Ältesten stumm bliebe. Im Gegenteil: Er übermittelt dem Seher ein langes Wort. Es geht also nicht nur um Reden oder Schweigen, sondern um Gnade oder Strafe und, sofern diese von Worten begleitet sind, um gnadenerweisendes Reden bzw. Bestrafung ankündigendes Schweigen[196]. לדרשׁ את־יהוה meint somit mehr als den Wunsch nach einem Gotteswort. Die Ältesten bitten um ein tätiges Eingreifen. Darum ist es besser, דרשׁ nicht mit "fragen"/"befragen", sondern mit "bitten" zu übersetzen und analog dazu דרשׁ ni. mit "sich erbitten lassen" [197]. Das Gegenteil von "sich erbitten lassen" ist dann nicht "schweigen", sondern "bestrafen".

Es genügt also nicht, דרשׁ - דרשׁ ni. bzw. דרשׁ - ענה ni. auf das modernsprachlich geläufige Begriffspaar "fragen" - "antworten" zu beschränken [198]. Eine nach dem Frage/Antwort-Schema verstandene Abfolge von דרשׁ und ענה ist im AT praktisch inexistent [199]. Der Wortcharakter, der im deutschen "ant-*wort*-en"

---

[195] Diese indirekte Bezugnahme folgt aus der Verknüpfung zwischen der Bestrafung des Propheten und des Fragers in Ez 14,9.

[196] Genaueres dazu in IV. 2.4.2.

[197] SIMIAN[-YOFRE] (1974) 237 möchte "erbitten" nur für Ez 36,37 gelten lassen.

[198] Gegen HARDMEIER (1990) 310. FARFÁN NAVARRO (1992) 87 Anm.11 zählt Ez 14,4.7 zu den Stellen, wo schwer zu entscheiden sei, ob Jahwe mit Worten oder Taten "antwortet".

[199] In Jes 65,1 drückt שׁאל die Frage und נדרשׁתי die Antwort aus. Nur Ps 34,5

anklingt, darf nicht unkontrolliert in ענה hineingelesen werden. Ez 14 zeigt, daß es allgemeiner, im Sinn von "reagieren" (o.ä.) [200] oder besser "aufmerksam werden" [201], zu verstehen ist. Darum wird ענה, wo es eine mit Worten ausgedrückte Reaktion einleitet, häufig präzisiert [202]. Die Frage, ob Jahwe zu den Ältesten reden oder schweigen soll, wird in Ez 14 also nicht im Sinn eines alles oder nichts gestellt. Damit ist die erwähnte Diskrepanz zwischen Antwortverweigerung und Redebefehl als Scheinproblem entlarvt. Die Ablehnung einer Antwort bezieht sich auf das Abschlagen der Ältestenbitte [203], während die Ältestenanrede eine Wortmitteilung ist, die durch die Unwürdigkeit der Ältesten nicht verhindert wird. Die Ablehnung der Antwort enttäuscht die Erwartungen der Ältesten. Worin sie bestehen, geht aus Ez 14 nicht hervor und ist für das Verständnis des Stückes belanglos, weil das Gotteswort auf eine grundsätzliche Problematik hinweist.

Eine Färbung empfängt ענה ni. durch die mit dem Verb verbundenen Rechtskonnotationen. Sie spielen in Ez 14 durch die Rechtsworte und die Anwesenheit der Ältesten hinein [204]. ענה ב bedeutet juridisch "anklagen" [205].

---

verbindet noch דרש und ענה, wobei kaum der Frage-Antwort-Zusammenhang gemeint ist. KRAUS (1961) 268 versteht דרש in Ps 34 als Fachterminus des Heiligtumsbesuchs, bei dem Jahwe durch den Priester ein Wort verkündet. Diese Verwendung läßt sich nicht ohne weiteres auf einen Exilspropheten und auf Ez 14 übertragen, wo Älteste den Seher an seinem Wohnort aufsuchen. Außerdem wird der Besuch beim Propheten in Ez 14,1 und Ez 20,1 nicht mit דרש, sondern mit בוא bezeichnet.

[200] LABUSCHAGNE (1976) 337, KLEINER (1995) 37, BLOCK (1997) 427. Dagegen: FARFÁN NAVARRO (1992) 86: "un significado demasiado neutro y general que apenas si conviene alguna vez."

[201] FARFÁN NAVARRO (1992) 87: "atender". Diese Übersetzung hat den Vorteil, daß sie "no exige suponer un ruego previo, que muchas veces no consta (...)."

[202] STENDEBACH (1989) 235 z.B. 2 Kön 1,10: ויענה אליהו וידבר (MILLER [1996] 320: "multiple-verb frame"). Auf ענה verzichtet die Einleitung von Jahwebefragungen mit דרש/בוא, wobei Jahwes Reaktion mit normalen Verba dicendi (אמר, דבר) anschließt. Abwesend ist ענה in den zwei Frage-Antwort-Schemata in STENDEBACH (1989) 238. Er glaubt, daß ענה im prophetischen Kontext nicht verwurzelt ist. Ausgehend von Ez 14 könnte man dagegen einen semantischen Unterschied zwischen ענה (tatbezogen bzw. kontextabhängig) und דבר/אמר (wortbezogen) postulieren, der dem prophetischen Gebrauch von ענה natürliche Grenzen setzt und die Verwendung von דבר/אמר fördert.

[203] WILSON (1980) 284 möchte die Stelle als Verweigerung der prophetischen Fürbitte verstehen. Doch dieser Interpretation liegt eine Verwechslung der Aktantenrolle des Sehers mit jener Jahwes vor.

[204] Schon in Ez 11,4-11 werden die Ältesten angeklagt, Jahwes Satzungen nicht befolgt, seine Rechtsforderungen nicht ausgeführt und nach dem Gesetz der umliegenden Völker gehandelt zu haben. In Ez 14 wird ihnen ein Wort im juridischen Stil verkündigt und nach Ez 20,4 ("Willst du sie nicht vielmehr richten, Menschensohn!") entgegnet ihnen Jahwe im Urteilsspruch. Diese rechtsorientierte Behandlung läßt einen Schluß auf den Dialogstatus der Ältesten zu, die als Aktanten behandelt werden, denen juridische Kategorien geläufig zu sein scheinen.

[205] 1 Sam 12,3; 2 Sam 1,16; Jes 3,9; 59,12; Jer 14,7; Mi 6,3; Hos 5,5; 7,10;

Darüber hinaus sind zwei Dinge zu beachten: die Konstruktion von ענה im Ni. [206] und der Anschluß einer zweiten präpositionalen Verbindung mit ל. Dieser Umstand schließt eine Bedeutungskomponente "anklagen" in V.4h aus kontextuellen Gründen aus. Außerdem ist die theoretisch mögliche Übersetzung "ich habe mich für ihn zur Anklage gegen die Götter herbeigelassen" im gegebenen Kontext ohne Sinn. Interessanter ist aber V.7h. Wendet man die Bedeutung "anklagen" darauf an, folgt, daß sich Jahwe zu einer Anklage gegen sich selbst (בי) herbeiläßt. Tatsächlich gibt er sich durch die Bestrafung des Götzendieners der Anklage durch die Völker preis. Das entspricht der Motivierung des Handelns "um seines Namens willen", damit sein Ansehen vor den Völkern nicht geschmälert wird. Wenn Gott Israel bestraft, fällt das vor den Völkern auf ihn zurück, weil die Stärke eines Gottes am Wohlergehen seines Volkes gemessen wird. Der Gebrauch von ענה ב in V.7h darf aber nicht überschätzt werden, denn der Vers redet nicht von der Bestrafung des Volkes, sondern des einzelnen Götzendieners. Dennoch eröffnet die Konstruktion einen Interpretationsspielraum.

Ergebnis: Das Anliegen (die "Frage"), mit dem die Ältesten vor den Seher treten, wird mit דרש qal bezeichnet: Die Ältesten "befragen" (דרש qal) Jahwe. Seine Reaktion darauf umschreiben zwei Ausdrücke: דרש ni., wenn Jahwe einen geforderten Gnadenerweis ablehnt, und ענה ni., wenn er eine "Antwort" gewährt, die aber eine Bestrafung ist. In diesem Sinn lehnt die Frage in V.3d einen Gnadenerweis ab.

2.2.2.2. ל und ב im Fragekontext von Ez 14. Es gibt im Frage/Antwort-Zusammenhang von Ez 14 ein Element, das schon mehrmals begegnet ist: das Spiel der Präpositionen ב und ל. Es zeigt sich in drei Syntagmen:

אני יהוה נעניתי לו בה ברב גלוליו	Ez 14,4h
ובא אל־הנביא לדרש־לו בי	Ez 14,7fg
אני יהוה נענה־לו בי	Ez 14,7h

Auf die Probleme einer kontextisolierten, nur auf grammatikalische Kriterien gestützten Übersetzung von לדרש־לו בי (V.7g) wurde hingewiesen.

(i) Beginnen wir mit V.4h. Die Interpretation dieses Syntagmas muß berücksichtigen, daß נעניתי ein Ni. mit tolerativer Bedeutung ist [207]. Die erste Präpositionalverbindung לו besitzt zwei mögliche Bezugsworte, הנביא oder איש.

Hi 15,6. Für den formalen Akt der Anklage kennt das Hebr. keine univoke Ausdrucksweise (BOVATI [1986] 62, 277). BEGRICH (1938) 31 meint aber, daß ענה ב die Antwort der einen Rechtspartei auf die von der anderen gestellte Frage bezeichnet.

206 Die ענה ni. Vorkommen in Hi 11,2 und 19,7 haben einen juridischen Charakter, stehen aber in einem anderen rechtlichen Kontext und sind nicht mit ב konstruiert (BOVATI (1986) 291.301.316). Für Ez 14 sind sie deshalb bedeutungslos.

207 Aus den bei JOÜON (1923) §51 aufgezählten Ni.-Verwendungen ist das für Ez 14 die einzige sinnvolle Möglichkeit (vgl. §51c).

Nachfolgendes גלוליו mit enklitischem Possessivpronomen zeigt aber, daß vom Götzendiener, also vom איש, die Rede ist. Welche Beziehung zwischen נעניתי und dem Götzendiener drückt ל aus? Im Rahmen des Tolerativs liegt die Nennung des Auctor actionis am nächsten [208].

Zu ב schlägt JENNI (1992) 356 eine adversative Qualifizierung des Sachverhaltes vor und übersetzt ב mit "trotz" [209]. Das beruht auf der Beobachtung, daß zwei einander entgegengesetzte Aktanten, Jahwe und die Götzen, auftreten. An diese Beobachtung schließt sich die Überlegung, daß man nicht zugleich Jahwe und den Götzen dienen und folglich nicht von beiden eine "Antwort" erwarten kann (etc.). Wenn sich Jahwe nach Ez 14,4 zu einer Reaktion bewegen läßt, so geschieht das im Rahmen dieser Ausgangslage eben "trotzdem". Nun aber gezeigt, daß der Götzendienst der Anfrager kein Hindernis für eine Replik Jahwes ist. Jahwe "reagiert" (ענה), auch wenn ihn Götzendiener angehen. Darum paßt die adversative Interpretation von ב nicht.

Jahwes Reaktion bleibt nicht aus, kann aber je nach Fragesteller positiv oder negativ sein. Daß sich בה auf die Fragesteller bezieht, zeigt folgendes ברב גלוליו. Es bestimmt בה als die גלולים *der Götzendiener* (גלוליו). V.4h betont also nicht den Modus der Jahwereplik ("trotzdem"), sondern deren Verhältnis zum Gesprächsstatus des Anfragers. Eine solche proportionale Relation bezeichnet im Hebr. das Beth normae [210]. Es wird hier mit "nach", "nach dem Maß" bzw. "gemäß" übersetzt [211]. Die neutrische Präpositionalverbindung בה wirkt als retardierendes Moment, weil ihre Bezugsgröße erst durch ברב גלוליו sichtbar wird. Die Übersetzung von V.4h lautet: *"Ich Jahwe habe mich von ihm darin* (=בה) *zu einer Antwort bewegen lassen* (und zwar) *gemäß der Menge seiner* גלולים*."*

---

[208] Nach JENNI (1992) 20-24 ist ל der allgemeinste Relationalis. Er lehnt eine lokal-zielgerichtete Grundbedeutung ab. In Ez 14,4h ist eine solche Relation zwischen נעניתי und לו (=לאיש) auch wegen des Kontextes auszuschließen. ל als Dativ "für" (etc.) ist möglich, würde aber den Akzent von der aktiven Bewirkung der Antwort auf deren passiven Empfang verlagern, was der Rolle der Ältesten bzw. des איש nicht entspricht. Um einen solchen Wechsel zu bezeichnen, wären deutlichere Signale zu geben. Da sie fehlen, sind die Vorgaben des Kontextes zu übernehmen.

[209] Dazu verweist er auf Jes 47,9; Ps 33,16s; 94,19. Ferner: EICHRODT (1986) 102, BERTHOLET (1936) 50, KLEINER (1995) 41. Gegenteilig, nämlich kausal: WEVERS (1969) 112 (nach RSV) sowie BROWNLEE (1986) 199. Vgl. AALDERS (1955) 241.

[210] JENNI (1992) 148s. Lev 5,24 und Num 5,7: "nach dem Wert zurückerstatten" (בראשו); Ri 20,9: "gemäß dem Los handeln" (בגורל); Jes 10,24: "nach der Art der Ägypter" (בדרך); Ez 7,27: "nach dem Recht das Urteil sprechen" (ושפטוך במשפטיהם). Weitere Beispiele bei JENNI.

[211] HIERONYMUS: "iuxta"; WORDSWORTH (1869) 184: "according", KEIL (1882) 133: "nach"; COOKE (1936) 151: "according". ZIMMERLI (1979) 300: "angesichts" ist eine sehr diplomatische Lösung, die den Informationszuwachs bzw. die Modifikation, die das Syntagma durch die Beifügung von ברב גלוליו empfängt, nicht erklärt.

(ii) In Ez 14,7fg liegt trotz ähnlicher Präpositionenfolge eine andere Situation vor. לו und בי hängen nicht von einem Ni., sondern von einem Qal ab. לו kann folglich nicht wie in V.4h übersetzt werden.

Jahwe bzw. ein Gott/Götter schließen als direktes Objekt von דרש qal mit את, ל oder ב an. Im späten Bibelhebr. ist דרש את oft durch דרש ל ersetzt [212]. Das kann in V.7g nicht der Fall sein, denn auf Jahwe bezieht sich nicht לו, sondern בי. Folglich ist ROOKERS (1990) 97 letzte Möglichkeit zu prüfen, wonach ב das direkte Objekt bezeichnet und wie את funktioniert [213]. Diese Auslegung wirft zwei Fragen auf. Erstens nach der Bedeutung von לו, wobei zwei Bezüge möglich sind: איש oder נביא[214]; zweitens nach dem für לדרש implizierten Subjekt. Wieder sind איש oder נביא als Bezugsaktanten denkbar.

Der Vergleich mit anderen Texten fällt aus, weil Parallelen fehlen. Dagegen existieren דרש-ähnliche Verben, die bei der Befragung von Gottheiten mit ל[215] und ב verwendet sind [216], wobei das Subjekt des Frageverbums (שאל, קסם) nie der Anfrager, sondern der Mittler (Prophet, Priester, Wahrsagerin) ist:

Frageverb	→	ל	→	ב
Mittler fragt	→	für x	→	die Gottheit y
Subjekt: Mittler	→	bezeichnet: Anfrager	→	bezeichnet: Gottheit [217]

Das führt zur Übersetzung von V.7g: *"damit er* (= der Prophet) *mich* (= Jahwe) *für ihn* (= den Anfrager: איש) *befrage"*. Die Schwierigkeit dieser Auslegung besteht darin, daß ein Subjektswechsel zwischen V.7f (ובא אל־הנביא; Subjekt: איש) und dem untergeordneten Infinitivsatz in V.7g (לדרש־לו בי; implizites Subjekt: נביא) anzunehmen ist. Diese Abkehr vom logischen Subjekt ist weder morphologisch noch syntaktisch angezeigt, kann sich aber auf den ähnlichen Fall in Num 27,21 berufen [218].

---

[212] ROOKER (1990) 97: Dtn 12,30; 1 Chr 22,19, 2 Chr 17,35; 31,21; Ezr 4,2.

[213] 1 Sam 28,7; 2 Kön 1,2s.6.16; 1 Chr 10,14; 2 Chr 34,26. KLEINER (1995) 33s weist mit RUPRECHT (1971) 464 darauf hin, daß alle Belegstellen für illegitime divinatorische Befragungspraktiken nach dem Schema דרש + ב (=durch/mittels) bzw. אל (=zu) + befragtes Objekt aufgebaut sind (ב mit Jahwebezug: 2 Kön 1,16).

[214] GREENBERG (1983) 250 diskutiert beide Varianten.

[215] KÖNIG (1997) §289a: ל relationis.

[216] Mit anderen Frageverben: Num 27,21: ושאל לו במשפט האורים (abrupter Subjektswechsel vom Frager zum Priester Eleasar). 1 Sam 22,10.13.15: וישאל־לו ביהוה (Subjektswechsel)/לשאול־לו באלהים/ושאול לו באלהים; 1 Sam 28,8: קסומי־נא לי באוב.

[217] Num 27,21 ist zweideutig. Erst das 3.Sg-Suffix in פיו bestimmt das Subjekt von ושאל. In 1 Sam 22,10 folgt aus den folgenden Verbformen, daß Achimelech Subjekt von ושאל sein muß.

[218] KRAETZSCHMAR (1900) 138: "(...) dass er mich für ihn befrage." (ähnlich BERTHOLET [1936] 50). Die finite Übersetzung von לדרש verschleiert die Problematik. Unter den bei KÖNIG (1897) §406/§407 aufgeführten infinitivischen Konsekutiv- bzw. Finalsätzen ist kein ähnlicher Fall. Dtn 11,15 bezeichnet den Subjektswechsel im Infinitivsatz durch ein enklitisches Personalpronomen: ונתתי...לבהמתך. In der בוא/דרש-Folge in Ez 20,1 liegt

Eine andere Erklärung besteht darin, איש als Subjekt des Nebensatzes zu verstehen. Dafür kann Ez 14,10 - Partizip qal von דרש für die Bezeichnung des "Frager" - und Ez 20,1 - die Ältesten kommen, um Jahwe zu "befragen" (דרש qal; ferner Ez 20,3: הלדרש) - genannt werden. Das führt zu einer anderen Auslegung von לו und בי. Für לו gibt es dann zwei Möglichkeiten:

1.) Übersetzung mit Bezug auf איש als Dativus commodi ("um für sich zu befragen"), wobei ב Jahwe als Angefragten bezeichnet. Diese Lösung hat den Nachteil, daß לו eine Selbstverständlichkeit formuliert, die bei Fragen nur expliziert ist, wenn jemand für einen anderen fragt.

2.) Übersetzung mit Bezug zu näherliegendem הנביא, wobei לו im Sinne des ל relationis den Angefragten ("um ihn [= den Propheten] zu befragen"), und בי Jahwe bezeichnet, der über den Seher konsultiert wird. Die Konstruktion wäre so zu verstehen, daß zwei Aktanten angefragt sind, wobei sich die Frage direkt an den Propheten (ל) und über ihn an Jahwe (ב) richtet. Das würde den indirekten Aspekt der Gottesbefragung betonen [219].

Nach dieser zweiten Lösung betont V.7fg nicht die Befragung Gottes, sondern des prophetischen Mittlers. Es werden zwei Aktanten angegangen und zwei Präpositionen verwendet, die beide für die Befragung von Gottheiten bezeugt sind. Die Befragung des Propheten wird mit דרש + ל (= את) bezeichnet [220], während für Jahwe דרש ב gebraucht ist. Die beiden Aktanten können aber nicht auf derselben Ebene angesprochen sein. Aus der Optik des איש ist der Prophet direkt und Jahwe indirekt angefragt. Die Übersetzung sieht damit so aus: *"um ihn (=den Propheten) über mich bzw. nach mir zu fragen."*

Zwischenergebnis: Alle drei zu V.7fg vorgeschlagenen Interpretationsvarianten haben ihren Pferdefuß. Die erste erfordert von V.7f nach V.7g einen Subjektswechsel, während die anderen zwei einen ungewöhnlichen Gebrauch der Präpositionen ב und ל annehmen, der ad hoc zu erklären ist. An dieser Stelle fehlen Kriterien, um in der Frage weiterzukommen. Dazu ist die Propheteninstruktion II einzubeziehen. Darum wird die Untersuchung hier suspendiert und in IV.2.4.2.4. (S. 302) wieder aufgenommen.

(iii) Das dritte Mal kommt die Präpositionenabfolge ל und ב in V.7h vor [221]: נענה־לו בי. לו läßt sich wie in V.4h als Bezeichnung des Auctor actionis verstehen. Anders liegen die Dinge für בי, denn das enklitische Personalpronomen bezieht sich auf Jahwe, nicht auf die Götzen. JENNI (1992) 168 katalogisiert die Form in der Rubrik "Orakelbefragung" mit דרש ביהוה (V.7g). Zwar ist ein

---

kein Subjektswechsel vor.

[219] Auch 2 Kön 1,16: אֵין־אֱלֹהִים בְּיִשְׂרָאֵל לִדְרֹשׁ בִּדְבָרוֹ. Diese Verwendung von ב entspricht דרש ב bei der Befragung von Gottheiten (in der Rede: Dtn 6,7; 11,19 "du sollst davon sprechen"; JENNI [1992] 169). Ez 14,7 hebt den Propheten als Wortvermittler hervor.

[220] Wobei דרש ל nur in Ps 142,5 und דרש את nur in Jer 30,14 für die Hinwendung (etc.) an einen Menschen benützt wird. Eine ähnliche Prophetenbefragung wie in Ez 14 wird in 2 Chr 18,7 mit לדרוש את־יהוה מאתו umschrieben.

[221] Zu den Interpretationsmöglichkeiten: FAUSSET (1868) 247.

paralleler Präpositionengebrauch feststellbar, trotzdem kann דרש ב zur Erklärung von נענה ב nicht dienen. Bei דרש ב ist Jahwe nämlich der Angefragte, während בי nach נענה einen anderen Stellenwert besitzt. Darum liegt der Zusammenhang zwischen den beiden ב-Stellen nicht auf der Ebene der Bedeutung, sondern der Rede (Wortallusion bzw. Wortspiel), wofür nicht die Semantik, sondern die Pragmatik zuständig ist [222].

Für ב in V.7h, kommen aus den von JENNI (1992) aufgezählten Anwendungen verschiedene, einander nicht ausschließende Möglichkeiten in Betracht. Eine erste ist das Beth constitutionis. Es besteht darin, daß ein Prädikat x durch ein mit ב eingeleitetes y näher bestimmt wird [223]. Daneben bieten sich das Beth instrumenti [224] bzw. das Beth communicationis [225] an. Letzteres steht z.B. in 1 Sam 28,6, wo es mit negiertem ענה konstruiert ist und die nicht mehr funktionierenden Offenbarungsmittel bezeichnet. Beth communicationis bezeichnet auch das Reden mit Worten [226]. נענה könnte so verstanden werden, wobei ב mit ענה ni. nach dem von JENNI angeführten Gebrauch von דבר + ב für den Redeinhalt die Antwort bezeichnen würde.

Auf V.7h angewendet, führen die Kategorien von Beth constitutionis, instrumenti oder communicationis zu ähnlichen Ergebnissen. Das Beth constitutionis legt den Akzent auf den Inhalt (was?) der Antwort Jahwes, die nicht aus prophetisch vermittelten Worten, sondern aus Jahwe selbst besteht. Das Beth instrumenti unterstreicht das Medium (wodurch?), mittels dem sich Jahwe äußert: nicht durch den Propheten, sondern durch sein direktes Einschreiten. Das Beth communicationis legt den Akzent auf die Ergehensweise des Dialoges (wie?): Jahwe spricht nicht aus dem Mund des Sehers, sondern durch sich selbst. In V.7h ist die Bedeutung der Aussage noch unklar. Entsprechend bleibt der genaue Akzent von ב im Ungewissen. Erst die folgenden Syntagmen zeigen, wie נענה ב zu verstehen ist: Jahwe wird durch eine Bestrafung antworten. Damit liegt der Nachdruck auf der Ergehensweise (Beth communicationis), ohne daß die Aspekte von Inhalt und Medium vernachlässigt sind.

Die Stellen mit den Präpositionen ל und ב zeigen also den folgenden inneren Zusammenhang:

- V.4h: *"Ich, Jahwe, habe mich von ihm* (sc. Pelatjahu) *in dieser Situation zu einer seinen Götzen gemäßen Antwort bewegen lassen."*
- V.7g: *"um den Propheten über mich* bzw. *für sich zu befragen."*

---

[222] בי ist auch kein Reflexiv, da dieser im Ni./Tolerativ enthalten ist.

[223] JENNI (1992) 90. Ein Kriterium für das Beth constitutionis ist der nominale Kontext. Er ist in V.7h trotz נענה nicht wirklich gegeben (vgl. V.4h mit finitem נעניתי in syntaktisch ähnlicher Stellung).

[224] JENNI (1992) 118. Hos 6,5;12,14 bezeichnet den Seher zweimal mit ב als Werkzeug Gottes. Danach wäre aber in V.7g nicht er, sondern Jahwe das Instrument.

[225] JENNI (1992) 160. Zu dessen Gebrauch mit ענה: Rubrik 1924.

[226] JENNI (1992) 169. Dtn 3,26;6,7;11,19; Hi 15,3; Ez 3,4; 2 Chr 29,30; Jes 28,11.

• V.7h: *"Ich, Jahwe, lasse mich von ihm bewegen, höchstpersönlich zu antworten."*

Durch die Antwort in V.4h wird die Bestrafung des Pelatjahu mit seinem Götzendienst verbunden. Die Härte der Strafe läßt auf das Maß des Götzendienstes schließen. V.7h führt diesen Gedanken weiter und identifiziert die Strafe als besondere Art der Gotteserscheinung. Pelatjahus Tod wird theologisch interpretiert. Der Götzendiener, der es wagt, sich Jahwe zu nähern, wird den Deus tremendus erfahren. Es ist zu beachten, daß die Ältesten nur diesen letzten Teil zu Gehör bekommen.

V.7h nimmt in den Ältestenperikopen eine Mittelstellung ein und läßt sich als nachgetragene Erklärung der Ereignisse in Ez 11,13 verstehen [227]. Er leitet zugleich das in Ez 20 angesagte Strafgericht ein. Damit sind die Folgen von Ez 14 anders als jene von Ez 11. Nach dem zweiten Prophetenbesuch der Ältesten schließt keine mit dem Tod des Pelatjahu vergleichbare Bestrafung an und das, obwohl eine Strafandrohung ergeht und der Tatbestand erfüllt ist. Daß in Ez 14 kein zweiter Pelatjahu stirbt, erklärt Ez 20: Die Bestrafung einzelner genügt nicht. Israel hat sich von frühester Zeit und bis auf den heutigen Tag als treulos und götzendienerisch erwiesen. Deshalb ist die Herausführung des Volkes aus dem Götzenland Juda und ein großes Scheidungsgericht in der Wüste notwendig: *"Aus dem* ארץ מגוריהם*, wo sie sich aufhalten, werde ich sie herausführen, aber in die* אדמת ישראל *sollen sie nicht kommen."* (Ez 20,38). Das ist die Strafe, die den Israeliten bevorsteht. Ist das nicht ein Widerspruch zur Individualbestrafung in den Rechtsworten von Ez 14? Zu diesem Einwand ist die Rede von der Totalvernichtung im Kontext der Ältestenperikopen zu betrachten.

Jahwe nimmt die Volksvernichtung, mit der die Ältesten zum ersten Mal in Ez 11,13 konfrontiert sind, in V.5a auf, indem er die Bedeutung der Bestrafung des Pelatjahu für die Götzendiener Israels betont. V.7 beschränkt sich darauf, das Pelatjahugeschehen vor den Ältesten als einzelverantwortetes Ereignis darzustellen. Wenn Ez 20 die Bestrafung nicht nur der götzendienerischen Frager, sondern aller Götzendiener und des Volkes in Juda ankündigt, heißt das, daß *alle* Götzendiener und folglich *alle* schuldig sind. So gibt es von Ez 11 über Ez 14 nach Ez 20 einen roten Faden. Ez 11 ist der Einzelfall: Pelatjahu stirbt. Ez 14 weitet dieses Geschehen vor den Ältesten auf "jedermann" aus. Und Ez 20 wendet dieses Prinzips auf alle Götzendiener an: Israel ist von alters her von Jahwe abgefallen. Folglich trifft die Strafe alle.

Ergebnis: In V.7h bezeichnet לו den Auctor actionis, während בי den Akzent auf die Ergehensweise setzt. Der Vers ist einerseits eine theologische Erklärung des Todes des Pelatjahu und bereitet andererseits auf die Strafankündigung in Ez 20 vor.

---

227 Auf der Ebene der Prophetenanrede bzw. Verschriftlichung, nicht aber auf jener der Ältestenanrede.

2.2.2.3. Die synkretistische Prophetenbefragung. Das Problem der synkretistischen Jahwebefragung ist nun im Horizont ähnlicher alttestamentlicher Sprechhandlungen zu betrachten.

(i) Jahwebefragungen im AT. Im folgenden werden zwei synkretistische Prophetenkonsultationen besprochen, die vom Mißbrauch des דרש-Tuns reden, das mit der Hinwendung an fremde Götter und Totengeister (u.ä.) zusammenhängt[228]. דרש mit יהוה (bzw. אלהים) als Objekt findet sich nach WESTERMANN (1960) 16s im AT etwa 100 Mal. Davon sind ca. 50 Stellen mit der Bedeutung "Jahwe befragen" bzw. "sich an Jahwe wenden" verbunden. Der Sprachhandlung in Ez 14,1-11 am nächsten kommen 1 Kön 22,5-28 und 2 Kön 3,11-14.

In *1 Kön 22,5-28* stellt sich Micha Ben Jimla falschen Jahwepropheten entgegen, welche die Könige von Juda und Israel zum Krieg bewegen wollen. Aber die Könige hören nicht auf Micha, sondern ziehen in den Krieg und erleiden eine Niederlage. Das Unglück ist die Folge von Kriegsereignissen. Die ez Ältestenperikopen stehen dazu im Gegensatz, weil sie beim Tod des Pelatjahu und in Ez 14,8abc ein direktes Eingreifen Gottes annehmen. Auch die in Ez 20 mit Hinweis auf kriegerische Ereignisse angekündigte Bestrafung wird nicht von weltlichen Kriegsherren, sondern von Jahwe ausgeführt: "So wahr ich lebe, spricht Jahwe, der Herr, mit starker Hand, mit erhobenem Arm, mit überschäumendem Grimm will ich über euch herrschen (Ez 20,34)." Jahwe ist deutlicher als in 1 Kön 22 in Ez der handelnde Aktant.

Die Gründe für die Unterschiede zwischen Ez 14 und 1 Kön 22 liegen in der Dialogsituation: 1.) Micha ist in die Ereignisse einbezogen, während Ezechiel über die ferne Heimat weissagt. Es fehlt das Ineinander von persönlichem Schicksal und Gotteswort, das die Prophetenrede in Jerusalem kennzeichnet. 2.) Ez 14 verkündigt das Gotteswort mit einer minimalen narrativen Verumständlichung, während 1 Kön 22 das Ereignis mit seiner Vor- und Nachgeschichte erzählt. Es stellt sich aus dem Blickpunkt der Erfüllung dar, während sich Ez 14 auf die Ansage beschränkt.

2 Kön 3,11-14 zeigt eine durch Götzendienst behinderte Prophetenbefragung. Die Könige von Israel, Juda und Edom bitten Elischa in höchster Kriegsnot um ein Gotteswort. Bei dieser Gelegenheit klagt der Prophet den König von Israel des Synkretismus an, läßt sich aber wegen der Gerechtigkeit des Königs von Juda zu einer Weissagung herbei[229]. Die Gottesbefragung wird somit nicht von Jahwe, sondern vom Propheten in Frage gestellt.

---

[228] WAGNER (1977) 324ss. In 1 Chr 10,13-14 (Saul) und 2 Chr 16,12 (Asa) wird die Götterbefragung bzw. die verpaßte Jahwebefragung zum Casus mortis.

[229] WESTERMANN (1960) 19 weist darauf hin, daß die Frage nicht einfach eine Auskunft erbittet, sondern eine Not abwenden will. Gleiches gilt für 2 Kön 22 (Auffindung des Gesetzbuches): "Die Antwort ist wieder nicht nur eine Auskunft, sondern gleichzeitig eine Anweisung, was in dieser (sc. Israels) Bedrohung geschehen soll (19)." Nur in 1 Kön 22 (Kontext: Jahwekriege) findet WESTERMANN דרש in der für שאל (= Frage nach der Entscheidung des nächsten Schrittes) bekannten Bedeutung.

Auch die Unterschiede zwischen 2 Kön 3 und Ez 14 sind auf die Dialogsituation zurückzuführen. Die Prophetenkonsultation geschieht in einer Notlage der Fragesteller. Dem König von Israel wird gesagt, daß die Bestrafung in der Verweigerung der Antwort besteht: "Nähme ich nicht Rücksicht auf Jehoschaphat, den König von Juda, so würde ich dich wahrhaftig nicht einmal eines Blickes würdigen (2 Kön 3,14)". 2 Kön 3 zeigt, daß der Götzendiener, der sich in einer Not an Jahwe wendet, nicht erhört wird, sondern die Folgen der Notlage zu tragen hat. Ez 14 kündigt dagegen eine Strafe an, die als Eingriff Jahwes beschrieben ist. Diese Darstellung nähert sich der Konzeption der Geißel Gottes (z.B. Lev 10,1-2) [230].

(ii) Zur Form der Jahwebefragung in Ez 14. WESTERMANN (1960) 18 untersucht die Gottesbefragung im Krankheitsfall [231] und postuliert für die Jahwebefragung in einer Volksnot eine ähnliche Gestalt [232]. Zu letzterer zählt er auch die ez Ältestenperikopen, womit er in deren Ereignishintergrund eine Volksnot annimmt. Stimmt das? WESTERMANN begründet die Volksnot aus der Anwesenheit der Ältesten, die für ihn Volksvertreter sind, die ex officio kein anderes Anliegen als eine Volksnot vorbringen können [233]. Doch diese Beweisführung erbringt den Nachweis einer Volksnot nicht. Das deutlichste Argument dagegen ist das Sprachverhalten der Ältesten. In Ez 11,3 zeigen sie - entgegen den Erwartungen in einer Volksnot - eine optimistische Lagebeurteilung. Auch in Ez 20 (V.32!) kann keine Rede von einer Krise des Volkes oder des Götzendienstes sein. In Ez 14 wagen sich die Ältesten sogar samt ihrer Götzendarstellungen vor den Seher. Dialoganalytisch ist WESTERMANNS aus formkritischen Grundsatzüberlegungen heraus postulierte Volksnot darum widerlegt. Ohne sie ist aber die These zweifelhaft, daß das Scheitern der Ältesten das Ende der Institution der Jahwebefragung bezeugt, bei der es um die Wende einer Not geht [234].

---

[230] Eine todbringende Prophetenbefragung beschreibt 1 Kön 14,1-18: Die Frau Jerobeams I reist wegen ihres kranken Sohnes inkognito zu Achija. Der Prophet erkennt sie und kündigt den Tod des Sohnes und den Untergang des Königshauses an. Diese Bestrafung geht über die Notlage hinaus und trifft einen Dritten. Anders in Ez 14, wo sich die Strafe auf den Fragesteller beschränkt. Die kasuistische Falldefinition führt zum Strafminimalismus. Außerdem wird die Umkehr angeboten. Ferner 2 Kön 1,2-18. Zur Strafe durch Eingreifen Gottes: PHILLIPS (1970) 30.

[231] Deren Ablauf ist folgender: 1.) Situationsangabe: Ein Mensch erkrankt; 2.) Er schickt einen Boten zu einem Gottesmann; 3.) Der Bote nimmt ein Geschenk mit; 4.) Er bittet um Genesung; 5.) Der Gottesmann antwortet mit einem Gottesspruch.

[232] Es gibt zwei Unterschiede: 1.) Die Anfrager kommen als Vertreter des Volkes; 2.) Ein Geschenk an den Propheten wird nicht erwähnt.

[233] WESTERMANN (1960) 21. Folgt daraus, daß die Ältestenperikopen drei exilische Volksnotlagen bezeugen, die sonst unbekannt sind? Dem widerspricht, daß die Strafe dort, wo Jahwe eine Bitte ablehnt, mit der vollen Realisierung der Notlage verbunden ist (Jer 21,1ss; 37,3ss). Dafür gibt es für die gegebene Zeit keine Anhaltspunkte.

[234] WESTERMANN (1960) 21: "In den Ez-Stellen wird nachdrücklich erklärt, daß

Die Besonderheit von Ez 14 liegt nicht im Verhalten Jahwes, sondern in dem der Ältesten. Anders als in einer Notlage treten sie stark und selbstbewußt auf. Die umgehängten Götzenbilder beweisen, daß Jahwe nicht ihre einzige Zuflucht, sondern ein Gott unter vielen Göttern ist [235]. Während die bei WESTERMANN beschriebenen Jahwebefragungen von dringenden Anliegen motiviert sind, bleiben die Gründe für den Auftritt der Ältesten unerwähnt. Ihre selbstsichere Haltung offenbart, daß die Jahwebefragung für sie keine vitale Bedeutung besitzt. Das folgt auch daraus, daß Jahwe in seinen Repliken nicht auf eine Gefahr in der Gesprächsgegenwart hinweist, sondern von der dunklen Zukunft spricht, von der die Ältesten aber der Meinung sind, daß sie nie eintreffen wird [236].

Die Institution der Gottesbefragung ist somit nicht durch die Antwortverweigerung Gottes, die eine Folge der Vorgaben der Ältesten ist, sondern durch die Ältesten selbst gefährdet, die Jahwe konsultieren, ohne den Ernst ihres Tuns zu erkennen und ohne dem Wort eine echte Bedeutung zuzumessen. Ihr Auftritt ist die Routineübung von Leuten, die von Jahwe nichts Richtiges erbitten, weil sie von ihm nichts brauchen.

Selbst Pelatjahus Tod hindert die Ältesten nicht, den Propheten ein zweites und später ein drittes Mal aufzusuchen. Das mag damit zusammenhängen, daß Jahwe in Ez 11 zu diesem Ereignis schweigt. Nur der Seher äußert sich dazu, indem er von Pelatjahus Tod auf den Untergang des Restes Israels schließt (Ez 11,13). Ob seine Auslegung stimmt, bleibt allerdings offen. Sie mag einfach eine Übertreibung sein. Der einzige indirekte Kommentar, den Jahwe zu Pelatjahus Tod abgibt, ist Ez 14,4h. Er richtet sich aber nur an den Seher und rückt dessen Ausruf von Ez 11,13 ins richtige Licht: Pelatjahus Tod kann als Vorzeichen für den Untergang Restjudas gedeutet werden. Sollte es soweit kommen, wäre das keine über das Volk gebrachte Kollektivstrafe, sondern die Folge des Götzendienstes. Diese Botschaft ist nur für den Propheten bestimmt. Die Ältesten vernehmen davon nichts und können sich auch nach Ez 14 mit der Ansicht beruhigen, daß Pelatjahus Sterben ein vom Propheten für seine Sache geschickt ausgenützter Zufall gewesen ist.

(iii) Der Hintergrund der Jahwebefragung in Ez 14. In Ez 14 besteht keine Volksnot. Im Gegenteil: Die Lage der Ältesten erlaubt ihnen, die Drohworte des Propheten gelassen zu ertragen. Die Ältestenzitate beweisen, daß sie kein Verlangen nach einem rettenden Eingriff Jahwes (o.ä.) haben, sondern mit dem politischen und religiösen Status quo, der sich in Juda nach der Exilierung

---

dieses 'Befragen Jahwes', das die Ältesten im Exil wieder aufnehmen möchten, nicht mehr möglich ist."

[235] HEINISCH (1923) 75 zum Polytheismus: "Je mehr Götter, desto mehr Hilfe." SCHUMPP (1942) 79: "je mehr Götter, (...) desto mehr Schützer und Helfer."

[236] Dazu auch die Volkssprichwörter in Ez 12,21-28.

der Oberschicht (597) ergeben hat, zufrieden sind [237]. Sie erbitten keine Wende in der Not, sondern den Segen für ihre Position in Jerusalem, wo sie als neue Oberschicht das Erbe der Deportierten angetreten haben. An Hand der Ältestenzitate ist nun der Einzelnachweis für diese These zu führen.

(1) Das erste Ältestenzitat findet sich in der Tempelvision in *Ez 8,12* [238]: אֵין יְהוָה רֹאֶה אֹתָנוּ עָזַב יְהוָה אֶת־הָאָרֶץ. Es besagt, daß sich die Ältesten im Tempel mit ihrem Kult als Herren im eigenen Haus benehmen. Jahwe ist nicht mehr dort. Um ihn zu treffen, begeben sie sich nach Babylon. Aber wenn Jerusalem der Hand Jahwes entzogen ist, ist diese Konsultation kaum mehr als ein Höflichkeitsbesuch. Diese Schlußfolgerung beeinflußt den Jerusalemer Kult und ermöglicht, daß neue Gottheiten den Platz besetzen, den Jahwe verlassen hat. So ist die Gleichgültigkeit der Ältesten begreiflich. Ihre Erwartungshaltung in Ez 14,1 ist gering: Von einem abwesenden Gott ist weder viel Gutes noch viel Schlechtes zu erwarten. Außerdem sind die Verhältnisse, so wie sie sind, zufriedenstellend.

(2) Das nächste Zitat ist Teil der Einleitung zur Ältestenanrede in der Tempelvision (*Ez 11,3*): לֹא בְקָרוֹב בְּנוֹת בָּתִּים הִיא הַסִּיר וַאֲנַחְנוּ הַבָּשָׂר. Diese Aussage beschreibt den Status quo Jerusalems in leuchtenden Farben. Eine große Zukunft steht der Stadt bevor. Mit ihr und ihren Bewohnern wird es bald aufwärts gehen. Die Wegführung von Teilen der Bevölkerung in der ersten Deportation ist ausgeglichen. Ja, die Stadt ist für die Bewohner bereits zu klein. Es bleibt dem zweiten Gotteswort vorbehalten, die Kehrseite dieser Medaille zu präsentieren.

(3) Den Bewohnern Jerusalems und somit auch den Ältesten ist das Zitat in *Ez 11,15* zugeschrieben. Es leitet die Exulantenanrede nach der Tempelvision ein: רַחֲקוּ מֵעַל יְהוָה לָנוּ הִיא נִתְּנָה הָאָרֶץ לְמוֹרָשָׁה. Die Aufforderung "bleibt fern von Jahwe" [239] hängt, wie der Versrest zeigt, mit dem Land zusammen und spielt auf die neuen Besitzverhältnisse in Jerusalem an, die durch die Rückkehr der Exulanten in Frage gestellt würden [240]. In Jerusalem ist die Lücke, die durch

---

[237] Die folgenden Überlegungen bleiben auf der Ebene der Dialogsituation und der sich darin abspielenden Sprachhandlung. Zur Kriterienfindung für eine historische Interpretation der Zitate im Prophetenspruch: WOLFF (1937).

[238] Vgl. auch Ez 9,9.

[239] EHRLICH (1996) 177 versteht רַחֲקוּ nach F.M. CROSS: "sie sind von Gott entfernt und haben auch ihren Anspruch auf ihn verwirkt (...)." Er merkt, daß רַחֲקוּ hierzu als Perfekt umzuvokalisieren ist, übersieht aber, daß dann auch die auf den Imperativ ausgerichtete Einleitungsformel mit ל (אֱמָרוּ לָהֶם) zu ändern wäre.

[240] Im Lichte von Ez 8,11 (עזב יהוה את־הארץ) und der Götzendienstanklage gegen Jerusalem ist zu bezweifeln, ob רחקו מעל יהוה die Exulanten als gottferne Sünder charakterisiert (ZIMMERLI [1979] 249; FUHS [1984] 62). Ein plötzliches Interesse der Götzendiener Jerusalems am Jahweverhältnis der Golah entspricht auch nicht der Dialogsituation. Naheliegender ist, mit KRAETZSCHMAR (1900) 120, der auf 1 Sam 26,19 und 2 Kön 17,23 verweist, vom Bezug zwischen Jahwekult und Landbesitz auszugehen. Fern von Jahwe bedeutet fern vom Land. Das hat Folgen für die Besitz- und Machtverhältnisse in

die Deportation geschaffen wurde, geschlossen. Ein neuer Status quo, der durch die Wiederherstellung der früheren Verhältnisse bedroht wäre, hat sich etabliert. Ez 11,15 plädiert dafür, daß alles so bleibe, wie es ist. Die Exulanten bedrohen den aktuellen Zustand in Jerusalem. Die Bewohner Jerusalems bewegt somit nicht eine Lage, die es zu verbessern gälte (z.B. Volksnot), sondern die Sorge um die Bewahrung des Erreichten [241].

(4) Ein nächstes Ältestenzitat befindet sich in *Ez 20,32* als Teil der Anrede des Hauses Israel: נִהְיֶה כַגּוֹיִם כְּמִשְׁפְּחוֹת הָאֲרָצוֹת לְשָׁרֵת עֵץ וָאָבֶן. Es äußert einen Wunsch für die Zukunft. Dieser deutet auf keine gegenwärtige Volksnot (o.ä.), sondern weist auf den ungehemmten Götzendienst Israels. Die Volksnot wird für die Zukunft angesagt, weil Jahwe sich dem von den Ältesten herbeigewünschten Zustand durch eine Krisensituation entgegenstellt. Sie wird den Status quo, den Jahwe nicht als Wohnen im Land, sondern als Zerstreuung unter die Völker versteht, beenden.

(iv) Jahwes Reaktion. Die Reaktion Jahwes auf die Ältesten zeigt sich schon zu Beginn der ersten Ältestenanrede. Er teilt ihnen in *Ez 11,5* mit, ihr Ansinnen durchschaut zu haben. Damit spielt er auf ihre Infragestellung der Ernsthaftigkeit der Jahwekonsultation an, welche die Gottesbefragung aushöhlt. Jahwe redet dann vom Schwert, das den Status quo in Jerusalem beenden wird. Das Anliegen der Ältesten wird abgelehnt. Es ergeht in Ez 11 also eine - wenn auch negative - Antwort an die Ältesten. Das ist in *Ez 14* nicht der Fall. Die in Ez 11 berücksichtigten Gesprächsvorgaben (Sorge um den Status quo) werden ignoriert. Grund dafür ist der Götzendienst, der die Jahwekonsultation verhindert und den Frager in Lebensgefahr bringt. *Ez 20* wiederholt Teile aus den ersten zwei Ältestenperikopen, geht aber über sie hinaus. Wie in Ez 11 wird das Ende des Status quo verkündigt (Ez 20,33ss) und wie in Ez 14 das דרש ni. der Ältesten abgelehnt (Ez 20,31). Dann mündet das Wort in die Gerichtsrede (vgl. Ez 20,4: התשפט), welche Elemente aus der ersten Ältestenanrede aufnimmt, die Anklage aber breiter abstützt und sie auf Israel ausdehnt. Als Novum ergeht eine Heilsansage auf der Ältestenebene, die über die Verweigerung des דרש ni. und die Zerstörung Jerusalems hinausblickt und die Pars construens nach dem Fall Jerusalems vorwegnimmt.

Ergebnis: Das Treffen zwischen den Ältesten und dem Seher besitzt andere Voraussetzungen als die von WESTERMANN beschriebene Jahwebefragung in der Volksnot. Es ereignet sich nicht auf dem Hintergrund einer Notlage, sondern der Gleichgültigkeit der Ältesten, deren Herz (vgl. die Rede vom steinernen

---

Jerusalem und Juda (vgl. das Volkszitat in Ez 33,24; ferner: EICHRODT [1966] 74; GREENBERG [1983] 189; BROWNLEE [1986] 163s; BLENKINSOPP [1990] 63: "intimate association between deity, cult, and land in antiquity"). Darauf läuft auch der Versrest hinaus. In diesem Sinne steht Ez 11,15 nicht im Widerspruch zu Ez 8,11.

[241] Die Lage in Jerusalem hat sich seit der ein Jahr vorher geschehenen Auseinandersetzung zwischen Jeremia und Hananja (Jer 28) bezüglich der Zukunft der Exulanten verändert (vgl. REINDL [1987] 88, Anm. 66 und 89, Anm. 84).

Herzen) mehr den Götzen als Jahwe anhängt. Ez 20 sagt, daß sich das nach dem Strafgericht ändert. Dann wird דרשׁ, das am Anfang von Ez 20 den Willen der Ältesten bezeichnet, Jahwe zu "befragen" (V.1: לדרשׁ את־יהוה), wobei Jahwe dieses Ansinnen zweimal klar ablehnt (Ez 20,3.31), wieder zugelassen: Israel wird seinem Gott auf dem heiligen Berg dienen und Jahwe sagt über Israels Opfer: שָׁם אֶרְצֵם וְשָׁם אֶדְרוֹשׁ אֶת־תְּרוּמֹתֵיכֶם (Ez 20,40): Gott wird nicht auf das דרשׁ-Tun seines Volkes warten, sondern er wird ihm sogar zuvorkommen und nach seinen Opfern begehren.

2.2.3. Der Ältestenbesuch in der Propheteninstruktion. Die narrative Einleitung berichtet, wie die Ältesten ankommen und sich vor dem Propheten niederlassen. Davon spricht Jahwe in der Propheteninstruktion und in der Ältestenanrede. Dabei setzt er Akzente, aus denen seine Beurteilung des Ältestenbesuches hervorgeht[242]. Er spricht von der Vergangenheit der Ältesten und verkündigt eine situationsbezogene Rechtsverfügung. In ihr setzt er im Vergleich zu V.1s ein neues Element hinzu: den Götzendienst. Wie wirkt sich das auf die Dialogsituation in Ez 14 aus, und welche Folgen hat die Nennung des Götzendienstes für den Dialogstatus der Besucher?

2.2.3.1. Die Ältesten und der Götzendienst. Es wurde gezeigt, wie sich die Rede von den Götzen in Ez 14 auf Ez 8 zurückbezieht. Gleiches trifft für die Darstellung der Ältesten als Götzendiener zu. Darum ist wieder bei der Tempelvision anzusetzen und zu sehen, wie Jahwe bzw. der Visionsbegleiter zum ersten Mal vom Götzendienst der Ältesten sprechen. Ausgangspunkt ist Ez 8,12.

Ez 8,12 weist den Propheten auf das hin, "was die Ältesten des Hauses Israel im Finstern (בחשׁך) tun." Was meint בחשׁך? Mit Sicherheit bezeichnet der Ausdruck keinen im Götzenraum herrschenden Lichtmangel[243]. Das beweist V.12, wo der Prophet nach dem gefragt wird, was er בחשׁך "gesehen hat" (הראית). Es ist die Frage, die ihm im Verlauf der Vision oft gestellt wird (Ez 8,6.15.17). Sie zielt immer auf den Inhalt und nie auf die Art des Sehens. Wäre das hier anders, müßte diese Abweichung angemerkt werden.

---

[242] Die Gegenüberstellung zeigt, wie der in Ez 14,3bc von Jahwe beschriebene Sachverhalt im ersten Rechtswort umgesetzt wird:

Sachverhaltsbeschreibung	Erstes Rechtswort
V.3b: האנשׁים	V.4d: אישׁ אישׁ
V.3b: האלה (V.1a: מזקני ישׂראל)	V.4d: מבית ישׂראל
V.3b: העלו גלוליהם אל־לבם	V.4e: יעלה את־גלוליו אל־לבו
V.3c: ומכשׁול עונם נתנו נכח פניהם	V.4f: ומכשׁול עונו ישׂים נכח פניו
(V.1a: ויבוא אלי אנשׁים)	V.4g: ובא אל־הנביא
V.3d: האדרשׁ אדרשׁ להם	V.4h: אני יהוה נעניתי

[243] Gegen ROTHSTEIN (1922) 888: "schwache Beleuchtung durch das auf den Räucherpfannen brennende Feuer".

בחשך ist also ein Hinweis auf die Heimlichkeit des Götzendienstes. Davon redet auch KEIL (1882) 96, allerdings ohne Bezugnahme auf בחשך. Die Heimlichkeit kommt dadurch zum Ausdruck, daß der Seher durch ein Loch in der Wand eindringen muß, um den Eingang zum Raum zu finden, wo sich die Ältesten aufhalten [244]. בחשך ist also ein Hinweis auf die Verborgenheit [245]. Es bedeutet "im Dunkeln" = "im Geheimen". Die Ältesten versuchen, den Tempelgötzendienst zu verstecken. Warum? Wem gilt die Geheimnistuerei, Jahwe oder dem Volk? Das Volk bzw. die im Tempel Anwesenden können kaum gemeint sein, da der Götzendienst dort offen geübt und öffentlich akzeptiert ist. Vor ihren Mitbürgern, die ebenfalls in den Götzendienst verstrickt sind, brauchen sich die Ältesten also nicht zu verbergen.

Ihr Versteckspiel muß folglich Jahwe gelten. Wie das zu verstehen ist, ist nun zu zeigen. Dazu ist beim folgenden Ältestenzitat anzusetzen: "Jahwe sieht uns nicht, Jahwe hat sein Volk verlassen". Die Geheimhaltung zielt darauf ab, jemandem ein Wissen vorzuenthalten. Genau davon redet der erste Zitatteil mit Bezug auf Jahwe: אין יהוה ראה אתנו. Wollen die Ältesten damit sagen, daß Jahwe sie nicht sieht, weil sie den Götzendienst im Versteckten abhalten? Um diese Frage zu beantworten, sind zwei Dialogebenen der Sprachhandlung zu unterscheiden.

1.) Die erste Ebene ist der visionär dargestellte Sachverhalt. Die Ältesten haben sich zwar dem Götzendienst verschrieben, sind sich ihrer Sache aber nicht sicher, sondern benehmen sich wie Kinder, die hinter dem Rücken der Eltern etwas Verbotenes tun. Der Versuch, den Götzendienst vor Jahwe zu verstecken, impliziert seine indirekte Anerkennung und zeigt, daß es unter der Fassade des Abfalls ein Wissen um Jahwe und um seinen Willen gibt. Soweit die in der Schau dargestellte Version.

2.) Die zweite Ebene umfaßt den Tatbestand, wie er von den Ältesten dargestellt wird. Das Ältestenzitat bestätigt indirekt, daß die Sorge um das Sehen Jahwes für sie bedeutsam ist. Die Ältesten beeilen sich, sie aus der Welt zu schaffen und behaupten: אין יהוה ראה אתנו. Interessant ist die Begründung. Jahwe sieht nicht, weil er sich aus dem Land davongeschlichen hat. Damit ist

---

[244] Somit ist von untergeordneter Bedeutung, ob das in der LXX fehlende בחשך ein Zusatz ist (ZIMMERLI [1979] 218). RINGGREN (1982) 270 glaubt, daß sich in Ez 8,12 der Gedanke des geheimen Treibens mit der Idee des Bösen kreuzt. Das mag stimmen. Der Aspekt des Bösen ist aber im Vergleich zu jenem der Heimlichkeit sekundär: Daß בחשך auf das Böse hinweist, ist nur abhängig von seiner Konnotation der Heimlichkeit zu verstehen. Oder anders herum: בחשך könnte im Kontext von Ez 8,12 die Heimlichkeit ohne die Boshaftigkeit, nicht aber die Boshaftigkeit ohne die Heimlichkeit ausdrücken. Zur Heimlichkeit: auch ZIMMERLI (1983) 417.

[245] Diese Auslegung ist nicht selbstverständlich. Je nach Kontext kann חשך im übertragenen Sinn verschiedenes meinen: eine negative Schicksalswende (Jes 47,5), Not, Drangsal, Unrecht (Jes 45,7; 59,9; Mi 7,8; Ps 35,6; Ps 107,10; Spr 2,13; Koh 5,16; Klgl 3,2), den Tag Jahwes (Joël 2,2; Am 5,18.20; Zef 1,15), die Unterwelt (Ps 88,13; Hi 10,21; 17,13) oder die Uneinsicht (Koh 2,14).

es Jahwe, der die Ältesten mit den Götzen allein gelassen hat und die Verantwortung für ihren Götzendienst trägt.

Der Vergleich der beiden Ebenen offenbart ein Mißverhältnis zwischen dem Tun und den Worten der Ältesten. Wenn sie glauben, daß Jahwe sein Land verlassen hat, gibt es keinen Grund, den Götzendienst zu verstecken. KEIL (1882) 97 hat das Benehmen der Ältesten in Ez 8 als Leugnung der Allwissenheit und Allgegenwart Gottes gedeutet [246]. Das stimmt, ist aber innerhalb der Dialogsituation zu verstehen. Aus ihr geht hervor, daß diese Leugnung vor allem verbaler Natur ist. Sie dient den Ältesten zur öffentlichen Rechtfertigung ihres Götzendienstes, während ihr Benehmen zeigt, daß sie davon nicht überzeugt sind [247]. Trotzdem zeigt ihr Versteckspiel eine arg zerrüttete Vorstellung von Gottes Gegenwart: Jahwe ist anwesend und doch nicht anwesend. Es genügt ein geheimer Ort, um sich ihm zu entziehen. Dieses Versteckspiel behandelt Jahwe wie einen menschlichen Aktanten.

Ergebnis: Das Verhältnis der Ältesten zum Götzendienst wird in Ez 8,12 so differenziert dargestellt, daß ihr Status mit der Bezeichnung "Götzendiener" nicht hinreichend beschrieben ist. Die Ältesten stehen in einer Phase des Überganges vom Jahwe- zum Götzenkult. Diese ist dadurch gekennzeichnet, daß sie dem Götzendienst zwar schon anhangen und dabei von einigen Zerrbildern über Jahwe beeinflußt sind. Deshalb ist ihr religiöses Verhalten widersprüchlich und zudem von nichtreligiösen Beweggründen motiviert. Diese bestehen in der Rechtfertigung der de facto nicht mehr auf Jahwe gründenden Macht der neuen Herrscher in Jerusalem, deren Vertreter die Ältesten sind. Welche Bedeutung die Entkoppelung der neuen Machthaber von Jahwe besitzt, ist im weiteren zu zeigen. Dabei ist wieder bei der Sprachhandlung anzusetzen.

2.2.3.2. Die Hintergründe des Götzendienstes in Ez 14. Ez 14 versteht sich auf dem Hintergrund der ersten Ältestenperikope in Ez 8-11. Das Ältestenzitat in Ez 8,12 geht davon aus, daß von Jahwe keine Hilfe zu erwarten ist. Wie ist die Infragestellung der Fürsorge Jahwes zu begreifen? Zwei Möglichkeiten kommen in Betracht: 1.) Die Ältesten reden im Hinblick auf ein Einzelproblem bzw. 2.) in einem grundsätzlichen Sinn. Zu 1.) wurde WESTERMANNS Volksnot-Theorie an Hand von Ez 14 besprochen. Sie soll jetzt auch an Ez 8,12 durchgespielt werden.

Zu 1.) Befinden sich die Visionsältesten in Ez 8 in einer Volksnot (o.ä.) und suchen sie ihre Zuflucht bei den Götzen, weil sie an der Hilfe Jahwes verzweifeln? Das Problem dieser Annahme besteht darin, daß es dafür in Ez 8 (sowenig wie in Ez 14) keine Anhaltspunkte gibt [248]. Auch die Strafe in Ez 9

---

[246] Es wäre situationsgemäßer, von der Leugnung der Gegenwart Gottes in Jerusalem zu sprechen.

[247] COBERN (1901) 79: "These adherents to the secret mysteries do not dare to openly defy the God of Israel by boldly crossing his threshold (...)."

[248] Das in Ez 8,14 geschilderte Beweinen des Tammus ist kein Trauerausbruch

deutet nicht darauf, obwohl es zum klassischen Bestrafungsablauf gehört, daß sich die Strafe Gottes durch die volle Entfaltung der bestehenden Notlage verwirklicht. Ez 9 beschränkt sich auf die Darstellung einer surrealistischen Tempelreinigung, bei der sechs Männer eine ganze Stadt heimsuchen und ein Linnenbekleideter die Überlebenden mit einem Kreuz markiert. Daraus kann keine Notsituation rekonstruiert werden.

Zu 2.) Es ist also der zweite Fall zu prüfen: Vielleicht sind die Umstände des Götzendienstes der Ältesten von Ez 8 grundsätzlicher Natur, so daß die Tempelvision ihr Benehmen situationsübergreifend bespricht. Es fragt sich dann, wie der Götzendienst in die Dialogsituation eingebettet ist.

Um darauf zu antworten, ist beim Ältestenzitat in Ez 8,12 anzusetzen. Dort wird mit עזב יהוה את־הארץ gesagt, daß Jahwe das gleiche Schicksal wie die Exulanten der ersten Deportation erfahren hat. Was ist damit gemeint? Der qatal bezeichnet den Weggang Jahwes als abgeschlossenen individuellen Sachverhalt der Vergangenheit. Dieser Aussage steht entgegen, daß Jahwe erst in Ez 10,18ss bzw. Ez 11,23 abreist [249] und sie widerspricht der Handlung in der Tempelvision. Es muß darum eine Situation gesucht werden, bei der Jahwe nicht in Wirklichkeit, sondern nach der Vorstellung der Ältesten das Land verlassen hat. Ferner ist zu prüfen, welche Gründe die Ältesten haben, um solches zu behaupten.

Das einzige in Ez bekannte Ereignis in der näheren Vergangenheit, das eine Schlußfolgerung dieser Tragweite erlaubt, ist die erste Deportation der Führungsschicht des Volkes nach Babylon [250]. Die in Ez 8,12 verwendete Bildsprache (עזב) muß auf dieses Ereignis hindeuten. Durch die Verbindung der ersten Deportation mit der Abreise Jahwes aus dem Land sagen die Ältesten, daß die Wegführung von 597 nicht nur das Volk, sondern auch Jahwe beeinflußt hat und daß sich das Jahweverhältnis Restjudas dadurch grundlegend gewandelt hat. Die Folgen dieser Aussage sind jetzt zu entfalten.

Durch die Verbindung der ersten Deportation mit Jahwes Auszug aus dem Land wird den Ereignissen von 597 eine Bedeutung von unerhörter Tragweite zugeschrieben [251]. Wenn Jahwe aus der Stadt ausgezogen ist, hat

---

aus aktuellem, sondern aus kultisch-rituellem Anlaß. Dazu GREENBERG (1983) 171.

[249] Im Lichte dieser Spannung und der mehrmaligen Rede von Jahwes Wegzug aus dem Tempel ist auch Ez 8,6 (לרחקה מעל מקדשי) mit KEIL (1882) 95 so zu verstehen, daß Jahwe, nicht Israel, Subjekt der Infinitivkonstruktion ist. Dazu GREENBERG (1983) 168s und BROWNLEEs (1986) 132s scharfsinnige Ablehnung einer Identifizierung des Subjektes mit Israel: "One would suppose, however, since the image (or, the altar honoring the goddess, as Zimmerli interprets) is an object of revulsion, the farther away from the temple the better! More probably, then, the understood subject of the infinitive is Yahweh (...)."

[250] Die erste Deportation setzt schon Ez 1,1 voraus. Sie wird z.B. in Ez 17,4.12 ausdrücklich erwähnt.

[251] Die Zerstörung Jerusalems stellt die Ereignisse von 597 weit in den Schatten.

sich für die Ältesten in der Deportation von 597 - die für sie deshalb nicht die "erste" ist, weil es eine zweite noch gar nicht gibt - der definitive Zusammenbruch Israels ereignet. Ohne Jahwes Gegenwart können sich die Bewohner Jerusalems nicht als Jahwevolk bzw. als Haus Israel bezeichnen. Und tatsächlich tun sie das auch nicht. In den Zitaten der Tempelvision beharren die Ältesten nur auf den Besitz des Landes [252]. In Ez 20,32 sagen sie ohne Umschweife, daß sie wie die übrigen Völker sein wollen [253], wobei der praktizierte Götzendienst beweist, daß sie diese Absicht in die Tat umgesetzt haben.

Die Lage nach der Deportation von 597 ist also die folgende: Mit der Verbannung des Königs und der israelitischen Oberschicht kommen die Anführer des Volkes nach Babylon, während Restjuda sich mehr und mehr von Jahwe lossagt. Dieser Abfall bewirkt, daß die exilierte Elitegruppe zwar nicht quantitativ aber qualitativ zum entscheidenden Volksteil wird. Nicht die Restjudäer, sondern die Exulanten sind das wirkliche Haus Israel. Darum zieht Jahwe wie im Exodus mit den Exulanten in die Verbannung [254].

Die Restjudäer definieren sich immer weniger mit Bezug auf die theologische Größe 'Haus Israel'. Ez 20,32 zeigt, daß sie die Erfahrung mit Jahwe als abgeschlossen betrachten und ins Heidentum entlassen werden möchten. Die Golah sehen sie als politischen Gegenspieler, der ihnen den Landbesitz streitig macht. Darum empfehlen sie ihr, fern von Jerusalem zu bleiben (Ez 11,15) [255]. Der Status als בית ישׂראל wird ihr zwar nicht abgesprochen, es wird aber klar, daß sie keinen Anspruch hat, in ihre alte Stellung zurückzukehren [256]. Die neuen Machthaber in Juda verstehen sich nicht als Stellvertreter, sondern als Nachfolger der Verbannten. Unter diesen Vorzeichen ist die Weiterexistenz Israels in Restjuda unmöglich. Die Zurückgebliebenen wollen nicht, und die Exulanten können nicht mehr בית ישׂראל sein. Damit verstehen die Ältesten die Wegführung der Jerusalemer Führungsschicht als faktischen Untergang Israels in Restjuda. Es wird für Jerusalem und Juda eine Situation vorausgesetzt,

---

Hier wird die erste Deportation unabhängig von den späteren Geschehnissen verstanden, das heißt, als ein Erreichen der Talsohle, nach dem ein Aufschwung erwartet wird.

[252] Vgl. Ez 8,12: "Jahwe hat sein Land verlassen" (auch Ez 9,9) und Ez 11,15: "uns ist das Land gegeben" (auch Ez 11,3).

[253] Vgl. auch die Anklage an die Ältesten in Ez 11,12.

[254] Das geschieht in Ez 10,18, vgl. auch die Thronwagenvision in Ez 10,22. Nach Ez 10,18 macht sich die Herrlichkeit Jahwes abreisefertig, was Ez 43,3 damit begründet, daß Jahwe die Stadt der Vernichtung überläßt.

[255] ALBERTZ (1992) 379: "Und verbittert mußten sie (sc. die Deportierten) erleben, wie schnell sie vom Großteil der daheimgebliebenen Bevölkerung abgeschrieben und ihres Grundbesitzes beraubt wurden (Ez 11,15; 33,24)."

[256] Dagegen: die ins Jahr der Tempelvision, 593, datierte Aussage des Hananja, wonach der verbannte König und die Exulanten binnen zweier Jahre nach Jerusalem zurückkehren werden (Jer 28,4). Der Vergleich zwischen Jer und Ez mag auf eine unterschiedliche Auffassung bei Volk und Priestern bzw. bei der Herrschergruppe (z.B. Älteste), vielleicht sogar auf eine Geheimpolitik letzterer hindeuten.

wie sie im Nordreich nach der assyrischen Einnahme Samarias entstand (2 Kön 17,5ss).

Ergebnis: Der Status der Ältesten von Ez 8-11, der den Hintergrund für das Verständnis der Ältesten in Ez 14 bildet, stellt sich so dar: Die Ältesten der Tempelvision stehen unter dem Eindruck der ersten Deportation, durch die Jahwe ihrer Meinung nach seine Stellung als Gott Jerusalems abgegeben und zum Gott der Golah geworden ist. Deshalb verkehren sie mit ihm nicht im Tempel, sondern über einen exilischen Propheten. Jahwe ist der exilierte Gott einer exilierten Gruppe, die sich nach der Auffassung der Ältesten fern von der alten Heimat halten soll. Die im Land Zurückgebliebenen erheben keinen Anspruch, Haus Israel zu sein, sondern delegitimieren sich freiwillig. Darin stimmen sie mit Jahwe überein [257], der aber ansagt, daß die Golah zurückkehren und das Land wieder in Besitz nehmen wird (Ez 11,16-20) [258].

2.2.3.3. Das vorausgesetzte Ende des Jahwevolkes. Warum glauben die Ältesten, daß das Jahwevolk in Jerusalem nicht mehr existiert? Diese Frage ist mit Ez 8-11 zu beantworten. Es wurde an Hand der Zitate gezeigt, daß die Ältesten die Interessen jener verteidigen, die nach der ersten Deportation an die Macht gekommen sind. Nach 597 ist eine neue Führungsschicht entstanden, die in den ez Ältesten- und Volkszitaten redet und ihre Ansprüche zu konsolidieren sucht. Sie fühlt dabei eine zweifache Bedrohung:

1.) Auf der einen Seite ist die neue Oberschicht durch Ereignisse wie die Eroberung Jerusalems im Jahre 597 gefährdet. Eine ausländische Macht könnte über die gegenwärtigen Herrscher das Schicksal der Mächtigen von gestern bringen. Anlaß für diese Befürchtung sind Propheten wie Ezechiel oder Jeremia, durch die Jahwe nicht müde wird, Restjuda den Untergang anzusagen. Das konfrontiert die Ältesten mit der Aussicht, daß sie die kaum errungene Position in Jerusalem in naher Zukunft wieder verlieren. Das Wort der Ältesten in Ez 11,3 ("Nein! In Kürze wird Häuserbauen sein" [259]) ist eine Antithese gegen die Jahwepropheten. Die Ältesten glauben an eine rosige Zukunft [260] und daß sie nach dem Geschehen von 597 das Schlimmste hinter sich haben. Darum setzen sie den Drohworten des Propheten den Aufschwung in Jerusalem entgegen.

2.) Auf der anderen Seite ist die Stellung der neuen Machthaber durch eine eventuelle Rückkehr der exilierten Oberschicht bedroht. Daß die Ältesten in Ez 11,15 indirekt darüber reden (רחקו מעל יהוה), zeigt, daß diese Möglichkeit

---

[257] Jahwe sagt in der Tempelvision, daß die Bewohner Jerusalems ihren Status als Haus Israel verloren haben (Ez 11,9-12).

[258] Dieser Befund entspricht weitgehend der Auffassung, die im Brief des Jeremias an die Verbannten zum Ausdruck kommt (Jer 29; vgl. ferner Jer 31,8.10; 32,37).

[259] Zur Übersetzung: III.3.4.1.4. (S. 158, Anm. 115).

[260] Die in Ez 12,22.27 zitierten Volkssprichwörter stehen im ähnlichen dialogischen Rahmen der Abwehr von Drohworten.

ihnen die größeren Sorgen bereitet. Die Rückkehr der alten Oberschicht würde die neu entstandenen Verhältnisse in Jerusalem bedrohen.

Die Wahrscheinlichkeit des Eintreffens der beiden Katastrophenszenarien verhält sich zueinander umgekehrt proportional. Die Kehrseite einer positiven Zukunftsschau besteht darin, daß mit ihr die Möglichkeit einer Rückkehr der Exulanten wächst. Das heißt auf die politische Situation angewandt, daß für den politischen Hauptfaktor, Babylon, die Gleichung gilt: Je schwächer Babylon, desto unwahrscheinlicher die Bedrohung Restjudas durch einen äußeren Feind. Fall I ist dann gebannt. Im Gegenzug fördert eine Schwäche Babylons, wie die spätere Rückkehr der Deportierten aus dem Exil beweist, die Möglichkeit einer Rückführung der Verbannten und somit das Eintreffen von Fall II.

Die Bewohner Jerusalems stehen also vor einem Dilemma. Der sich bietende Ausweg ist der *Bruch mit Jahwe und der religiösen Tradition*. Er verschafft ihnen zwei Vorteile, welche die Zwickmühle, in der sie sich befinden, beseitigen. Einerseits wird der auf Jahwe gründende Anspruch der Golah auf das Land hinfällig, und andererseits fördert Jahwes Ersetzung durch die Götter die Annäherung an Babylon, was eine Verbesserung der sicherheitspolitischen Lage Jerusalems bewirkt [261].

Die Loslösung Restjudas von Jahwe delegitimiert nicht nur die Ansprüche der Verbannten, sondern auch die Unheilsbotschaften der Jahwepropheten. Wenn Jahwe das Land verlassen hat (Ez 8,12), gibt es kein Gesetz und keinen Richter, der den Frevler zur Rechenschaft zieht. Das unterstreicht das Volkszitat von Ez 9,9 [262], das die Übeltaten Israels und Judas mit dem Ausspruch des Volkes rechtfertigt, daß Jahwe das Land verlassen hat. Folglich ist auch der Götzendienst kein Zeichen der Untreue [263], sondern ein ehrbarer Nachfolgekult, der den verlassenen Platz Jahwes im Tempel neu besetzt.

Anders als für den Seher (Ez 43,3) ist Jahwes Auszug aus Jerusalem für die Ältesten kein Vorzeichen der Bestrafung, sondern die Eröffnung eines Freiraumes, den sie mit einem neuen Kult, den die Tempelvision als Götzendienst entlarvt, und mit ihrem Machtanspruch, den Jahwe Rechtsbruch nennt, ausfüllen. Der Preis für diese Neuausrichtung ist die Aufgabe des Status als Jahwevolk, womit sie sich gleichsam eine anarchische Narrenfreiheit erwerben. Jahwe bezieht sich auf diesen Zustand, wenn er in der ersten und zweiten Ältestenperikope die Bundesformel erwähnt [264]: Die Judäer haben ihr Volk-Gottes-Sein verleugnet, deshalb wird ein neuer עם יהוה angekündigt. Er entsteht

---

[261] Ob der von ägyptischen Zügen geprägte Kult der Ältesten in Ez 11,7-13 Ausdruck einer antibabylonischen Partei ist, kann hier nicht näher abgeklärt werden.

[262] HOSSFELD (1995) 348 redet im Zusammenhang der Volkszitate von einer "Theologie des Volkes".

[263] Nach den Ältesten ist nicht Jerusalem von Jahwe, sondern Jahwe von Jerusalem weggelaufen.

[264] Ez 11,20; 14,11; ferner in Ez 34,24; 36,28; 37,23.27.

aus der Golah, die zurückkehrt, das Land reinigt und es erneut in Besitz nimmt.

Ergebnis: Die neuen Herrscher in Restjuda sind durch den Ansturm Babylons und durch die Rückkehr der verbannten Führungsschicht bedroht. Als Ausweg aus diesem Dilemma wird die Hinwendung zum Heidentum betrachtet. Sie unterhöhlt die auf Jahwe gründenden Ansprüche der Golah und erleichtert die Koexistenz mit dem heidnischen Babylon. Die Aussage, daß nicht Restjuda Jahwe, sondern Jahwe Restjuda verlassen hat, legitimiert diesen Abfall.

2.2.3.4. Die Götzen in der Propheteninstruktion I. Die Darstellung von Götzendienst und Götzendienern in Ez 14 setzt die Tempelvision (vor allem Ez 8) voraus und führt sie weiter.

Wie in Ez 8,12 verbergen die Ältesten in Ez 14 den Götzendienst. Ez 8,12 weist ausdrücklich darauf hin, während die Geheimhaltung aus Ez 14,3b de facto feststellbar ist. Die Geheimhaltungspraxis der Ältesten wird in Ez 14 somit weder bei der Fallbeschreibung noch im Rechtswort expliziert. Damit besitzt sie in Ez 14 einen anderen Stellenwert als in Ez 8. Um diesen Wandel zu verstehen, ist die Sprachhandlung aus der Sicht der Ältesten zu betrachten. Wir beginnen mit Ez 8. In Ez 8,1 stehen die Ältesten nach ihrem ausgedehnten judäischen Götzendienst zum ersten Mal vor dem Seher. Den Götzendienst in Juda dokumentiert die Vision. Umso bemerkenswerter ist, daß die Ältestenanrede (Ez 11,5-12) den Götzendienst der Ältesten kaum erwähnt. Nach Ez 11 können die Ältesten trotz Pelatjahu mit dem Eindruck nach Hause zurückkehren, daß es ihnen gelungen ist, ihren Götzendienst vor Jahwe zu verbergen. Damit geht der Verfall der Jahwereligion in Jerusalem ungebremst weiter.

Die Tempelvision und die Propheteninstruktion zeigen aber ein anderes Bild und beweisen, daß Jahwe gesehen hat. Nach Ez 14,3c weiß er um die Amulette. Er identifiziert die Ältesten mit den Götzendienern der Tempelvision. Das wird auf einer Dialogebene gesagt, die den Ältesten vorenthalten ist. Es ist deshalb nicht verwunderlich, daß sie nach der Tempelvision wieder als Götzendiener vor den Propheten treten. Sie können nicht wissen, daß ihr Versteckspiel durchschaut wurde. Das Verhältnis der Ältesten zum Götzendienst durchläuft also folgende Etappen:

1.) Die erste Phase widerspiegelt Ez 8-11. Die Ältesten sind bemüht, ihren Götzendienst vor Jahwe zu verbergen. Dieser Geheimhaltungsversuch beweist, daß sie um die Sündhaftigkeit ihres Tuns wissen. Um diesen Eindruck zu vertuschen, verschleiern sie ihr Versteckspiel mit einer Art Gott-ist-tot-Theologie (Ez 8,12).

2.) An die Ältesten ergeht in Ez 11 ein Gotteswort. Weil darin vom Götzendienst kaum die Rede ist, könnte es ihnen den Eindruck vermitteln, daß ihre Bemühungen um die Geheimhaltung des Götzendienstes mit Erfolg gekrönt waren.

3.) In Ez 14 wird nur die synkretistische Jahwebefragung ohne Nennung eines hinter ihr steckenden Täuschungsversuches angeklagt. Die Geheimhaltung ist in der Vergehensformulierung der Rechtsworte belanglos. Das Verhalten der Ältesten in Ez 14 hat einen anderen Stellenwert als in Ez 8. In der Ältestenanrede wird der Umkehrruf von einer Rechtsbelehrung gefolgt, welche die Ältesten über ihre Tun aufklärt. Waren sie sich in Ez 8,12 ihrer Untaten noch teilweise bewußt, zeigt Ez 14, daß die Grenze zwischen Jahwe- und Götterverehrung verschwimmt. Letztere ist für die Ältesten selbstverständlich geworden. Das unterstreicht ihre progressive Verstrickung in den Götzendienst. Diese beantwortet auch die Frage, warum die Ältesten, die sich daheim dem Götzendienst zuwenden, einen Jahwepropheten konsultieren. Die Antwort lautet: Wenn die Tempelvision stimmt und der Jerusalemer Kult vom Polytheismus überschwemmt ist, dann ist es für die polytheistischen Ältesten kein Problem, Jahwe als Gott neben anderen Göttern zu sehen und sich ihm zuzuwenden, umso mehr, als Jahwe der Ex-Beschützer ihrer Stadt ist [265].

Ergebnis: Der Vergleich von Ez 8 und Ez 14 zeigt, daß sich die Ältesten immer tiefer und selbstverständlicher in den Götzendienst verstricken. Das hängt auch damit zusammen, daß der Götzendienst in ihrer ersten Begegnung mit dem Seher kaum zur Sprache kommt. Jahwe ist in den Augen Restjudas eine Gottheit unter vielen.

---

[265] So schon SCHOLZ (1835) 74: "Die Fragenden standen in dem im Alterthum sehr verbreiteten Wahne, man könne (...) die Verehrung des Gottes ihrer Väter mit der Verehrung der Götzen vereinigen".

2.3. *Das Gotteswort an die Ältesten (Ez 14,6b-8c)*

Die Analyse der Redesituation hat das Mittelstück von Ez 14,1-11 als *Ältestenanrede* identifiziert, die sich von der Propheteninstruktion I durch ihre dialogische Ausrichtung unterscheidet [1]. In ihr erscheint ein zweites Rechtswort, das vom vorausgehenden Umkehrruf geprägt ist und deshalb keine Wiederholung des ersten Rechtswortes ist. Bedeutsam ist auch die Einbindung von Ez 14,6b-8e in den Makrokontext der ersten Ältestenanrede am Ende der Tempelvision (Ez 11,5-12).

2.3.1. Die Anknüpfung an die Tempelvision. Ez 14,6b-8e setzt die Anrede der Ältesten in Ez 11 fort, indem sie diese in V.6cde mit ihrem Götzendienst konfrontiert. Obwohl der Götzendienst in der Tempelvision zentral ist, spricht das erste Wort die Ältesten darauf kaum an. Es ist auf die Anklage von visionär fast nicht erwähnten Sozialvergehen beschränkt [2]. Nur der Schlußvers deutet den Götzendienst an. Dessen visionäre Offenbarung bleibt der Golah vorbehalten (Ez 11,25). Wie erklärt sich diese Disproportion zwischen Visions- und Redeinhalt? Warum kommt der in der Schau marginale Rechtsbruch sofort und der Götzendienst erst in Ez 14 zur Sprache?

Diese Frage ist an Hand der Einbettung der ersten Ältestenanrede in die Vision zu beantworten. Wie die Analyse der Redesituation gezeigt hat, gehört das Ältestenzitat in Ez 11,3 ("Nahe ist das Häuserbauen [etc.]") nicht nur zur Vision, sondern ist eine Äußerung der Ältesten, die dem Aufschrei des Propheten (Ez 9,8: "Willst du den Rest Israels vernichten?") nach der visionären Ausmerzung der Stadtbewohner widerspricht. Nicht Untergang, sondern Aufschwung ist ihrer Meinung nach die Zukunft Jerusalems. Darauf reagiert die erste Ältestenanrede. Die Widerrede der Ältesten lenkt also die Thematik auf die in der Schau sekundäre Unrechtsproblematik hin. Erst in V. 12 geht die Ältestenanrede auf den Götzendienst über: כמשפטי הגוים. Sogleich stirbt Pelatjahu (V.13). Zu diesem Zeitpunkt ist die Ältestenanrede nicht beendet, sondern wird durch Pelatjahus Tod *unterbrochen*. Das zeigen zwei Beobachtungen:

1.) Am Ende des Gotteswortes fehlt die Ez-übliche Schlußformel [3].

2.) Der Tod erfolgt כהנבאי ("während ich weissagte"). Der Infinitiv constructus mit כ bezeichnet einen gleichzeitigen Sachverhalt. Als Pelatjahu starb, war der Seher noch bei der Wortverkündigung. Nach Pelatjahus Tod redet er nicht weiter, sondern fällt nieder und schreit ein zweites Mal auf. Unsere Arbeitshy-

---

[1] Gegen BETTENZOLI (1979) 183s, der Ez 14,1-11 einer Ez-Schule zuweist: "Die Verse 4f bilden in der Tat den Prolog der Paränese (vv.6-11), die jeden Bezug zu den Ältesten Israels von v.1 schon längst verloren hat."

[2] Die Sozialdelikte (Blutschuld) sind in der Vision nur in Ez 9,9 genannt.

[3] Vgl. dagegen Ez 11,21.

pothese lautet: Die erste Ältestenanrede wird im Augenblick abgebrochen, wo sie zum Götzendienst übergeht. Dieses Thema wird nur angerissen. Dann setzt der Tod des Pelatjahu der Wortverkündigung ein Ende. Deshalb kommt der Götzendienst nicht ausführlicher zur Sprache. Die Ältestenanrede bleibt für die Ältesten ein Fragment.

Wie ist das erste Ältestenwort dialogisch qualifiziert? Die Antwort auf diese Frage ist Ez 11,5: als Anrede Jahwes an den Seher. Diese Dialogebene wechselt in V.13, der die Ereignisse auf der Ebene der Ältestenanrede erzählt. Das zeigt כהנבאי: Der Prophet ist nicht mehr Hörer, sondern Verkünder. Somit ist der *Inhalt* des Gotteswortes auf der Ebene der Prophetenanrede, seine *Unterbrechung* aber auf jener der Ältestenanrede mitgeteilt. Das ist eine abgekürzte Darstellung der Sprachereignisse. Sie springt vom Empfang des Wortes auf der Prophetenebene zu seiner Unterbrechung auf der Ältestenebene. Die Sprechhandlung vollzieht sich also in zwei Schritten:

- Ez 11,5-12 fließt aus den Visionsereignissen heraus und wird auf der Ebene der Prophetenanrede mitgeteilt.
- Ez 11,13 biegt diese Ereigniskette auf die Propheten-Ältesten-Ebene um und stellt Ez 11,5-12 als Gotteswort auf der Verkündigungsebene hin.

Das ergibt eine wichtige Folgerung für die Ausdehnung der Ältestenanrede. Diese liegt in Ez 11,5-12 nicht in der Form vor, wie der Seher sie von Jahwe empfing, sondern so, wie er sie den Ältesten mitteilte. Dieser Unterschied ist schnell erklärt. Zuerst wird das Gotteswort dem Propheten *als ganzes* mitgeteilt und dann von ihm weitergeleitet. Die Unterbrechung des Ältestenwortes geschieht bei der Weiterleitung. Zu diesem Zeitpunkt lag das ganze Gotteswort vor. Aber es ist in Ez 11 nur soweit vorhanden, als es den Ältesten mitgeteilt wurde. Damit gibt es einen verlorenen Anredeteil, der dem Seher mitgeteilt, den Ältesten aber nie verkündigt und in Ez 11 nicht niedergeschrieben wurde [4].

Ergebnis: Die erste Ältestenanrede in Ez 11,5-12 bildet den dialogischen Hintergrund für Ez 14,6b-8e. Obwohl der Götzendienst das Hauptthema der Vision ist, spricht das erste Ältestenwort nicht davon, weil es auf einen Einwand der Ältesten antwortet und im Augenblick, wo es auf den Götzendienst eingeht, von Pelatjahus Tod unterbrochen wird. Das zweite Ältestenwort setzt also thematisch genau dort an, wo die erste Anrede abgebrochen wurde. Dieses Ineinandergreifen der beiden Perikopen bestätigt den inneren Zusammenhang zwischen Ez 8-11 und Ez 14.

2.3.2. Der Götzendienst als Neuheit in der Ältestenanrede. Die Ausdrücke, die den Götzendienst vor den Ältesten in V.6 nennen, sind גלולים und תועבות [5].

---

[4] Praktische Gründe legen eine durch Pelatjahus Tod bewirkte Auflösung der Dialoggemeinschaft von Ez 8,1 nahe.

[5] Daß תועבות sich auf die Götzen und nicht auf das דרש-Tun der Ältesten bezieht, zeigt השיבו פניכם, das nicht auf ein Tun, sondern auf einen Gegenstand bezogen ist. Zu תועבה in Ez und Dtn: PONS (1986) 217.

Durch die Götzen tritt ein wichtiger Faktor in den Dialog[6]: Die Ältesten erfahren, daß Jahwe um ihr Tun weiß.

(i) Die Aufdeckung des Götzendienstes hat für die Ältesten folgende Bedeutung:

1.) Sie ist ein Beweis für die *Echtheit des Gotteswortes*[7]. Ein Prophet in Babylon spricht vom heimischen Götzendienst der Ältesten, obwohl letztere ihr Treiben geheimhalten und die einzige Informationsquelle der Golah sind, weil sie die Kontakte zwischen der Heimat und ihr aufrechterhalten. Das ist nicht das erste Mal, daß Jahwe die Pläne der Ältesten durchschaut. Schon in ihrer ersten Anrede sagt er, daß er ihre Gedanken (Ez 11,5: מעלות רוחכם) kennt. Er beweist das in Ez 11,8, indem er auf die Angst der Ältesten anspielt, ihre Stellung in Juda zu verlieren (חרב יראתם). Ebenso ist Jahwe über die sozialpolitischen Zustände in Jerusalem im Bild[8].

2.) Die Verbindung von Umkehrruf und Götzendienst zeigt die neue Thematik in Ez 14,6b-8e. Sprach die erste Ältestenanrede von sozialpolitischen Vergehen, wird jetzt die *Ursache* der judäischen Übel erwähnt: die Götzen (vgl. Ez 11,12). Das soziale Laster ist damit begründet, daß die Ältesten nicht nach Jahwes Gesetz, sondern nach dem Gesetz der Völker handeln. Nach Ez 14,6 wenden sie sich den Göttern und nicht Jahwe zu. Das ist das Haupthindernis für ein Bleiben im Land. Es gibt aber eine Möglichkeit, um diese Entwicklung aufzuhalten: die Umkehr.

3.) Die Aufdeckung des Götzendienstes *widerlegt das Ältestenzitat in Ez 8,12* (vgl. Ez 9,9). Dort behaupten die Ältesten, daß Jahwe ihren Götzendienst nicht sieht. Ez 14,6 tritt den Gegenbeweis an und falsifiziert auch die Aussage, daß Jahwe das Land verlassen habe. Daraus, daß Jahwe durch Ezechiel in Babylon spricht, folgt nicht, daß er nicht mehr in Jerusalem wohnt. Vielmehr beweist sein Wissen um die Stadt, daß er nicht als abgedrängte Lokalgottheit redet. Damit widerspricht Jahwe der theologischen Verarbeitung der ersten Verbannung, mit der die Ältesten ihren Götzendienst rechtfertigen. Nicht Jahwe hat Land und Leute verlassen, sondern die Ältesten haben sich durch den Götzendienst davongemacht. Das hebt der Abkehrruf hervor, wo שׁוב ein vorangegangenes עזב der Ältesten impliziert.

---

[6] Zum Fortschritt des Gedankens (Thema/Rhema): SCHWEIZER (1986) 101s.

[7] Es ist klar, daß ein solcher Gotteswortbeweis modernen Kriterien nicht ohne weiteres genügt. Dennoch gilt im prophetischen Bereich mit größerer Deutlichkeit, was STERNBERG (1985) 76 für narrative Texte postuliert: "the intervention of the Holy Spirit levels all the barriers that normally divide the far from the near, the private from the public, the interior from the exterior." Zur Kritik an der Anwendung dieses Prinzips auf narrative Texte: WOLTERSTORFF (1995) 245-252.

[8] Ein besonders deutliches Beispiel einer göttlichen Beglaubigung des Sehers durch das Phänomen des Vorauswissens findet sich in Dan 2. Zur wahren/falschen Prophetie: HERMISSON (1995) 121-139 (dort auch Literatur).

4.) Der Götzendienst der Ältesten wird im Rahmen eines *Umkehrangebotes* geoffenbart. Das unterscheidet Ez 14 von den Vernichtungsdrohungen der ersten Ältestenanrede. Die Lage scheint entspannter zu sein. Dagegen meint GRAUPNER(1993) 1152, daß die Gerichtsankündigung in Ez 8s keinen Heilsraum offenlasse, so daß der Umkehrruf in Ez 14,6 nur ein Schuldaufweis ist, der keine Verhaltensänderung erwarte. Er begründet dies damit, daß es in Ez vor dem Fall Jerusalems generell keine Heilszusage gäbe. Daß dem nicht so ist, beweist Ez 18,23: "Hab ich etwa Gefallen am Tod des Gottlosen (...) und nicht vielmehr daran, daß er sich von seinen Wegen bekehrt und lebe?" [9]. Die klassische Widerlegung der Meinung, daß ein Unheilswort einem späteren Umkehrangebot die Türen verschließt, ist Jon 3, wo das Büßen der Stadt die Zerstörung Ninives verhindert. Das Hauptargument gegen GRAUPNER liefert die Ältestenanrede: Wenn der Umkehrruf der Gerichtsankündigung dient, dann stellt sich die Frage, warum sich das Rechtswort auf einen Einzelfall und eine Einzelgruppe beschränkt.

5.) Der Götzendienst hat in Ez 14 andere Folgen als in der Tempelvision. Diese zeichnet die Strafe als Totalvernichtung, von der die Gerechten ausgenommen sind. Die Bestrafung folgt dem Prinzip der Aussonderung einer kleinen Gruppe Unschuldiger aus der zu richtenden Gesamtheit. In der folgenden ersten Ältestenanrede ist die Bestrafungsankündigung noch verschärft, da es keine Ausnahmen mehr gibt. Ez 14 führt ein neues Prinzip der Bestrafung ein. Nun ist Israel die Großkategorie der Gerechten und die Schuldigen eine Untermenge, die daraus entfernt wird [10]. Ez 14 geht von einer Unschuldsvermutung aus. Das Rechtswort gibt Kriterien an, nach denen die Schuld - und nicht wie in Ez 9 die Unschuld - gemessen wird.

(ii) Was sind die Gründe für die veränderte Dialogsituation? Warum erhalten die Ältesten, obwohl ihr Götzendienst bis in die Redegegenwart reicht, ein Heilsangebot? Das muß mit einer gegenüber von Ez 8,1 neuen Gesprächsposi-

---

[9] Gegen GRAUPNER (1993) 1151, der Ez als Unheilspropheten und Ez 18,21-31 und Ez 33,10-20 folglich als spätere Zusätze sieht. Weil das zu Begründende (hier: die Nachträglichkeit des Umkehrrufes) nicht als Scheidungsgrund gelten kann, bleibt ihm für die Eliminierung von Ez 18,21-31 nur das Argument, daß die Schaffung eines neuen Herzens für Ez ein Werk Gottes ist (Ez 11,19; 36,26), wogegen sie in V.31 als Aufgabe Israels dargestellt wird. Doch angesichts des Bezugs der לב-Stellen zum Amulettkult und der Tatsache, daß לב in V.31 nicht vorkommt, sondern nur gesagt wird, daß der Frevler zu sündigen aufhört und das Gesetz befolgt, ist dieser Einwand nichtig. Von einer literarkritischen Zerstückelung von Ez 14,1-11 sieht GRAUPNER ab, weil er den Text mit ZIMMERLI (und auf seiner Linie: FUHS und MOSIS) als Einheit versteht. Dafür bemerkt er, daß V.6s nach der Unheilsankündigung in V.4s überrascht und V.4s von V.8 trennt. Das ist richtig, erklärt sich aber aus den von ihm übersehenen Dialogebenen. Die angenommenen harten Übergänge mildert GRAUPNER mit einer Neuinterpretation des Umkehrrufes als Schuldaufweis. Er mißachtet aber, daß der Schuldaufweis im anschließenden Rechtswort erfolgt.

[10] Ähnlich ZIMMERLI (1954a) 25.

tion der Angeredeten zusammenhängen. Tauchen in Ez 14 etwa mildernde Umstände auf? Per modum exclusionis läßt sich ein Motiv ausschließen, das hinter dem Götzendienst der Ältesten vermutet wurde: die Absicht, den Propheten zu hintergehen [11]. Das folgt weder aus Ez 14,1, noch aus dem Gotteswort. Im Betrugsfall wäre ein Aufruf zur Abkehr von den Götzen keine richtige sprachliche Reaktion. Als Delikt der Ältesten ist auch nicht der Betrug, sondern ihr Synkretismus genannt [12].

Um den Götzendienst zu präzisieren, ist in Ez 8,12 anzusetzen. Der Vers zeigt, daß die Ältesten Jahwe zwar nicht mehr als Gott Israels, aber als potentiellen Spielverderber fürchten [13]. In welche Richtung hat sich diese Vorstellung in Ez 14,6-8 entwickelt? Zwei Hinweise zeigen, daß die Redesituation eine weitere *Konsolidierung des Götzendienstes* voraussetzt:

• Ez 14,3b sagt, daß die Ältesten Götzenbilder auf der Brust festgemacht haben [14]. Das ist ein Tatbestand, der bis ins Gesprächsgeschehen reicht. In Ez 8,1 werden die Ältesten des Götzendienstes angeklagt, der sich in der Vergangenheit in Jerusalem ereignet hat. In Ez 14,1 treten sie als amulettbehängte Götzendiener vor den Seher. So rückt der Götzendienst vom Hinter- in den Vordergrund.

• An den Umkehrruf schließt sich eine Begründung. Der Rechtsvordersatz unterstreicht, daß die Umkehr sich auf eine präzise Verfehlung bezieht. Diese Hinlenkung der Ältesten auf den Tatbestand zeigt, daß ihnen keine Einsicht in ihr Tun zugetraut wird und sie infolgedessen mehr aus Unwissenheit als aus Berechnung handeln [15].

Den Götzendienst in Ez 14 prägt also eine gewisse Selbstverständlichkeit. Da er im ersten Gotteswort kaum erwähnt wird, mögen die Ältesten glauben, daß Jahwe ihn nicht gesehen hat (vgl. Ez 8,12), sondern nur die politischen Vergehen kennt. So läuft der Götzendienst nach Ez 11 ungebremst weiter, ja, dehnt sich sogar aus. Das bezeugen die Amulette, die bis in die Redesituation von Ez 14 eindringen. Der Götzendienst wird zum selbstverständlichen Habitus. Das erklärt die Begründung des Umkehrrufes im zweiten Ältestenwort. Die Ältesten sind mit einem nicht mehr voll erkannten Vergehen.

---

[11] SKINNER (1895) 124: "It seems clear that one part of the threat here uttered is that the very withholding of the answer will unmask the hypocrisy of men who pretend to be worshippers of Jehovah, but in heart are unfaithful to Him and servants of false gods."

[12] MOSIS (1975) 193: "Vielmehr ist eine Situation erkennbar, in der man «nach zwei Seiten hinkt»." Zu dieser Ausdrucksweise: MOSIS (1978) 147.

[13] Für eine detaillierte Auslegung vgl. IV.2.2.3.1. (235-237).

[14] Die gegenständliche Formulierung von Ez 14,3b (על) wird durch die allgemeinere Ausdrucksweise in den Rechtsworten (אל-לבו) nicht in Frage gestellt, sondern ausgeweitet, wodurch neben den Götzenzeichen auf der Brust andere Götzendienstformen miteingeschlossen sind.

[15] Das erkennt auch WOLFF (1951) 146.

Ez 14 zeichnet im Vergleich zu Ez 11 eine neue Lage. Seit der Tempelvision ist der Synkretismus noch selbstverständlicher geworden, auch, weil ihn die erste Ältestenanrede kaum anklagt. Der anhaltende Götzendienst trübt die Unterscheidungskraft der Ältesten immer mehr. Das Amuletttragen wird als Modeerscheinung akzeptiert.

(iii) Die Ältestenanreden unterscheiden sich auch im Urteil, das über die respektiven Redesituationen abgegeben wird.

• In *Ez 8-11* wird die Frage nach dem Volk-Gottes-Status der Judäer auf eine radikale Weise beantwortet: Restjuda hat seine Stellung als Volk Jahwes verspielt und wird aus diesem Grund eliminiert (1. Gotteswort). Die Zukunft gehört der Golah (2. Gotteswort).

• *Ez 14* entschärft diese Verurteilung und schafft schon am Redeanfang Raum für Umkehr und Heil [16]. Dieser Neubeginn zielt in der Bundesformel auf die Wiederbelebung des Gottesvolkes aus jenen, die nach der ersten Deportation im Lande geblieben sind. So unterscheidet sich Ez 14 von Ez 11. Das Stück steht im Zeichen der Devise: Umkehr vor Gericht. Das ist für die Ältesten das letzte Heilsangebot vor dem Ende.

Wichtig ist dieses Heils- und Umkehrangebot für den Fortgang der Ältestenanrede in *Ez 20*. Die Alternative von Ez 14 (Abwendung von den Götzen oder Ausmerzung) ist erneut aktuell. Die Ältesten und Restjuda haben das Heilsangebot von Ez 14 nicht ergriffen [17]. Sie stehen darum nicht nur wie in Ez 8-11 und Ez 14 als Synkretisten da, sondern auch als Widerspenstige, die das Umkehrangebot mißachten (vgl. Ez 20,32). Darum verkündigt Ez 20,38 das in Ez 14 individuell angesagte Scheidungsgericht der Gesamtheit. Die Strafandrohung von Ez 14 wird sich verwirklichen, und weil alle gesündigt haben, betrifft sie alle.

Ergebnis: Die Ältestenanrede in Ez 14 betont den Götzendienst, der in Ez 11 nur angedeutet ist. Gleichzeitig wird die Unheilsverheißung von Ez 11 durch den Umkehrruf gemildert, womit ein Notausgang offenbleibt und die Synkretisten Gelegenheit bekommen, ihre Sünden zu erkennen. Die Ältestenanreden stellen also folgenden Ablauf her: Ez 11 (Unheil) - Ez 14 (Heilsmöglichkeit trotz Götzendienst) - Ez 20 (Unheil wegen Götzendienst). Der Götzendienst wird also erst nach zwei Warnungen zur Ursache für den Fall Restjudas und seiner Führer [18].

---

[16] Zur Beziehung zwischen Umkehrruf und Heilswort: WOLFF (1951) 142s bzw. (1973) 144. Ferner RAITT (1971) 46: "Both theologically and as a datum within the development of prophetic speech-forms, the Summons to Repentance stands as a bridge between the Oracle of Doom and the Oracle of Salvation."

[17] So auch GRAUPNER (1993) 1152.

[18] Gibt es eine solche Warnung auch für die sozialen Vergehen? Ein Hinweis darauf könnte Ez 7,23 sein, an das in V.26 die Ankündigung der Bestrafung der Volksführer anschließt.

2.3.3. Die Folgen der Jahwebefragung. Da in Ez 14,1 eine synkretistische Jahwekonsultation vorliegt, müßten die angekündigten Strafmaßnahmen eintreffen. Dafür gibt es keinen Hinweis. Führt das Gotteswort in einen Widerspruch?

(i) Zur Beantwortung dieser Frage ist bei V.7h (אני יהוה נענה־לו בי) und der temporalen Gewichtung des Partizips נענה anzusetzen. Für נענה wurde eine konsuetive Übersetzung ermittelt: "Ich pflege mich darin [= in solchen Fällen] zu einer Antwort herbeizulassen". Das läßt den zeitlichen Rahmen der Bestrafung offen [19]. Nach V.8abc besteht eine Verbindung zum Tod des Pelatjahu. Ein plötzliches Eintreffen der Strafe ist aber nicht gefordert. Grund dafür ist, daß Rechtsfall und Rechtsfolge durch den Umkehrruf entkoppelt werden. Dieser schiebt sich zwischen die Begehung des Deliktes in Ez 14,1 und die Mitteilung seiner Folgen. Diese Situation verbietet es, den üblichen Anschluß der Apodosis mit wqatal zu übernehmen. Deshalb ändert נענה die Rechtssatzform und drückt die Durchbrechung der in Ez 11 dargestellten Tun-Ergehens-Folge durch das Partizip נענה aus. Wie endet die Jahwebefragung in den anderen Ältestenperikopen?

In *Ez 11* mündet der Ältestenbesuch in das Sterben des Pelatjahu. Der Prophet fragt nach dem Sinn des Geschehens: "Ach, Herr Jahwe, willst du dem Rest Israels ein Ende machen?" Ist Pelatjahus Tod ein Vorzeichen für Restjuda? Diese Frage bleibt unbeantwortet. Eine erste Antwort ist *Ez 14*. Die Folgen der synkretistischen Jahwebefragung werden präzisiert und der Nexus zwischen Schuld und Strafe durch das Umkehrangebot gelockert. Der Sekundentod des Pelatjahu ist also kein Vorbild für das Eintreffen der Strafe. Das ist der Hintergrund von *Ez 20*. Dort weist die Situation der Ältesten auf zwei Dinge: 1.) Das Umkehrangebot von Ez 14 blieb unbeachtet, die Ältesten stehen erneut als Götzendiener vor Jahwe. 2.) Der Geschichtsrückblick betont, daß Israel unrein geworden ist, so daß sich die in Ez 14 angekündigte Bestrafung auf das ganze Volk erstreckt.

(ii) Dieser Auslegung scheint Ez 9 zu widersprechen, weil dort die Existenz jener bezeugt ist, die über die Greuel seufzen und wehklagen (Ez 9,4). Es scheint also, trotz Ez 20, in Jerusalem Gerechte zu geben. Es ist nun zu zeigen, daß zwischen Ez 20 und Ez 9 kein Widerspruch besteht, ja daß Ez 20 durch Ez 9 vorweggenommen wird [20].

Es ist von zwei Feststellungen auszugehen: 1.) Die Existenz von Gerechten läßt sich aus Ez 9,4 nicht ableiten, wo der Linnenbekleidete beauftragt wird, die von der Strafe ausgenommenen mit einem Kreuz zu bezeichnen. Berichtet

---

[19] ZIMMERLI (1954a) 11 sagt, daß Schuldtatbestände eine Periode der Latenz haben können (Lev 5,1-4).

[20] Der Unterschied zwischen Ez 9 und Ez 20 besteht darin, daß Ez 9 die Existenz von Gerechten implizit und Ez 20 explizit verneint. Gegen BODI (1991) 280: "In Ezekiel 9 the existence of a pious remnant of the Jerusalemites is implied."

wird nicht die Ausführung, sondern der Befehl. Offen bleibt, ob Gerechte markiert wurden. 2.) In Ez 9,8 sagt der Prophet, daß er nach dem Gemetzel übrigbleibt: ונאשאר אני. Viele moderne Autoren interpretieren die Stelle so, daß der Seher *alleine* übrigbleibt [21]. Stimmt das?

KEIL (1882) 103 widerspricht. Er nennt ונאשאר eine "Unform" [22] und versteht die Stelle so:

> "Denn nicht das sollen die Worte sagen, daß Ezech. allein übrig blieb, sondern daß er, als die Engel schlugen und er übrig blieb d.h. verschont, nicht mit erschlagen wurde, auf sein Angesicht fiel (...) (104)."

Daß ונאשאר nicht die Verschonung des Sehers im Gemetzel meint, kann sachverhaltsanalytisch, unabhängig von der grammatikalischen Erklärung der Form gezeigt werden. Ausgangspunkt ist, daß Ezechiel in der Vision zwar auftritt, darin aber ein Außenseiter bleibt. Das folgt aus zwei Gründen: 1.) Die Gegenwart des Sehers in der Schau wird von den Visionsgestalten nicht erkannt. 2.) Der Prophet überlebt das Gemetzel, obwohl er nicht mit einem Taw bezeichnet wird. Seine Verschonung ist nicht nennenswert, weil eine visionäre Vernichtung gar nicht möglich ist. Sie ist undenkbar, weil die Vision durch sie ihren Träger verlöre. Kann der Prophet von der Strafe nicht betroffen sein, ist auch seine Verschonung nicht eigens zu unterstreichen [23]. KEILs Erklärung von ונאשאר ist somit abzulehnen.

Besser ist die scharfsinnige Lösung GOETTSBERGERs (1931) 8. Er übersetzt ונאשאר mit "und ich zurückgeblieben war" und begründet das aus der Sprachhandlung. ונאשאר impliziere nicht das *Alleine*-Zurückbleiben des Sehers, sondern besage, daß er im Tempel bleibe, während die Männer das Gemetzel in die Stadt hinaustrügen. Somit ist ונאשאר kein aktives Tun des Sehers, sondern folgt aus der Tatsache, daß sich die Häscher vom Seher entfernen (Ez 9,7).

Gegen diese Erklärung spricht, daß sich ונאשאר syntaktisch nicht auf das Weggehen der Männer, sondern auf ihre Tätigkeit des Niederschlagens bezieht. ונאשאר verwirklicht sich כהכותם: also während die Männer mit dem Gemetzel beschäftigt sind. Es stimmt zwar, daß der Prophet erst durch das Weggehen der Exekutoren alleine übrigbleibt. ונאשאר ist aber nicht unter diesem, sondern unter dem Aspekt der Tötung der Sünder ausgesagt und bedeutet folglich: "(alleine) zurückbleiben". Diese Schlußfolgerung wird durch zwei Nebenargumente gestützt, auf die GOETTSBERGER selbst hinweist: 1.) Die von ihm vorgeschlagene Bedeutung שאר = 'zurückbleiben' ist seltener als hier postuliertes '(alleine) zurückbleiben'. 2.) Daß alle außer dem Propheten vernichtet werden,

---

[21] Zum Beispiel TOB: "j'étais resté seul (...)." REUSS (1876) 31: "(...) dans l'enceinte sacrée il ne s'était trouvé personne pour recevoir la marque!"

[22] So schon HITZIG (1847) 68. CORNILL (1886) 228 scheidet die Wendung als späteren Zusatz aus.

[23] So schon HITZIG (1947) 68; CORNILL (1886) 228; GOETTSBERGER (1931) 8.

entspricht der im Aufschrei ausgedrückten Sorge des Sehers, daß der ganze Rest Israels zugrundegeht [24].

Daraus folgt, daß es in Jerusalem keine Verschonten gibt [25]. Zwar wird nicht explizit gesagt, daß *alle* erschlagen werden. Doch das faktische Geschehen führt zu diesem Schluß. Daß es keine von der Strafe ausgenommenen Gerechten gibt, sagt auch die Ältestenanrede in Ez 11 [26]. Ein weiteres Argument dafür nennt HITZIG (1847) 68, wenn er zum Ausruf des Propheten in Ez 9,8 meint: "Wie kann Ez. also fragen, nachdem er, dass die Frommen verschont werden sollen, gehört hat?" Die Prophetenfrage nach der Zukunft des Restes Israels hat nur einen Sinn, wenn alle umgebracht und keine Gerechten gefunden werden. HITZIG schließt daraus, daß die Prophetenfrage in V.10 bejaht wird [27].

Wenn der Linnenbekleidete in Ez 9,11 die Ausführung des Befehls meldet, ist das eine Ansage der Totalvernichtung, welche die tiefe Verdorbenheit der Judäer beweist [28]. Das wird klar, wenn der Linnenbekleidete, der auszog, um die Gerechten zu schonen, in Ez 10,2.7 zum Instrument der Niederbrennung der Stadt wird. Spätestens hier ist klar, daß keine Gerechten überleben [29]. Ein auf die Stirn gemaltes Taw mag zwar vor den sechs Männern, nicht aber vor dem Feuer retten [30].

Wir sind ohne Rücksicht auf die schwierige morphologische Gestalt von ונאשאר vorgegangen. Das ist jetzt nachzuholen. ונאשאר ist als Verschmelzung zweier Lesearten gedeutet worden und hat viele Interpretationen erfahren [31].

---

[24] Es ist theoretisch möglich, ונאשאר אני auf den Visionsbegleiter zu beziehen. Wird der Prophet von ihm alleine gelassen? Auf Grund des in Ez 9,8 einsetzenden Dialoges zwischen ihm und dem Visionsbegleiter ist das auszuschließen.

[25] BIGGS (1996) 29 zählt aber drei Gruppen von möglichen Überlebenden auf. MONARI (1988) 45 merkt, daß die Annahme von Überlebenden in einen Engpaß führt: "Non vuol dire allora che il resto di Israele sono coloro che sono rimasti a Gerusalemme?"

[26] Ebenso die Golahanrede (Ez 11,16-21), die den Wiederaufbau des Landes *nur* den zurückkehrenden Verbannten verheißt.

[27] Ähnlich JOYCE (1989) 64.

[28] Daß Individual- und Kollektivbestrafung nicht modernem Gleichheitsempfinden entsprechen, zeigt, daß einerseits nach Gerechten gesucht (V.4) und andererseits Kinder ausgerottet werden (V.6). Dazu: KAUFMANN (1960) 439: "(...) here collective and individual retribution are spoken of in the same breath!"

[29] Ähnlich SCHNOCKS (1996) 62s: "(...) Bestrafung der Schuldigen, also letztlich der gesamten Bevölkerung". Er meint aber, daß Ez 9,2-11* redaktionell ist.

[30] Dem widerspricht weder das Auftauchen der Männer um Jaasanja (Ez 11,1), die keine überlebende *Gerechte* sind, noch die visionäre Totalvernichtung der Götzendiener. Diese leben ja in Wirklichkeit noch und halten sich sogar vor Ezechiel auf. Die Vision sagt zwar den Untergang der Götzendiener an, verwechselt diese visionäre Botschaft aber nicht mit der Realität, sondern spricht in Ez 11,1 zu denen, die das visionäre Abbild der Ältesten von Ez 8,1 sind. Vgl. auch JOYCE (1986) 318s.

[31] KÖNIG (1881) 266; GESENIUS/KAUTZSCH §64i; COOKE (1936) 110; LEVI (1987) 226 "Verschmelzungsform". Vulgata: "remansi ego"; fehlt in LXX. Zur Auslegungsge-

KEIL liest die Form als Partizip (נִשְׁאָר) [32] und versteht sie als Fortsetzung des Umstandssatzes כהכותם. In einem über bisherige Lösungsversuche hinausgehenden Ansatz soll die Form innerhalb der Zeitenfolge im hebr. Satz gedeutet werden. Dabei ist die aspektorientierte Analyse des hebr. Verbalsystems vorausgesetzt. Die syntaktische Gestalt von Ez 9,8 sieht so aus:

wyhy + Präp.-Inf.const. + w-(fragliche Form) + wayyiqtol [33]

Wie stellt sich das temporale Verhältnis der durch die drei Verben bezeichneten Sachverhalte dar? Die Ausgangshandlung ist ויהי כהכותם. ויהי ist eine inhaltsleere Wurzel, die als Träger der grammatischen Morpheme zur vergangenheitlichen Verzeitung von כהכותם dient [34]. Die Form hat ferner die Aufgabe, den in Ez 9,7 unterbrochenen Handlungsfaden aufzunehmen und auf den Seher zu lenken [35]. Das geschieht nicht mit ויכו (wayyiqtol), weil der mit ויהי כהכותם bezeichnete Sachverhalt dem nächsten Ereignis in der Kette der Erzählungsabläufe nicht bloß vorausgeht, sondern die Redesituation um den Seher nennt, in der sich der Erzählfaden abwickelt. Aus dem Blickwinkel der folgenden Sachverhalte ist כהכותם somit eine zeitliche Umstandsbestimmung imperfektiver Natur [36]. An sie schließt ונאשאר an. In diesem Rahmen gibt es dafür zwei Analysemöglichkeiten: Entweder ergänzt die Form die Umstandsbestimmung. Sie nimmt dann an ihrem Zeitablaufsverhältnis (Aspekt) teil. Oder sie führt die Handlung in Analogie zu ואפלה weiter und ist ein abgeschlossener (perfektiver) Sachverhalt der Vergangenheit. Im ersten Fall wäre ונאשאר eher als Partizip (ונשאר) [37], im zweiten Fall eher als wayyiqtol (ואשאר) auszulegen.

---

schichte und akkadischen Herleitung: YOUNG (1952) 319s.

[32] Schon HITZIG (1847) 68.

[33] Zu ואפלה mit Schluß-ה: GESENIUS/KAUTZSCH §49e.

[34] BARTELMUS (1982) 209. KOEHLER (1953) 304: "hypertropher Gebrauch" (zur Kritik: VANONI [1982] 74 Anm. 4; 75 Anm. 8). Ebenso (mit neuer Begründung) FLOSS (1985) 88-98, vgl. FLOSS (1994).

[35] Auf diese Analyse hat die Erklärung von ויצאו והכו (Ez 9,7) als Imperative bzw. Narrative keinen Einfluß. Daß והכו im folgenden כהכותם aufgenommen wird, ist ein Beweis für den rekapitulierenden Charakter von Ez 9,8.

[36] BARTELMUS (1982) 210 mit Beispielen unter "(f) C_{temp} mit k' (vor Infinitiven" (211); KÖNIG (1899) 263s "blosser Umstand"; FLOSS (1985) 91: "Das C temp aus Präp+Inf substituiert als solches einen abhängigen Zeitsatz zum nachfolgenden HS (sc. Hauptsatz). Durch *wa=/w'=HYY* wird dieser abhängige Zeitsatz, dessen SV (sc. Sachverhalt) gleichzeitig zum SV des übergeordneten HS ist, ebenfalls mit in den Progreß einbezogen."

[37] Zur Bezeichnung eines gleichzeitigen, individuellen, vergangenen Sachverhaltes durch Partizip: GROSS (1975) 47. Zur Wortfolge im Partizipialsatz: ALBRECHT (1887) 221, für Beispiele (1888) 256-259. DENZ (1971) 50 weist auf Ansätze im Althebr. hin, das Ptz zu einer Form der Bezeichnung des Perfekts (≠ Perfektiv!) zu machen. Der Perfekt besteht aus dem lexikalisch mitgeteilten Sachverhalt (z.B. 'übrigbleiben'), wobei der daraus resultierende imperfektive Zustand gemeint ist ('übrig sein'). EHRLICH (1901) 302 hält das Partizip für die ursprüngliche Form.

1.) Bei der Interpretation von ונאשאר als Partizip lehnt sich der Sachverhalt an den mit ויהי כהכותם bezeichneten Tatbestand [38] und spezifiziert die Umstände des in ואפלה folgenden Handlungsstranges. Somit dauert ונאשאר zum Zeitpunkt des Sich-Ereignens von ואפלה an, ist also im Verhältnis dazu imperfektiv. Zur Frage des *Alleine*-Zurückbleibens des Sehers äußert sich die Form kaum. Das versteht sich aus der Sachverhaltsanalyse: In dieser Phase bleibt der Prophet nicht alleine zurück, weil die Männer noch bei der Arbeit sind (כהכותם). Als Vorwegnahme des alleinigen Überlebens des Sehers läßt sich höchstens das nachgestellte אני verstehen.

2.) Bei der Auslegung von ונאשאר als wayyiqtol [39] stünde die Form als progressive und gleichgeordnete Weiterführung des zuvor genannten Tatbestandes. Der von ונאשאר bezeichnete Sachverhalt wäre perfektivisch. Das aber ist wegen der sachlichen Verknüpfung zwischen ונאשאר und ויהי כהכותם auszuschließen.

Die Sachverhaltsanalyse zeigt, daß שאר angesichts der Umstände nicht anders als imperfektiv zu verstehen und nach der verwendeten Tempustheorie als *Partizip* zu rekonstruieren ist [40]. Das Zurückbleiben ist ein andauernder Sachverhalt. Er gilt auch während der Zeit, in welcher der Seher vor Jahwe niederfällt (etc.). Dieser imperfektivische Aspekt wird durch die Verknüpfung von ונאשאר mit dem imperfektivisch gebrauchten כהכות unterstrichen [41].

---

[38] Dabei besteht ein innerer Zusammenhang zwischen beiden: Das Übrigbleiben des Propheten ist kein punktuelles Ereignis, sondern stellt sich im Laufe der fortschreitenden Niedermetzelung heraus.

[39] MAY (1956) 113.

[40] Das ist ein Satzgefüge, das nach VANONI (1982) 85 in Gen bis 2 Kön nie vorkommt, während die Fortsetzung von wyhy-Sätzen + Präp. + Inf. mit wayyiqtol die häufigste Erscheinungsform ist. Der Einfluß des wayyiqtol mag der Grund für die Entstehung der Form ונאשאר gewesen sein.

[41] Bei שאר ni. ist ein perfektiv/punktuelles Übrigbleiben von einem imperfektiv/durativen Übrigsein zu unterscheiden. Zur Verteilung in den Stämmen (1× qal; 94× ni.; 38× hi.): ANDERSEN/FORBES (1989) 457. Mit der durativen Verwendung hängt die häufige partizipiale Form (oft als Adjektiv oder Nomen) zusammen: 14× im Sg; 28× im Pl. (JENNI-WESTERMANN [1976] 846). In ähnlichem Kontext wie Ez 9,8 findet sich שאר in Dan 10,8: ואני נשארתי לבדי. Die Form w=x-qatal vermeidet wayyiqtol und deutet auf unterbrochenen Progreß und auf imperfektive Hintergrundschilderung. לבדי versteht sich aus der Flucht der Begleiter Daniels. In Gen 7,24 wird וישאר durch einen Narrativ mit neuem Subjekt und Erzählfaden fortgesetzt. Es geht um die vollendete Tatsache, daß Noah und Gefährten überlebt haben (ähnlich: Num 11,26; Ruth 1,3.5 bzw. qatal: Gen 47,18; Ex 8,27; 10,19; 14,28; Dtn 3,11; Jos 8,17; 11,22; 13,1 [vgl. 13,2]; 13,12; Ri 4,16; 7,3; 1 Sam 5,4; 11,11 [נשארו]; 2 Sam 14,7; 1 Kön 22,47; 2 Kön 7,13; 10,21; 17,18; 24,14; Jes 24,12; 49,21; Jer 34,7; 38,22; 42,2; Dan 10,17; Esr 9,15; Neh 1,2; 2 Chr 21,17). Der Partizip stellt den Sachverhalt des Übrigseins heraus, der in direktem Zusammenhang mit der Fortsetzung des Geschehens steht: Gen 14,10; 32,9; (42,38 besser als qatal vokalisiert?); Lev 26,39; Jos 13,2 (vgl. 13,1); 1 Sam 11,11 (ויהי הנשארים). Es zeigt sich also, daß שאר ni. in einem doppelten Sinn verwendet wird: partizipisch (durativ: "übrig*sein*")

Der Umkehrruf in Ez 14,6 ist von zwei Ältestenperikopen eingerahmt, welche die Totalvernichtung Restjudas verkündigen. Ob er in einem solchen Rahmen Sinn macht, ist im nächsten Arbeitsschritt abzuklären.

Ergebnis: Die Verknüpfung von Straffall und Straffolge, wie sie beim Tod des Pelatjahu erscheint, durchbricht Ez 14 durch den Umkehrruf. Er ergeht, obwohl die Tempelvision (Ez 9) und Ez 20 die Totalvernichtung Restjudas annimmt. Dieser Zwiespalt wird gemildert, weil die Totalvernichtung in der Tempelvision erstens nur implizit und zweitens auf der den Ältesten vorenthaltenen Visionsebene ausgesagt ist.

2.3.4. Die Bedeutung des Umkehrrufes. Das erste Element der Ältestenanrede ist der Umkehrruf (Ez 14,6cde). Er spricht die Ältesten an und macht den Wechsel in der Dialogebene augenfällig.

2.3.4.1. Der Geschichtsbezug im Umkehrruf. Der Umkehrruf wird durch den Doppelausdruck שובו והשיבו mit anschließendem מעל eingeleitet. Theoretisch könnte sich מעל sowohl auf שובו als auch auf והשיבו beziehen. Die Aufforderung bestünde dann aus zwei Teilen: aus שוב מעל und aus השיב מעל. Die erste Form benennt üblicherweise die lokale Ortsverschiebung von Menschen, die zweite die transitive Einwirkung auf ein Objekt[42]. Da im Umkehrruf keine lokale Ortsverschiebung intendiert wird, scheint es angebrachter, שוב in V.6c unabhängig von מעל auszulegen. Dazu ist auf die von JOÜON (1923) §177b beschriebene iterative Funktion des Verbums zurückzugreifen. Danach ist intransitives שוב qal im Sinne von frz. revenir (deutsch: *wieder*) zu begreifen [43]. Die Übersetzung von V.6cd lautet somit: "wendet euch *wieder* ab...". Das stellt die gegenwärtige Situation einer früheren besseren Zeit gegenüber.

Bevor wir darauf zurückkommen, ist eine häufig genannte grammatikalische Schwierigkeit zu erörtern. Sie besteht in der Konstruktion von שוב hi. ohne Objekt (V.6d) [44]. Das erste mögliche Objekt von והשיבו ist פניכם in V.6e. Gegen eine Verbindung von פניכם mit והשיבו spricht aber die Distanz und die Seltenheit nachgestellter Objekte im Hebräischen [45]. Besser ist, mit PRIJS (1949) 152s ein intransitives שוב hi. in reflexiver Bedeutung '(sich selbst) umwenden'

---

bzw. mit qatal/wayyiqtol (in punktueller Bedeutung: "übrig*bleiben*"). Paradigmatisch ist Neh 1,3: הנשארים אשר־נשארו מן־השבי.

[42] ACCORDANCE (1998). Weitere Belege für שוב מעל sind: Gen 8,3.7 (die Wasser ziehen sich zurück), 1 Sam 17,15 (+ הלך, David geht hin und her), 2 Sam 10,14 (Joab kehrt vom Kampf zurück), 2 Kön 18,14 (Abzug des Königs von Assyrien). Für השיב מעל: Num 25,11 und Spr 24,18 (Abwendung des Zorns Gottes).

[43] Für שוב qal als "wieder": Hos 2,11; Dtn 9,25. Gegen PRIJS (1949) 153: "Schūbū und hāschībū bedeuten dasselbe". Der Iterativ unterscheidet sich von den ez Doppelverben, die VIEWEGER (1993) 164 (Anm. 871) zur Erklärung von שובו והשיבו anführt.

[44] SCHONEVELD (1969) 202: "The first hāšîbû requires an object". Zu שוב: HOLLADAY (1958).

[45] BROCKELMANN (1956) 136s erwähnt Gen 41,12 und 2 Sam 18,18.

anzunehmen [46]. So kommt שוב hi. noch in Ez 18,30.32 vor, einmal in der gleichen Form wie hier, wobei es auch dort rückbezüglich ist: "wendet euch ab!". JOÜON (1923) §54d spricht von einem ziemlich häufigen kausativ-intransitiven Sinn des Hi.: "quand l'action reste dans le sujet."

Die Ältesten werden in V.6cd mit Bezug auf eine heile Vergangenheit ("wieder") zur Umkehr aufgefordert. Die Aussage nähert sich somit jener von נזרו in V.5b. Der Locus classicus für einen Rückbezug auf bessere Zeiten ist Ez 16,55 (ferner: Ez 36,11):

> "Und deine Schwester Sodom und ihre Töchter werden in ihren früheren Zustand zurückkehren, und Samaria und ihre Töchter werden in ihren früheren Zustand zurückkehren und du und deine Töchter, ihr werdet in euren früheren Zustand zurückkehren."

Die Auslegung von נזרו hat gezeigt, daß der in die Vergangenheit blickende Heilsbezug nicht das Wohlverhalten Israels (dazu: Ez 20), sondern Gottes Heilshandeln meint. Dieser Erklärung löst die Problematik des Umkehrrufes in V.6 aber nicht ganz. Wenn es stimmt, daß Israel in seiner Geschichte trotz der von Gott empfangenen Güte nie auf dem Heilsweg gewandelt ist, dann hört sich V.6 wie ein hoffnungsloser Ruf in der Wüste an. Das ist richtig, wenn Ez 14,6 im Licht von Ez 20 gelesen wird. Im Redeaugenblick von Ez 14 ist Ez 20 aber noch nicht verkündigt. Ez 20 ist zudem keine objektive Geschichtsdarstellung [47], sondern ist durch den neuen dialogischen Faktor geprägt, daß Restjuda nicht umkehrt. Dieser Hintergrund ist bei der Auslegung von Ez 20 einzubeziehen. Die Geschichtsrede steht im Dienst des dialogischen Jetzt und erklärt die Vergangenheit im Licht der Gegenwart [48]. Das entspricht der Beurteilung der ez Geschichtsdarstellungen durch PONS (1986) 232, der sie als Stückwerk versteht ("pans d'histoire"), das einem Informationsziel dient [49]. Je nach Kontext sind die Folgen der in Ez gezeichneten Übeltaten

---

[46] PRIJS' Erklärung ist widersprüchlich, wenn er in Ez 14,6 ein intransitives שוב hi. findet und andererseits glaubt, daß "penēkem zu ergänzen ist".

[47] KRÜGER (1989) 13 warnt bei der Frage nach dem Stellenwert von "Geschichte" in der at Theologie vor einer "unkritischen Eintragung neuzeitlicher Problemstellungen in die Interpretation atl. Texte".

[48] Ez 14 und Ez 20 sind keine akademischen Beurteilung der Vergangenheit Israels. FISHBANE (1984) 145 spricht von "remarkable inconsistencies in Ezekiel's oracles" und warnt im Kontext der Sündenlisten in Ez 18 und 22 "not incautiously to read prophetic critiques as a window to popular practices (147)." Ähnlich sind die Geschichtsdarstellungen als "prophetic critiques" zu verstehen, die aus dem Augenblick argumentieren. STEINMANN (1953) 73 zur Erwähnung der Götzen Ägyptens in Ez 20: "Il est possible que (...) Ézéchiel pense moins au passé qu'au présent."

[49] So redet Ez 16 nur von Jerusalem und beginnt erst mit der Eroberung der Stadt. Ez 23 springt vom Aufenthalt in Ägypten (V.3) zu den Assyrern (V.9) und Ez 20 beschränkt sich auf das Irren in der Wüste. RAITT (1971) 47: "(...) it nevertheless is possible to outline the shifting theological approach which the prophets made to the people according to the changing communal and historical circumstances."

verschieden. Ez 23 endet mit einer harten Unheilsverheißung [50], Ez 14 und Ez 20 schließen mit Heilsworten. PONS impliziert, daß die ez Geschichtsdarstellung von der Gesprächstaktik geprägt ist. Die negative Darstellung der Geschichte dient dazu, die Augen für die Gegenwart zu öffnen:

> "À la veille de la chute de Jérusalem il n'est plus temps de rechercher des signes dans le passé du bon vouloir de Dieu et des exemples parmi ses quelques témoins véritables."

Diese Auslegung weist - unabhängig von der inhaltlich eingenommenen Position - in die richtige Richtung. Ez 14 und Ez 20 setzen bezüglich der Geschichte Israels unterschiedliche Akzente, weil sie unterschiedliche Gesprächsziele verfolgen und in unterschiedlichen Augenblicken des Ringens Jahwes um sein Volk verkündet sind [51].

Das Ziel der zweiten Ältestenanrede zeigt sich auch in Abgrenzung zur ersten. Der Umkehrruf läßt einen in Ez 11 abwesenden Hoffnungsschimmer aufstrahlen. Das wirkt sich auf die Beurteilung der Geschichte Israels aus, so daß Gegenwart und Vergangenheit ("wieder") ähnlich zurückhaltend, aber leicht optimistisch beurteilt werden. Auch Ez 20 koppelt Gegenwart und Vergangenheit. Juda und Jerusalem sind im Augenblick von Ez 20 rettungslos dem Götzendienst verfallen. Folglich ist auch die Vergangenheit in dunklen Farben gezeichnet.

Ergebnis: Der Umkehrruf in Ez 14,6 impliziert einen positiven Ausgangspunkt in der Geschichte. Ein solcher wird in Ez 20 ausdrücklich verworfen. Das ist möglich, weil der in der Vergangenheit verankerte Heilsbezug nicht das Wohlverhalten Israels, sondern Gottes Heilshandeln meint. Zudem ist der Geschichtsrückblick in Ez 20 keine kritische Darstellung der Vergangenheit, sondern Spiegel der Gegenwart, die in Ez 14,6 noch eine andere ist.

2.3.4.2. Der Umkehrruf als Antwort. Die vom Umkehrruf eröffnete Ältestenanrede steht unter der Vorgabe, daß sich Jahwe zu keiner Antwort (דרשׁ ni.) herbeilassen will (V.3d). "Antworten" bedeutet das Eingehen/Reagieren auf eine von den Ältesten explizit oder implizit vorgebrachte Bitte/Frage. Wie wirkt sich das auf die Ältestenanrede aus? Diese Frage ist ausgehend vom illokutionären Gewicht des Umkehrrufes zu beantworten. Was bedeutet es, daß Gottes Antwort durch ihn eröffnet wird? Ein Blick auf die dialogische Einbettung von Umkehrrufen in Ez und Jer beantwortet diese Frage.

(1) Umkehrrufe in Schlußposition. In *Ez 18,30* steht der Umkehrruf am Schluß eines langen Nachsinnens über die Verantwortung des einzelnen. Er faßt zusammen und ist durch לכן eingeführt. In *Ez 33,11* mündet die Antwort

---

[50] RAITT (1971) 46: "Oracles of Doom sometimes were intended to *function* as implicit or negative calls to repentance."

[51] BECKER (1971) 56 zur Geschichtsdarstellung in Ez 20: "Dem Propheten ist eben jedes Mittel recht, die Schuldverstrickung Israels augenscheinlich zu machen (...). Schwarzweißmalerei hat bisweilen ihren Sinn."

auf eine Volksklage in den ebenfalls wortschließenden Umkehrruf. Das Muster ist folgendes:

1.) Ein Gotteswort kündigt Unheil an.
2.) Das Unheil begründet einen Umkehrruf.

Diese Abfolge findet sich in weiteren prophetischen Belegstellen [52].

(2) Umkehrrufe in Anfangsposition. Ein Beispiel ist *Jer 3,12*. Jeremia wendet sich, ohne um ein Gotteswort gefragt zu sein, an das Nordreich, um es zur Umkehr einzuladen. Das Wort entspringt Gottes freier Initiative. Ein zweites Beispiel ist *Jer 35,15* [53]:

> "Und unermüdlich habe ich immer wieder alle meine Knechte, Propheten, zu euch gesandt und euch sagen lassen: Kehrt doch alle miteinander um von euren bösen Wegen und bessert euren Wandel, und lauft nicht fremden Göttern nach, um ihnen zu dienen (...)".

Jahwe beklagt sich, dem Volk vergebens die Umkehr angeboten zu haben. Auch hier geht das Gotteswort aus seiner Initiative und nicht aus einer Anfrage (etc.) hervor. Beide Gottesworte stehen also in einer von Ez 14,6-8 unterschiedenen Gesprächssituation [54].

Ez 14,6 ist eine Mischform. Die Ältesten beginnen das Gespräch, Jahwe antwortet aber, indem er diesen Anstoß ignoriert. Der Umkehrruf weicht der Vorgabe der Ältesten aus und tut, als ob das Gespräch von Jahwe ausgegangen wäre. Dieses Sprechverhalten setzt sich nach dem Umkehrruf fort. Der objektivierende Stil des sakralen Rechtssatzes hält an [55]. Das Rechtswort spielt zwar auf die Lage der Ältesten an, bleibt aber unpersönlich. Das erklärt sich aus der Wortverweigerung in V.3d, welche die Antwort als Vernichtung darstellt. Es liegt folgende Situation vor: Die Ältesten geraten in Ez 14,1 durch die Jahwebefragung in große Gefahr (vgl. Pelatjahu). Jahwe kann nicht antworten, ohne zu bestrafen, sonst widerspräche er sich selbst. Sein Sprachverhalten paßt sich dieser Situation an, indem er die Redevorgaben der Ältesten ignoriert und durch den Umkehrruf einen neuen Ausgangspunkt setzt.

---

[52] Jes 31,6; 44,22; Jer 18,11; Joël 2,12; Mal 3,7.

[53] Vgl. Jer 35,15:

[54] Das bestätigen z.B. Sach 1,3.4 und 2 Chr 30,6. Besonders 2 Chr 30,6 zeigt, daß sich Umkehrrufe nur am Wortanfang finden, wenn die Initiative dafür nicht von einer Anfrage, sondern von Jahwe bzw. vom König ausgeht. Das erklärt sich auch aus dem Sprechakt. Imperative sind für die Einleitung einer Antwort (auf eine Frage oder ein Anliegen) ungeeignet. Hos 14,2 bleibt unberücksichtigt, weil die Stelle eine umfassende Abklärung verlangt.

[55] Die Institution des sakralrechtlich entscheidenden Priesters, die gelegentlich als Hintergrund von Ez 14,6-8 angesehen wird (BETTENZOLI [1979] 183: "liegt im Bereich der kultischen Gesetzgebung"), beruht auf anderen Voraussetzungen. Dazu: ZIMMERLI (1954a) 23.

Die aus diesen Umständen resultierende eigenartige Gestalt der Ältestenanrede haben viele formkritische Untersuchungen erkannt, aber oft nicht verstanden. Vor allem die abrupte Juxtaposition der Stilformen in 6-8 wurde häufig festgestellt. Ihr Sinn wird klar, wenn die Ältestenanrede im Dialograhmen begriffen wird. Gewiß stimmt VON RADS (1962) 238 Bemerkung, daß das Wort durch seine Gestalt in die Nähe der priesterlich-sakralen Überlieferung gerückt wird, doch stellt dieses Urteil nur einen "merkwürdige(n) formgeschichtliche(n) Befund(es)" fest. Hier ist dialoganalytisch weiterzudenken.

Ergebnis: Jahwe benützt den Umkehrruf, indem er die Gesprächsinitiative der Ältesten ignoriert und der angesagten Antwortverweigerung Rechnung trägt.

2.3.4.3. Die Stellung des Umkehrrufes zum Rechtswort. An das Problem der dialogischen Einbettung des Umkehrrufes schließt sich die Frage nach dem Verhältnis zwischen seiner Heilsausrichtung und der Strafansage im folgenden Rechtswort. Sie wird kontrovers diskutiert.

(i) *Die Problemstellung.* MOSIS (1975) 163 faßt das Problem in der Frage zusammen, ob Ez 14,1-11 ein- oder zweigipflig sei [56]. Sind Umkehrruf und Rechtsworte einander gleich- oder untergeordnet? ZIMMERLI (1979) vertritt die Gleichordnung und somit die Zweigipfligkeit der Einheit und meint, daß der Text zum einen ein Umkehrruf, der die Aussicht auf Heil als die tiefste Absicht des Wortes erkennen lasse, und zum anderen ein Gerichtswort gegen den Götzendienst und das götzendienerische Israel sei. MOSIS (1975) wendet dagegen ein, daß alle formalen und inhaltlichen Elemente dem Bußruf zu- und eingeordnet seien. Der Text ist folglich nicht zweigipflig, sondern eingipflig:

> "Ez 14,1-11 will nicht über Götzendiener das Gericht ansagen, sondern allein das ganze Haus Israel zur Umkehr aufrufen und antreiben (163)." [57]

Um hier weiterzukommen, sind die Voraussetzungen zu betrachten, auf denen die jeweiligen Ergebnisse beruhen. MOSIS (1975) ist form- und gattungskritisch orientiert und betrachtet Ez 14,1-11 als eine nach logischen [58] Gesichtspunkten erfolgte Zusammenstellung von Stücken, deren Bedeutung zunächst einzeln ermittelt und dann aneinandergereiht wird [59]. Die davon abhän-

---

[56] MOSIS zur Eingipfligkeit: "daß das Ziel der Verse (...) die Zurückweisung von Götzendienern oder allgemein des Götzendienstes überhaupt ist, daß also der Text im ganzen auf ein abweisendes Nein hinausläuft". Zur Zweigipfligkeit: "Ez 14,1-11 sage einerseits über den Götzendienst in Israel, bzw. über das ganze, dem Götzendienst verfallene Israel, das Gericht Jahwes an, andererseits rufe Ez 14,1-11 das ganze Haus Israel zur Abkehr vom Götzendienst auf (162)."

[57] Auch TÅNGBERG (1987) 105.

[58] Die als Linearität der Gedankenführung verstandene Logik ist ein Gegenbegriff zur Dialogik (=Anordnung des Gedankens im Rahmen der Gesprächsvorgaben).

[59] MOSIS (1975) 163 erschließt durch eine "genauere Bestimmung der Gesamtform des Textes" dessen "Aussageabsicht". Er zeigt, wie die "einzelnen formalen und inhaltlichen

gige Textbeschreibung konzentriert sich auf die Bestimmung und Inbezugsetzung von Gattungen. Die Dialogstrategie, das Verständnis des Umkehrrufes in der Sprachhandlung, bleibt unberücksichtigt. Bezeichnend für dieses Verfahren ist die Bestimmung der Rechtsworte als Rechtsunterweisung "und weiter nichts" (181). Das ist problematisch, weil damit der Sinn eines gattungskritisch erhobenen Textsegmentes ohne Rücksicht auf den dialogischen Kontext ermittelt wird [60]. MOSIS geht davon aus, daß die wahre Bedeutung eines Ausdrucks in seiner Urform bzw. Uranwendung liegt [61]. Das impliziert, daß Wörter und Wendungen bei ihrer praktischen Verwendung verdunkelt werden. Die Aufgabe der Exegese besteht dann darin, den durch den konkreten Gebrauch verschütteten Einzelbedeutungen zu ihrem Recht zu verhelfen.

In Ez 14 deckt sich die Lage der Ältesten vor dem Seher mit dem im Rechtswort dargestellten Sachverhalt. Wegen dieses "Sitz im Dialog" unterscheidet sich der Kontext der Rechtsworte in Ez 14 sehr von den zwar fast gleich formulierten, aber anders kontextualisierten H-Rechtssätzen. Die Rechtsbelehrung von Ez 14 ist nicht neutral [62], sondern auf die Dialogsituation ausgerichtet. Sie enthält eine verhüllte Warnung, so daß dem Rechtswort eine Drohfunktion zukommt [63].

(ii) *Die kausalen Relationen in Ez 14,3-8.* Die Frage nach der einfachen/doppelten Ausrichtung des Gotteswortes ist jetzt an Hand der logischen Verknüpfung der Dialogteile weiter zu verfolgen. In einem dialogischen Text ist das logische Element nicht ausgeschaltet, aber dem Gespräch untergeordnet. Auf der Prophetenebene gibt es ein kausales Geflecht, das durch לכן und כי gebildet wird. Es bringt die Propheteninstruktion I und die Ältestenanrede in ein Kausalverhältnis. Dazu dienen die genannten Konjunktionen [64]. Die erste kausale Partikel im Text ist לכן in V.4a. Ihr Einfluß erstreckt sich auf die vorausgehenden

---

Elemente der Komposition dem Bußruf V.6 zu- und eingeordnet sind".

[60] Ein fehlendes Kontextbewußtsein zeigt MOSIS' Frage: "Welche Funktion haben nun *von Haus aus* (unsere Hervorhebung) kasuistische Rechtsätze der Art, wie sie V.4.7f.9 begegnen? (180)". Da es keinen Sinn ohne Kontext gibt, steckt auch hinter "von Haus aus" eine bestimmte Gesprächssituation. Ein neuer Kontext kann aus einer Wendung etwas ganz anderes machen, als sie "von Haus aus" ist. Ein Extrembeispiel: Der Hamlet'sche Ausruf "Sein oder nicht Sein" kann im Rahmen einer Vaterschaftsklage unter Ausnutzung der Homonymie von Sein=esse und sein=suus umgedeutet und auf die Zugehörigkeit des Kindes zum präsumtiven Vater angewendet werden. In solchen Fällen dient die Originalaussage nur noch als Kontrastinformation.

[61] Dieses Verfahren überträgt die etymologische Bedeutungsbestimmung von Wörtern auf Ausdrücke und ist eine Spielart der genetischen Definition, die ein Ding an Hand seiner Entstehung erklärt (BRUGGER [1948] zum Stichwort "Definition").

[62] Vgl. die MOSIS'sche Ausdrucksweise: "und nichts weiter".

[63] So: MOSIS (1975) 174 und POHLMANN (1996) 200.

[64] MOSIS (1975) 183 erkennt dieses Kausalverhältnis. Allgemein zu לכן und כי in Ez: RABENAU (1956) 677.

und nachfolgenden Textteile und bezeichnet erstere als Ursache und das Folgende als Wirkung. Ferner stellt sie eine kausale Verbindung zwischen Rechtswort und Umkehrruf her. Um die durch לכן und כי konstituierten logischen Relationen zu verstehen, ist folgende Umwandlungsformel zu berücksichtigen [65]:

x → לכן → y entspricht y → כי [66] → x
x = Grund; y = Begründetes

Die Konjunktionen כי und לכן setzen die je umgekehrte Position von Grund (x) und Begründetem (y) voraus [67]. Ez 14,1-11 zeigt also folgendes Argumentationsgefüge:

1) x_1 (3a-d: Rechtsfall)	→	לכן (4a)	→	y_1 (4d-5b: 1.Rechtswort)
2) x_2 (= y_1)	→	לכן (6a)	→	y_2 (6cde: Umkehrruf)
3) y_3 (= y_2)	→	כי (7a)	→	x_3 (7a-8c: 2.Rechtswort)
x = Grund; y = Begründetes				

Drei Kausalverbindungen sind ineinander verkettet, wobei das zweite begründete Element der ersten zwei Kausalketten jeweils als erstes Element der folgenden zweiten bzw. dritten Kausalkette steht. So ist 4d-5b das begründete Element der ersten Kausalkette (y_1) und das begründende Element der zweiten Kausalkette. In seiner neuen Funktion als Grund bezeichnen wir es mit x_2. Daß y_1 und x_2 inhaltlich identisch sind, drückt in der Aufstellung der Kausalverbindungen das Gleichheitszeichen aus [68]. Diese Kausalkette kann in zwei Kausalzusammenhänge aufgelöst werden:

1.) Die narrative Fallbeschreibung begründet das Rechtswort.

---

[65] Vorausgesetzt wird, daß כי keine bloße Zitations- bzw. Rechtssatzeinleitung ist (AEJMELAEUS [1986] 197 Anm. 10; Beispiele bei NICCACCI [1994] 677, GROSS [1991] 113 Anm. 115; כי איש איש noch in Lev 20,9), sondern eine kausale Bedeutung besitzt. Darauf deutet die Kontextanalyse: Ohne ein kausales כי stehen Umkehrruf und Rechtswort unverbunden nebeneinander. Das legt ein kausales כי nahe (Ez 11,16; GROSS [1991] 102). AEJMELAEUS (1986) 202-205 erwähnt dessen Verwendung im vorliegenden Sprachhandlungstyp: "A special case of motivational כי clauses to be mentioned is that following a command (...), that is, an imperative (204)." Zudem beweist die konsequente Kausalverknüpfung, daß כי von Ez 14,7a in einem begründenden Rahmen steht, ohne den konditionalen Wert des Rechtsvordersatzes in Frage zu stellen. Zur Unterscheidung des bedingten (gedachte Ursache) vom kausalen Sachverhalt (gegebene Ursache): DENZ (1971) 36ss.

[66] GROSS (1991) 107: "Als Faustregel gilt somit: Kausale כי-Sätze folgen dem begründeten Satz."

[67] Zu subordinierendem כי: NICCACCI (1994c) 673s, der die Unterscheidung zweier כי-Klassen für abhängige ("weil") bzw. unabhängige ("denn") Kausalsätze ablehnt (gegen GROSS [1991] 114; Zum Status quaestionis: GROSS [1991] 103s).

[68] Die Namensänderung (x nach y) dient dem Zweck, die gewandelte Position in der Kausalkette zu bezeichnen.

2.) Das Rechtswort begründet zweimal den Umkehrruf.

Die Kurzschließung dieser Begründungskette führt zum kausalen Zusammenhang:

Der Rechtsfall begründet den Umkehrruf[69].

Die drei Elemente der Kausalkette Rechtskasus, Rechtswort und Umkehrruf sind unterschiedlich gewichtet:

1.) Der *Rechtsfall* tritt nur als Grund auf. Das ist leicht zu verstehen, weil er das Ereignis von V.1 formalisiert, welches Ausgangspunkt (= Grund) für das folgende ist.

2.) Das *erste Rechtswort* an den Seher bildet den Übergang vom Rechtskasus zum Umkehrruf. Es dient der Umschreibung des Geschehens und so der Beurteilung der Handlung. Deshalb ist er nicht nur eine Rechtsunterweisung[70], sondern wird als Begründung der Umkehr eingeführt. Die Rechtsworte in Ez 14 sind also nicht Ziel der Aussage, sondern sie begründen den Umkehrruf. Darum liegt MOSIS (1975) 163 mit seiner Letztbeurteilung von Ez 14,1-11 richtig, wonach nicht die Gerichtsansage, sondern der Umkehraufruf im Zentrum steht.

3.) Der *Umkehrruf* tritt in der Kausalkette nur als Begründetes auf und ist deren letztes Ziel. Aus der Optik der Prophetenanrede fällt die dreifache Begründung des Umkehrrufes durch den Rechtskasus und die beiden Rechtsworte auf.

Ez 14 geht also vom Rechtsfall aus und führt zum Umkehrruf hin. Das ist auch in der Ältestenanrede ausgesagt. Das Rechtswort ist mit כי zum Umkehrruf in ein Begründungsverhältnis gestellt. Der Kausalnexus ist sichtbar, wobei לכן (V.6a) durch die Umstellung der Glieder korrekt in ein כי (V.7a) transformiert wird. Das größere kausale Geflecht, in das כי eingebettet ist, bleibt den Ältesten aber verborgen. Das verdunkelt den kausalen Sinn von כי, das auch als Rechtssatzeinleitung betrachtet werden könnte[71].

(iii) *Die Ausrichtung auf die Ältesten.* Der Umkehrruf steht für die Ältesten in einem anderen Kontext als für den Propheten. Darum sind bei der Auslegung zwei Parameter zu beachten: die Dialogebenen und die Gesprächsumstände[72].

---

[69] Auch ALLEN (1994) 206.

[70] MOSIS (1975) 181.

[71] GROSS (1991) 103: "Außerdem stehen כי-Sätze, die dem begründeten Satz folgen, für unterschiedliche Begründungsstrukturen (...) bis hin zu semantisch ganz losen Verknüpfungen, die im Deutschen u.U. durch «nämlich» oder unbetontes «ja» angedeutet werden könnten."

[72] Der Kontext entscheidet, ob ein rechtssatzförmiges Wort auch ein Rechtssatz ist. Darum ist MOSIS (1975) 174s mißverständlich: "(...) für diese Verse gilt, daß sich eine Reihe von Schwierigkeiten nur dadurch ergibt, daß man den kasuistischen Rechtssätzen V.7f.9 die Funktion von prophetischen Gerichtsworten zuschreibt". Es soll die

In diesem Sinn konzentrieren wir uns jetzt auf die Frage, ob die Ältestenanrede Israel mit anspricht. MOSIS (1975) 182 erkennt die Adressaten des Stückes in jenen, die nach V.6a angesprochen sind: "Allein das Haus Israel wird direkt angeredet." Diese Lösung ist problematisch. Es ist richtig, daß V.6a den Seher beauftragt, Israel anzusprechen, faktisch hat er aber nur die Ältesten vor sich. Außerdem gehört die Adressierung in V.6a zur Propheten- und nicht zur Ältestenanrede. Sie hat folglich keinen Einfluß auf letztere. Das bleibt bei der Beurteilung der Redeausrichtung meist unbeachtet.

Dies gilt sogar für die dialogfreundliche Auslegung BROWNLEES (1986) 202. Obwohl er die Bedeutung der Ältesten erkennt, gerät seine Gesprächsanalyse in V.6 ins Wanken. V.4s bestimmt er als Ältestenanrede und 6-11 als Wort an das Volk. Das führt aber zu einem Problem:

> "Here arises the question as to why the plea to repent should be limited to the address to the house of Israel and not also be included in the address to the elders (...)."

Die Frage ist berechtigt. Warum sollten die Ältesten vom Umkehrruf ausgenommen sein? BROWNLEE löst das Problem durch die Annahme des "Überlappens" zweier Anreden. Somit ist der Umkehrruf beides: Abschluß der Ältesten- und Beginn der Volksanrede. Diese Unterscheidung ist mit der Gesprächswirklichkeit unvereinbar. Es gibt in der Anrede keinen Ansprechpartner 'Volk', der eine den Ältesten ebenbürtige Rolle spielt, so wie dies BROWNLEES voraussetzt [73]. Die Überlappungs-Theorie stößt sich auch an seiner richtigen Feststellung, daß sich die Wiederholungen in Ez 14 aus der Ausrichtung auf verschiedene Adressaten erklären (201). Würde der Umkehrruf zur Ältesten- und zur Volksanrede gehören, wäre die Frage unausweichlich, warum er nicht nach dem Vorbild der Rechtsworte wiederholt wird. Soweit zur Kritik. BROWNLEES Verdienst ist, die Bedeutung der Dialogebenen für das Verständnis von Umkehrruf und Rechtsworten erkannt zu haben.

Es gibt also zwei dialogische Bereiche: die Prophetenanrede mit Redeauftrag in V.6a und die Pl.-Ältestenanrede, die den Anredepartner von V.1 anspricht. Die Ältesten verstehen, daß das Gotteswort sie meint. Daran ändert die unpersönliche Formulierung des Rechtswortes nichts. Für die Ausweitung des Adressaten von 6-8 besteht für die Ältesten kein direkter Anlaß, weil das Vergehen auf sie zutrifft. Es besteht aber ein Zwiespalt zwischen V.6a, der Israel als Ansprechpartner nennt, und der Anrede in 6b-8, die nur auf die Ältesten ausgerichtet ist. Als Teil der Propheteninstruktion kann V.6a kein Auftrag an die Ältesten sein, das Gehörte an das Haus Israel weiterzusagen. Freilich ist

---

Anwendung allgemeiner Gattungseinteilungen nicht in Frage gestellt werden. Für das Verständnis von Einzeltexten sind solche aber häufig zu allgemein und insinuieren institutionelle Zusammenhänge, die sich nur aus der Sprechhandlung erschließen lassen. Die Formkritik kann die Sprachhandlungsanalyse nicht ersetzen.

[73] Zur Anrede Israels in V.6a siehe unten.

Israel aus ihrer Sicht mitgemeint, weil sich das Rechtswort auf andere Synkretisten beziehen läßt. In einem weiteren kommunikativen Rahmen dehnt V.6a die Kommunikation aus und bereitet sie für eine über den Dialogaugenblick hinausgehende Anwendung vor [74].

Ist Israel also aus der Optik der Ältesten vom Umkehrruf und vom Rechtswort ausgeschlossen? Natürlich nicht. Die Ältesten werden den Umkehrruf, wenn sie ihn ernstnehmen, auch als Appell an Israel verstehen. Daß Restjuda eines solchen Aufrufs bedarf, zeigt nicht nur die Tempelvision, sondern auch die Bezeichnung der Ältesten als בית ישראל in V.6a. Die dialogische Ausrichtung des Umkehrrufes darf also nicht eng ausgelegt werden. 6b-8 ist an die Ältesten gerichtet, ohne einen indirekten Bezug auf Israel auszuschließen. Das bestätigt der Redeauftrag in V.6a [75].

Indirekt behandelt MOSIS (1975) 187 die dialogische Stellung Israels bei der Frage nach dem Verhältnis von V.11 zu den vorausgehenden Versen. Er betrachtet 7-10 als Rechtsbelehrung und V.11 als Zweck- bzw. Folgeangabe. Das Problem dieser Aufteilung stellt er gut dar: V.10b kann als selbständiger Satz nicht Anknüpfungspunkt für die למען-Folge in V.11a sein. Das gilt ähnlich für 7-9, da dieser Abschnitt nach MOSIS den Umkehrruf begründet und folglich nach vorne ausgerichtet ist. Einen Anknüpfungspunkt findet er erst in V.6, der wie V.11 von בית ישראל in der 3. Person redet.

Auf Grund dieser Analyse unterscheidet MOSIS V.6a als *Redeauftrag an den Propheten*, der von בית ישראל in der 3. Person spricht, vom *Umkehrruf*, der Israel in der 2. Pl. anspricht. Da V.11 von Israel in der 3. Pl. redet, schließt MOSIS in einer feinen Unterscheidung, daß V.11 das Ziel (למען) des *Redeauftrags* und nur indirekt das Ziel der *Umkehr* bezeichnet. Damit erklärt er die 3. Pl. von V.11 aus V.6a. Demnach schließt der למען-Satz (V.11a) an V.6a an: "Darum sprich zum Haus Israel (...), damit sie nicht mehr abweichen (etc.)." Diese Auslegung benützt die formale Gleichheit (3. Person) zur Herstellung textsemantischer Verbindungen. Das führt zu Fehlschlüssen, weil der Dialogkontext unbeachtet bleibt. Es ist unmöglich, V.6a und V.11a ohne die dazwischen-

---

[74] Vgl. die kommunikative Fortschreibung (III.1.3.). Die Ausrichtung eines Textes auf mehrere Gesprächsebenen ist häufig und zeigt, daß verschiedene Gesprächspartner verschieden angesprochen werden. Joh 18,4: "Da trat Jesus, der alles wußte, was über ihn kommen sollte, heraus und sagte zu ihnen: "Wen sucht ihr?". Die Information über das Wissen Jesu ist jenen nicht zugänglich, an welche die Frage gerichtet ist. Während diese auf der Gesprächsebene der Soldaten eine wirkliche Frage ist, ist sie für den Leser kein Ausdruck eines Nichtwissens.

[75] Dennoch ist die ursprüngliche Anrede auf die Ältesten ausgerichtet. POHLMANN (1996) 199: "Die entsprechende Umkehraufforderung wirkt deswegen überzogen, weil anschließend (V.7ff.) der Ton darauf liegt, daß Jahwe in bestimmten Schuldfällen die betreffenden Schuldigen «aus seinem Volk» ausrotten wird, also klargestellt ist, daß die Gesamtgröße nicht für solche Verschuldungen mithaftet und deswegen auch keine übergreifenden Sanktionen folgen." POHLMANN überspringt aber die Sprachhandlung und betrachtet den Text als Interaktion unterschiedlicher Redaktionsschichten.

liegenden Textteile zu lesen. Die beiden Nennungen Israels sind durch sie so weit voneinander entfernt, daß eine solche Verbindung dialogisch nicht erkennbar wäre.

Es ist leicht zu zeigen, warum von בית ישראל in der 3. Person gesprochen wird: weil V.6a und V.11a zur Propheteninstruktion gehören und בית ישראל ein besprochener Aktant ist. MOSIS übersieht den Wechsel der Gesprächsebenen, wodurch das von ihm als Rechtsbelehrung erkannte 7-10 mittendrin von einem dialogischen Übergang durchschnitten wird. Der Dialog zeigt auch die Bedeutungslosigkeit seiner Unterscheidung von Redeauftrag und Umkehr. Sie ist in der gegebenen Situation und mit den vorgeschlagenen Mitteln gar nicht formulierbar, weil der Einsatz der 2. Person ab V.9 dialogisch nicht möglich ist.

Ergebnis: Der Rechtssatz begründet den Umkehrruf, wodurch die synkretistische Prophetenkonsultation der Ältesten zum Tatbestand wird, der nach Bekehrung verlangt und die Jahwekonsultation unmöglich macht [76]. Direkt ist dieses Wort nur an die Ältesten und nicht an Israel gerichtet, weil sich V.6a auf der Jahwe-Propheten-Ebene befindet und somit von den Ältesten nicht gehört wird.

2.3.5. Rechtsanrede und Ausrichtung auf Jerusalem. Die zwei Rechtsworte in Ez 14 unterscheiden sich vor allem durch ihre dialogische Ausrichtung. Das erste informiert den exilischen Seher, das zweite die judäischen Ältesten. Das Ältestenrechtswort ist in Fall- und Folgebeschreibung länger und detaillierter. Der גר ist nur dort erwähnt, wobei seine judäische Ansiedelung durch גור und בישראל (V.7b) unterstrichen ist [77]. Gegen die Interpretation der גר-Aussage als Formulierung ohne Realitätsbezug spricht der judäische Redekontext. In den Zusätzen des zweiten Rechtswortes zeigt sich die Anpassung an den Gesprächsstatus der Ältesten. Zwei Schwerpunkte liegen vor: die *detaillierte Beschreibung von Rechtsfall und Rechtsfolge* und die *Ausrichtung auf Jerusalem.*

---

[76] Anders SCHWARTZ (1994) 125s: "Ezekiel proclaims to his countrymen that the Lord is ever ready to accept repentance, not because he really believes that repentance could have had or can have any effect, but in order to combat their demoralization or to underline their own responsibility for the now inevitable disaster."

[77] Zu diesen Anpassungen: ZIMMERLI (1979) 306 ("Formelgut in großer Freiheit variiert") und SCHULZ' (1969) 164: "Die sakralrechtlichen Traditionen im Ez-buch gehören nicht einfach in den Bereich der Rechtsliteratur wie Lev 18-20, sondern in den Bereich theologischer Legalinterpretation." Eine judäische - zeitlich neu angesetzte - Lokalisierung des גר ("restoration community") bei VAN HOUTEN (1991) 116. POHLMANN (1992) 8 Anm. 25 und (1996) 198 vermutet eine Herkunft der גר-Formulierung aus der Zeit, als der Prophet im Lande wirkte. Zu BULTMANNs (1992) 196-200 Ausscheidung der גר-Erwähnungen: III.2.2. Die Wendung בישראל mit ב locale bezieht sich im AT sowohl auf das Volk (Num 3,13; 32,13 etc.) als auch auf das Land. Häufig ist das Bezugsverhältnis unentscheidbar (VAN HOUTEN [1991] 115s). MULLO WEIR (1952) 107 versteht בישראל in einem nicht lokalen Sinn als "among the community".

'Rechtsrede' und 'Jerusalem' sind Größen, die Rückschlüsse auf den Gesprächsstatus der Ältesten zulassen.

2.3.5.1. Älteste und Gesetz in Ez. Die Anrede der Ältesten mit dem Rechtswort führt zur Frage nach dem anrederelevanten Verhältnis zwischen Ältesten und Gesetz.

Das erste Mal spricht die Tempelvision den Gesetzesbezug der Ältesten an. *Ez 11,12* sagt im Umfeld der Ältesten, daß der Niedergang der Jahweverehrung in Jerusalem mit einer Krise des Gesetzes einhergeht. Jahwe klagt Israel an, sich nicht nach seinen Gesetzen (חקי, משפטי), sondern nach den Gesetzen der umliegenden Völker (משפטי הגוים) zu richten. Weil das Gesetz von Gott stammt (חקי, משפטי), ist der Verrat am Gesetz auch Verrat an ihm. Die Ausrichtung auf fremde Gesetze impliziert eine Hinwendung an die Götter, welche die neue Rechtsordnung garantieren. Im Lichte von Ez 11,12 ergibt sich für *Ez 14,7s* folgende Situation:

1.) Ez 11,12 klagt Restjuda des Verrates am Jahwegesetz an. Die Ältesten von Ez 8,1 sind in diese Anklage miteingeschlossen.

2.) Vertreter der Ältestenschaft treten in Ez 14,1 ein zweites Mal vor den Seher und erhalten in 6-8 ein Gotteswort, das in seinem Hauptteil im Rechtssatzstil formuliert ist und nach Juda zurücklenkt.

3.) V.7s zeigt folglich, wie Jahwe auf den in Ez 11,12 mitgeteilten Rechtsbruch der Ältesten reagiert: Er antwortet ihnen in der Ausdrucksweise des von ihnen verratenen Gesetzes.

Ez 11,12 faßt die Anklage in der Tempelvision für die Ältesten im Stichwort "Vernachlässigung des Gesetzes" zusammen. Der Götzendienst wird ihnen als Rechtsbruch erklärt, also in juridischen Kategorien vermittelt. Gleiches gilt für die Strafankündigung in *Ez 20,35s*. Sie ist den Ältesten als Gerichtshandeln Jahwes erklärt. Der Gebrauch juridischer Kategorien vor den Ältesten geht so weit, daß selbst nichtjuridische Inhalte mit ihrer Hilfe mitgeteilt werden [78].

Ez verbindet das Gesetzeswesen also nicht nur mit den Priestern (Ez 7,26), sondern auch mit den Volksführern, zu denen die Ältesten zählen [79]. Durch

---

[78] Für die Verbindung von Ältesten und Gesetz: dtn Gesetzbuch (HOPPE [1983] 268; BETTENZOLI [1983] 221): In Dtn 27,1 schärfen Moses und Älteste die Beobachtung des Gesetzes ein. In Dtn 31,9 übergibt Moses das Gesetz Priestern und Ältesten. In Dtn 21,18-21 soll der widerspenstige Sohn von Stadtältesten gerichtet werden. Ferner: Dtn 22,15ss. In Dtn 29,9 und 31,28 stehen die Ältesten neben den שטרים, die in Dtn mit den Richtern in Verbindung gebracht sind (VAN DER PLOEG [1954] 193.195 ["juges d'instruction"]; ferner WEINFELD [1977] 420: "מהווה כינוי לכל הממלא תפקיד מסייע בבית הדין" [neuhebr: "benennt jede Art von gerichtlichem Hilfspersonal"]: Dtn 16,18; 1 Chr 23,4; 26,29; 2 Chr 19,11).

[79] BETTENZOLI (1983) 224: "Ad essi (sc. den Ältesten Judas) rimane solo una competenza prettamente giudiziaria, per dirimere le quotidiane controversie degli abitanti della propria circoscrizione cittadina." VAN DER PLOEG (1961) 185 stellt mit Bezug auf SEESEMANN (1895) fest, daß die Ältesten mit dem Exil (und der Schwächung bzw. dem

die Rechtssprache geht das Rechtswort über den persönlichen Appell des Umkehrrufes hinaus. Die Ältesten werden nicht nur auf ihre privaten Götzenvergehen angesprochen, sondern als staatliche Verantwortungsträger mit der Frage nach dem Heil Israels konfrontiert. In dieser Anwendung meint das Rechtswort nicht nur die Ältesten vor dem Seher, sondern das in der Tempelvision geschilderte System, womit die Ältesten stellvertretend für das Volk vor Jahwe stehen.

Ergebnis: Die Ältesten werden in den Ältestenperikopen an wichtigen Stellen mit Rechtskategorien angesprochen. Diese Wahl der Sprachmittel läßt auf den für sie angenommenen Dialogstatus schließen. Die Arbeitshypothese lautet: Die rechtssprachliche Ältestenanrede nimmt eine Rechtskompetenz der Ältesten an. Im weiteren ist der Rechtsbegriff, der dieser Voraussetzung zugrundeliegt, zu klären.

2.3.5.2. Landbezug und Dtn. Die Ältestenanrede in Ez 14 besitzt zwei Charakteristiken, die in den Bereich des Dtn weisen:

- Jahwe benützt in der Ältestenanrede die Rechtssprache.
- Die Ältesten werden als Landbewohner angesprochen.

Darin erscheinen drei Elemente, die im dtn Gesetzbuch (Dtn 12-26) von grundlegender Bedeutung sind: das Land, die Landbewohner und das Gesetz. Das dtn Gesetzbuch betont das Verhältnis zwischen Gesetz und Land/Landbewohner gleich zu Beginn (Dtn 12,1), indem der Geltungsbereich ("Land") und die Geltungsdauer ("so lange ihr in dem Land leben werdet") des Rechtskorpus mit Bezug auf den Referenzpunkt "Land" festgelegt wird [80]:

> "Das sind die Bestimmungen und Rechtssatzungen, die ihr bewahren und befolgen sollt in dem Land (בארץ), das Jahwe, der Gott deiner Väter, dir zum Besitz gegeben hat, alle Tage, die ihr auf dem Erdboden (על־האדמה) lebt."

Die Rechtskonzeption in Dtn 12,1 macht das Wohnen der Gesetzessubjekte im Land zur Rechtsvoraussetzung [81]. Der Textplus des zweiten Rechtswortes

---

Verschwinden des Königtums) an Macht gewinnen und nach der Verbannung an die Spitze des Volkes gelangen. BUCHHOLZ (1988) 104 folgert aus seiner Untersuchung, die das Interesse des Dtn an den Ältesten in eine frühexilische Zeit ansiedelt: "Für die Ältesten ist damit eine unbestrittene Kenntnis des israelitischen Rechts vorauszusetzen." Das geht in die Richtung der Dialoganalyse (gegen GERTZ [1994]: Älteste als Eintragung einer dtr-exilischen Überarbeitung, welche die Zerschlagung der staatlichen, von Richtern geleiteten Gerichtsinstitutionen interpretiert). Zum Nebeneinander von Ältesten und Richtern: OTTO (1995) 288. KNIERIM (1987) 5 siedelt die Richterfunktion der Ältesten auf der Ebene der Dorf/Stadt-Gemeinschaft an.

[80] BRAULIK (1986) 92. HOPPE (1983) 260: "*Deut* is to be the constitution of Israel for her life in the land"; ferner: LOHFINK (1995) 120 im Gespräch mit REUTER (1993) 48. BIGGS (1996) 34 weist auf den Landbezug des Jahweverhältnisses: "(...) God and the land were so associated that separation from the land meant separation from God (see I Sam. 26.19; Hos. 9.3)."

[81] CRAIGIE (1976) 215. LACOCQUE (1996) 93s: "D, in other words, ties together

unterstreicht die Seßhaftigkeit im Land [82], womit das Wort an die Ältesten eine für das Dtn typische Rechtsauffassung zeigt. Sie unterscheidet sich von H, wo der Landbezug eine untergeordnete Rolle spielt [83]. Das zeigt Lev 17. Dort ist die גר-Formel häufig, während aber volks- und nicht ortsorientiertes בתוכם vorgezogen wird. Eine mit Ez 14,7b vergleichbare Formulierung steht nur in Lev 20,2 [84]. Das Ältestenrechtswort besitzt also einen Doppelcharakter. Es ist durch die kasuistisch-juridische Sprache mit H verbunden und zeigt im Ortsbezug, das es vom ersten Rechtswort unterscheidet, dtn-typische Merkmale. Ez 14,7s besitzt inhaltlich eine deuteronomisierende, das heißt, auf das Land orientierte Note und ist formal dem Redestil des levitischen Gesetzeskorpus ähnlich [85].

Was folgt daraus für die Gesprächssituation in Ez 14,6-8? Die Antwort lautet: Für die Ältesten wird eine judäische Rechtsauffassung vorausgesetzt. Als Landbewohner stehen sie in einem anderen Gesetzesverhältnis als die Exulanten. Das zeigt ebenfalls die Propheteninstruktion II, die sich vor dem Seher nicht auf das Land, sondern wie meistens in H auf den überörtlichen Bereich des Volkes bezieht: מתוך עמי ישראל (Ez 14,9f).

Die Rechtssprache ist in beiden Fällen jene von H. Aus der dialoganalytischen Perspektive kann sie, weil sie sich nicht auf die Ältestenanrede beschränkt, als Eigengut der exilischen Gottesrede bezeichnet werden. Sie ist also *senderorientiert*. Der Dialogstatus der Ältesten wird dagegen durch den Landbezug berücksichtigt. Dieser ist die *empfängerorientierte* dialogische Komponente. Die Ältesten hören ein Rechtswort, das von einem Exilspropheten gesprochen und judäische Rechtssubjekte anredet. Es paßt sich inhaltlich dem dtn-judäischen Rechtsverständnis an, läßt aber den paränetisch-anreden-

---

Land and Torah. The Law is for the governance of the Land and can be fulfilled only in the Land (...)". Das zeigt der x-qatal (individueller Sachverhalt der Vergangenheit) in Dtn 12,1: בארץ אשר נתן יהוה. Daß die Golah dem Gesetz nicht in gleicher Weise unterworfen ist wie die Restjudäer, stellt ihren Status als Haus Israel nicht in Frage (vgl. VAN HOUTEN [1991] 151s).

[82] Nach PONS (1986) 216 polemisiert der Prophet gegen die Ältesten, die dtn/dtr Gedankengut vertreten. Dabei möchte er zeigen: "comme Éz, face aux anciens, va se servir de mots qui leur sont familiers, pour les déstabiliser et troubler leurs habitudes de pensée."

[83] Gegen JOOSTEN (1996) 137, der das Wüstenlager als Symbol für das Wohnen im Land erklärt, und eine vorexilische Herkunft von H annimmt (203-207): "The camp in the desert is merely a paradigm for the Israelites of the generation addressed (207)." Aber: "A certain tension exists in H between the fictional framework of Israel in the desert on the one hand, and the importance of the theme of the land on the other (165)."

[84] H nennt den Landbezug nur in Lev 26,6.43. Dieser H-Teil besitzt enge Kontakte zum dtn Gesetz (Dtn 28).

[85] Zum Verhältnis von Ez/P bzw. Dtn/Dtr: POLA (1995) 147s und MARQUIS (1994) 136.

den Charakter des Dtn vermissen. Das liegt daran, daß sie auf fremdem Boden gewachsen ist und ihr der direkte Bezug zu Land und Leuten fehlt.

Diese dialoganalytischen Resultate zeigen Ähnlichkeiten mit der von CHOLEWIŃSKI (1976) vertretenen Kontextualisierung von H [86]. CHOLEWIŃSKI hält die Verfasser von H für Jerusalemer Priester, die ins Exil kamen und dort tätig waren. Priesterliche Herkunft und Exilierung kennzeichnen auch die Person des Ezechiel. Wenn H und seine Sprache exilisch sind und Ez 14 H-sprachliche Elemente aufweist, die sender- und somit exilsorientiert sind, dann besteht ein Bezug zwischen den Rechtsworten in Ez 14, welche dtn-landgebundene Inhalte mit der exilischen Sprache H's vermitteln, und der Entstehung von H, wie sie CHOLEWIŃSKI darstellt.

Ergebnis: Die im Vergleich mit dem ersten Rechtswort sichtbaren Zusätze im zweiten Rechtswort unterstreichen dessen Landbezug, der ein notwendiges Element der dtn Rechtsauffassung ist, während die Sprache exilsorientiert ist und jener von H nahe kommt. Das Rechtswort argumentiert also mit judäischen dtn Rechtsinhalten, drückt sie aber in der exilischen H-Sprache aus. In Ez 14,7s werden die Ältesten also mit zwei Strömungen konfrontiert: mit der exilischen Sprache von H und mit dem dtn Land-Gesetz-Bezug. So verbindet die Anrede in Ez 14,6-8 exilische und judäische Elemente [87].

2.3.5.3. Ältestenanrede und Dtn. Nachdem im Landbezug ein erster Zusammenhang zwischen dem zweiten Rechtswort und Dtn festgestellt wurde, ist nach weiteren Indizien zu suchen, welche die dtn Ausrichtung des zweiten Rechtswortes bekräftigen. Dazu dient der folgende Überblick, wobei die H-Bezüge berücksichtigt sind.

(i) *Bezüge zu Dtn und H.* Die Anklage im Schlußsatz der ersten Ältestenanrede (vgl. Ez 5,6) entspricht der in Dtn 12,29s und Dtn 32,21 vorgebrachten Warnung vor dem Götzenkult Kanaans. Wie in *Ez 14,6e* wird der Götzendienst von Dtn 12,31 als תועבה bezeichnet [88]. Die 1.Sg-Formulierung in Dtn 12,30 (ואעשׂה־כן גם־אני) zeigt eine sachliche Übereinstimmung mit dem 1.Pl-Ältestenzitat von *Ez 20,32.* Dtn 32,21 redet vom Götzendienst, wobei die Aussage הם קנאוני an das Eifersuchtsbild in *Ez 8,3.5* erinnert: סמל הקנאה [89].

---

[86] Ob CHOLEWIŃSKIs (1976) bes. 339-44 Resultate dialoganalytisch vertretbar sind, steht hier nicht zur Debatte.

[87] Das gilt unbeschadet der Frage, ob H aus Dtn oder aus Dtr hervorgegangen ist (CHOLEWIŃSKI [1976] 344: Verfasser von H sind ein "Seitenarm jenes umfangreichen dtr Stromes"; contra: JOOSTEN [1996]) 203). Interessant wäre, Jeremias Verhältnis zu Dtn/Dtr dialoganalytisch zu untersuchen (RUDOLPH [1968] XVIs) und in ein Verhältnis zu Ez und H zu bringen.

[88] Dazu: HOFFMANN (1980) 359.

[89] Gegen LUTZKY (1996) 123, der an Hand der Wurzel *qnh* (= [pro]create) übersetzt und auf Gen 14,19.22; Dtn 32,6; Ps 89,13 und Spr 8,22 verweist.

REVENTLOW (1962) 8 findet zu *Ez 5,6* sprachliche und formale Zusammenhänge mit Lev 26 und *Ez 20,16*. Sie betreffen vor allem das Wortpaar חקות/משפטים. Ez 11,12 verwendet im Gegensatz zu Ez 5,6 (ואת־חקותי) mit בחקי die maskuline Pl.-Konstruktion, die im Doppelausdruck חק/משפט eher für Dtn/Chr als für H/Ez typisch ist [90]. Ez gebraucht sie zwei weitere Male bei der Anrede der Wüstenwanderer (Ez 20,18) und der nach 587 verbannten Judäer (Ez 36,27). In Ez 36,28 wird das Wohnen im Land verheißen, wodurch Juda in den Blick kommt [91]. Der Maskulin in Ez 11,12 mag folglich ein Relikt einer dtn Verwendung sein. Die Ältesten werden - entgegen der üblicheren ez Redeweise - mit einer dtn-typischen Wendung angesprochen.

PONS (1986) hat das dtn Vokabular in *Ez 20* geprüft [92], während sich REVENTLOW (1962) 75-88 den darin verarbeiteten Traditionselementen zugewendet hat. Um die Untersuchung nicht ausufern zu lassen, beschränken wir uns auf die H- und Dtn-Parallelen im letzten Dialogteil (Ez 20,27-44), der sich den Ältesten in direkter Anrede zuwendet und ihr Schicksal verhandelt [93].

PONS betrachtet *Ez 20,27-29* als Interpolation (225). Unter anderem beruft er sich dafür auf das Vokabular, in dem er keine Konfrontation mit dem Dtn, sondern viele Querverweise auf die priesterliche Tradition von Lev findet [94]. Dieser Befund fügt sich in den festgestellten Dtn/H-Doppelcharakter der Ältestenanrede und braucht nicht zu beunruhigen. GREENBERG (1983) 385 stellt zudem fest, daß die Kultvergehen Israels in Ez 20 das Gesetz zur Kultzentralisierung (Dtn 12) im Hintergrund haben und findet Zusammenhänge zwischen *Ez 20,28.29* und Dtn [95]. REVENTLOW (1962) 84 verweist auf Verbindungen zwischen *Ez 20,30* und Lev 18,24.26, sowie Lev 17,7 und Lev 20,5.6. Zum Ältestenzitat in *Ez 20,32* meint GREENBERG, daß die Ältesten tun wollen, was

---

[90] LIEDKE (1971) 13-17; RINGGREN (1982) 152. Das Paar חוקים (mk.pl.)/משפטים findet sich in Ez 20,18.25; 36,27 und חוקות (fem.pl.)/משפטים in Ez 5,6s; 11,20; 18,9.17; 20,13.16.19.21. Ferner: SIMIAN[-YOFRE] (1974) 213-215.

[91] Uneinheitlicher ist der Gebrauch der Femininkonstruktion: Ez 5,7 redet mit בחקותי über eine judäische Realität; ähnlich Ez 18,9.17. Dagegen spricht Ez 11,20 vor den Exulanten von בחקתי.

[92] Zur Kritik an PONS (1986): III.3. PONS zieht aus seinen Ergebnissen weitreichende Schlüsse und interpretiert Ez 20 als Konfrontation zwischen Ezechiel und den Ältesten als Dtn-Vertretern. Unser Ziel ist bescheidener: Ohne eine exklusive Frontstellung gegen Dtn/Dtr zu erwarten, wird die Ältestenanrede in Ez 20 auf Zusammenhänge mit dtn Ausdrucksformen überprüft.

[93] In den vorausgehenden Textteilen findet HAHN (1995) 117 z.B. in 23-26 typische dtn Elemente (Zerstreuung Israels, ungute Gesetze, Opfer der Erstgeburt).

[94] Zu מעל מעל ב (V.27): Lev 5,21; 26,40 und sonst bei Ez; zu עץ עבות (V.28): Lev 23,40; קרבן (V.28) außer Lev und Num in Ez 40,43. Zu PONS' Meinung, daß Israels Aufenthalt in Kanaan geleugnet wird: III.3.4.2.

[95] Zu den Kultgaben: Ez 20,28.40 mit Dtn 12,6.11; zum Kultort: Ez 20,28 mit Dtn 12,13; zur Versuchung der vielen Kultstätten: Ez 20,32 mit Dtn 12,4.29s; zum in Ez 20 dargestellten zukünftige Jahwekult: Dtn 12.

ihnen in Dtn 4,28 und Dtn 28,64 als Strafe angedroht ist. In *Ez 20,33* weist PONS auf die Verbindung von ביד חזקה ובזרע נטויה mit einigen Vorkommen in Dtn (228) [96], während er in *Ez 20,39-44* den erwarteten Konflikt mit Dtr vermißt (231) [97]. REVENTLOW findet schließlich in *Ez 20,42* eine Parallele zu Lev 25,38 [98].

Zwischenergebnis: Der Durchgang durch Ez 11 und Ez 20 bestätigt die an Ez 14,7s gemachte Beobachtung, wonach es in der ez Ältestenanrede einen doppelten Bezug nach Lev und Dtn gibt. Daraus ist ein Rückschluß auf den Gesprächsstatus der Angesprochenen möglich. Zu diesem Zweck sind die Überlegungen von PONS und HOPPE einzubeziehen.

(ii) *Folgerungen für den Dialogstatus.* PONS (1986) versteht Ez 20 als Widerstand des Sehers gegen die dtr Geschichtsschau und vermutet einen Konflikt zwischen ihm und den exilischen Vertretern des Dtr (232). Während sich erstere um Kontinuität bemühen und im Exil einen neuen Anfang erblicken, zerschlägt Ezechiel jede Hoffnung: "Israël ne doit pas être tenté par l'idée d'un cycle, sinon son cœur ne changera pas." Die Annahme eines zyklischen Geschichtsbildes der Ältesten ist ein von PONS eingeführtes Interpretament. Als Hypothese ist das legitim. Es wäre aber nachzuweisen, daß eine solche Vorstellung im Gespräch tatsächlich vorausgesetzt ist. Die Dialoganalyse zeigt aber, daß die Ältesten nicht auf die Wiederkehr besserer Zeiten warten, sondern zufrieden sind und die gegenwärtige günstige Lage mit einem Polytheismus absichern wollen. Aus dieser Optik ist die antithetische Interpretation der dtn/dtr Elemente in Ez 20 zu bezweifeln. Es ist für sie somit eine andere Erklärung zu finden.

Wir meinen, daß die Anrede judäischer Ansprechpartner die dtn Elemente erklärt. Das Wort benützt die sprachlichen Mittel des Exils, berücksichtigt aber inhaltlich die juridischen Positionen der Anredepartner, um ihnen jeden Interpretationsspielraum zu nehmen. Diese juridische Anredeform hat nur einen Sinn, wenn die Ältesten rechtskompetent sind und die juridische Rede und ihre Nuancen verstehen. Daß dies der Fall ist, folgt aus dem Gebrauch der Rechtssprache.

Auf Grund anderer Voraussetzungen beurteilt HOPPE (1983) die Rechtskompetenz der Ältesten und kommt zu einem ähnlichen Resultat. Er sieht sie ebenfalls in einem engen Zusammenhang mit Dtn und entdeckt in ihnen sogar die Letztverantwortlichen für dessen Produktion (260), weil sie u.a. im Dtn eine zentrale Rolle in der Verwaltung der Gesetze spielen (268). Dadurch

---

[96] Dtn 4,34; 5,15; 7,19; 9,29; 11,2; 26,8.

[97] Das gilt auch für Ez 20,27-29. Dessen von PONS gefolgerte Nachträglichkeit überzeugt nicht, da er nicht beweist, daß die postulierte Auseinandersetzung mit Dtr eine Totalerklärung des Textes liefert.

[98] Auch HAHN (1995) 117: "Finally, the rest of Ezekiel's oracle presents the enduring effects of the divine curse on subsequent generations for their ongoing idolatry (vv. 27-32), culminating with their divinely sworn restoration (vv.33-39; cf. Deut. 32:40-42), which the nations share (vv. 40-41; cf. Deut. 32:43)."

erweise sich Dtn als Gesetzeskorpus, der die Interessen der Ältesten vertritt. Diese These stützt Ez, weil er die Ältesten - und nur sie - mit einer an Dtn orientierten Gesetzesauffassung anredet. Die Verbindung von Gesetz und Ältesten ist so stark, daß sie sich nicht nur aus der judäischen Herkunft der Ältesten erklärt, sondern deren besondere Gesetzesnähe voraussetzt.

(iii) Diese Parallelen können nicht darüber hinwegtäuschen, daß Ez 14 ein Ältestenbild zeichnet, das nicht einfach aus Dtn oder Lev abgeleitet ist, sondern zu seiner Erklärung der Dialogsituation bedarf und deshalb eigenständig ist. Dies ist nun zu zeigen.

In Ez treten die Ältesten nicht als Gesetzesverfasser oder Gesetzeshüter, sondern als Gesetzes*brecher* auf. Ez 14 begegnet ihnen auf eine zweifache Weise: mit einem Umkehrruf und einem Rechtswort. Der *Umkehrruf* konfrontiert sie nur indirekt mit dem Götzendienst. Nicht die Götzen stehen im Zentrum, sondern die Umkehranweisung. Sie spricht indirekt vom Heil und von den Götzen. Die Konfrontation mit den Ältesten wird im Guten und im Schlechten vermieden. Der Götzendienst kommt nur im Rahmen des Umkehrrufes zur Sprache. Indirekt redet auch das anschließende Rechtswort. Es spricht über die Folgen der Mißachtung des Umkehrrufes und ist Warnung und Drohung zugleich. Wieder werden die Ältesten nicht frontal, sondern über den איש איש angesprochen.

Die indirekte Redeweise läßt das Gesetzesverhältnis der Ältesten von einer neuen Seite aufleuchten. Ez 14 klagt nicht an und verurteilt nicht. Es verbindet drei Elemente: die Ältesten, der Rechtsfall und das Rechtswort. Die vom Rechtswort angesprochenen Ältesten sind zugleich die Täter. So geraten sie in eine interessante dialogische Situation: Um Jahwes Anrede zu verstehen, müssen sie *Richter in eigener Sache werden.* Damit stellt sie Ez 14 bezüglich ihrer selbst in eine Rolle, die sie in Dtn im Bezug auf andere einnehmen. Die indirekten Formulierungen implizieren, daß die Anklage und das Urteil von den Ältesten nachzutragen sind. Somit wird die in Dtn bezeugte Richterrolle der Ältesten auch in Ez 14 vorausgesetzt. Das Gotteswort ist so formuliert, daß sie es nur in Ausübung ihrer richterlichen Tätigkeit verstehen. Landbezug und Richterfunktion sind folglich die Hauptmerkmale, an denen das Ältestenprofil in Dtn und Ez sichtbar wird. Daran bestätigt sich die Gleichung: Älteste-Jerusalem-Dtn versus Prophet-Babylon-H.

Ergebnis: Ez redet die Ältesten mit der dtn Gesetzessprache an und stellt sie in die Situation von Richtern in eigener Sache. Die Ältestenanrede setzt voraus, daß sie Rechtsverständige sind, die als Restjudäer mit den landorientierten juridischen Kategorien des Dtn vertraut sind.

2.3.6. Die beiden Schwerpunkte des Rechtswortes. Die Makrosatzanalyse hat zwei Schwerpunkte des Ältestenrechtswortes herausgestellt: die *Beschreibung des Rechtssubjektes* (V.7) und die *Ausfaltung der Rechtsfolge* (V.8abc). Diese Akzentuierung ist im Lichte einiger H-Rechtssätze zu betrachten.

2.3.6.1. Die Rechtsfolge in Ez 14,7s und H. Ez 14,7s besitzt den nächsten Verwandten im H-Rechtssatzblock *Lev 20,2b-6*, wo eine ähnliche Rechtslage und ein ähnliches Vokabular vorliegen. Es geht um Vergehen im Umfeld des Molochkultes bzw. der Toten- und Wahrsagegeisterbeschwörung. Wie V.7s ist der Rechtssatz mit איש איש eingeleitet und erwähnt den גר. Zudem beschreibt er die Rechtsfolge ähnlich: שׂים פנים ב, כרת מקרב עם, נתן פנים ב. Neben diesen Parallelen in Gliederung, Wortwahl und Inhalt fallen zwei Unterschiede auf:

1.) In *Lev 20,4a* ist die erste bestrafende Instanz nicht Jahwe, sondern der עם הארץ. Jahwe droht einzugreifen, wenn das Volk untätig bleibt. Die Durchsetzung des Rechtssatzes wird von einer menschlichen Instanz erwartet. Dagegen wird der Götzendienst in der Tempelvision, im dialogischen Umfeld von Ez 14, widerstandslos praktiziert. Die Strafe dafür wird nicht vom Volk, sondern durch eine von Jahwe aufgebotene Mannschaft ausgeführt. Die Umstände der Bestrafung - sechs Männer gegen eine Stadt - zeigen deren übernatürlichen Charakter. Damit tritt der in Lev 20,4 angenommene zweite Fall ein. Dagegen übergeht das Ältestenrechtswort von Anfang an die exekutive Funktion des Volkes. Die Bestrafung kommt von Jahwe (Ez 14,7h).

2.) Nach *Lev 20,5b* sind der Täter (איש) und seine Familie (משפחתו) der Strafe unterworfen. Sie besteht darin, daß der Täter und alle, die sich dem Moloch hingeben, aus dem Volk ausgetilgt werden. In der Gegenüberstellung:

Schuldig:	*Ausrottung betrifft:*
• Täter	• Täter
• seine Familie	• alle Moloch-Verehrer

Damit wird משפחתו bei der Bestrafung im Sinne von כל־הזנים verstanden [99]. Die Forderung der Kollektivstrafe ist in Lev 20,5b umgebogen [100]. Daß sie in Ez, wo die individuelle Vergeltungslehre vorherrscht, ganz verschwindet, überrascht nicht [101].

Das erlaubt die Bestimmung des Verhältnisses zwischen Ez 14,7 und Lev 20,2b-6. In der Problematik Kollektivbestrafung/individuelle Vergeltung steht Lev 20,2b-6 auf halbem Weg. Lev 20,5b spricht zwar von der Bestrafung der "Familie" des Straftäters, versteht das aber nicht im Sinne von Ex 20,5s (=Dtn 5,9s); 34,7; Num 14,18; Dtn 7,9s; Jos 7,24 oder Jer 32,18 als Sippenhaftsklausel bis ins dritte und vierte Glied [102], sondern als Ausrottung jener, die mit dem Täter nicht durch die Geburt, sondern durch ihr Tun verwandt

---

[99] NOTH (1962) 128 hält diese Deutung für einen Nachtrag. Hier geht es, unabhängig von der historischen Priorität einer Textform, um die phänomenologische Bestandesaufnahme.

[100] KRAŠOVEC (1994) 61 beachtet das nicht.

[101] Nach KRAŠOVEC (1994) 86 gibt es in Ez Texte zur kollektiven Vergeltung: Ez 16; 20; 21,3.9 (dagegen SCHWARTZ [1994] 128 zu Ez 20). Zu "kollektiv" und "individuell" vgl. die wichtigen Ausführungen bei KRAŠOVEC (1994) 35s.

[102] Gegen GERSTENBERGER (1993) 267.

sind. Von Lev 25,5 zu Ez 14,7s ist nur ein kleiner Schritt. Er besteht darin, daß der Hinweis auf die Familie im Ältestenrechtswort fehlt. Der Kern der Aussage aber bleibt gleich: Jeder wird nach dem Maß seiner Sünden bestraft. Dabei drückt der Wortlaut von Ez 14,7s aus, was in Lev 25,5 sachlich vorliegt. Bezüglich der individuellen Vergeltungslehre ist Ez 14,7s somit in Ausdruck und Inhalt eindeutiger, während Lev 25,5 Elemente aufweist, die aus dem Vorstellungskreis der Kollektivbestrafung stammen und erst in einem zweiten argumentativen Anlauf im Licht der individuellen Vergeltung ausgelegt sind. Letztere findet sich somit in Ez 14,7s in der reineren Form.

Ähnliche Zusammenhänge gibt es bei der Bestrafung der Schuldigen. In Lev 20,2 bestraft der עם הארץ. Darauf kündigt V.3 die Ausrottung durch Jahwe an. V.4s erklärt sodann, daß Jahwe bei fehlendem Einschreiten des Volkes straft. Beim folgenden Fall der Wahrsager- und Totengeister-Befrager wird nur noch Jahwe als Strafinstanz genannt (V.6). Somit stellt der Text Jahwe immer deutlicher als Strafsubjekt heraus [103]. Selbst dort, wo das Volk den Bestrafungsauftrag wahrnimmt, wird ihm das Wirken Gottes an die Seite gestellt. Damit nähert sich Lev 20,2b-6 der Darstellung in Ez 14,7s.

Lev 20,2b-6 bewegt sich auf die Position hin, die im Rechtswort von Ez 14 erscheint. Die Tempelvision zeigt, daß das Gottesrecht nicht einmal im Tempel durchgesetzt wird. Damit ist das Sakralrecht im Sinne von Lev 20,2 de facto außer Kraft gesetzt: Die Nichtvollstreckung eines Rechtssatzes kommt seiner Aufhebung gleich. Die ez Ältestenworte zeichnen eine Lage, in der das, was auf dem Papier verboten ist, ausgeführt und von denen, die das Gesetz zu verteidigen hätten, sogar gerechtfertigt wird. Dem kann Jahwe nur begegnen, indem er sich selbst zum Vollstrecker der Rechtsordnung macht. Darum verkündet er sein direktes Einschreiten. Anders als in der Wüste ist es nicht mit der Sippenhaftsklausel verbunden, sondern folgt dem Prinzip der individuellen Vergeltung.

Ergebnis: Das Rechtswort in Ez 14,7s ist gegenüber Lev 20,2b-6 zweifach charakterisiert: durch die von Jahwe (und nicht vom Volk) verbürgte Rechtsaussage und durch die individuelle Ausrichtung der Strafmaßnahmen. Jahwe straft den einzelnen. Dafür ist schon Ez 9 ein Beispiel. Obwohl die Strafe alle trifft, wird deutlich, daß keiner für die Sünden eines anderen sterben muß.

2.3.6.2. Ez 14,7s aus der Optik des Propheten. Es ist nun zu prüfen, wie sich das zweite Rechtswort in der Perspektive des Sehers darstellt. Dabei ist vom ersten Rechtswort und von H auszugehen.

Im Vergleich zum ersten zeichnet sich der zweite Rechtsvordersatz durch eine genauere Darstellung des Straffalles aus. Diese Präzision zeigt sich auch im Vergleich zu H, wo z.B. im genannten Lev 20,2b das mit איש איש eingeführte Rechtssubjekt von einer kurzen Vergehensbeschreibung (V.2c) gefolgt ist, wäh-

---

[103] Das stellt BARBIERO (1991) 299 auch für Ez 14,9 fest.

rend Ez 14,7 den Tatbestand in fünf Syntagmen entfaltet. Eine so ausführliche Darstellung eines einzigen Falles gibt es in H nie [104]. Der Vordersatz des zweiten Rechtswortes zeigt einen Doppelcharakter. Er besitzt zum einen eine H-ähnliche Gestalt [105]. Zum anderen wird der Fall ausführlich beschrieben und so mit der Situation der Ältesten verbunden. Was im zweiten Rechtswort über den Fall gesagt wird, deckt sich im wesentlichen mit der ersten Rechtsformulierung und mit der Exposition in Ez 14,1. Die folgende Aufstellung zeigt die Parallelen zwischen den zwei Rechtsworten und den in der Einleitung bzw. Propheteninstruktion gegebenen Informationen über den Ältestenbesuch:

V.4d und V.7a	←	(מבית ישראל etc.)	→	V.1a
V.4e und V.7d	←	(העלו גלוליהם etc.)	→	V.3b
V.4f und V.7e	←	(מכשול עונו etc.)	→	V.3c
V.4g und V.7f	←	(ובא etc.)	→	V.1a

Diese Gegenüberstellung zeigt, wie die Dialogsituation von Ez 14,1 in die Protasis der Rechtsworte eingegangen ist. Welche Folgen hat das für den Seher und die Art, wie ihm die Dinge vor Augen geführt werden? Zur Beantwortung dieser Frage ist vom ersten Rechtswort auszugehen. Es beschränkt sich auf die Information des Sehers. Im *Vordersatz* des ersten Rechtswortes sind, abgesehen vom Götzendienst, zwei Dinge ausgesagt:

- daß das Rechtssubjekt aus Israel stammt (V.4d),
- daß es vor den Propheten tritt (V.4g).

Das entspricht den zwei Informationen der Exposition [106]. Damit kondensiert die Protasis, was nach V.1 geschehen ist. Diese Übereinstimmung lehrt den Seher, daß das Gotteswort die Ältesten im Rahmen der Situation von Ez 14,1 meint.

Soweit zum Vordersatz. Welche Aufgabe hat der Nachsatz (V.4h)? Er nennt nicht, wie nach dem Vordersatz zu erwarten, die Rechtsfolgen, sondern verknüpft das Tun der Ältesten mit den Ereignissen um Pelatjahu. Das wirft ein Licht auf den Dialogstatus der Ältesten. Es wird nicht gesagt, daß sie mit den Ältesten von Ez 8,1 identisch sind, doch geht aus dem Bezug zur Vergangenheit hervor, daß sich die Ältesten von Ez 14,1 in der gleichen Lage wie Pelatjahu und seine Gruppe befinden.

---

[104] Auch nicht in Lev 17,3ss, wo der Vordersatz verschiedene Fälle einschließt.

[105] Formparallelen zu H sind z.B. die איש איש-Einleitungen in H-Rechtssätzen: Lev 17,3.8.10.13; Lev 20,2.9 etc. Form mit einfachem איש: Lev 19,20; 20,10.18.20. Übersicht bei LIEDKE (1971) 140s.

[106] V.1b (וישבו לפני) fügt nur hinzu, daß der von den Ältesten erreichte Zustand andauert, während die Sprachhandlung auf der Ebene der Prophetenanrede fortschreitet (ähnlich: Ez 8,1c; Ez 20,1d). Für das Rechtswort ist das ohne Bedeutung.

Das erste Rechtswort klärt den Seher somit nicht über die juridische Situation der Ältesten auf, sondern stellt sie ihm vor, indem es sie mit dem Ältestentreffen in Ez 8-11 in Beziehung setzt. Der Vordersatz präsentiert den Tatbestand in der Sprechgegenwart, während der Nachsatz den Bezug nach Ez 8-11 schafft. Dagegen sagt das zweite Rechtswort dem Seher Neues. Erst in V.8 wird er über die Folgen der Ältestenkonsultation aufgeklärt. Aus der Optik des Propheten stellen sich die beiden Rechtsworte so dar:

- *erste Rechtsformulierung*: Präzision im *Rechtsfall.*

Obwohl die erste Fallbeschreibung kürzer ist, legt sie die Umstände von Ez 14,1 genauer dar. Der Prophet kann gewiß sein, daß das Rechtswort die Ältesten meint. V.4h setzt sie mit Pelatjahu in Beziehung, der unter ähnlichen Umständen starb. Mit dieser Anspielung formuliert V.4h keine Rechtsfolge, sondern deutet an, wie alarmierend der Zustand der Ältesten ist.

- *zweite Rechtsformulierung*: Präzision in der *Rechtsfolge.*

In der Fallbeschreibung des zweiten Rechtswortes gibt es Zusätze, die aus der Optik des Sehers von der Gesprächssituation in V.1 ablenken, für die Ältesten aber eine Präzisierung sind. Ferner sagt die Rechtsfolge (V.8abc) auf der Gegenwartsstufe (V.7h: נענה), was ענה ni. meint. Das konkretisiert die Anspielung auf Pelatjahu. Im Überblick:

	Vordersatz	*Nachsatz*
1. RW	Dialogsituation	Umfeld der Tempelvision
2. RW	Juda	Dialogsituation
RW = Rechtswort		

Aus der Optik des Sehers gehen der erste Vorder- und der zweite Nachsatz auf die Dialogsituation ein. Der erste Vordersatz nennt den Tatbestand, der zweite Nachsatz die Folgen daraus, wobei der temporale Anschluß von נענה (V.7h) zeigt, daß keine Rechtsfolge im engen Sinn gemeint ist. Die Strafe ist als Erfahrungssatz formuliert.

Daß diese Zusammenhänge nur dem Seher mitgeteilt sind, hat seinen Grund. Sie helfen ihm, die Redesituation von Ez 14 zu verstehen (Vordersatz des ersten Rechtswortes), ihre Verbindung mit Ez 8-11 zu erkennen (Nachsatz des ersten Rechtswortes) sowie die Ausweitung auf den Synkretismus der Ältesten (Vordersatz des zweiten Rechtswortes) und das sich hinauszögernde Eintreffen der Tatfolgen (Nachsatz des zweiten Rechtswortes) zu verstehen.

Ergebnis: Das erste Rechtswort informiert den Propheten über die Identität und den Hintergrund der Ältesten und zeigt eine Präzision im Rechtsfall. Das zweite Rechtswort konkretisiert die Anspielungen auf Pelatjahus Tod und zeigt eine Präzision in der Rechtsfolge.

2.3.6.3. Ez 14,7s aus der Optik der Ältesten. Der besondere Charakter der Ältestenanrede läßt sich mittels des darin enthaltenen Rechtswort darstellen [107]. Das erste Rechtswort kann dabei als Vergleichsgröße herangezogen werden.

(i) Der Vordersatz des zweiten Rechtswortes

Der zweite Vordersatz enthält drei Aussagen, die weder im ersten Rechtswort noch in anderen Teilen der Sprachhandlung gemacht werden. Wir nennen sie Zusätze und werden sie aus der Tatsache erklären, daß im zweiten Rechtswort Judäer angesprochen sind. Die drei Zusätze sind:

- V.7aβ.b: der in Israel wohnende גר
- V.7c: וינזר מאחרי (vgl. V.5b)
- V.7g: לדרש־לו בי (Frageabsicht)

In den Ältestenperikopen erwähnt nur V.7 den גר. נזר als Bezeichnung des Abweichens von Jahwe setzt sich von der Formulierung mit זור (V.5b) ab, und לדרש־לו בי ist damit zu konfrontieren, daß im Sprachgeschehen keine ausdrückliche Frage gestellt wird. V.1 kann diese drei Zusätze nicht hinreichend erklären. Sie sind darum aus dem judäischen Hintergrund der Ältesten zu verstehen, der dem Propheten z.T. aus der Tempelvision bekannt ist.

(1) Der deutlichste Hinweis auf Juda ist die Nennung des גר. Um sie zu verstehen, ist die Rolle zu untersuchen, die der גר in der Sprachhandlung spielt [108]. Vergleichend ist ein Blick auf das in Lev und Dtn ausgedrückte Verhältnis zwischen גר und Gesetz zu werfen. Es geht um die Frage, welche Behandlung der גר in diesen Gesetzestexten erfährt.

• In *Lev* kommt das Verhältnis גר/Gesetz in den mit Ez 14,7s formal verwandten H-Rechtssätzen sowie in Lev 16,29 und Lev 24,16.22 zur Sprache [109]. Im Überblick:

- Lev 16,29: Versöhnungstag
- Lev 17,8: Darbringung eines Brandopfers
- Lev 17,10.13: Verbot des Blutgenusses
- Lev 17,15: Genuß von verendeten/zerrissenen Tieren
- Lev 20,2: Kinderopfer an Moloch
- Lev 22,18: Opferung fehlerfreier Tiere
- Lev 24,16.22: Blasphemie, Talion

Sechs Rechtssätze, die den גר durch die Inklusionsklausel einschließen, befassen sich mit Vergehen im Umfeld des Opferdienstes und des Blutgenusses. Das deutet tendenziell auf eine kultische Einbindung des גר und auf einen

---

[107] POHLMANN (1996) 199 scheint in V.7ss älteres Textgut zu vermuten.

[108] Die Frage nach seinem religiös-soziologischen Status im Laufe der Geschichte ist dem untergeordnet. Dazu: BULTMANN (1992): zugezogener Israelit; KELLERMANN (1973) 989: ausländischer Proselyt. Überblick: JOOSTEN (1996) 54-73.

[109] Zum Fremden in H: BARBIERO (1996) 57-68.

Schwerpunkt im sakralrechtlichen Bereich [110]. Ein Einbezug des גר ins religiöse Leben zeigt auch das Gesetz über seine Teilnahme am Versöhnungstag (Lev 16,29). Ein zweites Gebiet der Verpflichtung des גר findet sich in den Gesetzen zum sexuellen Verhalten. Sie wollen die תועבה abwehren (Lev 18,26) [111].

Formal sind die Rechtssätze mit תועבה die nächsten Lev-Parallelen zu Ez 14,6-8. Der Unterschied ist inhaltlicher Natur. Das zweite Rechtswort in Ez 14 ist auf die prophetische Gottesbefragung und nicht auf das Sakralrecht hingeordnet. תועבה wird in Ez 14 und in den Ältestenperikopen auf den Götzendienst und nicht auf Sexualvergehen angewendet [112].

Zwischenergebnis: Das Rechtswort an die Ältesten stimmt mit einer Reihe von H-Rechtssätzen formal überein, unterscheidet sich aber inhaltlich durch seine Ausrichtung auf die prophetische Gottesbefragung (H: sakralrechtlich-kultische Ausrichtung).

• In *Dtn* kommt das Gesetzesverhältnis des גר an den folgenden Orten zur Sprache:

- Dtn 5,14: allgemeiner Auftrag zur Sabbatruhe
- Dtn 14,21: dem גר ist es erlaubt, Aas zu essen
- Dtn 16,11.14: Anteil an der Festfreude
- Dtn 29,10: der גר steht unter dem Gesetz
- Dtn 31,12: der גר steht unter dem Gesetz
- Dtn 10,19; 14,29; 24, 17.19.20s; 26,11-13; 27,19: Schutz des גר

Einen ersten Unterschied zu H zeigt Dtn 14,21. Der גר wird von einer kultischen Verpflichtung, die ihm in Lev 17,15 auferlegt wird, ausgenommen [113]. Denn während H den גר in besonderen Bereichen der Legislation berücksichtigt, wird ein solcher Einbezug im dtn Recht nur am Ende angedeutet (Dtn 29,10 und 31,12) [114]. In Dtn liegt also eine Doppelsituation vor: Zum einen wird ein nur allgemeiner Gesetzeseinbezug des גר ausgesagt, zum anderen ist der גר in spezifischen Gesetzesvorschriften ausdrücklich ausgenommen (Dtn 14,21) [115],

---

[110] VAN HOUTEN (1991) 115: "cultic inclusion", auch: BULTMANN (1992) 192 und RENDTORFF (1996) 82.84.

[111] תועבה ist in Lev 18 häufig (Lev 18,22.26.27.29.30). Es bezeichnet sexuelle Vergehen (auch Lev 20,13).

[112] Ez 8,6.9.13.15.17; 9,4; 11,18.21 (ferner 20,4). Im übrigen Ez steht תועבה vor allem im götzendienstlich-kultischen Umfeld (PREUSS [1995] 587), vereinzelt für Gesetzesuntreue (Ez 5,9), Hochmut (Ez 16,50), Freveltaten (Ez 18,24, aber V.12; 22,2), Sexualdelikte (Ez 22,11; 33,26.29) und Kultvergehen (Ez 44,6.7). Zum Gebrauch von תועבה: WEINBERG (1977) 231.

[113] Das dtn Gesetz behandelt den גר als Nicht-Israelit (VAN HOUTEN (1991) 160); dagegen kann er in H kultisch unrein werden (GÖRG [1986] 225).

[114] Die Beantwortung der Frage, ob diese Verse zur späteren Dtr gehören (BULTMANN [1992] 136), setzt die Ergebnisse der Dialoganalyse voraus.

[115] SPREAFICO (1996) 129: "non vengono richiesti all'immigrato obblighi legali parti-

es sei denn, *alle* - folglich auch der גר - werden eingeschlossen (z.B. Dtn 5,14: Sabbatruhe).

Zwischenergebnis: Etwas plakativ kann das Gesetzesverhältnis des גר in H und Dtn so dargestellt werden: enger Einbezug in H [116] - distanzierter Einbezug bzw. Ausgrenzung in Dtn [117].

Der גר in Lev und Dtn ist nun mit jenem in Ez zu vergleichen. Einen ersten Einblick geben die wenigen גר-Erwähnungen in Ez. Es zeigt sich ein verschiedenes גר-Bild vor bzw. nach dem Untergang Jerusalems. Während der גר vor dem Fall der Stadt als Schutz- bzw. Mißhandlungsobjekt auftritt (Ez 22,7.29), ist er in der Endvision Miterbe des Landes (Ez 47,22s). Damit wird die Schutzmentalität von Ez 22, die den גר den Waisen, Witwen und Armen zugesellt, überwunden. Ez zeigt also bei der Eingliederung des גר in die Großgemeinschaft eine doppelte Behandlung. Diese tendiert bis zum Fall Jerusalem zum Ausschluß (Dtn), danach zum Einschluß (H).

Der in Ez 14,7a bestimmte Ausschluß des גר von der Prophetenbefragung [118] widerspiegelt eine "dtn" Behandlung, die den גר auf Distanz hält [119]. V.7a bewegt sich auf der Linie der גר-Schutzbestimmungen in Ez 22,7.29. Wie V.7a stehen sie dort in der Anrede Jerusalems und ergehen vor dem Fall der Stadt. In Dtn und den Juda-orientierten Ez-Gottesworten ist der גר mehr Rechtsobjekt als Rechtssubjekt. V.7a vertritt die dtn Position, die zugleich die zeitgenössische judäische Haltung ist, die den Rechtshintergrund der aus Juda angereisten Ältesten darstellt [120]. Folglich zeichnet V.7a den גר im Sinne der גר-Vorstellungen der angeredeten Ältesten. Was bedeutet das für das Verständnis von Ez 14,7?

1.) *Die synkretistische Jahwebefragung wiegt schwer.* Für die Ältesten ist eine Neuheit des Rechtswortes die Parallelisierung des איש איש מבית ישראל mit dem גר. Sie stellt die Ältesten, die sich mit dem איש איש identifizieren, auf die Ebene eines aus ihrer Optik nicht voll ins Rechtssystem eingebundenen und

---

colari."

[116] Zum גר in H: JOOSTEN (1996) 72s.

[117] Ähnlich BARBIERO (1991) 201s.318s.332 und RENDTORFF (1996) 85.

[118] V.7a impliziert nicht, daß der גר ein Recht auf die Jahwebefragung besaß. Dazu wäre zu klären, ob er ein Nicht-Israelit (VAN HOUTEN) oder ein Israelit der Unterschicht (BULTMANN) war. Das ist nicht für alle גר-Stellen gleich zu beantworten. Für Ez 14,7 ist ein Israelit, der wegen seiner Ortsherkunft vor anderen Israeliten zum גר wird, auszuschließen, denn V.7b legt den Wohnbereich des גר nicht mit Bezug auf einen bestimmten Ort, sondern auf Israel fest. Zudem ist der judäische Wohnort bei einer Prophetenbefragung in Babylon irrelevant. Deshalb ist der גר mit VAN HOUTEN als Nicht-Israelit zu verstehen, der sich religiös abgrenzt. Nach V.7s ist er als Götzenanbeter grundsätzlich von der Jahwekonsultation ausgeschlossen.

[119] Das gilt, obwohl sein Götzendienst einen anderen Stellenwert besitzt als jener der Israeliten.

[120] Zur Relativierung der Notion des Fremden im kosmopolitischen Babylon: SAPORETTI (1996) 100s.

somit nicht in gleicher Weise schuldfähigen, "dtn" aufgefaßten גר. Das unterstreicht die Schwere ihres Vergehens, denn was in Ez 14,1 geschieht, hat, selbst wenn man den גר als Maßstab nimmt, todbringende Folgen.

2.) *Die Ältesten sind in Ez 14,1 selbst* גרים. Die Jahwekonsultation findet in Babylon statt. Im Sinne von Dtn 23,8 sind die Ältesten dort, was der גר in der Heimat ist. Ez 14,7s vollzieht also eine Loslösung der Gesetzesbestimmung vom dtn Landbezug. Wenn die Strafe nach V.7a auch den גר trifft, dann erreicht sie die Ältesten, obwohl sie sich in Ez 14,1 in einer Art gesetzesfreien Zone befinden und von Ezechiel, der selbst ein גר ist, auf ihre Pflichten aufmerksam gemacht werden müssen.

3.) *Universalisierung des Gesetzes.* In Ez 14,7s werden drei Kategorien von Personen zusammengeführt: der im Land ansässige Judäer, der ebenfalls dort wohnende גר und der als גר im Ausland weilende Judäer. Das deutet auf eine doppelte Universalisierung des Gesetzes: erstens bezüglich des Geltungsortes und zweitens bezüglich der Geltungsgruppe. Freilich ist dieser Ansatz nicht von theoretischen Überlegungen begleitet, sondern erklärt sich aus den praktischen Gegebenheiten der Dialogsituation.

4.) *Rechtlicher Einbezug des* גר. Aus dem Gesagten folgt, daß das Rechtswort, auch wenn es nur sekundär auf den גר ausgerichtet ist, dennoch einen gesteigerten rechtlichen Einbezug des גר bewirkt. In Ez 14 wird ein Tatbestand, den Dtn 13 am Beispiel des synkretistischen Propheten verhandelt, auch am גר exemplifiziert. Neu ist, daß der Fall einer Jahwebefragung durch einen גר, wenn auch in einem prohibitiven Sinn, überhaupt erwogen wird. Damit zeigt Ez 14,7 den גר in einer Stellung, die zwischen Dtn und H liegt. Zwar ist der גר nicht wie in H positiv ins kultische Leben einbezogen, aber ein erster Schritt auf diesem Wege ist getan.

5.) *Voraussetzung judäischer Verhältnisse.* Daß die גר-Erwähnung sinnlos wäre, wenn sich der Prophet in Ez 14,1 mit exilischen Ältesten treffen würde, zeigt eine letzte Überlegung. Sie geht von den Stellen aus, die den Schutz des Fremden in Israel damit begründen, daß auch die Israeliten in Ägypten als Fremdlinge (גרים) gelebt haben (z.B. Lev 25,23; Dtn 10,19) [121]. Waren sie גרים in Ägypten, so sind sie es auch in Babylon. Als Verbannte sind sie Fremde unter Fremden [122]. In einem solchen Rahmen wäre die Unterscheidung zwischen גר und Israeliten sinnlos. Diese setzt darum voraus, daß letztere keine גרים sind und folglich im Lande leben [123].

---

[121] Weitere Stellen bei: SPINA (1983) 321s.

[122] Darauf weist schon BERTHOLET (1896) 110.

[123] Das gilt a fortiori, wenn der גר nach BULTMANN (1992) 213 Vertreter einer Unterschicht im lokalen Milieu Judas ist, dessen Fremdheit nur in Relation zum judäischen Umfeld vorliegt. Deshalb nimmt BULTMANN für die Erklärung von Ez 14 einen "Übergang von der einen (sc. גר als Vertreter der Unterschicht) zur anderen Bedeutung (sc. גר als Nichtisraelit)" an (200). Dagegen: GRÜNWALDT (1996) 114.

(2) Der zweite Zusatz וינזר מאחרי (V.7c) von נזר ist Teil der Umschreibung des fehlbaren Verhaltens der Rechtssubjekte. Ähnlich formuliert V.5b, wobei זור verwendet wird. Um diesen Unterschied zu verstehen, ist vom kontextuellen Gebrauch der beiden Verben auszugehen.

זור in V.5b erklärt sich aus der Propheteninstruktion. V.5ab weitet den gegebenen Fall auf Israel aus. Es geht also immer um den Götzendienst von Israeliten. In diesem Rahmen spricht V.5b davon, daß die Israeliten alle von Jahwe *fremd gegangen* sind. Das entspricht der Redesituation: Die Israeliten haben das Eigene - Jahwe - verlassen, um sich dem Fremden - den Göttern - zuzuwenden [124]. נזרו bezeichnet das als Abfall.

Um die Bedeutung von וינזר in V.7c zu erhellen, ist die Situation im ersten mit jener im zweiten Rechtswort zu vergleichen. Zwei Unterschiede fallen ins Auge: der Übergang von זור nach נזר und die Gegenwart eines neuen Aktanten: des גר. Es liegt also folgende Verbenverwendung vor:

V.5b: בית־ישׂראל	→	זור
V.7c: גר + בית־ישׂראל	→	נזר

V.5b redet mit זור vom Abfall Israels von Jahwe. Ein solcher ist nur möglich, wenn ein Band (z.B. zwischen Jahwe und Israel) bestanden hat, das durch den Abfall gelöst wird. Wie gezeigt, schließt Ez für das Jahweverhältnis des גר bis zum Fall Jerusalems einen "abfallfähigen" Status aus. Er gehört nicht zu Jahwe und kann folglich nicht von ihm abfallen. Deshalb ist anzunehmen, daß die Änderung von זור nach נזר dem Umstand genügen muß, daß sich das Verb sowohl auf den Israeliten als auch auf den גר bezieht. Das erfordert die Abschwächung der Abfall-Aussage. Es geht um die Hinwendung zu einer Fremdgottheit, die auch für den Fremden ein Sich-Entfernen von Jahwe (V.7c: מאחרי!) ist. Diese Bedeutung von נזר klingt in den übrigen Vorkommen des Verbums an:

• In *Lev 22,2.* Kontext: Bestimmung zur Behandlung der heiligen Gaben (LXX: καὶ προσεχέτωσαν [von: προσέχειν: Imp. Präs. akt. NF [125]]; V: *ut caveant*).

• *Hos 9,10.* Kontext: Vergehen Israels in Baal-Peor (LXX: καὶ ἀπηλλοτριώθησαν; V: *abalienati sunt*).

• In *Sach 7,3.* Kontext: Frage, ob das Sich-Weihen (gemeint ist wohl: Fasten) weitergehen soll (LXX: [εἰσελήλυθεν]; V: *sanctificare me debeo*).

In Lev 22,2 und Sach 7,3 bezeichnet נזר das Sich-Abwenden/Distanzieren von einem Ding oder Tun. Der Abfallkontext fehlt. Er findet sich aber in Hos 9,10. Allerdings ist נזר dort nicht darauf, sondern auf die *Hin*wendung zur Schande (sc.: das Vergehen von Baal-Peor) bezogen. Die Betonung des Abfalls

---

[124] So der allgemeine Gebrauch von זור: SNIJDERS (1977) 559.

[125] BAILLY (1950) 1665 erwähnt den figürlichen Gebrauch "se consacrer au service d'un dieu" nach Pindar, Pythische Oden 6,51. NOTH (1962) 138 nimmt für נזר die Grundbedeutung "sich enthalten, sich zurückhalten" an.

und die Voraussetzung eines heilen Ausgangspunktes, wie sie bei זור vorliegt, läßt sich also bei נזר nie feststellen.

Damit unterscheidet sich das Verb nicht nur von זור, sondern auch von סור und שׁוב. סור impliziert die Bedeutung "abbiegen". Im Hintergrund steht die Vorstellung eines Weges, der verlassen wird [126]. Das setzt einen heilen Ausgangspunkt voraus und ist darum für die Anwendung auf den nicht-israelitischen גר problematisch. Ähnliches gilt für שׁוב, das nur selten den Abfall von Gott bezeichnet. Meistens meint es das Gegenteil: die Um- und Rückkehr zu Gott, wobei die Vorstellung der "Rück-Kehr" die Wiedergewinnung eines heilen Ausgangspunktes impliziert [127]. Somit legt sich eine Anwendung des Verbums auf die Söhne Israels nahe, während die Situation in V.7c einen Ausdruck verlangt, der sowohl für Israeliten wie Nicht-Israeliten paßt. Darum ist eine konventionelle Abfallsaussage unmöglich [128].

Nun ist zu sehen, was וינזר מאחרי mit Anwendung auf den גר heißt. Dabei ist die temporale Einbettung des Falles im zweiten Rechtswort zu berücksichtigen. Das Rechtswort spricht von einem Tatbestand, der seine Wurzeln zum Teil im judäischen Hintergrund der Ältesten besitzt (Tempelvision) und zum Teil durch ihr Verhalten in Ez 14 konstituiert wird. Von den in V.7 erwähnten Fallteilen reflektiert nur V.7f (ובא אל־הנביא) eine Tat, welche die Ältesten in der Dialogsituation von V.1 ausführen. V.7cde blickt auf judäische Vergehen zurück. Es sind also im Straffall Vordergrund- (V.7fg) und Hintergrundbezüge (V.7bcde) zu unterscheiden. In welchem Verhältnis stehen sie zum גר?

Eines kann sogleich gesagt werden. Die Tempelvision trägt zur Bestimmung des Gesprächsstatus des גר nichts bei, weil er dort nicht vorkommt. V.7c ist die einzige Information über ihn: Er ist einer anderen Gottheit zugewendet und nähert sich dem Propheten als Heide. Es liegt keine Apostasie vor, weil der Götterkult für ihn die übliche religiöse Praxis ist. Das Rechtswort besitzt also für den גר eine andere Bedeutung, als für den abgefallenen Israeliten. Als permanenter Götzendiener ist der גר generell von der Jahwebefragung ausgeschlossen. Das Rechtswort unterstreicht somit die religiöse Trennung zwischen Israeliten und Nicht-Israeliten und wehrt einer Angleichung des גר, wie sie in H erscheint. Das zeigt die zweifache Stoßrichtung des Rechtswortes: Kampf gegen den Götzendienst der Restjudäer und ihre kultische Trennung von den unter ihnen lebenden גרים, wobei die Formulierung wegen der parallelen Behandlung von Israelit und גר - vielleicht nolens volens - eine Annäherung der beiden Aktanten bewirkt.

(3) Ez 14,7g sagt, daß eine Frage Teil des strafbaren Tuns der Ältesten ist: לדרשׁ־לו בי. Bevor דרשׁ mit einer Haltung oder Handlung der Ältesten identifiziert

---

[126] SNIJDERS (1986) 806.

[127] PAREIRA (1975) 16.

[128] Die Meidung von שׁוב in V.7b erklärt der Gebrauch des Verbums für den Umkehrruf (V.6cd), der die Bezeichnung des Abfalls durch das gleiche Verb behindert.

wird, ist die syntaktische Einbettung der Aussage zu beachten. Im Gegensatz zu den restlichen Fallteilen ist V.7g keine konditionale Setzung, sondern ein Finalis mit ל. Er präzisiert die *Absicht* des Kommens der Ältesten. Ihr Auftreten erscheint als Bittgang. Damit impliziert die Fallbeschreibung nicht, daß die Ältesten ein bestimmtes Anliegen auch zur Sprache bringen. Die Prophetenkonsultation in Ez 14,1 ist somit im Detail nachgezeichnet. V.7s ist ein Rechtswort, das deren Gesprächsumstände widerspiegelt. V.7 verurteilt nicht die synkretistische Jahwebefragung, sondern die *Absicht* dazu. Damit geht es auch um die innere Haltung der Ältesten, womit Ez 14 neben dem Jerusalemer Götzendienst der Ältesten ihre Motivation durchschaut.

Ergebnis: Das Rechtswort in V.7s zeigt H-Formelemente, unterscheidet sich aber von H inhaltlich durch den Kontext der prophetischen Gottesbefragung. Der גר wird in einer "dtn" distanzierenden Weise behandelt. Das entspricht dem judäischen Rechtshintergrund der Ältesten. Der Einbezug des גר betont die Schwere des Vergehens, das selbst für einen rechtlich nicht eingebundenen גר den Tod bedeutet. Damit ist ein, wenn auch noch negativer, Schritt zum Einbezug des גר ins Rechtssystem gemacht, wobei judäische Verhältnisse vorausgesetzt sind, da die Unterscheidung von גר und Israelit in Babylon aufgehoben ist. Die Rede vom גר deckt zudem den Status der Ältesten als babylonische גרים ab, was das Gesetz über Palästina hinaus ausdehnt. In V.7c drückt נזר das Sich-Entfernen von Jahwe aus, das jedem Götzendienst anhaftet. Das Verb vermeidet Abfallkonnotationen und eignet sich für den Israeliten und für den גר. V.7f betont, daß es nicht um eine bereits vollzogene synkretistische Jahwebefragung, sondern um die Absicht dazu geht. Das entspricht den Gesprächsvoraussetzungen in Ez 14,1.

(ii) *der Nachsatz des zweiten Rechtswortes*

Der zweite Nachsatz zeigt eine breite Beschreibung der Strafe (V.8abc) und die Erkenntnisformel in der Anredeform (V.8de).

(1) Die *Strafbeschreibung*. Von den drei Syntagmen der Strafbeschreibung kommen die Konstruktionen mit נתן פנים (V.8a) bzw. כרת-hi. (V.8c) im kasuistischen H-Rechtskontext bei gleicher Reihenfolge noch dreimal und immer gemeinsam vor [129]. Der Einschub von V.8b sagt, daß die Bestrafung Zeichencharakter hat. Darauf ist weiter unten einzugehen.

- V.8ac

Die Bestrafung in V.8ac versteht sich aus Pelatjahus Tod im Dialoghintergrund. Seine situationale Einbettung kommt den Umständen des Rechtsfalles von V.7s nahe. Darum dient er den Ältesten als Beispiel für das Verständnis des Rechtswortes. V.7s setzt sich von Ez 11,13 ab, weil das Schicksal des

[129] Lev 17,10; 20,3.6. Mit שים פנים: Lev 20,5.

Pelatjahu auf jeden synkretistischen Jahwebefrager ausgedehnt wird. Wenn V.6 alle Ältesten zur Umkehr vom Götzendienst aufruft, bedeutet das, daß sich alle damit befleckt haben und dem Rechtswort unterworfen sind. Die Alternative lautet: Umkehr oder Vernichtung. Sie gilt nicht nur für den einzelnen, sondern für alle Ältesten und - wie V.6a andeutet - für ganz Restjuda.

Die Verbindung von Ez 11,13 und Ez 14,7s verdeutlicht die Art der Vernichtung, die *Ez 14,8c* mit der כרת-hi.-Formel bezeichnet. Die כרת-hi.-Formel in Ez 11,13 veranschaulicht sie [130]: Die Ausrottung geschieht, wie ZIMMERLI (1979) 304 feststellt, als Gottesschlag. Das Rechtswort setzt keine institutionelle Gerichtsbarkeit voraus. Das zeigt sich darin, daß Jahwe im Nachsatz des zweiten Rechtswortes das Subjekt der Strafhandlung ist [131].

Um die Strafe genauer zu erfassen, ist *V.8a* (ונתתי פני באיש ההוא) zu präzisieren [132]. V.8a steht zwischen der Fallbeschreibung und dem Vernichtungsbescheid. Im Vergleich zu V.8bc verbindet er die Bestrafung mit etwas, das Jahwe an oder mit sich selbst (פני) tut. Das kann mit Blick auf die Handlungs- und Sprachabläufe in der Tempelvision erklärt werden. Zwar kommt die explizite Aussage von V.8a dort nicht vor. Der gleiche Sachverhalt wird aber in der Verknüpfung von Vergehen und Bestrafung zweimal angedeutet. Das erste Beispiel steht am Ende des Tempelrundganges des Sehers in *Ez 8,17s*. Das Geschehen läuft in drei Schritten ab:

1.) Jahwe stellt das Vorhandensein der Schuld fest (Ez 8,17).
2.) Jahwe lehnt Schonung und Mitleid ab (Ez 8,18).
3.) Jahwe befiehlt die Ausrottung (ab Ez 9,1).

Ähnlich wickelt sich die Handlung in *Ez 9,9-11* nach der Aussendung des Bestrafungskommandos und dem ersten Aufschrei des Propheten ab:

1.) Jahwe stellt Blutschuld und Rechtsbruch fest (Ez 9,9).
2.) Jahwe lehnt Schonung und Mitleid ab (Ez 9,10).
3.) Der Abschluß der Vergeltung wird mitgeteilt (Ez 9,11).

Verschiedene Übereinstimmungen mit Ez 14,7s sind sichtbar:

---

[130] Zur Ausrottungsformel mit Literatur: HASEL (1984) 363. Aus den Versuchen, die Ausrottungsstrafe inhaltlich zu präzisieren, folgt, daß die Formel keine Aussage zur Art der כרת-Strafe macht. Individuell angewendet kommt sie im Hi. nur noch in den mit Ez 14,8c verwandten Rechtssätzen in Lev 17,10; 20,3.5.6 vor (gewöhnlich: Ni.), wobei (außer Lev 17,10) ebenfalls der Götzendienst das Hauptthema ist.

[131] Gleich verwendet Ez 14,12-14 die כרת-Formel. Zu עמי in V.8c: IV.2.4.4.

[132] Zur Wendung: SIMIAN-YOFRE (1989) 643. V.8 wird ganz unterschiedlich übersetzt. BROWNLEE (1986) 203: "I shall turn my attention to that person"; MOSCHKOWITZ (1985) עמ (=79): אַפְנֶה אֶת כָּל רָגְזִי אֶל הָאִישׁ הַהוּא (neuhebr: "ich wende meinen ganzen Zorn gegen diesen Mann"); ZIMMERLI (1979) 300: "ich richte mein Angesicht wider diesen Mann", aber S.311: "Androhung der Abkehr des Angesichtes"; COOKE (1936) 151: "will be repudiated").

- die Nennung des Deliktes entspricht der Fallbeschreibung
- die Ausrottung/Vergeltung entspricht der כרת-hi.-Formel

In diesem Ablauf nimmt נתן פנים (V.8a) die Mittelstellung zwischen der Vergehensnennung und der Bestrafungsmitteilung ein. Eine solche Mittelposition gibt es auch in Ez 8,18 und Ez 9,10. In ihr wird die Verweigerung des göttlichen Mitleides verkündigt. Das sieht in der Übersicht so aus:

Ez 8,18/Ez 9,10		*Ez 14,8abc*
1) Feststellung des Vergehens	↔	Rechtsfall
2) Ablehnung des Mitleids	↔	V.8a: נתן פנים
3) Bestrafung	↔	Rechtsfolge

V.8a bezeichnet die Wirkung des Vergehens auf Jahwe. Die Schuld der Übeltäter bewegt ihn, mit Bezug auf sich selbst (פני) aktiv zu werden. Ein Handeln im Bezug auf sich selbst ist auch Jahwes Reaktion in Ez 8,18 und Ez 9,10. Beide Stellen nennen die Wirkung der Schuld auf die Person Jahwes: לא־תחוס עיני. Jahwe verweigert das Mitleid. Was in Ez 8,18 und Ez 9,10 negativ formuliert ist, wird in Ez 14,8a positiv gewendet, wobei das nominale Element der Konstruktion dem gleichen semantischen Wortfeld entstammt: פני (Angesicht) gegen עיני (Auge). נתן פנים mit Jahwe als Subjekt bezeichnet also die Haltung, die Jahwe der Strafe gegenüber einnimmt. Dem entspricht שׂים פנים, das der Strafe in Ez 15,7b vorangeht [133]. נתן פנים ist also von der folgenden Strafe zu unterscheiden [134]. Diese Beobachtungen legen nahe, Ez 14,8a im Sinne von Ez 8,18 und Ez 9,10 auszulegen. Die Auswirkung des Vergehens auf Jahwe festigt seinen Strafentschluß und die Verweigerung des Mitleids [135]. Damit ist die Zerstörung Jerusalems im Keim erneut ausgesagt. Wenn sich nämlich, wie Ez 20 ausführt, im Volk seit Anbeginn kein Gerechter findet, dann ist der Untergang der Stadt unabwendbar [136].

V.8a als Mitleidsverweigerung erklärt sich auf dem Hintergrund der Tempelvision. Es stellt sich die Frage, ob die Ältesten in Ez 14 dazu imstande sind, die Botschaft von V.8a zu verstehen. Die Frage ist wegen drei Eigenheiten der Ältestenrede zu bejahen: 1.) die unbedingt formulierte Rechtsrede, die keine Ausnahmen vorsieht, 2.) Pelatjahus Beispiel, das mit dem Rechtsvordersatz übereinstimmt, und 3.) der Nachdruck auf die Strafe im Nachsatz. V.8a nimmt ein Thema auf, das im Laufe der Ältestenperikopen mit wachsender Intensität verkündigt wird: Die individuelle Ausrichtung der Strafe ist keine Garantie dafür, daß Jerusalem nicht als ganzes zerstört wird.

---

[133] Ferner: Jer 21,10; 44,11 (mit Zusatz לרעה).

[134] SIMIAN-YOFRE (1989) 644.

[135] Dagegen BUNN (1971) 270: "the sternest of displeasure".

[136] Das sagt auch V.5a. Dagegen HALS (1989) 93: "To threaten excommunication as the punishment for the whole community is grotesque. What would be left?"

- V.8b

Ez 14,8b (והשמתיהו לאות ולמשלים), das sich zwischen Mitleidsverweigerung und Strafansage einschiebt, ist in dieser Form im AT einmalig. Was fügt der Vers der Mitleidsverweigerung und der Ausrottungsankündigung hinzu? KÖNIG (1900) 82 sieht in "zum משל werden" eine gefürchtete Drohung [137]. Das zeigt sich in Dtn 28,37: "zum משל werden" ist dort Teil des Fluches, der über die kommt, die das Gesetz nicht halten. Einige Verse später folgt היה לאות (Dtn 28,46). Die Flüche, die über die Gesetzesbrecher kommen, stellen Zeichen und Wunder dar (לאות ולמופת) [138].

Anders ist אות in Ez 14,1-11 gebraucht. Das Wort ist auf den Gesetzesbrecher, also auf einen menschlichen Aktanten und nicht auf ein Geschehen bezogen. In diesem personalen Sinn wird אות nur noch auf die Person des Jesaja angewendet [139].

Folgende Beobachtungen zeigen, daß V.8b von anderem Gewicht ist als V.8a (נתן פנים) und V.8c (כרת מן): 1.) das einmalige Vorkommen der Wendung im Rechtskontext (vgl. H), 2.) der Gebrauch von שים im Hi., 3.) die Anwendung von אות auf die Bestraften und 4.) der Pl. משלים, der die geprägte Redeform im Sinne des späten Bibelhebr. modifiziert [140]. Diese Unregelmäßigkeiten lassen die Annahme eines formelhaften Gebrauchs in V.8a nicht zu.

V.8b macht also eine eigenständige Aussage. Während sich V.8a auf Jahwe bezieht, spricht V.8b von der Zeichenhaftigkeit des Geschehens, das für die *Außenstehenden* sichtbar ist. Für sie wird der Bestrafte zum Zeichen und Anlaß, Sprichwörter zu machen. Was heißt das?

V.8b könnte nicht wörtlich gemeint, sondern eine indirekte *Drohung* an den Rechtsbrecher sein. Darüber hat die Sachverhaltsanalyse zu entscheiden. Dazu ist V.8b im Rahmen der ez Gottesworte zu lesen. Diese sagen häufig, daß Jahwes Tun einen zeichenhaften Einfluß auf Dritte hat. Das ist immer der Fall, wo sein Tun "vor den Augen" (etc.) eines anderen geschieht. Für das Verständnis von V.8b ist es wichtig, über diesen Topos, den wir Zuschauer-Motiv nennen, einen Überblick zu gewinnen.

---

[137] BEYSE (1986) 72 systematisiert "zum Sprichwort werden" (Dtn 28,37: Fluchverheißung): 1.) als Strafe Jahwes über sein Volk (1 Kön 9,7 = 2 Chr 7,20: Fluchverheißung; Jer 24,9: Unheilsverheißung über Zidkija etc.; Ez 16,44: Unheilsverheißung über die Dirne Jerusalem; Mi 2,4: Unheilsverheißung über Israel; Ps 44,15: Klage), 2.) als Spott über Unglück anderer (Jes 14,4: משל über König von Babylon; Ez 14,8; Hab 2,6: Fluchspruch über den Reichen; Ps 69,12: Klagelied; Hi 17,6: Klagelied).

[138] KNABENBAUER (1890) 137.

[139] In Jes 8,18 bezeichnet der Prophet sich und seine Kinder als: לאתות ולמופתים in Israel. In Jes 20,3 nennt Jahwe den nackten Propheten אות ומופת. Dagegen besteht das Zeichen in Jes 7,14 nicht nur in der Person des Immanuel, sondern auch im Vorgang seiner Geburt (ähnlich Jes 66,19).

[140] Vgl. II.2.4. (S. 108).

Die erste Stelle, die vom Zuschauen eines Dritten spricht, ist *Ez 5,8.* Ein Strafgericht vollzieht sich vor den Völkern, weil Jerusalem, das Jahwe mitten unter sie gesetzt hat, schlimmer als diese gehandelt hat. Ez 5,14s nennt das Ziel dieser Maßnahme:

> "Ich will dich zum Schaden und zur Schande machen unter den Völkern, die um dich herum sind, vor den Augen des Vorübergehenden. Und du wirst zur Schande und zum Hohn, zur Warnung und zum Entsetzen den Völkern, die um dich herum sind, wenn ich an dir Gericht halte (...)."

Die Gerichtsankündigung sagt die Demütigung Jerusalems an, wobei vorausgesetzt wird, daß diese Bestrafung von den Völkern verstanden wird und für sie eine Lehre ist.

Die folgenden Stellen, die vom Zuschauer-Motiv sprechen, setzen eine andere Strafrezeption voraus. Es wird nicht mehr angenommen, daß die Bestrafung von den Umstehenden begriffen wird. Darum bleiben Überlebende übrig, die Öffentlichkeitsarbeit leisten und beweisen, daß die Strafe gerecht war. Ez 5,14s nimmt ein Entsetzen über die Strafe an. Diese Stellen dagegen befürchten ein *Entsetzen über den strafenden Gott.* Ein Beispiel ist *Ez 12,16.* Überlebende bezeugen vor den Völkern, daß Jahwe die Stadt mit Recht zerstört hat. Ähnlich *Ez 14,22,* wo Überlebende den Exulanten den Grund für die Zerstörung Jerusalems mitteilen. In *Ez 16,37* redet Jahwe bei der Bestrafung Jerusalems davon, die Stadt von ihren Liebhabern (etc.) zu trennen. Die dazu versammelte Menge ist Zeuge und Mitarbeiter der Bestrafung: Jerusalem wird zum Gegenstand des Spotts (Ez 16,44.57). Die Völker wissen durch ihr Mitwirken um die wahren Hintergründe der Bestrafung.

In den aufgeführten Stellen ist die Strafe ein Hinweis für die Außenstehenden, damit sie - teils aus sich selbst und teils durch Überlebende oder Einbezug in die Bestrafung - die Schuld Jerusalems und die Angemessenheit des Handelns Jahwes erkennen. Die Strafe ist also ein Erweiszeichen.

Davon setzt sich der Geschichtsrückblick in *Ez 20* ab. Er nimmt an, daß die Fremdvölker die Strafe nicht verstehen und Jahwes Ansehen Schaden erleidet [141]. Darum verzichtet Gott in der Wüste auf die Bestrafung des Volkes (V,9.14.22). Die Herausführung ist Bedingung für die Landnahme, die Jahwe ohne Schädigung seines Namens nicht verweigern kann. Das heißt nicht, daß die Sünde Israels auf Dauer folgenlos bleibt. Jahwe ahndet sie indirekt und wendet den Götzendienst als Strafe gegen die Abtrünnigen (Kinderopfer; Ez 20,31). Das ist aber keine Lösung, weil der Götzendienst seinen Namen entweiht, was Jahwe durch die Strafabstinenz verhindern wollte. Diese Entweihung ereignet sich nicht vor den Völkern, die selbst Götzendiener sind, sondern ist kultischer Natur (Ez 20,39). Um ihr zu wehren, handelt Jahwe mit der gleichen Notwendigkeit, mit der er vorher auf ein Eingreifen verzichtet hat. Das abtrünnige Israel soll in die Wüste hinausgeführt und gerichtet werden,

---

[141] LIND (1996) 168: "(...) the Lord is caught on the horns of a dilemma."

um die Entweihung zu beenden. Danach wird כל־בית ישׂראל כלה im Land den Opferkult wiederaufnehmen (Ez 20,41). Wer ist gemeint? Da die Götzendiener gerichtet sind, kann es sich nur um die Golah handeln.

Weder in der Wüste noch beim Götzendienst im Land läßt sich Jahwe also von etwas anderem als von der Sorge um seinen Namen leiten (Ez 20,44). Ez 20 illustriert, wie diese eine Sorge zu ganz verschiedenen Verhaltensweisen führt. Sie sehen im Überblick so aus:

Situation A: Jahwe verzichtet auf die Bestrafung, um die Entweihung seines Namens zu verhindern.

Situation B: Jahwe greift ein, um der durch den Götzendienst verursachten Entweihung seines Namens entgegenzuwirken.

Jahwes Handeln ist also nicht durch den Götzendienst des Volkes determiniert, sondern richtet sich nach der Ehre seines Namens. Das Ziel der Reinigung ist die Wiederherstellung des Gottesvolkes.

Die nächste Stelle, *Ez 21,4.10*, schließt nicht an Ez 20, sondern an die Strafkonzeption von Ez 16,37 (etc.) an. "Alles Fleisch" soll Zeuge sein, daß Jahwe der Urheber der Strafe ist. Wegen des Götzendienstes soll Jerusalem nach *Ez 22,4s.16* zum Spott für die Völker werden. Zum Gespött soll die Stadt auch nach *Ez 23,32* sein, wobei die Bestrafung in V.48 zum ersten Mal als Warnung der Zuschauer vorgestellt wird.

Das Zuschauer-Motiv (ohne Bezug zu Jahwe) erscheint auch in den Fremdvölkersprüchen. Nach *Ez 26,15* und *Ez 27,28* erfüllt der Untergang von Tyrus alle mit Schrecken. Anders ist die Situation bei der Bestrafung des Pharao (*Ez 32,10*), wo Jahwe in der ersten Person handelt. Ebenso in *Ez 28,18*: Die Untaten von Tyrus entweihen seinen Tempel, so daß Jahwe die Stadt vor aller Augen vernichtet. Mit Bezug auf die Wohltaten werden die Heiden in *Ez 28,25* Zeugen für das Gute sein, das Jahwe seinem Volk nach der Sammlung antun wird.

Eine neue Funktion hat das Zuschauermotiv nach dem Fall Jerusalems. In *Ez 36* kehrt sich die Situation um. Die Zuschauer von früher, die über das Schicksal der Berge Israels gespottet haben, tragen nun die Schmach (3-7.13-15). Wie kommt es dazu? Die Zerstreuung, die nach Ez 20 die Entehrung Gottes beenden soll, wendet sich, wie in Ez 20 angedeutet, auf Dauer gegen Jahwe, weil Israels Schicksal dem Ansehen seines Gottes schadet (*Ez 36,20*). Situation B geht über in Situation C: Jahwe verschafft seinem Volk Heil und erweist sich vor den Völkern als heilig (*Ez 36,23.36*) [142]. *Ez 39,7* steht wie ein Abschluß: Gog und Magog werden vergebens anstürmen. Jahwe wird seinen

---

[142] Aus der historischen Gegenüberstellung mit Dtjes interpretiert SIMIAN[-YOFRE] (1974) 345s die Motivierung des Handelns Jahwes "um seines Namens willen" (Ez 36,22): "Die durch den Dtjes überbetonte Vorliebe Jahwes für sein Volk hätte zu einem egoistischen, selbstsicheren Verhalten Jahwe gegenüber führen können. Das neue Einschränken der Begründung soll diese Gefahr vermeiden."

Namen nicht mehr der Entweihung preisgeben. Das ist das neue Zeichen, woran die Völker ihn erkennen werden.

Zwischenergebnis: Bis zum Fall Jerusalems ist die Bestrafung vor den Augen der Völker in einigen Gottesworten eine selbsteinsichtige Offenbarung der Macht Jahwes (Ez 5,8; 16,37; 21,4.10). An anderer Stelle wird diese Auffassung dadurch eingeschränkt, daß Überlebende die Bestrafung veranschaulichen, damit deren Wirkung nicht verfehlt wird (Ez 12,16; 14,22). Aus der Reihe tanzt Ez 20: Die Strafe ist unglaubwürdig und schadet dem Namen Jahwes. Außerdem ist sie unnötig, weil sich das Übel selbst bestraft (auch Ez 22,4s). Der Grund für Jahwes Eingreifen ist die kultische Entweihung seines Namens durch den Götzendienst (ähnlich: Ez 22,15).

Es stellt sich nun die Frage nach dem Zuschauer-Motiv in den Ältestenperikopen. Das erste Mal ist es in *Ez 11* de facto sichtbar. Pelatjahus Tod ereignet sich vor den Ältesten. Der Ausruf des Propheten insinuiert, daß der Tod mit Jahwes Eingreifen zusammenhängt. Ez 11,13 bestätigt die Ältestenanrede und zeigt die Macht Jahwes. Interessant ist die Einbettung der Strafe in die Handlung. Pelatjahu stirbt vor Leuten, welche die Strafe nicht weniger verdient hätten. Man kann die Ältesten also mit Fug und Recht als *Verschonte* bezeichnen, die als Sünder und Götzendiener in die Heimat zurückkehren und mit ihrem üblen Lebenswandel bezeugen, daß die Bestrafung des Pelatjahu angemessen war. Das ist die Strafkonzeption, die im Zuschauer-Motiv von Ez 12,16 und Ez 14,22 ausgedrückt ist.

Ez 14,8b bezeichnet den Bestraften als אות. Es ist vorausgesetzt, daß die Deutung dieses אות unproblematisch ist. Das mag in den Folgen von Ez 11 begründet sein. Nach Pelatjahus Tod wendet sich die Lage nämlich insofern zum besseren, als die sozialen Vergehen, die vor den Ältesten angeklagt werden, in den folgenden Anreden nicht mehr erwähnt sind. Daß die Zeichenrezeption als problemlos angesehen wird, erklärt ein weiteres. Die Ausrottung des Götzendieners ist anderen Götzendienern zum Zeichen gegeben. Die Ältesten in Ez 14,1 können es leicht auf ihren eigenen Fall anwenden. Dagegen ist die Zerstörung Jerusalems ein Zeichen für die situationsfremde Golah. Es bedarf darum der Erklärung. Die Zeichenkonzeption in V.8b erklärt sich also aus den Redeumständen. Diese lassen auch nicht befürchten, daß die Bestrafung der Sünder den Namen Jahwes entweiht. Im Gegenteil. Solange die Strafdimensionen auf den einzelnen reduziert sind und im Bereich der Götzendiener bleiben, bezeugt Jahwes Eingreifen seine wirkmächtige Gegenwart. *Ez 20* sprengt dieses Konzept. Die angekündigten Maßnahmen überschreiten den individuellen Bereich. Ganz Restjuda wird zum Strafobjekt. Die neue Geschehensdimension impliziert eine neue Zeichenrelation. Die Strafe teilt die Restjudäer - nicht wie in Ez 11,13 - in Zeichen und Zeichenempfänger, sondern macht *alle* zum Zeichen. Zeichenempfänger sind nun die umliegenden Völker bzw. die Golah. Die Bestrafung Israels macht auf erstere einen anderen Eindruck als Pelatjahus Bestrafung auf die Ältesten. Die Heidenvölker sind Außenstehende, während Pelatjahus Tod im Sinne des "Et tua res agitur" die Ältesten direkt betrifft. Der Kontextwechsel führt zu einer neuen Zeichenbedeutung und erklärt in Ez 20 die veränderte Sicht der Strafe und ihrer Auswirkungen.

(2) Die *Erkenntnis- und die Erweisformel* (V.8de). Einsicht kommt durch die Bestrafung, die durch die Erkenntnisformel ein zweites Mal als Zeichen identifiziert wird [143]. Von der erleuchtenden Strafe hören die Ältesten schon in Ez 11,10-12. Doch die Ausrichtung der beiden Stellen ist unterschiedlich:

Ez 11,5-12		Ez 14,6-8
Sozialvergehen		Götzendienst
Kollektivstrafe	gegen	Einzelstrafe
Erkenntnis:		Erkenntnis:
am eigenen Schicksal		am Schicksal anderer

In Ez 11 erkennen die Ältesten auf Grund der kollektiven Bestrafung. In Ez 14 ist die Strafe individualisiert und durch das Umkehrangebot suspendiert. Diese Abschwächung verändert den Dialogstatus der Ältesten. Das hängt daran, daß sich das in Ez 11 angeklagte soziale Verhalten der Ältesten gebessert zu haben scheint und die religiöse Unwissenheit in Jerusalem Aufklärung und nicht Strafe fordert [144]. Aufklärung vermittelt den Ältesten das Rechtswort. Erst Ez 20,38 deutet den Götzendienst in einer Weise, die der Erklärung der sozialen Vergehen in Ez 11 entspricht: Der Götzendienst führt zur Bestrafung Restjudas, und die Götzendiener werden durch das, was an ihrem Leibe geschieht, zur Erkenntnis kommen. Der progressiven Betonung des Götzendienstes entspricht das Verschwinden der Sozialdelikte.

Anstelle der Erkenntnisformel in V.8 steht in der Propheteninstruktion I der למען-Satz (V.5a). Beidenorts wird das Ziel der Strafe bezeichnet [145], zuerst vor dem Propheten, dann vor den Ältesten:

Zielangabe I (V.5ab):	Zielangabe II (V.8de):
למען תפשׂ את־בית־ישׂראל בלבם	וידעתם
אשר נזרו מעלי בגלוליהם כלם	כי־אני יהוה

Die Zielangaben unterscheiden sich durch ihre dialogische Ausrichtung auf den Seher bzw. auf die Ältesten. Zielangabe I betont vor dem Propheten den Götzendienst und die Abwendung von ihm. Das Problem wird aus der Perspektive des Sehers aufgerollt, der vorausgehend über den Götzendienst der Ältesten informiert wurde. Zielangabe II betont vor den Ältesten die Erkenntnis Jahwes. Solange sie Jahwe wie einen Götzen behandeln, ist die Entfernung des Götzendienstes nicht möglich. Gotteserkenntnis heißt, zwischen Jahwe und den Götzen unterscheiden zu können. Darauf zielt die Ältestenan-

---

[143] ZIMMERLI (1957) 158 spricht von "Beweiszeichen".

[144] Zum Verhältnis der Ältesten zum Götzendienst: IV.2.2.3.1.

[145] ZIMMERLI (1954b) 14: "(...) daß in der Erkenntnisaussage in göttlicher Sicht immer etwas von einer finalen Ausrichtung mitschwingt."

rede, die auf den Fall des Pelatjahu anspielt. Diese Bezugnahme ist umso wirkungsvoller, als die synkretistische Jahwebefragung schon in Ez 11 gegeben ist, aber kaum zur Sprache kommt. Damit zielt die Erkenntnisformel nicht nur auf die Zukunft. Sie strebt auch nach einem Neuverständnis von Pelatjahus Tod unter dem Aspekt des Synkretismus. Wenn die Ältesten verstehen, ist die suspendierte Vernichtung abgewendet.

Ergebnis: Der Nachsatz des zweiten Rechtswortes setzt folgende Akzente: V.8a bezeichnet den gefestigten Strafentschluß und die Verweigerung des göttlichen Mitleides. V.8b thematisiert die Wirkung der Strafe auf dritte (Zuschauermotiv), wobei V.8b keine Probleme bei der Zeichendeutung voraussetzt. Der Name Gottes wird durch die Bestrafung nicht gefährdet, weil diese wie bei Pelatjahu im Bereich des einzelnen bleibt. Die Bestrafung des Pelatjahu illustriert, wie die in V.8c erwähnte Ausrottung zu verstehen ist. V.8de redet von der Einsicht, zu der die vielen durch die Bestrafung der wenigen kommen. Damit ist das Drohpotential im Vergleich zur ersten Ältestenanrede gemildert, wohl weil die Anklage in Ez 11 nicht wirkungslos geblieben und eine Besserung bezüglich der Sozialdelikte eingetreten ist. V.8dc steht im zweiten Rechtswort anstelle des למען-Satzes (V.5ab) im ersten Rechtswort. Beidenorts ist das Ziel der Bestrafung ausgesagt. Es ist wegen der verschiedenen dialogischen Ausrichtungen der Rechtsworte unterschiedlich beleuchtet. Die erste Zielangabe thematisiert vor dem Seher die Notwendigkeit der Beseitigung des Götzendienstes. Die zweite Zielangabe geht tiefer und legt vor den Ältesten den Schwerpunkt auf die wahrhafte Gotteserkenntnis, die eine Conditio sine qua non für eine dauerhafte Abkehr von den Götzen ist.

2.4. *Die Propheteninstruktion II (Ez 14,9-11)*

Die Makrosatzuntersuchung hat gezeigt, daß die Propheteninstruktion II zweigliedrig ist: Prophetenrechtswort (V.9) und Schlußfolgerung (10-11d). Die Dialoganalyse bestimmt den Kontext, in dem der Seher die Propheteninstruktion II zur Kenntnis nimmt. Zwei Varianten sind möglich:

• Ez 14,9-11 schließt dialogisch an die Ältestenanrede an, womit 3a-11 vom Seher als Einheit erfahren wird. Damit ist der Charakter von 6b-8e als Ältestenanrede auf der Jahwe-Propheten-Ebene bedeutungslos.

• Ez 14,9-11 schließt an die Propheteninstruktion I an. Damit wird die Prophetenanrede durch die Ältestenanrede unterbrochen und in Ez 14,9-11 wiederaufgenommen.

Die Fragestellung mag subtil klingen. Doch die dialogische Einheit bestimmt, wie der Prophet das Wort erfährt. Das determiniert den Rahmen, in dem der Text auszulegen ist. V.10a beweist, daß das Wort *als Ganzes* auf den Seher ausgerichtet ist. Die dortige Schlußfolgerung verknüpft nämlich das Schicksal des Fragers, das die Ältestenanrede darstellt, und das Schicksal des Sehers, das die Propheteninstruktion II bespricht. Das bindet den Ältestenrechtsfall in die Propheteninstruktion II ein. Das Gotteswort ist trotz verschiedener Anredeebenen für den Propheten dialogisch einheitlich. 3a-8e ist also der Hintergrund für das Verständnis der Propheteninstruktion II durch den Seher.

2.4.1. Das Problem. Als Einstieg in die dialogische Problematik der Propheteninstruktion II sollen die Schwierigkeiten zunächst auf einer vorwissenschaftlichen Ebene dargestellt werden. Es treten drei Problembereiche hervor: (i) Soll der Prophet sprechen oder schweigen? (ii) Was bedeutet פתה? (iii) Worauf bezieht sich das Prophetenrechtswort?

(i) Soll der Prophet sprechen oder schweigen? Der Redeauftrag in V.4ab.6a befiehlt dem Propheten, den Ältesten das Gotteswort in 6b-8e auszurichten. Demgegenüber überrascht V.9a-f. Es scheint dem Seher zu verbieten, den Ältesten ein Gotteswort zu verkündigen [146]. Damit stellt sich ein ähnliches Problem wie in V.3d. Es tritt hier aber in einer verschärften Form auf. Ging es vorher um die Art der Reaktion Jahwes, so scheint V.9c die Wortübermittlung grundsätzlich zu verbieten.

Ein angenommenes Redeverbot schafft neue Schwierigkeiten. 1.) Warum wird der Prophet zweimal zum Reden aufgefordert, im Schlußwort aber unter Strafe zum Schweigen verpflichtet? Dazu kommt, daß sich Jahwe in V.4h zu einer "Antwort" bereiterklärt. 2.) Was nützt es, in 6b-8e ein auf die Ältesten ausgerichtetes Wort mitzuteilen, das nicht verkündigt werden darf? Dieses Problem stellt sich umso nachdrücklicher, als der Umkehrruf in den Augenblick hineinspricht und sich nicht durch eine spätere Anwendung, wie sie z.B. in der Mitteilung des Gotteswortes an die Golah vorliegt, rechtfertigt.

Es fügen sich zwei Schwierigkeiten an, die teils dialogischer, teils inhaltlich-semantischer Natur sind. Die erste betrifft das Verständnis von פתה/פתיתי im Prophetenrechtswort.

(ii) Was bedeutet פתה? V.9d wird von vielen Auslegern so verstanden, daß Gott sich als Verführer betätigt [147]. Während die Kirchenväter dieses theologische Problem mit der Unterscheidung von efficacia und permissio (o.ä.) lösen, vermeiden die meisten modernen Kommentatoren in der Nachfolge CALVINS solche Distinktionen und versuchen sich in existentiellen, häufig dunklen Erklärungen. Zwei Beispiele mögen als Beispiele genügen. So meint ZIMMERLI (1979) 312 [148]:

> "Daß man von der Möglichkeit eines Beschwatztwerdens (פתה) des Propheten weiß, verrät die prophetische Schulgeschichte 1 Kö 13. Sie erfährt bei Ez eine unheimliche Zuspitzung in der Aussage, daß, was zunächst menschliche Schuld

---

[146] MÜNDERLEIN (1979) 51: "Ezechiel hat den Götzendienern ein Wort Jahwes verkündet (V.4), ohne daß dies als Eingriff in die Befugnisse Jahwes aufgefaßt worden wäre." Er folgert daraus, daß V.9ss eine nachträgliche Anfügung ist.

[147] BRANDENBURG (1965) 85: "daß die Sünden unsere Strafen sind." BLOCK (1997) 434s mit Bezug auf Ps 18,26s: "Yahweh answers insincerity with insincerity."

[148] Ähnlich: ZIMMERLI (1972a) 84.

zu sein scheint, in einer tiefen Verschlingung göttliche Strafordnung sein kann (vgl. auch 1 Kö 22). Das erschreckende Geheimnis, daß des Menschen Sündigen nicht nur seine Freiheit sein könnte, das in 3 20 erstmals angerührt war, klingt hier von neuem auf."

Nicht weniger geheimnisvoll tönt es bei EICHRODT (1986) 106:

"Ja, die angesichts des klaren göttlichen Verbots besonders unbegreifliche Verirrung eines zur Verkündigung des Gotteswillens Beauftragten kann nur aus der von Gott selbst herrührenden Verblendung begriffen werden, durch die er Sünde mit Sünde straft und die Ausweglosigkeit leichtsinniger Verschuldung offenbar macht."

Es ist nötig, das יפתה/פתיתי-Problem neu aufzurollen. Einen ersten Schritt dazu machte die Tempusanalyse [149]. Sie hat gezeigt, daß V.9b (יפתה) zum Vordersatz gehört, während V.9d (פתיתי) eine dazwischengeschobene Hintergrundinformation und folglich nicht der Nachsatzbeginn ist. Das ist die Basis, auf der die Verwendung von פתה in Ez 14 zu erhellen ist.

(iii) Das letzte anzuzeigende Problem betrifft das Verhältnis zwischen dem Prophetenrechtswort und der Person des Ezechiel: Worauf bezieht sich das Rechtswort? In welchem Maß ist es auf Ezechiel ausgerichtet? Es gibt drei Verständnismöglichkeiten:

- Fall I nimmt an, daß sich die in III.2.4. dargestellte Unterscheidung der Dialogebenen im Licht von Ez 14,9-11 als falsch erweist. Folglich würde das Prophetenrechtswort zur Ältestenanrede gehören und sich an diese richten [150]. Das Rechtswort wäre aus ihrer Optik zu verstehen. Es würde sie über die Beschränkungen des Prophetenamtes aufklären: Der Prophet gibt nicht die gewünschte Antwort, weil er nur reden kann, wenn es ihm Jahwe erlaubt. Folglich ist es sinnlos, ihn zu bedrängen, um das gewünschte Wort zu erhalten.
- Fall II setzt die Unterscheidung von Ältestenanrede und Propheteninstruktion II voraus und versteht letztere als private Drohung an den Seher. Damit wäre der Prophet aufgrund bestimmter Umstände (Drängen der Ältesten, Mitleid) versucht, den Ältesten mehr zu sagen, als er darf. Das Prophetenrechtswort wäre ein Riegel, den Jahwe dieser Versuchung vorschiebt.
- Fall III nimmt den gleichen Dialograhmen an wie Fall II, geht aber davon aus, daß das Prophetenrechtswort nicht über ihn, sondern über andere Seher redet. Es könnten z.B. angesichts der Herkunft der Ältesten judäische Propheten gemeint sein. Das setzt voraus, daß das genannte Vergehen für Ezechiel weder zutrifft noch als Möglichkeit angenommen wird.

Der Punkt, an dem die dargestellten Schwierigkeiten zusammenlaufen, ist das Vergehen, das der Vordersatz des Rechtswortes formuliert: Worum geht es, und wie fügt sich der Tatbestand in die Gesprächskonstellation?

---

149 Vgl. II.3.10.3. (115-117).

150 Die Falsifizierung dieser Annahme ist eine Gelegenheit, um die Ergebnisse der Analyse der Dialogebenen zu bekräftigen.

Wenn darüber Klarheit besteht, ist zu fragen, wer der im Rechtswort gemeinte Täter ist. Davon ausgehend kann erstens das Redeverbot klarer umrissen, zweitens das Umfeld des יפתח/פתיחי-Geschehens abgesteckt und drittens die Bedeutung des Rechtswortes für den Propheten ermittelt werden.

2.4.2. Das Vergehen. Um V.9 zu verstehen, ist bei der Rechtssatzgestalt des Verses anzusetzen. Dann ist der im Vordersatz genannte Tatbestand, leicht zu finden.

(i) Vorbereitend ist die Rechtssatzgestalt von V.9 nachzuweisen. Zuerst zum Vordersatz. Er unterscheidet sich von den vorausgehenden Rechtsworten durch die Einführung eines spezifizierteren Rechtssubjektes: הנביא steht anstelle von איש איש. Das Wort ist als Pendens vorangestellt und mit ו eingeführt, während der verbale Teil der Rechtsprotasis mit כי anschließt [151]:

1. ו → Artikel → Nomen
2. כי → yiqtol

Die pendierende Voranstellung des Rechtssubjektes ist in H und Ez häufig, auch die Einleitung der yiqtol-Verbform des Vordersatzes mit כי [152]. Typisch ist auch der Anschluß des Nachsatzes mit wqatal. Er redet von der Strafe, die Jahwe vollzieht. Das wird aus der ersten Wendung des Nachsatzes deutlich (נטה יד על), die sonst im AT nie eine Rechtsfolge bezeichnet [153]. In Ez meint sie oft Jahwes Gerichtshandeln. Die zweite Rechtsfolge (השמיד מתוך עם) ist einmalig, erinnert aber an die in Ez und Lev vorkommende Formel mit כרת hi. Beide Wendungen fügen sich als für den Nachsatz zu erwartende Strafbezeichnungen problemlos ein. Soweit zur Rechtssatzform. Die Besonderheit von V.9 liegt in der Nennung eines bestimmten Aktanten, des נביא. Auf näher bezeichnete Subjekte hin formulierte Rechtsworte sind im AT selten [154]. Die Erwähnung des נביא führt dazu, daß Ezechiel direkt oder indirekt ins Rechtswort einbezogen wird. Das gibt den Eindruck, daß V.9 im Hinblick auf seine Person formuliert ist. Um darüber Klarheit zu gewinnen, ist das Vergehen zu klären.

(ii) Der Vordersatz ist der Ausgangspunkt für die Bestimmung des Vergehens. Wenn wir diesen etwas formal als Textteil bestimmen, der vom Pendens eingeleitet und mit dem Nachsatzanfang beendet wird, dann kommen als Vergehensbezeichnung zwei Syntagmen in Betracht, V.9b oder V.9c. Viele Autoren glauben, daß beide vom strafbaren Verhalten des Propheten sprechen. So schreibt ALLEN (1994) 207 mit Bezug auf EICHRODT:

---

[151] In der Form mit כי entdeckt LIEDKE (1971) 24.142 den einzigen (wenn auch nicht stilreinen) kasuistischen Rechtssatz in Ez 14. Ez 14,4.7s versteht er als apodiktische Rechtssätze.

[152] Ez 3,19.21; 14,13; 18; 33, ferner: Lev 19,20; 22,11; 24,15 (etc.). Vgl. die Aufstellung kasuistischer Rechtssätze bei LIEDKE (1971) 20-29.

[153] Rechtssätze erwarten meist eine von Menschen ausgeführte Bestrafung.

[154] Vgl. Lev 13,47 (והבגד), Lev 21,9 (ובת איש כהן), Lev 22,11 (וכהן), Lev 22,12s (ובת־כהן).

"A related case needed to be included in the ruling. What if a prophet gave a favorable response to such an offender? Human nature being what it is, a prophet might be misled into so doing, as one who «lets himself be induced by the wish to please, or by a calculated compromise ... treating his client's deadly crime as if it were a venial weakness» (...)."

Das Vergehen des Sehers ist also ein doppeltes: Gefallsucht (V.9b) und Mißachtung des Redeverbotes (V.9c). Diese Auslegung nimmt an, daß der Prophet dem Publikum ein gefälligeres als das ihm anvertraute Wort mitteilt. Damit wäre die Fälschung eines Gotteswortes durch einen echten Propheten das Grunddelikt. V.9d beweist, daß das nicht stimmen kann. Dort wird פתה nicht von Menschen, sondern von Jahwe bewirkt. Das spricht gegen ein reflexiv-toleratives Verständnis von V.9b und stellt ALLENs Darstellung der Schuldsituation in Frage. V.9b redet nicht vom Vergehen, sondern von einem vorausgehenden Umstand [155]. Der Sachverhalt ist somit folgender: ein Prophet wird zuerst [פתה] und begeht dann eine schuldhafte Handlung. Demzufolge bezeichnet nur V.9c (ודבר דבר) das Rechtsvergehen, während V.9b (כי־יפתה) als passivische pu.-Form einen Umstand des Rechtsfalles nennt. Diese Folgerung zieht zwei Fragen nach sich:

- Welches Vergehen meint ודבר דבר (V.9c)?
- Welcher Umstand ist mit כי־יפתה (V.9b) bezeichnet?

Die Beantwortung dieser Fragen bestimmt den weiteren Verlauf der Analyse. Die folgenden Arbeitsschritte (2.4.2.1. bis 2.4.2.4.) konzentrieren sich auf die Bestimmung des Deliktes, während sich 2.4.3. dem Vergehenshintergrund und somit dem Einfluß von V.9b auf den Tatbestand zuwendet.

2.4.2.1. ודבר דבר als Bezeichnung des Vergehens. Die angestellten Überlegungen haben gezeigt, daß V.9c ohne V.9b das Vergehen des Jahwepropheten [156] benennt. Was meint דבר דבר? Ausgangspunkt für die semantische Bestimmung der Wendung ist ihr Gebrauch in der Sprachhandlung. Der Rahmen dazu wurde abgesteckt. Das vom Rechtswort verbotene דבר דבר kann weder meinen, daß der Jahweprophet nichts (vgl. den doppelten Redeauftrag), noch, daß er alles (vgl. die Antwortbeschränkung in V.3d.9c) sagen darf [157]. Der Übermitt-

---

[155] Gegen Übersetzungen, die יפתה reflexiv-tolerativ ("sich betören lassen" etc.) interpretieren, was eine schuldhafte Zulassungstat des Propheten impliziert. So ZIMMERLI (1979) 300: "Wenn aber der Prophet sich betören läßt"; KEIL (1882) 135: "Wenn aber ein Prophet sich bereden läßt". EICHRODT (1986) 102: "Wenn aber der Prophet sich verführen läßt". SCHMIDT (1915) 405: "Wenn sich aber der Prophet verleiten läßt". HIERONYMUS: "*propheta cum errauerit*"; GREENBERG (1983) 246: "if a prophet is so misled"; ALLEN (1994) 187: "If the prophet is so misled".

[156] Diese Ausdrucksweise unterscheidet den נביא des Rechtswortes vom Wortempfänger ("Ezechiel").

[157] MÜNDERLEIN (1979) 51 versteht V.9 als späteren Nachtrag, der dem Redeauftrag

lungsauftrag bezieht sich, wie gezeigt, auf die Ältestenanrede, während V.9c das, was der Prophet nicht sagen darf, mit דָּבָר[158] umschreibt. Worin besteht der verbotene דָּבָר?

(i) Der Gebrauch von דָּבָר in Ez 14. דָּבָר tritt in V.2a in der Ez-üblichen Wendung דבר־יהוה auf und meint die Gottesrede, die dem Seher ab V.2a mitgeteilt wird. Die Dialogebenen spielen in diesem Augenblick keine Rolle, weil der Prophet zunächst der einzige Empfänger des דָּבָר ist. דָּבָר *meint somit das Wortereignis und umfaßt die gesamte vom Propheten gehörte Audition.* Da דָּבָר in V.9c wie in V.2a im prophetischen Kontext des Wortempfanges bzw. der Wortweitergabe steht, liegt es nahe zu prüfen, ob beidenorts eine ähnliche Verwendung vorliegt. Übernehmen wir die Wortbedeutung von V.2a, dann spricht V.9c davon, daß das Redeverbot nicht ein erfundenes Gotteswort, sondern ein דָּבָר (= von Gott inspiriertes Wortereignis) meint. In Ez 14 umfaßt der דָּבָר neben der Ältestenanrede auch die Propheteninstruktionen. Es steht das ganze Gotteswort (=דָּבָר) dem Teil gegenüber, der für die Mitteilung an die Ältesten bestimmt ist. Dem Seher ist erlaubt, den Ältesten aufzutragen (אמר[159]), was Jahwe ihnen mitteilt: die begründete Umkehraufforderung, nicht aber davon zu sprechen (דבר pi. vgl. V.9c), was er darüber hinaus sagt[160].

Diese Überlegungen erklären den in V.9c gemeinten Tatbestand so: V.9c nimmt an, daß sich ein Prophet bei der Verkündigung eines Gotteswortes nicht auf das beschränkt, was ihm Jahwe für sein Publikum aufträgt, sondern Informationen hinzufügt, die ihm aus dem visionären Umgang mit Gott bekannt sind[161]. Diese Erklärung des Tatbestandes beruht auf der Unterscheidung des Wortereignisses (דבר יהוה) von der darin enthaltenen Ältestenanrede. Diese Lösung wird durch den Sprachgebrauch von דָּבָר in Ez 14,1-11 nahegelegt.

(ii) Der Gebrauch von דָּבָר in Ez 11,25. Eine ähnliche Verwendung von דָּבָר zeigt die Tempelvision (Ez 8-11). In ihrem Schlußsatz heißt es (Ez 11,25): וָאֲדַבֵּר אֶל־הַגּוֹלָה אֵת כָּל־דִּבְרֵי יְהוָה אֲשֶׁר הֶרְאָנִי. Daraus folgt, daß nur die Golah die Gesamtheit der Gottesworte erfährt: כל דברי יהוה[162]. V.25 macht nur Sinn, wenn die Ältesten in Ez 8,1 *nicht* כל־דברי יהוה erfahren, sondern nach Ez 11,13

---

widerspricht: "Ezechiel hat den Götzendienern ein Wort Jahwes verkündet (V.4), ohne daß dies als Eingriff in die Befugnisse Jahwes aufgefaßt worden wäre."

[158] Zur Unterscheidung des Nomens von der Verbwurzel wird דָּבָר vokalisiert.

[159] Zu direktivem אמר: CLINES (1993) 323s und GESENIUS (1987) 75.

[160] Die Dialogsituation der Ältesten unterscheidet sich von jener der schriftlichen Kommunikation bzw. der Golah (Ez 11,25), die beide über das ganze דבר informiert werden. Zur in Ez häufigen Ausdifferenzierung der Adressaten in der Heimat bzw. in der Golah: HOSSFELD (1995) 348.

[161] SMEND (1880) 82: "Gleichwohl hat Ez. hier den echten Propheten im Auge und will der Besorgniss begegnen, dass das Gotteswort trotzdem von den Propheten auch an Unwürdige verschwendet werden könnte."

[162] Fehlendes Nomen rectum יהוה (Ez 14,9c) erklärt sich damit, daß Jahwe in der 1. Sg. spricht. פתה unterstreicht ebenfalls, daß der דבר von Jahwe stammt.

nur Ez 11,5-12 mitgeteilt bekommen. Die Darstellung des Götzendienstes und die Ankündigung der Sammlung der Zerstreuten wird ihnen verschwiegen. Die Golah bzw. die Ältesten sind unterschiedliche Wortempfänger:

- Die *Ältesten* sind einmal direkt angesprochen. Das an sie gerichtete Wort löst der Einwand aus, mit dem sie auf den Aufschrei des Sehers beim visionären Gemetzel reagieren. Vom restlichen Geschehen in Ez 8-11 erfahren sie praktisch nichts.

- Der *Golah* wird die dialogische Einheit in Ez 8-11 vom Anfang bis zum Ende mitgeteilt. Das geschieht nach V.25 (ואדבר) als Nacherzählung. Die dialogische Perspektive entspricht jener der schriftlichen Darstellung in Ez 8-11 [163]. Die Golah-Anrede (Ez 11,15-21) ist nicht so unmittelbar wie die Ältestenanrede (Ez 11,5-12). Sie bringt die Exulanten zu Beginn (V.15s) nicht als Anredepartner, sondern als Gesprächsgegenstand in der 3. Person zur Sprache. Auch V.18.20 bewegen sich auf dieser Ebene. Damit schwankt sie zwischen einer Rede *über* (Perspektive des Propheten, vgl. V.15) und einer Rede *an* die Verbannten (Perspektive der Golah, vgl. V.17.25). Das mischt die direkte Adressierung des Gotteswortes mit einer erzählenden indirekten Mitteilung. Beim Wortempfang durch die Exulanten entstehen daraus keine Probleme. Die Perspektive der Nacherzählung, in der sie mit der Tempelvision bekannt gemacht werden, erlaubt die eine wie die andere Form der Redemitteilung. Zwar rückt die direkte Anrede so in den Hintergrund, dafür ist die Information vollständig. Die Schwankungen in der Anrede der Golah hängen damit zusammen, daß die Ältesten von der Tempelvision angepeilt sind. Das Heilswort an die Golah ist dialogisch sekundär. Es erklärt und beruhigt angesichts der Hiobsbotschaft, die der Golah über das Schicksal der Restjudäer gegeben wird. Wie das zu verstehen ist, sagt 2.4.2.3.

Soweit zum Gebrauch von דָּבָר in Ez 11,25. Liegt die für die Erklärung von V.9c vorgeschlagene Bedeutung von דָּבָר als Bezeichnung eines dialogischen Wortereignisses visionärer Natur in anderen Stellen des Buches Ez vor? Diese Frage wird uns jetzt beschäftigen.

(iii) Der Gebrauch von דָּבָר in Ez. Ein Beispiel für den dargestellten Sprachgebrauch ist Ez 6,1-14. *Ez 6,3* fordert die Berge Israels auf, das Wort Gottes (דבר־אדני יהוה) zu hören. Darin ist nichts von der Mitteilung an die Ansprechpartner ausgeschlossen. Ähnlich ist die Situation in *Ez 13,2* bei der Anrede der falschen Propheten: שמעו דבר־יהוה. Trotz des Wechsels von Anrede- und Redetexten liegt erneut nur ein einziger Informationsstrang vor, der den Angeredeten ganz übermittelt wird. Es gibt keine den Dialogpartnern vorenthaltene Propheteninstruktion. Ebenso in *Ez 16,35.* שמעי דבר־יהוה markiert keinen Übergang auf eine neue Dialogebene, sondern nur den Wechsel von der Beschreibung des Tatbestandes zu dessen Folgen. דָּבָר meint die ganze Gotteswortverkündigung

[163] Dabei entfällt die auf den Leser ausgerichtete Dialogebene (Ez 8,1; 11.25).

an die Adressaten [164]. Der Unterschied zwischen dem, was der Prophet empfängt, und dem, was er weitergibt, wird in *Ez 33,7* greifbar: Er hört ein *Gotteswort* (Ez 33,1), gibt aber eine *Verwarnung* weiter. Es ist der Unterschied zwischen Seher- und Publikumsinformation, der in Ez 14 sichtbar ist [165]. Jetzt ist die dialogische Bedeutung dieser Unterscheidung in Ez 14 zu verstehen.

Ergebnis: דָּבָר bezeichnet das von Gott inspirierte Wortereignis. Das Vergehen besteht in der Verkündigung des ganzen Wortes, während nur ein Teil davon für die Ältesten bestimmt ist. Dieser Gebrauch von דָּבָר findet sich u.a. in Ez 11,25. Vom דָּבָר ist der für die Ältesten bestimmte Wortteil zu unterscheiden.

2.4.2.2. Was wird den Ältesten vorenthalten? Die gebotene Erklärung von V.9c setzt voraus, daß die Propheteninstruktion Dinge beinhaltet, die den Ältesten vorzuenthalten sind. Sie lassen sich finden, indem jene Textteile der Propheteninstruktionen ausgeschieden werden, die in der Ältestenanrede wiederholt sind. Die gesuchte Information findet sich in dem, was übrigbleibt.

Das Ausschlußverfahren betrifft die ganze Propheteninstruktion I. Sie geht vollständig in die Ältestenanrede ein. Selbst die Ablehnung der Antwort (V.3d.9) und Pelatjahus Tod klingen in נענה an. Die Propheteninstruktion I enthält also nichts, was den Ältesten im Sinne von V.9c vorzuenthalten wäre.

Anders stehen die Dinge in der Propheteninstruktion II. Schon V.9 führt mit dem Prophetenrechtswort etwas Neues ein. Allerdings besitzt es für die Ältesten keine direkte Bedeutung. Es ist somit unwahrscheinlich, daß sich das Redeverbot darauf bezieht. Das Prophetenrechtswort dient eher dazu, den Seher über den Modus der Mitteilung des Wortes aufzuklären. Es steuert die interne Kommunikation. Dem Seher wird nämlich bis zum Ergehen des Prophetenrechtswortes in V.9 nichts mitgeteilt, was unter die angemahnte Redebeschränkung fallen könnte. V.9 gibt also zuerst die Redebedingung bekannt. Dann folgt der davon betroffene Redeinhalt [166].

Die geheimgehaltene Mitteilung muß sich also in Ez 14,11 befinden. Dort gibt es eine Information, die dem ungewissen Ausgang des Konfliktes zwischen Jahwe und den Ältesten (bzw. Restjuda) eine Lösung vorhersagt: das Heilswort in V.11. Es beseitigt jede Ungewißheit: Wider den Anschein des Gegenteils wird es eine Wende zum Guten geben. Das getrübte Verhältnis zwischen Jahwe und seinem Volk wird wiederhergestellt.

---

[164] Ebenso: Ez 21,2; 25,3; 34,7.9; 36,1.4; 37,4.

[165] Ähnlich: Dtn 18,9-22 (Prophetengesetz, LOHFINK [1971] 146), besonders Dtn 18,20. Es geht um einen Seher, der ein unerlaubtes Wort (דבר) spricht und dafür die Todesstrafe verdient: Der Prophet spricht 1.) ein Wort im Namen Jahwes (בשמי), das dieser ihm 2.) nicht aufgetragen hat (לא־צויתיו). Das läßt sich auf zwei Arten verstehen: als unbefohlene Verkündigung eines echten oder als Verkündigung eines erfundenen falschen Gotteswortes (CRAIGIE [1976] 263). Der Kontext in Ez 18 deutet auf den zweiten Fall, ebenso בשמי, das sagt, daß das Wort "im Namen Gottes" gesprochen ist, nicht aber 'von Gott her' stammt (Jer 29,23). Auch: Jer 23,28.

[166] Das schützt die Geheimhaltung gegen eine unvorhergesehene Störung (vgl. die

Ergebnis: Das Rechtswort in V.9 verhindert die Mitteilung des Heilswortes in V.11 an die Ältesten [167]. Wie sich diese Wortverweigerung im Dialogkontext auswirkt, wird im nächsten Punkt erörtert.

2.4.2.3. Das Heilswort im Dialogverlauf. Die Bedeutung des Heilswortes (V.11cd) ist ausgehend von der dialogischen Blickrichtung Jahwes zu verstehen. Drei Faktoren sind zu berücksichtigen: (i) die durch die Herkunft der Ältesten gesetzten Dialogvorgaben, (ii) die exilische Optik des Sehers und der Golah und (iii) der faktische Ausgang der Dinge. In diesem Rahmen ist (iv) das Heilswort in Ez 20 zu verstehen.

(i) Die Anrede der judäischen Ältesten. Jahwe orientiert sich an den Gesprächsvorgaben der Ältesten [168]: Die Ältesten besuchen Babylon als Vertreter der neuen judäischen Ordnung. Halb offen und halb versteckt hoffen sie, das Ancien Régime und Jahwe hinter sich zu lassen. Wie antwortet die Ältestenanrede dem? Indem sie die judäische Jubelpropaganda vor die Alternative stellt: Umkehr oder Tod. Diese Alternative spricht V.6 aus. Über Restjuda hängt das Schwert Jahwes, auf das schon die Ältestenanrede in Ez 11 hinweist.

Vor den Ältesten vermeidet Jahwe jede über den Umkehrruf hinausgehende Heilsansage. So bleibt die Frage offen, wie sich das Heil an denen erweist, die umkehren. In V.6cd ist nicht der Heilsaspekt, sondern die Unausweichlichkeit der Lage Judas zentral. Zudem sagt der Umkehrruf, daß der in Ez 9 angekündigte Untergang keine unabwendbare Naturkatastrophe, sondern eine selbstverschuldete Folge des Götzendienstes ist.

Die in V.3d mitgeteilte Antwortverweigerung verwehrt den Ältesten eine Heilszusage. Die Ältesten wollen von Jahwe einen heilvollen Ausblick auf ihre Zukunft. Der Götzendienst nimmt ihnen aber das Recht, vom Heil zu hören und daran Anteil zu bekommen. Soweit zur kommunikativen Bedeutung der Heilsthematik. Wenden wir uns nun der Heilsrede in der Perspektive des Propheten und der Golah zu.

(ii) Die Anrede des Propheten und der Golah. Die Frage nach dem Heil Israels stellt sich für den Seher und die Golah ganz anders. Jahwe muß - wegen der doppelten Ausrichtung des Gotteswortes auf den Seher bzw. auf die Ältesten - zwei Dialogpartnern mit verschiedenem Gesprächshintergrund genügen. Wie er das tut, ist zuerst an der Tempelvision zu zeigen, weil die zweite Ältestenanrede darauf aufbaut.

Unterbrechung der Ältestenanrede durch den Tod des Pelatjahu).

[167] Darum ist der von HOSSFELD/MEYER (1973) 117 notierte Gegensatz zwischen Antwortverweigerung und Heilswort ("Trotzdem endet die Einheit mit der Ansage einer heilvollen Zukunft [V 11]."), weswegen V.11 (ohne V.11e) als Glosse bezeichnet wird, inexistent. Die Vorenthaltung des Heilswortes steht nach WILSON (1972) 102 in Verbindung mit dem Verstummen des Propheten in Ez 3,26: "(...) the command in iii 26 accounts for the fact that until the fall of Jerusalem Ezekiel speaks only of the doom of the city. He has been forbidden to do anything else."

[168] Für den Einzelnachweis: IV.2.2.2.3.(iii: 232-234).

Ez 8-11 beschreibt das Unheil, das Restjuda bedroht, klarer als Ez 14 und zeigt, daß der Prophet die Unheilsandrohung mißversteht. Beide Ereignisse, das Visionsgemetzel (Ez 9,8) und den Tod des Pelatjahu (Ez 11,13), begreift er als Ankündigung der Vernichtung des Restes Israels (שארית ישראל), den er mit den Restjudäern identifiziert. Damit befürchtet er die Totalvernichtung des Volkes. Diese Annahme korrigiert Jahwe nach dem zweiten prophetischen Aufschrei in der Golah-Anrede. Darin sagt er, daß Israels Zukunft nicht von Restjuda abhängt, sondern in der Hand der Golah liegt. Die Verbannten sind der Rest Israels, aus dem das Volk erstehen wird (Ez 11,20) [169]. Die Ereignisse spielen sich in einem Dreischritt ab:

1.) Der Seher erfährt von einer zweifachen Unheilsansage an Restjuda.

2.) Er befürchtet die Vernichtung Israels und reagiert verzweifelt.

3.) Jahwe erklärt Israels Zukunft aus der Optik der Golah.

Hier interessiert vor allem der letzte Punkt. Jahwe klärt das Mißverständnis des Sehers auf, indem er eine Golah-Anrede anhängt, die ein Heilswort ist. Das relativiert die radikale Ältestenanrede. Das Gottesvolk wird den Fall Jerusalems überleben. Das schlimmste ist verhindert. Es ist klar, daß eine solche abschwächende Darstellung in der Ältestenanrede nichts verloren hat. Das tröstende Gotteswort darf nur die Golah erreichen.

Eine Frage bleibt: Warum mahnt Ez 11 dem Seher die Trennung der Gesprächsebenen nicht an, um wie in Ez 14 ein Durchsickern des Heilswortes zu den Ältesten zu verhindern? Wenn diese Trennung in Ez 14 so entscheidend ist, warum gilt gleiches nicht für Ez 11? Die Antwort ist diese: Eine solche Mahnung ist in Ez 11 nicht notwendig, weil sich dort keine Gelegenheit zur Ebenenmischung bietet. M.a.W.: Der Seher hat keine Möglichkeit, den Ältesten das verbotene Heilswort zu verkündigen. Das ist am Dialogablauf zu zeigen.

Ausgangspunkt ist Pelatjahus Tod, der die Wortverkündigung abbricht und die Dialoggemeinschaft auflöst. Zu diesem Zeitpunkt hat der Prophet das Heilswort noch nicht erhalten. Er empfängt es gleich darauf in Entrückung, was ihn den Ältesten entzieht. Dieser Zustand hält durch die Schau des Visionsendes und die visionäre Rückführung an. In Ez 11,25 ist der Prophet gesprächsbereit, dafür sind die Ältesten nicht mehr nachweisbar. Der Prophet hat somit keine Möglichkeit, ihnen das Heilswort zu verraten. Eine Redeanweisung nach Art von Ez 14,9 erübrigt sich darum.

Das Problem stellt sich anders in *Ez 14*, weil das Heilswort direkt auf die Strafansage folgt. Es besteht die Gefahr, daß es in falsche Ohren gerät. Das würde Jahwes Absicht in ihr Gegenteil verkehren: Das Gotteswort, das die Ältesten von ihren Wegen abbringen möchte, würde beschwichtigen und verharmlosen. V.9c steht, um das zu verhindern. Daß die Heilsankündigung von V.11 gemeint ist, zeigt der Zeitpunkt direkt vor der Verkündigung des Heils-

---

[169] EHRLICH (1996) findet darin einen at Anti-Judaismus, den er auf traditionsgeschichtliche Quellen zurückführt.

wortes, also in einem Augenblick, wo das Heilswort noch nicht ergangen ist. Damit besitzt V.9c eine redelenkende Funktion [170]. Sie weist auf die Unterscheidung von דָּבָר und Ältestenanrede und klärt den Auftrag an den Seher, der sich im Dilemma zwischen Antwortverweigerung (V.3d) und Redeauftrag (V.4ab.6a) befindet.

Ez 14 steht so in einer doppelten Problematik. Es muß Gericht und Heil verkündigen, um den babylonischen bzw. judäischen Gesprächspartnern Genüge zu leisten.

(iii) Der faktische Ausgang der Dinge. Jahwe muß einen dritten Faktor berücksichtigen: die Zukunft, um die es im Wort geht. Das auf eine Schicksalswende ausgerichtete Unheils- bzw. Heilswort in Ez 14 besitzt nicht nur eine spirituelle Seite, sondern auch einen Bezug zu äußeren Sachverhalten, die noch ausstehen. Das ist ein Maßstab, mit dem das Gotteswort an Hand des Eintreffens/Nichteintreffens des Vorausgeschauten verifiziert werden kann. Die in Ez 14 angesagten Ereignisse führen keine Totalvernichtung Israels herbei. Der Untergang Restjudas ist nicht das Ende [171]. Die Zerstörung Jerusalems und das Exil des Volkes ist eine Phase, die mit dem Aufstieg des Perserreiches und der Rückkehr der Verbannten endet. Somit ist das Heilswort in V.11 nicht nur ein erbaulicher Ausdruck der Milde Gottes, sondern in der Perspektive des faktischen Geschichtsverlaufes notwendig. Das Heil ist eine zukünftige Wirklichkeit, die in Ez 14 eine radikale Unheilsankündigung nicht erlaubt [172].

Ez 14,11 stellt die Zukunft so dar, wie sie nach der Rückkehr der Golah eingetroffen ist. So berücksichtigt das Wort den positiven Ausgang, ohne die Unheilsverheißung an die Ältesten zu kompromittieren. Das Gotteswort (דָּבָר) ist insgesamt heilsorientiert, wobei das Heil in der Ältestenanrede nur leise angedeutet wird.

(iv) Das Heilswort in Ez 20. Nach der Erklärung der Heilsworte in Ez 11 und Ez 14 als Vergewisserung der Golah, stellt sich die Frage nach der Bedeutung des Heilswortes in *Ez 20*. Wie wird die Redestrategie hier weitergeführt? In Ez 20,3s lehnt es Jahwe wie in Ez 14,3d ab, sich erbitten zu lassen und verkündigt stattdessen den Restjudäern das Urteil. Es folgt ein Wort, das von Gericht und Heil spricht. Das Verhältnis zwischen Ez 14 und Ez 20 stellt sich so dar: In Ez 14 verkündigt Jahwe den Ältesten noch einmal die Spielregeln und gibt ihnen eine letzte Chance. Ez 20 zeigt, daß die Ältesten dieses Angebot nicht ergriffen haben. Darum werden ihnen und den Restjudäern die Folgen ihres Tuns angekündigt. Auf den Umkehrruf in Ez 14 folgt die Verurteilung in Ez 20. Die Umkehrverweigerung gibt der Heilsverkündigung ein neues Gesicht.

---

[170] Ez 14,9 kann mit MOSIS (1975) 185 als Rechtsbelehrung bezeichnet werden.

[171] WILLI (1995) 171: "Das Exil ist eine Etappe auf dem Weg in diese (sc. von den Propheten verkündete) Zukunft, mehr nicht."

[172] Sonst wäre Ez 14,1-11 ein falsches Gotteswort.

In Ez 14 ist sie reduziert, um die Ältesten nicht vom Ernst der Lage abzulenken. Ez 20 stellt klar, daß das Heil an Restjuda vorbeigehen wird. Jahwe verkündet die Vernichtung Restjudas und die Rettung der Golah. Die Fronten sind abgesteckt, das Schicksal unabwendbar. Damit zeigen die Ältestenperikopen folgenden Ablauf:

- Ez 11 deckt die judäischen Sünden auf und zeigt deren Folgen (Anklage).
- Ez 14 begegnet einer ähnlichen Situation und macht den Ältesten ein letztes Heilsangebot (retardierendes Moment).
- Ez 20 verkündigt nach zwei ergebnislosen Aufrufen das Urteil, das die Schuld Restjudas aufdeckt (Urteil).

Ergebnis: Jahwe spricht in Ez 14 sowohl zu Restjuda als auch zur Golah. Er muß dabei zwei Anredezielen - Drohung für Restjuda und Heil für die Golah - genügen. Die Trennung der Anrede-Ebenen gewährleistet das Prophetenrechtswort. Es deutet darauf hin, daß die Antwortverweigerung in V.3d darauf abzielt, den Ältesten die Heilsansage in V.11 vorzuenthalten und sie auf deren ausweglose Lage hinzuweisen. Der Golah dient das Heilswort dagegen zur Beruhigung. Es wird dem Faktum gerecht, daß der Fall Restjudas nicht das Aus für Israel bedeutet. Eine neue dialogische Situation liegt in Ez 20 vor. Jahwe legt seine Karten auf den Tisch. Restjuda wird das Urteil verkündigt: Es muß das Land verlassen und gerichtet werden, damit das zukünftige Heil geschehen kann. Anders als in Ez 14 sind Heil und Unheil keine Alternativen: Israels Heil setzt das Unheil Restjudas voraus.

2.4.2.4. Heilswortverweigerung und דרש לו בי (V.7g). An Hand des Heilswortes läßt sich das mit ל und ב konstruierte דרש erklären (V.7g), das bei der Behandlung der Ältestenrede zurückgestellt wurde [173]. Drei Auslegungen sind möglich [174]:

1.) "damit er (=der Prophet) mich für ihn (=den Anfrager) befrage".
Nachteil: Subjektswechsel zwischen V.7f und V.7g.
2.) "damit er (=der Anfrager) mich für sich erbitte".
Nachteil: "für sich" ist überflüssig.
3.) "damit er (=der Anfrager) ihn (=den Propheten) über mich befrage".
Nachteil: ungewöhnlicher Präpositionengebrauch.

Die semantische Analyse konnte die Auslegung von דרש לו בי nicht klären. V.7g ist darum aus der Dialogkonstellation zu verstehen. Eine solche Erklärung liegt nahe, weil V.7s kein neutraler Rechtssatz ist, sondern sich auf die Ältesten in Ez 14 bezieht.

לדרש־לו בי (V.7g) formuliert Ziel und Absicht der im Ältestenrechtswort thematisierten Straftat. Worum handelt es sich? Zur Beantwortung dieser

---

[173] Vgl. IV.2.2.2.2. (S. 227).

[174] Problemanzeige bei ROOKER (1990) 97 Anm. 113 und IV.2.1.3. (S. 198s).

Frage ist Einsicht in den Präpositionengebrauch von V.7g nötig. Dazu ist ein indirekter Weg einzuschlagen. Zur Vergehensnennung im Ältestenrechtswort gibt es nämlich eine Parallelformulierung in V.9. Sie betrachtet den Straftatbestand von V.7 aus der Perspektive des Sehers [175]. Die V.9 zugrundeliegende Frage lautet: Wie verschuldet sich ein Prophet, der an der in V.7 erwähnten Strafhandlung mitwirkt? Von der Schuld des Sehers kann auf die in V.7g gemeinte Schuld der Ältesten zurückgeschlossen werden.

Beginnen wir bei der Schulddarstellung in V.9c (ודבר דבר). Sie verbietet dem Seher unter Strafe, den Ältesten mehr als die für sie bestimmte Anrede zu verkündigen. Wie kann der Prophet in Gefahr kommen, mehr zu sagen, als er darf? Die Antwort ist einfach: Wenn die Mitteilung an die Ältesten nicht zufriedenstellt. Von wem könnte ein Ungenügen empfunden werden? Wieder ist die Antwort einfach: entweder vom Propheten oder von den Ältesten. Die Überlegungen zu den Gesprächserwartungen der Ältesten - sie wollen ein Heilswort und bekommen einen Umkehrruf - deuten darauf hin, daß letztere die Unzufriedenen sind. Auf die Ältesten angewendet heißt V.9c somit: Wenn der Prophet versucht ist, den Ältesten mehr zu sagen, als er darf, so liegt das daran, daß die Ältesten mit dem erhaltenen Wort unzufrieden sind und vom Seher mehr verlangen. Übertragen wir das auf V.7g, muß דרש לו בי eine Frage/ Bitte meinen, die mehr fordert, als dem Frager zusteht.

Das ist mit der Sprachhandlung zu konfrontieren: Die Untersuchung der "Frage/Antwort"-Begriffe דרש und ענה zeigt, daß die Frage/Bitte der Ältesten als Ansuchen um einen Gnadenerweis (דרש ni.) abgelehnt, als Gelegenheit zur Ankündigung einer Strafe (ענה ni.) aber akzeptiert wird [176]. M.a.W.: Die Ältesten hoffen auf eine Heilsaussage und werden enttäuscht, obwohl Teile des Gotteswortes ihren Erwartungen entsprechen würden. Drei Eigenschaften der Dialogsituation sind somit für die Interpretation von לדרש־לו בי zu berücksichtigen:

- Der Seher wird im Prophetenrechtswort davor gewarnt, den Ältesten mehr mitzuteilen, als er sagen darf.
- Die Ältesten empfangen in V.7s ein Wort, das ihren Erwartungen nicht entspricht.
- Der Prophet wäre auf Grund der an ihn ergangenen Instruktionen in der Lage, den Ältesten das gewünschte Heilswort zu liefern.

Die Redesituation stellt sich so dar: Die Ältesten wollen mehr hören, als der Prophet sagen darf, weil sie auf ihre Frage/Bitte keine Antwort/Gewährung erhalten, sondern nur einen Aufruf zur Umkehr und ein Rechtswort. Den im Ungewissen gelassenen Ältesten steht der Prophet gegenüber. Er hat nicht nur aus der Propheteninstruktion II, sondern auch aus Ez 8-11 einen Informationsvorsprung und weiß mehr, als er sagen darf.

---

[175] Die Parallelität der Sachverhalte folgt auch aus V.10b.

[176] Vgl. IV. 2.2.2.1. (221-224).

Es ist also von den drei Übersetzungsvarianten von דרש ל ב die dritte zu wählen: *"damit er* (=der Anfrager) *ihn* (=den Propheten) *über mich befrage"* [177]. Diese Aussage nimmt die Reaktion der Ältesten auf das unbefriedigende Gotteswort vorweg und sagt, daß sie mittels einer privaten Befragung des Propheten mehr erfahren wollen, als ihnen das Gotteswort verkündet.

Der dialogische Rahmen erklärt auch das emphatische אני in אני יהוה נענה (V.7h). Die Voranstellung des Personalpronomens unterstreicht, daß Jahwe antwortet. Wenn V.7g sagt, daß die Ältesten mit dem Gotteswort unzufrieden sind und sich darum an den Seher wenden, um von ihm zu erfahren, was Gott ihnen verweigert, dann tritt das Unerwartete ein: Nicht der Prophet, von dem die Antwort erwartet wird, sondern Jahwe, dessen Antwort den Anfragern nicht genügt, wird reden und die Antwort geben, die sie verdienen.

Ergebnis: In דרש לו בי (V.7f) ist ל im Sinne der Akkusativpartikel את zu verstehen, während ב den Aktanten bezeichnet, über den etwas in Erfahrung gebracht werden soll: "ihn über mich (=Jahwe [178]) befragen". Die Ältesten, die Jahwes Antwort enttäuscht, wenden sich an den Seher: Jahwe wird vom Fragesubjekt zum Frageobjekt degradiert.

2.4.3. V.9d als Hintergrund des Vergehens. Das Prophetenrechtswort bietet wichtige Hintergrundinformationen in V.9d: אני יהוה פתיתי את הנביא ההוא. Die Auslegung dieser Aussage muß die פתה-Formulierung in V.9b berücksichtigen. Von ihr wurde gezeigt, daß sie nicht vom Tatbestand, sondern von dessen Umständen redet [179]. Das wird dadurch unterstrichen, daß V.9d zum Redehintergrund gehört, der die Umstände eines Sachverhaltes zur Sprache bringt. Die פתה-Aussage wird allerdings oft als Mitteilung über die Schuld des Propheten verstanden [180]. Das ist die Auffassung Rudolf MOSIS [181]:

> "Wenn ein Prophet sich betören läßt, so daß er ein Jahwewort sagt, so mache ich, Jahwe, diesen Propheten zum Toren."

Mit dieser Übersetzung bemüht sich MOSIS, das alte Problem in V.9d zu lösen, wonach Jahwe den Propheten zuerst zum Sprechen verleitet und ihn dafür auch noch bestraft [182]. Mit seiner Auslegung versteht MOSIS die Stelle als Verstockungsaussage. Jahwe raubt dem Menschen die Einsicht, um ihn zu bestrafen.

MOSIS begründet seine Übersetzung mit der Abfolge der Elemente im kasuistischen Rechtssatz, der zuerst den Straftatbestand und dann die Straf-

---

[177] Deutsch besser: "um ihn über mich zu befragen".

[178] D.h. über Jahwes Absicht mit Juda und Jerusalem.

[179] Vgl. IV.2.4.2. (S. 295).

[180] Beispiele in IV.2.4.1. (S. 292s).

[181] MOSIS (1975) 163-171 und (1989) 830.

[182] DIE BIBEL (1968): "Wenn aber ein Prophet sich etwa verleiten läßt und ein Wort redet, so habe ich selbst, Jahwe, diesen Propheten verleitet (...)"

folge mitteilt. Das wendet er auf V.9 an, indem er V.9bc als Tatbestand und V.9d als Straffolge deutet [183]. Das aber führt zu einer Fut-Übersetzung des qatal פתיתי, womit die Beseitigung eines Problems ein neues schafft. Die Benützung der Rechtssatzform als Auslegungsprinzip kann von der Tempussituation nicht abstrahieren. Das zeigt ein Blick auf die Rechtssätze mit nachgestelltem כי [184]. Sie verwenden in Protasis und Apodosis immer Formen des imperfektiven Aspektbereiches. Perfektische Einschübe sind selten. Beispiele finden sich in Lev 5,1.17 und Lev 19,20. Auf sie ist sogleich einzugehen.

Ergebnis: Beide פתח-Formen, der Passiv in V.9d und der qatal פתיתי in V.9d, gehören nicht zum Rechtsfall, sondern zur Hintergrundbeschreibung.

2.4.3.1. Hintergrunddarstellungen in Rechtssätzen des Lev. Die erste Stelle ist *Lev 5,1.* Es geht um den Zeugen einer Verfluchung (קול אלה), der seiner Zeugenpflicht nicht nachkommt [185]:

> "Jemand, der sündigt (x-yiqtol), indem er eine Verfluchung hört (wqatal) und Zeuge wird (nominal) - es entweder gesehen (qatal) oder davon erfahren hat (qatal) - wenn er es nicht mitteilt (x-yiqtol), dann soll er seine Schuld tragen (wqatal)."

RENDTORFF (1990) 140 betrachtet ונשׂא עונו nicht als Nachsatzbeginn, sondern als Folge des Vergehens und als Teil der Protasis [186]. Damit wäre Lev 5,1 die einzige at Stelle, in der נשׂא עון in der Fallbeschreibung verwendet wird [187]. Das ist nicht unmöglich, sollte dem aber so sein, wäre ein Hinweis auf diesen Gebrauch zu erwarten. In Lev 5,1 ist jedoch das Gegenteil der Fall. Das zeigt die Zusammenfassung am Versende: אם־לוא יגיד ונשׂא עונו. Der אם-Satz resümiert das Vergehen, während das Syntagma ונשׂא עונו zur Straffolge wechselt und die Tat (לוא יגיד) mit rechtlich/moralischen Kategorien (עון) klassifiziert.

Diese Abgrenzung des Tatbestandes in Lev 5,1 genügt zur Bestimmung der Hintergrundinformationen. Für deren Ermittlung gibt es zwei Verfahren: die Tempus- und die Sachverhaltsanalyse. Da hier zu beweisen ist, daß die qatal-Formen Hintergrundmarker sind, ist bei der Sachverhaltsanalyse anzu-

---

[183] Auch SCHULZ (1969) 179.

[184] Lev 1,2; 2,1; 4,2; 19,20; 22,14.

[185] RENDTORFF (1992) 191.

[186] Somit ist Lev 5,1 der Vordersatz ("Jemand, der sündigt, indem er das Aussprechen einer Verfluchung hört, so daß er selbst Zeuge ist, sei es, daß er es gesehen oder erfahren hat, wenn er es nicht mitteilt und so seine Schuld auf sich lädt [...].") und Lev 5,5b der Nachsatz, der für alle Einzeltatbestände in Lev 5,1-4 gilt (vgl. GERSTENBERGER [1993] 51). MILGROM (1991) 292 übersetzt Lev 5,1 als in sich abgeschlossenen Rechtssatz: "If a person does wrong: When he has heard a public imprecation (...), then he must bear his punishment." Auch WENHAM (1979) 86: "If anyone sins (...) - if he does not declare it, he will bear his iniquity." HARTLEY (1992) 44: "If a person sins (...) he will be held responsible."

[187] Vgl. Lev 5,17; 17,16. Als Straffolge außerhalb des Rechtssatzes: Ex 28,43; Ez 44,10.12.

setzen. Welches Vergehen meint Lev 5,1? Eine Verfluchung zu hören bzw. Zeuge davon zu werden, ist kein Verbrechen. Erst der אם-Satz zeigt, worauf es ankommt: auf die Vernachlässigung der Zeugenpflicht. Die ersten Syntagmen im Vers reden vom Zustandekommen des Rechtsfalles. Nicht jedermann kann gegen Lev 5,1 verstoßen, sondern nur, wer Zeuge geworden ist, also wer von einer Verfluchung weiß. Das ergibt die Reihenfolge: 1.) Kenntnisnahme, 2.) Zeuge werden, 3.) schuldig werden. Sie ist obligatorisch und unumkehrbar und muß bei der Formulierung des Sachverhaltes berücksichtigt werden.

Der Ablauf der Dinge in Lev 5,1 sieht folglich so aus: Zuerst *hört* das Rechtssubjekt und wird so zum *Zeugen*. Da keine Narration, sondern eine Fallbeschreibung vorliegt, sind die Dinge imperfektisch ausgedrückt (vgl. ושמעה). Dann wird die Zeugenschaft präzisiert. Es ist leicht verständlich, warum die imperfektive Tempusstufe für ראה und ידע jetzt unbrauchbar ist. Wenn das Rechtssubjekt Zeuge geworden ist, dann hat es *bereits* gehört bzw. Wissen erlangt: או ראה או ידע ist eine Hintergrundinformation, die einen perfektiven Tatbestand der Vergangenheit ausdrückt. Das zeigt die Sachverhaltsanalyse ohne Rückgriff auf eine vorgefaßte Tempustheorie. RENDTORFF (1990) 140 übersetzt korrekt vergangenheitlich: "daß er es gesehen oder erfahren hat [188]." Folglich bezeichnen die qatal-Formen ידע und ראה nicht den Rechtsfall, sondern dessen Hintergrund. Daß dieser mit qatal-Formen beschrieben ist, verbindet Lev 5,1 mit Ez 14,9d.

Ein zweiter Rechtssatz mit qatal in der Fallbeschreibung ist *Lev 5,17*. Es geht um ein unbewußt begangenes Vergehen:

> "Wenn einer sich versündigt (x-yiqtol) und eines von den Vorschriften Jahwes tut (wqatal), das nicht getan werden darf (x-yiqtol), und es nicht weiß/wußte (qatal: וְלֹא־יָדַע), dann lädt er Schuld auf sich (wqatal) und soll seine Schuld tragen (wqatal)."

Die Stelle ist mehrdeutig, weil der qatal im Vordersatz eine Form des Verbums ידע ist [189], das häufig wie ein Stativ verwendet wird, so daß ידע qatal seiner perfektiv/präteritierialen Bedeutung entkleidet sein kann [190]. Auch sachverhaltsanalytisch kann das (Nicht-)Wissen ein Tatbestand sein, der wie in Lev 5,1 [191] dem Vergehen vorausgeht oder aber mit ihm gleichzeitig ist [192]. Es wäre im Rechtswort, das auf die Präzision der Formulierung Wert legt, leicht, den imperfektiven Tatbestand mit yiqtol ידע zu bezeichnen. Soll dagegen ein präteriterialer Sachverhalt ausgedrückt werden, ist qatal unumgänglich. Das

---

188 Auch HARTLEY (1992) 45.

189 In Lev 5,1 wird der qatal יָדַע durch angeschlossenes רָאָה bestätigt.

190 JOÜON (1923) §112a.

191 WENHAM (1979) 107; RENDTORFF (1992) 204.

192 Vgl. den Promiscuegebrauch von "weißt du?" bzw. "hast du gewußt?" oder "hast du verstanden?" bzw. "verstehst du?" (etc.).

legt nahe, der Interpretation von לא־ידע als Hintergrundinformation den Vorrang zu geben.

Ein dritter Rechtssatz mit Hintergrundinformationen ist *Lev 19,20*. Er behandelt den Beischlaf mit einer fremden Sklavin:

> "Wenn jemand einer Frau beiwohnt (x-yiqtol), und sie ist eine Sklavin (nominal), mit einem Mann verlobt (nominal) - sie wurde aber weder losgekauft (qatal) noch wurde ihr die Freiheit gegeben (qatal) - dann liegt Schadenersatzpflicht vor (x-yiqtol)."

Wieder bezeichnen die qatal-Formen Tatbestände, die dem Rechtsfall vorausliegen und auf ihn als abgeschlossene Sachverhalte der Vergangenheit einwirken. Sie sind nicht Teil des kasuistischen Bedingungsgefüges, sondern gehören zum Hintergrund.

Ergebnis: In Lev-Rechtssätzen sind die mit qatal konstruierten Syntagmen nicht Teile des Rechtsgefüges (Rechtsfall/Rechtsfolge), sondern Hintergrundinformationen, die Fallvoraussetzungen nennen. Sie bezeichnen Bedingungen, die dem Rechtsfall vorauszugehen haben, damit der Tatbestand zustandekommt. Das ist die Ausgangslage für die Interpretation von Ez 14,9bcd.

2.4.3.2. פתח als Hintergrundinformation. Der qatal in den Rechtssätzen des Lev ist für das Verständnis der פתח-Vorkommen in Ez 14 bedeutsam und unterstreicht, daß V.9d nicht zum Rechtsfall, sondern zu dessen Hintergrund gehört, also eine Fallvoraussetzung rekapituliert. V.9d bezeichnet somit weder den Strafgrund [193], noch die Straffolge [194].

Wir gehen in einem Zweischritt vor. Zuerst sind im Lichte der Lev-Stellen einige sachverhaltsanalytische Überlegungen anzustellen, um die Dialogsituation zu präzisieren (i). Dann geht es um die textsemantische Interpretation (ii), das heißt, um den Gebrauch und die Bedeutung von פתח pi. in Ez 14.

(i) *Zur Sachverhaltsanalyse.* Um den Zusammenhang zwischen V.9b (יְפֻתֶּה) und V.9d (פִּתֵּיתִי) darzustellen, genügt der Verweis auf die lexikalische Ähnlichkeit der zwei Verbformen nicht. Wichtiger ist die Ermittlung ihrer dialogischen Einbettung. Das führt über die Beobachtung von Wortübereinstimmungen hinaus und zeigt, wie die פתח-Aussagen textlich verhängt sind.

Dazu ist bei der Pu.-Form in V.9b (יְפֻתֶּה) anzusetzen. Der Vordersatz des Rechtswortes sagt, was das Rechtssubjekt tun muß, damit die Rechtsfolge eintritt. Doch in der Passivformulierung von V.9d ist der נביא nicht Handlungssubjekt, sondern Handlungs*objekt*. Ein solches Geschehen konstituiert keine Rechtsmaterie, sondern eine Bedingung. Diese wird in der wqatal-Folge des נביא-Rechtswortes *vor* der Rechtshandlung (ודבר דבר) genannt.

Viele Ausleger meinen, meist ohne den Sachverhalt zu diskutieren, daß V.9b zum Rechtsfall gehört. Dann läßt sich יְפֻתֶּה nicht passivisch verstehen,

---

[193] Richtig bei MOSIS (1975) 163.

[194] Falsch bei MOSIS (1975) 165.

weshalb die Form als Tolerativ ("sich [פתה] lassen") übersetzt wird [195]. Der נביא würde sich also durch eine Zulassungstat verschulden. Ist diese Interpretation richtig? Diese Frage geht der Sachverhaltsanalyse voraus und ist im Rahmen der Bedeutung des hebr. Pual zu beantworten. In Ez (32 Pual-Vorkommen) gibt es neben Ez 14,9b keine Stelle, wo sich die tolerative Übersetzung eines Pual nahelegt. Auch die Grammatiken erwähnen eine solche Bedeutung nicht. Bei JOÜON (1923) §56c heißt es: "Le sens du pual est celui d'un passif du piel [196]." Grammatikalisch bleibt keine andere Wahl, als V.9b als Passiv zu übersetzen: "wenn der Prophet [פתה] wird."

Das legt auch die Satzebene nahe und zwar wegen der syntaktischen Korrespondenz zwischen V.9b und V.9d. Die פתה-Aussage ist einmal passivisch und einmal aktivisch, wobei in V.9b eine Agensellipse vorliegt [197]: Der Handlungsträger ist nicht genannt. Das holt V.9d durch die aktive Transformation von V.9b nach. Die Hintergrundebene informiert, daß Jahwe das Handlungssubjekt von פתה ist. Das schließt eine tolerative Übersetzung aus. Zweifel über den Agens in V.9b räumt V.9d dadurch aus, daß die syntaktische Transformation das Subjekt an die Oberfläche hebt. Die syntaktische Korrespondenz zwischen V.9b und V.9d im Überblick [198]:

	Passiv (V.9b):		*Aktiv* (V.9d):
	Der Prophet wird [פתה] (von x)	×	Jahwe [פתה] *den Propheten*

V.9b und V.9d machen die gleiche Aussage, V.9b passivisch auf der Vordergrundebene und V.9d aktivisch auf der Hintergrundebene. Diese Transformation führt in V.9d zu zwei aufschlußreichen Änderungen: die Mitteilung des Agens und die Setzung des Verbums als qatal.

Die Mitteilung des Agens besitzt in V.9d ein großes Gewicht. Das zeigt emphatisches אני יהוה in erster Position. Es unterstreicht, daß die in V.9b bezeichnete Handlung (פתיתי) von Jahwe ausgeführt wird. Eine solche Heraushebung ist in V.9b nicht möglich, da יְפֻתֶּה in die wqatal-Folge eingebunden ist

---

[195] KRAETZSCHMAR (1900) 9: "bethören lässt"; SCHMIDT (1915) 405: "verleiten läßt"; BERTHOLET (1936) 50: "irreleiten läßt"; FOHRER (1955) 77: "verleiten läßt"; ZIMMERLI (1979) 300: "betören läßt"; MOSIS (1978) 152: "sich zu einem Toren machen lassen"; EICHRODT (1986) 102: "verführen läßt". Passiv mit Aktivsinn: GREENBERG (1983) 247 bzw. ALLEN (1994) 187: "if a/the prophet is so misled."

[196] Ähnlich GESENIUS/KAUTZSCH §52h; WALTKE/O'CONNOR (1990) 418 (Ausnahme: Lev 23,29 [423]). Die Passivbedeutung des Pu. stellt auch die Präzisierung durch SIEBESMA (1991) 171 ("In Masoretic Hebrew forms of the pu. may occur in a passive relationship not only to the pi. but also to the qal") nicht in Frage (vgl. WILLIAMS [1976] §159). Daß Reflexiv/Passiv/Tolerativ im Bibelhebr. nicht unterschieden werden können (170), weist er nur für Ni. nach. Ferner: BLAU [o.J.] 1578.

[197] RIEGER (1990) 63 verweist als Beispiel u.a. auf Ez 26,6-8 (64).

[198] Die textsemantische Erklärung von פתה wird diese Beobachtungen bestätigen.

und die Eröffnungsposition im Satz für sich fordert. Auf die Bedeutung dieser Heraushebung geht die textsemantische Untersuchung ein.

Die Hintergrundinformation besitzt den Charakter einer nachträglichen Klarstellung, weil sie sich auf eine ihr vorausgehende Mitteilung bezieht. Die Wiederaufnahme erklärt auch den qatal. Wie unterscheidet sie sich von der Hintergrundinformation im ersten Rechtswort (V.4h)? V.4h beginnt mit emphatischem אני יהוה, ist aber keine Wiederaufnahme von etwas direkt Vorausgehendem, sondern verknüpft die Ältesten in Ez 14 mit jenen in Ez 11. Anders als V.4h ersetzt V.9d nicht die Rechtsfolge, sondern ist ein Einschub zwischen ihr und dem Rechtsfall.

Soweit zur Sachverhaltsanalyse. Sie ist solange etwas unanschaulich, als nicht gesagt ist, was פתה in V.9 bedeutet. Auf dieses Problem ist in der folgenden textsemantischen Untersuchung des Verbums einzugehen.

Ergebnis: Die Sachverhaltsanalyse bestätigt die These in IV.2.4.3., daß die beiden פתה-Aussagen in V.9b und V.9d eine von der Rechtshandlung vorausgesetzte Bedingung bezeichnen.

(ii) *Zur textsemantischen Analyse.* Die Sachverhaltsanalyse hat ein wichtiges Resultat geliefert: Wenn V.9b und V.9d denselben Tatbestand meinen, dann ist פתה beidenorts gleich zu übersetzen und im gleichen Kontext zu interpretieren [199]. Das ist unser Ausgangspunkt für die Erklärung von פתה.

(1) Der Rechtsfall nach ALLEN. Um פתה zu verstehen, ist die dialogische Funktion des Prophetenrechtswortes zu ermitteln. Wir gehen dieses Problem an Hand von ALLENS (1994) 195 Auslegung an. Er betrachtet V.9s mit ZIMMERLI und HALS als Unterfall des Ältestenrechtswortes: "What if a prophet gave a favorable response to such an offender (207)?" Diese Erklärung erlaubt Rückschlüsse auf die von ALLEN vermutete Aussageabsicht des Prophetenrechtswortes. Sie hört sich so an: *Der Prophet darf den Synkretisten nicht günstig antworten. Das Rechtswort ist eine Warnung, die das verhindern soll.* Ist das wirklich das Anliegen in V.9? Und wenn ja: Wie fügt es sich in die Dialogsituation von Ez 14?

ALLEN impliziert, daß der Seher über das Gotteswort verfügt und dessen Inhalt nach Gutdünken determiniert. Gotteswort ist ein Synonym für Prophetenwort. Die Ältesten kommen nicht zu Jahwe, sondern *zum Propheten,* um von ihm einen Ratschlag (etc.) zu erhalten. Das steht dem Textbefund diametral entgegen. Nach Ez 14 ist der Wortinhalt nicht vom Seher, sondern von Jahwe bestimmt. Das gilt für alle Ez-Gottesworte. In Ez 21,5 ist der Prophet so sehr im Gegenüber Jahwes, daß er gegen das ihm zur Verkündigung vorgelegte Wort rebelliert. Auch in Ez 14 gibt Jahwe dem Seher die Antwort an die

---

[199] Damit ist ALLENs (1994) 187 Übersetzung unzutreffend: "If the prophet is so misled as to deliver an oracle, I, Yahwe, will show him to have been misled (...)."

Synkretisten vor. Jahwe setzt voraus, daß die Ältesten *mit ihm* reden wollen (V.3d.4h.7h) und der Prophet nur ein Medium ist [200].

Das Prophetenrechtswort läßt sich nicht durch die Identifizierung von Gotteswort und Prophetenwort verstehen, sondern nur in der Dialogsituation. Dabei legen kontextuelle Erwägungen nahe, daß V.9 nicht irgendeinen Fall behandelt, der aus unerfindlichen Gründen an die Ältestenanrede angehängt wurde, sondern ein Problem thematisiert, das mit der Lage des Sehers in der Gesprächssituation zusammenhängt [201].

Zwischenergebnis: Die Gefahr einer "favorable response" in V.9 ist aus zwei Gründen nicht vorhanden: erstens, weil der Prophet keine Verfügungsgewalt über den Wortinhalt hat [202], und zweitens, weil die Ältesten nicht gekommen sind, um ihn, sondern um Jahwe zu hören. Das Rechtswort ist darum bezüglich der Modalität, wie der Prophet das Gotteswort weiterzugeben (nicht: zu formulieren) hat, zu verstehen.

(2) Das Rechtswort in V.9 sagt dem Propheten, wie er den Verkündigungsauftrag wahrnehmen muß [203]. V.9 verbietet nicht jede, sondern nur eine gewisse Art der Wortmitteilung. Sie ist gegeben, wenn der Wortmitteilung ein von Jahwe bewirktes פתה-Geschehen vorausgeht. Es gibt demnach zwei Arten von דברים: solche die mit und solche die ohne das פתה-Tun Jahwes zustandekommen. Um einen Hintergrund zu besitzen, wenden wir uns zuerst der דברים-Kategorie ohne Beeinflussung durch פתה zu [204].

Unter Menschen bezeichnet דבר דבר, das nicht von äußeren Faktoren beeinflußt ist, das normale Sich Unterreden von Gesprächspartnern. Dafür gibt es im AT viele Belege [205]. Diese Art von דבר דבר-Handlung ist in Ez 14,9 nicht gemeint.

Unter den at דבר דבר-Vorkommen gibt es drei, die keine 'normale' Kommunikation, sondern die prophetische Gotteswortverkündigung meinen und für den Vergleich mit Ez 14,9 interessant sind. In diesen Fällen spricht Jahwe in der Ich-Rede über den Seher, der seine Worte verkündigt (דבר דבר), und sagt, daß dieser nicht für sich, sondern für Jahwe spricht. In Dtn 18,20 und Jer 29,23

---

200 Dazu: I.1.3.

201 Wäre ALLENs Rechtswortverständnis richtig, so wäre die Einheitlichkeit von Ez 14,1-11 (ALLEN [1994] 195s) dialoganalytisch nicht aufrechtzuerhalten.

202 Es wäre denkbar, daß der Fall eines Propheten vorliegt, der nicht das von Jahwe erhaltene, sondern ein eigenes Wort verkündet. Das wäre aber nur indirekt ausgedrückt. Zudem ist die Zuverlässigkeit des Propheten nicht umstritten.

203 Ez 14,3a-11d wickelt sich aus der Optik des Sehers (Dialogebene: Jahwe-Prophet) in vier Hauptmomenten ab und informiert ihn: 1.) über den Gesprächsstatus der Ältesten (3a-6a); 2.) über den Inhalt der zu übermittelnden Botschaft (6b-8e); 3.) über die Art der Verkündigung (9a-f) und 4.) über das Ziel der Übung.

204 Zu דָּבָר als Bezeichnung des ganzen Wortereignisses im Gegensatz zu den einzelnen Wortteilen: IV.2.4.2.1.

205 Gen 24,33; Jes 8,10; 58,13; Hos 10,4; von Jahwe: Ez 12,25.28.

bezeichnet das der Zusatz "in meinem Namen" (דבר דבר בשמי), in Jer 23,28 das enklitische Possessivsuffix der ersten Person: ידבר דברי.

דבר דבר steht also in doppelter Verwendung: mit Zusatz zur Bezeichnung der Gotteswortübermittlung und ohne Zusatz für eine normale menschliche Sprechhandlung. Ohne die פתה-Sätze in V.9 könnte דבר דבר eine Unterredung unter Menschen meinen. V.9 würde dann aussagen, daß es dem Seher verboten ist, mit den Ältesten zu sprechen. Wegen פתה in V.9bd ist das in Ez 14 nicht der Fall. Es geht um eine דבר דבר-Handlung, die durch das in V.9bd bezeichnete Tun Jahwes eingeschränkt ist. Wie hat man sich das vorzustellen? Zwei Möglichkeiten kommen in Betracht:

• Jahwe übt eine פתה-Handlung auf den Propheten aus, so daß dieser ein unangebrachtes ("falsches") [206] Gotteswort spricht.

• Jahwe übt eine פתה-Handlung auf den Propheten aus, so daß dieser ein angebrachtes ("wahres") Gotteswort spricht.

Die Negativbeeinflussung des Sehers durch Jahwe ist eine häufige Erklärung. Daß Jahwe einem Propheten eine Falschmeldung übermittelt, ist im Rahmen seines unerforschlichen Willens nicht grundsätzlich auszuschließen. Das Rechtswort sagte dann, daß ein Prophet, der ein von Jahwe eingegebenes falsches Wort verkündigt, bestraft wird. Aber ist eine solche Aussage in Ez 14,1-11 sinnvoll?

Würde sie zutreffen, wäre 6-8 das von Jahwe inspirierte falsche Wort. Das ist wegen des Inhaltes dieser Verse auszuschließen. Man könnte weiter vermuten, daß V.9 die aktive Verwirrung des Sehers meint, die beim Ergehen des Wortes noch aussteht. Aber eine solche ist nicht eingetreten, sonst hätte der Prophet die entsprechenden Straffolgen erleiden müssen. Es gibt eine letzte Möglichkeit: Man geht davon aus, daß gar nichts geschehen ist und die Versuchung zur Mitteilung eines falschen Gotteswortes, wohl weil der Prophet rechtzeitig durch das Rechtswort gewarnt wurde, nie gereift ist. V.9 würde eine folgenlos gebliebene vorübergehende Anfechtung des Sehers bezeugen (o.ä.). Diese Erklärung befriedigt nicht, weil sie sich auf ein Argumentum e silentio stützt.

Zwischenergebnis: Der Fall, wonach Ezechiel daran dachte, das in 6-8 empfangene Gotteswort in sein Gegenteil zu verkehren bzw. ein Jubelprophet beim Untergang Restjudas zu werden, läßt sich aus Ez 14 nicht beweisen und ist als Hintergrund für V.9 nicht glaubhaft. Folglich weist פתה nicht darauf hin, daß der Seher in Gefahr steht, ein falsches Gotteswort zu verkündigen.

(3) Diese Bilanz erfordert für פתה eine neue Erklärung. Wenn פתה nicht die göttliche Negativinspiration des Propheten meint, muß das Verb die Tätigkeit bezeichnen, mit der Jahwe den Seher zur Verkündigung eines Gotteswortes disponiert [207]. Die Bedeutung von פתה besteht dann darin, daß es das in V.9c

---

[206] "Unangebracht" heißt nach ZIMMERLI (1979) 312 "eigenmächtig".

[207] BREUER (1921) 92 übersetzt: ("ich, Gott, habe doch jenem Propheten längst

genannte דבר ("Wort") als *Gotteswort* qualifiziert [208]. Die Übersetzung von פתה lautet dann: "einen Propheten in Ekstase bzw. prophetische Begeisterung versetzen", "ihn zur Verkündigung eines Gotteswortes disponieren", "ihm etwas eingeben" [209]. Die פתה-Aussagen hat also für דבר דבר eine ähnliche Aufgabe wie die Zusätze בשמי und דברי in ähnlichen Gottesworten. Sie kennzeichnen den דבר als דבר יהוה. פתה sagt, daß das דבר von Jahwe inspiriert und echt ist.

פתה meint die Beeinflussung des Sehers durch Jahwe. So reflektiert das Prophetenrechtswort das Geschehen: כי־יפתה (V.9b) nimmt das Wortereignis in V.2a (ויהי דבר־יהוה וגו) auf, und V.9c (ודבר דבר) blickt auf die angeordnete Wortverkündigung. V.9d sagt, daß das Redeverbot nur die Mitteilung der Heilsansage am Wortende betrifft.

In diesem Sinne erfährt ALLENs Auslegung des Prophetenrechtswortes (Verhinderung einer "favorable response") in neuem Kontext eine Rehabilitierung. Weil das Prophetenrechtswort den Ältesten die Heilsansage von V.11 vorenthält, geht es tatsächlich um die Verhinderung einer günstigen Antwort. Freilich ist diese keine Erfindung eines irregeleiteten Sehers, sondern ein echtes, doch nicht für die Ältesten bestimmtes Wort.

Zwischenergebnis: פתה meint den göttlichen Ursprung des דבר. Seine Übersetzung ist: "einen Propheten in Ekstase bzw. prophetische Begeisterung versetzen", "ihn zur Verkündigung eines Gotteswortes disponieren", "ihm etwas eingeben". Somit lautet der Vordersatz von V.9: *"Wenn der Prophet in Ekstase versetzt wird* (יפתה) *und ein Gotteswort spricht - und ich Jahwe es war, der diesen Propheten in Ekstase versetzt hat* (פתיתי) *- dann* (...)."

(4) Die Bedeutung von פתה im weiteren Kontext. Dieses situationsanalytisch erarbeitete Ergebnis ist mit dem at Gebrauch von פתה pi. zu konfrontieren. Nach ACCORDANCE (1996) stehen von den 28 פתה-Vorkommen im AT deren 20 im Pi./Pu. [210]. In diesem Stamm zeigt das Verb folgende Bedeutungen:

- *verführen:* Ex 22,15 behandelt den Fall eines Mannes, der eine Jungfrau [יפתה] und ihr anschließend beiwohnt.

---

das Gemüt erschlossen") und kommentiert: "Der Hinnahme göttlicher Wahrheiten allein hat das Herz des Propheten «geöffnet» (פתה s. Com. Gen. 9,27) zu sein (...)."

208 AALDERS (1955) 243: "דבר heeft hier dan ook den praegnanten zin van een Goddelijke openbaring". Dagegen GAUTIER (1891) 223: "Il va sans dire que ce conseil, il le donnerait de son propre chef, en dehors de toute direction divine (...)."

209 Dem nähert sich QUELL (1952) 100, obwohl er die Mitteilung eines falschen Gotteswortes annimmt: "Gott selbst spricht von Betörung und meint damit die Kundmachung seines Wortes an den Propheten", nur gilt dabei: "die Dämonie steht an der Stelle der Wahrheit, und der Dämon ist Gott selbst."

210 Fünf Qal-Vorkommen (Dtn 11,16; Hi 31,27 [vom לב]; Hos 7,11 [als Adjektiv mit: אין לב]; Hi 5,2 [als Adjektiv: den פֹּתֶה tötet die Eifersucht]; Spr 20,19 [פֹּתֶה שְׂפָתָיו: Schwätzer]), eines im Hi. (Gen 9,27: Wortspiel mit EN Japhet: "Raum geben" vgl. MOSIS [1989] 821 von aram. Wurzel) und zwei im Ni. (Jer 20,7 [als Passiv des Pi.]; Hi 31,9 [vom לב]). In diesen Stämmen zeigt פתה eine beträchtliche Bedeutungsweite.

- *überreden:* In Ri 14,15 fordern die Philister Samsons Frau auf, ihren Mann zu [פַּתִּי], ihr die Lösung des Rätsels zu verraten [211].
- *umstimmen:* Spr 25,15 meint, daß ein Vorgesetzter durch Langmut [יְפֻתֶּה] werden kann und eine sanfte Zunge Knochen bricht.
- *hintergehen:* In 2 Sam 3,25 wird Abner angeklagt, David mit seinem Angebot [לפתתך] zu wollen [212].
- *verleiten:* Spr 1,10 warnt vor den Sündern, von denen man zum Bösen [יפתוך] wird (vgl. Spr 16,29).

Zwei Dinge fallen auf: פתה tritt in einem breiten Bedeutungsspektrum auf und kann, wie Spr 25,15 beweist, in einem positiven/neutralen Sinn verwendet sein [213]. Extra zu behandeln sind jene פתה-Stellen, die Jahwe zum Subjekt haben [214]. Es sind dies neben Ez 14,9 noch Hos 2,16 und Jer 20,7 [215].

Hos 2,16 redet von Israel im Bild der treulosen Frau. Zu Israel will Jahwe direkt (d.h. ohne Vermittlung eines Propheten) sprechen. Er geht in einem Dreischritt vor:

1.) Jahwe [פתה (Ptz)] die treulose Frau.
2.) Er führt sie in die Wüste (וְהֹלַכְתִּיהָ).
3.) Dort spricht er zu ihrem Herzen (וְדִבַּרְתִּי עַל־לִבָּהּ).

Was meint מְפַתֶּיהָ? WOLFF (1965) 50 versteht es in einem erotischen Sinn: Jahwe, der Verführer, beschwatzt ein von Liebhabern umworbenes Mädchen. Diese Auslegung ist interpretationsbedürftig [216], denn "verführen" ist anders als in Ex 22,15 (Verführung einer Jungfrau) positiv gemeint, denn Hos 2,16 ist eine Heilsansage. Zudem ist die Verführung durch Jahwe zu erklären. "Verführen" läßt sich hier nicht in einem grobrealen Sinn verstehen. Jahwe ist kein Buhler aus Fleisch und Blut, sondern er gibt sich in der mystischen Gotteserfahrung zu erkennen [217]. Auf eine solche Mitteilung ist Jahwes Braut-

---

[211] Ähnlich: Ri 16,5; im positiven Sinn: Spr 25,15.

[212] Nach Ps 78,36 lügen die Israeliten Gott mit Mund [ויפתוהו] und Zunge an (כזב; Parallelismus). Schwierig ist Spr 24,28 ("Sei nicht grundlos Zeuge gegen deinen Nächsten! [והפתית] nicht mit deinen Lippen!"). BÜHLMANN (1976) 14: "mit den Lippen täuschen."

[213] CLINES/GUNN (1978) 21: "The fact that pittâ is often used in a "bad" context (of persuading someone against his will or by using deceit) does not itself prove that the verb involves deception."

[214] Ähnlich MOSIS (1989) 829 und RODRÍGUEZ MERINO (1984), der aber meint: "(...) aunque se haya hecho una división metodológica entre los textos en que el sujeto del verbo PTH piel es un hombre y aquellos en los que esta función la ejerce Dios, no se halla ningún rasgo cualitativamente distinto en estos últimos (500)."

[215] In der Thronrats-Vision des Michajehu Ben Jimla tritt פתה dreimal auf (1 Kön 22,20-22 || 2 Chr 18,19-21). Allerdings wird das Verb nicht auf einen Propheten angewendet, sondern auf König Achab. Er soll [פתה] werden, aber nicht wie ein Prophet durch Einwirkung des Geistes, sondern indirekt über Lügenpropheten.

[216] Ähnlich: SIMIAN-YOFRE (1993) 55.

[217] Vgl. I.1.4. (S. 16).

werbung in Hos 2,16 aus: das פתה-Tun führt zum דבר על לב. An diesem Punkt treffen sich Hos 2,16 und Ez 14,9. Hier wie dort geht פתה pi. dem דבר pi. voraus [218]. Dabei ist der zwischenzeitliche Transfer in die Wüste kein Hindernis (Hos 2,16). Von einem ähnlichen dreifachen Ablauf, der in ein Wort an den Seher mündet, berichtet, ohne Gebrauch von פתה, Ez 3,22:

1.) Die Hand Jahwes kommt über den Propheten.
2.) Es ergeht die Aufforderung zum Abmarsch in die Ebene.
3.) Der Spruch Jahwes erreicht den Seher in der Ebene.

Die Aussage מְפַתֶּיהָ (Hos 2,16) entspricht dem ersten Handlungsteil in Ez 3,22: ותהי עלי שם יד־יהוה. Das ist die ekstatische Vorbereitung des Adressaten auf das Gotteswort. Sie hält während der Ereignisse an [219]. Das entspricht dem, was wir für פתה in Ez 14,9 erarbeitet haben.

Die nächste Stelle ist *Jer 20,7*: פִּתִּיתַנִי יְהוָה וָאֶפָּת. פתה bezeichnet wie in Ez 14,9 eine Handlung, die Jahwe an einem Propheten vollzieht. Meist wird פתה zwar in einem negativen Sinn - die Bandbreite geht von "betrügen" [220], "verführen" bis "überreden" - als erotische Verführung verstanden [221]. MOSIS (1989) 829 zeigt aber, daß Jer 20,7 nicht dem sexuellen Vorstellungsbereich angehört, weil sich eine solche Auslegung weder aus einer dem Text vorausliegenden Bedeutung von פתה [222], noch aus parallelem חזק qal, das nicht dem Bereich des Erotischen entstammt [223], ergibt. Stattdessen schlägt er die folgende Interpretation vor:

> "Jeremia macht hier JHWH den Vorwurf, daß er ihn mit der Berufung zu seinem Propheten zu einem «Narren» gemacht hat, so daß Jeremia, weil er JHWHs Prophet geworden ist, nun nicht mehr imstande ist, klug das ihm Förderliche wahrzunehmen und Schaden von sich abzuwenden (829)."

Die Übersetzung "zum Narren machen" begründet MOSIS mit dem Versrest (הָיִיתִי לִשְׂחוֹק כָּל־הַיּוֹם כֻּלֹּה לֹעֵג לִי). Jahwe macht den Seher zum Narren und zum Gespött seiner Umgebung. Diese Erklärung hat zwei Schwachpunkte:

---

[218] Zur Übersetzung von דבר על לב: FISCHER (1984) 249 ("und ihr zureden"), SIMIAN-YOFRE (1993) 53.55 ("convencer").

[219] FISCHER (1984) 249: "Es ist möglich, die Partizipalform מפתיה als Überschrift zu verstehen, unter die die drei nächsten sich auf Jahwe beziehenden finiten Verben zu stellen sind." Ähnlich RODRÍGUEZ MERINO (1984) 498: "Como en los dos casos anteriores, los dos w^{e}qataltî que siguen al participio expresan sucesión, por lo menos, y, como se trata de acciones que se producen gracias a la primera, también consecución."

[220] MANFREDI (1984) 23: "ingannare, imbrogliare".

[221] RUDOLPH (1968) 130: 'betören'; WEISER (1976) 167 'verführen'; THOMPSON (1980) 456 'seduce".

[222] Nur in einem der 28 Vorkommen steht פתה im sexuellen Kontext (Ex 22,16). CLINES/GUNN (1978) 20: "There is no good reason to suppose that (sexual) seduction is the basic meaning of pittâ (...)."

[223] Nur in Dtn 22,25 bezeichnet חזק hi. die sexuelle Vergewaltigung einer Frau.

1.) Es gibt neben ihr verschiedene andere Übersetzungsmöglichkeiten, die vom Kontext des Verses her denkbar wären, von MOSIS aber nicht diskutiert werden.

2.) Direkt folgendes חֲזַקְתַּנִי וַתּוּכָל, das MOSIS mit Recht als Argument gegen eine erotische Auslegung von פתה verwendet, ist auch ein Argument gegen seine Übersetzung. חֲזַקְתַּנִי וַתּוּכָל spielt wegen der Nähe und Parallelität [224] zu פתה für dessen Verständnis eine Schlüsselrolle. Das ist jetzt zu zeigen.

חזק mit Jahwe als Subjekt und einem von der חזק-Handlung direkt betroffenen Einzelaktanten ist sehr selten. Es findet sich nur noch in Ez 3,14. Für das Verständnis von Jer 20,7 ist es sehr aufschlußreich:

וְרוּחַ נְשָׂאַתְנִי וַתִּקָּחֵנִי וָאֵלֵךְ מַר בַּחֲמַת רוּחִי וְיַד־יְהוָה עָלַי חָזָקָה

Nach Ez 3,14 lastet Jahwes Hand auf dem Seher. Das steht im Kontext einer Ekstase. Benützen wir für die Erklärung von פתה in Jer 20,7 den an Ez 14,9 und Hos 2,16 erprobten Bedeutungsinhalt "einen Propheten in Ekstase bzw. prophetische Begeisterung versetzen" (o.ä), dann zeigen Ez 3 und Jer 20 eine ähnliche Abfolge: zuerst prophetische Begeisterung, dann Jahwes Lasten auf dem Propheten. Ez 3 und Jer 20 besitzen eine weitere Gemeinsamkeit. In Ez 3,14 beschreibt der Prophet seinen Zustand nach der Vision mit בַּחֲמַת רוּחִי. Dieser Geistesglut entspricht in Jer 20,9 das Feuer (אֵשׁ בֹּעֶרֶת), das der Prophet nach dem Wortempfang in sich spürt. Die Anwendung der in Ez 14,9 und Hos 2,16 erarbeiteten Bedeutung von פתה auf Jer 20,7 [225] legt nahe, die Stelle im Rahmen des Inspirationsvorganges auszulegen, durch den ein Prophet durch den göttlichen Geist eine Eingebung erhält [226]. Ähnlich ist Jer 20,10 zu verstehen. Die Tatsache, daß die Wortverkündigung dem Seher großes Leiden beschert, ist in V.10 aus der Optik der Hörer dargestellt. Sie warten auf das Gotteswort (V.10f: אוּלַי יְפֻתֶּה), um es gegen den Seher zu verwenden [227].

Zwischenergebnis: Hos 2,16 und Jer 20,7 sind neben Ez 14,9 die einzigen Stellen mit פתה + Jahwe als Subjekt. Beidenorts meint פתה die Einwirkung Jahwes auf den Menschen, die der Mitteilung eines Gotteswortes vorausgeht und die prophetische Ekstase auslöst.

(5) Zur Frage des falschen Propheten. Jene, die פתה mit "überreden", "betören" (etc.) übersetzen, verstehen die Wirkung von פתה auf den Rechtsfall so, daß der Seher ein dem Publikum gefälliges, aber falsches Wort verkündigt.

---

[224] Parallelen zwischen פתיתני und חזקתני sind: qatal in der 2.Sg mit Jahwe als Subjekt, Anschluß des auf den Seher bezogenen 1.Sg-Suffix, Fortsetzung mit bedeutungsverwandtem wayyiqtol.

[225] Jer 20,10 zeigt eine Form von פתה pu. (ferner in Spr 25,15 für die Umstimmung eines Vorgesetzten). Was sie bedeutet, kann hier nicht ermittelt werden.

[226] Das wäre im weiteren mit einer detaillierten Kontextanalyse zu verifizieren.

[227] RODRÍGUEZ MERINO (1984) 505 übersetzt: "caer en el engaño" (o.ä.), wobei trotz Bezugnahme auf Pu. nicht klar wird, wie dieser darin zum Ausdruck kommt.

פתח macht ihn zu einem Pseudopropheten [228]. Die Analyse hat diese Annahme falsifiziert. Dieses Resultat ist durch eine sachverhaltsanalytische Prüfung der Modelle, die zugunsten der Theorie vom Pseudopropheten vorgetragen werden, zu vertiefen [229]. Sie setzen voraus, daß das Rechtswort von einem Seher spricht, der die Sündern durch ein falsches "Gottes"wort beschwichtigt, wobei er unbemerkt von Jahwe betört und zum betrogenen Betrüger wird. Jahwe ist der Versucher, der zur Sünde bewegt. Darin käme zum Ausdruck, daß Jahwe das Urprinzip des Guten wie des Bösen ist.

HOSSFELD/MEYER (1973) 120 wenden sich gegen die Annahme eines solchen Urprinzips und verstehen den Text als Gerichtsansage:

> Wie Jahwe in Ez 20,24s die Gabe unguter Gesetze ankündigt, benützt er hier die Zweitursache der betörten (das heißt: aufgehobenen) Prophetie, um das Gericht über das Volk zu bringen. Die Instrumente des Heiles (Prophetie, Gesetz) verwandeln sich in Strafwerkzeuge.

Die Frage nach der Herkunft des Bösen wird mit dieser Lösung nur verlagert. Letztlich impliziert auch sie, daß Jahwe durch ungute Gesetze und falsche Propheten eine neue Spirale des zu bestrafenden Schuldigwerdens eröffnet und somit die Ursache des Bösen ist. Die Möglichkeit der betörten Prophetie kommt nach HOSSFELD/MEYER (1973) 121 theoretisch auch für Ezechiel in Frage. Ezechiel sei dieser Gefahr nie erlegen [230]. Es ist somit unklar, welche Funktion die Erwähnung des betörten Propheten besitzt.

Die Betörungstheorie besitzt skurrile religionsphänomenologische Implikationen. Sie nimmt an, daß der Seher der Erfinder der "Gottes"-Worte, sagt, was *er* sagen will. Der Prophet gleicht einem Prediger, der sein Publikum zu einem frommen Leben anhält. Dieses Modell des autonomen Jahwepredigers kann nicht auf den von HOSSFELD/MEYER beschriebenen falschen Propheten angewendet werden. Wenn dieser ein (falsches) Wort verkündet, tut er das nicht von sich aus, sondern Jahwe benützt ihn, um das Volk zu bestrafen. Ebenso bringt er z.B. üble Gesetze hervor. die zwar ungut, aber dennoch göttlichen Ursprungs sind (Ez 20,24s). Ähnlich beim falschen Propheten: Er ist, wenn er Falsches prophezeit, von Jahwe gesteuert. Die paradoxe Folge dieser Auslegung ist, daß sie für einen falschen Prophetenspruch ein direkteres Einwirken Jahwes voraussetzt als für einen wahren, so daß eigentlich nur der *falsche* Prophet als gezielt von Jahwe inspiriert gelten kann.

---

[228] Schon HIERONYMUS (CChr.SL 75) zu Ez 14,9. PATTON (1996) 89 findet in Ez 14,9 einen falschen Propheten, verbindet die Stelle mit der Gabe unguter Gesetze (Ez 20,25s) und folgt: "If Ezekiel knew of Moses, Moses was not just irrelevant; he mirrored the deceived prophet of 14.9 who gave laws that led to violation, separation, death."

[229] Vgl. die Problemanzeige an Hand von ZIMMERLI und EICHRODT (IV.2.4.1.).

[230] HOSSFELD/MEYER (1973) 121: "Sein (sc. Ezechiels) Buch gibt keinerlei Auskunft darüber, ob irgendein Prophet mit Götzendienern gemeinsame Sache machte und dem Gericht verfiel." Damit fehlt dem postulierten Rechtswortverständnis ein Kontext, so daß sich die Frage stellt, warum der Fall überhaupt erwähnt ist.

Ergebnis: פתה thematisiert nicht die falsche Prophetie, sondern unterstreicht, daß es dem Seher in Ez 14 verboten ist, den Ältesten das *ganze* von Jahwe inspirierte Gotteswort mitzuteilen, das über die Ältestenanrede hinausgeht. Ziel dieser Anordnung ist, den Ältesten das Heilswort an die Golah in V.11cd vorzuenthalten. Diese Problematik erwächst dem Umstand, daß Jahwe in Ez 14 mit *einem* Wort zwei Dialogpartner bedient und dabei Dinge sagt, die nur dem Seher gelten. Das gibt letzterem ein Vorauswissen, das er mißbrauchen kann [231]. Deshalb betont das Rechtswort die Redebeschränkung, welcher der Prophet nach V.3d im Kontakt mit den Ältesten unterliegt.

2.4.4. Der Nachsatz des Prophetenrechtswortes. Ez 14,1-11 erwähnt die Bestrafung dreimal. Zuerst in der Propheteninstruktion I in Anspielung auf Pelatjahu und den Amulettkult der Ältesten. Dann im Ältestenrechtswort, wo Jahwe Autor der Bestrafung ist [232]. Das dritte Mal im Prophetenrechtswort. Von den drei Stellen besitzt V.9ef den geringsten Kontextbezug und die größte Formelhaftigkeit. Das soll zuerst gezeigt werden (i). Dann ist die Verwendung von עמי ישראל (V.9f) zu erhellen (ii). Zuletzt sind einige Schlüsse zur temporalen Einordnung des Prophetenrechtswortes zu ziehen (iii).

(i) Zur Formelhaftigkeit der Rede. Jahwes Strafhandeln bezeichnen in V.9ef zwei stehende Wendungen: נטה יד על (V.9e) und השמיד מן (V.9f) [233]. Die erste bezeichnet oft die Gottesstrafe und ist fast immer von einer Strafpräzisierung gefolgt [234]. Dieser Gebrauch ist in Ez häufig und in V.9e so formelhaft, daß nicht mehr gesagt werden kann, als daß die Einleitung einer Strafmitteilung vorliegt. Näheres sagt das folgende. V.9f ist eine השמיד-Aussage. השמיד ("ausrotten") mit Jahwe als Subjekt ist im AT häufig. Das Verb wird mit verschiedensten Objekten konstruiert [235]. Statt השמיד מן kann wie in V.8c הכרית מן stehen [236].

---

[231] Diesen Fall deutet V.9bc an. In V.9d ist die פתה-Aussage wegen der Agensellipse bis zur Präzisierung in V.9d zweideutig, da der Sinn von פתה vom handelnden Subjekt (Gott oder Mensch) abhängt. Erst V.9d zeigt, daß V.9b keine Überredung durch Fragende, sondern die ekstatische Informierung des Sehers meint.

[232] Vgl. IV.2.3.6.1. (S. 273s).

[233] Weil שמד im Hi. steht, ist Inf. constr. hi. für die Bezeichnung der Wendung gebraucht. נטה und השמיד kommen im AT nur hier gemeinsam vor (vgl. Jes 23,11).

[234] Ex 7,5; Jes 5,25; 31,3 (ohne Präzisierung); Jer 6,12; 15,6; 51,25; Ez 6,14; 14,13; 16,27; 25,7.13.16; 35,3; Zef 1,4; 2,13. Anstelle von נטה יד על steht in ähnlicher Verwendung נתן פנים ב. Die Formel findet sich besonders vor Ausrottungsankündigungen mit הכרית in H (Lev 17,10; 20,3.6; 26,17). Ferner in Ez 14,8a und Ez 15,7.

[235] Jahwe zerstört (השמיד) in: Lev 26,30 (Altäre); Dtn 2,21-23 (Völker); 4,3; 6,15; 7,4 (Götzendiener); 9,3 (Völker); 9,8.14.19.25 (widerspenstige Israeliten); 9,20 (Aaron); 28,63 (Gesetzesbrecher); 31,3s (Völker); Jos 9,24 (Völker); Jos 23,15 (Bundesbrüchige/Götzendiener); 24,8 (Völker); 2 Kön 21,9 || 2 Chr 33,9 (Völker/Götzendiener); Jes 13,9 (Sünder); 14,23 (Babylon); 26,14 (Tote); Ez 25,7 (Ammoniter); 34,16 (Starkes); Am 2,9 (Amoriter); Am 9,8 (Israel); Mi 5,13 (Städte); Hag 2,22 (Stärke der Könige); Sach 12,9 (Völker); Ps 145,20 (Übeltäter); Klgl 3,66 (Feinde); 1 Chr 5,25 (Götzen).

Der Verbgebrauch in V.9f ist konventionell. Der Sinn der Ausrottungsansagen ist somit aus dem Kontext zu ermitteln. Ausgangspunkt ist der Bezug zum Tod des Pelatjahus. Dieser bleibt im ersten Augenblick ohne Deutung, wobei einzig die folgende Golah-Anrede eine Bestrafung nahelegt. Jahwe sagt, daß er den Wandel der Götzendiener über diese bringen will (נתן דרך בראש). Die gleiche Wendung beschreibt in Ez 9,10 die Zerstörung Jerusalems. Es steht somit außer Zweifel, daß die Strafe die Tötung des Schuldigen beabsichtigt. Für die Visionsstadt und für Pelatjahu bedeutet das Tragen der Strafe (V.10a: נשא עון) den Tod. Das ist der Verständnisrahmen für die Ausrottungsformeln im Ältesten- (והכרתיו מתוך עמי) bzw. im Prophetenrechtswort (והשמדתיו מתוך עמי ישראל). Beide sagen die Todesstrafe an. Das wird durch נשא עון in V.10ab unterstrichen. Dort heißt es, daß es jeden als einzelnen und jeden einzelnen gleich trifft. Ältesten- bzw. Prophetenrechtswort meinen somit die gleiche Strafe.

Zwischenergebnis: Der Zusammenhang mit dem Tod des Pelatjahu zeigt, daß die Strafankündigung in V.9ef auf die Todesstrafe zielt.

(ii) Zu עמי ישראל. Besonders geprägt ist V.9f durch עמי ישראל, das den Bereich bezeichnet, aus dem der Schuldige entfernt wird. Das ist die einzige Wendung, die im Prophetenrechtswort eine spezifischere Gestalt aufweist. Sie ist in Ez 14 in ein differenziertes topologisches Netz eingebettet, das bei der Auslegung der Wendung einzubeziehen ist:

- V.1a: Die Ältesten werden אנשים מזקני ישראל genannt.
- V.4d.7a: Der Rechtssatz betrifft den איש מבית ישראל.
- V.5a: בית ישראל soll ergriffen werden.
- V.6a: Das Wort ist an בית ישראל gerichtet.
- V.8c: Der Synkretist wird aus עמי ausgemerzt.
- V.9f: Der Prophet wird aus עמי ישראל ausgemerzt.
- V.11a: בית ישראל wird sich nicht mehr verfehlen.
- V.11c: בית ישראל wird zum עם Jahwes werden.

---

[236] Jahwe zerstört (הכריח) in: Lev 17,10 (Blutgenießer); Lev 20,3.5 (Molochopferer); 20,6 (Wahrsagerbefrager); Lev 26,30 (Kultobjekte); Dtn 12,29; 19,1; Jos 23,4 (Völker); 1 Sam 2,33 (Haus des Eli); 1 Sam 20,15; 2 Sam 7,9 || 1 Chr 17,8 (Feinde Davids); 1 Kön 9,7 (Israel); 1 Kön 14,10; 1 Kön 21,21; 2 Kön 9,8 (Männliches vom Haus Jerobeam/ Achab); Jes 9,13 (Kopf/Schwanz etc. Israels); Jes 10,7 (Völker); Jes 14,22 (Babylon); Jes 48,9 (Israel); Jer 44,8 (Israeliten in Ägypten); Jer 44,11 (Juda); Jer 47,4 (Philister); Jer 51,62 (Babylon); Ez 14,13.17.19 (Land); Ez 14,21 (Jerusalem); Ez 21,3.4 (Gerechte/Ungerechte in Israel); Ez 25,7.13.16 (Ammoniter/Edom/Kereter); Ez 29,8 (Ägypten); Ez 30,15 (Menge von No); Ez 35,7 (Menschen im Gebirge Seïr); Am 1,5.8 (Bewohner des Tales Awen /Aschdods); Am 2,3 (Richter); Mich 5,9-12 (Pferde/Städte/Zauberei/Bilder); Nah 1,14 (Kunstgegenstände); Nah 2,14 (Beute); Nah 3,15 (Ninive); Zef 1,3s (Menschen/Reste Baals); Zef 3,6 (Völker); Sach 9,6 (Stolz der Philister); Sach 9,10 (Kriegswagen/Rosse); Sach 13,2 (Namen der Götzen); Mal 2,12 (Schuldiger); Ps 12,4 (Schmeichler); Ps 34,17; 101,8 (Übeltäter); Ps 109,13.15 (Nachkommenschaft/Andenken des Bösen).

Aus den Ortsbezeichnungen heben sich jene mit עם heraus. Zuerst negativ: Synkretist und Prophet werden durch den Entzug ihrer Teilhabe am עם bestraft. Dann positiv: Am Schluß wird dem Haus Israel die Teilhabe am עם verheißen. עם ist also das, was dem Sünder entzogen und ihm nach seiner Besserung wieder geschenkt wird.

Die übrigen Verbindungen ohne עם und mit ישׂראל bestimmen die Aktanten. ישׂראל ist der in Ez üblichste Ausdruck zu Bezeichnung der Volks- und eventuell der Ortszugehörigkeit [237]. In Ez 14 benennt ישׂראל die Ältesten, dann die Rechtssubjekte (V.4d.7a) und die Götzendiener von V.5a. Entsprechend bezeichnet V.6a die Adressaten des Ältestenwortes als Haus Israel. Zukünftig wird sich Israel nach V.11 nicht mehr verfehlen und zum עם Gottes werden.

Dieser Wortgebrauch zeigt, daß בית ישׂראל und עם verschiedene Bereiche abdecken. Der Synkretist (איש מבית ישׂראל) und der Prophet (נביא) werden zur Strafe nicht aus dem "Haus Israel", sondern aus dem "Volk" ausgestoßen. Genauer: Zweimal verwendetes עמי bedeutet: "mein (das heißt: Jahwes) Volk", also: עם יהוה [238]. Der Ausdruck bezeichnet die Bestrafung des einzelnen (Entfernung aus עם) und die zukünftige Gemeinschaft mit Gott (עם-Werdung): עם יהוה ist somit immer positiv verwendet [239].

Das entspricht dem Gebrauch von עמי in Ez (25×). Der עם יהוה ist das Objekt der besonderen Fürsorge Jahwes. Erstmals und in besonderer Dichte (6×) spricht Ez 13 von ihm: Jahwe verheißt, sein Volk vor den falschen Propheten und Prophetinnen zu retten. Nur in Ez 13,17 steht עם im negativen Kontext der selbsternannten Prophetinnen, wobei Jahwe das Wort nicht auf sich, sondern auf den Seher bezieht: בנות עמך ("Töchter *deines* Volkes").

Der positiven Bedeutungskonnotation von עמי scheinen zwei Ez-Stellen zu widersprechen: Ez 21,17 und Ez 33,31. Auf sie ist im folgenden kurz einzugehen.

Ez 21,17 verheißt dem "Volk Jahwes" (בעמי bzw. עמי) Unheil. Der Text ist sprachlich und textkritisch schwierig. V.17 redet vom Schwert, das über das Volk Jahwes kommt [240]. In diesem Sinn wird עמי als Bestrafungsobjekt in negativem Umfeld angeführt. Das ist insofern gemildert, als der Prophet die Ankündigung des Unglücks durch eine Kundgabe der Trauer begleiten soll. V.17 hebt also nicht die Strafe, sondern die Tragik der Ereignisse hervor. Somit könnte positiv besetztes עמי dazu dienen, den sogar für Jahwe dramati-

---

[237] Vgl. III.3.3. בית ישׂראל kann die Golah oder Restjuda meinen. Die Anwendung des Ausdrucks auf die Golah ist kein späterer Zusatz (gegen HARFORD [1935] 31s). Zu einer Bestandsaufnahme: MULLO WEIR (1952) 100s.

[238] So nur in Ez 36,20.

[239] Diesen Sprachgebrauch zeigt nur die Jahwe-Propheten-Ebene. In der Ältestenanrede steht בית ישׂראל (V.7a) und עמי (V.8c) nur einmal. Das erlaubt keine Schlüsse zur Wortverwendung. Darum ist die Untersuchung auf die Prophetenanrede eingeschränkt.

[240] Auf הָיְתָה (qatal) kann hier nicht eingegangen werden.

schen Ausgang der Ereignisse zu betonen. V.17 besitzt also einen Doppelcharakter, der in wenigen Zeilen nur skizziert werden kann. Trotzdem ist sichtbar, daß auch hier eine positive Konnotation von עמי vorliegt.

Negativ scheint עמי ferner in *Ez 33,31* belegt zu sein. In V.31 nennt Jahwe die Leute, welche die Gottesworte des Ezechiel als Schauspiel betrachten, vor dem Seher als "Söhne deines Volkes" (בני עמך). Sie sind in V.31 das Subjekt. Der erste Versteil lautet: וְיָבוֹאוּ אֵלֶיךָ כִּמְבוֹא־עָם וְיֵשְׁבוּ לְפָנֶיךָ עַמִּי. In V.31a wird das Kommen der בני עמך zum Seher als Volksauflauf (כִּמְבוֹא־עָם) bezeichnet. Die Übersetzung des folgenden V.31b mit עמי ist schwierig: "Sie kommen vor dich [als/wie/∅/?] mein Volk." DRIVER (1954) 301s deutet auf den Unterschied zwischen עם und עמי und versteht letzteres als nachgestelltes Subjekt ("awkwardly put at the end") von ויבואו. Diese Erklärung überzeugt nicht, weil ויבואו mit ו an den vorausgehenden Vers und dessen Pl.-Prädikat anschließt, während sich עמי nach DRIVER über das finite וישבו auf das vorletzte Prädikat bezöge. Das ist syntaktisch neben der zu postulierenden Nachstellung des Subjektes nicht verständlich zu machen. Außerdem konstruiert עם mit Sg.-Prädikat.

Besser ist die Erklärung KEILS (1882) 335, der עמי als Prädikatsnomen versteht ("als mein Volk"): "als wolten (sic!) sie wie mein Volk von dir Gottes Wort hören." Für diese Übersetzung sprechen drei Gründe: 1.) Die parallele Konstruktion von V.31a und V.31b: wqatal → Präposition + Suffix 2.Sg → (כ) + Tertium comparationis, wobei עמי in V.31b die Stelle von כמבוא־עם einnimmt. 2.) Die nach ROOKER (1990) 115s im späten Bibelhebr. bezeugte Tendenz, Wiederholungen zu vermeiden[241] bzw. 3.) die Möglichkeit, daß Schlußkaph in לפניך an עמי anschließt und als כ-comparationis zu lesen ist.

Aus dem Gesagten folgt, daß Ez 33,31 עמי nicht als negativ geladenen Begriff gebraucht, sondern die falsche Anwendung eines an sich positiven Begriffes behandelt. Es geht um Sein oder Schein: Die Leute, die zum Seher kommen, *sind* nicht, sondern tun als ob sie Volk Gottes wären. Somit gebraucht Ez 33,31 עמי nicht anders, als die bisher untersuchten Stellen. Auf diesem Hintergrund ist die Benennung der Israeliten in den Ältestenperikopen interessant. Die normale Bezeichnung des angeklagten Volkes ist בית ישראל[242]. Ez 11,15 und Ez 20,40 sprechen nach der Schicksalswende in einem positiven Sinn vom Haus Israel und fügen כל־ hinzu. בית ישראל ohne Zusatz steht dagegen in Ez 8-11, Ez 20 und Ez 14,1-11 im Umfeld der Anklage/Bestrafung.

Zwischenergebnis: עמי ist in Ez immer positiv verwendet.

(iii) Die Zeitstufe der Propheteninstruktion II. Die Verankerung des Prophetenrechtswortes in der Sprachhandlung ist relativ schwach. Mit dem נביא wird ein Aktant eingeführt, dessen Fall weder in der Ausgangssituation von

---

[241] Beispiele: Ez 30,17; 33,31; 36,3.30. JOÜON (1923) §133i: "La préposition appartenant à la construction d'un verbe peut être sous-entendue quand la clarté n'en souffre pas (...)."

[242] Nur in Ez 8,17: בית יהודה.

Ez 14,1 noch im Hintergrundgeschehen von Ez 8-11 eine Rolle spielt. Damit wendet sich das Gotteswort in V.9 zweifach von den Ältesten ab: Es kümmert sich nicht um ihren, sondern um den Fall des נביא und schließt sie in V.9 von der Sprachhandlung aus. Diese Wende ist nicht isoliert, sondern geht mit dem dritten und letzten Tempusübergang in Ez 14,1-11 einher. Das ist an den drei Dialogteilen der Sprachhandlung zu zeigen:

(1) Die *Propheteninstruktion I* setzt in V.3bc bei der Vorgeschichte des Ältestentreffens an und begründet die Antwortverweigerung. Ein wichtiges Anliegen ist es, den Seher mit dem Hintergrund der Ältesten vertraut zu machen und ihm die Gesprächsumstände von Ez 14,1 nahezubringen. Diesem Redeziel ist das erste Rechtswort untergeordnet. Sein Nachsatz bricht mit נעניתי aus der Wirklichkeitsebene des Rechtstatbestandes aus und schafft einen Bezug zur Vergangenheit. Nur am Rande gibt es Hinweise auf die Gegenwart (z.B. V.3d) und Zukunft (z.B. V.5a).

(2) Die *Ältestenrede* wechselt in die Gegenwart. Die Imperative betonen den Nachdruck auf die Jetzt-Zeit. Sie gelten dem Augenblick der Verkündigung. Was vorher dem Seher über die Vergangenheit gesagt wird, verlängert sich für die Ältesten in die Gegenwart: Sie tragen ihre Geschichte (Götzen/Amulette) mit sich. Ähnlich wie im ersten ist der Nachsatz des zweiten Rechtswortes der zeitlichen Ausrichtung seines dialogischen Umfeldes angepaßt. Steht vorher qatal נעניתי (V.4h) für die Vergangenheit, bezeichnet jetzt Partizip נענה (V.7h) die Gegenwartsstufe und richtet den Nachsatz auf den präsentischen Zeitbezug (genereller Sachverhalt) aus [243].

(3) Den dritten Tempusübergang markiert die *Propheteninstruktion II*, die mit dem einzigen Rechtswort in Ez 14 einsetzt, das als solches formuliert ist. Dadurch werden alle direkten zeitlichen Bezüge zur Dialogsituation gekappt. V.9 bringt einen generellen Sachverhalt zur Sprache, der keiner bestimmten Zeitstufe angehört und reflektiert keinen Tatbestand des Gesprächsumfeldes. Folglich erlaubt das Prophetenrechtswort keinen Schluß auf die Existenz eines Vergehens. Es formuliert ein Redeverbot, das nicht nach hinten, sondern nach vorne, auf V.11 ausgerichtet ist. Dem 'Ich will nicht antworten' Jahwes von V.3d folgt das 'Du darfst nicht antworten' im Prophetenrechtswort. V.9 dient der Gesprächssteuerung. Darauf folgt eine Redestrategie, die auch in der Propheteninstruktion I nachzuweisen ist:

1.) Antwortverweigerung (V.3d/V.9)
2.) Bestrafungsankündigung (V.4d-h/V.10)
3.) Zielangabe: למען (V.5a/V.11)

Nach der Mitteilung der Antwortverweigerung folgt die Bestrafungsankündigung an den Götzendiener bzw. an den Seher. Dann wird das Ziel der Strafe kundgetan. Der Vergleich zeigt, daß das Schwergewicht der Propheteninstruk-

---

[243] Vgl. II.3.10.5. (S. 122s).

tion II darauf liegt. Während sich die למען-Aussage in der Propheteninstruktion I auf V.5a beschränkt, erstreckt sie sich nun auf den ganzen V.11 und spricht nicht nur vom Negativziel der Reinigung, sondern führt das neue Thema der Wiederherstellung des Volkes ein. Die Rede verlagert sich im Anschluß an das Prophetenrechtswort in den imperfektiven Bereich des Futur und spricht neu über die *Zukunft.* Für den Seher ist V.11 somit eine echte Prophetie (Vorhersage). Das ist die Besonderheit des Redeteiles, der den Ältesten vorzuenthalten ist.

Ergebnis: V.9ef formuliert den ersten regulären Rechtsnachsatz von Ez 14. Damit löst sich die Rede von der Verhaftung an die Gesprächssituation (Älteste, Götzendienst) und verkündigt in einer prophetischen Voraussage das zukünftige Ziel der Bestrafung.

2.4.5. Kontext und Ziel der Strafe (V.10b-11d). Im vorausgehenden Kontext der Strafe geht es ab V.8 um den Synkretisten. Es folgt in V.9-10a der Fall des נביא. V.11 schließt mit Blick auf Israel. Die Reihenfolge ist somit: Synkretist - נביא - Israel.

למען qualifiziert die innere Gestalt von V.10b-11d. Die Präposition setzt V.10b als Ausgangs- und V.11 als Zielpunkt. V.10b resümiert die Straffolgen. Die למען-Konstruktion nimmt das Zustandekommen von Rechtsfall und Straffolge an und weist auf eine kommende Heilszeit. Das sprengt die präsentische Redesituation von V.1.

2.4.5.1. Die Eigenart des Prophetenrechtswortes. Das Prophetenrechtswort bildet den unmittelbaren Kontext zu 10b-11d und besitzt zwei Besonderheiten: die Nichterwähnung der Umkehr und die Ausweitung der Strafe auf den נביא. Während der Synkretisten-Rechtsfall auf die Ältesten angewendet wird [244], entspricht der נביא-Tatbestand keinem Verhalten des Ezechiel. Da der Wortempfang in V.9 andauert, hat er noch gar keine Möglichkeit zur verbotenen Weiterleitung der Propheteninstruktion II gehabt. Deshalb bedarf auch das Fehlen eines Umkehrangebotes keiner Begründung. Was ist die Bedeutung des נביא-Rechtswortes?

Zur Beantwortung dieser Frage ist bei der Bedeutung des נביא-Rechtswortes für die Ältesten anzusetzen: Es steuert das Gespräch und teilt dem Seher mit, daß V.11 den Ältesten vorzuenthalten ist. Doch damit ist das נביא-Rechtswort noch nicht erklärt. Es sagt mehr aus, als für die Redelenkung notwendig wäre und macht eine Aussage, welche die umfassende Beurteilung einer Tat ermöglicht. Dafür besteht aber angesichts des korrekten Verhaltens des Ezechiels kein Bedarf. Daraus folgt, daß das Rechtswort die Gesprächsumstände in V.1 transzendiert. Die Gründe dafür sind nun zu erläutern.

V.9 führt mit dem נביא eine neue Sünderkategorie ein. Sie ist auf dem Hintergrund des Synkretisten/Ältesten-Vergehens zu beurteilen. Dieses ist durch den vergangenen Götzendienst und den anhaltenden Synkretismus ge-

[244] Propheteninstruktion I und Umkehrruf beweisen deren Schuld.

prägt. Letzterer hat ersteren zur Existenzbedingung. Die Ältesten sind also nicht erst durch das Treffen mit Jahwe, sondern schon vorher, durch den Götzendienst, schuldig geworden.

V.9 setzt eine neue Rechtslage. Rechtssubjekt ist ein נביא, den V.9bd als echten Seher bezeichnet. Vorher ging es um die Sünde der Götzendiener, jetzt um die Sünde eines Gottesmannes. Der rückfällige Sünder steht gegen den schuldiggewordenen Gerechten. Die Strafe trifft beide gleich. Diese Gegenüberstellung zeigt, daß der Sünder nicht auf Bonuspunkte in der Vergangenheit vertrauen kann [245]. Zudem funktioniert die Juxtaposition als Schluß a minore ad maius [246]. Das נביא-Rechtswort sagt, daß Jahwe geringere Vergehen als das des Synkretisten mit gleicher Härte bestraft [247]. Den נביא, der eben noch in engster Verbindung zu Jahwe stand, trifft dasselbe Schicksal wie die Ältesten/Synkretisten, die sich, wie Ez 8,12 beweist, schon lange von Jahwe verabschiedet haben. Viel weniger, als das, was sie getan haben, hätte genügt, um die Ältesten zu verurteilen. Ältesten- und Prophetenrechtswort funktionieren in dieser polaren Formulierung als Merismus, der aussagt, daß keiner - vom kleinsten bis zum größten Sünder - der Strafe entgeht.

Die Reinigung zielt auf Israel. Dadurch werden die zwei Rechtsworte für das Volk in der Sprechgegenwart relevant (vgl. עוד in V.11ab). So landet Ez 14 nach der juridischen Formulierung des Falles der synkretistischen Ältesten und seiner rechtlichen Implikationen (V.9) im Jetzt des Volkes. Die präsentische Wirklichkeitsebene wird in Ez 14 an folgenden Stellen angesprochen:

- V.3d: Jahwe stellt die Frage, ob er den Ältesten antworten soll
- V.4ab.6a: Redeaufträge an den Propheten
- V.6ce: Umkehrruf mit impliziter Sündenanklage
- V.11ab: Bezugnahme auf die Sünden Israels

Die Sünde der Ältesten ist in die Sünde des Volkes eingebettet, wobei die Bestrafung des einzelnen zur Reinigung des Volkes führt.

Ergebnis: Das Prophetenrechtswort schneidet ein Thema an, das Ez 18 entfaltet. Den Gerechten, der schuldig wird, trifft es genauso wie den rückfälligen Sünder. Das wird im Licht der Sprechgegenwart illustriert.

Es ist nun der zweite Teil der Propheteninstruktion II zu untersuchen. Zuerst geht es um die Strafansage in V.10 (2.4.5.2.), dann um das Ende und Ziel des Gotteswortes (2.4.5.3.).

---

[245] Ähnlich Ez 18: Jede Generation lebt aus ihrer Gerechtigkeit bzw. stirbt für ihre Sünden. Zur Anwendung auf die Generationen vgl. JOYCE (1979) 190: "Although a single person is considered in each case, there is nothing to suggest that anything more than the moral independence of generations is being asserted."

[246] Vgl. Lk 23,31: "Denn wenn man dies am grünen Holze tut, was wird an dem dürren geschehen?"

[247] SCHROEDER (1873) 145 zu Ez 14,7: Was dort vom Fremdling gilt, gilt a fortiori für den Israeliten.

2.4.5.2. Das Erleiden der Strafe (V.10b). Die zwei Schlußverse verknüpfen die vorangegangenen Rechtsworte und führen weiter. Bisher ging es um das Vergehen und die Rechtsfolgen, nun stehen die Strafe und ihre Auswirkungen im Zentrum. Um das zu zeigen, ist die Bedeutung von נשׂא עון (V.10a) zu erörtern. Geht es dabei um die Strafe oder um die Schuld des Synkretisten/נביא? Englischsprachige Übersetzungen [248] neigen zur ersten, deutschsprachige [249] eher zur zweiten Annahme [250]. Nach FREEDMAN/WILLOUGHBY (1986) 633ss werden נשׂא עון und verwandte Formulierungen dreifach gebraucht:

1.) für das Ertragen [251] eigener Frevel

2.) als Annahme der Eidfolgen anderer

3.) in der Bedeutung "vergeben"

In V.10a kommt nur die erste Möglichkeit in Betracht [252]. Nach FREEDMAN/ WILLOUGHBY (1986) 634 kann hier die Unterscheidung von "Schuld tragen" und "Strafe ertragen" hineinspielen. Die Bezahlung der Strafe beseitigt die Schuld noch nicht. In V.9s kann man vermuten, daß der Nachsatz (V.9ef) von der Strafe und V.10a von der Schuld handelt [253]. Um das zu erhärten, sind einige sachverhaltsanalytische Präzisionen zu Schuld und Strafe nötig. Was ist das Verhältnis zwischen ihnen? Die Schuld ist die Folge eines Vergehens und geht der Strafe voraus. Die Reihenfolge lautet: Vergehen → Schuld → Strafe. Das Nacheinander und die begriffliche Unterscheidung von Schuld und Strafe lassen sich an der rechtssprachlichen Verwendung von נשׂא עון, wie sie in V.10a und in Lev/H vorliegt [254], leicht illustrieren.

In *Lev 5,1* bildet נשׂא עון den Nachsatz und bezeichnet die Rechtsfolge, die, wie das weitere zeigt, als Wiedergutmachung zu verstehen ist. *Lev 5,17* ist

---

[248] "They shall bear their punishment" (o.ä.): TAYLOR (1969) 127; GREENBERG (1983) 248; HALS (1989) 91; ALLEN (1994): "They will both suffer punishment for their iniquity"; JOYCE (1989) 67: "punitive blow"; aber auch: KEIL (1882) 1882: "Diese Strafe soll aber nicht den Propheten allein treffen (...)"; BERTHOLET (1897) 25: "Das Tragen der Schuld wird damit zum Tragen der Strafe für die Schuld."

[249] "Sie tragen ihre Verschuldung" (o.ä.): KRAETZSCHMAR (1900) 139; SCHMIDT (1915) 405; BERTHOLET (1936) 50; FOHRER (1955) 77; MOSIS (1978) 152; ZIMMERLI (1954a)/(1979) 300; EICHRODT (1986) 102.

[250] Beide Bedeutungen bei PORÚBČAN (1963) 74: "bear guilt", "bear penalty". Zur Übersetzung von עון: ZIMMERLI (1954a) 9-12 und KNIERIM (1965) 218-222.

[251] Gemeint ist wohl: Tragen.

[252] Auch KNIERIM (1965) 219.

[253] JOYCE (1989) 67 bezieht V.10a auf den Ausschluß aus der Gemeinschaft: "In such a case, the role of the community is simply to exclude the doomed sinner from the circle of fellowship (...)." Diese Erklärung ist auf eine Gemeinschaft nicht anwendbar, die sich im Exil befindet oder den verurteilten Strafbestand nicht mehr erkennt.

[254] Nach RINGGREN in FREEDMAN/WILLOUGHBY (1986) 639 steht נשׂא עון als "Schuld tragen" nur in Ez und P.

ähnlich, wobei der Bezug von נשא עון auf die Strafe durch den Hinweis auf das Schuld-auf-sich-Laden (וְאָשֵׁם) unterstrichen wird [255]. In *Lev 7,18* steht die Wendung auch im Nachsatz, wobei die Strafart unerwähnt bleibt [256]. *Lev 20,17* nennt נשא עון im Nachsatz einer Rechtssatzzusammenfassung, wo es um die Austilgung aus dem Volk geht. In *Lev 20,19* steht der Ausdruck als Strafangabe nach einer Vorschrift. *Lev 22,16* endlich redet von der Wiedergutmachung beim unabsichtlichen Genuß heiliger Gaben [257]. Insgesamt geht es in Lev bei נשא עון nicht um die Schuld, sondern um deren Folgen, wobei bald Strafe und bald Sühne angekündigt werden.

Die Schuldfolgen bezeichnet der Gebrauch von נשא עון in Ez. Ein erster Block findet sich in *Ez 4,4-6*. Dort ist נשא עון mit der Dauer der Strafe verbunden, die über Israel und Juda kommt. Strafe und Sühne fließen ineinander. *Ez 18,19s* sagt, daß keiner die Schuldfolgen eines anderen tragen muß. V.20 ist aufschlußreich: Der Sünder büßt für seine Sünden (הִיא תָמוּת). Der Vater hat nicht für die Sünden des Sohnes und dieser nicht für die Sünden des Vaters zu sterben: לֹא־יִשָּׂא בַּעֲוֹן. Verneintes נשא עון negiert also die Strafe. *Ez 44,10.12* spricht von der Unterordnung, welche die Leviten wegen ihrer Sünde als Strafe zu tragen haben. Wieder mischen sich Strafe und Sühne.

Das Gesagte zeigt, daß נשא עון den Folgen der Schuld zuzurechnen ist. Dieser Bereich fächert sich zweifach auf. נשא עון kann sich im Gefolge eines Verbrechens bzw. einer Schuld als "Schuld tragen" oder als "Strafe tragen" äußern. PORÚBČAN (1963) erklärt das so:

> "To bear sin, that is to say, to bear the consequences of a sin or guilt: by atoning for it (if possible) or being punished (75)."

Die Schuld führt zu zwei möglichen Folgen: Sühne oder Strafe. Die Sühne steht im Zeichen der Wiedergutmachung die Strafe fügt dem Täter einen Schaden zu. Dabei sind zwei Unterfälle zu beachten:

1.) Strafe und Sühne können gemischt sein. Das gilt für den von FREEDMAN/WILLOUGHBY angezeigten Fall, bei dem die Bezahlung der Strafe nicht die ganze Schuld abträgt.

2.) Die Strafe, die so groß ist (z.B. Todesstrafe), daß sie den Bestraften vernichtet, erfolgt ohne Möglichkeit zur Sühne [258].

Wie ist נשא עון in V.10a somit zu übersetzen? Ist Bestrafung oder Sühne gemeint [259]? Zwei Gründe zeigen, daß es um die *Strafe* geht:

---

[255] Vgl. IV.2.4.3.1. (S. 305).

[256] Schuldtragen für andere außerhalb des Strafrechtskontextes: Lev 10,17; 16,22.

[257] WENHAM (1979) 293: "they must make them bear the penalty of reparation".

[258] KNIERIM (1965) 221: "Ist der Täter tot, so ist auch der *'awon* aus der Welt geschafft."

[259] כפר ("sühnen") steht in Ez nur für kultische Sühneleistung (außer Ez 16,63 mit Jahwe als Subjekt: "vergeben"). Zum Kultbezug der P-Entsühnungspraxis: LANG (1984) 307s.

1.) Die Tempussituation in V.10a erweist ונשׂאו als zusammenfassende Wiederaufnahme[260]. V.10a führt den Handlungsstrang nicht im Sinne einer über die Strafe hinausgehenden Sühneleistung weiter, sondern resümiert die Strafansage.

2.) Die Möglichkeit zur Sühne wird durch die Strafart behindert. Dem Synkretisten wie dem נביא ist die Ausmerzung angekündigt. Damit ist das Schuldtragen als Tätigkeit, die sich über die Strafe erstreckt ("Dieses Sich-Ausgliedern aus der Gottesgemeinschaft ist der drastischste Effekt der Sünde, den der Schuldige nur selbst tragen kann [634]" [261]), unmöglich gemacht.

Ergebnis נשׂא עון kann allgemein zwei mögliche Schuld/Sünde-Folgen bezeichnen, die Sühne oder die Strafe. Die Sühne entschädigt das Opfer (Gott oder Mensch), die Strafe schädigt den Täter. נשׂא עון in V.10a meint das Tragen der Strafe, wie es sich z.B. beim Tod des Pelatjahu verwirklicht.

2.4.5.3. Das Ziel der Strafe (V.11). V.10s spricht in einem doppelten Sinn von den Straffolgen: 1.) im Hinblick auf die zu Bestrafenden (V.10) und 2.) im Hinblick auf die Wirkung der Strafe auf Israel (V.11). Im Überblick:

1. Wirkung: Ausrottung des Propheten und des Fragers (V.10)
2. Ziel: Abkehr Israels von den Sünden (V.11)

(i) Nach V.11 dient das Unheil der Sünder dem Heil des Volkes. In der von einer dunklen Vergangenheit und Zukunft überschatteten Redesituation ist das nicht selbstverständlich. Die Tempelvision hat dem Seher schon den Untergang der ganzen Stadt gezeigt. Dieser erschreckt den Propheten vor allem, weil Juda und Jerusalem für ihn der Rest sind, von dem Israels Weiterexistenz abhängt[262]. Ist diese Annahme des Sehers korrekt? Die historischen Fakten sprechen dagegen. Jerusalems Fall rottet Israel nicht aus. Israel überlebt die Katastrophe und kehrt wieder ins Land zurück. Gegen eine aus der Tempelvision deduzierten Totalvernichtung spricht ferner Ez 14,10s. Es stellt die Strafe als Ausmerzung der Sünder*minderheit* aus der Volks*mehrheit* dar. Aber entspricht das, wenn *ganz* Restjuda in den Untergang involviert ist, den Tatsachen?

Man könnte den Eindruck bekommen, daß Ez 8-11 und Ez 14,10s zwei prophetische Darstellungen der nahen Zukunft Israels sind, die erstens einander widersprechen und zweitens beide falsch sind. Doch dieser Eindruck trügt,

---

[260] Vgl. IV.1.5.1. (S. 193).

[261] FREEDMAN/WILLOUGHBY (1986). In Ex 28,43 und Lev 19,8 geht נשׂא עון der Todesstrafe *voraus*. Das Schuldtragen spielt vielleicht eine Rolle bei der Bestrafung Kains (Gen 4,13) und in der Waschvorschrift in Lev 17,16.

[262] EISEMANN (1977) mit Verweis auf Rabinowitz (דעת ספרים): "(...) there was every reason for him (sc. Ezechiel) to think that the exiled community could survive only as long as it had ties to a vibrant, living national entity in its homeland." Zum Rest Israels: ALONSO/SICRE (1980) 713.

weil er von einer falschen Voraussetzung ausgeht. Warum kann ein solcher Eindruck entstehen?

Die Antwort lautet: auf Grund der Voraussetzung eines falschen Haus-Israel-Begriffs. Der Aufschrei während der Tempelvision zeigt, daß der Seher den Rest Israels am falschen Ort sucht. Er identifiziert ihn mit Restjuda. Dem widerspricht Jahwe in der Golah-Anrede (Ez 11,14-21). Er sagt, daß er Restjuda vernichten will, und nennt die Exulanten den Grundstock, aus dem Israel neu hervorgeht [263]. Die Vernichtung Restjudas setzt das Weiterleben des Jahwevolkes also nicht aufs Spiel. Im Gegenteil. Seine Beseitigung ist Bedingung für die Wiederherstellung des Volkes. Erst wenn das Land von den Götzen gereinigt ist, führt Jahwe die Golah zurück. *Sie ist der Rest, der das Weiterleben Israels garantiert.* Ez 11,20 sagt die Rückführung an: וְהָיוּ־לִי לְעָם וַאֲנִי אֶהְיֶה לָהֶם לֵאלֹהִים. Die Darstellung der Zukunft der Golah mit der Bundesformel schlägt die Brücke zu Ez 14,11cd. Die zwei Stellen sind indes verschieden, weil das von der Bundesformel angekündigte Ziel unterschiedlich erreicht wird [264]. Widersprechen sich die beiden Bestrafungsdarstellungen?

Diese Frage ist ausgehend von Ez 14,10s zu verneinen. Nach V.10s dient die Bestrafung des Einzelsünders der Reinigung Israels. Wer konstituiert Israel? Wenn Israel mit Restjuda identifiziert und als Volksmehrheit [265] verstanden wird, so ergeben sich Schwierigkeiten. Aber dieser Lösung widerspricht die Tempelvision und die geschichtliche Zerstörung Jerusalems. Restjuda wird durch sie nicht gereinigt, sondern vernichtet.

Die Lösung des Problems findet sich in der Bestrafungsdarstellung in Ez 11,14-21. Sie identifiziert den Rest Israels, auch wenn der Ausdruck nicht vorkommt, mit der Golah, während Restjuda für die auszurottenden Sünder steht. Auf Ez 14,10s angewendet folgt daraus, daß nicht Restjuda, sondern die Golah den harten Kern Israels verkörpert, während die Sünder in Restjuda zu suchen sind. In der Übersicht:

'Rest Israels':	Sünder:
Volksganzes *Golah* wird gereinigt	Untermenge *Restjuda* wird ausgerottet

[263] Auch DE VAUX (1933) 536. Das ist für die Exulanten nicht leicht zu verstehen. STUART (1989) 104: "There seemed to be no likelihood that people deported and resettled throughout the seemingly all-powerful Babylonian Empire (...) could ever hope to return from exile and repopulate the holy nation."

[264] Ez 11: Vernichtung aller und Rückkehr der Exulanten bzw. Ez 14: Eliminierung der Sünderminderheit aus der Volksmehrheit.

[265] Nach den Gleichungen: Ganzes = Restjuda (Menge) bzw. Ausgerottete = Sünder (Untermenge).

Die Tabelle impliziert, daß "Mehrheit" und "Minderheit" nicht einfach numerisch zu verstehen sind.

Ergebnis: In der Tempelvision und in Ez 14 büßt Restjuda seine Stellung als Repräsentant Israels ein. Der sündige Teil muß herausgehauen werden, damit Israel, das nach Ez 11,14-21 von den Exulanten konstituiert wird, Volk Jahwes werden kann [266].

(ii) Das sind die Parameter für die Interpretation der Reinigung Israels. Daraus ergeben sich zwei Beobachtungen:

1.) Israel wird durch die Golah konstituiert, während die auszumerzende Untermenge die numerische Mehrheit ist. Das mag erstaunen, entspricht aber der Konzeption des Restes Israels: Ein kleiner Teil ermöglicht die Neubelebung des Volkes. Ez zieht Restjuda weder vor (Ez 6,12), noch nach 587 (Ez 33,23-29) als Rest in Betracht [267].

2.) Die Individualbestrafung ist nicht neuzeitlich-individualistisch zu verstehen [268]. Sie ist keine Kollektivbestrafung, weil sie nicht ganz Israel, sondern nur Restjuda betrifft. Es wird allerdings dessen *kollektive* Verderbtheit angenommen [269]. Nach den Ältestenperikopen sind *alle* Restjudäer auszurottende Sünder. Das mag moderne Ohren beleidigen, weil die Kategorie 'Restjuda' eine kollektive Größe ist. Doch in Ez wird darüber kein Zwiespalt empfunden. Das ist nicht nur hier der Fall. In Ez ist es nämlich geradezu die Regel, daß individualistisch formulierte Worte über Strafe und Vergeltung von Anklagen und Strafdrohungen gefolgt sind, die sich an Kollektive richten. An die individual-kasuistischen Formulierungen in *Ez 3,17-21* schließt sich die Anklage

---

[266] ABERBACH (1972) 1082: "(...) the prophet did not have in mind any but the exilic remnant of the "house of Israel" when he called for repentance (...)." ZIMMERLI (1982) 112 weist auf die Ähnlichkeit mit Jer 24, beachtet aber nicht, daß Umkehrruf und Bundesformel zu verschiedenen Dialogebenen gehören: "Ezek. 14:1ff is particularly reminiscent of Jer. 24, in that in both instances the covenant formula (Smend, 1963) is associated with the call to repentance."

[267] CLEMENTS (1993) 945.

[268] Diese Gefahr besteht bei AUVRAY (1957) 57s. JOYCE (1989) 69 meint mit ZIMMERLI (1979) 310 (z.B.: "Aber das göttliche Wort hält sich nicht bei dieser Gerichtsdrohung an den einzelnen auf, sondern läßt unmittelbar das Tiefere sichtbar werden, das dieses heilige Zürnen mit dem einzelnen Sünder «Israel» im Sinne hat."), daß "Ezekiel is again seen to be less individualistic than he at first appears." Das zeigt ihm Ez 21,8s (129), das die Vernichtung des Gerechten und des Gottlosen erwähnt. JOYCE nennt das ein "national judgment". Das ist ungenau. Das Gericht betrifft nicht die "Nation", sondern Restjuda. ABERBACH (1972) 1082: "(...) baseless is the notion that as a lookout the prophet addressed the individual rather than the nation; cf. the explicit addresses in 18:31; 33;11." SPADAFORA (1953) 367-384 argumentiert zu Ez 18 dialoganalytisch: "Ezechiele mette le cose a posto (...). Han dimenticato che, oltre a una giustizia colletiva, ce ne è una individuale (380)!"

[269] Ez 14,13.17.19.21 spricht von der Vernichtung von Mensch und Vieh, Ez 21,8s geht noch weiter und kündigt für Restjuda die unterschiedslose Ausrottung von Gerechten und Ungerechten an.

der Gruppe als בית מרי (V.26s). *Ez 9,6* beschränkt das Gericht zwar auf Restjuda, erwähnt aber die Kinder unter den Bestraften[270]. Die Betonung der persönlichen Verantwortung in *Ez 14,12-20* nimmt einzelne von der Strafe aus, formuliert aber das Vergehen kollektivisch (V.13: אֶרֶץ כִּי תֶחֱטָא־לִי). In *Ez 18* folgt auf die Verkündigung der persönlichen Verantwortung ab V.25 die Anklage Israels, die dessen kollektiven Untergang in Betracht zieht (V.31). Ähnliches geschieht in *Ez 33*. Nach den individuellen Formulierungen in 1-9, werden ab V.10 individualkasuistische Unterscheidungen auf ein Kollektiv, das Haus Israel, angewendet. die Wir-Zitation, mit der Israel nach seiner Zukunft fragt (V.10: אֵיךְ נִחְיֶה), beantwortet Jahwe mit einer Individualaussage: "Ich habe keine Freude am Tod des Frevlers."

Diese Beispiele zeigen, daß die ez Verkündigung der individuellen Vergeltung nicht von einer individuellen Anwendung der Aussagen gefolgt ist. Damit ist unter Voraussetzung moderner individualistischer Kategorien ein Zwiespalt zwischen dem Wortlaut der Theorie und der praktischen Anwendung nicht zu leugnen[271].

Dieser Zwiespalt führt nicht in einen Widerspruch. Die Individualbestrafung zielt in Ez nicht auf Privatpersonen, sondern auf die Zukunft von Bevölkerungsgruppen. Darum interpretiert KAUFMANN (1960) 439 Ez 14,12ss und Ez 18 nicht als Aussage über Einzelne, sondern über das Verhältnis der Generationen untereinander. In Ez 14,10s geht es nicht um das Generationenproblem, sondern um die Beziehung zwischen Golah und Restjuda. Restjuda steht für den zu eliminierenden Sünder und die Golah für das bewahrte Ganze. Das ist jetzt genauer zu zeigen.

Die Frage lautet: Wie prägt die Individualbestrafung das Verhältnis zwischen Golah und Restjuda? Betrachten wir zuerst das Verständnis des Sehers. Er bezeichnet Jerusalem in Ez 9,8 als "Rest Israels" und zeigt damit, daß er Restjuda als Kern Israels betrachtet. Die Verbannten entwickeln kein staatliches Selbstbewußtsein, sondern verstehen ihren Zustand als Provisorium und hoffen auf eine Rückkehr in die Heimat. Wohin soll die Rückkehr erfolgen, wenn Juda und Jerusalem für ihre Sünden von Jahwe bestraft werden und zu existieren aufhören? In dieser Perspektive ist das Schicksal der Golah auf Gedeih und Verderben mit der Zukunft Restjudas verbunden. Das stürzt den Propheten in eine Krise, die sich im Aufschrei während der Tempelvision äußert. Die visionären Ereignisse zeigen ihm, daß der Ort, auf dem seine Rückkehrhoffnungen gründen, dem Untergang geweiht ist. Es scheint, daß die Golah in die Bestrafung des sündigen Restjudas mithineingerissen wird.

Das Problem der Kollektivbestrafung bzw. des Tragens der Sündenfolgen anderer ist also für die Golah keine bloße Theorie. Dagegen bedeutet Jahwes

---

[270] KAUFMANN (1960) 439 und JOYCE (1986) 318.

[271] Zum Verhältnis von kollektiver und individueller Vergeltung vgl. oben S.252, Anm. 28, ferner: ZIMMERLI (1954a) 22.

Nachdruck auf die Einzelbestrafung für sie, daß das Schicksal der Deportierten von 597 nicht in den Händen Restjudas liegt. Die falsche Annahme des Sehers wird entlarvt, wonach die Rückkehr ins Land mit der Weiterexistenz Restjudas verknüpft ist. Die Klärung dieses Mißverständnisses ist bedeutsam, weil Restjuda die Rückkehrhoffnung der Golah vor 587 zweifach zunichte macht: durch die Heraufbeschwörung des Zorns Jahwes und durch den Widerstand gegen die Rückkehr der Golah.

Ergebnis: Der ez Strafindividualismus schwebt nicht im luftleeren Raum einer Theorie über die Schuld von Einzelpersonen, sondern beantwortet die Frage nach der Abhängigkeit des Schicksals der Verbannten von jenem Restjudas. Es wird gesagt, daß die Ausrottung der judäischen Götzendiener kein Hindernis, sondern die Bedingung für Jahwes Heilshandeln an der Golah ist.

(iii) Dieses Ergebnis ist zweifach auszuleuchten: an Hand der Art, wie Ez 14 den Sachverhalt zuerst den Ältesten und dann dem Propheten und der Golah erklärt. Der Unterschied zwischen beiden Darstellungsweisen ist beträchtlich. Die Ältesten hören von Umkehr, während die Propheteninstruktion auf die Vernichtung Restjudas hindeutet.

(1) Zu den Ältesten. Für die Ältesten ist die Anrede in Ez 14 das letzte Heilsangebot vor dem Ende. Sie steht im Dialogablauf, wo in Ez 11 Jahwes "Antwort" an Pelatjahu ergeht, und möchte Restjuda ein ähnliches Schicksal ersparen. Was die Umkehr Restjudas zur Folge gehabt hätte, bleibt geheimnisvoll, denn das Angebot von Ez 14,6 hat sich nie verwirklicht. Es mag überraschen, daß die Propheteninstruktion II sogleich die Wirkungslosigkeit des Umkehrrufes bekanntgibt: Israels Reinigung wird nicht durch Umkehr, sondern durch Bestrafung herbeigeführt. Die Ältesten werden mit einem *möglichen*, der Prophet mit dem *wirklichen* Ausgang der Dinge konfrontiert. Das beweist, daß die Ältesten das Schicksal in ihren Händen tragen und daß Judas Untergang eine Folge der Sünde und Umkehrverweigerung ist. Der Umkehrruf hebt die Schuld der Ältesten hervor. Sie stürzen sich und das Volk trotz der göttlichen Warnung ins Unglück.

(2) Zur Golah. Den Exulanten wird gesagt, daß sie die Lage nicht richtig erfassen. Ihre Rückkehrhoffnungen konzentrieren sich auf Restjuda. Es ist für sie der Stamm und die Golah der Ast, der davon abgeschnitten wurde (Ez 17.3s.12.). In den Ältestenperikopen korrigiert Jahwe diese Ansicht und erklärt die Golah zum Stamm und Restjuda zum Ast, der zu entfernen ist. In diese Richtung weist auch Ez 10, wo Jahwes Herrlichkeit den Tempel verläßt, um für die Golah zum מִקְדָּשׁ מְעַט (Ez 11,16) zu werden. Damit geht Juda der Präsenz Jahwes im Tempel und der ersten Ursache seiner Vorrangstellung verlustig. Der Auszug Jahwes zu den Verbannten zeigt, wo das wahre Israel ist [272]. Das gibt der Golah den neuen Status, der in Ez 14 sichtbar wird.

---

[272] Auch DE VAUX (1933) 536.

Die Ausrichtung auf die Golah und die Abwendung von Restjuda unterstreicht die Wortwahl in V.11. Sie bricht mit dem Vorausgehenden. Das bisher auf die Ältesten und Restjuda angewendeten Götzenvokabular wird aufgegeben [273]. V.11 redet generell von den Sünden Israels. Wenn die Golah und nicht Restjuda Israel repräsentieren, kann der Götzendienst Restjudas nicht das Paradigma sein, das der Reinigung Israels zugrundeliegt. Der Götzendienst betrifft nur die zu eliminierende Untermenge. Es sind jetzt Formulierungen gefordert, die weder auf den Götzendienst beschränkt sind, noch ihn ausschließen. V.11 erfüllt diese Erfordernisse. Das ist nun zu zeigen:

- V.11a:

Das erste Vergehen, das Israel zukünftig meiden soll, ist תעה מאחרי. Theologisch verwendet bewegt sich תעה im Bedeutungsbereich "abirren", wobei es das Wortfeld "gehen" berührt [274]. Das unterstreicht מאחרי. In dieser Formulierung ist das Thema "Götzendienst" zwar beibehalten, aber zugleich erweitert.

Beibehaltung. תעה מאחרי folgt auf die Rede über den Götzendienst und nennt das Abirren von Jahwe. Da dieses Abirren in Restjuda durch den Götzendienst geschieht und durch die Strafe aufhört, schließt es den Götzendienst ein [275]. Auf den aktuellen Götzendienst bezieht sich עוד in V.11a [276]. Es erweist Israels Abirren als präsentische Wirklichkeit. Der Götzendienst der Ältesten ist eine gegenwärtige Realität. Das zeigen auch die Umkehrrufe.

Erweiterung. V.11a läßt sich auf diese Anwendung nicht einschränken. Dazu ist תעה in seiner Bedeutung zu allgemein. Das zeigt der Vergleich mit Ez 44,10: אֲשֶׁר תָּעוּ מֵעָלַי אַחֲרֵי גִּלּוּלֵיהֶם. Erst אַחֲרֵי גִּלּוּלֵיהֶם präzisiert die Verfehlung als Götzendienst. Kontrovers ist die Auslegung von תעה hi. in Am 2,4. Ob es vom Götzendienst redet, hängt an der Deutung des Subjekts כִּזְבֵיהֶם[277]. תעה kommt noch in Ez 44,15 und Ez 48,11 vor. Es geht um die Zadokiden, die trotz Abirrens der בני־ישראל treu geblieben sind. Das Vorfeld von Ez 44,15 erwähnt den Götzendienst der Leviten (Ez 44,10-14). V.15 spricht nicht davon, sondern allgemein vom Abfall der Israeliten. Eindeutiger ist das Delikt in Ez 48,11 als Abirren der Leviten und somit als Götzendienst erklärt.

Zwischenergebnis: Erst der Kontext legt תעה מאחרי (o.ä.) auf eine bestimmte Sündenart (z.B. Götzendienst) fest. Das gilt auch für Verben wie זור (V.5b) und

---

[273] גלולים (6×), עונו\מכשול שנם (3×), תועבה (1×). In Ez 14 mit Bezug auf den Götzendienst: זור und נזר (je 1×).

[274] BERGES (1995) 721.723s.

[275] Deutlicher תעה + מן\אחרי + (Jahwe) in Ez 44,10 für das götzendienerische Abirren der Leviten von Jahwe.

[276] Zu עוד: RICHTER (1980) 171.

[277] Am 2,4 klagt Juda mit einer תעה-Verbindung + אחרי an, den כִּזְבֵיהֶם (Lügengöttern: WOLFF [1969] 163; BOVATI/MEYNET (1994) 71; contra: ANDERSEN/FREEDMAN [1989] 301-304) ihrer Väter nachgelaufen zu sein.

נזר (V.7c), wo erst die גלולים-Verbindungen den Bezug zum Götzendienst herstellen. In V.11 ist der Götzendienstkontext zwar vorhanden, doch er erklärt das Abirren (V.11a) nur teilweise. Im Vergleich zu Ez 14,3-10 ist der Bezug zum Götzendienst in V.11 abgeschwächt. Der Vers spricht von der Reinigung Israels, welche die Abrechnung mit dem Götzendienst Restjudas einschließt und zugleich darüber hinausgeht [278]. Das unterstreicht V.11b mit dem Sündenvokabular טמא und כל־פשעים.

- V.11b:

טמא "verunreinigen" verwendet Ez: als Verunreinigung durch den Bruch der Speisevorschriften (Ez 4,14), durch Götzen (Ez 20,7 [279]), durch Erstgeburtsopfer (Ez 20,26) und durch alle Untaten (Ez 20,43 [280]). Das Heiligtum bzw. Gottes Name können Götzen (Ez 5,11 [281]) oder Leichen (Ez 9,7 [282]) beflekken. Objekte der Verunreinigung sind die Nachbarin (Ez 18,6.11.15 [283]), die Menstruierende (Ez 22,10), die Schwiegertochter (Ez 22,11) und das Land (Ez 36,18). Vom kultisch Unreinen spricht Ez 22,26 [284]. Diese Aufzählung zeigt, daß טמא kein Terminus technicus für die Verunreinigung durch den Götzendienst ist. Diese ist zwar häufig ausgesagt, benötigt aber eine Näherbestimmung. כל־פשעים ist nach V.11b die Ursache der Verunreinigung. Der Ausdruck ist allgemein. פשע ist ein Oberbegriff für verschiedene Delikte [285]. In Ez 18,22.28.30s faßt פשע alle möglichen Sünden zusammen [286].

Zwischenergebnis: Für V.11b gilt, was schon für V.11a festgestellt wurde: Das bisher dominante Thema des Götzendienstes wird zwar angesprochen [287], aber gleichzeitig verallgemeinert und ausgeweitet.

כל־פשעים weist auf eine aufschlußreiche Situationsparallele in Ez 37:

- Ez 37,23:

Der Vers ist Teil eines Gotteswortes über die Wiedervereinigung von Juda und Israel. Auffällig sind seine Übereinstimmungen mit Ez 14,11. Sie sind hier unterstrichen:

---

[278] BERGES (1995) 724 sieht תעה in V.11a als bewußte Gesetzesübertretung.

[279] Ez 20,18.30s; 22,3s; 23,7; 23,13.17.30 (im Bild sexueller Vergehen); 37,23.

[280] Ähnlich: Ez 22,5; 36,17; 37,23.

[281] Ez 23,38; mit Bezug auf den Namen Gottes: Ez 43,7.

[282] Ez 44,25; mit Bezug auf den Namen Gottes: Ez 43,8.

[283] Ferner: Ez 33,26.

[284] Ferner: Ez 44,23.

[285] SEEBASS (1989) 799.

[286] Ez 18,28 (מכל־פשעיו). 30 (מכל־פשעיכם). 31 (את־כל־פשעיכם).

[287] Vgl. auch die Verwendung von שׁר.

23a וְלֹא יִטַּמְּאוּ עוֹד בְּגִלּוּלֵיהֶם וּבְשִׁקּוּצֵיהֶם וּבְכֹל פִּשְׁעֵיהֶם
b וְהוֹשַׁעְתִּי אֹתָם מִכֹּל מוֹשְׁבֹתֵיהֶם
c אֲשֶׁר חָטְאוּ בָהֶם
d וְטִהַרְתִּי אוֹתָם
e וְהָיוּ־לִי לְעָם וַאֲנִי
f אֶהְיֶה לָהֶם לֵאלֹהִים

In Ez 14,11 und Ez 37,23 gibt es auch Situationsparallelen. Vergleichbar ist die Darstellung der Zukunft. Es ist die Rede von der Abkehr von den Sünden und vom zukünftigen Heil, das die Bundesformel einführt. Ez 37,23 ist ausführlicher formuliert, weil das Heil dort greifbarer ist als in Ez 14. Bewegt sich Ez 14,11 nur im intentionalen Bereich (למען), so ist das Heil in Ez 37,23a eine zukünftige Wirklichkeit. Es nimmt den Platz ein, wo in Ez 14,10 die Strafe steht. Diese hat Ez 37 hinter sich. Genereller redet Ez 37,23a über die Sünden. An die doppelte Nennung der Götzen schließt das in Ez 14,11b verwendete כל־פשעים, das alle Sünden als Oberbegriff einschließt.

Beidenorts ist der Götzendienst trotz Verschiebung des Schwerpunktes von Restjuda zur Golah anwesend. Durch die Vergangenheit (vgl. Ez 20) und die Ereignisse in Restjuda bleibt er ein Teil der Sündengeschichte Israels. Aber er hat nicht mehr das Gewicht wie in Ez 14,3-10. Durch die Ausrichtung auf die Golah weitet sich die Perspektive in Ez 14,11 und in Ez 37,23 auf die allgemeine Sündenwirklichkeit. Es geht umfassender um כל־פשעים, von denen auch die Exulanten zu reinigen sind. So sprengt die Sündenrede in Ez 14,11 den Straffall des Anfanges.

Ergebnis: Die Ältestenperikopen zeigen einen Paradigmenwechsel: Die bisher von Restjuda gehaltene Vorrangstellung, die es zum Repräsentanten Israels macht, geht auf die Golah über. Das zeigt Ez 14,11, wo die Anrede Israels die Golah meint. Daraus folgt die Gleichung: Haus Israel = Golah. Die Exulanten übernehmen die Führungsrolle und werden, nicht quantitativ, aber qualitativ, zum entscheidenden Teil des Volkes, der Israels Weiterleben garantiert. Israel ist als Größe dargestellt, aus der die Sünder (Restjuda) wegzuschaffen sind, damit die Golah zum Volk Jahwes werden kann.

(iv) Der Übergang von der Schuld zur Strafe (נשא עון). Im Licht des Statuswechsels der Golah und ihrer Investitur als Repräsentant Israels ist die Doppelwirkung von נשא עון (V.10a) noch einmal zu erwägen.

נשא עון bezeichnet den Augenblick, wo die Schuld in Strafe umschlägt. Letztere ist aber nicht auf den Schuldigen beschränkt, sondern wirkt sich positiv auf Dritte aus. Nach V.11a ist dieser Dritte Israel, also die Golah. Für sie ist der Untergang Restjudas keine Katastrophe, sondern ein Heilsereignis. Heil ist das letzte Ziel des Strafgeschehens. Die Unheilskomponente der Strafe wird ihrer Heilswirkung untergeordnet. Dieser wichtige *Doppeleffekt der Strafe* ist auch an anderer Stelle in Ez 14 und in der ersten Ältestenperikope zu beobachten. Das ist nun zu zeigen. Berücksichtigt werden Strafabläufe, unabhängig davon, ob נשׂא עון zu deren Beschreibung gebraucht wird [288].

(1) Ez 14,7s ist die nächstliegendste Stelle, die vom Doppeleffekt der Bestrafung redet. Sie zeigt interessante Parallelen zu 9-11:

1.) V.7a-f	=	Vordersatz	vgl. V.9a-d
2.) V.7h-8c:	=	"Nachsatz"	vgl. V.9ef
3.) (fehlt)	=	Schuldtragen	V.10a (נשׂא עון)
4.) V.8d:	=	Folgen für Dritte	V.11a

In 3.) ist die in V.10a genannte Strafauswirkung auf das Rechtssubjekt vorausgesetzt. Ausdrücklich redet 4.) vom Effekt der Strafe auf Dritte: וידעתם. Die Form zeigt, daß die Strafe auch auf die Ältesten und deren Gemeinschaft [289], Restjuda, zielt. Restjuda soll durch die Bestrafung des Synkretisten erkennen. Was ist gemeint? V.8d redet nicht von der Erkenntnis durch Vernichtung. Durch sie kommt Restjuda nicht zur Einsicht, sondern wird ausgelöscht. Die Vorstellung ist, daß ein einzelner bestraft wird, um die Gruppe zur Einsicht zu bringen. Der einzelne und die Gruppe, die zur Erkenntnis gebracht werden soll, sind durch ihr Schuldigwerden miteinander verbunden. Die Ältestenanrede spricht also nicht vom Untergang *aller* Sünder (und schon gar nicht ganz Israels), sondern des einzelnen. Das unterstreicht die Bezugnahme auf Pelatjahus Tod.

Zwischenergebnis: Die Ältestenanrede und die Propheteninstruktion II bieten zwei unterschiedliche Darstellungen der Strafe und Straffolgen. Sie erklären sich aus der jeweiligen dialogischen Einbettung:

• 6b-8e redet die Ältesten (und Restjudas) an und greift auf deren Erfahrung in Ez 11,13 zurück. Die Ältesten sollen durch die Bestrafung des Pelatjahu erkennen, daß sie auf dem Holzweg sind. Die Darstellung von Strafe und Straffolgen setzt also den Umkehrruf fort: וידעתם und שׁובו sind korrespondierende Verhaltensweisen, die sich auf die Abkehr von den Götzen beziehen.

• V.10s greift dagegen für die Anrede des Sehers (und der Exulanten) auf den Fall Jerusalems voraus und betrachtet den Heilsweg der Golah. Damit führen unterschiedliche Blickpunkte zu unterschiedlichen Darstellungen des gleichen Themas.

(2) Ein weiterer Ort, wo der Doppeleffekt der Strafe thematisiert wird, ist das erste Rechtswort in Ez 14,4h.5a. Wie V.7s unterstreicht es die Wirkung der Bestrafung auf Dritte:

1.) V.4d-g	=	Vordersatz	vgl. V.9a-d
2.) V.4h:	=	"Nachsatz"	vgl. V.9ef

---

[288] נשׂא עון faßt in V.10a die Rechtsworte zusammen und nennt die Straffolgen (ähnlich: Lev 20,17). Als Rechtsnachsatz steht נשׂא עון in Lev 5,1.17; ferner Lev 7,18; 17,16; 19,8; 20,19.

[289] Vgl. die Adressierung der Rede in V.6a.

3.) Ø	=	Schuldtragen	V.10a (נשא עון)
4.) V.5a:	=	Folgen für Dritte	vgl. V.11a

Der Handlungsablauf entspricht jenem im Ältestenwort. Die Bezugnahme auf die Ereignisse um Pelatjahu ist deutlicher als dort. Das Strafprinzip ist das gleiche. Die Bestrafung des einzelnen (נעניתי) zielt auf die Reinigung der vielen Götzendiener Restjudas. Dabei gilt: Jahwe bestraft nur die Spitze, um den Rest am Herzen zu packen (V.5b) bzw. zur Einsicht zu bringen (V.8d) bzw. einen neuen Anfang zu machen (V.11).

(3) Eine nächste Stelle, wo die Strafe einen Zweiteffekt besitzt, ist Pelatjahus Tod (Ez 11,13). Daß er eine Strafe ist, zeigen Ez 11,21 und Ez 14,4h. In Ez 11,13 versteht der Prophet diesen Tod als Vorboten für die Totalvernichtung Israels. Dadurch verkehrt er das Prinzip der Bestrafung einer Spitze zur Verschonung des Ganzen in sein Gegenteil. Doch Jahwe korrigiert: Die Vernichtung Restjudas gereicht der Golah zum Heil. So tritt in Ez 11 hervor, daß die Strafe nicht auf die Katastrophe, sondern auf Jahwes Heilshandeln ausgerichtet ist.

Ergebnis: Nach Ez 8-11 und Ez 14 steht Jahwes Strafhandeln im Dienst seines Heilswirkens. Die Heilsansage ist auf die Golah ausgerichtet. Sie muß lernen, daß ihr Schicksal nicht auf Gedeih und Verderben mit jenem Restjudas verkettet ist, sondern daß die Bestrafung der Götzendiener die Verbannten in eine neue Gemeinschaft mit Jahwe führt.

2.4.5.4. Bundesformel und Wiederherstellung. Ez verwendet die Bundesformel [290], um den zukünftigen Heilszustand anzukündigen, der dem Niedergang folgen wird. Zur Bundesformel in V.11 wurde bereits gesagt, daß sie die Sammlung der Golah als Jahwevolk im Land bezeichnet und sich in der Reinigung des Volkes vom Götzendienst verwirklicht. Die Kehrseite davon sind zwei Negativaussagen, die den Zustand der Golah in der Redegegenwart beschreiben:

- nach V.11c (והיו לי לעם): daß die Exulanten im Sprechaugenblick *nicht* Gottes Volk sind,
- und nach V.11d (ואני אהיה להם לאלהים): daß Jahwe für die Verbannten *nicht* Gott ist.

Das reduzierte Gottsein Jahwes, seine Wiedereinsetzung als Gott Israels und die Volkwerdung der Exulanten bringt schon die Golahanrede in Ez 11 zur Sprache. Nach Ez 11,16 ist Jahwe für die Exulanten nur ein מִקְדָּשׁ מְעַט. Wie in Ez 14 wird dieses eingeschränkte Gottsein nach der ersten Golah-Anrede durch die Reinigung von den Götzen (V.18s) und die Befolgung der Gesetze

[290] Zur Bundesformel: SIMIAN[-YOFRE] (1974) 205-212 und RENDTORFF (1995) 94s. Identisch mit Ez 14,11cd ist die Bundesformel in Ez 11,20;37,23. In der 2.Pl-Anrede: Ez 36,28. Mit vorangestellter Gottesaussage: Ez 37,27. Nur die Gottesaussage: Ez 34,24. Der Name "Bundesformel" impliziert keine inhaltlichen Vorentscheide.

(V.20) überwunden und in Ez 11,20 mit der Bundesformel umschrieben. Der Ablauf ist derselbe wie in Ez 14,10s.

Die gleiche Kontextualisierung der Bundesformel zeigt *Ez 37,23* [291]. Anknüpfungspunkt zu Ez 14,11 ist die Rede vom Sich-Nicht-Mehr-Beflecken (עוד ולא יטמאו) und von der Gesamtheit der Sünden (בכל פשעיהם). Nach dem Fall Restjudas ist das Gotteswort noch direkter auf die Verbannten, ihre Reinigung, Heimführung und auf die Wiederherstellung des Reiches ausgerichtet. Nach Ez 37,26s wird die Zeit des מִקְדָּשׁ מְעַט überwunden: וְנָתַתִּי אֶת־מִקְדָּשִׁי בְּתוֹכָם לְעוֹלָם. Das unterstreicht die Bundesformel (V.27), deren Gottesaussage wegen der vorausgehenden Rede über Jahwe vorangestellt ist [292].

In eine 2.Pl-Anrede der Golah ist die Bundesformel in *Ez 36,28* eingebunden. Ihr geht voraus: die Rückführung in das Land (V.23), die Reinigung von Unreinheit und Götzen (V.25), die Gabe eines neuen Herzens (V.26 vgl. Ez 11,19) und das Wandeln nach den Gesetzen (V.27). Ez 14,11 sagt also in Kurzform [293], was die Exulantenanrede von Ez 11 sowie Ez 36 und Ez 37 ausführlich darlegen. Den in diesen Stellen erkannten Zweischritt zeigt V.11ab, der die Bedingungen für die Wiederherstellung nennt. V.11a mit תעה betont die Beachtung der Gesetze, V.11b nennt mit טמא die Befleckung durch die Götzen. Somit ist V.11ab eine Parallele zu Ez 11, Ez 36 und Ez 37. Letztere sprechen nach dem Fall Jerusalems nicht nur die Golah von 597, sondern auch die Deportierten von 587 und sogar jene des Nordreiches an. Die Bundesformel in Ez 14,11 formuliert dagegen die Heilsankündigung für die erste Golah. Damit mischt sich in Ez 14,1-11 der dunkle Schatten der Vernichtung Restjudas mit dem Ausblick auf die helle Zukunft der Exulanten.

Ergebnis: Die ez Bundesformel synthetisiert die Wiederherstellung Israels, die sich nach der Bestrafung Restjudas durch die Heimführung der Golah vollziehen wird. Ihr gehen zwei vorbereitende Schritte voraus, die V.11ab nennt: Rückführung zum Gesetzesgehorsam (לא־יתעו) und Reinigung von den Sünden/Götzen (ולא־יטמאו) [294].

---

[291] Das wurde bereits gezeigt: IV.2.4.5.3. bei Punkt (iii).

[292] Auch RENDTORFF (1995) 40s.

[293] Die abgekürzte Redeweise ist im Horizont von Ez 11 verständlich.

[294] Das sagt Ez 20,40-44 ähnlich aus.

ZUSAMMENFASSUNG

ERGEBNISSE UND FOLGERUNGEN

ZUSAMMENFASSUNG, ERGEBNISSE UND FOLGERUNGEN

Die vorgelegte Arbeit hat ein doppeltes Ziel, ein theoretisches und ein praktisches. Obwohl das theoretische Anliegen vornehmlich in der praktischen Auslegung vorgebracht wird, werden beide Aspekte am Schluß der besseren Übersicht halber getrennt dargestellt. In theoretischer Hinsicht geht es um das Problem der inhaltsorientierten Auslegung dialogischer Texte im allgemeinen und prophetischer Texte des AT im besonderen. Dabei liegt das Schwergewicht auf der Operationalisierung und Anwendung von Erkenntnissen der Pragmalinguistik, Texttheorie und Dialoganalyse. Eine Einarbeitung in linguistische Fachthematiken ist nicht vorausgesetzt, und exegetisch ungebräuchliche Terminologie wird vermieden bzw. jeweils erklärt. Der Schwerpunkt der Arbeit liegt in der Untersuchung des Dialogverhaltens Jahwes in Ez 14,1-11 im Rahmen der Einbettung der Sprachhandlung in den dialogischen Kontext der Ältestenperikopen in Ez 8-11 und Ez 20.

Die Ergebnisse und Folgerungen werden hier thesenartig vorgetragen. Für die notwendige Begründung, Vertiefung und Differenzierung sei auf den Korpus der Arbeit verwiesen.

A. ZUM THEORETISCHEN ANLIEGEN

Hermeneutische Schlüsselbegriffe, die in der Untersuchung eine zentrale Stellung einnehmen, sind: Text, Einheit, Dialog, Kontext und Inhalt.

1. *Der Untersuchungsgegenstand.* Das erste Problem, mit dem sich wissenschaftliches Arbeiten auseinanderzusetzen hat, ist die Frage nach dem Untersuchungsgegenstand. Ihre Beantwortung determiniert den Verlauf und die Ergebnisse der Analyse. Der Untersuchungsgegenstand der vorliegenden Arbeit ist ein Text bzw. verschiedene Texte. Wir definieren 'Text' pragmalinguistisch als Realisat und Ausdruck eines kommunikativen sprachlichen Prozesses. Dieser Prozeß ist je nach Text mehr oder weniger explizit und auf unterschiedliche Weise sichtbar. Die gegebene Text-Definition ist darum mit Bezug auf verschiedene Textarten zu präzisieren.

2. *Textsorten.* Textsorten werden an Hand der Anredesituation unterschieden. Es ist zwischen Texten zu unterscheiden, die eine schriftliche Kommunikation ausdrücken (z.B. Briefe), und solchen, die eine ursprünglich mündliche Kommunikation verschriftlichen. Letzteres ist in Ez 14,1-11 der Fall. Dem Leser wird ein Gotteswort mitgeteilt, das Jahwe über Ezechiel an Älteste Israels richtet. Unsere Analyse beschränkt sich auf diese kommunikative Ebene und erarbeitet von ihr ausgehend die Textgestalt. Angesetzt wird bei der formalsten Möglichkeit der Textbeschreibung, die unabhängig von Textsorten angewendet werden kann: die Erarbeitung der textlichen Makrosatzge-

stalt. Der textlinguistische Zusammenhang der Makrosätze wird dann unter Beiziehung der Anrede-Ebenen des Gotteswortes erklärt.

3. *Dialogische Texte.* Der Dialogcharakter eines Textes wird durch die anredende Sprachhaltung des Wortführers und die Ausrichtung des Gesagten auf einen Ansprechpartner in einer konkreten Kommunikationssituation konstituiert. Dialogische Texte sind zuhörerzentriert und darum im Licht der Gesprächsdynamik zu verstehen. Darin unterscheiden sie sich von systematischen, auf Vollständigkeit bedachte Abhandlungen oder Berichten. Bindung an die Gesprächspartner und Verankerung in der Kommunikationssituation sind Wesenselemente eines anredenden prophetischen Textes. Es ist zu beachten, daß der Dialogcharakter eines Wortes auch erforscht werden kann, wenn eine explizite Replik des Angesprochenen fehlt und die Einbettung in eine Diskussion oder der Wechsel von Rede und Antwort fehlen.

4. *Prophetische Texte.* Ausleger von Dialogen, in denen eine Gottheit spricht, betrachten die Gottesrede nicht selten als Form, durch die der Prophet seine Gedanken mitteilt: Das Gotteswort wird zum Prophetenwort uminterpretiert. Diese Vermischung von Religionskritik und Sachverhaltsanalyse ist hier strikte vermieden. Die Ereignisanalyse hält sich an die gegebenen Fakten (*epoché*) und beschränkt sich auf das, was am Untersuchungsobjekt wissenschaftlich feststellbar ist. Diese Analyse geht phänomenologisch-induktiv vor und untersucht den Dialog im Rahmen des Sprachereignisses unter den gegebenen weltanschaulichen Bedingungen.

5. *Die Textebene.* Die Anrede-Analyse untersucht literarische Dokumente auf der Textebene. Diese unterscheidet sich von der Satz- bzw. Wortebene. Nur selten erhellen Erkenntnisse auf der einen Ebene andere Textebenen. Das zeigt ein Beispiel. In Ez 14,4h*α* ("Ich, Jahwe, habe mich von ihm zu einer Antwort bewegen lassen") ist das erste Wort "Ich" auf der Wortebene ein Pronomen und auf der Satzebene das Subjekt. Das vierte Wort "mich" ist auf der Wortebene ebenfalls ein Pronomen, auf der Satzebene Teil des Prädikates. Auf der Textebene sind beide Teil einer Hintergrundaussage, die eine Brücke nach Ez 11,13 schlägt. "Ich" und "mich" zeigen ferner als häufig rekurrierende *Pro*-nomen, daß der Vers in einen größeren Textrahmen eingebettet ist.

6. *Die Texteinheit.* Eine oft angewandte Kategorie ist jene der Texteinheit. Ihre Erfassung beschränkt sich oft auf die punktuelle Bestimmung textlicher Anfangs- und Schlußgrenzen sowie auf die Überprüfung von Übergängen zwischen Sätzen. Hier wird die innere Konsistenz und Gestalt des Textkorpus einbezogen. Das löst die Einheitsfrage von der Satz- oder Wortebene und verbindet sie mit der Textebene. Die Beschreibung der Textgestalt bedarf eines textorientierten Einheitspunktes, von dem aus jeder Textteil verstanden werden kann. Ein solcher Anhaltspunkt, der sich für die Darstellung der Textualität vieler Prophetentexte eignet, ist jener der dialogischen Anredehaltungen. Wenn von Texteinheit die Rede ist, geschieht das immer unter Annahme der Anredehaltungen als Einheitspunkt und Einheitskriterium.

7. *Der Dialog als Form der Einheit.* Die Ältestenperikopen bezeugen die Anrede des Sehers durch Jahwe. Ihr Ablauf folgt Regeln, die garantieren, daß eine Wortmitteilung von A nach B (bzw. von A über B nach C) im Rahmen der Dialogsituation D verständlich ist. Dazu muß der Informationsfluß vorsortiert und geordnet werden, wodurch er eine anredende Form erhält. Das äußere Zeichen der dialogischen Textgestalt ist die Fülle der Redelenkungsformeln. Die Anrede zeigt sich im zeitlich verfaßten Nacheinander des Ablaufes der Sprachhandlung. Sie kann auf Grund der Verschriftlichung reproduziert werden, wobei das Vorausgehende den Verständniskontext für das Nachfolgende bildet. Gesprächsvorgaben des Anredepartners können auf den Inhalt und die Art des Informationsflusses einwirken. In der Anrede laufen die gleichen Mechanismen von Aktion und Reaktion ab, die für das soziale menschliche Verhalten typisch sind. Das Sprechen vollzieht sich als Sprachhandlung.

8. *Die Sprachhandlung.* Eine menschliche Handlung begreift sich nicht ohne die Situation, in der sie vollzogen wird. Das gilt auch für die Sprachhandlung. Um sie zu verstehen, greift die Sachverhaltsanalyse auf ihre Verumständlichung. Der Tatbestand entscheidet, wie das Gesagte gemeint ist. Er bildet auch den Kontext für die semantische Untersuchung. Was ein Wort oder Ausdruck meint, entscheidet sich an seinem kontextuellen Gebrauch (verba valent usu). Der Gebrauch ist Teil des Sprachverhaltens und der Sprachhandlung und versteht sich in ihrem Rahmen. Die Sprachhandlung, die durch die Kommunikationssituation determiniert wird, ist der Punkt, von dem aus sich eine Einheit als Text verstehen läßt.

9. *Der Kontext.* Wie der Text ist auch der Kontext nach dialogischen Kriterien zu bestimmen. Texte stehen zueinander in Kontext, je deutlicher der dialogische und situative Grund übereinstimmt, in dem der mitgeteilte kommunikative Prozeß verankert ist. Ez 14,1-11 ist mit Ez 8-11 und Ez 20 durch den gleichen Sprecher (Jahwe), den gleichen unmittelbaren (Prophet) und mittelbaren Ansprechpartner (Älteste) sowie durch die Thematik des Götzendienstes verbunden.

10. *Textorientierte Auslegung.* Bevor ein Text mit besonderen Fragestellungen konfrontiert werden kann, ist eine genaue Kenntnis von der Sprachhandlung zu gewinnen. Auch die historische Problematik kann nicht daran vorbei untersucht werden. Viele verfehlte exegetische Text- und Aussagerekonstruktionen beruhen auf einer ungenauen Wahrnehmung der Ausgangssprachhandlung. Für die Auslegung auf der Textebene haben WEINRICH und NICCACCI auf wichtige textlinguistische Phänomene hingewiesen (Verwendung der Tempora, Vordergrund/Hintergrund, Thema/Rhema).

11. *Folgen für die Literarkritik.* Viele literarkritische Ansätze leiden an einem textlinguistischen Manko. Deshalb bleiben die durch literarkritische Eingriffe bewirkten Transformationen auf der Text- und Kontextebene unerkannt. Literarkritische Ansätze sind häufig wort- und satzfixiert. Der Text wird ohne Rücksicht auf die Sprachhandlung verstanden. Die Dialoganalyse

leistet einen Beitrag zur Kriterienbildung und dient dazu, den literarkritischen Wildwuchs einzudämmen, indem sie ein Kontrollinstrument bereitstellt, um literarkritische Rekonstruktionen an Hand textlinguistischer Kriterien auf der Textebene zu verifizieren.

12. *Folgen für die Formkritik.* Die dialoganalytische Untersuchung ist situationsorientiert und sucht die Interaktion aus dem Sprachverhalten zu verstehen. Erst wenn diese Differentia specifica erhoben ist, kann auf ihr aufbauend vom Genus proximum als entferntere und darum unpräzisere Größe die Rede sein. Letztere dient dazu, das gegenseitige Verhältnis von Einzeltexten zu beschreiben. Das hat Folgen für das Verständnis literarischer Gattungen. Es gibt keinen platonischen Ideenhimmel, wo sich diese in reiner Form befinden. Gattungen sind aus Einzeltexten gewonnene Abstraktionen. Am Anfang stehen nicht sie, sondern die Texte.

13. *Intention des Textes/des Autors.* In dialogischen Texten ist die Rede von der Intention des Autors bzw. des Textes ungenau. Im Dialog treffen *verschiedene* Intentionen aufeinander. Das erklärt Ez 14,1-11. Dort äußert Jahwe seine Intention. Diese wandelt sich, je nachdem, ob Jahwe zum Propheten oder zu den Ältesten spricht. Man redet also besser von den Intentionen Jahwes. Sie sind mit den Intentionen der Anredepartner verbunden. Letztere spiegeln sich in den Intentionen Jahwes wider und sind Ausgangs- und Zielpunkt seiner kommunikativen Aktivität. Die Sprachhandlung entfaltet sich somit als Konfrontation mehrerer Intentionen, die von den Intentionen des vermittelnden Propheten bzw. des Schreibers des Textes, die in Ez 14,1-11 kaum zur Sprache kommen, zu unterscheiden sind.

B. Zum praktischen Anliegen

Im Zentrum der Untersuchung steht die Auslegung von Ez 14,1-11 als schriftliches Zeugnis einer Audition, die in der dargestellten Gestalt nur den Propheten selbst anspricht. Die Audition klärt den Seher über eine Ältestengruppe auf, die sich zum Zeitpunkt des Wortereignisses vor ihm versammelt hat. Sie übermittelt ihm eine Aufforderung an diese Männer und unterrichtet ihn darüber, wie er sie über den Inhalt der Audition informieren soll. Die Untersuchung ist in vier Kapitel eingeteilt:

- Das erste Kapitel formuliert die Fragestellung an Hand der kurzen Erörterung einiger theoretischer Grundlagen und einer längeren praktischen Auseinandersetzung mit den Ergebnissen der Forschung an Ez 14.
- Das zweite Kapitel beschäftigt sich mit textvorbereitenden Fragen der Einheitsbestimmung, Textkritik, Grammatik und Syntax.
- Das dritte Kapitel erörtert die kommunikative Ausgangslage in enger Auseinandersetzung mit den Ältestenperikopen in Ez 8-11 und Ez 20, die sich im Rahmen ähnlicher Dialogvoraussetzungen abwickeln. Es geht um

den Dialogstatus, besonders die Herkunft der Ältesten sowie um Ez 8-11 als Vorgeschichte und Ez 20 als Folgegeschehen.

• Das vierte Kapitel zeichnet die Sprachhandlung von Ez 14,1-11 in ihrem Ablauf nach. Sie ist der Bezugsrahmen, um die anfallenden semantischen, syntaktischen, inhaltlichen und zum Teil grammatikalischen Probleme zu lösen. Ziel der Untersuchung ist, Ez 14,1-11 als textliche Ganzheit im Rahmen seines dialogischen Kontextes zu verstehen. Das wirft ein neues Licht auf den Zusammenhang seiner Einzelteile, auf die Charakteristika der Dialogpartner in Ez 14,1-11 und weiterer Aktanten in Ez sowie auf den Inhalt der ez Gottesworte.

Da die praktischen Anliegen der Untersuchung in erster Linie im dritten und vierten Kapitel behandelt sind, beschränkt sich die folgende Darstellung auf sie.

1. Zur Redesituation

Dieser Arbeitsschritt thematisiert die Gesprächsvoraussetzungen und somit den synchronen Aspekt des Dialoges, das heißt, seine Verankerung in der Redesituation.

1.1. Die Dialoggestalt von Ez 14,1-11. In Ez 14,1-11 gibt es zwei Arten von Aussagen: solche, die sich mittels des Propheten an die Ältesten richten (6b-8e), und solche, die nur den Seher ansprechen und seiner persönlichen Information ("Propheteninstruktion") dienen (3-6a und 9a-11). Diese Unterscheidung ist für die Auslegung des Gotteswortes und die Bestimmung des Verhältnisses der Textteile zueinander grundlegend.

1.2. Der Dialogstatus der Ältesten. Determinierend ist die Bestimmung des Dialogstatus der Ältesten. Diese sind nicht - wie allgemein angenommen - Exulantenvertreter, sondern Mitglieder einer Delegation aus Restjuda, die sich nur zeitweilig im exilischen Wirkungsort des Sehers aufhält und dabei von Jahwe auf ihren palästinensischen Götzendienst aufmerksam gemacht wird. Gleiches gilt für die Ältesten in Ez 8-11 und Ez 20. Die Analyse des Gesprächsstatus der Ältesten weist nach, daß ihre Anrede in Ez 11, Ez 14 und Ez 20 immer von der gleichen Gruppe ausgeht und eine Gesprächsstrategie verfolgt, die auf dem aufbaut, was in den vorausgegangenen Ältestentreffen gesagt wurde. Die Neudefinierung des Gesprächsstatus der Ältesten und die kommunikationsanalytisch begründete intertextuelle Lektüre der drei Ältestenperikopen führen zu einem Neuverständnis dieser Texte.

1.3. Die Vorgeschichte: Ez 8-11. Die Tempelvision informiert den Seher über den Götzendienst der Ältesten. Von der Vision vernehmen diese nur den Aufschrei des Propheten, der die Vernichtung des Restes Israels ins Spiel bringt. Die Ältesten lehnen sich gegen diesen Gedanken auf. Darum gehen die Visionsereignisse in ein Wort an sie über. Es kündigt Restjuda ein baldiges Ende an und macht dem Seher und der Golah klar, daß der Rest Israels nicht in Juda, sondern in Babylon zu suchen ist. Auffällig ist, daß der Götzendienst, der während der Vision im Zentrum steht, vor den Ältesten kaum erwähnt ist. Das liegt daran, daß das Gotteswort zunächst auf den politischen Einwand der Ältesten (Ez 11,3) eingeht und im Augenblick, wo es den Götzendienst anspricht, durch Pelatjahus Tod unterbrochen wird.

1.4. Die Nachgeschichte: Ez 20. Das Hauptproblem liegt nach der üblichen Auslegung dieses Kapitels als Anklage des exilischen Götzendienstes darin, daß der Götzendienst Grund für die Exilierung des Volkes nach Babylon und zugleich Ursache für dessen Rückführung nach Palästina wäre. Die angekündigte Reinigung in der Wüste, für die es bei der Rückkehr der Israeliten keine Anhaltspunkte gibt, wäre als Falschprophetie zu verstehen. Doch durch die dialoganalytische Identifizierung von Ez 20 als Anrede judäischer Gesandter legt sich eine andere Interpretation nahe: Ez 20 spricht von der in der Wüste stattfindenden Bestrafung der nach 597 zurückgebliebenen und dem Götzendienst verfallenen Restjudäer sowie von der Wiederbesiedelung des Landes durch die Rückkehr der als Rest Israels verstandenen Exulanten.

1.5. Die Stellung von Ez 14,1-11. In Ez 8-11 wird der judäische Götzendienst aufgedeckt und die drohende Bestrafung angesagt. Dieses Urteil wird in Ez 14,1-11 zwar bestätigt, aber nicht als ausweglose kollektive Vernichtung, sondern als Bestrafung jener, die gesündigt haben. Diese Aussage besitzt eine doppelte Bedeutung für die Restjudäer und für die Exulanten. Die Restjudäer erfahren, daß ein götzendienerisches Gestern und Heute ein gottgefälliges Morgen nicht ausschließt. Und den Exulanten, die ihr Schicksal und das Schicksal des Volkes an die Weiterexistenz von Restjuda knüpfen, ist gesagt, daß keiner durch die Sünden eines anderen umkommt. Die letzte Konsequenz dieser Aussage ist, daß nicht Restjuda, das sich im Redeaugenblick in einer Schlüsselstellung zu befinden scheint, der Rest Israels ist, sondern die Exulanten in Babylon. Ez 20 offenbart definitiv, daß Restjuda der Bestrafung seines Götzendienstes nicht entgeht. Es wird zerschlagen und in alle Himmelsrichtungen zerstreut.

2. Zum Dialogverlauf

Dieser Arbeitsschritt erklärt Ez 14,1-11 im Rahmen der Sprachhandlung. Die Auslegung folgt dem diachronischen Ablauf der Anrede, in der sich Früheres und Späteres im Fortschreiten des Wortes gegenseitig vorbereitet, bedingt und erklärt. Dabei wird zwischen der Propheteninstruktion I, der Ältestenanrede und der Propheteninstruktion II unterschieden:

- Propheteninstruktion I (3a-6a): Das Gotteswort beginnt mit einer internen Mitteilung an den Seher. Es klärt ihn über die Ältesten auf und befähigt ihn, das Wort, das Jahwe ihm für die Ältesten aufträgt, zu begreifen.
- Ältestenanrede (6b-8e): Der Prophet hat nur diesen Teil des Gotteswortes an die Ältesten weiterzuleiten. Er behandelt ähnliche Themen wie die Propheten-

instruktion I (Identität der Ältesten, Götzendienst, synkretistische Jahwebefragung), setzt aber andere Akzente. Das erklärt sich aus dem veränderten Anredepartner. Es geht nicht mehr um die Aufklärung des Propheten und der Golah, sondern um die Umkehr Restjudas.

• Propheteninstruktion II (9a-11e): Inmitten eher unsicherer Zukunftsaussichten ist von der zukünftigen Sammlung des Volkes die Rede, wobei das einleitende Prophetenrechtswort unterstreicht, daß diese Ankündigung unter keinen Umständen den Ältesten mitgeteilt werden darf.

So formuliert das Gotteswort in Ez 14,1-11 einerseits ein hartes Entweder-Oder für Restjuda und andererseits ein Heilswort für die Golah.

2.0. *Das Vorfeld des Dialoges*

Das Gotteswort ist von einer narrativen Exposition eingeleitet. Die Allerweltswörter בוא und ישב (V.1ab) lassen eine nähere Bestimmung des Treffens der Ältesten mit dem Propheten nicht zu. Insbesondere ist eine vom Gotteswort vorausgesetzte Ältestenfrage nicht nachweisbar. Der Auslegung von Ez 14,1-11 kann darum kein Frage-Antwort-Schema zugrundegelegt werden.

2.1. *Die Propheteninstruktion I: Ez 14,3a-6a*

2.1.1. Zu V.3bc. Die Aussagen zum Götzendienst der Ältesten meinen keine bloße götzendienerische Geisteshaltung, sondern einen gegenständlichen Sachverhalt. V.3b redet vom Amulettkult der Ältesten in der Sprechgegenwart und somit im Redevordergrund. V.3c blickt auf den Kult, den die Ältesten nach der Tempelvision (Ez 8,11) in Juda verrichten, und verweist auf ein Faktum des Redehintergrundes. Schon Ez 8,10 beschreibt den privaten Hauskult der Ältesten an Hand zweier Götzentypen, die wir als Amulette/Figurinen bzw. Wandbilder identifiziert haben. Diese Götzentypen kommen in V.3bc zur Sprache, wobei die Neuheit von V.3b darin besteht, das zum ersten Mal in Ez von *umgehängten* Amuletten die Rede ist.

2.1.2. Zu V.3d. Die Frage an den Propheten ist rhetorischer Natur und impliziert eine ablehnende Antwort. Jahwe läßt sich von den synkretistischen Ältesten nicht erbitten. Aus der Formulierung der Frage mit דרש ni. geht hervor, daß האדרש אדרש die Verweigerung eines Gnadenerweises meint.

2.1.3. Zu V.4h.5ab. Diese Äußerungseinheiten umfassen die Hintergrundschilderung, welche die Propheteninstruktion I in den vorausgegangenen Ereignisstrom einordnet. Die qatal-Form נעניתי in V.4h verbindet das Geschehen mit dem ersten Ältestentreffen und mit dem dort erfolgten Tod des Pelatjahu. Dessen Sterben hat nach V.5a die Aufgabe, den Israeliten, die "allesamt" dem Götzendienst verfallen sind, die Amulette von den Hälsen zu reißen. Durch diese Feststellung und die in Ez 20 erfolgende Weiterführung des Themas rückt der Götzendienst immer mehr ins Zentrum der Konfrontation zwischen Jahwe und den Ältesten, bis er schließlich zum Articulus stantis et cadentis Judae wird.

2.1.4. Zu V.4h. ב in ברב גלוליו ist nicht adversativ, sondern als Beth normae mit "gemäß" zu übersetzen. So ist der Götzendienst zwar ein Hindernis, um von Jahwe Wohltaten zu empfangen, nicht aber, um von ihm eine den Umständen angepaßte Reaktion zu erhalten.

2.1.5. Zum Verhältnis der Ältesten zum Götzendienst. Schon Ez 8,12 zeigt, daß die Ältesten in einer Phase des Überganges vom Jahwe- zum Götzenkult stehen. Ihr religiöses Verhalten oszilliert zwischen einer versteckten Götzenanbetung und einer vordergründigen Jahweverehrung. Jahwe wird für sie mehr und mehr zu einer Gottheit unter vielen. Das zeigt auch Ez 14,1. Die Macht der neuen Herrscher in Restjuda, die seit der ersten Deportation das Ruder übernommen haben, gründet nicht mehr auf Jahwe, weil sie ihn als exilierten Gott betrachten. Machtpolitisch ist ihre Stellung zweifach bedroht: durch den Ansturm Babylons und durch eine Rückkehr der alten Führungsschicht. Ein Ausweg aus diesem Dilemma ist die Hinwendung zum Heidentum. Sie unterhöhlt die auf Jahwe gegründeten Ansprüche der Golah und erleichtert die Koexistenz mit den heidnischen Großmächten. Kaschiert wird dieser Abfall mit der Aussage, daß nicht Restjuda Jahwe, sondern Jahwe Restjuda verlassen hat. In Ez 14 verstärkt sich die idolatrische Tendenz der Ältesten, weil ihr Götzendienst in Ez 11 trotz der zentralen Stellung, die er in der Tempelvision einnimmt, kaum zur Sprache kommt. So ereignet sich das Treffen zwischen Ältesten und Prophet in Ez 14 auf dem Hintergrund der Gleichgültigkeit der Ältesten, deren Herz den Götzen nachhängt. Als Vertreter der führenden Klasse in Restjuda erhoffen sie sich von der Zukunft nur eine Beibehaltung des Status quo.

2.2. *Die Ältestenanrede: Ez 14,6b-8e*

2.2.1. Ez 11,5-12 ist die erste ez Ältestenanrede. Sie bildet den Hintergrund für das zweite Ältestenwort. Dieses nimmt Ez 11,5-12 an der Stelle auf, wo die Anrede wegen des Todes des Pelatjahu abgebrochen wurde und führt die dort angerissene Frage des Götzendienstes aus. Die in Ez 11 angekündigte Vernichtung wird präzisiert, indem, wie bei der Tempelreinigung in Ez 9, ein Notausgang offenbleibt. Das ändert sich in der dritten Anrede in Ez 20, die den Ältesten das Scheitern aller Rettungsversuche und die Totalvernichtung Restjudas ankündigt.

2.2.2. Zu V.6cde. Der Umkehrruf durchbricht die im Rechtssatz übliche enge Verknüpfung von Straffall und Straffolge, die beim Tod des Pelatjahu in Ez 11,13 sichtbar ist. Die Umkehr wird den Ältesten angeboten, obwohl die Tempelvision in Ez 9 die Totalvernichtung Restjudas schon angekündigt hat. Dieser Zwiespalt ist für die Ältesten aber nicht zu erkennen, weil sie von der Tempelvision fast nichts erfahren und die Strafankündigung in Ez 11,5-12 trotz ihrer Schärfe nicht als Ausrottung von ganz Restjuda verstanden werden muß. So klärt die Tempelvision den Propheten und die Golah über den tatsächlichen Ausgang der Dinge auf, während Ez 14,6b-8e die Ältesten auf einen Heilsweg hinweist, der im Sprechaugenblick der zweiten Ältestenanrede noch möglich wäre, in Tat und Wahrheit aber nicht ergriffen wird.

2.2.3. Zu V.6cde. Durch den imperativischen Umkehrruf ignoriert Jahwe die Gesprächsinitiative der Ältesten und trägt damit der angekündigten Antwortverweigerung Rechnung.

2.2.4. Zu V.6cde. Der Umkehrruf שובו והשיבו bezieht sich auf einen positiven Ausgangspunkt in der Geschichte Israels, wie er z.B. in Ez 20 ausdrücklich verworfen wird. Das ist möglich, weil der in die Vergangenheit blickende Heilsbezug nicht das Wohlverhalten Israels, sondern Gottes Heilshandeln meint. Zudem steht das in Ez 20 gesprochene Verdikt über die Geschichte Israels, das keine kritische Darstellung der Vergangenheit, sondern Spiegel der Gegenwart im Redezeitpunkt von Ez 20 ist, in Ez 14,6 noch aus. Vergangenheit und Gegenwart sind somit zwei Größen, die nicht in der linearen Entwicklungslinie von Ursache und Wirkung, sondern in der einander wechselseitig beeinflussenden Gegenüberstellung von Damals und Jetzt betrachtet werden.

2.2.5. Zu V.7g. In דרש לו בי (V.7f) ist ל im Sinne der Akk.-Partikel את zu verstehen, während ב den Aktanten bezeichnet, über den etwas in Erfahrung gebracht werden soll: "ihn über mich (=Jahwe) befragen". Die Ältesten, die von Jahwes Antwort unbefriedigt sind, wenden sich an den Propheten: Jahwe wird vom Fragesubjekt zum Frageobjekt degradiert.

2.2.6. Zu V.7h. ב in נענה־לו בי ist ein Beth communicationis. Es legt den Akzent auf die Ergehensweise der Replik: Jahwe antwortet "durch sich selbst", also "höchstpersönlich". לו bezeichnet den Auctor actionis.

2.2.7. Zu V.7s. Der Rechtssatz begründet den Umkehrruf. Die von den Ältesten durchgeführte synkretistische Prophetenkonsultation ist ein Tatbestand, der nach Bekehrung verlangt und die Jahwekonsultation verhindert. Direkt ist diese Botschaft trotz V.6a ("sprich zum *Haus Israel*") nur an die Ältesten gerichtet, weil V.6a zur Jahwe-Propheten-Ebene gehört und somit von den Ältesten nicht als Adressierung der Anrede verstanden werden kann.

2.2.8. Zu V.7s. Die Ältesten werden an wichtigen Stellen der Ältestenperikopen mit Rechtskategorien angesprochen. Diese Wahl der Sprachmittel erlaubt einen Rückschluß auf den für sie angenommenen Dialogstatus: Die rechtssprachliche Ältestenanrede impliziert eine besondere Rechtskompetenz der Ältesten. Das hängt damit zusammen, daß sie als Teil der führenden Oberschicht in Restjuda angesprochen werden, die von Berufs wegen mit der staatlichen Rechtsordnung konfrontiert sind.

2.2.9. Zu den Zusätzen im zweiten Rechtswort. Die aus dem Vergleich mit dem ersten Rechtswort erkennbaren Zusätze im zweiten Rechtswort unterstreichen dessen Landbezug und somit eine Anpassung an den Gesprächsstatus der angesprochenen, im Lande wohnenden Ältesten. Dieser Landbezug ist ein notwendiges Element der dtn Rechtsauffassung. Dagegen sind die Stileigenheiten des Rechtswortes exilsorientiert und H-nahestehend. Das Rechtswort argumentiert mit judäisch-dtn Rechtsinhalten, die es in der exilischen H-Sprache ausdrückt. Durch die dtn Komponente der Anrede werden die Ältesten in die Situation von Richtern in eigener Sache gestellt. So zeigt sich ihr Gesprächsstatus als Rechtsverständige, die als Restjudäer mit den an das Land gebundenen juridischen Kategorien des Dtn vertraut sind.

2.2.10. Zu V.7s und Lev 20,2b-6. V.7s ist gegenüber Lev 20,2b-6 zweifach charakterisiert: durch die von Jahwe (und nicht vom Volk) garantierte Bestrafung und durch die individuelle Formulierung der Strafe. Dafür ist schon Ez 9 ein Beispiel. Auch dort wird der Götzendienst von Jahwe selbst vergolten. Obwohl die Strafe alle trifft, wird deutlich, daß kein Unschuldiger, sofern vorhanden, für die Sünden eines anderen sterben muß.

2.2.11. Das erste Rechtswort spricht nur den Propheten an, informiert ihn über die Identität und den Hintergrund der Ältesten und zeigt somit eine Präzision im Rechtsfall, über den der Seher als außenstehender ins Bild zu setzen ist. Dagegen konkretisiert das für die Ältesten formulierte zweite Rechtswort die Anspielungen auf den Tod des Pelatjahu und zeigt eine Präzision in der Rechtsfolge. Sie ist für die Ältesten, die sich über die Konsequenzen ihres Tuns nicht bewußt sind, von Bedeutung.

2.2.12. Das Rechtswort in V.7s unterscheidet sich trotz der Übereinstimmungen in der Formulierung von H inhaltlich durch die Ausrichtung auf die prophetische Gottesbefragung, während H eher sakralrechtlich-kultisch orientiert ist. Der גר wird in V.7s in einer "dtn", distanzierenden Weise behandelt, die dem judäischen Rechtshintergrund der Ältesten entspricht. Der Einbezug des גר betont zugleich die Schwere des Vergehens. Es würde selbst für einen nicht ins Rechtssystem eingebundenen גר den Tod nach sich ziehen. Zugleich ist damit ein erster, wenn auch negativer, Schritt zum H-ähnlichen Einbezug des גר ins Rechtssystem gemacht, wobei judäische Verhältnisse vorausgesetzt sind, da die Unterscheidung von גר und Israelit in Babylon aufgehoben ist. Die Rede vom גר deckt ferner den momentanen Status der Ältesten als גרים in Babylon ab, was eine Universalisierung des Gesetzes über Palästina hinaus bedeutet. Den גר berücksichtigt auch נזר in V.7c. Es drückt das Sich Entfernen von Jahwe aus, das dem Götzendienst anhaftet, spielt aber nicht auf den Abfall an und eignet sich somit für den Israeliten und für den heidnischen גר. V.7f betont, daß der Straffall keine vollzogene synkretistische Jahwebefragung impliziert, sondern die Absicht dazu. Das entspricht der Situation in Ez 14,1.

2.2.13. Der Nachsatz des zweiten Rechtswortes setzt folgende Einzelakzente: V.8a drückt den Strafentschluß und die Verweigerung des göttlichen Mitleides aus. V.8b thematisiert die Wirkung von Jahwes Tun auf dritte, wie sie im Zuschauermotiv zur Sprache kommt. Die Zeichendeutung wird als unproblematisch gesehen. Sie gefährdet den Namen Gottes nicht, weil die Bestrafung wie bei Pelatjahu im Kleinbereich des einzelnen bleibt. Die Bestrafung des Pelatjahu ist auch ein Beispiel für die in V.8c erwähnte Ausrottung. V.8de redet schließlich von der Einsicht, zu der die vielen durch die Bestrafung der wenigen kommen. Damit ist das Drohpotential im Vergleich zur ersten Ältestenanrede gemildert, wohl weil die Anklage in Ez 11 nicht ohne Wirkung geblieben und in Jerusalem eine Besserung bezüglich der Sozialdelikte eingetreten ist. V.8dc steht anstelle des למען-Satzes (V.5ab) im ersten Rechtswort. Beidenorts kommt das Ziel der Strafe zur Sprache. Es ist, wegen der unterschiedlichen dialogischen Ausrichtungen der Rechtsworte verschieden beleuchtet. Die erste Zielangabe betont vor dem Seher die Notwendigkeit der Beseitigung des Götzendienstes. Die zweite Zielangabe geht tiefer und legt vor den Ältesten den Schwerpunkt auf die wahrhafte Gotteserkenntnis, die eine Conditio sine qua non für die dauerhafte Abkehr von den Götzen ist.

2.3. *Die Propheteninstruktion II: Ez 14,9a-11d*

2.3.1. Zu V.9. Ein Ziel des Rechtswortes in V.9 ist es, die Mitteilung des Heilswortes in V.11 an die Ältesten zu verhindern. Da Jahwe in Ez 14 sowohl Restjuda als auch die Golah anspricht, muß er zugleich zwei Anredezielen - Drohung für Restjuda und Heilsverheißung für die Golah - genügen. Das Prophetenrechtswort gewährleistet die Trennung der beiden Anrede-Ebenen. Es unterstreicht, daß die Antwortverweigerung in V.3d darauf abzielt, den Ältesten die Heilsansage in V.11 vorzuenthalten und sie auf die Unausweichlichkeit ihrer Lage hinzuweisen. Der Golah dient das Heilswort dagegen zur Beruhigung angesichts der drohenden Vernichtung Restjudas. Zugleich genügt es dem Faktum, daß das Ende Restjudas nicht das Aus für Israel bedeutet. Eine neue dialogische Situation legt Ez 20 vor. Die Würfel sind gefallen: Restjuda muß das Land verlassen und in der Wüste gerichtet werden, damit das Heil geschehen kann. Anders als in Ez 14 sind Heil und Unheil keine Alternativen, sondern Israels Heil erfordert das Unheil Restjudas.

2.3.2. Zu V.9c. דָּבָר bezeichnet nicht irgendein Wort, sondern das inspirierte Gotteswort. Entsprechend besteht das im Rechtswort gemeinte Vergehen in der Verkündigung des *ganzen* Gotteswortes an die Ältesten, während doch nur der mittlere Teil für sie bestimmt ist. Dieser ist vom דָּבָר zu unterscheiden. Der gleiche Gebrauch von דָּבָר findet sich u.a. auch in Ez 11,25.

2.3.3. Zu V.9bd. Beide פתה-Formen, die Passivform in V.9d und der qatal פתיתי in V.9d, gehören nicht zum Rechtsfall, sondern zur Hintergrundbeschreibung und bezeichnen eine von der Rechtshandlung vorausgesetzte Bedingung. Das bestätigt die Sachverhaltsanalyse und der Vergleich mit Lev-Rechtssätzen. Dort gehören die qatal-Syntagmen nicht zum Rechtsgefüge (Rechtsfall/Rechtsfolge), sondern sind Informationen zu Voraussetzungen, die vorauszugehen haben, damit der Tatbestand zustandekommt.

2.3.4. Zu V.9bd. פתה bezeichnet den göttlichen Ursprung des דבר, das kein Einfall des Sehers, sondern von der Gottheit eingegeben ist. Die Übersetzung von פתה lautet: "einen Propheten in Ekstase bzw. prophetische Begeisterung versetzen". Im Zusammenhang von V.9: *"Wenn der Prophet in Ekstase versetzt wird* (יפתה) *und ein Gotteswort spricht - und ich Jahwe es war, der diesen Propheten in Ekstase versetzt hat* (פתיתי) *- dann* (...)." Hos 2,16 und Jer 20,7 sind neben Ez 14,9 die einzigen Stellen, in denen פתה mit Jahwe als Subjekt auftritt. Beidenorts bezeichnet פתה Gottes Einwirken auf den Menschen, die der Mitteilung eines Gotteswortes vorausgeht und die prophetische Ekstase (o.ä.) auslöst. פתה meint somit nicht die falsche Prophetie, sondern unterstreicht, daß es dem Seher in Ez 14 verboten ist, den Ältesten das Gotteswort mitzuteilen, sofern es über die Ältestenanrede hinausgeht.

2.3.5. Zum Hintergrund von V.9. Daß Ezechiel daran gedacht hätte, das Gotteswort zu verkehren bzw. ein Jubelprophet inmitten des Unterganges von Restjuda zu werden, läßt sich aus Ez 14 als Hintergrund von V.9 nicht glaubhaft machen. Die Auslegung von פתה als Hinweis darauf, daß der Prophet in Gefahr steht, ein falsches Gotteswort zu verkündigen, ist also ergebnislos. Diese Gefahr ist aus zwei Gründen inexistent: erstens, weil der Prophet keine Verfügungsgewalt über den Inhalt des empfangenen Wortes hat, und, zweitens, weil die Ältesten nicht gekommen sind, um ihn, sondern Jahwe zu hören. Das Rechtswort ist darum bezüglich der Modalität, wie der Seher das empfangene Gotteswort *weiterzugeben* (nicht: zu formulieren) hat, zu verstehen.

2.3.6. Zu V.9ef. Die Verknüpfung mit Pelatjahus Tod zeigt, daß die Strafankündigung in V.9ef die Todesstrafe meint. Diese Syntagmen formulieren den ersten regulären Rechtsnachsatz in Ez 14. Damit löst sich die Rede von der Verhaftung an die Gesprächssituation (Älteste, Götzendienst) und verkündigt in einer prophetischen Voraussage das Ziel der Bestrafung.

2.3.7. Zu V.9f. Die Bezeichnung עמי wird in Ez 14 - und in Ez überhaupt - immer positiv verwendet.

2.3.8. Zum schuldig gewordenen Gerechten. Das Rechtswort in V.9 schneidet am Beispiel des Propheten ein Thema an, das in Ez 18 breit entfaltet wird. Den Gerechten, der schuldig wird, trifft es so wie den rückfälligen Sünder. Auf die Sprachgegenwart von Ez 14 bezogen, heißt das, daß die Ältesten den Jahwepropheten nicht als Rettungsanker betrachten können. Es ist vielmehr umgekehrt. Wenn dieser mit ihnen kollaboriert, werden die Ältesten ihn mit in den Abgrund reißen.

2.3.9. Zu V.10a. נשׂא עון nennt zwei mögliche Schuld/Sünde-Folgen, die Sühne bzw. die Strafe. Die Sühne entschädigt das Opfer (Gott oder Mensch), die Strafe schädigt den Täter. נשׂא עון in V.10a meint das Tragen der Strafe nach dem Vorbild des Todes des Pelatjahu.

2.3.10. Zum Rest Israels. In der Tempelvision und in Ez 14 büßt Restjuda seine Stellung als Repräsentant Israels ein. Es ist der zu entfernende sündige Teil. Danach wird Israel, das heißt die Golah, nach Ez 11,14-21 zum Volk Jahwes. Somit führen die Ältestenperikopen zu einem Paradigmenwechsel: Die Golah ist der neue Repräsentant Israels. Das widerspiegelt die Anpassung der Rede über Israel an den Dialogstatus der Golah in V.11. Die Exulanten sind nicht quantitativ, aber qualitativ der entscheidende Teil des Volkes, dessen Weiterleben durch sie garantiert wird. Entsprechend ist die Heilsansage zuerst auf die Golah ausgerichtet. Sie muß lernen, daß ihr Schicksal nicht auf

Gedeih und Verderben mit jenem Restjudas verkettet ist, sondern daß Restjudas Bestrafung eine Bedingung ist, um die Verbannten in das Land zu führen.

2.3.11. Zum Strafindividualismus. Der Strafindividualismus schwebt nicht im luftleeren Raum einer theoretischen Abhandlung über die Schuld von Einzelpersonen, sondern beantwortet die Frage nach der Abhängigkeit des Schicksals der Verbannten von jenem Restjudas. Dabei wird klar, daß die Ausrottung der judäischen Götzendiener kein Hindernis, sondern die Voraussetzung für Jahwes Heilshandeln an der Golah ist.

2.3.12. Zu V.11ab. Die Deliktformulierungen in V.11ab sind neutral. Sie werden erst durch den Kontext auf eine bestimmte Sündenart (z.B. Götzendienst) festgelegt. In V.11 ist der Götzendienstkontext zwar vorhanden, er liefert aber nur eine Teilerklärung für das in V.11a genannte Abirren. Im Vergleich zu Ez 14,3-10 ist der Bezug zum Götzendienst in V.11 massiv abgeschwächt. Der Vers spricht von der Reinigung Israels, welche die Abrechnung mit dem Götzendienst Restjudas einschließt und darüber hinausgeht. Diese Ausrichtung betont V.11b durch die Verwendung des Sündenvokabulars טמא und כל־פשעים. Es ist eine allgemeine Reinigung angezielt, die durch die Rückführung der Golah ins Land Wirklichkeit wird (vgl. z.B. Ez 20,43).

2.3.13. Zu den Straffolgen. Ältestenanrede und Propheteninstruktion II stellen die Strafe und ihre Folgen unterschiedlich dar. Das erklärt sich aus der jeweiligen dialogischen Einbettung. *6b-8e* greift bei der Anrede der Ältesten (und Restjudas) auf Pelatjahus Tod zurück. Die Ältesten sollen durch ihn einsehen, daß sie mit ihrem Götzendienst auf dem Holzweg sind. Damit unterstützt die Darstellung von Strafe und Straffolge den Umkehrruf: וידעתם und שובו sind auf den Götzendienst ausgerichtet. *V.10s* greift dagegen bei der Anrede des Sehers (und der Exulanten) auf die Eroberung Restjudas voraus und redet vom Heilsweg der Golah. Damit führen unterschiedliche dialogische Blickpunkte zu unterschiedlichen Darstellungen der gleichen Thematik.

2.3.14. Zu V.11cd. Die Bundesformel synthetisiert die Wiederherstellung Israels, die sich nach der Bestrafung Restjudas durch die Heimführung der Golah vollzieht. Ihr gehen zwei vorbereitende Schritte voraus, die V.11ab nennt: Rückführung zum Gesetzesgehorsam (לא־יתעו) und Reinigung von den Sünden/Götzen (ולא־יטמאו).

C. Ausblick

Am Ende der Untersuchung soll auf drei Bereiche hingewiesen werden, die durch den kommunikationsanalytischen Ansatz eine eingehendere Bearbeitung erfahren könnten.

Ein erstes Problemfeld, das einer dialoganalytischen Vertiefung harrt, ist die Lokalisierung des Propheten (vgl. III.3.1.). Vorliegende Untersuchung setzt die Richtigkeit der in Ez 1,1.3 gemachten Angaben über den Aufenthaltsort des Sehers voraus und verzichtet auf ihre dialoganalytische Überprüfung. Sie beschränkt sich darauf, zu zeigen, daß der Prophet und die ihn besuchenden Ältesten nicht den gleichen Wohnort besitzen und die Ältesten aus Juda stammen. Es ist möglich, die Angaben zum Wohnort des Propheten in Ez 1,11.3 literarkritisch anzuzweifeln und die These zu vertreten, daß sich der Prophet weder in Jerusalem noch in Babylon, sondern an einem dritten Ort, z.B. in der Nähe Judas, aufhalte, wo er von den exilischen Ältesten besucht wird. Die vorgelegte Analyse von Ez 14,1-11 liefert aber zwei Gründe gegen diese Hypothese. Der erste ist mit dem schleichenden Abfall Restjudas verknüpft. Läßt sich eine judäische Ältestendelegation in Babylon, die trotz Abfalltendenzen mit der Golah und Ezechiel Kontakt aufnimmt, aus politischen Motiven glaubhaft machen, ist die Anreise einer Ältestendelegation zu einem Ort, dessen einzige Attraktion die Anwesenheit eines Jahwepropheten wäre, schwerer zu beweisen. Ferner stellt sich die Frage, wem die Zeichenhandlungen des Propheten gelten, wenn er im religiös-politischen Niemandsland lebt.

Eine zweite Fragestellung, die gesprächsanalytisch zu vertiefen wäre, ist der Zusammenhang zwischen Ez 14,1-11 und dem Kapitelrest. Ez 14,12-23 ist ein Gotteswort, das den Propheten anredet und sich dann zu den Exulanten hinwendet. Mögliche Kontaktpunkte zu Ez 14,1-11 sind die rechtswortartige Gestalt von V.13ss und das Problem der Individualbestrafung.

Die Frage nach Kompositionskriterien eröffnet ein drittes Problemfeld. Es geht um das Verständnis des Ez–Buches über die dialogischen Einzeleinheiten hinaus. Ansätze dazu liefert vorliegende Arbeit durch den Aufweis des dialoganalytischen Zusammenhanges zwischen den Ältestenperikopen. Wie sind aber z.B. die Texte zwischen den Ältestenperikopen geordnet? Gibt es in Ez weitere Textgruppen wie die Ältestenperikopen und wenn ja: Wie verbinden sie sich zur vorliegenden Gestalt des Ez-Buches?

ANHANG

SIGELN UND ABKÜRZUNGEN

LITERATURVERZEICHNIS

INDICES

SIGELN UND ABKÜRZUNGEN

I. Zeitschriften, Reihen und Abkürzungen

AASF.DHL	Annales Academiae Scientiarum Fennicae. Dissertationes Humanarum Litterarum.
ABAW.PH	Abhandlungen der Bayerischen Akademie der Wissenschaften. Philosophisch-historische Abteilung.
ABD	The Anchor Bible Dictionary.
ACEBT	Amsterdamse Cahiers voor Exegese en Bijbelse Theologie.
AGJU	Arbeiten zur Geschichte des antiken Judentums und des Christentums.
AJBI	Annual of the Japanese Biblical Institute.
AKM	Abhandlungen für die Kunde des Morgenlandes.
ALBO	Analecta Lovaniensia Biblica et Orientalia.
Aloi.	Aloisiana. Scritti pubblicati sotto la direzione della Pontificia Facoltà teologica napoletana "San Luigi".
AnBib	Analecta Biblica.
AncB	Anchor Bible.
Anton.	Antonianum.
AOAT	Alter Orient und Altes Testament.
ArBib	The Aramaic Bible.
ArtTS	ArtScroll Tanach Series. A traditional commentary on the Books of the Bible.
ASTI	Annual of the Swedish Theological Institute.
ATA	Alttestamentliche Abhandlungen.
ATD	Das Alte Testament Deutsch.
AThANT	Abhandlungen zur Theologie des Alten und Neuen Testa-ments.
AT(R)	Das Alte Testament übersetzt, eingeleitet und erläutert von D. Eduard Reuß.
ATSAT	Arbeiten zu Text und Sprache im Alten Testament.
AUS.TR	American University Studies. Series VII. Theology and Religion.
BAT	Die Botschaft des Alten Testaments. Erläuterungen alttestamentlicher Schriften.
BB	Biblische Beiträge.

BBB	Bonner Biblische Beiträge.
BBC	The Broadman Bible Commentary.
BC	Biblischer Commentar über das AT.
BCBC	Believers Church Bible Commentary.
BC(S)	Biblia Comentada ed. Profesores de Salamanca.
B(D)	Die Bibel oder Die ganze Heilige Schrift Alten und Neuen Testaments (etc.) ed. August Dächsel.
BEAT	Beiträge zur Erforschung des Alten Testaments und des antiken Judentums.
BEThL	Bibliotheca Ephemeridium Theologicarum Lovaniensium.
BetM	Beth Mikra.
BEvTh	Beiträge zur evangelischen Theologie.
BFChTh	Beiträge zur Förderung christlicher Theologie.
BFCTL	Bibliothèque de la Faculté Catholique de Théologie de Lyon.
Bib	Biblica. Commentarii periodici ad rem biblicam scientifice investigandam.
BibBB	Biblische Basis Bücher.
Bijdr	Bijdragen. Tijdschrift voor filosofie en theologie.
BInt	Biblical Interpretation.
BInt.S	Biblical Interpretation Series.
BKAT	Biblischer Kommentar Altes Testament.
BN	Biblische Notizen. Beiträge zur exegetischen Diskussion.
BN.B	Biblische Notizen Beihefte.
BrUS	Brown University Studies.
BSH	Bibliothèque des sciences humaines.
BSt	Biblische Studien.
BWANT	Beiträge zur Wissenschaft vom Alten und Neuen Testament.
BZ	Biblische Zeitschrift.
BZAW	Beiheft zur Zeitschrift für die alttestamentliche Wissenschaft.
CB.OT	Coniectanea Biblica. Old Testament Series.
CBQ	Catholic Biblical Quarterly.
CBSC	The Cambridge Bible for Schools and Colleges.
CChr.SL	Corpus Christianorum. Series Latina.
CCONT	A Commentary, Critical, Experimental, and Practical, on the Old and New Testaments.
CCS.OT	The Communicator's Commentary Series. Old Testament.
CEA	Critical Essays in Anthropology.
CeB	The Century Bible.
CEI	La Sacra Bibbia. Edizione ufficiale della Conferenza Episcopale Italiana.

ComOT	Commentary on the Old Testament.
CONT	A Critical Commentary and Paraphrase on the Old and New Testament and the Apocrypha.
COT	Commentaar op het Oude Testament.
CoTh	Collectanea Theologica.
CP	Collection Points.
CRB	Cahiers de la Revue Biblique.
CSEL	Corpus Scriptorum Ecclesiasticorum Latinorum.
CSS	Cursus Sacrae Scripturae.
CTL	Cambridge Textbooks in Linguistics.
CTS.LCL	Collezione di testi e di studi. Linguistica e critica letteraria.
DSD	Dead Sea Discoveries.
DT	Die Theologie. Einführungen in Gegenstand, Methoden und Ergebnisse ihrer Disziplinen und Nachbarwissenschaften.
EB	Echter-Bibel. Die Heilige Schrift in deutscher Übersetzung.
EdF	Erträge der Forschung.
EHS.T	Europäische Hochschulschriften. Reihe 23. Theologie.
EJud	Encyclopaedia Judaica. Berlin
EL	Exempla Logica.
EncJud	Encyclopedia Judaica. Jerusalem.
EpC	Epworth Commentaries.
EstAg	Estudio Agustiniano.
EtB	Études Bibliques.
ETh	Église et Théologie.
EThL	Ephemerides Theologicae Lovanienses.
EThSt	Erfurter Theologische Studien.
EvThBeih	Beiheft zu "Evangelische Theologie".
ExpB	Expositor's Bible.
FAT	Forschungen zum Alten Testament.
FOTL	The Forms of the Old Testament Literature.
FRLANT	Forschungen zur Religion und Literatur des Alten und Neuen Testaments.
FTS	Frankfurter Theologische Studien.
fzb	Forschung zur Bibel.
GAT	Grundrisse zum Alten Testament.
GSL.AT	Geistliche Schriftlesung. Erläuterungen zum Alten Testament für die Geistliche Lesung.
GTA	Göttinger Theologische Arbeiten.
HAB	Harper's Annotated Bible Series.
HAT	Handbuch zum Alten Testament.

HBC	Harpers's Bible Commentary.
HB(C)	The Holy Bible (ed. F.C. Cook).
HBK	Herders Bibelkommentar. Die Heilige Schrift für das Leben erklärt.
HBS	Herders Biblische Studien.
HB(W)	The Holy Bible, in the Authorized Version.
HK	Handkommentar zum Alten Testament.
HSAT	Die Heilige Schrift des Alten Testamentes.
HSAT(D/S)	Die heilige Schrift des alten Testaments (ed. Th. A. Dereser und J.M.A. Scholz).
HSAT(K)	Die Heilige Schrift des Alten Testaments. Übersetzt von Emil Kautzsch.
HS(L)	Die Heilige Schrift des Alten Testamentes (etc.) erklärt von Petrus Lechner.
HSM	Harvard Semitic Monographs.
HTh.S	History and Theory Supplementum.
HUCA	Hebrew Union College Annual.
ICC	The International Critical Commentary.
IDB	The Interpreter's Dictionary of the Bible.
ILBS	Indiana Literary Biblical Series.
Int	Interpretation. A Journal of Bible and Theology.
IntB	The Interpreter's Bible.
IS	The Interface Series.
ITC	International Theological Commentary.
JANES	The Journal of the Ancient Near Eastern Society.
JBL	Journal of Biblical Literature.
JKHB	Jahrbuch der Kirchlichen Hochschule Bethel. Bielefeld.
JNSL	Journal of Northwest Semitic Languages.
JQR	The Jewish Quarterly Review. New Series.
JSOT	Journal for the Study of the Old Testament.
JSOT/ASOR.MS	Journal for the Study of the Old Testament/The American Schools of Oriental Research Monograph Series.
JSOT.S	Journal for the Study of the Old Testament. Supplement Series.
KAT	Kommentar zum Alten Testament.
KHC	Kurzer Hand-Commentar zum Alten Testament.
KK	Kurzgefaßter Kommentar zu den heiligen Schriften Alten und Neuen Testamentes sowie zu den Apokryphen.
KuD	Kerygma und Dogma.
KWCAT	Kurzgefasster wissenschaftlicher Commentar zu den Heiligen Schriften des Alten Testamentes.
LA	Liber Annuus. Studium Biblicum Franciscanum.

LB(Ch)	La Bible traduite et présentée par André Chouraqui.
LB(O/T)	La Bible ed. Émile Osty/Joseph Trinquet.
LB(R)	La Bible. Traduction nouvelle avec introductions et commentaires par Edouard Reuss.
LD	Lectio Divina.
LiS	Language in Society.
LiTh	Lieux théologiques.
LoB	Leggere oggi la Bibbia.
LOS	London Oriental Series.
LS	Los libros sagrados.
LThK	Lexikon für Theologie und Kirche.
LW	Das lebendige Wort.
MAT	El Mensaje del Antiguo Testamento.
MThZ	Münchener Theologische Zeitschrift.
NAC	The New American Commentary.
NCeB	The Century Bible. New Series.
NEB	Die Neue Echter Bibel.
NICOT	The New International Commentary on the Old Testament.
NRSV	New Revised Standard Version.
NVB	Nuovissima versione della Bibbia dai testi originali.
OBO	Orbis Biblicus Orientalis.
OCA	Orientalia Christiana Analecta.
OTC	An Old Testament Commentary for English Readers (ed. Charles John Ellicott).
OTGu	Old Testament Guides.
OTL	The Old Testament Library.
OTM	Old Testament Message.
OTS	Oudtestamentische Studiën.
PAB	Die Propheten des Alten Bundes.
PCB	Peake's Commentary on the Bible.
PCPAT	Praktischer Commentar über die Propheten des Alten Bundes.
PG	Patrologia graeca. Ed. J.P. Migne.
PL	Patrologia latina. Ed. J.P. Migne.
POT	De prediking van het Oude Testament.
Pro	Prooftexts. A Journal of Jewish Literary History.
ProCom	Proclamation Commentaries.
PŚ	Pismo Święte.
PSV	Parola spirito e vita. Quaderni di lettura biblica.
PWCJS	Proceedings of the World Congress of Jewish Studies.
PzT	Papiere zur Textlinguistik/Papers in Textlinguistics.

QuD	Quaestiones Disputatae.
QuE	Quaderni esegetici.
QuSem	Quaderni di Semitistica.
RB	Revue Biblique.
RevBib	Revista Bíblica.
RGRW	Religions in the Graeco-Roman World.
RhéBib	Rhétorique biblique.
RSB	Ricerche storico bibliche.
RSV	Revised Standard Version of the Bible.
SAT	Die Schriften des Alten Testaments.
SBAB	Stuttgarter Biblische Aufsatzbände.
SBAW	Sitzungsberichte der Bayerischen Akademie der Wissenschaften. Philosophisch-historische Klasse.
SBB	Stuttgarter biblische Beiträge.
SB(C)	La Sainte Bible traduite (etc.) par Aug. Crampon.
SB(Cl)	La Sainte Bible ed. Albert Clamer.
SB(F)	La Sainte Bible commentée (etc.) par L.-Cl. Fillion.
SBFA	Studium Biblicum Franciscanum Analecta.
SB(G)	La Sacra Bibbia ed. Salvatore Garofalo.
SB(J)	La Sainte Bible. Traduite en français sous la direction de l'École Biblique de Jérusalem.
SBL	The Society of Biblical Literature.
SBL.DS	Society of Biblical Literature. Dissertation Series.
SBL.SS	Society of Biblical Literature. Semeia Studies.
SB(P)	La Sainte Bible avec commentaire (etc.) par J.-A. Petit.
SBS	Stuttgarter Bibelstudien.
SB(T)	La Sainte Bible (Abbé Trochon).
SBThS	Sources for Biblical and Theological Study.
SBT.SS	Studies in Biblical Theology. Second Series.
SBV	Sainte Bible de Vence, en latin et en français.
SC	Sources Chrétiennes.
SDRL	Strumenti e documenti per la ricerca linguistica.
SemC	Semiotic Crossroads.
SJOT	Scandinavian Journal of the Old Testament.
SJTh	Scottish Journal of Theology.
SJTh.CITh	Scottish Journal of Theology. Current Issues in Theology.
SKK.AT	Stuttgarter kleiner Kommentar. Altes Testament.
SL	Science and Literature.
SonBB	Soncino Books of the Bible.
SPIB	Scripta Pontificii Instituti Biblici.

SRivBib	Supplementi alla Rivista Biblica.
SRT	Studien zur Religionstheologie.
SSN	Studia Semitica Neerlandica.
StTh	Studienbücher Theologie.
SuL	Sprache und Literatur.
TB	Theologische Bücherei. Neudrucke und Berichte aus dem 20. Jahrhundert.
TBC	Torch Bible Commentaries.
TBL	Tübinger Beiträge zur Linguistik.
ThDiss	Theologische Dissertationen.
Theol	Theologisches. Katholische Monatszeitschrift.
ThHB.AT	Theologisch-homiletisches Bibelwerk.
ThQ	Theologische Quartalschrift. Tübingen.
ThR	Theologische Revue.
ThSK	Theologische Studien und Kritiken.
ThSt(B)	Theologische Studien.
ThStKr	Theologische Studien und Kritiken.
ThWAT	Theologisches Wörterbuch zum Alten Testament.
ThZ	Theologische Zeitschrift.
TOB	Traduction œcuménique de la Bible.
TRE	Theologische Realenzyklopädie.
TStR	Toronto Studies in Religion.
TThZ	Trierer Theologische Zeitschrift.
TynB	Tyndale Bulletin.
VT	Vetus Testamentum.
VT.S	Supplements to Vetus Testamentum.
WBC	Word Biblical Commentary.
WBComp	Westminster Bible Companion.
WC	Westminster Commentaries.
WdF	Wege der Forschung.
WeBC	The Wesleyan Bible Commentary (ed. Charles W. Carter).
WMANT	Wissenschaftliche Monographien zum Alten und Neuen Testament.
WyBC	The Wycliffe Bible Commentary.
WZ(H)	Wissenschaftliche Zeitschrift der Martin-Luther-Universität Halle-Wittenberg.
ZABR	Zeitschrift für Altorientalische und Biblische Rechtsgeschichte.
ZAH	Zeitschrift für Althebraistik.
ZAW	Zeitschrift für die alttestamentliche Wissenschaft.
ZBK	Zürcher Bibelkommentare.
ZDMG	Zeitschrift der Deutschen Morgenländischen Gesellschaft.

ZNW	Zeitschrift für die neutestamentliche Wissenschaft und die Kunde der älteren Kirche.
ZS	Zeitschrift für Semiotik.
ZThK	Zeitschrift für Theologie und Kirche.

II. Verwendete bzw. zitierte sprachliche Abkürzungen

Akk.	Akkusativ
Althebr.	Althebräisch
a.M.	am Main
Anm.	Anmerkung
Aor.	Aorist
arab.	arabisch
aram.	aramäisch
AT	Altes Testament
at	alttestamentlich
atl	alttestamentlich
babyl.	babylonisch
Bd.	Band
bes.	besonders
bzw.	beziehungsweise
ca.	circa
chr	chronistisch
Chrys	Chrysostomus
d.h.	das heißt
Diss.	Dissertation
Dtn	Deuteronomium
dtn	deuteronomisch
dtr	deuteronomistisch
ed.	edidit, ediderunt, edited, editor, editores
EN	Eigennamen
et al.	et alii (und andere)
ev.	eventuell
EZ	Eisenzeit
fem.	feminin
frz.	französisch
FS	Festschrift
griech.	griechisch

H	Heiligkeitsgesetz
Hebr.	Hebraismus bzw. Hebräisch
hebr.	hebräisch
Hi./hi.	Hiphil
Hier.	Hieronymus
Hrsg.	Herausgeber
hrsg. v.	herausgegeben von
Imp.	Imperativ
Inf. abs.	Infinitivus absolutus
Inf. const.	Infinitivus constructus
Jerus.	Jerusalem
Jh.	Jahrhundert
KF	Kurzform
lat.	lateinisch
LBH	Late Biblical Hebrew
LF	Langform
Mald	Maldonatus
mass.	massoretisch
m.a.W.	mit anderen Worten
Med.	Medium
m/p	medium/passiv
NF	Nebenform
Ni./ni.	Niphal/niphal
o.ä.	oder ähnlich
o.J.	ohne Jahr
o.O.	ohne Ort
Orig.	Origenes
Pi./pi.	Piel/piel
Pl.	Plural
Polych	Polychronios
Prad	Pradus
Präp.	Präposition
Pu./pu.	Pual/pual
S.	Seite
s	sequens (folgend)
Schol	Scholien
sg.	singular
ss	sequentes (folgende)
Sym	Symmachus

Targ	Targum
Theod	Theodotion
TM	Textus massoreticus
u.a.	unter anderem
u.E.	unserer Einsicht (nach)
ugar.	ugaritisch
usw.	und so weiter
u.U.	unter Umständen
v.Chr.	vor Christus
Vf.	Verfasser
vgl.	vergleiche
Vol.	Volume
vs.	versus
WA	Weimarer Ausgabe der Werke M. Luthers
z.B.	zum Beispiel
zw.	zwischen
וגו	וגומר = usw.

LITERATURVERZEICHNIS

AALDERS, G. Ch.: Ezechiël I (1-24)/II (25-48). COT. Kampen 1955.

ABERBACH, Moses: Ezekiel, in: EncJud 6. Jerusalem (1972) 1078-1096.

ACKERMAN, Susan: Under Every Green Tree. Popular Religion in Sixth-Century Judah. HSM 46. Atlanta (Georgia) 1992.

ACKROYD, Peter R.: Exile and Restoration. A Study of Hebrew Thought of the Sixth Century BC. OTL. London 1968.

ADAM, Jean-Michel: Pragmatique linguistique du texte écrit. Aspects des recherches actuelles, in: BÜHLER/KARAKASH (1995) 33-54.

AEJMELAEUS, Anneli: Function and Interpretation of כי in Biblical Hebrew, in: JBL (1986) 193-209.

A LAPIDE, Cornelius: Commentaria in Scripturam Sanctam. Editio Nova. Tomus 12. Parisiis 1866.

ALBERTZ, Rainer: Religionsgeschichte Israels in alttestamentlicher Zeit. Teil 2: Vom Exil bis zu den Makkabäern. GAT 8/2. Göttingen 1992.

ALBRECHT, C.: Die Wortstellung im hebräischen Nominalsatze, in: ZAW (1887) 218-224 und (1888) 249-263.

ALBRIGHT, William Foxwell: Archaeology and the Religion of Israel. The Ayer Lectures of the Colgate-Rochester Divinity School. Baltimore 1946.

ALLEN, Leslie C.: Ezekiel 20-48. WBC 29. Dallas (Texas) 1990.

ALLEN, Leslie C.: The Structuring of Ezekiel's Revisionist History Lesson (Ezekiel 20:3-31), in: CBQ (1992) 448-462.

ALLEN, Leslie C.: Ezekiel 1-19. WBC 28. Dallas (Texas) 1994.

ALONSO SCHÖKEL, Luis (et al.): Ezequiel. LS 4/8. Madrid 1971.

ALONSO SCHÖKEL, Luis: Manual de poética hebrea. Madrid 1987.

ALONSO SCHÖKEL, Luis: Diccionario bíblico hebreo-español. Edición preparada por Víctor Morla y Vicente Collado. Madrid 1994.

ALONSO SCHÖKEL, Luis/BRAVO, José María: Apuntes de hermenéutica. Colección estructuras y procesos. Serie Religión. Madrid 1994. [Siglum: ALONSO/ BRAVO (1994)].

ALONSO SCHÖKEL, Luis/CARNITI, Cecilia: I Salmi. Volume 1. Roma 1992. [Siglum: ALONSO/CARNITI (1992)].

ALONSO SCHÖKEL, Luis/SICRE DIAZ, J.L.: Profetas II. Introducciones y comentario. Ezequiel, Doce Profetas Menores, Daniel, Baruc, Carta de Jeremías. Madrid 1980.

ALTER, Robert: The World of Biblical Literature, o.O. 1992.

ANDERSEN, Francis I.: Linguistic Coherence in Prophetic Discourse, in: BECK, Astrid B./BARTELT, Andrew H. et al. (ed.): Fortunate the Eyes That See. Essays in Honor of David Noel Freedman in Celebration of His Seventieth Birthday. Grand Rapids (Michigan)/Cambridge, U.K. (1995) 137-156.

ANDERSEN, Francis I./FORBES, A. Dean: The Vocabulary of the Old Testament. Roma 1989.

ANDERSEN, Francis I./FREEDMAN, David Noel: Amos. A New Translation with Introduction and Commentary. AncB. New York/London/Toronto/Sydney/Auckland 1989.

ANDRESEN, Carl: Zur Entstehung und Geschichte des trinitarischen Personenbegriffes, in: ZNW (1961) 1-39.

ARCHUTOWSKI, Józef: Proroctwo Ezechjela, in: PŚ 4. POZNAŃ/WARSZAWA/WILNO/LUBLIN (1930) 299-417.

ARISTOTELES: Poetik. Griechisch/Deutsch. Übersetzt und hrsg. v. Manfred Fuhrmann. Stuttgart 1989.

ASENIO, Félix: Ezequiel. Traducción y comentario, in: LSE 5. Madrid (1970) 713-919.

ASHLEY, Timothy R.: The Book of Numbers. NICOT. Grand Rapids (Michigan) 1993.

AUROUX, Sylvain (ed.): Les notions philosophiques. Dictionnaire. Tome 1 Philosophie occidentale: A-L. Encyclopédie philosophique universelle. Paris 1990.

AUSTIN, J.L.: Performative Äußerungen, in: Logik und Sprache. EL I. Bern/München 1974.

AUVRAY, Paul: Ézéchiel. Paris 1947.

AUVRAY, Paul: Le problème historique du livre d'Ezéchiel, in: RB (1948) 503-519.

AUVRAY, Paul: Ézéchiel. SB(J). Paris 1959².

BAILLY, A.: Dictionnaire grec-français. Paris 1950.

BALTZER, Dieter: Ezechiel und Deuterojesaja. Berührungen in der Heilserwartung der beiden großen Exilspropheten. BZAW 121. Berlin/New York 1971.

BALTZER, Dieter: Literarkritische und literarhistorische Anmerkungen zur Heilsprophetie im Ezechiel-Buch, in: LUST (1986) 166-181.

BALTZER, Klaus: Die Biographie der Propheten. Neukirchen-Vluyn 1975.

BARBIERO, Gianni: L'asino del nemico. Rinuncia alla vendetta e amore del nemico nella legislazione dell'Antico Testamento (Es 23,4-5; Dt 22,1-4; Lv 19,17-18). AnBib 128. Roma 1991.

BARBIERO, Gianni: Lo straniero nel Codice dell'Alleanza e nel Codice di Santità: tra separazione e accoglienza, in: CARDELLINI (1996) 41-69.

BARNHART, J.E.: Every Context Has a Context, in: SJTh (1980) 501-513.

BARR, James: Story and History in Biblical Theology, in: JR (1976) 1-17 (nachgedruckt in: BARR, James: The Scope and Autority of the Bible. Explorations in Theology. London 1980).

BARTELMUS, Rüdiger: HYH. Bedeutung und Funktion eines hebräischen »Allerweltswortes« - zugleich ein Beitrag zur Frage des hebräischen Tempussystems. ATSAT 17. St. Ottilien 1982.

BARTELMUS, Rüdiger: Menschlicher Mißerfolg und Jahwes Initiative. Beobachtungen zum Geschichtsbild des deuteronomistischen Rahmens im Richterbuch und zum geschichtstheologischen Entwurf in Ez 20, in: BN 70 (1993) 28-47.

BARTH, J.: Die Nominalbildung in den semitischen Sprachen. Leipzig 1894.

BARTH, J.: Vergleichende Studien, in: ZDMG (1889) 177-191.

BARTH, Karl: Der Römerbrief. 24.-25. Tausend. Zürich 1967.

BARTHÉLEMY, Dominique: Critique textuelle de l'Ancien Testament. Tome 3. Ézéchiel, Daniel et les 12 Prophètes. Fribourg/Göttingen 1992.

BARTHES, Roland: S/Z. Collection Points. [Paris] 1970.

BAUER, Hans/LEANDER, Pontus: Historische Grammatik der hebräischen Sprache des Alten Testamentes. 1. Band: Einleitung, Schriftlehre, Laut- und Formenlehre. Halle 1922.

BECKER, Joachim: Der priesterliche Prophet. Das Buch Ezechiel 1-24/25-48. SKK.AT 12/I.II. Stuttgart 1971.

BECKER, Joachim: Ez 8-11 als einheitliche Komposition in einem pseudoepigraphischen Ezechielbuch, in: LUST (1986) 136-150.

BEGRICH, Joachim: Studien zu Deuterojesaja. BWANT 77. Stuttgart 1938.

BEIERWALTES, Werner: Distanz und Nähe der Geschichte: Hegel und Platon, in: SCHUBERT, Charlotte/HUTTNER, Ulrich (ed.): Rom und der Griechische Osten. FS für Hatto H. Schmitt zum 65. Geburtstag. Stuttgart 1995.

BENVENISTE, Emile: Problèmes de linguistique générale II. BSH. Paris 1974.

BERGEN, Robert D. (ed.): Biblical Hebrew and Discourse Linguistics. Summer Institute of Linguistics. Dallas/Winona Lake 1994.

BERGES, U.: תָּעָה *tā'āh*, in: ThWAT VIII (1995) 720-725.

BERGSTRÄSSER, G.: Hebräische Grammatik. Mit Benutzung der von E. Kautzsch bearbeiteten 28. Auflage von Wilhelm Gesenius' hebräischer Grammatik. II. Teil: Verbum. Wilhelm Gesenius' hebräische Grammatik 29. Auflage. Leipzig 1926/29.

BERLINERBLAU, Jacques: The Vow and the 'Popular Religious Groups' of Ancient Israel. A Philological and Sociological Inquiry. JSOT.S 210. Sheffield 1996.

BERNHARDT, K.-H.: הָיָה *hājāh*, in: ThWAT II (1977) 402-408.

BERRY, George Ricker: Was Ezekiel in the Exile?, in: JBL (1930) 83-93.

BERTHOLET, Alfred: Die Stellung der Israeliten und der Juden zu den Fremden. Freiburg i.B./Leipzig 1896.

BERTHOLET, Alfred: Das Buch Hesekiel. KHC 12. Freiburg i.B./Leipzig/Tübingen 1897.

BERTHOLET, Alfred: Hesekiel. Mit einem Beitrag von Kurt Galling. HAT 13. Tübingen 1936.

BETTENZOLI, Giuseppe: Geist der Heiligkeit. Traditionsgeschichtliche Untersuchung des *QDŠ*-Begriffes im Buch Ezechiel. QuSem 8. Firenze 1979.

BETTENZOLI, Giuseppe: Gli "Anziani di Israele", in: Bib (1983) 47-73.

BETTENZOLI, Giuseppe: Gli "Anziani in Giuda", in: Bib (1983) 211-224.

BEUKEN, W.A.M.: EZ. 20: Thematiek en literaire vormgeving in onderling verband, in: Bijdr (1972) 39-64.

BEWER, Julius A.: The Prophets in the King James Version with Introduction and Critical Notes. New Yortk/London 1949.

BEYSE, K.-M.: מָשָׁל *māšal* I (etc.), in: ThWAT V (1986) 69-73.

DIE BIBEL. Die Heilige Schrift des Neuen und Alten Bundes. Deutsche Ausgabe mit den Erläuterungen der Jerusalemer Bibel. Freiburg/Basel/Wien 1968².

BIBLIA SACRA iuxta latinam Vulgatam Versionem ad codicum fidem iussu Pauli PP. VI cura et studio monachorum abbatiae pontificiae Sancti Hieronymi in Urbe Ordinis Sancti Benedicti edita. Liber Hiezechielis ex interpretatione Sancti Hieronymi cum prologo eiusdem et variis capitulorum seriebus. Romae 1978.

BIBLIA SACRA iuxta latinam Vulgatam Versionem ad codicum fidem iussu Pii PP. XI cura et studio monachorum Sancti Benedicti Commissionis Pontificiae a Pio PP. X institutae sodalium praeside Aidano Gasquet S.R.E. Cardinale edita. Libros Exodi et Levitici ex interpretatione sancti Hieronymi cum variis capitulorum seriebus recensuit D. Henricus Quentin (...). Romae 1929.

BIGGS, Charles R.: The Book of Ezekiel. EpC. London 1996.

BLAKE, Frank R.: A Resurvey of Hebrew Tenses with an Appendix: Hebrew Influence on Biblical Aramaic. SPIB 103. Roma 1951.

BLAU, Joshua: Hebrew Language. Biblical, in: EncJud 16. Supplementary Entries. Jerusalem (o.J.) 1568-1583.

BLENKINSOPP, Joseph: Ezekiel. Interpretation. A Bible Commentary for Teaching and Preaching. Louisville 1990.

BLOCK, Daniel I.: The Book of Ezekiel. Chapters 1-24. NICOT. Grand Rapids (Michigan)/Cambridge U.K. 1997.

BOADT, Lawrence: Ezekiel, in: BROWN, Raymond E./FITZMYER, Joseph A./ MURPHY, Roland E. (ed.): The New Jerome Biblical Commentary. Englewood Cliffs (New Jersey) 1990.

BOADT, Lawrence: Ezekiel, in: ABD 2. New York/London/Toronto/Sydney/ Auckland (1992) 711-722.

BODI, Daniel: Les *gillûlîm* chez Ézéchiel et dans l'Ancient Testament, et les différentes pratiques cultuelles associées à ce terme, in: RB (1983) 481-510.

BODI, Daniel: The Book of Ezekiel and the Poem of Erra. OBO 104. Freiburg (Schweiz)/Göttingen 1991.

BODINE, Walter R. (ed.): Linguistics and Biblical Hebrew. Winona Lake 1992.

BODINE, Walter R. (ed.): Discourse Analysis of Biblical Literature. What It Is and What It Offers. SBL.SS. Atlanta (Georgia) 1995.

BODINE, Walter R.: Discourse Analysis of Biblical Literature. What It Is and What It Offers, in: BODINE (1995) 1-18.

BOGGIO, Giovanni: "Lectio divina" del profeta Ezechiele. Padova 1997.

BONO, James J.: The Word of God and the Languages of Man. Interpreting Nature in Early Modern Science and Medicine. Volume 1: Ficino to Descartes. SL. Madison (Wisconsin)/London 1995.

BORI, Pier Cesare: L'interpretazione infinita. L'ermeneutica cristiana antica e le sue trasformazioni. Bologna 1987.

BORRET, Marcel: Introduction, in: ORIGÈNE (1989) 7-25.

BÖTTCHER, Friedrich: Ausführliches Lehrbuch der hebräischen Sprache. Nach dem Tode des Verfassers herausgegeben und mit ausführlichen Registern versehen von Ferdinand Mühlau. Erster Band. Leipzig 1866/Zweiter Band Leipzig 1868.

BOVATI, Pietro: Ristabilire la giustizia. Procedure, vocabolario, orientamenti. AnBib 110. Rome 1986.

BOVATI, Pietro/MEYNET, Roland: Le livre du prophète Amos. RhéBib 2. Paris 1994.

BRANDENBURG, Hans: Hesekiel. Priester, Seher, Prophet. LW 7. Gießen/Basel 1965.

BRAULIK, Georg: Deuteronomium 1-16,17. NEB. Würzburg 1986.

BREUER, Dieter: Einführung in die pragmatische Texttheorie. München 1974.

BREUER, Joseph: ספר יחזקאל. Das Buch Jecheskel übersetzt und erläutert. Frankfurt a.M. 1921.

BROCKELMANN, Carl: Hebräische Syntax. Neukirchen 1956.

BRONCKART, Jean-Paul (et al.): Le fonctionnement des discours. Un modèle psychologique et une méthode d'analyse. Neuchâtel/Paris 1985.

BRONGERS, H.A.: Die Partikel למען in der biblisch-hebräischen Sprache, in: Syntax and Meaning. Studies in Hebrew Syntax and Biblical Exegesis. OTS (1973) 84-96.

BROOME, Edwin C.: Ezekiel's Abnormal Personality in: JBL (1946) 277-292.

BROWN, Gillan/YULE, George: Discourse Analysis. CTL. Cambridge 1989 (Erstausgabe: 1983).

BROWNE, Laurence E.: Ezekiel and Alexander. London 1952.

BROWNLEE, William H.: Ezekiel 1-19. WBC 28. Waco (Texas) 1986.

BRUGGER, Walter (ed.): Philosophisches Wörterbuch. Wien 1948.

BRUNNER, Robert: Ezechiel. 1. Teil: Kapitel 1-24. ZBK. Zürich 1969^2.

BRUNO, D. Arvid: Ezechiel. Eine rhythmische und textkritische Untersuchung. Stockholm 1959.

BUCHHOLZ, Joachim: Die Ältesten Israels im Deuteronomium. GTA 36. Göttingen 1988.

BÜHLER, Pierre/KARAKASH, Clairette (ed.): Quand interpréter c'est changer. Pragmatique et lectures de la parole. Actes du Congrès international d'herméneutique. Neuchâtel, 12-14 septembre 1994. LiTh 28. Genève 1995.

BÜHLMANN, Walter: Vom rechten Reden und Schweigen. Studien zu Proverbien 10-31. OBO 12. Freiburg Schweiz/Göttingen 1976.

BÜHLMANN, Walter/SCHERER, Karl: Stilfiguren der Bibel. Ein kleines Nachschlagewerk. Mit einem Anhang von Otto Rickenbacher: Einige Beispiele stilistischer Analyse alttestamentlicher Texte. BB 10. Fribourg 1973.

BULTMANN, Christoph: Der Fremde im antiken Juda. Eine Untersuchung zum sozialen Typenbegriff "ger" und seinem Bedeutungswandel in der alttestamentlichen Gesetzgebung. FRLANT 153. Göttingen 1992.

BUNN, John T.: Ezekiel, in: BBC 6. Nashville, Tennessee (1971) 223-371.

BURDEN, Terry L.: The Kerygma of the Wilderness Traditions in the Hebrew Bible. AUS.TR 163. New York/Washington, D.C./Baltimore/San Francisco/Bern/Frankfurt am Main/Berlin/Vienna/Paris 1994.

BUTH, Randall: Methodological Collisions between Source Criticism and Discourse Analysis. The Problem of "Unmarked Temporal Overlay" and the Pluperfect/Nonsequential *wayyiqtol*, in: BERGEN (1994) 138-154.

BUTTENWIESER, Moses: The Date and Charakter of Ezekiel's Prophecies, in: HUCA (1930) 1-18.

CARDELLINI, Innocenzo (ed.): Lo «straniero» nella Bibbia. Aspetti storici, istituzionali e teologici. XXXIII Settimana biblica nazionale (Roma, 12-16 Settembre 1994), in: RSB 1-2 (1996).

CARDONA, Giorgio Raimondo: Dizionario di Linguistica. Roma 1988.

CARLEY, Keith W.: Ezekiel among the Prophets. A Study of Ezekiel's Place in Prophetic Tradition. SBT.SS 31. London 1975.

CARLEY, Keith W.: The Book of the Prophet Ezekiel. The Cambridge Bible Commentary. Cambridge 1974.

CARSON, D.A.: Exegetical Fallacies. Grand Rapids (Michigan)/Carlisle U.K. 1996².

CASSUTO, Umberto: Ezechiel, in: EJud VI (1930) 875-881.

CHAINE, J.: Introduction à la lecture des prophètes. EtB. Sixième édition revue. Paris 1946.

CHANTEPIE DE LA SAUSSAYE, Pierre Daniel: Die vergleichende Religionsforschung und der religiöse Glaube. Freiburg/Leipzig/Tübingen 1898.

CHOLEWIŃSKI, Alfred: Heiligkeitsgesetz und Deuteronomium. Eine vergleichende Studie. AnBib 66. Rome 1976.

CHOURAQUI, André: Yeḥézqèl. LB(Ch). Paris 1974.

CLEMENTS, Ronald E.: The Ezekiel Tradition: Prophecy in a Time of Crisis, in: COGGINS/PHILLIPS/KNIBB (1982) 119-136. (Neudruck: CLEMENTS [1996] 145-158).

CLEMENTS, Ronald E.: שָׁאַר *šā'r*, in: ThWAT VII (1993) 933-950.

CLEMENTS, Ronald E.: Old Testament Prophecy. From Oracles to Canon. Louisville (Kentucky) 1996.

CLEMENTS, Ronald E.: Ezekiel. WBComp. Louisville (Kentucky) 1996. [Siglum: CLEMENTS (1996a)].

CLINES, David J.A.: The Dictionary of Classical Hebrew. Volume א. Sheffield 1993.

CLINES, D.J.A./GUNN, D.M.: "You Tried to Persuade me" and "Violence! Outrage!" in Jeremiah XX 7-8, in: VT (1978) 20-27.

COATS, George W.: Rebellion in the Wilderness. The Murmuring Motif in the Wilderness Traditions of the Old Testament. Nashville/New York 1968.

COBERN, Camden M.: Ezekiel and Daniel. ComOT 8. New York/Cincinnati 1901.

CODY, Aelred: Ezekiel with an Excursus on Old Testament Priesthood. OTM 11. Wilmington (Delaware) 1984.

COGGINS, Richard/PHILLIPS, Anthony/KNIBB, Michael: Israel's Prophetic Tradition. Essays in Honour of Peter R. Ackroyd. Cambridge/London/New York/New Rochelle/Melbourne/Sydney 1982.

COHEN, Shaye J.D.: In Memoriam Morton Smith, in: SMITH (1996b) 279-285.

CONNOLLY, Peter: Phenomen[o]logical Exegesis and Patañjali's Yoga Sūtras, in: MASEFIELD/WIEBE (1994) 207-232.

CONRAD, J: זָקֵן *zāqen*, in: ThWAT II (1977) 639-650.

COOKE, George Albert: A Critical and Exegetical Commentary on the Book of Ezekiel. ICC. Edinburgh 1936.

COOPER, Lamar Eugene: Ezekiel. NAC 17. (o.O.) 1994.

CORNILL, Carl Heinrich: Das Buch des Propheten Ezechiel. Leipzig 1886.

CORTESE, Enzo: Ezechiele. NVB 27. Roma 1973.

COSERIU, Eugenio: Textlinguistik. Eine Einführung. Herausgegeben und bearbeitet von Jörn Albrecht. TBL 109. Tübingen 1981[2].

CRAIGIE, Peter C.: The Book of Deuteronomy. NICOT. Grand Rapids 1976.

CRAMPON, Aug.: La prophétie d'Ézéchiel, in: SB(C) 5. Paris/Rome/Tournai (1901) 461-643.

CURREY, G.: Ezekiel. Introduction, Commentary and Critical Notes, in: HB(C) 6. London (1876) 1-209.

DÄCHSEL, August: Das Alte Testament mit in den Text eingeschalteter Auslegung (etc.) 2./2 (Der Prophet Hesekiel: 433-656.), in: B(D). Leipzig 1898.

DANDAMAYEV, Muhamed A.: The Neo-Babylonian Elders, in: Societies and Languages of the Ancient Near East. Studies in Honour of I.M. Diakonoff. Warminster (1982) 38-41.

DAVIDSON, A.B.: Hebrew Syntax. Introductory Hebrew Grammar. Edinburgh 1902.

DAVIDSON, A.B.: The Book of the Prophet Ezekiel. With Notes and Introduction. CBSC. Cambridge 1906.

DAVIS, Ellen F.: Swallowing the Scroll. Textuality and the Dynamics of Discourse in Ezekiel's Prophecy. JSOT.S 78. Sheffield 1989.

DAWSON, David Allan: Text-Linguistics and Biblical Hebrew. JSOT.S 177. Sheffield 1994.

DEARMAN, J. Andrew: The Tophet in Jerusalem: Archaelogy and Cultural Profile, in: JNSL (1996) 59-71.

DELORME, Jean: Conversion et pardon selon le prophète Ézéchiel, in: Mémorial J. Chaine. BFCTL 5. Lyon (1950) 115-144.

DENNEFELD, L.: Les grands prophètes (Ézéchiel: 459-629), in: SB(Cl) 7. Paris 1946.

DENZ, Adolf: Die Verbalsyntax des neuarabischen Dialektes von Kwayriš (Irak). Mit einer einleitenden allgemeinen Tempus- und Aspektlehre. AKM XL,1. Wiesbaden 1971.

DE VAUX, Roland: Le «reste d'Israël» d'après les prophètes, in: RB (1933) 526-539.

DOMMERSHAUSEN, Werner: חָלַל *ḥālal* II, in: ThWAT II (1977) 981-986.

DRACH, Paul-Louis-Bernard David: Ézéchiel, in SBV 15. Paris/Bruxelles (1829) 196-435.

DRESSLER, Wolfgang (ed.): Textlinguistik. WdF 427. Darmstadt 1978.

DRESSLER, Wolfgang: Wege der Textlinguistik, in: DRESSLER (1978) 1-14.

DRIVER, G.R.: Ezechiel: Linguistic and Textual Problems, in: Bib (1954) 299-312.

DUGUID, Iain M.: Ezekiel and the Leaders of Israel. VT.S 56. Leiden/New York/Köln 1994.

DÜRR, Lorenz: Die Stellung des Propheten Ezechiel in der israelitisch-jüdischen Apokalyptik. Ein Beitrag zur Erklärung des Buches Ezechiel und zur israelitischen Religionsgeschichte. ATA 9.1. Münster 1923.

EGGER, Wilhelm: Methodenlehre zum Neuen Testament. Freiburg 1987.

EHRLICH, Arnold B.: מקרא כפשוטו (etc.; neuhebr: Mikrâ ki-Pheschutô [Die Schrift nach ihrem Wortlaut]. Scholien und kritische Bemerkungen zu den heiligen Schriften der Hebräer. 3. Die Propheten. Berlin 1901.

EHRLICH, Arnold B.: Randglossen zur Hebräischen Bibel. Textkritisches, Sprachliches und Sachliches. Fünfter Band. Ezechiel und die kleinen Propheten. Leipzig 1912.

EHRLICH, Carl Stephan: "Anti-Judäismus" in der hebräischen Bibel. Der Fall: Ezechiel, in: VT (1996) 169-178.

EICHRODT, Walther: Der Prophet Hesekiel. ATD. Göttingen 1966.

EISEMANN, Moshe: Yechezkel. The Book of Ezekiel. A New Translation with a Commentary Anthologized from Talmudic, Midrashic, and Rabbinic Sources. ArtTS. New York 1977.

ELIADE, Mircea: Traité d'histoire des religions. Morphologie du sacré: le ciel, le soleil, la lune, les eaux, les pierres, la terre, la végétation, l'espace sacré, le temps sacré, fonction des mythes, structure des symboles. Paris 1949 (deutsch: Die Religionen und das Heilige. Elemente der Religionsgeschichte. Salzburg 1954).

ENDO, Yoshinobu: The Verbal System of Classical Hebrew in the Joseph Story. An Approach from Discourse Analysis. SSN 32. Assen 1996.

EPHRAIM: (Ephraem Syrus): Opera omnia in sex tomos distributa, ed. Petrus Benedictus SJ. Band 2. Roma 1740.

EWALD, Heinrich: Ausführliches Lehrbuch der hebräischen Sprache des Alten Bundes. Siebente Ausgabe. Göttingen 1863.

EWALD, Heinrich: Jeremja und Hezeqiel mit ihren Zeitgenossen. PAB 2. Göttingen 1868[2] (1. Auflage: 1841).

FABRY, Heinz-Josef: לֵב *leḇ* לֵבָב *leḇāḇ*, in: ThWAT IV (1984) 413-451.

FARFÁN NAVARRO, Enrique: El desierto transformado. Una imagen deuteroisaiana de regeneración. AnBib 130. Roma 1992.

FASSBERG, Steven E. (שמואל פסברג): סוגיות בתחביר המקרא (neuhebr.: Argumenta in syntaxim Scripturae). Jerusalem 1994.

FAUSSET, A.R.: The Book of the Prophet Ezekiel, in: CCONT 4. Glasgow/ London (1868) 203-382.

FEIST, Udo: Ezechiel. Das literarische Problem des Buches forschungsgeschichtlich betrachtet. BWANT 138. Stuttgart/Berlin/Köln 1995.

FENSHAM, Frank Charles: The Books of Ezra and Nehemiah. NICOT. Grand Rapids (Michigan) 1982.

FERGUSON, Henry: An Examination of the Use of the Tenses in Conditional Sentences in Hebrew, in: JBL (1882) 40-94.

FILLION, L.-Cl.: La prophétie d'Ézéchiel, in: SB(F) 6. Paris (1903) 5-212.

FISCH, S: Ezekiel. Hebrew Text and English Translation with an Introduction and Commentary. SonBB. London/Jerusalem/New York 1950.

FISCHER, Georg: Die Redewendung דבר על־לב im AT - Ein Beitrag zum Verständnis von Jes 40,2, in: Bib (1984) 244-250.

FISHBANE, Michael: Sin and Judgment in the Prophecies of Ezekiel, in: Int (1984) 131-150.

FLANDERS, Henry Jackson/CRAPPS, Robert Wilson/SMITH, David Anthony: People of the Covenant. An Introduction to the Hebrew Bible. Fourth Edition. New York/Oxford 1996.

FLOSS, Johannes: Schöpfung als Geschehen? Von der Syntax zur Semantik in der priesterschriftlichen Schöpfungsdarstellung Gen 1,1-2,4a, in: NIEMANN, H. Michael/AUGUSTIN, Matthias/SCHMIDT, Werner H. (ed.): Nachdenken über Israel, Bibel und Theologie. Festschrift für Klaus-Dietrich Schunck zu seinem 65. Geburtstag. BEAT 37. Frankfurt am Main/Berlin/Bern/New York/Paris/Wien 1994.

FLOSS, Johannes: Verbfunktionen der Basis *HYY*, in: BN 30 (1985) 35-101.

FOHRER, Georg: Die Glossen im Buche Ezechiel, in: ZAW (1951) 33-53.

FOHRER, Georg: Ezechiel. Mit einem Beitrag von Kurt Galling. Tübingen 1955.

FOHRER, Georg: Die Hauptprobleme des Buches Ezechiel. Berlin 1952.

FOWLER, Roger (ed.): A Dictionary of Modern Critical Terms. Revised and Enlarged Edition. London/New York 1987.

FREEDMAN, David Noel: The Word of the Lord Shall Go Forth. Essays in Honor of David Noel Freedman in Celebration of His Sixtieth Birthday edited by Carol L. Meyers and M. O'Connor. Winona Lake (Indiana) 1983.

FREEDMAN, D.N./WILLOUGHBY, B.E./FABRY, H.-J.: נָשָׂא *nāśā'* (etc.), in: ThWAT V (1986) 626-643.

FÜGLISTER, Notker: Die Propheten. Berufung - Sendung - Kriterien, in: BSTEH, Andreas (ed.): Christlicher Glaube in der Begegnung mit dem Islam. Zweite Religionstheologische Akademie St. Gabriel. Referate - Anfragen - Diskussionen. SRT 2. Mödling 1996.

FUHS, Hans Ferdinand: Ezechiel 1-24. NEB. Würzburg 1984.

FUHS, Hans Ferdinand: Ezechiel, Ezechielschriften, in: LThK III. Freiburg/Basel/Rom/Wien (1995) 1141-1143.

GALLING, Kurt: Textbuch zur Geschichte Israels. Tübingen 1968.

GARCIA CORDERO, Maximiliano: Libros Proféticos, in: BC(S) 3. Madrid 1961.

GARDINER, F.: The Book of the Prophet Ezekiel, in: OTC 5. London/Paris/New York (1884) 196-353.

GARMUS, Ludovico: O juízo divino na história. A História de Israel em Ez 20,1-44. Pars Dissertationis. Pontificia Universitade Antoniana, Studium Biblicum Franciscanum de Jerusalém. Petrópolis 1975.

GARSCHA, Jörg: Studien zum Ezechielbuch. Eine redaktionskritische Untersuchung von 1-39. EHS.T 23. Bern/Frankfurt a.M. 1974.

GAUTIER, Lucien: La mission du prophète Ézéchiel. Lausanne 1891.

GEIS, Michael L.: Speech Acts and Conversational Interaction. Cambridge 1995.

GELLER, Stephen A.: Were the Prophets Poets?, in: Pro (1983) 211-221. Nachdruck: GORDON (1995) 154-165.

GERSTENBERGER, Erhard S.: Das dritte Buch Mose. Leviticus. ATD 6. Göttingen 1993.

GERTZ, Jan Christian: Die Gerichtsorganisation Israels im deuteronomischen Gesetz. FRLANT 165. Göttingen 1994.

GESE, Hartmut: Ezechiel 20,25f. und die Erstgeburtsopfer, in: Festschrift für Walther Zimmerli zum 70. Geburtstag, hrsg. v. H. Donner, R. Hanhart, R. Smend. Göttingen (1977) 140-151. Nachdruck: GESE, Hartmut: Alttestamentliche Studien. Tübingen (1991) 72-83.

GESENIUS, Wilhelm: Hebräische Grammatik völlig umgearbeitet von E. Kautzsch. Acht und zwanzigste vielfach verbesserte und vermehrte Auflage. Leipzig 1909.

GESENIUS, Wilhelm: Hebräisches und aramäisches Handwörterbuch über das Alte Testament. Berlin/Göttingen/Heidelberg 1915 (1962^{17}).

GESENIUS, Wilhelm: Hebräisches und Aramäisches Handwörterbuch über das Alte Testament unter verantwortlicher Mitarbeit von Udo Rüterswörden bearbeitet und herausgegeben von Rudolf Meyer und Herbert Donner. 1. Lieferung א-ג. Berlin/Heidelberg/New York/London/Paris/Tokyo 1987^{18}.

GIBSON, J.C.L.: Davidson's Introductory Hebrew Grammar Syntax. 4th Edition. Edinburgh 1994.

GIL MODREGO, Angel: Estudio de *lēb/āb* en el Antiguo Testamento: análisis sintagmático y paradigmático. Investigación realizada para la obtención del Doctorado. Universidad Complutense de Madrid. Facultad de Filología. (Diss. Madrid o.J. [ca. 1990]; maschinenschriftlich).

GITAY, Yehoshua: Isaiah and his Audience. The Structure and Meaning of Isaiah 1-12. SSN 30. Assen/Maastricht (The Netherlands) 1991.

GOETTSBERGER, Johannes: Zu Ez 9,8 und 11,13.*, in: BZ (1931) 6-19.

GOLDINGAY, John: Models for Interpretation of Scripture. Grand Rapids (Michigan)/Carlisle 1995.

GORDON, Robert P.: "The Place Is Too Small for Us". The Israelite Prophets in Recent Scholarship. SBThS 5. Winona Lake (Indiana) 1995.

GORDON, Robert P.: Present Trends and Future Directions, in: GORDON (1995) 600-605. [Siglum: GORDON (1995a)].

GÖRG, Manfred: Fremdsein in und für Israel, in: MThZ (1986) 217-232.

GRABBE, Lester L.: Priests, Prophets, Diviners, Sages. A Socio-Historical Study of Religious Specialists in Ancient Israel. Valley Forge (Pennsylvania) 1995.

GRAFFY, Adrian: A Prophet Confronts His People. The Disputation Speech in the Prophets. AnBib 104. Rome 1984.

GRAUPNER, A.: שׁוּב *šûḇ*, in: ThWAT VII (1993) 1140-1166.

GREENBERG, Moshe (משה גרינברג): יחזקאל כ' והגלות הרוחנית [neuhebr.: Ez 20 et exsilium spirituale], in: Sepher D. Ben-Gurion. Jerusalem 1964 433-442.

GREENBERG, Moshe: Ezekiel 1-20. A New Translation with Introduction and Commentary. AncB 22. Garden City (New York) 1986.

GREENBERG, Moshe: Prolegomenon, in: Pseudo-Ezekiel and the Original Prophecy by Charles Cutler Torrey and Critical Articles by Shalom Spiegel and Charles Cutler Torrey. New York (1970) XI-XXIX.

GREENBERG, Moshe: The Vision of Jerusalem in Ez 8-11: A Holistic Interpretation, in: The Divine Helmsman. Studies on God's Control of Human Events. Presented to Lou H. Silberman. Edited by James L. Crenshaw and Samuel Sandmel. New York (1980) 143-164.

GREENBERG, Moshe: What are Valid Criteria for Determining Inauthentic Matter in Ezekiel?, in: LUST (1986) 123-135.

GREENBERG, Moshe: Notes on the Influence of Tradition on Ezekiel, in: JANES (1993) 29-37.

GREENBERG, Moshe: Ezekiel 21-37. A New Translation with Introduction and Commentary. AncB 22A. New York/London/Toronto/Sydney/Auckland 1997.

GRILLI, Massimo: Comunità e Missione: le direttive di Matteo. EHS.T 458. Frankfurt a.M./Berlin/Bern/New York/Paris/Wien 1992.

GRONKOWSKI, Witold: Le messianisme d'Ézéchiel. Thèse pour le doctorat en théologie. Université de Strasbourg. Faculté de théologie catholique. Strasbourg 1930.

GRONKOWSKI, Witold: De natura Ezechielis „vinculorum". Seorsum impressum ex CoTh XVIII (1937). Lwów 1937.

GROS LOUIS, Kenneth R.R. (ed.): Literary Interpretations of Biblical Narratives. The Bible in Literature Courses. Nashville/New York 1974.

GROSS, Walter: Das nicht substantivierte Partizip als Prädikat im Relativsatz hebräischer Prosa, in: JNSL (1975) 23-47.

GROSS, Walter: Verbform und Funktion wayyiqṭol für die Gegenwart? Ein Beitrag zur Syntax poetischer althebräischer Texte. ATSAT 1. St. Ottilien 1976.

GROSS, Walter: Bundeszeichen und Bundesschluß in der Priesterschrift, in: TThZ (1978) 98-115.

GROSS, Walter: Otto Rössler und die Diskussion um das althebräische Verbalsystem, in: BN 18 (1982). 28-78.

GROSS, Walter: Rezension zu Beat Zuber, "Das Tempussystem des biblischen Hebräisch (etc.)", in: ThQ (1986) 148-150.

GROSS, Walter: Die Pendenskonstruktion im Biblischen Hebräisch. Studien zum althebräischen Satz I. ATSAT 27. St. Ottilien 1987.

GROSS, Walter: Rezension zu Beat Zuber, "Das Tempussystem des biblischen Hebr. (etc.)", in: Bib (1987) 422-427. [Siglum: GROSS (1987a)].

GROSS, Walter: Satzgrenzen bei Pendenskonstruktionen - der Pendenssatz, in: Text and Context. Old Testament and Semitic Studies for F.C. Fensham edited by W. Claasen. JSOT.S 48. Sheffield 1988 249-258.

GROSS, Walter: Satzfolge, Satzteilfolge und Satzart als Kriterien der Subkategorisierung hebräischer Konjunktionalsätze, am Beispiel der כי-Sätze untersucht, in: GROSS/IRSIGLER/SEIDL (1991) 97-117.

GROSS, Walter: Das Vorfeld als strukturell eigenständiger Bereich des hebräischen Verbalsatzes. Syntaktische Erscheinungen am Satzbeginn, in: IRSIGLER (1993) 1-24.

GROSS, Walter: Zur syntaktischen Struktur des Vorfeldes im hebräischen Verbalsatz, in: ZAH (1994) 203-214.

GROSS, Walter (ed.): Jeremia und die »deuteronomistische Bewegung«. Mit Beiträgen von Dieter Böhler (et al.). BBB 98. Weinheim 1995.

GROSS, Walter/IRSIGLER, Hubert/SEIDL, Theodor (ed.): Text, Methode und Grammatik. Wolfgang Richter zum 65. Geburtstag. St. Ottilien 1991.

GROTIUS, Hugo: Annotationes in Vetus Testamentum emendatius edidit et brevibus complurium locorum dilucidationibus auxit Georgius Ioannes Ludov. Vogel/Hugonis Grotii. Post mortem B. Vogelii continuavit Iohannes Christophorus Doederlein. Tomus Secundus. Halae (Halle) 1776 (Erstausgabe 1644).

GRÜNWALDT, Klaus: Rezension zu Christiana van Houten, "The Alien in Israelite Law (etc.)"; Christoph Bultmann, "Der Fremde im antiken Juda (etc.)", in: BZ (1996) 112-115.

GUINOT, Jean-Noël: Introduction, in: Théodoret de Cyr. Commentaire sur Isaïe. SC 276. Paris (1980) 9-134.

GÜLICH,Elisabeth/RAIBLE, Wolfgang: Überlegungen zu einer makrostrukturellen Textanalyse - J. Thurber, *The Lover and his Lass*, in: GÜLICH, Elisabeth/HEBER, Klaus/RAIBLE, Wolfgang: Linguistische Textanalyse. Überlegungen zur Gliederung von Texten. PzT 8. Hamburg (1979^2) 73-126.

HAAG, Herbert: Was lehrt die literarische Untersuchung des Ezechiel-Textes? Eine philologisch-theologische Studie. Freiburg (CH) 1943.

HAHN, Scott Walker: Kinship by Covenant: A Biblical Theological Study of Covenant Types and Texts in the Old and New Testaments (Diss. Marquette University). Milwaukee (Wisconsin) 1995.

HALL, Bert Harold: The Book of Ezekiel, in: WeBC 3. Peabody, Massachusets (1979) 366-497.

HALPERIN, David J: Seeking Ezekiel. Text and Psychology. University Park (Pennsylvania) 1993.

HALS, Ronald M.: Ezekiel. FOTL 19. Grand Rapids, Michigan 1989.

HAMP, Vinzens: Menschenopfer im AT, in: LThK VII (1962) 296-297.

HANKS, William F.: Language and Communicative Practices. CEA, o.O. 1996.

HARDMEIER, Christof: Texttheorie und biblische Exegese. Zur rhetorischen Funktion der Trauermetaphorik in der Prophetie. BEvTh 79. München 1978.

HARDMEIER, Christof: Prophetie im Streit vor dem Untergang Judas. Erzählkommunikative Studie. BZAW 187. Zur Entstehungssituation der Jesaja- und Jeremiaerzählungen in II Reg 18-20 und Jer 37-40. Berlin 1990.

HARDMEIER, Christof: Hermeneutik und Grammatik. Zum Zusammenhang von Sprachbeschreibung und Textwahrnehmung, in: GROSS/IRSIGLER/SEIDL (1991) 119-140.

HARDMEIER, Christof: Probleme der Textsyntax, der Redeeinbettung und der Abschnittgliederung in Jer 32, in: IRSIGLER (1993) 49-79.

HARFORD, John Battersby: Studies in the Book of Ezekiel. Cambridge 1935.

HARTLEY, John E.: The Book of Job. NICOT. Grand Rapids (Michigan) 1988.

HARTLEY, John E.: Leviticus. WBC 4. Dallas (Texas) 1992.

HARTOM, A.S. (א. שׁ. הרטום): ספרי המקרא. ספר יחזקאל [neuhebr.: Libri Scripturae. Liber Hiezechielis] Tel Aviv 1967.

HARVEY, Graham: The True Israel. Uses of the Names Jew, Hebrew and Israel in Ancient Jewish and Early Christian Literature. AGJU 35. Leiden/New York/Köln 1996.

HASEL, G.F.: כָּרַת *kāraṯ* (etc.), in: ThWAT IV (1984) 355-367.

HATCH, Edwin/REDPATH, Henry A.: A Concordance to the Septuagint and the Other Greek Versions of the Old Testament (Including the Apocryphal Books). Oxford 1897/Graz 1975.

HEILER, Friedrich: Das Gebet. Eine religionsgeschichtliche und religionspsychologische Untersuchung. München 1920.

HEILER, Friedrich: Erscheinungsformen und Wesen der Religion. Stuttgart 1961.

HEINISCH, Paul: Das Buch Ezechiel. Übersetzt und erklärt. HSAT VIII/1. Abteilung. Bonn 1923.

HERMISSON, Hans-Jürgen: Kriterien "wahrer" und "falscher" Prophetie im Alten Testament. Zur Auslegung von Jeremia 23,16-22 und Jeremia 28,8-9, in: ZThK (1995) 121-139.

HERNTRICH, Volkmar: Ezechielprobleme. Giessen 1933.

HERRMANN, Christian: Ägyptische Amulette aus Palästina/Israel. Mit einem Ausblick auf ihre Rezeption durch das Alte Testament. OBO 138. Freiburg Schweiz/Göttingen 1994.

HERRMANN, Johannes: Ezechielstudien. Leipzig 1908.

HERRMANN, Johannes: Ezechiel. KAT XI. Leipzig/Erlangen 1924.

HERRMANN, Siegfried: Die prophetischen Heilserwartungen im Alten Testament. Ursprung und Gestaltwandel. BWANT 85. Stuttgart 1965.

HERZOG, Patricius: Die ethischen Anschauungen des Propheten Ezechiel. ATA 9.2/3. Münster 1923.

HIERONYMUS: S. Hieronymi presbyteri opera. Pars I opera exegetica 4 commentariorum in Hiezechielem libri XIV. CChr.SL 75. Turnholti 1964.

HILARIUS: Tractatus super psalmos. CSEL XXII. Pragae/Vindobonae/Lipsiae 1891.

HIPKISS, Robert A.: Semantics. Defining the Discipline. Mahwah (New Jersey)/Hove (UK) 1995.

HITZIG, Ferdinand: Der Prophet Ezechiel. Leipzig 1847.

HOFFMANN, Hans-Detlef: Reform und Reformen. Untersuchungen zu einem Grundthema der deuteronomistischen Geschichtsschreibung. Zürich 1980.

HOLLADAY, William L.: The Root šûbh in the Old Testament. With Particular Reference to its Usages in Covenantal Contexts. Leiden 1958.

HOLLADAY, William L.: A New Suggestion for the Crux in Isaiah I 4B, in: VT (1983) 235-237.

HÖLSCHER, Gustav: Hesekiel. Der Dichter und das Buch. Eine literarkritische Untersuchung. BZAW 39. Berlin 1924.

HOPPE, L: Elders and Deuteronomy. A Proposal, in: ETh (1983) 259-272.

HORST, Friedrich: Exilsgemeinde und Jerusalem in Ez VIII-XI. Eine literarische Untersuchung, in: VT (1953) 337-360.

HOSSFELD, Frank-Lothar: Untersuchungen zur Komposition und Theologie des Ezechielbuches. Würzburg 1977.

HOSSFELD, Frank-Lothar: Die Tempelvision Ez 8-11 im Licht unterschiedlicher methodischer Zugänge, in: LUST (1986) 151-165.

HOSSFELD, Frank-Lothar: Probleme einer ganzheitlichen Lektüre der Schrift. Dargestellt am Beispiel Ez 9-11, in: ThQ (1987) 266-277.

HOSSFELD, Frank-Lothar: Das Buch Ezechiel, in: ZENGER, Erich (et al.): Einleitung in das Alte Testament. StTh 1,1. Stuttgart/Berlin/Köln (1995) 345-359.

HOSSFELD, Frank-Lothar: Ezechiel und die deuteronomisch-deuteronomistische Bewegung, in: GROSS (1995) 271-295. [Siglum: HOSSFELD (1995a)].

HOSSFELD, Frank Lothar/MEYER, Ivo: Prophet gegen Prophet. Eine Analyse der alttestamentlichen Texte zum Thema: Wahre und falsche Propheten. BB 9. Fribourg 1973.

HOUSTON, Walter: What Did the Prophets Think They Were Doing? Speech Acts and Prophetic Discourse in the Old Testament, in: BInt (1993) 167-188. Nachdruck: GORDON (1996) 133-153.

HOWIE, Carl Gordon: The Date and Composition of Ezekiel. JBL.MS IV. Philadelphia (Pennsylvania) 1950.

HOWIE, Carl Gordon: Ezekiel, in: IDB II (1962) 203-213.

HRABANUS MAURUS: Commentaria in Ezechielem, in: PL (110) 497-1094.

HUNTER, Jannie H.: Interpretationstheorie in der postmodernen Zeit. Suche nach Interpretationsmöglichkeiten anhand von Psalm 144, in: SEYBOLD, Klaus/ZENGER, Erich: Neue Wege der Psalmenforschung. HBS 1. Freiburg/Basel/Wien (1994) 45-62.

HURVITZ, Avi: A Linguistic Study of the Relationship between the Priestly Source and the Book of Ezekiel. A New Approach to an Old Problem. CRB 20. Paris 1982.

IRSIGLER, Hubert: Einführung in das Biblische Hebräisch. I. Ausgewählte Abschnitte der althebräischen Grammatik. ATSAT 9. St. Ottilien 1978.

IRSIGLER, Hubert (ed.): Syntax und Text: Beiträge zur 22. Internationalen Ökumenischen Hebräisch-Dozenten-Konferenz 1993 in Bamberg. ATSAT 40. St. Ottilien 1993.

Irwin, William A.: The Problem of Ezekiel. An Inductive Study. Chicago (Illinois) 1943.

Jahn, G.: Das Buch Ezechiel auf Grund der Septuaginta hergestellt, übersetzt und kritisch erklärt. Leipzig 1905.

Jenni, Ernst: Die hebräischen Präpositionen. Band 1: Die Präposition Beth. Stuttgart/Berlin/Köln 1992.

Jenni, Ernst: Die hebräischen Präpositionen. Band 2: Die Präposition Kaph. Stuttgart/Berlin/Köln 1994.

Jenni, Ernst/Westermann, Claus: Theologisches Handwörterbuch zum Alten Testament (THAT). Zwei Bände. München/Zürich 1971/1976.

Jepsen, Alfred: Untersuchungen zum Bundesbuch. BWANT 41. Stuttgart 1927.

Joosten, Jan: People and Land in the Holiness Code. An Exegetical Study of the Ideational Framework of the Law in Leviticus 17-26. VT.S 67. Leiden/New York/Köln 1996.

Joüon, Paul: Grammaire de l'hébreu biblique. Rome 1923 (Édition photomécanique corrigée: 1965. Réimpression photomécanique: 1987).

Joüon, Paul: Locutions hébraïques avec la préposition עַל devant לֵב, לֵבָב, in: Bib (1924) 49-53.

Joüon, Paul: A Grammar of Biblical Hebrew. Translated and Revised by T. Muraoka. Volume 1/1: Orthography and Phonetics. 1/2: Morphology. Volume 2/3: Syntax. Paradigms and Indices. Reprint of First Edition, with Corrections. SubBi 14/1.2. Roma 1993.

Joyce, Paul: Individual Responsibility in Ezekiel 18?, in: Livingstone, E.A. (ed.): Studia Biblica 1978. I. Papers on Old Testament and Related Themes. Sixth International Congress on Biblical Studies. Oxford 3-7 April 1978. JSOT.S 11. Sheffield 1979 185-196.

Joyce, Paul: Ezekiel and Individual Responsibility, in: Lust (1986) 317-321.

Joyce, Paul: Divine Initiative and Human Response in Ezekiel. JSOT.S 51. Sheffield 1989.

Kapelrud, A.S.: אֶבֶן, in: ThWAT I (1973) 50-53.

Kaufmann, Yehezkel: The Religion of Israel. From Its Beginnings to the Babylonian Exile (translated and abridged by Moshe Greenberg). Chicago 1960.

Keel, Othmar/Schroer, Silvia: Studien zu den Tempelsiegeln aus Palästina/Israel. Band I. OBO 67. Freiburg Schweiz/Göttingen 1985.

Keel, Othmar/Uehlinger, Christoph: Göttinnen, Götter und Gottessymbole. Neue Erkenntnisse zur Religionsgeschichte Kanaans und Israels aufgrund bislang unerschlossener ikonographischer Quellen. QuD 134. Freiburg/Basel/Wien 1992.

Keil, Carl Friedrich: Der Prophet Ezechiel. BC 3.3. Leipzig 1882.

Kellermann, D.: גּוּר (etc.), in: ThWAT I (1973) 979-991.

Khan, Geoffrey: Studies in Semitic Syntax. LOS 38. Oxford 1988.

KILWING, Norbert: היה als Kopula im Nominalsatz, in: BN 7 (1978) 36-61.

KITTEL, Rudolph: Geschichte des Volkes Israel. 3. Band. Die Zeit der Wegführung nach Babel und die Aufrichtung der neuen Gemeinde. 1. Hälfte. Stuttgart 1927.

KLEIN, Ralph W.: Ezekiel. The Prophet and His Message. Columbia (South Carolina) 1988.

KLEIN, Wassilios: Propheten/Prophetie. Religionsgeschichtlich, in: TRE 27. Berlin (1996) 473-476.

KLEINER, Michael: Saul in En-Dor. Wahrsagung oder Totenbeschwörung? Eine synchrone und diachrone Untersuchung zu 1 Sam 28. EThSt 66. Leipzig 1995.

KLOSTERMANN, August: Ezechiel. Ein Betrag zu besserer Würdigung seiner Person und seiner Schrift, in: ThStKr (1877) 391-439.

KNABENBAUER, Josephus: Commentarius in Ezechielem Prophetam. CSS Parisiis 1890.

KNIERIM, Rolf: Die Hauptbegriffe für Sünde im Alten Testament. Gütersloh 1965.

KNIERIM, Rolf P.: Customs, Judges, and Legislators in Ancient Israel, in: EVANS, Craig A./STINESPRING, William F.: Early Jewish and Christian Exegesis. Studies in Memory of William Hugh Brownlee. Atlanta [Georgia] (1987) 3-15.

KNIPPING, B.: שָׁבַר *šāḇar*, in: ThWAT VII (1993) 1027-1040.

KOCH, Klaus: Die Propheten II. Babylonisch-persische Zeit. Stuttgart/Berlin/Köln/Mainz 1980.

KOEHLER, Ludwig: Syntactica IV, in: VT (1953) 299-305.

KOENEN, Klaus: Heil den Gerechten - Unheil den Sündern! Ein Beitrag zur Theologie der Prophetenbücher. BZAW 229. Berlin/New York 1994.

KOHATA, Fujiko: Jahwist und Priesterschrift in Exodus 3-14. Berlin/New York 1986.

KÖNIG, Eduard: Historisch-kritisches Lehrgebäude der hebräischen Sprache, mit steter Beziehung auf Qimchi und die anderen Auctoritäten. Erste Hälfte: Lehre von der Schrift, der Aussprache, dem Pronomen und dem Verbum. Leipzig 1881.

KÖNIG, Eduard: Historisch-comparative Syntax der hebräischen Sprache. Schlusstheil des historisch-kritischen Lehrgebäudes des Hebräischen. Leipzig 1897.

KÖNIG, Eduard: Syntactische Excurse zum Alten Testament, in: ZAW (1899) 259-287.

KÖNIG, Eduard: Stilistik, Rhetorik, Poetik in Bezug auf die biblische Litteratur. Leipzig 1900.

KOSCHMIEDER, Erwin: Zur Bestimmung der Funktionen grammatischer Kategoricn ABAW.PI I 25. München 1945.

KOSCHMIEDER, Erwin: Die noetischen Grundlagen der Syntax. SBAW 4 (1951). München 1952.

KRAETZSCHMAR, Richard: Das Buch Ezechiel. HK. Göttingen 1900.

KRAŠOVEC, Jože: Is There a Doctrine of "Collective Retribution" in the Hebrew Bible?, in: HUCA 65 (1994) 35-89.

KRAUS, Hans-Joachim: Psalmen. BK 15/1. Neukirchen 1961².

KRAUS, Hans-Joachim: Geschichte der historisch-kritischen Erforschung des Alten Testamentes. Neukirchen-Vluyn 1969².

KRÜGER, Thomas: Geschichtskonzepte im Ezechielbuch. BZAW 180. Berlin/ New York 1989.

KUSTÁR, Péter: Aspekt im Hebräischen. Dissertation zur Erlangung der Doktorwürde der Theologischen Fakultät der Universität Basel. ThDiss 9. Basel 1972.

KUTSCH, Ernst: Die chronologischen Daten des Ezechielbuches. OBO 62. Freiburg (Schweiz)/Göttingen 1985.

KUTSCHER, Eduard Yechezkel: A History of the Hebrew Language. Edited by Raphael Kutscher. Jerusalem/Leiden 1982.

LAATO, Antti: History and Ideology in the Old Testament Prophetic Books, in: SJOT (1994) 267-297.

LAATO, Antti: History and Ideology in the Old Testament Prophetic Literature. A Semiotic Approach to the Reconstruction of the Proclamation of the Historical Prophets. CB.OT 41. Stockholm 1996.

LABUSCHAGNE, C.J.: ענה ʻnh I antworten, in: THAT (1976) 335-341.

LACOCQUE, André: The Land in "D" and "P", in: AUGUSTIN, Matthias/SCHUNK, Klaus Dietrich (ed.): "Dort ziehen Schiffe dahin...". Collected Communications to the XIVth Congress of the International Organization for the Study of the Old Testament, Paris 1992. BEAT 28. Frankfurt am Main/Berlin/Bern/New York/Paris/Wien (1996) 91-100.

LAMELAS, MÍGUEZ, Julio: Ezequiel. Texto bíblico: La Casa de la Biblia. Comentario: Julio Lamelas Míguez. MAT 14. Madrid/Salamanca/ Estella (Navarra) 1993.

LAMPARTER, Helmut: Zum Wächter bestellt. Der Prophet Hesekiel übersetzt und ausgelegt. BAT 21. Stuttgart 1968.

LANCELLOTTI, Angelo: Grammatica dell'ebraico biblico. A cura di Alviero Niccacci. Santa Maria degli Angeli-Assisi (PG) 1996.

LANCZKOWSKI, Günter: Einführung in die Religionsphänomenologie. DT. Darmstadt 1978.

LANG, Bernhard: Ezechiel. Der Prophet und das Buch. EdF 153. Darmstadt 1981.

LANG, Bernhard: כִּפֶּר *kippær* (etc.), in: ThWAT IV (1984) 303-318.

LAUHA, Risto: Psychophysischer Sprachgebrauch im Alten Testament. Eine strukturalsemantische Analyse von לב, נפש und רוח. I Emotionen. AASF.DHL 35. Helsinki 1983.

LECHNER, Petrus: Prophetia Ezechielis, in: HS(L) 3. Abtei St. Vincent in Nord-Amerika (1884) 417-540.

LEVEY, Samson H.: The Targum of Ezekiel. Translated, with Critical Introduction, Apparatus, and Notes. ArBib 13. Edinburgh 1987.

LEVI, Jaakov: Die Inkongruenz im biblischen Hebräisch. Wiesbaden 1987.

LEVIN, Christoph: Die Verheißung des neuen Bundes in ihrem theologiegeschichtlichen Zusammenhang ausgelegt. FRLANT 137. Göttingen 1985.

LEMAIRE, André: Les formules de datation dans Ézéchiel à la lumière de données épigraphiques récentes, in: LUST (1986) 359-366.

LIEDKE, Gerhard: Gestalt und Bezeichnung alttestamentlicher Rechtssätze. Eine formgeschichtlich-terminologische Studie. WMANT 39. Neukirchen-Vluyn 1971.

LIND, Millard C.: Ezekiel. BCBC. Scottdale (Pennsylvania)/Waterloo (Ontario) 1996.

LINDBLOM, Johannes: Die Religion der Propheten und die Mystik, in: ZAW (1939) 65-74.

LINDBLOM, Johannes: Prophecy In Ancient Israel. Oxford 1962.

LISOWSKY, Gerhard: Konkordanz zum hebräischen Alten Testament nach dem von Paul Kahle in der Biblia Hebraica edidit Rudolf Kittel besorgten Masoretischen Text. Unter verantwortlicher Mitwirkung von Leonhard Rost ausgearbeitet und geschrieben von Gerhard Lisowsky. Stuttgart 1981^2.

LIWAK, Rüdiger: Überlieferungsgeschichtliche Probleme des Ezechielbuches. Eine Studie zu postezechielischen Interpretationen und Kompositionen. Diss. Bochum 1976.

LIWAK, Rüdiger: Der Prophet und die Geschichte. Eine literar-historische Untersuchung zum Jeremiabuch. Stuttgart/Berlin/Köln/Mainz 1987.

LOFTHOUSE, W.F.: Ezekiel. Introduction. Revised Version with Notes. Illustrations. CeB. London 1911.

LOHFINK, Norbert: Die Sicherung der Wirksamkeit des Gotteswortes durch das Prinzip der Schriftlichkeit der Tora und durch das Prinzip der Gewaltenteilung nach den Ämtergesetzen des Buches Deuteronomium (Dt 16,18-18,22), in: WOLTER, H (ed.): Testimonium Veritati. Festschrift Wilhelm Kempf. FTS 7. Frankfurt 1971 143-155. Nachdruck: LOHFINK, Norbert: Studien zum Deuteronomium und zur deuteronomistischen Literatur I. SBAB 8. Stuttgart (1990) 305-323.

LOHFINK, Norbert: Kultzentralisation und Deuteronomium. Zu einem Buch von Eleonore Reuter, in: ZABR (1995) 117-148.

LOWTH, William: The Book of the Prophet Ezekiel, in: CONT 3. London (1844) 513-640.

LUST, Johan: Ez., XX, 4-26 une parodie de l'histoire religieuse d'Israël, in: EThL (1967) 488-527.

LUST, Johan: "Gathering and Return" in Jeremiah and Ezekiel, in: BOGAERT, P.-M. (ed.): Le livre de Jérémie. Le prophète et son milieu. Les oracles et leur transmission. BEThL LIV. Leuven 1981.

LUST, Johan: Ezekiel and his Book. Textual and literary Criticism and their Interrelation. BEThL 74. Leuven 1986.

LUST, Johan: Ezekiel Manuscripts in Qumran. Preliminary Edition of 4Q Ez a and b, in: Lust (1986) 90-100. [Siglum: LUST (1986a)].

LUTHER, Martin: Über das 1. Buch Mose. Predigten (1527), in: D. Martin Luthers Werke. Kritische Gesamtausgabe 24. Weimar 1900.

LYONS, John: Introduction to Theoretical Lingustics. Cambridge 1968.

LUTZKY, H.C.: On "The Image of Jealousy" (Ezekiel VIII 3,5), in: VT (1996) 121-124.

MAARSINGH, B.: Ezechiël. Deel I. POT. Nijkerk 1985.

MACDONALD, Peter J.: Discourse Analysis and Biblical Interpretation, in: BODINE (1992) 153-175.

MANFREDI, Silvana: Geremia il profeta simbolo della nazione. Contributo di teologia biblica per una teologia della profezia. Estratto dalla Dissertazione per il Dottorato. Facoltà teologica di Sicilia "S. Giovanni Evangelista". Palermo 1984.

MARQUIS, Galen: Allusive Rhetoric in the Prophecies of Ezekiel, in: PWCJS 11. Jerusalem, June 22-29, 1993. Division A. The Bible and its World. Jerusalem (1994) 131-136.

MASEFIELD, Peter/WIEBE, Donald (ed.): Aspects of Religion. Essays in Honour of Ninian Smart. TStR 18. New York/Washington,D.C./Baltimore/San Francisco/Bern/Frankfurt a. M./Berlin/Vienna/ Paris 1994.

MATTIES, Gordon H.: Ezekiel 18 and the Rhetoric of Moral Discourse. SBL.DS 126. Atlanta (Georgia) 1990.

MAY, Herbert G.: The Book of Ezekiel. Introduction, Text, Exegesis, in: IntB VI (1956) 39-338.

MAYER, G.: נזר *nzr* (etc.), in: ThWAT V (1986) 329-334.

MAYS, James Luther: Ezekiel, Second Isaiah. ProCom. Philadelphia (Pennsylvania) 1978.

McGOVERN, Patrick E.: Late Bronze Palestinian Pendants. Innovation in a Cosmopolitan Age. JSOT/ASOR.MS 1. Sheffield 1985.

McKEATING, Henry: Ezekiel. OTGu. Sheffield 1993.

MCKENZIE, John L.: The Elders in the Old Testament, in: Bib (1959) 522-540.

MCLAIN CARR, David: Isaiah 40:1-11 in the Context of the Macrostructure of Second Isaiah, in: BODINE (1995) 51-74.

MELTZER, Tova: Stylistics for the Study of Ancient Texts: Wanderings in the Borderlands, in: BODINE (1995) 131-151.

MILLARD, Matthias: Von der Psalmenexegese zur Psalterexegese. Anmerkungen zum Neuansatz von Frank-Lothar Hossfeld und Erich Zenger, in: BInt (1996) 311-328.

MESNIL DU BUISSON, (Compte) du: Une tablette magique de la région du moyen Euphrate, in: Mélanges syriens offerts a monsieur René Dussaud. Paris (1939) 421-434.

MESSEL, Nils: Ezechielfragen. Oslo 1945.

MEYER, Rudolf: Hebräische Grammatik. II Formenlehre Flexionstabellen. Berlin/New York 1969[3].

MEYER, Rudolf: Hebräische Grammatik. III Satzlehre. Berlin/New York 1972[3].

MILGROM, Jacob: Leviticus 1-16. A New Translation with Introduction and Commentary. AncB 3. New York/London/Toronto/Sydney/Auckland 1991.

MILLER, Cynthia L.: The Representation of Speech in Biblical Hebrew Narrative. A Linguistic Analysis. HSM 55. Atlanta (Georgia) 1996.

MILLER, James E.: The Thirtieth Year Of Ezekiel 1:1, in: RB (1992) 499-503.

MILLER, John Wolf: Das Verhältnis Jeremias und Hesekiels sprachlich und theologisch untersucht. Assen/Neukirchen 1955.

MILLER, Patrick D.: The World and Message of the Prophets: Biblical Prophecy in its Context, in: MAYS, James Luther/PETERSEN, David L./ RICHARDS, Kent Harold (ed.): Old Testament Interpretation. Past Present, and Future. Essays in Honour of Gene M. Tucker. Edinburgh (1995) 97-112.

MONARI, Luciano: Ezechiele. Un sacerdote-profeta. LoB 1.21. Brescia 1988.

MONARI, Luciano: La misericordia unilaterale (Ezechiele), in: PSV 1 (1994) 63-71.

MONLOUBOU, L.: Un prêtre devient prophète: Ézéchiel. LD 73. Paris 1972.

MOSCHKOWITZ, Jechiel Zwi (יחיאל צבי מושקוביץ): ספר יחזקאל [neuhebr.: Liber Hiezechielis]. Jerusalem 1985.

MOSIS, Rudolf: Ez 14,1-11 - ein Ruf zur Umkehr, in: BZ (1975) 161-194.

MOSIS, Rudolf: Das Buch Ezechiel. Kap. 1,1-20,44. GSL.AT 8/1. Düsseldorf 1978.

MOSIS, Rudolf: פתח *pth*, in: ThWAT VI (1989) 820-831.

MOWINCKEL, Sigmund: Prophecy and Tradition. The Prophetic Books in the Light of the Study of the Growth and History of the Tradition. Oslo 1946.

MUILENBURG, James: Ezekiel, in: PCB (1962) 568-590.

MÜLLER, Paul-Gerhard: Lexikon exegetischer Fachbegriffe. BibBB 1. Stuttgart/Kevelaer 1985.

MULLO WEIR, Cecil J.: Aspects of the Book of Ezekiel, in: VT (1952) 97-112.

MÜNDERLEIN, Gerhard: Kriterien wahrer und falscher Prophetie. Entstehung und Bedeutung im Alten Testament. EHS.T 33. Bern/Frankfurt am Main/Las Vegas 1979².

NAGANO, Shigehiro: The Elders of Israel in Exodus 24:9-11, in: AJBI 19. Tokyo (1993) 3-33.

NERLICH, Brigitte: Einführung in die Geschichte der Pragmatik, in: ZS (1996) 413-421.

NEUMANN, Peter H.A. (ed.): Das Prophetenverständnis in der deutschsprachigen Forschung seit Heinrich Ewald. Darmstadt 1979.

NICCACCI, Alviero: Rezension zu Beat Zuber, "Das Tempussysstem des biblischen Hebräisch (etc.)", in: LA 36 (1986) 397-405.

NICCACCI, Alviero: Sintassi del verbo ebraico nella prosa biblica classica. SBFA 23. Jerusalem 1986. [Siglum: NICCACCI (1986a)].

NICCACCI, Alviero: A Neglected Point of Hebrew Syntax: Yiqtol and Position in the Sentence, in: LA 37 (1987) 7-19.

NICCACCI, Alviero: Rezension zu Bruce K. Waltke/M. O'Connor, "An Introduction to Biblical Hebrew Syntax (etc.)", in: LA 39 (1989) 310-327.

NICCACCI, Alviero: The Syntax of the Verb in Classical Hebrew Prose. Translated by W.G.E. Watson. JSOT.S 86. Sheffield 1990.

NICCACCI, Alviero: Lettura sintattica della prosa ebraico-biblica. Principi e applicazioni. SBFA 31. Jerusalem 1991.

NICCACCI, Alviero: Diluvio, sintassi e metodo, in: LA 44 (1994) 9-46. [Siglum: NICCACCI (1994a)].

NICCACCI, Alviero: On the Hebrew Verbal System, in: BERGEN (1994) 117-137. [Siglum: NICCACCI (1994b)].

NICCACCI, Alviero: Rezension zu Walter Gross (et al.), "Text, Methode und Grammatik. Wolfgang Richter zum 65. Geburtstag (etc.)", in: LA 44 (1994) 667-692. [Siglum: NICCACCI (1994c)].

NICCACCI, Alviero: Rezension zu David Allan Dawson, "Text-Linguistics and Biblical Hebrew (etc.)", in: LA 45 (1995) 543-580.

NICHOLSON, Ernest: Story and History in the Old Testament, in: BALENTINE, Samuel E./BARTON, John (ed.): Language, Theology, and The Bible. Essays in Honour of James Barr. Oxford (1994) 135-150.

NOBILE, Marco: Una lettura simbolico-strutturalistica di Ezechiele. Estratto della dissertazione di laurea per il conseguimento del dottorato al Pontificio Istituto Biblico di Roma. Roma 1982.

NOBILE, Marco: Lo sfondo cultuale di Ez 8-11, in: Anton. (1983) 185-200.

NOLDIUS, Christianus: Concordantiae Particularum Ebraeo-chaldaicarum. Jena 1734.

NOTH, Martin: Das dritte Buch Mose. Leviticus. ATD 6. Göttingen 1962.

NOTH, Martin: Das vierte Buch Mose. Numeri. ATD 7. Göttingen 1966.

NUEVA BIBLIA ESPAÑOLA. Traducción de los textos originales dirigida por Luis Alonso Schökel y Juan Mateos. Madrid 1975.

OHNESORGE, Stefan: Jahwe gestaltet sein Volk neu. Zur Sicht der Zukunft Israels nach Ez 11,14-21; 20,1-44; 36,16-38; 37,1-14.15-28. fzb 64. Würzburg 1991.

ORELLI, Konrad von: Das Buch Ezechiel. Zweite verbesserte Auflage. KK 5.1. München 1896.

ORIGENES: Commentaire sur Saint Jean. Tome 2 (Livres VI et X). Texte grec. Avant-propos, traduction et notes par Cécile Blanc. SC 157. Paris 1970.

ORIGENES: Homélies sur Ézéchiel. Texte latin, introduction et notes par Marcel Borret. SC 352. Paris 1989.

ORIGENES: Selecta in Ezechielem, in: PG 13. Parisiis (1862) 767-826.

OSTY, Émile: La Bible. Livre d'Ézéchiel, Livre de Daniel. LB(O/T). Lausanne 1972.

OTTO, Eckart: Biblische Rechtsgeschichte. Ergebnisse und Perspektiven der Forschung, in: ThR (1995) 283-292.

PACZKOWSKI, Mieczysław Celestyn: Esegesi prosopografica di S. Basilio Magno, in: LA 44 (1994) 291-330.

PAREIRA, Berthold A.: The Call to Conversion in Ezekiel. Exegesis and Biblical-Theology. Excerpta ex dissertatione ad doctoratum in Facultate Theologiae Pontificiae Universitatis Gregorianae. Roma 1975.

PARKER, Richard A./DUBBERSTEIN, Waldo H.: Babylonian Chronology. 626 B.C.-A.D. 75. BrUS 19. Providence (Rhode Island) 1956.

PATTON, Corrine: 'I Myself Gave them Laws that Were Not Good': Ezekiel 20 and the Exodus Traditions, in: JSOT (1996) 73-90.

PEARSON, Anton T.: Ezekiel, in: WyBC. Chicago (1962) 703-767.

PETIT, J.-A.: Ézéchiel, in: SB(P) 10. Arras/Paris (1896) 437-735.

PETTERSSON, Anders: A Theory of Literary Discourse. Lund 1990.

PHILLIPS, Anthony: Ancient Israel's Criminal Law. A New Approach to The Decalogue. Oxford 1970.

PINTUS, Hector: Fratris Hectoris Pinti Lusitani (...) Operum omnium quae ad hunc usque diem in lucem pervenerunt. Tomus 2. Lugduni (Lyon) 1589.

PLÖGER, J.G.: אֲדָמָה, in: ThWAT I (1973) 95-105.

POHLMANN, Karl-Friedrich: Ezechielstudien. Zur Redaktionsgeschichte des Buches und zur Frage nach den ältesten Texten. BZAW 202. Berlin/New York 1992.

POHLMANN, Karl-Friedrich: Das Buch des Propheten Hesekiel (Ezechiel). Kapitel 1-19. ATD 22/1. Göttingen 1996.

POLA, Thomas: Die ursprüngliche Priesterschrift. Beobachtungen zur Literarkritik und Traditionsgeschichte von P^g. WMANT 70. Neukirchen-Vluyn 1995.

POLZIN, Robert: Late Biblical Hebrew Toward an Historical Typology of Biblical Hebrew Prose. HSM 12. Missoula (Montana) 1976.

PONS, Jacques: Le vocabulaire d'Ézéchiel 20: Le prophète s'oppose à la vision deutéronomiste de l'histoire, in: LUST (1986) 214-233.

PORÚBČAN, Štefan: Sin in the Old Testament. A Soteriological Study. Aloi. 3. Roma 1963.

POSNER, Roland: Semiotik diesseits und jenseits des Strukturalismus: Zum Verhältnis von Moderne und Postmoderne, Strukturalismus und Poststrukturalismus, in: ZS (1993) 211-233.

PRADUS, Hieronymus: In Ezechielem explanationes et apparatus urbis, ac templi hierosolymitani. Commentariis et imaginibus illustratus opus tribus tomis distinctum. Romae 1596-1605 (Band 1: 1596).

PREUSS, H.D.: אָתָה בּוֹא, in: ThWAT I (1973) 536-568.

PREUSS, H.D.: גִּלּוּלִים *gillûlîm*, in: ThWAT II (1973) 1-5.

PREUSS, H.D.: תּוֹעֵבָה *tô'ebāh*, in: ThWAT VIII (1995) 580-592.

PRIJS, Leo: *schūb* Hifil, in: ThZ (1949) 152-153.

PROPP, Vladimir: Morphologie du conte. Suivi de: Les transformations des contes merveilleux (etc.). CP. Paris 1970. (Russische Erstausgabe: 1928).

PUTNAM, Frederic Clarke: A Cumulative Index to the Grammar and Syntax of Biblical Hebrew. Winona Lake (Indiana) 1996.

QUELL, Gottfried: Wahre und falsche Propheten. Versuch einer Interpretation. BFChTh 46.1. Gütersloh 1952.

RABENAU, Konrad von: Die Entstehung des Buches Ezechiel in formgeschichtlicher Sicht, in: WZ(H) 1956.

RAD, Gerhard von: Theologie des Alten Testamentes II. Die Theologie der prophetischen Überlieferungen Israels. München 1965/1980[7].

RAITT, Thomas M.: The Prophetic Summons to Repentance, in: ZAW (1971) 30-49.

REDPATH, Henry A.: The Book of the Prophet Ezekiel with Introduction and Notes. WC. London 1907.

REHKOPF, Friedrich: Septuaginta-Vokabular. Göttingen 1989.

REINDL, Joseph: Zwischen Gericht und Heil. Zum Verständnis der Prophetie Ezechiels, in: WALLIS, Gerhard (ed.): Zwischen Gericht und Heil. Studien zur alttestamentlichen Prophetie im 7. und 6. Jahrhundert v. Chr. Im Auftrag der Alttestamentlichen Arbeitsgemeinschaft in der DDR. Berlin 1987.

RENDTORFF, Rolf: Ez 20 und 36,16f im Rahmen der Komposition des Buches Ezechiel, in: LUST (1986) 260-265.

RENDTORFF, Rolf: Leviticus. BKAT 3/2-3. Neukirchen-Vluyn 1990/1992.

RENDTORFF, Rolf: Die „Bundesformel". Eine exegetisch-theologische Untersuchung. SBS 160. Stuttgart 1995.

RENDTORFF, Rolf: The *GĒR* in the Priestly Laws of the Pentateuch, in: BRETT, Mark G.: Ethnicity and the Bible. BInt.S 19. Leiden/New York/Köln (1996) 77-87.

REUSS, Edouard: Ézéchiel, in: Les Prophètes II. LB(R). Paris (1876) 1-156.

REUSS, Eduard: Die Propheten, in: AT(R) 2. Braunschweig 1892.

REUTER, Eleonore: Kultzentralisation: Entstehung und Theologie von Dtn 12. BBB 87. Frankfurt am Main 1993.

REVENTLOW, Henning Graf: Wächter über Israel. Ezechiel und seine Tradition. BZAW 82. Berlin 1962.

REVENTLOW, Henning Graf: Hauptprobleme der alttestamentlichen Theologie im 20. Jahrhundert. EdF 173. Darmstadt 1982.

REVIV, Hanoch (חנוך רביב): מוסד הזקנים ישׂראל. לאור המקרא ותעודות חיצוניות [neuhebr.: De instituto Seniorum in Israel. In lumine Scripturae et scriptorum posteriorum]. Jerusalem 1983.

RICHTER, Wolfgang: Exegese als Literaturwissenschaft. Entwurf einer alttestamentlichen Literaturtheorie und Methodologie. Göttingen 1971.

RICHTER, Wolfgang: Grundlagen einer althebräischen Grammatik. A. Grundfragen einer sprachwissenschaftlichen Grammatik. B. Die Beschreibungsebenen: I. Das Wort (Morphologie). ATSAT 8. St. Ottilien 1978.

RICHTER, Wolfgang: Grundlagen einer althebräischen Grammatik. B. Die Beschreibungsebenen. III. Der Satz (Satztheorie). ATSAT 13. St. Ottilien 1980.

RICHTER, Wolfgang: Biblia Hebraica transcripta BH^t, das ist das ganze Alte Testament transskribiert, mit Satzeinteilungen versehen und durch die Version tiberisch-masoretischer Autoritäten bereichert, auf der sie gründet. 9. Ezechiel. ATSAT 33/9. St. Ottilien 1993.

RIEGER, Reinhold: Überlegungen zum "Passiv" im Hebräischen, in: ZAH (1990) 54-72.

RINGGREN, Helmer: חָקַק *ḥāqaq*, in: ThWAT III (1982) 149-157.

RINGGREN, Helmer: חָשַׁךְ *ḥāšak*, in: ThWAT III (1982) 265-276.

RINGLER, Siegfried: Die Rezeption mittelalterlicher Frauenmystik als wissenschaftliches Problem dargestellt am Werk der Christine Ebner, in: DINZELBACHER, Peter/BAUER, Dieter R. (ed.): Frauenmystik im Mittelalter. Ostfildern (1990) 178-200.

RODRÍGUEZ MERINO, A.: Significado del verbo PTH en Jeremías 20,7.10, in: EstAg (1984) 490-506.

RONDEAU, Marie-Josèphe: Les commentaires patristiques du psautier (IIIe-Ve siècles). Vol. 2 - Exégèse prosopologique et théologie. OCA 220. Roma 1985.

ROOKER, Mark F.: Biblical Hebrew in Transition. The Language of the Book of Ezekiel. JSOT.S 90. Sheffield 1990.

ROSENMÜLLER, Ernst Friedrich Karl: Scholia in Vetus Testamentum. Partis Sextae. Ezechielem continentis Volumen Primum. Lipsiae (Leipzig) 1808.

ROTHSTEIN, D.: Das Buch Ezechiel (Hesekiel), in: HSAT(K) (1922) 868-1000.

RUDOLPH, Wilhelm: Esra und Nehemia samt 3. Esra. HAT 20. Tübingen 1949.

RUDOLPH, Wilhelm: Jeremia. HAT 12. Tübingen 1968[3].

RUPRECHT, E.: דרשׁ *drš* fragen nach, in: THAT (1971) 462-466 (4b-e).

RÜTERSWÖRDEN, Udo: Die Beamten der israelitischen Königszeit. Stuttgart/ Berlin/Köln/Mainz 1985.

SACCHI, Paolo: Storia del Secondo Tempio. Israele tra VI secolo a.C. e I secolo d.C.. Torino 1994.

SANCTIUS, Gasparis: In Ezechielem &. Danielem Prophetas Commentarij cum Paraphrasi. Lugduni (Lyon) 1619.

SAPORETTI, Claudio: Stranieri a Babilonia, in: CARDELLINI (1996) 71-102.

SAUSSURE, Ferdinand de: Cours de linguistique générale. Publié par Charles Bally et Albert Sechehaye avec la collaboration de Albert Riedlinger. Paris 1931[3].

SAVOCA, Gaetano: Un profeta interroga la storia. Ezechiele e la teologia della storia. Romae 1976.

SCHÄFER-LICHTENBERGER, Christa: Überlegungen zum Hintergrund und zur Entstehung von neuen Einsichten in der Prophetie Jeremias und Ezechiels, in: Wort und Dienst. JKHB 23 (1995) 23-42.

SCHLIEBEN-LANGE, Brigitte: Linguistische Pragmatik. Stuttgart/Berlin/Köln/ Mainz 1979[2].

SCHMALZL, Peter: Das Buch Ezechiel. KWCAT III/3. Wien 1901.

SCHMID, Hans Heinrich: Ich will euer Gott sein, und ihr sollt mein Volk sein, in: LÜHRMANN, Dieter/STRECKER, Georg (ed.): Kirche. Festschrift für Günther Bornkamm zum 75. Geburtstag. Tübingen (1980) 1-25.

SCHMIDT, Hans: Die großen Propheten. Mit Einleitung versehen von Hermann Gunkel. SAT. Zweite Abteilung: Prophetismus und Gesetzgebung des Alten Testaments im Zusammenhange der Geschichte Israels. Zweiter Band. Göttingen 1915.

SCHMIDT, Hans: Grüße und Glückwünsche im Psalter, in: ThSK (1931) 141-150.

SCHMIDT, Martin Anton: Zur Komposition des Buches Hesekiel, in: ThZ (1950) 81-98.

SCHNEIDER, Wolfgang: Grammatik des biblischen Hebräisch. Völlig neue Bearbeitung der "Hebräischen Grammatik für den akademischen Unterricht" von Oskar Grether. Ein Lehrbuch. München 1985^6.

SCHNOCKS, Johannes: Eine intertextuelle Verbindung zwischen Ezechiels Eifersuchtsbild und Sacharjas Frau im Efa, in: BN 84 (1996) 59-63.

SCHOLZ, J. Mart. Augustin: Die Propheten Ezechiel und Daniel. HSAT(D/S) 4/3. Frankfurt a.M. 1835^2.

SCHOLZ, Paul: Götzendienst und Zauberwesen bei den alten Hebräern und den benachbarten Völkern. Regensburg 1877.

SCHONEVELD, J.: Ezekiel XIV 1-8, in: The Priestly Code and Seven Other Studies. OTS (1969) 193-204.

SCHROEDER, Friedrich Wilhelm Julius: Der Prophet Hesekiel. ThHB.AT 16. Bielefeld/Leipzig 1873.

SCHROER, Silvia: In Israel gab es Bilder. Nachrichten von darstellender Kunst im Alten Testament. OBO 74. Freiburg Schweiz/Göttingen 1987.

SCHULZ, Hermann: Das Todesrecht im Alten Testament: Studien zur Rechtsform der Mot-Jumat-Sätze. BZAW 114. Berlin 1969.

SCHUMPP, Meinrad: Das Buch Ezechiel. HBK 10/1. Freiburg i. B. (1942).

SCHWARTZ, Baruch J.: Repentance and Determinism in Ezekiel, in: PWCJS 11. Jerusalem, June 22-29, 1993. Division A. The Bible and its World. Jerusalem (1994) 123-130.

SCHWEIZER, Harald: Metaphorische Grammatik. Wege zur Integration von Grammatik und Textinterpretation in der Exegese. ATSAT 15. St. Ottilien 1981.

SCHWEIZER, Harald: Biblische Texte verstehen. Arbeitsbuch zur Hermeneutik und Methodik der Bibelinterpretation. Stuttgart/Berlin/Köln/ Mainz 1986.

SCHWEIZER, Harald: Literarkritik, in: TQZ (1988) 23-43.

SCHWEIZER, Harald: Rezension zu Wilhelm Egger, "Methodenlehre zum Neuen Testament", in: TQZ (1988) 65-69. [Siglum: SCHWEIZER (1988b)].

SCHWYZER, Eduard: Griechische Grammatik. Auf der Grundlage von Karl Brugmanns griechischer Grammatik. Zweiter Band. Syntax und syntaktische Stilistik. Vervollständigt und herausgegeben von Albert Debrunner. München 1950.

SEDLMEIER, Franz: Studien zur Komposition und Theologie von Ezechiel 20. SBB 21. Stuttgart (1990).

SEDLMEIER, Franz: "Deine Brüder, deine Brüder...". Die Beziehung von Ez 11,14-21 zur dtn-dtr Theologie, in: GROSS (1995) 297-312.

SEEBASS, H.: פָּשַׁע *pāša'*, in: ThWAT VI (1989) 791-810.

SEESEMANN, O.: Die Ältesten im Alten Testament. Leipzig 1895.

SEITZ, Christopher R.: Theology in Conflict. Reactions to the Exile in the Book of Jeremia. BZAW 176. Berlin/New York 1989.

SELDEN, Raman/WIDDOWSON, Peter: A Reader's Guide to Contemporary Literary Theory. Third Edition. Kentucky 1993.

SIEBESMA, P.A.: The Function of the Niph'al in Biblical Hebrew in Relationship to Other Passive-Reflexive Verbal Stems and to the Pu'al and Hoph'al in Particular. SSN 28. Assen/Maastricht 1991.

SIEGFRIED, Carl/STADE, Bernhard: Hebräisches Wörterbuch zum Alten Testament. Leipzig 1893.

SILVESTRI, Domenico: La forbice e il ventaglio. Descrivere, interpretare, operare da un punto di vista linguistico. Lezioni di Glottologia. SDRL 1. Napoli 1994.

SIMIAN[-YOFRE], Horacio: Die theologische Nachgeschichte der Prophetie Ezechiels. Form- und traditionskritische Untersuchung zu Ez 6; 35; 36. fzb 14. Würzburg 1974.

SIMIAN-YOFRE, Horacio: Pragmalingüística: comunicación y exégesis, in: RevBib (1988) 75-95.

SIMIAN-YOFRE, Horacio: פָּנִים *pānîm*, in: ThWAT VI (1989) 629-659.

SIMIAN-YOFRE, Horacio: El desierto de los dioses. Teología e Historia en el libro de Oseas. Córdoba 1993.

SIMIAN-YOFRE, Horacio: Anacronia e sincronia: ermeneutica e pragmatica, in: SIMIAN-YOFRE (1995) 171-195.

SIMIAN-YOFRE, Horacio: Diacronia: i metodi storico-critici, in: SIMIAN-YOFRE (1995) 79-119.

SIMIAN-YOFRE, Horacio (ed.): Metodologia dell'Antico Testamento. Contributi di Innocenzo Gargano - Stephen Pisano - Horacio Simian-Yofre - Jean Louis Ska. Bologna 1995.

SIMPSON, Paul: Language, Ideology and Point of View. IS. London/New York 1993.

SKA, Jean-Louis: La place d'Ex 6,2-8 dans la narration de l'exode, in: ZAW (1982) 530-548.

SKINNER, John: The Book of Ezekiel. ExpB. London 1895.

SMELIK, K.A.D.: Text, Kanon und Tradition. Einige methodische Überlegungen, in: ACEBT 11 (1992) 78-83.

SMEND, Rudolf: Der Prophet Ezechiel. Für die zweite Auflage erklärt. KEH 8. Leipzig 1880.

SMEND, Rudolf: Elemente alttestamentlichen Geschichtsdenkens. ThSt(B) 95. Zürich 1968.

SMITH, James: The Book of the Prophet Ezekiel. A New Interpretation. London 1931.

SMITH, Morton: Historical Method in the Study of Religion, in: HTh.S (1968) 8-16. Nachdruck: SMITH (1996a) 3-11.

SMITH, Morton: Studies in the Cult of Yahweh. Volume One. Studies in Historical Method, Ancient Israel, Ancient Judaism [Siglum: SMITH (1996a)]. Volume Two. New Testament, Early Christianity and Magic [Siglum:

SMITH (1996b)]. Ed. by Shaye J.D. Cohen. RGRW 130/1.2. Leiden/New York/Köln 1996.

SNIJDERS, L.A.: The Meaning of זָר in the Old Testament. An Exegetical Study, in: OTS (1954) 1-154.

SNIJDERS, L.A.: זוּר/זָר *zûr/zār*, in: ThWAT II (1977) 556-564.

SNIJDERS, L.A.: סוּר *sûr* (etc.), in: ThWAT V (1986) 803-810.

SPADAFORA, Francesco: Ezechiele. SB(G) 14/2. Torino 1948.

SPADAFORA, Francesco: Collettivismo e individualismo nel Vecchio Testamento. Tesi di laurea presentata presso il Pontificio Istituto Biblico. QuE 2. Rovigo 1953.

SPIEGEL, Shalom: Noah, Danel, and Job touching on Canaanite Relics in the Legends of the Jews, in: Louis Ginzberg. Jubilee Volume. New York 1945 306-355 (vor allem: 318-323).

SPINA, Frank Anthony: Israelites as *gērîm*, "Sojourners", in Social and Historical Context, in: FREEDMAN (1983) 321-335.

SPREAFICO, Ambrogio: Esodo: memoria e promessa. Interpretazioni profetiche. SRivBib 14. Bologna 1985.

SPREAFICO, Ambrogio: Lo straniero e la difesa delle categorie più deboli come simbolo di giustizia e di civiltà nell'opera deuteronomico-deuteronomistica, in: CARDELLINI (1996) 117-134.

STALKER, D.M.G.: Ezekiel. Introduction and Commentary. TBC. London 1968.

STECK, Odil Hannes: Die Prophetenbücher und ihr theologisches Zeugnis. Wege der Nachfrage und Fährten zur Antwort. Tübingen 1996.

STEINMANN, Jean: Le prophète Ézéchiel et les débuts de l'exil. LD 13. Paris 1953.

STENDEBACH, F.J.: עָנָה I *'ānāh* (etc.), in: ThWAT VI (1989) 233-247.

STERNBERG, Meir: The Poetics of Biblical Narrative. Ideological Literature and the Drama of Reading. ILBS. Bloomington 1985.

STUART, Douglas: Ezekiel. CCS.OT 18. Dallas (Texas) 1989.

STUBBS, Michael: Discourse Analysis. The Sociolinguistic Analysis of Natural Language. LiS 4. Chicago 1983.

SUDBRACK, Josef: Mystik, in: Wörterbuch der Mystik. Stuttgart 1989.

TALMON, Shemarjahu: מִדְבָּר *midbār* (etc.), in: ThWAT IV (1984) 660-695.

TALMON, S./FISHBANE, M.: The Structuring of Biblical Books. Studies in the Book of Ezekiel, in: ASTI 10. Leiden 1976 129-153.

TALSTRA, E.: II Kön. 3. Etüden zur Textgrammatik. Applicatio 1. Amsterdam 1983.

TÅNGBERG, K. Arvid: Die prophetische Mahnrede. Form- und traditionsgeschichtliche Studien zum prophetischen Umkehrruf. FRLANT 143. Göttingen 1987.

TAYLOR, John B.: Ezekiel. An Introduction and Commentary. London 1969.

TAYLOR, S.G.: A Reconsideration of the "Thirtieth Year' in Ezekiel 1:1, in: TynB (1966) 119-120.

TEJERA, Victorino: Literature, Criticism, and the Theory of Signs. SemC 7. Amsterdam/Philadelphia 1995.

THEODORETUS: Explanatio in Ezechielem, in: PG 81. Parisiis (1864) 807-1256.

THISELTON, Anthony C.: Interpreting God and the Postmodern Self. On Meaning, Manipulation and Promise. SJTh.CITh. Edinburgh 1995.

THOMPSON, J.A.: The Book of Jeremiah. NICOT. Grand Rapids (Michigan) 1980.

TONDELLI, Leone: Le profezie di Ezechiele. Versione dal testo ebraico con introduzione e commento. Reggio-Emilia 1930.

TORREY, Charles Cutler: Pseudo-Ezekiel and the Original Prophecy. Yale 1930/New York 1970.

TRADUCTION ŒCUMÉNIQUE DE LA BIBLE: Édition intégrale. Ancien Testament. Paris 1975.

TROCHON, (Abbé): Prophéties d'Ézéchiel, in: SB(T). Paris (1880) 1-353.

ULRICH, Eugene: An Index of the Passages in the Biblical Manuscripts from the Judean Desert (Part 2: Isaiah-Chronicles), in: DSD (1995) 86-107.

UMBREIT, Friedrich Wilhelm Carl: Praktischer Commentar über den Hesekiel mit exegetischen und kritischen Anmerkungen. PCPAT 3. Hamburg 1843.

UFFENHEIMER, Benjamin: Theodicy and Ethics in the Prophecy of Ezekiel, in: REVENTLOW, Henning Graf/HOFFMAN, Yair (ed.): Justice and Righteousness. Biblical Themes and their Influence. JSOT.S 137. Sheffield 1992.

VAN DEN BORN, Arie: De Historische situatie van Ezechiels prophetie. ALBO 2. Leuven/Brugge 1947.

VAN DEN BORN, Arie: Ezechiël uit de grondtekst vertaald en uitgelegd. Roermond und Maaseik 1954.

VAN DER MERWE, Christo H.J.: Discourse Linguistics and Biblical Hebrew Grammar, in: BERGEN (1994) 13-49.

VAN DER MERWE, Christo H.J.: From Paradigms to Texts. New Horizons and New Tools for Interpreting the Old Testament, in: JNSL (1996) 167-179.

VAN DER PLOEG, Jean: Les *šoṭᵉrim* d'Israël, in: OTS (1954) 185-196.

VAN DER PLOEG, Jean: Les anciens dans l'Ancien Testament, in: GROSS, Heinrich/MUSSNER, Franz (ed.): Lex tua Veritas. Festschrift für Hubert Junker zur Vollendung des siebzigsten Lebensjahres am 8. August 1961. Trier 1961.

VAN DER PLOEG, J.P.M.: Zur Abhandlung der Päpstlichen Bibelkommission über die Auslegung der Bibel in der Kirche, in: Theol (1996) 117-130.

VAN DYKE PARUNAK, H.: Some Discourse Functions of Prophetic Quotation Formulas in Jeremiah, in: BERGEN (1994) 489-519.

VAN HOUTEN, Christiana: The Alien in Israelite Law. JSOT.S 107. Sheffield 1991.

VANONI, Gottfried: Ist die Fügung HYY + Circumstant der Zeit im Althebräischen ein Satz?, in: BN 17 (1982) 73-86.

VATKE, Wilhelm: Die biblische Theologie wissenschaftlich dargestellt. Band 1: Die Religion des Alten Testamentes. Berlin 1835.

VAWTER, Bruce/HOPPE, Leslie J.: A New Heart: A Commentary on the Book of Ezekiel. ITC. Grand Rapids/Edinburg 1991.

VIEWEGER, Dieter: Die literarischen Beziehungen zwischen den Büchern Jeremia und Ezechiel. BEAT 26. Frankfurt a.M./Berlin/Bern/ New York/Paris/Wien 1993.

VOGT, Ernst: Untersuchungen zum Buch Ezechiel. AnBib 95. Rome 1981.

WAGNER, S.: דָּרַשׁ *dāraš*, in: ThWAT II (1977) 313-329.

WALTKE, Bruce K./O'CONNOR, M: An Introduction to Biblical Hebrew Syntax. Winona Lake (Indiana) 1990.

WATSON, Duane F./HAUSER, Alan J.: Rhetorical Criticism of the Bible. A Comprehensive Bibliography with Notes on History and Method. BInt.S 4. Leiden/New York/Köln 1994.

WATZLAWICK, Paul: De la parole à la communication, in: BÜHLER/KARAKASH (1995) 139-151.

WEIDNER, Ernst F.: Jojachin, König von Juda, in babylonischen Keilschrifttexten, in: Mélanges Syriens offerts à René Dussaud. Paris 1939 923-935.

WEINBERG, Zwi (צבי ויינברג): תועבה [neuhebr.: Abominatio], in: BetM (1977) 230-237.

WEINFELD, Mosche (משה ויינפלד): ה"שוטר", משמעו ותפקידיו [neuhebr.: Magistratus, sensus et munus eius], in: BetM (1977) 417-420.

WEINRICH, Harald: Tempus. Besprochene und erzählte Welt. SuL 16. Stuttgart/Berlin/Köln/Mainz 1985^{4}. Italienische Übersetzung von 1971^{2}: Tempus. Le funzioni dei tempi nel testo. CTS.LCL. Bologna 1978.

WEIPPERT, Manfred: Aspekte israelitischer Prophetie im Lichte verwandter Erscheinungen des Alten Orientes, in: MAUER, Gerlinde/MAGEN, Ursula (ed.): Ad bene et fideliter seminandum. Festgabe für Karlheinz Deller zum 21. Februar 1987. AOAT 220. Neukirchen-Vluyn (1988) 287-319.

WEISER, Artur: Das Buch Jeremia. Kapitel 1-25,14. Übersetzt und erklärt. ATD 20. Göttingen 1976.

WENHAM, Gordon J.: The Book of Leviticus. NICOT. Grand Rapids (Michigan) 1979.

WERLITZ, Jürgen: Studien zur literarkritischen Methode. Gericht und Heil in Jesaja 7,1-17 und 29,1-8. BZAW 204. Berlin/New York 1992.

WESTERMANN, Claus: Die Begriffe für Fragen und Suchen im Alten Testament, in: KuD (1960) 2-30.

WEVERS, John William: Ezekiel. NCeB. London 1969.

WEVERS, John William: Leviticus. Septuaginta. Vetus Testamentum Graecum. Auctoritate Societatis Litterarum Gottingensis editum. Vol. 2/2. Göttingen 1986.

WILLI, Thomas: Juda - Jehud - Israel. Studien zum Selbstverständnis des Judentums in persischer Zeit. FAT 12. Tübingen 1995.

WILLIAMS, Ronald J.: Hebrew Syntax. An Outline. Second Edition. Toronto/ Buffalo/London 1976.

WILLIAMSON, H.G.M: Ezra, Nehemiah. WBC 16. Waco (Texas) 1985.

WILLMES, Bernd: Bibelauslegung - genau genommen. Syntaktische, semantische und pragmatische Dimensionen und Kategorien für die sprachliche Analyse hebräischer und griechischer Texte auf Wort- und Satzebene. BN.B 5. München 1990.

WILSON, Robert R.: An Interpretation of Ezekiels's Dumbness, in: VT (1972) 91-104.

WILSON, Robert R.: Prophecy and Society in Ancient Israel. Philadelphia 1980.

WILSON, Robert R.: Ezekiel, in: HBC (1988) 652-694.

WITTGENSTEIN, Ludwig: Philosophische Untersuchungen. Frankfurt 1967.

WOLFF, Hans Walter: Das Zitat im Prophetenspruch. Eine Studie zur prophetischen Verkündigungsweise. EvThBeih 4. München 1937. Nachdruck: WOLFF (1973) 36-129.

WOLFF, Hans Walter: Das Thema „Umkehr" in der alttestamentlichen Prophetie. ZThK (1951) 129-148. Nachdruck: WOLFF (1973).

WOLFF, Hans Walter: Dodekapropheton 1. Hosea. BKAT 14/1. Neukirchen-Vluyn 1965^2.

WOLFF, Hans Walter: Dodekapropheton 2. Joel und Amos. BKAT XIV/2. Neukirchen-Vluyn 1969.

WOLFF, Hans Walter: Gesammelte Studien zum Alten Testament. TB 22. München 1973^2.

WOLTERSTORFF, Nicholas: Divine Discourse. Philosophical Reflections on the Claim that God Speaks. Cambridge 1995.

WORDSWORTH, Chr.: Ezekiel, in: HB(W) 5. London/Oxford/Cambridge (1869) 152-289.

YOUNG, Edward J: ונאשאר אני ("And I Was Left") Ezekiel 9:8, in: JQR (1952) 319s.

ZIEGLER, Joseph: Ezechiel. EB. Würzburg 1948.

ZIEGLER, Joseph: Ezechiel. Septuaginta. Vetus Testamentum Graecum. Auctoritate Societatis Litterarum Gottingensis editum. Vol. 16/1. Göttingen $1952/1977^2$.

ZIMMERLI, Walther: Das Gotteswort des Ezechiel, in: ZTK (1951) 249-262. Nachdruck: ZIMMERLI (1963) 133-147.

ZIMMERLI, Walther: Die Eigenart der prophetischen Rede des Ezechiel, in: ZAW (1954) 1-26. Nachdruck: ZIMMERLI (1963) 148-177 [Siglum: ZIMMERLI (1954a)].

ZIMMERLI, Walther: Erkenntnis Gottes nach dem Buche Ezechiel. Eine theologische Studie. AThANT 27. Zürich 1954. Nachdruck: ZIMMERLI (1963) 41-119 [Siglum: ZIMMERLI (1954b)].

ZIMMERLI, Walther: Das Wort des göttlichen Selbsterweises (Erweiswort), eine prophetische Gattung, in: Mélanges Bibliques rédigés en l'honneur de André Robert. Paris 1957. Nachdruck: ZIMMERLI (1963) 120-132.

ZIMMERLI, Walther: Gottes Offenbarung. Gesammelte Aufsätze zum Alten Testament. TB 19. München (1963).

ZIMMERLI, Walther: Der "neue Exodus" in der Verkündigung der beiden großen Exilspropheten, in: ZIMMERLI (1963) 192-204. Frz. Erstabdruck in: Maggél shâqédh, La branche d'amandier. Hommage à Wilhelm Vischer. Montpellier (1960) 216-227.

ZIMMERLI, Walther: Deutero-Ezechiel?, in: ZAW (1972) 501-516.

ZIMMERLI, Walther: Ezechiel. Gestalt und Botschaft. BSt 62. Neukirchen-Vluyn 1972. [Siglum: ZIMMERLI (1972a)].

ZIMMERLI, Walther: Ezechiel. 1/2. Teilband. Ezechiel 1-24/Ezechiel 25-48. BKAT 13.1/2. Neukirchen-Vluyn 1979[2].

ZIMMERLI, Walther: Das Phänomen der "Fortschreibung" im Buche Ezechiel, in: EMERTON, J.A. (ed.): Prophecy. Essays presented to Georg Fohrer on his sixty-fifth birthday 6 September 1980. BZAW 150. Berlin/New York 1980 174-191.

ZIMMERLI, Walther: Visionary experience in Jeremiah, in: COGGINS/PHILLIPS/KNIBB (1982) 95-118.

ZIMMERLI, Walther: Ezechiel/Ezechielbuch, in: TRE (1982) 766-781. [Siglum: ZIMMERLI (1982a)].

ZIMMERLI, Walther: Jerusalem in der Sicht des Ezechielbuches, in: FREEDMAN (1983) 415-426.

ZUBER, Beat: Das Tempussystem des biblischen Hebräisch. Eine Untersuchung am Text. BZAW 164. Berlin/New York 1986.

ZUNZ, Leopold: Die gottesdienstlichen Vorträge der Juden historisch entwickelt. Ein Beitrag zur Alterthumskunde und biblischen Kritik, zur Literatur- und Religionsgeschichte. Frankfurt a.M. 1892[2] (Erstausgabe: 1832).

Datenverarbeitende Hilfsmittel

ACCORDANCE™: Software for Biblical Studies. Version 3.5. OakTree Software Specialists. Altamonte Springs (Florida) Copyright © 1998.

AUTORENVERZEICHNIS

BIBELSTELLENVERZEICHNIS

Daniel

Hosea

Hebräische Wörter und Ausdrücke

SACHREGISTER

Finito di stampare
nel mese di settembre 1999

presso la tipografia
"Giovanni Olivieri" di E. Montefoschi
00187 Roma - Via dell'Archetto, 10,11,12